Gustav Wilhelm Frank

Geschichte der protestantischen Theologie

Gustav Wilhelm Frank

Geschichte der protestantischen Theologie

ISBN/EAN: 9783743653696

Hergestellt in Europa, USA, Kanada, Australien, Japan

Cover: Foto ©Lupo / pixelio.de

Weitere Bücher finden Sie auf **www.hansebooks.com**

Geschichte

der

Proteſtantiſchen Theologie

von

D. Guſtav Frank,
Profeſſor an der k. k. evangeliſch-theologiſchen Facultät in Wien.

Dritter Theil.
Von der deutſchen Aufklärung bis zur Blüthezeit des Rationalismus.
1750—1817.

Leipzig,
Druck und Verlag von Breitkopf und Härtel.
1875.

Geschichte

des

Rationalismus

und

seiner Gegensätze

von

D. Gustav Frank,
Professor an der k. k. evangelisch-theologischen Facultät in Wien.

Leipzig,
Druck und Verlag von Breitkopf und Härtel.
1875.

Vorrede.

Dem vorliegenden Theile meiner Geschichte der protestantischen Theologie, dessen früheres Erscheinen amtliche Verhältnisse und der beträchtliche Umfang der Literatur, welche durchzuarbeiten war, verhinderten, habe ich den besondern Titel einer Geschichte des Rationalismus und seiner Gegensätze gegeben, damit anzudeuten, daß derselbe nicht bloß als Fortsetzung eines begonnenen Werkes, sondern zugleich als ein selbständiges Buch angesehen sein will und als solches vollkommen verständlich ist. Die neuere deutsche Literatur besitzt außer der über das erste (im Jahre 1865 erschienene) Heft nicht hinausgekommenen Geschichte des Rationalismus von Tholuck kein diesen Gegenstand für sich behandelndes Werk, woraus wenigstens soviel folgt, daß eine Geschichte des Rationalismus kein überflüssiges Unternehmen ist.

Geschichte schreibend habe ich diese merkwürdige Zeit im Geiste miterlebt, in der das Alte sank und Neues nach Gestaltung rang, habe Antheil genommen an der Siegesfreude, mit welcher die Einen der Zukunft entgegenjubelten, wie an dem Schmerze der Andern, die um ein fallendes

Heiligthum trauerten. Formen sind endlich, Ideen ewig. Der Protestantismus hat in der Zertrümmerung seiner ersten Erscheinungsform einen Proceß der Selbstverjüngung vollzogen, um immermehr er selbst zu sein.

Aus den Quellen sind viele Belege beigebracht worden, zum Zeugniß namentlich, wie Zeiterscheinungen im Bewußtsein bedeutender Zeitgenossen sich wiederspiegelten. Vielerlei irrige Angaben wurden stillschweigend berichtigt, Manches, wo die gewöhnlichen Hülfsmittel im Stiche ließen, erst mühsam eruirt. Doch hat die Liebe zur Sache alle Mühe leicht gemacht. Und so empfehle ich mein Buch einer freundlichen Beachtung.

Wien, am 20. September 1875.

Der Verfasser.

Inhalt.

Erster Abschnitt.
Verstandesaufklärung und Gefühlsvertiefung 3
Cap. I. Verstandesaufklärung. 6
Cap. II. Gefühlsvertiefung 190

Zweiter Abschnitt.
Philosophie und Theologie. Rationalismus und Supernaturalismus . . 263
Cap. I. Philosophie und Theologie. 266
Cap. II. Rationalismus und Supernaturalismus 329

Die protestantische Theologie
von der deutschen Aufklärung bis zur Blüthezeit des Rationalismus.

1750—1817.

§. 1. Eintheilung.

Um die Mitte des achtzehnten Jahrhunderts war die Kraft der Orthodoxie gebrochen. In die protestantische Theologie zog die Kritik ein, welche das kirchliche Herkommen nach seiner Berechtigung fragte. Der herandrängende Geistersturm löste vom Baume des Kirchenglaubens Blatt um Blatt. Jedes Decennium brachte ihm neue Niederlagen bis auf allen Punkten die Auflösung vollzogen war. Die Position, welche die protestantische Theologie zur Operationsbasis für ihre niederreißende Thätigkeit machte, bestimmt die Eintheilung des Zeitraumes in zwei Abschnitte. 1. Im ersten Abschnitte herrscht die mit dem Namen Neologie bezeichnete theologische Aufklärung, welche den symbolischen Lehrbegriff, als doch auch nur Resultat einzelner Theologen, aufgab, um vor der Schrift als dem einzigen principium cognoscendi für Protestanten stehen zu bleiben. Was die Neologie als echte Aufklärung anstrebte, war nach dem Geständniß ihrer ausgesprochensten Repräsentanten eine Theologia mere biblica als Gegensatz zu der in der Bibel nicht begründeten Kirchenlehre, unter scharfer Abweisung des Alles verwüstenden Naturalismus, wie er bei den Ultras der Aufklärung sich breit machte. Wo die h. Schrift dem Gedanken der Aufklärung entgegenstand, diente zur Ausgleichung der hermeneutische Grundsatz der Accommodation. Die Neologie gipfelte in Semler und wies über sich selbst hinaus in Lessing. Als ihr Schatten und Gefährte begleitete die nutzbare Aufklärung außer den Ueberresten der Orthodoxie und den Nachzüglern des

Pietismus eine ihr entgegengesetzte und doch nicht durchaus unbefreundete Richtung, geheimnißvoll und magisch, dunkel und tiefsinnig, abgeklärt und hellleuchtend zuletzt im Doppelgestirne Jacobi und Herder. 2. Den zweiten Abschnitt beherrscht der **Rationalismus**. Die Neologie hatte die Wendung vom Bekenntniß zur Bibel vollzogen. Aber die Bibel war ihr mehr eine Handhabe zur Polemik gegen die Kirchenlehre, als daß sie ein positives und schöpferisches Princip für sie geworden wäre. Sie verhielt sich zur Bibel nicht grundsätzlich, aber thatsächlich eclectisch, mit Hülfe der Accommodationshypothese bei Seite schiebend, was ihr nicht einleuchtend war. Dieser Halbheit machte der Rationalismus ein Ende durch Proklamirung des Vernunftprimates. Die Accommodation wurde als bloßes Palliativmittel aufgegeben und an ihre Stelle die Perfectibilität gesetzt. Wie jene für die Neologie so ist diese für den Rationalismus characteristisch. Den Uebergang der Neologie in Rationalismus bewirkte die Philosophie Kant's, indem sie die Autonomie der Vernunft, die (practische) Vernunft als die alleinige Quelle der religiösen Ideen und die Moralität als Maßstab der dogmatischen Wahrheit geltend machte. Sobald die Neologie, in Kant's Fußtapfen tretend, die Vernunftautonomie auf ihr Panier schrieb, ward sie Rationalismus. Was der Rationalismus Vernunft nannte, war allerdings nur der natürliche Menschenverstand, daher die Natürlichkeit sein Maßstab für dogmatische Wahrheit. Während nun philosophische Systeme in raschem Fluge wechselten, also daß die stolze philosophia triumphans von heute morgen schon zur philosophia pressa wurde, und neue Gedankenwelten sich aufthaten, bewegte sich der Rationalismus in der Theologie behaglich in der niederen Sphäre des gesunden Menschenverstandes weiter, und glaubte seine höchste Stufe erreicht zu haben in einer möglichst wesenlosen Abstraction des Christenthums. Indem er aber mit dem Protestantismus selbst identisch zu sein sich vermaß, und jeder höhern Entwickelung unzugänglich in seiner Schulgestalt sich verhärtete, war mit dem Antritt seiner Herrschaft und Uebermacht auch sein Untergang besiegelt. Sein Gegenfüßler war der **Supernaturalismus**, eine ernsthaftere Erfassung und Fortführung des biblischen Principes der Neologie, damals für Orthodoxie geachtet. Der Kampf gegen die Finsternisse des Papstthums ward von Neologen und Rationalisten gleichmäßig fortgeführt, der zwischen Lutheranern und Reformirten verstummte. Zwischen diesen beiden ward kein Unterschied mehr gefunden außer dem Namen.

Erster Abschnitt.
Verstandesaufklärung und Gefühlsvertiefung.

§. 2. Uebersicht und Literatur.

Der Pietismus hatte die Subjectivität nach ihrer religiösen Seite entbunden, die Wolff'sche Philosophie bahnte die Befreiung des rationalen Subjectes an. Die theologischen Wolffianer benutzten die mathematischen Formeln ihrer Philosophie zur Begründung der kirchlichen Glaubenssätze. In ihre Hand schien das Heil der Dogmatik gelegt. Aber die mathematische Demonstration der Dogmen war ein letzter verzweifelter Versuch, ausgelebten Sätzen einen Anschein verjüngter Realität im Zeitbewußtsein zu geben, und ein Widerspruch in sich selber. Denn die Mysterien des Glaubens widerstrebten und wollten widerstreben einer rationellen Erfassung, darum eben sind sie Mysterien. Die orthodoxe Dogmatik ruht ganz auf dem Satze von der doppelten Wahrheit. Das Dogma als rationale Größe erfassen und erweisen wollen, hieß arbeiten an seiner Vernichtung. Die protestantische Theologie war durch ihre eigene Entwickelung zum Aufgeben des Unhaltbaren gedrängt. Der englische Deismus mit seinem wachsenden Einfluß auf die deutschen Gelehrtenkreise, die französische Freigeisterei mit ihrer Wirkung auf die Kreise der deutschen Aristocratie, das deutsche Freicorps in seinen mannigfachen Waffengattungen traten hinzu wirkend auf den Vollzug des Processes. Die hochgeschwellte Knospe kam zur Entfaltung, das Zeitalter der Aufklärung brach über Deutschland an. Aufklärung, wie sie in der zweiten Hälfte des 18. Jahrhunderts verstanden wurde, ist Inthronisation der Subjectivität*, und zwar der Subjectivität — denn sie hatte, sich selbst zu vertiefen, noch keine Zeit gefunden — in ihrer empirischen, naturwüchsigen Form. Wiefern diese Subjectivität mit der Energie eines neuen Principes unbedingt sich geltend macht, kennt sie kein Ansich der Dinge, sondern nur eine Relation der Dinge auf das Ich. Ihr practischer Maßstab ist die Nutzbarkeit. Wer den Hering salzen, die Kartoffel brauchen lehrte, wer das Spinnrad erfand, der stand dem Aufklärer höher, als der Dichter der Iliade — soll einmal gedichtet werden, so muß unmittelbare Beförderung der Tugend des Dichters

---

a) Kant definirt Aufklärung im Allgemeinen als „Ausgang des Menschen aus seiner selbstverschuldeten Unmündigkeit".

einziger Zweck sein^b — ihm war es thöricht, sich für den Rheinfall von Schafhausen zu begeistern, wo das Wasser, welches viele Sägemühlen treiben könnte, unnütz herabstäubt. Der Aufklärer hat, wenn es hoch kommt, ein sentimentales Pathos für abstracte Begriffe. Wie aber in der Aufklärungszeit das empirische Subject sich zum Mittelpunkt, so macht es sich auch zum Maß aller Dinge. Nur was seinem intellectuellen Organe, dem unverbildeten, gesunden Menschenverstande einleuchtet, hat Anspruch auf Wahrheit. Die Geneigtheit, durch Gefangennahme der Vernunft „sein eigner Scherge" zu werden, war entschwunden. Aufklärer wollten ihre academischen Zuhörer mit der Anrede begrüßen: „Im Namen des gesunden Menschenverstandes, der Aufrichtigkeit und des Fleißes. Amen. Meine nach allen Graden des Bonsens, der Treue und des Fleißes verehrungswürdige Herren! Das erste und vornehmste Gebot für den freien Denker sei: Du sollt auf bloße Autorität nichts annehmen, und das andre Gebot, dem ersten gleich, lautet: Du sollt auf bloße Autorität nichts verwerfen." Für Alles, was den Horizont des gesunden Menschenverstandes überragt, für das Ureigene großer Persönlichkeiten, das der Uniformirung und Coordination widerstrebt, für die höhere, geheimnißvolle Macht des Genius, der seine eignen Bahnen wandelt, fehlt jedes Verständniß. Das Princip der Aufklärung mußte zerstörend wirken auf die geschichtlich gewordenen Realitäten in Kirche und Staat. Seine Tendenz ist, die Fesseln der Jahrhunderte zu brechen. Darum mit inniger Theilnahme betrachtete der aufgeklärte Menschenfreund die französische Revolution (so lange sie nicht in unbändige Volkswuth ausartete), nicht Aufruhr war sie ihm, nicht Empörung gegen gerechte Gesetze, sondern Zerstörung des schrecklichsten Despotismus und Einsetzung der Menschheit in ihre Rechte, die ihr auf eine schändliche Art waren entrissen worden. Je weiter die Schranken, um so wohler fühlt sich das befreite Subject. Es wird Kosmopolitensinn nähren (Einzelne dachten sogar an eine geschlossene Gesellschaft der Kosmopoliten, die ein Tagebuch der Menschheit veranstalten sollte) und eine vom Positiven möglichst gereinigte Religion bekennen. Die Singularität, das geschichtliche Werden weder des Staates noch der Religion wird begriffen. Der Staat ist eine Menschenerfindung wie die Brandkassen, und die Religion, ursprünglich rein, ist von herrschsüchtigen Priestern durch positive Zuthaten verunstaltet

---

b) J. J. Engel, Der Philosoph f. d. Welt. Wien 1827, II, 23: „Von dem moralischen Nutzen der Dichtkunst".

worden. Die deutsche Aufklärung vollzieht einen nothwendigen Sichtungsproceß, aber sie verwirft mit der Spreu auch die Körner[c]. Die Aufklärung soll hier nach ihrer theologischen Seite und was mit dieser zusammenhängt zur Darstellung kommen bis hin zu ihren ausgeführtesten Extremen und bis dahin, wo eine höhere Entwickelung den Standpunkt des gesunden Menschenverstandes negirt[d]. Aber neben der nüchternen, flachen Verstandesaufklärung geht als ihre Kehrseite eine zweite tiefere und positive Richtung her, vielfach magisch und wunderhaft, wie eine Ironie auf die vielgerühmte Aufklärung, aber auch eine reiche Fülle inneren Lebens aus sich entfaltend. Die hierher gehören sind von den Aufklärern meist als Schwärmer und Kraftgenies verspottet worden, und doch die Aufklärer selbst haben sich der Sehnsucht nach einem Geheimnißvollen, wogegen ihr Verstand sich sträubte, nicht immer entschlagen können. — J. A. H. Tittmann gab nicht sowohl eine fortlaufende Geschichte der Theologie dieser Zeit, als ein pragmatisches Räsonnement über die Veränderungen in den einzelnen Disciplinen[e]. Tholuck erzählt die Geschichte der Umwälzung mit vielen interessanten Einzelheiten, sie selbst, die Umwälzung, achtend für ein Product zum Theil des Unglaubens, zum Theil eines echten Bedürfnisses nach einer dem Wesen des Christenthumes angemeßneren Wissenschaft[f]. In eleganter Form hat Kahnis den innern Gang des deutschen Protestantismus gezeichnet, zu der Losung von früher: „unsre Krone ist unser Be-

---

c) Die Alles umwandelnde Thätigkeit der éclaircisseurs wird in den „Briefen eines Staatsministers über Aufklärung" (Straßb. [Berlin] 1789) S. 5 satyrisch also beschrieben: „sie machten einen Gott zu einem Menschen, den h. Geist zu simpeln schlichtem Menschenverstand; sie machten Juden und Heiden zu Christen und verwandelten ihre Verdammniß in Seligkeit; sie verwandelten die Bibel in eine fabelhafte Chronik und die Sprüche der sieben Weisen in göttliche Moral; sie verwandelten Perrücken in Zöpfe und Generalsuperintendenten in Kaffeewirthe; sie verwandelten Erziehung in Spielwerk', gedrucktes A. B. C. in gebackenes, ehrliche Leute in Jesuiten und den Heiland in einen Freimaurer."

d) Tholuck, Art. „Aufklärung" in Herzog's R. E. I, 599. XIX, 117. Palmer in K. A. Schmid's Encyklopädie des ges. Erziehungswesens I, 290. K. Erdmann, Die theol. u. philos. Aufklärung d. 18. u. 19. Jahrh. Hamb. 1845. Haffner, Die deutsche Aufklärung. Mainz 1864. K. Guden, Das Jahrh. d. Aufklärung. Hann. 1868. Ueber die politische u. sociale Seite der Aufklärung vgl. Cl. Th. Perthes, Das deutsche Staatsleben vor der Revolution. Hamb. 1845. S. 251 ff.

e) Pragmatische Gesch. d. Theol. u. Religion in der protest. Kirche während der 2. Hälfte d. 18. Jahrh. Lpz. 1805. Neue Ausg. 1824.

f) Abriß einer Gesch. der Umwälzung, welche seit 1750 auf dem Gebiete der Theologie in Deutschland stattgefunden (Tholuck's Verm. Schr. II, 1—147).

kenntniß" in der erweiterten Ausgabe einen ökumenischen Zug und wissenschaftlich strebenden Wahrheitssinn, wie Melanchthon's, fügend ᵍ. F. Lichtenberger hat Deutschlands theologische Entwickelung, heimisch in seiner Literatur, aber als politisch Entfremdeter dargestellt seit Mitte vorigen Jahrhunderts ʰ.

Cap. I. Verstandesaufklärung.

§. 3. Die Popularphilosophie.

Die Philosophie der Aufklärungszeit, eine Tochter der Wolff'schen, wird mit dem Namen Popularphilosophie bezeichnet. Der Wolffianismus war selbst schon eine Popularisirung, aber eingehüllt in ein steifes Schulgewand, in die Form von Definitionen, Axiomen und Theoremen. Dieser Schulzopf, das Klapperwerk der mathematischen Methode, wurde, weil die lesende Welt an solcher Staffage keinen Geschmack mehr fand, nun aufgegeben. Was übrig blieb war ein gemeinfaßliches, eclectisches Raisonnement, das an den gesunden Menschenverstand als seine höchste Instanz appellirte und das Bedürfniß des Alltagsmenschen befriedigen wollte. „Wolff, Leibniz waren große Männer, aber für wen brauchbar? Bloß für die Gelehrten. Und ihre Schüler machten's wie die Meister. Sprache, Ton, der trockene Gang wurden beibehalten und das Volk hatte nichts." Die Popularphilosophie war eine Philosophie für's Haus, war practische Weltweisheit, mit ihrem Lichte der Dinge Oberfläche beleuchtend. „Der Philosoph für die Welt" heißt Engel's († 1802) seiner Zeit classisches Buch, in welchem die Sätze damaliger Weltweisheit mit anmuthiger Feinheit verkündet werden. Das Haupt der Popularphilosophen und „der Lieferantjude beim theologischen Freicorps" war Moses Mendelssohn († 1786), der, ein übelgewachsener Judenknabe aber eine leuchtende Seele in äsopischer Hütte, in seinem 14. Jahre von Dessau nach Berlin wanderte. Hier hat er gelebt ein Weltweiser von harmonischem Ebenmaß im Leben wie im Style, liebenswürdig und geliebt, der Socrates des 18. Jahrhunderts. Aus der Wolff'schen Schule herkom-

---

g) Der innere Gang des deutschen Protestantismus seit Mitte des vorigen Jahrh. Lpz. 1854. 1860. 3. erweiterte Ausg. 2 Th. 1874.

h) Histoire des idées religieuses en Allemagne depuis le milieu du XVIIIᵉ siècle jusqu'à nos jours. Paris 1873. — Gelegenheitsschriften von Chr. E. R. Kaiser, Ueber den Zustand der neuen prot. Theologie. Sulzb. 1813, u. J. C. L. Gieseler, Rückblick auf die theolog. u. kirchlichen Richtungen u. Entwickelungen der letzten 50 Jahre. Gött. 1837.

menb war er erwärmt für die Wahrheiten der natürlichen Religion. „Ohne Gott, Vorsehung und Unsterblichkeit haben alle Güter des Lebens in meinen Augen einen verächtlichen Werth. Was ist elender, als ein Mensch, der die Vernichtung mit starken Schritten auf sich zukommen sieht?" Dem zufolge lag ihm Alles daran, diese höchsten Wahrheiten so evident zu beweisen, als die Lehrsätze der Mathematik, und er hat so leicht und deutlich über sie reden können wie über ein neues Muster zum Seidenstoff. In seinen „Morgenstunden" (1785), dem Rechenschaftsbericht für seine Freunde und Nachkommen von dem, was er für wahr gehalten, und letztem Hauche der sterbenden Leibniz-Wolff'schen Philosophie, hebt er mit besonderem Nachdruck das ontologische Argument für Gottes Dasein hervor. Das vollkommenste Wesen ist wirklich, weil es innerlich möglich und der einzig zureichende Grund alles Zufälligen ist. „Bleibt der Begriff des Allervollkommensten auch ohne die Vollkommenheit der Existenz noch denkbar? Kann der Inbegriff aller Realitäten ohne die Realität des wirklichen Daseins gedacht werden? Das unendliche Wesen, ohne das bejahende Prädicat des Daseins, ist etwas Widersprechendes. Das vollkommenste Wesen ist als Begriff ohne Sache, als Modification ohne eigene Existenz, als möglich ohne Wirklichkeit, schlechterdings undenkbar." Seine Begeisterung für diese Argumentation hat Nicolai den Versen anvertraut:

Es ist ein Gott, so sagte Moses schon,
Doch den Beweis gab Moses Mendelssohn.

Im „Phädon" läßt Mendelssohn Socrates die Unsterblichkeit der Seele beweisen. Der Plan des Weltalls ist Fortstreben zur Vollkommenheit. Gegen diesen Plan würde die Vernichtung der Seele verstoßen. Der Phädon war ein Lieblingsbuch der deutschen Aufklärung, weil er ein Lieblingsthema der auf das Ich concentrirten Zeit behandelte. Der Socrates in diesem Phädon trägt den Mantel eines Weltweisen der Aufklärungszeit. Seine Bedeutung legt Mendelssohn in die Liebe zur Tugend und Rechtschaffenheit, ihm war das Heiligste die Unverletzlichkeit der Pflichten gegen den Schöpfer und Erhalter der Dinge, die Glückseligkeit des menschlichen Geschlechts war sein einziges Studium. Das Persönlichste an Socrates, sein Dämonium, wird nicht verstanden, sondern entschuldigt durch die Bemerkung: muß denn ein vortrefflicher Mann nothwendig von allen Schwachheiten frei sein? Mendelssohn's eigenes Bild glänzt ihm in Socrates' Bilde entgegen. In den ewigen Wahrheiten der Vernunft, Gott, Freiheit und Unsterblichkeit, vollkommen befriedigt, bedarf der Weltweise keiner Offenbarung. „Wenn das Menschengeschlecht ohne Offenbarung verderbt und elend sein müßte, warum müssen beide Indien warten bis es den Europäern gefällt, ihnen einige Tröster zu senden?" Weil jene ewigen Wahrheiten auch im Judenthum sich finden, so bleibt Mendelssohn der Religion seiner Väter bis auf die Mosaische Speiseordnung getreu, wie auch Jesus von Nazareth das Gesetz Mosis und selbst die Satzungen der Rabbinen beobachtet habe. Der bekehrungseifrige Lavater forderte in der Zueignung seiner Uebersetzung von „Bonnet's Beweisen für das Christenthum" Mendelssohn auf, diese Beweise zu widerlegen oder, falls er es nicht könne, Christ zu werden. Ein unzarter, übereilter Schritt, wie Lavater nachgehends selbst gestand. Der weltweise Israelit erklärte ruhig, daß er von dem Wesentlichen seiner Religion überzeugt sei. „Sie sind ein christlicher Prediger und ich ein Jude. Was thut dieses? Wenn wir dem Schafe und dem Seidenwurme das wiedergeben, was sie uns geliehen haben, so sind wir beide Menschen." Mendelssohn konnte keine Ursache haben, Christ zu werden, denn was er im Christenthum gefunden hätte, die allgemeine Menschenreligion, das besaß er schon im Judenthum, ohne daß dieses einer ausschließenden Offenbarung ewiger Wahrheiten sich rühmte und ohne den Zwang der Symbole. Von diesem allgemeinen Standpunkte aus hat er in seiner Schrift „Jerusalem oder über religiöse Macht und Judenthum" (1783) von den Regenten der Erde bürgerliche Duldung gefordert für sein verachtetes, durch die religiöse Macht des Christenthums unterdrücktes Volk. „Belohnet und bestrafet keine Lehre, locket und bestechet zu keiner Religionsmeinung! Wer die öffentliche Glückseligkeit nicht stört, wer gegen die bürgerlichen Gesetze, gegen Euch und seine Mitbürger rechtschaffen handelt, den lasset sprechen, wie er denkt, Gott anrufen nach seiner oder seiner Väter Weise, und sein ewiges Heil suchen, wo er es zu finden glaubt." Und er für seine Person war der Stolz der aufgeklärten Juden, die ihn mit Moses dem Gesetzgeber und Moses Maimonides dem Philosophen zum dritten des Dreigestirns machten, wie die Freude der Denker unter den Christen. Nach seinem Hingange redeten die Aufklärer (auch Kant) vom seligen Mendelssohn, ihre Gegner von einem dem Christenthume feindselig gesinnten Juden, welches er in Schriften auf verdeckte Weise zu untergraben gesucht[a]. Im

---

a) Ges. Schr. 7 B. Lzg. 1843 ff. — Biographieen von M. Kayserling [Lpz. 1862], Schwab [Par. 1868], F. Schmidt [Brl. 1875]. Ueber sein Verhältniß zum Christenthum: Ev. K. Z. 1865, S. 347 u. E. Azenfeld [Erl. 1866].

engen Bunde der Freundschaft mit Socrates-Mendelssohn stand Thomas
Abbt († 1766), dessen Verdienst darein gesetzt wurde, daß er die Philosophie zur Berichtigung der Urtheile über Sachen im gemeinen Leben
anwandte und dem barbarischen Zwittertone der Gelehrten auswich. „Er
nahm das Leckerste von den Speisen, das seine gelehrteren Brüder in
dem ungeheuern Vorrathsgewölbe ihrer Abstractionen und Subtilitäten,
ihrer Ergos und Majors und Minors verbargen, theilte es seinen un-
gelehrtern Brüdern mit und die empfingen's mit Freuden aus seinen
Händen, labten sich herzlich dran und danken's dem guten Abbt immer
noch. Zwar schüttelte hier und dort ein alter Pfahlbürger mächtig sein
Haupt, als er sah, wie der junge Mann der Philosophie ihr altes Gewand, das aus Lappen von tausenderlei altfränkischen Farben zusammen-
gesetzt war und einen äußerst schwerfälligen Schnitt hatte, so muthig
auszog und ihr dagegen das neue, modische, niedliche, jedermann an-
lachende, belletristische Kleidchen anlegte, aber Abbt achtete nicht darauf,
sondern ging seinen Gang fort." Als Professor in Rinteln war ihm das
Universitätsleben vollständig zum Ekel geworden. „Auf jeder Universität
scheint beinahe die Verordnung von oben her zu ruhen, daß eine Sammlung von Köpfen und Herzen da ist, über die man sich wundern muß,
ohne sie bewundern zu können, und von denen man sich entfernt halten
muß, um sie nicht zu verabscheuen." Er ging daher als Hof- und Re-
gierungsrath zu dem gelehrten Grafen Wilhelm von Schaumburg-Lippe,
die Gelegenheit ergreifend, wo er die Musen zu Maitressen haben konnte,
anstatt mit ihnen in langweiliger Ehe zu leben. Ein Apostat der Theologie war seine Religion die des Weisen. Zu Hirzel's Worten: »d'adorer
Dieu mon père, d'aimer mon prochain et d'operer mon salut«
schrieb er: voici la religion universelle, la religion du sage. Eine
unmittelbare Offenbarung bedurfte er nicht. „Die Vorsicht hat die Stiftung der Religionen den Veranlassungen in den Köpfen der Menschen
übergeben." Und in die Wundergeschichte der Juden vermochte er sich
nicht zu finden. „Ich bitte Gott um Verzeihung, aber ich kann unmöglich
glauben, daß er die Ziegelstreicher geführt und die hebräischen Clements
und Ravaillacs geleitet habe." Wie er den Orthodoxen ein Stein des
Anstoßes war, so hat wiederum er die ganze Kyrielle der verdammenden
und verfolgenden Dummköpfe in der ihrer Zeit berühmten Satyre ge-

---

Vgl. auch: Mendelssohn u. die deutsche Aufklärungsphilosophie d. 18. Jahrh. in
Gelzer's Monatsblättern 1869, S. 32.

züchtigt: „Erfreuliche Nachricht von einem hoffentlich bald zu errichtenden protestantischen Inquisitionsgericht und dem inzwischen in effigie zu haltenden erwünschten evangelisch-lutherischen Auto da Fé" (1766), dafür er von M. Ziegra zum Legionsteufel gestempelt wurde. Den zu früh Vollendeten — kaum noch hatte sein origineller Geist die ersten Blüthen entfaltet, als der Todesengel zu ihm trat — hat Herder geehrt als seinen Geistesverwandten[b]. Neben Mendelssohn glänzte in Berlin als einer der besten Köpfe und Herzen Johann Georg Sulzer († 1779). Er hatte Wolff's Metaphysik in der Jugend verschlungen, später den Geschmack an Wolff's Methode verloren, auch in seinen philosophischen Schriften mehr und mehr den Grazien opfernd. Hume's Versuche über die menschliche Erkenntniß wurden von ihm übersetzt, den deutschen Philosophen ein Beispiel vorzulegen, wie man bis in die verborgensten und dunkelsten Tiefen der Philosophie dringen könne auf einem Wege, der leicht, angenehm und gleichsam mit Rosen bestreut ist. Die Erkenntniß eines unendlich vollkommnen Schöpfers und die Voraussetzung eines künftigen Zustandes nach dem Tode sind ihm das einzige Fundament einer gründlichen Gemüthsruhe und die allerkräftigste Aufmunterung, die der Mensch zu der Bestrebung nach Tugend und Rechtschaffenheit haben kann. Darum hat er die Unsterblichkeit der Seele analogisch durch eine physikalische Demonstration (die Seele für sich ist Substanz und keine Substanz durch Naturwege vernichtbar), die Existenz eines ewigen Wesens durch Vernunft und Erfahrung zu erhärten gesucht. „Sollte es einem Zweifler gelingen, mir die Ueberzeugung von einer weisen Einrichtung der Welt und von der Hoffnung, daß Wahrheit und Tugend mir einen immerdauernden Fortgang zur wahren Ruhe und Glückseligkeit versprechen, zu rauben, so verlange ich keinen Augenblick länger zu leben[c]." War Sulzer der Aesthetiker so Christian Garve († 1798), nur kurze Zeit, weil sein schwacher Körper den Arbeiten des academischen Amtes nicht gewachsen war, Professor in Leipzig und ohne viel Beifall, der Moralist unter den Popularphilosophen, von Kant ein echter Weiser genannt. Ernsthaft, schwerfällig, breit, gemächlich, von Jugend auf eine geruhige Speculation im Studirzimmer allen andern Glückseligkeiten vorziehend, hielt fortwährende Kränklichkeit seinen Blick auf das eigne

---

b) Vermischte Werke. 6 Th. Brl. 1768—81. — Prutz im Lit.-hist. Taschenb. 1846, S. 371. — Geisler, Ueber d. schriftst. Thätigkeit Abbt's. Bresl. 1852.
c) Vermischte phil. Schrr. 2 Th. Lpz. 1782. — Lebensbeschr. von ihm selbst. Brl. 1809.

Innere gerichtet und lehrte sein Glück ihn suchen in stiller Ergebenheit und Tugend. Freudig harrte er des künftigen Gerichtes, um belehrt zu werden über seine Leiden und seine Fehler. Geistesfreiheit im Vereine mit Sittenreinheit war das Ideal, das er der Menschheit vorzeichnete, darum freute er sich des zunehmenden Lichts, welches seinem glücklichen Jahrhundert leuchtete. Zufrieden für seine Person mit der natürlichen Religion, war doch das N. T. ihm ehrwürdig wegen der trefflichen Sittenlehre, und er schonte der Vorurtheile, wenn sie Andern heilig waren. Seine Philosophie hielt Wunderwerke nicht für Gottes unanständig, aber ob solche jemals geschehen, das wußte sie nicht gewiß. Auf die Höhen der neuern Philosophie vermochte sein Fuß nicht zu klimmen. „Wenn ich etwas aus den jetzt schon veralteten Schriften des ehrlichen Mendelssohn lese, so ist es, als wenn ich wieder auf festem Boden einherginge, da ich zuvor mit Reinhold auf dem Drahte tanzte⁴." Unmittelbar in die Theologie griff Johann August Eberhard († 1809) ein, vorher Prediger in Halberstadt, Berlin und Charlottenburg, seit 1778 Professor der Philosophie in Halle, wo er nach Baumgarten's Lehrbüchern las. „Die Philosophie muß ihm besser schmecken, als die Theologie, weil er diese mit jener vertauscht hat." Ihm war Philosophie das Wissen übersinnlicher Dinge, die natürliche Theologie ihr edelstes Werk, zu dem sich alle übrigen Theile als zu ihrem Zwecke vereinigen. Sein bekanntestes Buch ist veranlaßt durch Marmontel's Belisar. Im 15. Hauptstück dieses philosophisch-politischen Romans wird vor der Vermessenheit gewarnt, die so leicht Andere, zu deren Besten eine unverdächtige Tugend spricht, verdammt. „Ich kann unmöglich glauben, daß es einmal zwischen meiner Seele und der Seele des Aristides, Marc-Aurel und Cato einen ewigen Abgrund geben sollte. Mit den Titussen, Trajanen und Antoninen, welche das Vergnügen der Welt waren, und mit allen Rechtschaffenen aller Länder und aller Zeiten wird sich der arme blinde Belisar vor dem Throne des gerechten und gütigen Gottes befinden." Dagegen lehnte sich vor Andern Peter Hofstede, Prediger zu Rotterdam, auf. Dieser „stupide Mönchskopf" zählte mit dem Geiste eines wortklaubenden holländischen Litterators in langer Liste die Laster berühmter Heiden her, zum Beweise, wie unbedachtsam dieselben ihrer Tugend wegen selig gepriesen würden. Insonderheit hatte er Socrates zum Stichblatt genommen und gegen ihn Zeugen aus allen Zeit-

---

d) Garve's Briefe. 2 Th. Bresl. 1803.

altern, Völkern und Religionsparteien aufgerufen. Dieser Angriff traf die Popularphilosophie in's Herz, die im „seligen" Socrates ihr Ideal, ihren Heiligen sah. „Urtheilen Sie selbst, ruft Eberhard aus, wie einem Freunde der Menschheit müsse zu Muthe sein, wenn er die menschliche Natur in einem Manne, der ihr so viel Ehre macht, so geschmäht sieht." Er schrieb also seine „Neue Apologie des Socrates oder Untersuchung der Lehre von der Seligkeit der Heiden" (1772). Das Schicksal des Menschen, so lehrte der neue Apologet, hängt von seiner Tugend ab. Haben nun die Heiden Tugend geübt, wie sich nicht leugnen läßt, so kann man die Tugenden weder Laster noch kann man die Heiden zu ewigen Höllenstrafen Verdammte nennen, zumal letztere Lehre allen vernünftigen Begriffen von dem göttlichen Betragen in der Regierung der Welt so gerade zuwider läuft. „Ist meine Seligkeit, kann ein Socrates mit Zuversicht sagen, ein Geschenk deiner Hand, du Vater der Geister, wohl mir! Dann bin ich derselben gewiß, wenn ich hienieden von den Gaben, die du mir verliehen hast, einen gewissenhaften Gebrauch gemacht habe. Denn die Ertheilung deiner Geschenke hängt nicht von Eigensinn, nicht von Parteilichkeit ab, sie sind alle unser, wenn es Geschenke sind, die sich für uns schicken und wenn wir sie nicht selbst beschmähen." So ward der ehrliche Socrates stehenden Fußes in's Paradies gebracht. Die Altgläubigen, in der Meinung, es wäre keine Freude, ein Christ zu sein, wenn nicht alle Heiden ewig gebraten würden, nannten das Socinianismus, die neuen Theologen leckten es hinein, wie die Fliegen den Zucker, und glaubten durch diese Philosophie am Ende noch dahin zu kommen, daß sie die Bibel ganz entrathen könnten. Späterhin hat Eberhard die Fahne etwas mehr nach dem gangbaren Winde gerichtet und sein „Amyntor" (1782), von ihm geschrieben, um nicht ferner zu den französischen Philosophes gerechnet zu werden, redet viel von Gnade und frommen Gefühlen. Auch er hat sie heraufziehen sehn die Titanen der neuern Philosophie und hat ihren Druck empfunden. Namen, so tönt seine Klage, die zu ihrer Zeit verehrt wurden, dürfen jetzt nicht mehr genannt werden; ihr geheimer Verehrer fürchtet das Hohngelächter der Menge und die Menge kennt nur die Ausgeburten ihrer vermeinten Selbstdenkerei, und diese Menge, o! sie ist unübersehbar*.

Diese Popularphilosophen sind als flache Köpfe, als philosophische Papageien tief herabgesetzt worden. In der That, indem sie was beim

---

*) F. Nicolai, Gedächtnißschrift auf J. A. Eberhard. Brl. 1810.

gewöhnlichen Verstande einleuchtet d. h. wahr scheint, für wirklich wahr
hielten, war es nicht Wahrheit, was sie suchten, sondern Wahrscheinlichkeit, ihre Philosophie eine Verleugnung der Philosophie, wie sie in
dem naiven Geständniß sich enthüllt, daß ein jedes philosophische System
im Grunde beinahe gleich gut sei, zu gleichem Zwecke führe, auf gleich
guten und gleich schlechten Gründen beruhe. Aber sie haben auch gar
nicht Philosophen im engern Sinne sein wollen, fördernd die Philosophie
als System durch tiefgehende Speculationen: vielmehr Weltweise wollten
sie sein, Weise für die Welt, practische Wegweiser des Menschengeschlechts, Religion und Tugend empfehlend als die Säulen irdischer
und ewiger Glückseligkeit. Sie haben die Philosophie aus dem Himmel
der hohen Schulen auf die Erde, unter die Bürger der Stadt verpflanzt,
und ihre Weltweisheit, heute noch Achtung gebietend, dargestellet im
Leben — Typen und Leitsterne der Aufklärungszeit.

§. 4. Der Philanthropinismus.

H. Kämmel, Art. „Philanthropinismus" in Schmid's Enc. [§. 2, d] V, 902.

Die Aufklärung begründete ihre eigne Pädagogik, aus deren
Schulen das theologische Freicorps seine besten Rekruten erwartete. Sie
wird mit dem Namen Philanthropinismus bezeichnet, weil sie ein men-
schenfreundlich Werk begann,

das für die Nachwelt wacht,
Und Menschen erst zu würd'gen Menschen macht,

auch bei ihren Unternehmungen stark auf die materielle Hülfe gutherziger
Menschenfreunde rechnete. In den Philanthropinen sollten, ohne Rücksicht auf Confession und Vaterland, Weltbürger, gesunde, heitere, gemeinnützige, mit einer möglichst großen Fülle practisch sofort verwerth-
barer Kenntnisse ausgestattete Naturmenschen herangebildet werden. Weg
sollte der alte schulmeisterliche Pedantismus, weg die wirbelnde Wolke
von Schulstaub, das todte Vokabelwerk, die mechanische Dressur, die
Verkümmerung und Verkrüppelung der jugendlichen Seelen, weg der Stock
und die gerunzelte Stirn des gefürchteten Schultyrannen. Rousseau's
Ideale sollten eingeführt werden in die Wirklichkeit. Naturgemäß, der
kindlichen Einfalt, Wißbegierde und Munterkeit angemessen sollte des
Kindes Unterricht und Behandlung sein, es sollte die Schule lieben lernen
wie das Vaterhaus, die Lehrer wie seine Wohlthäter. Da die Philan-
thropine Menschen bilden wollten, so konnte ihre Religion nur Rousseau'sche Universalreligion sein, allgemeiner Gottesdienst der allerheiligsten

Providenz. Wenn die in den Wahrheiten der allgemeinen Religion unterrichteten „Eleven" doch nachher den Predigern der besondern Religionen (Confessionen) überwiesen wurden, so erscheint das nur als Accommodation an die einmal bestehenden Verhältnisse. Der Urheber und anerkannte Obermeister dieser Aufklärungspädagogik, der weltberühmte Erzschulmeister in ganz Germania war Joh. Bernhard Basedow (Bernhard aus Nordalbingien). Der Sohn eines Hamburger Perrückenmachers empfing er nach einer in überstrenger Zucht verbrachten Jugend seine Bildung auf dem Gymnasium seiner Vaterstadt, vornehmlich durch Reimarus. Nachdem er ein lustiger Bruder in Leipzig unter Crusius studirt hatte, erhielt er eine Professur an der Ritteracademie zu Soröe, dann in Altona. Von der Theologie, für die er nicht berufen schien, wandte sich (seit 1768) der projectvolle, aufbrausende, mürrische, despotische Mann, der Polypragmaticus, welcher über Alles schrieb, von der Ceder auf dem Libanon bis zum Ysop, der an der Wand wächset, auf das Gebiet der Pädagogik, und er hat im Rückblick auf die eigene Mißerziehung mit unerschütterlicher Standhaftigkeit der Erziehungsreform in Deutschland die Bahn gebrochen. Das von ihm 1774 in Dessau gegründete Philanthropin war die erste Musterschule im Sinne der Aufklärung, eine Academie der Kosmopolitik, ein Synodalort der Vormünder der Menschheit, leider in seinen dirigirenden Spitzen so wenig musterhaft, daß es zu offnen Raufereien kam[a]. Basedow, der Einzige oder der Große, den Niemand würdig loben konnte, als Basedow selbst, weil es keinen zweiten Mann gab, der ihn ganz zu durchschauen und ganz zu fassen vermochte, war nun einmal eine barocke Persönlichkeit[b] und schwer mit ihm auszukommen. Der Altbruder und Fürsorger des Philanthropins sah immer aus, als ob er werfen und schmeißen wollte.

---

a) Reiche's getreue Darstellung der Umstände, unter welchen Basedow Schläge bekommen und seinen Rock verloren, auch mit dem Hrn. Wolke einen schändlichen Prozeß angefangen hat. Dessau 1783. Dgg. Etwas aus dem Archive der Basedowischen Lebensbeschr. von ihm selbst, betreffend des Hrn. Prof. Wolke und des Hrn. M. Reich's vereinigte Feindschaft gegen ihn. Lpz. 1783. Vgl. Chr. v. Schlözer, A. L. v. Schlözer's öffentl. u. Privatleben. 2 B. Lpz. 1828, I, 469.

b) Als er die Rückkehr seiner Tochter aus Hamburg erwartete, fuhr ihm wie ein Donnerschlag der Gedanke durch die Seele, wie leicht der Character seiner geliebten Emilie durch unvorsichtige Aeußerungen seiner Dessauer Freunde über ihre angenehme Gesichtsbildung rc. verderbt werden könne. Ohne sich lange zu besinnen, setzt er sich hin und schreibt eine „Anweisung für seine lieben Mitbürger, deren Verhalten gegen seine aus der Erziehungsanstalt zu Hamburg in die Vaterstadt zurückkehrende Tochter betreffend".

Er ist ebenso eifrig von den Einen erhoben, als ausschweifend von den Andern verlästert worden. Jenen erschien er als der edelste, uneigennützigste, großmüthigste Mann seines Jahrhunderts, der größte Wohlthäter des Menschengeschlechts, als der zweite Luther, als ein Märtyrer für die Wahrheit, von dem Gebike sang:

> Bei dem leuchtenden Glanz bautest, ein Jason du,
> Dir voll Heldenmuths ein anderes Argoschiff,
> Daß es holte des Wissens
> Goldbewolletes Wahrheitsvließ.

Dagegen beschreibt ihn K. Ph. Moriz als borstigen Weltreformator, der ein sammtnes Kleid vom Schweiß und Blut der betrogenen Menschheit trug, und sein schmähsüchtiger Biograph[c] als tollen, unverschämten Großprahler, pädagogischen Don Quixote, pfiffigen Erzmelfer des Publikums, Marktschreier, Wurmdoctor und Wütherich. Beide Theile haben parteiisch übertrieben. Daß ihn aber der Spieltisch und der Malaga, sein Lieblingswein, mehr fesselten, als gut war, darin sind die Zeitgenossen einverstanden[d]. Er selbst freilich hat Spiel und Wein für nothwendig erachtet als heilsame Unterbrechung seiner entweder zu arbeitsamen oder zu kummervollen Grübeleien. Als echter Repräsentant der Aufklärung hat er gelehrt: Alles hat nur Werth, sofern es dem Menschen nützt. Darum zu nützen ist der Zug seines Lebens — noch auf dem Sterbebette (1790) hat er ausgerufen: „Ich will seciret sein zum Besten der Mitmenschen" — und seiner Philosophie. Aus der Glückseligkeit, des Menschen Endziel, zieht er den Beweis für Gottes Dasein und für Unsterblichkeit. Wenn es, sagt er, einen Satz giebt, der mit der Glückseligkeit des Menschen so verknüpft ist, daß sie ohne dessen

---

c) J. Chr. Meier (Rector an der Domschule zu Werden), Basedow's Leben, Character u. Schrr. 2 Th. Hamb. 1791 f.

d) In J. J. Mochel's Urne von J. Chr. Schmohl (Lpz. 1780) S. 166 trifft ihn geradezu der Vorwurf der „Versoffenheit". Zu den Göttingern Feder und Meiners (J. G. H. Feder's Leben. Lpz. 1825, S. 109) sagte Basedow mit traulichen Schlägen auf die Schulter: Ergo bibamus, diese Conclusion passe zu allen Prämissen. Aber er ist auch in seinem mit Koth besudelten Sammtrock vor seine Zöglinge getreten und hat sie ein Exempel an ihm sich nehmen geheißen, wie Trunkenheit die Menschen in Schweine verwandle. Schmettow schreibt 1787 an Schlözer: „Basedow war neulich in Plön, und selten nüchtern. Ist mir eine rare Philanthropisterei! Campe schreibt Geld zusammen, und der Herr College versäuft das seinige! O tempora, o mores!" Derselbe Schmettow erzählt, B. habe sich einst bei seinem Vater als Musquetier anwerben lassen. „Hätte ihn mein Vater behalten, so hätte das philanthropische Fieber in Deutschland nicht grassirt, er hätte vielleicht, Alters halber entlassen, Schwefelhölzer gemacht oder Pudel abgerichtet." Vgl. auch die „Biographie J. K. Chr. Rachtigal's", hrsg. v. Hoche. Halberst. 1820, S. 46.

Wahrheit nicht bestehen kann, so ist der Mensch verpflichtet, denselben als wahr anzunehmen (Glaubenspflicht). Dahin gehören nun Gott, Vorsehung und Unsterblichkeit, ohne welche keine Glückseligkeit des Menschen statthaben kann. Das ist seine natürliche und allernatürlichste Religion, wie er sie Christen und Christgenossen in seinem Lehrbuch „Vermächtniß für die Gewissen" (1774) anempfohlen hat als das kräftigste Mittel wider Gottesverleugnung, Seelenverleugnung, Gerichtsverleugnung. „Siehe, ehe ein Jahr vergeht, werden mehr als tausend Seelen Gott und Jesum loben, daß sie zu ihnen zurückgeführt sind, oder daß ihr wankender Glaube nun bis an ihren seligen Tod befestigt ist." Weil er aber auch in der Theologie, in die er sich hineinzankte, etwas Besonderes haben wollte, fügte er zu seinem Naturalismus die Behauptung, daß die natürliche Religion ohne Offenbarung keine Gewißheit habe (Offenbarungsdeismus). Der Gott der reinen Vernunft sei ein viel zu abstractes und transcendentes Wesen, um mehr als kalte Bewunderung zu erregen. Daher Paläologen und Neologen an ihm sich ärgerten, weil er jenen ihre Dogmatik und diesen durch den neumodischen Glauben an eine geoffenbarte natürliche Religion ihre Vernunft lähmte. In Altona ward er von der Kirchengemeinschaft ausgeschlossen, in Lübeck wurden seine Bücher bei 50 Thaler Strafe verboten, in Hamburg wollte der Pöbel, durch die Pastoren aufgereizt, den abscheulichen Basedow gesteinigt wissen[e]. Basedow's unbestreitbares Verdienst liegt in der Anregung, die von ihm ausging und überall zündete, wie er sich denn selbst Deutschlands großen Rührlöffel nannte. Alle bedeutendern Neopädagogen, wenn schon persönlich mit ihm entzweit, haben ihren Geist in den seinigen getaucht. So Campe, der Liebreiche († 1818 als Schulrath in Braunschweig), der, was Basedow nicht verstand, das Dessauer Philanthropin zur Blüthe brachte. Er wurde der vielgelesene philanthropische Jugendschriftsteller, überall die Prosa einer hausbackenen Nützlichkeit hervorkehrend und der Schwärmerei feind, weil sie die Pest der Menschheit sei[f]. So Christian Felix Weiße († 1804) in Leipzig, der schüchterne, liebenswürdige Kinderfreund, welcher seine Aufmerksamkeit besonders der häuslichen Erziehung zuwandte, er selbst das Ideal eines deutschen Hausvaters[g]. So der feinlachende, unbändige Trapp († 1817) in

---

e) Literatur bei G. Baur in Schmid's Enc. I, 421.
f) G. Baur in Schmid's Enc. I, 759. E. Hallier, C.'s Leben. Soest 1862.
g) W.'s Selbstbiogr. hrsg. v. Chr. E. Weiße u. S. G. Frisch. Lpz. 1806. C. G. Bauer, Ueber Chr. F. Weiße. Lpz. 1805.

Halle, welcher zuerst die Erziehungskunst in ein licht- und geschmackvolles System brachte und, jedem Pfaffenthume und jeder Art von Verketzerung abhold, mit seiner gemüthlich-boshaften Satyre die Hallesche Theologenfacultät dem allgemeinen Gelächter preisgab. Mit Semler, dem Director des theologischen seit 1779 mit einem pädagogischen Institut verbundenen Seminars, von dem er sich verleumdet glaubte, war er so sehr zerfallen, daß er, ein junger pädagogischer Kater, nach diesem alten ausgelernten theologischen Kater mit seiner Tatze öffentlich auszuhauen und dem durchgesemlerten Erzsemler in leidenschaftlicher Hitze die Worte entgegen zu schleudern wagte: „Ew. Hochwürden sind ein ganzer Sündenbock und Ihre Seele ist so schwarz als Ihr Rock." Der Universitätskabale müde und um aus Eberhard's Atmosphäre zu kommen, folgte er Campen nach Hamburg und Braunschweig, wo er, nach Strombeck's Aussage, als ein Freigeist im edlen Sinne und als wahrer Weiser lebte. Auch der unermüdliche G e d i k e († 1803), Director am Friedrichs-Werder Gymnasium und Oberconsistorialrath in Berlin, war Basedowist, ohne Basedow's oberflächlichen Encyklopädismus, ein geborener Schulmann, dazu sprachgewandt, ein Dichter und der glühendsten Empfindung fähig[h]. S a l z m a n n († 1811), Pastor zu Erfurt, wo man an ihm zu viel gesunde Vernunft roch, dann an Basedow's Philanthropin Professor und Liturg, bisweilen auch den Effect liebend wie Basedow[i], hat den Philanthropinismus, tiefgewurzelt im Glauben an die Vorsehung, in's Gothaische verpflanzt. In seinem berühmten Romane „Carl von Carlsberg", der mehr verschlungen als gelesen wurde, hat er die ganze Pandorabüchse menschlicher Uebel, vom Straßenraube an bis zu den Schnürbrüsten und Kopfläusen, aufgedeckt und die ordinären Hausmittel der Verstandesaufklärung dagegen verordnet. Sein Aufklärungseifer traf die Gaukeltische der Schwärmer, die Phantasieen der Dichter (Milton's verlorenes Paradies), die fast immer Irrthum lehren, indem sie Menschen und Sachen anders vorstellen, als sie wirklich sind[k],

---

h) F. H o r n, Friedr. Gedike. Brl. 1808. C. B o n n e l l in Schmid's Enc. II, 594.

i) In der Neujahrsnacht 1800 läßt er den Todesengel in weißem Gewande erscheinen und sein und aller Anwesenden Lichter umstürzen und verlöschen, anzudeuten, daß am Ende des neuen Jahrhunderts keiner der Anwesenden mehr unter den Lebenden sein werde.

k) In seinem Buche „Ueber die Erlösung der Menschen vom Elende durch Jesum" (2 B. Lpz. 1789 f.), welches die Menschen wenigstens von fünf Sechstheilen ihrer Leiden befreien sollte, heißt es (II, 169) sogar: „O ihr Eltern und Erzieher bewahret die Trugschlüsse der Theologen, vorzüglich den lutherischen Katechismus, welcher, vor 200 Jahren eine Wohlthat der Vorsehung, nunmehr zum scharfen Instrumente worden ist, womit der gesunde Menschenverstand castrirt wird. Durch solche Warnungen meinte der eiferende Wahrheitsfreund seinerseits beizutragen zur bevorstehenden Scheidung des Lichts von der Finsterniß. Jesus stellt sich ihm ausschließlich als Lehrer dar, der sich mit den Menschen unterredete, ihnen einige Gedanken hinwarf, die sie auffaßten, darüber sie noch mehrere Betrachtungen anstellten. Ihm verdanken wir unsere Gotteserkenntniß, unsern Glauben an Unsterblichkeit, unsere Sittenlehre. Den Philanthropinismus, welchen er vorzugsweise von der lucrativen Seite auffaßte, stellt C. F. Bahrdt in seiner Carricatur dar. Nachdem er Basedow's Geist bei L'Hombre, Tabak und Malaga auf sich hatte überströmen lassen, stand er dem von Herrn von Salis (vormals Podesta von Tirano) zu Marschlinz begründeten, ersten wirklichen Philanthropin der Welt als Director vor. Nach gründlicher Entzweiung mit seinem Herrn Fürsorger errichtete er ein eigenes Philanthropin im Schlosse zu Heidesheim. Seine phantastischen Verheißungen, davon nicht ein Drittheil in Erfüllung ging, die leichtsinnige Unbeständigkeit in seinem Leben, die Berufung meist verkommener Subjecte, welche sich zu Menschenerziehern und Weltverbesserern für immer noch gut genug hielten, kühlten den philanthropischen Paroxysmus bedeutend ab. Die Welt redete von Windbeutelei und Marktschreierei [1].

Der Philanthropinismus fand die begeistertsten Lobredner an Iselin, Kant, Wieland, Zollikofer [m]. Man sah hier die Sonne des Heils aufgehen über das seufzende Geschlecht Adams und eine der fruchtbarsten Quellen für die menschliche Glückseligkeit fließen. Was etwa gefürchtet wurde war die zu vollkommene Erziehung der Kinder, als welche nicht in die gegenwärtige Welt passen würden. Doch hat es auch gleich Anfangs nicht an entschiednen Gegnern gefehlt, welche zu den Rousseau'schen Drechselbänken und Treibhäusern, in welchen aus jedem Pfifferling ein

---

eure Kinder vor allen Gedichten, in welchen Geister, Zauberer, Feen vorgestellt, ja vor allen, wo die Menschen anders geschildert werden, als sie sind! Das Lesen solcher Bücher ist ihnen beinahe so gefährlich als — die heimlichen Sünden der Jugend." — Biographieen von J. W. Ausfeld [3. A. Stuttg. 1845] und C. Moller in Schmid's Enc. VII, 549.

l) J. Leyser, B., sein Verhältniß z. Philanthropinismus. Neust. a. d. H. 1867. 2. A. 1870.

m) Urtheile der Zeitgenossen üb. Basedow [Ev. K. Z. 1867. S. 1165].

Emil gemacht werden solle, kein Zutrauen fassen konnten. Es fielen
Reden von Umsturz der Religion, Wiedereinführung der Barbarei, von
Universalitätsschwindel, weil Basedow beständig die Worte Weltbürger-
schaft, Universalreligion, Erziehung zur Menschheit im Munde führte.
Schlözer, dem Philanthropinismus als einer Louisb'or-Sache abgeneigt,
konnte sich rühmen, seine Lieblingstochter Dorothea nach antibasedowischer
Methode zu einem Wunderkinde erzogen zu haben, welcher die philosophische Facultät in Göttingen nach abgelegtem Examen die Doctorwürde
ertheilte. Herder wollte Basedow nicht Kälber zu erziehen geben, geschweige
Menschen, als welchen im Philanthropinum wie jungen Eichen die Herz-
wurzel genommen würde, damit über der Erde Alles in Stamm und
Aeste schieße. Das Dessauische Philanthropin, nachdem Lavater's Kraftapostel Kaufmann, der allgefürchtetste und allgeliebteste der Menschen,
einen Keil zwischen die Lehrer getrieben, neigte seit 1784 zu Ende. Ra-
scher noch waren Bahrdt's Institute verfallen. Der Enthusiasmus ver-
rauchte. — Der Philanthropinismus war wie die Popularphilosophie
eine Manifestation des Principes der Aufklärung. Wenn in dieser das
aufgeklärte Ich den Zwang des Schulsystemes abschüttelt, so in jenem
die Fessel des alten Schulzwanges, an dessen Stelle die Freiheit der natürlichen Entwickelung gesetzt wird. Und wie der Popularphilosoph die
Philosophie cultivirt um ihres Nutzens willen, so will der philanthropinische Lehrer seinem Zögling nur nützliche Kenntnisse beibringen. Von
beiden wird die Universalreligion als die dem entfesselten Subject allein
naturgemäße proklamirt. Mit den Lichtseiten waren, ganz abgesehen
von Abentheuerlichkeiten und unreinen Motiven, welche den Philanthropinismus zum Gespötte machten n), zugleich die Schattenseiten gesetzt.
Indem bei der naturgemäßen Erziehung nur auf die guten Seiten der
Natur — denn, sagt Campe, der Mensch ist von Natur ein gut-
artiges Geschöpf — gerechnet wurde, konnte der jugendliche Eigenwille
erstarken bis zur Unbändigkeit, die Stimme der Natur zur Sirenenstimme
werden. Daher die Philanthropisten bald als faule, grobe, untreue,

---

n) Die lächerlichen und schlimmen Seiten des Philanthropinismus werden ge-
geißelt in: [J. G. Schummel] Spitzbart, eine komitragische Geschichte f. unser pädag.
Jahrh. Parturiunt montes etc. Lpz. 1779 (vgl. Schmid's Enc. VIII, 399);
[B. A. v. Göchhausen] Fragment der Geschichte u. Meinungen eines Menschen-
sohns. Ridendo dicere verum. Eisenach 1787; [G. A. Baumgarten-Crusius]
Filantropie für Pferde, in einem dem Geiste unsers aufgeklärten Jahrh. angemessenen
Plane vorgetragen von Hippofilos, der Weltweisheit Dr. Deutschland [Gießen] 1795.

liederliche Canaillen, ja als eine Heerde Anthropophagen verschrieen wurden. Die leutselige Accommodation an des Kindes Geist artete leicht in kindische Spielerei aus. Satyrische Dichter meinten: „über den Büb­chen annoch macht sich zu Buben das Volk", oder wie Kästner dichtete:

> Dem Kinde bot die Hand zu meiner Zeit der Mann;
> Da streckte sich das Kind und wuchs zu ihm hinan.
> Jetzt kauern hin zum lieben Kindlein
> Die pädagogischen Männlein.

Der gemeinnützliche Unterricht brachte auch nicht immer die gehofften Früchte. Die Philanthropisten lernten schön von Tugend und allgemeiner Religion plaudern, deutsch, lateinisch und französisch rädern, altklug erhabene Sentiments auskramen. Die abstracte Lehre vom Allvater, die bloße Ontologie der Religion, entbehrte der Wärme, welche die posi­tive Religion dem Herzen sendet, wie der Kosmopolitismus verkältete gegen den Patriotismus. Ist, fragt ein Zeitgenosse, derjenige ein fähiger Minister am französischen Hofe, welcher weiß, was zu einem Minister überhaupt gehört? [o]

§. 5. Journalisten und Literaten der Aufklärung.

Die Gedanken der Aufklärung in die große Masse zu werfen, stan­den Journalisten und populäre Schriftsteller auf, an ihrer Spitze der Berliner Buchhändler Friedrich Nicolai († 1811)[a], welcher, der Mar­ketender beim theologischen Freicorps, die Verstandesaufklärung nach ihrer ganzen Ausdehnung und Flachheit vertritt. Er studirte, indem er von den Studenten sich Hefte borgte, in Frankfurt die Wolff-Baum­garten'sche Philosophie, die er sich populär und practisch zurechtlegte. Seine Philosophie „nur so für's Haus" setzte als des Menschen Ziel be­ständige Glückseligkeit, als den Weg dazu beständiges Klughandeln (wozu nach Fichte auch das Princip gehörte: lucri bonus odor ex re qualibet). Wenn es bei aller Klugheit ihm übel erging, erhielt die Ueberzeugung von der besten Welt Trost spendend ihn aufrecht. Eine große Uebersicht über die Literatur aller Fächer — denn er hatte nicht

---

o) Philanthropische Gedanken über den Philanthropinismus. Mannh. 1777. S. 19.

a) Ueber meine gelehrte Bildung. Brl. 1799. C. F. G. v. Göcking[l], F. N.'s Leben u. lit. Nachlaß. Brl. 1820. Tholuck in Herzog's R. E. X, 333.

ein Steckenpferd, sondern einen ganzen Stall voll — war mit der Zeit ihm zu eigen geworden, damit aber auch die Keckheit, als unstubirter Bürgersmann über Alles in seiner Weise zu raisonniren und eine Art literarischen Despotismus auszuüben. „Seinem hellen Auge entging kein hircocervus." Seit 1754 der vertraute Freund Mendelssohn's ward er zum unermüdlichen Vorkämpfer der gesunden Vernunft gegenüber sowohl dem Aberglauben als der höhern Vernunft der kritischen Philosophie, in welche seine Simplicität sich nicht finden konnte. Sein Leibspruch lautet: ein Quentchen gesunder Menschenverstand ist sehr oft viel mehr werth, als sechs Zentner vonvoriger Philosophie; sein Stoßgebet: Gott, die gesunde Vernunft komme allen verschrobenen Philosophen. Amen. Alle seine Romane sind Tendenzromane im Sinne der Aufklärung. So der mehr als 10,000 mal gedruckte Sebaldus Nothanker — ein fahrender Theologe, der mit seinem aufgeklärten Verstande überall aneckt, den Priester verfolgen, weil er die Wahrheit bekennt; so Sempronius Gundibert, der kantianische Nothanker, und die Geschichte eines dicken Mannes mit Hieben auf die neuere Philosophie, welche die menschliche Vernunft mit einem Verhacke spitzfindiger Argumentationen umzäunen will. Noch einflußreicher wurde Nicolai durch seine beiden Journale. Die „Literaturbriefe" (seit 1759), herausgegeben in Verbindung mit Mendelssohn, Lessing und Abbt, haben die Theologie nur angestreift, indem sie z. B. Herrn K. F. von Moser's Pietismus etliche Seitenhiebe versetzten wegen der Behauptung, daß rechte Frömmigkeit auch zu weltlichen Geschäften, namentlich zu Ausübung der Regentenpflichten, Verstand gebe, wenn man schon vorher dumm gewesen. Das eigentliche Organ der Verstandesaufklärung, die Bude, in welcher das ganze Freicorps vom Größten bis zum Kleinsten täglich aß, trank und sich lustig machte, das war die „Allgemeine deutsche Bibliothek" (seit 1765 unter Mithülfe des Berliner Predigers Lüdke herausgegeben), ein großes, gefürchtetes Recensionsbureau mit seinem Schwerpunkte in der Theologie. Man darf bei einem Werke, das 433 Mitarbeiter zählte, keine wissenschaftliche Einheit, selbst nicht in den großen Fragen jener Zeit, erwarten. Einerseits ein Spötteln über die Bemühungen einiger neuern Theologen, das Christenthum in Naturalismus zu verwandeln; ein Stehenlassen von oder selbst Einstehen für Trinität und Gottheit Christi, überhaupt für den positiven Glauben in Religionssachen, als unentbehrlich für wenigstens neun Zehntheile der Menschen; ein Mißfallensbezeigen an einer leidenschaftlichen, blinden, zufahrenden Aufklärungssucht[b]: andrerseits Zweifel an der Inspiration; Liebäugeln mit den Freigeistern, denen zu Gefallen die Außenwerke aufgegeben werden sollten, um die Festung unüberwindlich zu machen; Aufrufen der deutschen Gottesgelehrten, die Fessel einer vermeinten Orthodoxie zu brechen, welche mit ihrer Schwere den moralischen Geist niederdrücke, so daß er sich nicht mit edler Freiheit zu der männlichen Stärke erheben könne; scharfer Tadel unberufener Inquisitoren, welche die Glaubensbücher der Kirchen zum Probirstein der Wahrheit machen, und anmaßlicher Frommen, die boshaft genug sind, um gesunde Vernunft für eine Feindschaft gegen das Christenthum auszugeben, die einen gewissen Cant[c] auswendig lernen, jede andere Sprache aber für ungöttlich halten, deren Religion die wahre Bestimmung des Menschen aufheben würde, wenn man sie befolgen müßte; endlich Stellen wie diese: „was ist die christliche Religion anders als natürliche Religion mit dem Ansehn einer göttlichen Offenbarung"[d]. Nur im Allgemeinen, und zwar Anfangs ziemlich leise, seit 1782 rücksichtsloser, stand die A. D. B. für „das edle Kleinod der Denkfreiheit" ein, vorzüglich in der Wöllner'schen Epoche, wiewohl Nicolai damals sich überwand, Laufzettel an die Recensenten zu schicken, daß sie sich sein Hilmerisiren sollten, und endlich 1792, durch Heuchler,

---

b) B. 54, S. 64: „Unsere Religion, insofern sie christlich sein soll, gründet sich auf die Hauptbegebenheiten der evangelischen Geschichte. Es ist daher bedenklich, wenn ein christlicher Volkslehrer von diesen Begebenheiten in solchen zweideutigen Ausdrücken vor einer öffentlichen Versammlung redet, daß es dem aufmerksamen Zuhörer mehr als wahrscheinlich werden muß, sein Prediger halte diese Begebenheiten entweder für offenbare Fabeln oder doch für sehr unsichere Sagen. Unmöglich kann dies gute Folgen für christliche Gemeinen und für die Religion selbst haben." Daß Nicolai selbst mit der Haltung seiner theologischen Mitarbeiter nicht immer zufrieden war, ersieht man aus seinem Schreiben an Joh. v. Müller: „Zu einem theolog. Recensenten gehört eine gewisse Bedächtlichkeit, die alle Gegenstände nur aus einem Augpunkte betrachtet, und dabei muß noch eine Hinterhältigkeit sein, die die Meinungen auf Schrauben setzt, sich hinter Worte verschanzt und im Nothfall sich aller gewagten Meinungen ohngeachtet noch zum Dordrecht'schen oder Tridentinischen Concilium zu bekennen scheinen kann. Unsere neuern Theologen wollen statt des Despotismus (der Orthodoxie) die Aristocratie einführen und selbst die Oligarchen sein, und würden lieber zum Despotismus zurückkehren, ehe sie eine democratische Regierung begünstigten." Doch fügt er später ermäßigend hinzu: „Die Berliner Gottesgelehrten sind weder so frei und stürmisch, als Sie Sich vorher, noch so zurückhaltend oder gar heuchlerisch, als Sie Sich dieselben vielleicht jetzt vorstellen."
c) B. 2. St. 1. S. 9. Pruz [Lit. hist. Taschenb. 1846, S. 428] versteht unter „Cant" allen Ernstes Immanuel Kant und läßt dem Recensenten eine Dummheit sagen. Gemeint ist das englische cant = Innungssprache, scheinheilige, heuchlerische Rede.
d) Resewitz, Ueber die Religion der Bibliothek in deren 5. B. 1, 110. Religionssystem der A. D. B. in Köster's Neuesten Religionsbegebenheiten. 1787, S. 235.

welche damals Macht hatten, genöthigt, die Bibliothek an Bohn in Hamburg abzutreten, um als Neue D. A. B. im Herbste 1800 sie wieder zu übernehmen und fortzusetzen bis 1805. Treumeinende Wächter im evangelischen Zion gaben den Literaturbriefen wie der Bibliothek gehässige und feindselige Absichten gegen die christliche Religion schuld, deren Verwandlung in Deismus fein säuberlich und schleichend, aber aus aller Kraft betrieben werde — löschpapierne Canäle des Deismus und Socianismus, ihre Verfasser des Herodes Hofgesinde. Als die A. D. B. in ihrer späteren Zeit, selbst zu einer bloßen literarischen Fabrik herabsinkend, Alles was der Genius auf dem Gebiete der Kunst, Philosophie und Religion schuf und was also nothwendig über die mäßigen Begriffe des gesunden Menschenverstandes hinausging, höchst intolerant schmähte und vernichten wollte, zeigte sich's, daß sie vom wahren Geiste der Zeit nicht mehr getragen wurde. Lessing nannte sie eine armselige Blindschleiche, Fichte den Mittelpunkt der Seichtigkeit, der Popularität, des leeren Geschwätzes. „Eine Philosophie, die hinüber und herüber schwatzte, ohne Regel und feste Bahn, eine Theologie, deren Hauptzweck war, die Bibel so vernünftig zu machen, als diese seichten philosophischen Schwätzer selbst waren, eine Kunstkritik, die auf nichts sah, als auf die Wahrscheinlichkeit der Fabel und die moralische Erbaulichkeit, eine flache breite Schreiberei, dies war von jeher der Geist dieses Werkes." Neben diese kritischen Journale trat seit 1783, angenehme Belehrung und nützliche Unterhaltung zu vermitteln, die „Berlinische Monatsschrift" von Gedike und dem witzigen Biester, die fortwährend gegen Schwärmerei, Andächtelei, Aberglauben und heimlichen Jesuitismus zu Felde lag. Eine theilweise Entrüstung rief es hervor, als die Monatsschrift Beispiele brachte zum Beweise der Schädlichkeit „des so irrigen, der Vernunft und Schrift widersprechenden Glaubens an eine stellvertretende und genugthuende Versöhnung." Der eine der Herausgeber, Biester, Secretär des Ministers Zedlitz und Bibliothekar in Berlin, mußte es erleben, daß sein eigener Sohn die väterliche Einwilligung erflehte zum Uebertritt in die katholische Kirche. „Was konnte ich anders thun, als nach nochmaliger bündiger Darstellung der abrathenden Gründe ihm meine Erlaubniß zu geben, einem Menschen, der kein Kind mehr ist, ihm zu sagen, daß nach meiner Religion ich jeden Menschen, wenn nur sonst Alles gut sei, gleich lieben könne, und zu wünschen, daß seine künftigen Glaubensgenossen nur ebenso dächten." So schreibt Biester, Nicolai's getreuer Compagnon auf der Jesuitenhetze, aus dessen Mund aber auch die Rede geflossen war: der Name Jesus müsse in 25 oder 50 Jahren im policirten Europa nicht mehr religiös genannt werden. Unter den Literaten der Aufklärung nimmt eine hervorragende Stelle der Hannöversche Leibarzt Johann Georg Zimmermann ein, genannt der Vernunftleiermann, durch sein berühmtes, weitverbreitetes Werk über die Einsamkeit (1784), darin er den Gerichtsstab der Vernunft über alle Mystiker und Anachoreten, diese heiligen Halunken, brach und seinen Spott ergoß über die Liebesbutter und die himmlischen Epilepsieen der armen Nonnen. Das Werk, ein Beitrag zur practischen Untersuchung über die menschliche Glückseligkeit, ist ausgespickt mit Sentimentalitäten, wie: „Stille und Eingezogenheit waren meine erste und sind meine letzte Liebe," und all den kecken Urtheilen, in denen die Aufklärer sich gefielen. So schreibt er vom h. Augustinus: „In seinem verbrannten Hirn bildete sich der in unsern Tagen noch immer fortdauernde hohe Begriff von Kirche. Ein Donnerwort war in seinem glühenden Munde dieses unsichtbare Reich, dieser angebliche Staat Gottes, der wahrlich, wie die ebenso unsichtbare Gelehrtenrepublik, alle Guten und Edlen nicht in sich begreift. Er trieb, so gut er konnte, mit diesen Worten alle Menschen, wie der Schäferhund alle Schafe, in einen Stall.' Aber solche Schafsköpfe sind nicht alle Menschen, und noch weniger alle Menschen jeder Zeit." Die Einsamkeit ist ihm ein Asyl, wo man Ruhe findet vor den Zudringlichkeiten der Theologen. „Ach wie oft hat man in taube Ohren gerufen, daß die christliche Religion mehr Wirkung thun würde, mehr Tugend und Glückseligkeit in die Welt und mehr Menschen zum Himmel brächte, wenn alle hölzernen Systeme, alle unfruchtbaren speculativischen Lehrmeinungen aus dem eigentlichen christlichen Unterrichte wegblieben, und desto mehr diejenigen Vorstellungen getrieben würden, welche wirklich auf das Gemüth und Leben einen Einfluß haben und nicht von Kopf und Herz abprallen wie eine Kugel, die man gegen eine Wand wirft. Solchen Gegenständen kannst du ruhig und frei auf deinem Landgute nachdenken, wo dir niemand durch steife schulgerechte Theologie Langeweile macht, wo dir niemand durch ekelhafte Glaubensmeisterei die Galle in den Magen pumpet, wo alle metaphysischen Katechismussysteme, alle unfruchtbaren mystischen, pietistischen und dogmatischen Hirngespinste verschwinden, wenn du das Auge dessen, der in der Höhe ist, so deutlich in Allem siehst, was um dich her lebt und grünet, und wo du auch keck und geruhig einschlummern kannst, wenn dein Ehrn Pastor auf der Dorfkanzel am Trinitatisfeste zum Thema seiner Predigt nimmt: Die

göttliche Rechenkunst, nach welcher erstlich Eins Drei, und zweitens Drei
Eins ist." Durch Kaiser Joseph sieht er die große Reformation, die Vereinigung der Kirchen vollzogen. „Darum, mein Lieber, höre du immer
deine Messe in der Stephanskirche in Wien, und laß mich geruhig in
Hannover in meine reformirte Kirche gehen, die keinen Thurm hat und
keine Glocke. Im Grunde ist die Religion deines Herzens und meines
Herzens einerlei. Also trennet uns nichts. Ewig sind und bleiben wir
vereinigt durch Toleranz und kümmern uns nun weiter nicht um alle
etwa anders lautende Urtheile katholischer, lutherischer und reformirter
Kaputzen." In der That das hieß nach dem Geschmacke der Zeit schreiben, und es ist erklärlich, daß, wie Zeitgenossen berichten, sein Buch
mehr verschlungen als gelesen wurde. Aber nur wenige Jahre später
ging mit diesem Schriftsteller eine tragische Verwandlung vor. Seine
durch die Berliner Monatsschrift verletzte reizbare Eitelkeit verleitete ihn
zu einem unerhört groben Ausfall auf die Berliner Aufklärungssynagoge,
die ihm wie ein gefährliches Complott erschien. So zerfallen mit seiner
Partei*) und von ihr als irrender Ritter verhöhnt ist er in peinlichster
Schwermuth, physisch und geistig zerrüttet, 1795 — für seinen Ruhm
zu spät — aus dem Leben geschieden. Den Nützlichkeitsstandpunkt in
der Volksliteratur stellt Rudolph Zacharias Becker's († 1822) in einer
Million von Exemplaren verbreitetes „Noth- und Hülfsbüchlein" (1788)
dar, eine Sammlung von hausbackenen Regeln der Lebensklugheit, mitunter in überkräftig populärer Sprache. Der Musterbauer, welcher eingeführt wird, fragt bei jedem Dinge: wozu? Sein tägliches Dichten
und Trachten geht dahin, wie er jede Sache am verständigsten und besten
einrichten könne, daß es Gott wohlgefalle und daß die Menschen Freude
und Nutzen davon hätten. Denn der liebe Gott hat die ganze Erde so
eingerichtet, daß die Menschen ein recht vergnügtes Leben darauf
führen sollen. Wie sehr der Verfasser in jeder Art auf den Nutzen

---

e) Garve: „Ich werde immer sagen, daß Zimmermann ein unerträglicher
Egoist ist, daß seine Ausfälle auf die Berliner abgeschmackt, ungerecht und höchst
widerlich sind. Nunquam fuit quis tam dispar sibi. Hoch- und demüthig, kalt
und zum Schmelzen zärtlich, bald den Weltmann spielend, bald den über Alles sich
erhebenden Philosophen." Dagegen bezeugt Lavater: „Ich habe die heiligsten und
himmlischsten Unterredungen mit Zimmermann gehabt. Er ist zwar weit von der
Orthodoxie entfernt, aber dennoch ein Erzfeind des Unglaubens und sehr oft äußerst
ernsthaft. Von der Kraft des Gebetes glaubt er sehr viel. Aber sein Witz, seine
Laune, sein Umgang mit der großen Welt machen oft, daß er vor den Dingen, die
ihm sonst sehr wichtig waren, einen Ekel bekommt."

seiner Nebenmenschen bedacht war, das besagen die characteristischen Titelverse:

> Dies ganze Buch ist mit Bedacht für Bauersleute so gemacht,
> Daß, wer es liest und darnach thut, Verstand, Gesundheit, guten Muth
> Erhält, auch wohl ein reicher Mann nach dessen Vorschrift werden kann.
> Zur Lust für Kind und Kindeskind viel schöne Bilder drinnen sind.
> Vier baare Groschen gutes Geld, so achtzehn Kreuzer rheinisch hält,
> Sind der wohlfeile Preis davon, wozu noch kommt das Binderlohn.
> Was Gut's darin ist, übe fein, so wird der Kauf dich nicht gereun.

Seinem „Mildheimischen Liederbuch" hat er auch einen Hymnus auf die fortschreitende Aufklärung einverleibt, welcher anhebt:

> Herr Gott! Dich loben wir, Herr Gott! wir danken dir.
> Verschwunden ist das Reich der Nacht: der Tag erscheint in voller Pracht.
> Der Menschheit Fesseln fallen ab, der Aberglaube stürzt in's Grab.
> Nun wird es besser in der Welt: Vernunft und Wissenschaft erhält
> Den Sieg, vertreibt des Irrthums Nacht, zerstört der Bosheit stolze Macht.
> Mit Mund und Herzen danken wir, o Gott, für diese Gnade dir.

§. 6. Förderungsmittel der Aufklärung.

Zwei gekrönte Menschenfreunde nahmen die Aufklärung in ihren Schutz. Friedrich II. zog die starken Geister Frankreichs in seine Nähe und machte, unterstützt vom erleuchteten Zedlitz, Preußen zum Asyle, Berlin zur Metropole der deutschen Aufklärung. Die Religion des Weltweisen von Sanssouci war Deismus wie die des Patriarchen von Ferney. Er glaubt an ein höchstes Wesen, dessen Dasein die ganze Welt, sogar ein Grashalm beweiset. Er weiß sie zu schätzen die reine Religion, die Religion Jesu, welche Demuth lehrt, Menschenliebe und Geduld. Aber die ursprüngliche Religion ist durch blaspheme Ungereimtheiten verunstaltet worden. Die Theologen — ein Theologus ist aber ein Thier sonder Vernunft — sind im Unsinn so weit gegangen, d'admettre un Dieu, qui en a fait un second et que ces deux ensemble en on produit un troisième, und zu glauben, man esse seinen Gott. Ueber die theologischen Vorurtheile war er ebenso hinaus, als über die seines königlichen Standes. Die Einbildung der Geistlichen, sagte er zu Sulzer, von einem unmittelbaren göttlichen Beruf sei gerade so ungereimt, als das Vorgeben, womit man den Souverainen schmeichelt, daß sie das Ebenbild Gottes auf Erden wären — d'être roi c'est un hazard. Die practische Frucht seines Deismus war unbeschränkte Toleranz. Die Religionen müssen alle tolerirt werden und muß der Fiscal nur das Auge darauf haben, daß keine der andern Abbruch thue, denn hier muß jeder nach seiner Façon selig werden. Er hatte den Verfasser des Systems der Natur widerlegt, weil seine Gründe ihn nicht überzeugten — „wollte man ihn aber verbrennen, so würde ich Wasser zutragen, um seinen Scheiterhaufen zu löschen". Er haßte den falschen Glaubenseifer, diesen Tyrannen, der die Provinzen entvölkert, er haßte die mit dem Blitze des Anathema bewaffneten Pfaffen, welche ihn hetzten. Die Aufklärer apostrophirten ihn, der täglich Wunder thut und keine Wunder glaubt, als ihren Schutzheiligen: „Aufklärung, Licht, Philosophie durch ein halbes Säculum bewirkt durch einen einzigen Schöpfer! die Natur in Trauer bei seinem Tode! feuchte Cypressen um seine Urne!" Seinem Vorbilde ist, so weit das ein katholischer Herrscher durfte, Joseph II., der Schätzer aller Menschen, gefolgt. Er wollte nicht allen Seelen eine Marschroute vorgeschrieben wissen, sondern hätte gern Allen volle Freiheit eingeräumt, sich nach dem Tode den Weg zur Ewigkeit nach Belieben zu arrangiren. Er hat Toleranzedicte zu Gunsten der Akatholiken erlassen, während erklärten Deisten Stockstreiche drohten, hat, die cimmerische Nacht zu vertreiben, die Presse entfesselt, systematische Angriffe auf die christliche Religion ausgenommen [b], und wußte die Kapuzen und langen Röcke so weidlich auszuklopfen, daß dem alten Papa zu Rom die Augen übergingen und die Zähne wackelten.

Die Zeit der Aufklärung sah das seltsamste Getriebe geheimer Gesellschaften, wie Netze und Sprenkel überall aufgestellt, Menschen zu fahen. Ursprünglich mochte das unklare Gefühl, welches den nahenden Umschwung einer Weltanschauung begleitet, manchen, der gern den Stein der neuen Weisheit gefunden hätte, in geheime Orden treiben. Allmählich als die Ziele klarer wurden, erschienen den Freunden der Wahrheit geheime Gesellschaften als ein bequemes, ja als das souveraine Mittel, gegen mancherlei Ungunst der Verhältnisse Aufklärung zu befördern und auf künftige Geschlechter zu verpflanzen. „Ueberall haben die Weisen, von der Priesterei ihres Rechts, frei und laut zu reden, beraubt, sich mit dem Rechte heimlich zu reden begnügt, und haben unter

---

a) Gedanken über d. Religion v. Friedrich II. 1792. J. C. G. Johannsen, Fr.'s b. G. Religion u. Toleranz [Ztschr. f. hist. Th. 1849, S. 79]. H. Hettner, Gesch. d. deutschen Literatur. Braunschw. 1862 ff. II, 3. P. Hecker, Ueber d. rel. Entwickelung Fr. d. G. Lpz. 1865.

b) Josephinische Silhouetten. Die liter. Zustände der Aufklärungsperiode in Oesterreich 1786—1790 [Hist.-pol. Blätter 1866, S. 878].

sich, weil sie nicht gerade mit den Ideen heimlich reden konnten, eine Art Mysterien errichtet, in denen es verschiedene Stufen der Vertraulichkeit gab, und wo nur lange geprüfte und erprobte Menschen zum völligsten Mitgenuß der reinsten Gotteserkenntniß gelangten." Die Freimaurerei, in England inmitten kirchlicher und politischer Parteiung als ein Bund der Gemeinsamkeit entstanden, war seit 1733, da die erste Loge zu Hamburg mit Erlaubniß des englischen Großmeisters errichtet worden, in Deutschland festgewurzelt. Vermöge der Allgemeinheit der Grundbestimmungen war der Orden eine prima materia indeterminata, ein Stamm, auf welchen vielerlei Zweige sich pfropfen ließen. Wiefern die Maurer als wahre Noachiten und Abonhiramiten die alte noachitische (d. i. Universal-) Religion bekannten, einen Großmeister der Welt verehrten, welcher alle Dinge der Geometrie gemäß erschaffen hat, wiefern sie ihre königliche Kunst darein setzten, den natürlichen Menschen durch das Moralgesetz zu bilden, den Raum zwischen Religion und Staatsgesetz zu füllen, die Scheidewand von Geburt, Stand und Sektenwesen (Sektengeist und Kastenstolz) zu entfernen, nahm die Aufklärung den Orden in Beschlag wie ihre Domaine. Nach dieser Seite hin spitzte sich das Maurerthum zum Bunde der Illuminaten (seit 1775) zu, welcher, angeschlossen an die Loge Theodor vom guten Rath zu München, nach der loyolitischen Maxime: nihil agenti similis multa agens im Streite gegen die Finsterniß seinen Feuerdienst üben und eine allgemeine Weltillumination bewirken wollte, ein copirter und secularisirter Jesuitismus. P. M. C. V. (d. i. per me cacci vident) waren die Buchstaben, welche auf den Ordenszeichen zu lesen standen. Der Stifter Adam Weißhaupt (Spartacus der Sclavenerlöser), Dr. der Rechte und Professor des kanonischen Rechts zu Ingolstadt, welcher den ganzen Cursus aller menschlichen Wahrheiten durchgemacht, selbst Geister beschworen, Schätze gegraben und die Kabbala befragt hatte, dachte den Orden zunächst als eine Contremine gegen die Jesuitermine; denn es giebt Mängel, gegen welche die öffentlichen Anstalten zu schwach sind, und nur geheime Verbindungen eine angemessene Wirkung haben. Allmählich verallgemeinerte sich sein Plan bis zu dem faire valoir la raison d. h. es sollte der Despotismus gestürzt, der Aberglaube, die Religionsvorurtheile ausgerottet, kurz bewirkt werden was bisher Erziehung, Moral, Staatsverfassung, die Religion nicht hatten bewirken können, und dies Alles durch Einführung einer Universalvormundschaft nach Oben und Unten, also, daß immer der Eine der Spion des Andern und

Aller wäre (Spionenorden). Obschon nun Lavater die Absicht, Universalpatriarchismus durch antijesuitischen Jesuitismus herzustellen, geradezu einen Eselseinfall nannte, reichte gleichwohl „die heilige Legion unüberwindlicher Streiter" bald von Kopenhagen bis Neapel, indem alle Leute acceptabel erschienen vom Professor der Theologie bis zum Jagdlakai. Weishaupt, zwar ein planvoller und in die Ferne sehender Kopf, aber ohne den esprit de détail, fand in Knigge (1780—84), im Enthusiasmus für geheime Orden und Wissenschaften aufgewachsen, bei den Freimaurern Eques a cygno, bei den Illuminaten Philo genannt, in Bode (Amelius) und Leuchsenring (im Orden Leveler = Niveleur geheißen) die rechten Werkzeuge und Werber für seine Absichten. Aber wie schon die Freimaurer, als welche eine neumodische Religionsverbesserung einführen wollten, bedenklich und mit dem Westphälischen Friedensschlusse unverträglich erfunden worden waren (J. J. Moser), so thürmten seit 1783 noch viel schwärzere Wolken sich über den Illuminaten auf, als über herrschsüchtigen Weltumwälzern, welche die Fürsten zu bloßen Oelgötzen und das Christenthum zu natürlicher Religion machen wollten. Weltliche und geistliche Obrigkeiten schritten mit wiederholten Verboten ein, alle Säcular- und Regularpriester wurden in virtute sanctae obedientiae zum Austritt gezwungen. Weishaupt, der vergrabene Edelstein, weil er für die Universitätsbibliothek die Werke von Richard Simon und Bayle zur Anschaffung empfohlen und ein ihm vorgelegtes Glaubensbekenntniß zu unterschreiben sich geweigert hatte, verlor sein Amt und entfloh zum Herzog Ernst nach Gotha, wo er 1830 starb. In Berlin verfolgten Philosophen die Religion, in München verfolgte die Religion die Philosophen. Als eine Fortsetzung des Illuminatenordens kann die deutsche Union der XXII verbündeten Maurer gelten, gegründet von Bahrdt, Exdoctor Augustanae Confessionis, auf seinem bei Halle gelegenen Weinberge (um 1785). Der ideale Zweck war Verbreitung wahrer Aufklärung durch ein zu gründendes Generaljournal, welches die andern verschlingen sollte wie Mosis Stab die Zauberschlangen, Entthronung des Fanatismus und Despotismus, daneben aber hatte der Stifter den jährlichen Beitrag von einem Thaler und andere Vortheile nicht außer Acht gelassen. Eine Reihe achtbarer Männer begeisterte sich für dieses Königsfest, das so manche andere Hansa oder Massoney zu überstrahlen schien. Der Buchhändler Wucherer in Wien, der große (nachmals aus den kaiserlichen Staaten verbannte) Spediteur der Union, hatte allein 111 Personen für sie angeworben, und durch ihn verbreitete sich der Ruf der deutschen Union durch Ungarn, Siebenbürgen und in die Wüste von Illyrien, wo Diöcesanschaften errichtet wurden. Aber der Geh. Rath Bode in Weimar enthüllte, nachdem schon im Sommer 1788 sämmtliche Plane und Listen in der Allee zu Pyrmont, dem großen Kaffeehause von Deutschland, öffentlich herumgezeigt worden, des neuen Bundes Geheimniß. Die Ritterschaft vom flammenden Stern wurde als Thalerunion und Vater Weishaupt's Wechselbalg zum Gespötte. Die Mitglieder, angebliche und wirkliche, eilten, beschämt im Kaffeewirth zu Bassendorf ihren unbekannten Obern zu entdecken, sich öffentlich loszusagen. In Berlin thaten sich Nicolai, der als Bruder Lucian auch dem erlauchten Illuminatenorden nicht fern stand, Gedike, Biester, Mendelssohn u. A. 1783 zu einer Gesellschaft der **Freunde der Aufklärung** zusammen, um die gesunde Vernunft mehr und mehr auf den Thron zu erheben und zur unbeschränkten Herrin über das Gebiet des menschlichen Wissens zu machen. Als das Edict gegen geheime Gesellschaften erschien, beschlossen die Mitglieder, um nicht unter polizeiliche Controle sich stellen zu müssen, die Auflösung ihres Bundes.

§. 7. Aufklärer und Obscuranten.

Die Freimaurerei trug in sich die Anlage zu einer Coalition mit der Aufklärung. Aber der Schleier des Geheimnisses, in den sie sich hüllte, machte sie auch für entgegengesetzte Einflüsse empfänglich. Seit der Zeit des siebenjährigen Krieges erwuchs im Orden ein ungeheueres Gewirre von Systemen und Graden, immer einer dunkler als der andere. Das Geheimniß wurde zur Geheimnißkrämerei, zur Mysteriomanie, und diese steckte an wie der Schnupfen. In die 1760 errichtete große Nationalloge zu den drei Weltkugeln in Berlin führte Samuel Rosa, ein abgesetzter anhaltinischer Superintendent, sein theosophisch-kabbalistisch-magisch-astrologisch-sympathetisch-kosmosophisches System ein. In Jena bestand eine Tochter jener Berliner Loge gleichfalls mit dem Rosa'schen System, und selbst Darjes, der helldenkende Philosoph, kann sich als Meister vom Stuhl dieser frömmelnden Kabbala nicht entziehen. Darnach trat der Abentheurer Johnson, früher Fasanenwärter, auf, gab sich für einen Abgesandten der in England befindlichen Obern aus, versicherte die Goldmacherkunst so gut zu verstehen, daß der Engel Gabriel gegen ihn wie ein kleiner A. B. C.-Schütz sei. Brüder aus allen Orten strömten zu ihm nach Jena, bis er wegen vieler Bubenstücke auf der Wartburg eingesperrt wurde, wo er 1775 starb. Von ihm war der

Baron Hund (Eques ab enso) aus der Oberlausitz als das rechtmäßige Oberhaupt, als der wahre Heermeister des Freimaurerordens in Deutschland erklärt und von dem Convent zu Altenberga (1764) als solcher anerkannt worden. Er führte das Tempelherrnsystem oder das System von der stricten Observanz und respectiven Obedienz ein, welches durch Schubart von Kleefeld (Eques a struthione) und Bode (a Lilio Convallium) weite Ausbreitung in Deutschland fand. Die Anhänger von Rosa und Johnson unterwarfen sich. Dem Tempelherrnsystem suchte der Straußritter seinen ökonomischen Plan, wodurch der Orden in eine Tontine verwandelt worden wäre, und Starck (Archidemides ab aquila fulva) die Hochgrade des Clericates (der chevaliers prêtres) einzuimpfen. Auf dem Convent zu Wilhelmsbad (1782) wurde das Hund'sche System zu Grabe getragen. Die bärtigsten Maurer standen rathlos über ihres Ordens Ursprung, Ziel und unbekannte Oberen. Aus den Ruinen der stricten Observanz und des Illuminatenordens schwangen sich die Mysterienschulen der Rosenkreuzer empor. Ihr Vorläufer, der Leipziger Kaffeeschenke Johann Schröpfer, griff als Meister Schott von Erkenntniß und Gewalt die stricte Observanz mit Gewalt an, drang, ihren Meister insultirend, mit geladenem Terzerole in die Loge Minerva zu den drei Palmen, citirte unterschiedliche, zu Zeiten auch schwangere, Geister, und that so große Wunder, daß Maurer und Nichtmaurer staunten, daß D. Crusius sie für hochfliegendste Theurgie hielt, bis „der niederträchtige Kerl", der also seine ökonomischen Verhältnisse zu verbessern gemeint hatte, endlich (1774) im Rosenthale sich mit einer Sackpistole erschoß. Aber der Hang zur Magie blieb. Der Baron von Gugomos (Eques Theophilus a cygno triumphante) wollte der Maurer, die er aus allen Winkeln zu einem Convent nach Wiesbaden (1776) berief, Lehrmeister in Goldmacherei, Geisterseherei, Tempelritterschaft (als deren Oberhaupt ein Sanctissimus Pater Wilhelmus Albanus Georgius, aus dem Geschlechte der Fürsten Mußmann aus Candia, Erzbischof zu Nikosia in Cypern, ausgegeben wurde) und andern schönen Künsten sein. Doch hat sein System keine Consistenz erhalten. Dazu kamen die Martinisten[a] in Frankreich mit ihrer Diabolophilosophie in dem vielgenannten Buche »Des erreurs et de la verité« (1775) und die Philalethen mit ihrer blutigen Archäuspresse, dazu

---

a) Ueber Saint-Martin den philosophe inconnu siehe Matter in Herzog's R. E. XIII, 313.

Cagliostro, der Halbgott, Adept, Zauberritter, Hahnrei und Diamantendieb mit seinen sardanapalischen Logen (Loge d'adoption, Frauenzimmerloge, ägyptische Maurerei). Abentheurer minderen Namens errichteten Winkellogen und predigten für gutes Geld als wahre Füchse den Gänsen vor. Das magische Element concentrirte sich im hohen Orden der Gold- und Rosenkreuzer, welcher seinen Hauptsitz in Berlin hatte in der Loge zu den drei Weltkugeln, und ungefähr seit 1778 vermittelst schleichender Machinationen durch ganz Deutschland insgeheim sich unglaublich weit ausbreitete. Die Rosenkreuzer sahen ihre Ahnherren in Adam, Noe, Abraham, Isaak, Moses, Aaron, Josue, David, Salomo, Hiram Abiv und Hermes Trismegistus, ihren Classiker in „Annulus Platonis oder physikalisch-chemische Erklärung der Natur" (1781), sie waren die Antipoden der Illuminaten und fühlten sich als der innere Theil des Freimaurerordens, zu dessen Hieroglyphen sie den echten Schlüssel zu besitzen meinten. Die wahren Ordensbrüder, welche Jesum den Schlangentreter recht kannten und sein tincturalisches Versöhnungsblut ganz auffaßten, die Söhne der Weisheit, auf deren Lippen die Obern den Kuß der Liebe gedrückt hatten, Magi und durch Aaron's Ruthe Priester der Natur, laborirten, kochten, destillirten, cohobirten, solvirten, coagulirten, um das große Magisterium, um den (physikalischen und moralischen) Stein der Weisen, das Astralpulver, Tincturam Solis et Lunae, Entschleierung des Universums zu erlangen, wollten commandirende Generals im Reiche der Geister sein, und den versperrten Weg zum Paradiese wieder öffnen. Der Herr von Wöllner, 1776 in den Tempelritterorden aufgenommen, unter dem Namen Chrysophiron Zirkeldirector bei den Rosenkreuzern alten Systems, ließ, mit dem Fr. Jacobus a Cuniculo verbunden, in seinem Hause eine Werkstätte für magische Operationen anlegen, womit er seinen König bestrickte.

Vor diesen Erscheinungen standen die Aufklärer wie vor einem unlösbaren Räthsel. Sie redeten zwar von Wahnsinn und Betrug, aber diese Categorieen wollten doch nicht überall ausreichen. Da fand Bode († 1793), der homo quintuplex, Geh. Rath, Schriftsteller, Tempelritter, Illuminat und Querpfeifer, die Schlagwörter: Jesuitismus und geheime Proselytenmacherei. Der Jesuitenorden schien mit seiner Aufhebung durch Clemens XIV. nicht aus der Welt verbannt. Heimliche Jesuiten sah man jetzt überall und unter allen Verkleidungen, im Chorgewand und im einfachen Kittel des Bedürfnisses, unter Ritter- und Ordensbändern, Stern- und Federhüten, Bischofsmützen, Prälatenstrümpfen, protestantischen Priesterkragen, Uniformen, Reisemänteln und besonders Maurerschürzen. Die Logen der Rosenkreuzer und Freimaurer, der stricten Observanz zumal und ihrer Fortsetzung „der wohlthätigen Ritter der heiligen Stadt" (Chevaliers bienfaisans de la Cité Sainte), sollten ihre Schlupfwinkel sein. Der Jesuit habe in England den ganzen Orden als geheime Propaganda gestiftet, und, als es dort nicht mehr gehen wollte, ihn auf dem festen Lande mit Rosenkreuzerei, französischer Windbeutelei und deutscher Kleinigkeitskrämerei zusammengeknetet. Selbst in den Worten Superiores Incogniti fand man Societas Jesu versteckt. Gedike und Biester öffneten der Bekämpfung des jesuitischen Unwesens seit 1784 die Spalten der Berliner Monatsschrift. Nicolai spürte auf seinen Reisen überall der geheimen Tonsur, dem Clericat und Jesuitismus (Antinicolaismus) nach. Diesen rufenden Zionswächtern gesellten sich der herumreisende Rath Leuchsenring b, Unterhofmeister bei dem Erbprinzen von Darmstadt, der den Hypercryptojesuiten in Berlin all ihr Gerede über Proselytenmacherei eingeblasen hatte und in Zimmermann's Hause so jämmerlich grimassirte und gesticulirte, daß man hätte glauben sollen, unter allen Schränken, Büreaux, Commoden, Tischen, Stühlen, Ofen und Betten steckten Jesuiten, Keßler von Sprengeisen (Eques a Spina), der Pastor Werht und als ritterliche Amazone Elisa von der Recke in Kurland zu. Allmählich wurden bestimmte Persönlichkeiten namhaft gemacht, welche wissentlich oder unbewußt im Dienste jesuitischer Proselytenmacherei stehen sollten. So Matthias Claudius, weil er das Buch »Des erreurs et de la verité«, welches für eine allegorische und mystische Anpreisung des Jesuitenordens galt, übersetzt hatte; so Lavater wegen eines (von Semler parodirten) Lobgedichtes auf den katholischen Cultus, wozu er sich durch sein überströmendes Gefühl hatte fortreißen lassen, mit den Versen:

Von dir (Christus) zeugt Gotteshaus, Klaus und Kloster,
Tonsur, Brevier und Paternoster;

so F. H. Jacobi wegen angeblicher Empfehlung der Tradition; so der Jurist Schnaubert (in Helmstädt und Jena), weil er katholisches Kirchenrecht für Katholiken las und selten zum Abendmahl ging; so Masius, ein verworrener Leipziger Magister, der sich einen Correspondenten der

---

b) In Goethe's Fastnachtsspiel vom Pater Brey, dem falschen Propheten, ist Leuchsenring „zwar in einer etwas unsauberen Manier, aber doch nach dem Leben auf das Treueste gezeichnet". Doch vgl. gegenüber dieser Goethe'schen Verurtheilung Varnhagen, Denkwürdigkeiten (Mannheim 1839) IV, 170.

Gelehrten und geheimen Agenten einiger Fürsten des christlichen Europa nannte und sich eine Vereinigung der Religionen in den Kopf gesetzt hatte; so der Senior Urlsperger in Augsburg wegen der von ihm gegründeten deutschen Gesellschaft zur Beförderung reiner Lehre; so Dreykorn, Provinzialdirector der eben genannten Gesellschaft und Diaconus an der Jakobskirche in Nürnberg, wegen seines Buches über „Die römisch-katholische Messe" (1785). Aber der Hauptangriff war auf Veranlassung des Herrn von Sprengseisen gegen Johann August Starck gerichtet, nach einander Professor der Theologie in Königsberg, der Philosophie am akademischen Gymnasium in Mitau, seit 1781 Oberhofprediger in Darmstadt. Der hatte sich in seinem die natürliche Religion erhebenden „Hephästion" (1776), welcher in Königsberg viel Anstoß erregte, und in seinen „Freimüthigen Betrachtungen über das Christenthum" (1780), welchen die Hallesche Theologenfacultät das Imprimatur verweigerte, und anderweitig den Aufklärern als Einen der Ihrigen bekundet. Da verbreitete sich 1786 das Gerücht, Starck sei in Frankreich, um in der Sorbonne und in den katholischen Klöstern zu mancherlei wichtigen maurerischen Schriften zu gelangen, heimlich zum Katholicismus übergetreten und habe sogar die Tonsur erhalten°. Gedike und Biester, dieser selbst Maurer aber vom Zinnendorf'schen System, das aus Schweden stammte, wiesen, von Bode und Leuchsenring mit Materialien unterstützt, hin auf Starck's maurerische Bestrebungen für die Hochgrade des Clericates, auf seinen Briefwechsel mit dem berüchtigten Schröpfer, auf das Motto seiner Kirchengeschichte (aus Hieronymus): meum propositum est, a fide catholica nunquam recedere. Starck reichte gegen die Herausgeber der Berliner Monatsschrift eine Injurienklage beim königlichen Kammergericht in Berlin ein. Damit abgewiesen vertheidigte er sich in verschiedenen Werken, worin er auch der Vernunftreligion der Aufklärer den Rücken kehrte, gegen die abscheuliche Kabale und schwärzeste Läste-

---

c) Der Königsberger Philosoph Chr. J. Kraus, ein Verwandter Starck's, urtheilt um diese Zeit vertraulich über denselben: „der Mann taugt nichts." Hamann schreibt von ihm schon 1774: „Ich habe große Lust, diesen katholischen Pfaffen zum Proselyten des von ihm immer verspotteten Luthers zu machen." Jacobi redet 1789 von der Heuchelei dieses rohen Menschen. „Wahrscheinlich hat dieser unglückliche Mensch zu arge Dinge auf sich sitzen und ist noch wirklich zu verwickelt, um auf irgend eine Weise offenherzig sein zu können." Schelling bemerkt 1796: „der berüchtigte Hofprediger Starck ist nun vollends zum Söldner des Despotismus und zum Delator aufgeklärter Menschen herabgesunken. Er ist Herausgeber des politischen Journals Eudämonia, das voll ist von Lobreden der Tyrannei und von politischen Verleumdungen." — F. Rippold, Welche Wege führen nach Rom? Heidelb. 1869, S. 318.

rung, wie er's nannte. Auch weitere Recherchen in Curland zeigten sich zum Beweise, daß er ein geschorener Pfaffe und Jesuit der vierten Classe sei, als unzulänglich. Als nun auch die andern Verdächtigten auftraten, als Dreykorn, der aber allerdings in der Messe manches herzerhebend gefunden hatte, was das Herz eines Protestanten nicht erheben sollte, von menschenfeindlicher Consequenzmacherei, als Lavater von abgeschmackter Waschweiberei redete und darauf hindeutete, wie das Schicksal sich am Unglauben durch lächerliche Leichtgläubigkeit räche, da wurden die Aufklärer als Jesuitenjäger und (nach Zimmermann's Ausdruck) Jesuitenriecher verspottet. Sie hatten in der That, indem sie auf jede ihnen mißfällige Erscheinung sogleich den Vorwurf katholischen Aberglaubens warfen, die Maurerei aus den Klauen geheimer Oberer (jesuitischer Emissarien) reißen wollten und damit die halbe Welt zu Jesuiten machten, wie auch der besonnene Garve anerkannte, übertrieben. Aber daß sie doch nicht durchaus sich geirrt hatten, bewies nachgehends der vom Darmstädter Hofe vielgeehrte Starck. Er schrieb 1809 anonym sein in 7 Auflagen verbreitetes Werk „Theobuls Gastmahl oder über die Vereinigung der verschiedenen christlichen Religions-Societäten", wonach, um den Protestantismus aus seinen Ruinen wieder zu erheben, denen, die unter den Protestanten dem Christenthum anhängen und sich nicht mit den schalen Tröstungen der Vernunftreligion begnügen wollen, nichts anderes übrig bleiben soll, als sich wieder mit der katholischen Kirche zu vereinigen, als welche die Haupt- und Grundwahrheiten des Christenthums bei sich aufbewahrt. Bei seinem Tode (1816) fand man in seinem Hause ein zum Messlesen eingerichtetes Zimmer und sein Wunsch, der aber nicht erfüllt wurde, war, begraben zu werden in geweiheter Erde. Schon vor ihm war der Baron Hund († 1776) öffentlich zum Katholicismus übergetreten.

§. 8. Paläologie.

Die protestantische Orthodoxie hatte sich bereits im Kampfe mit dem Pietismus verblutet. Die Alten, die wenn nicht ganz so doch noch leidlich orthodox waren, starben seit der Mitte der achtziger Jahre mehr und mehr ab. Die meisten Universitäten geriethen auf den breiten Weg. „Auf jeder Universität gab es nun eine andere christliche Religion, ja sogar auf jeder deren so viele, als sie Doctores Theologiae, Professores ordinarios, extraordinarios und Magisterlein zählte." * Unter 100 Schriften, welche herauskamen, war kaum eine, welche die reine Lehre vertheidigte. Apparent rari nantes in gurgite vasto. Nur hier und da hielt man noch auf alte Strenge und Hutter's Compendium*. Im Allgemeinen war die alte Orthodoxie zu einer im Zeitbewußtsein wurzellosen Sache geworden. Schon 1768 ertönt die Klage: »Hodie frustra laborare videntur, quotquot caussam Dei perorant. Aetas nostra novaturiens stomachatur ad antiquissimas veritates. Et quaenam nostrae posteritatis facies? Quodnam monstrum naturalismum excipiet?« Ein Anderer seufzt: „Wer nimmt sich den Schaden Josephs zu Herzen? Auch die niedrigsten Stände verlieren allmählich die Kraft der alten göttlichen Wahrheit. Die Aussicht auf die Zukunft kann nicht anders, als traurig sein. Es ist als habe der Herr jetzt seine Kirche verlassen." Das Verhalten der einzelnen Orthodoxen war je nach Umständen und Character verschieden. Einige, durch das Satyrisiren der Journalisten abgeschreckt, schwiegen und fürchteten. „Bahrdt und sein Anhang, schreibt ein Landprediger im Preußischen, trieb's durch Spötterei und durch die gefährliche Anlage der deutschen Union so weit, daß ich mich schon umsah, wohin ich meinen Stab setzen wollte; ich weiß Viele, die ebenso dachten." Andere, denen ob der wie ein Krebs um sich fressenden falschen Lehre das Blut in den Adern kochte, schrieen laut. Einige sprachen gelassen, Andere waren betrübt, daß sie nicht Feuer vom Himmel fallen lassen oder David's Schleudersteine auf jene Goliathsrüstungen werfen konnten. Die Anklagen gingen auf Socinianismus, der in diesem apostatischen Jahrhundert frech sein Haupt erhebe, auf Deismus (Religion der Klugen), Arianismus, Indifferentismus, selbst auf Atheismus. Man werde es noch erleben, daß auf evangelischen Kanzeln von Christo, als dem großen Propheten und Lehrer, auf türkisch und rousseauisch werde gepredigt werden. Wenn die Aufklärer meinten: „Wie würde Luther sich nach dem ihm eigenen Feuer ereifert

---

a) Dieses Compendium wurde nachweisbar bis 1774 in manchen Schulen (z. B. in Arnstadt) gebraucht. Gerhard de Haas in Utrecht behauptete noch 1758: »Hebraismos in N. T. inveniri cogitatu dictuque absurdum et minime theologicum est.« A. F. W. Sack schreibt 1770: „So weit sind wir noch nicht, daß auf irgend einer unsrer Universitäten sich ein Theologus finden sollte, der irgend eine Schrift, die nicht buchstäblich bei den systematischen Formeln bleibt, billigen und zwar öffentlich werde billigen wollen. Noch zur Zeit gelten weder Beweise aus der Schrift noch aus den patribus, sondern bloß die Vorschrift der symbolischen Bücher." Als F. A. Wolf im J. 1783 als Director an das Gymnasium in Gera berufen werden sollte, ward als ein Haupterforderniß festgesetzt, daß „Wohlgeborner Herr Rector Wolf nach unsern evangelischen Symbolis lehren werde".

haben, hätte er die Eintrachtsformel und den Stillstand folgender Zeiten erlebt" — so urtheilten ihre Gegner: „O wenn unser alter lieber Dr. Luther kommen und sehen und hören sollte, wie es jetzo auf so mancher lutherischen Universität, auf so vielen Kanzeln und Predigtstühlen zugeht, er würde manche jetzo stolzirende Theologen und Journalisten ebenso wie Jesus mit der Geißel aus dem Tempel und von dem Catheder jagen." Dagegen hatten die Aufklärer für die Vertreter der Paläologie oder Archäomanie, wie jetzt die Orthodoxie bezeichnet wurde, mit ihren collegiis Anticalvinianis, Antipontificiis, Antibellarminianis die Geißel der Satyre zur Hand. Crispant nasum quando institutionum theologicarum scriptor in publicum prodit, rident orthodoxiam putantque, quod omnes, quibus sanum est sinciput, non possint non sibi applaudere. Partisane des Dogmas, alte Nachbeter, Ignoranten, Dunse und Schafsköpfe von Theologen wurden stehende Ehrentitel. Es erschien ein heroisch-komisches Gedicht in 12 Gesängen „Die Duncias des Jahrhunderts oder der Kampf des Lichtes und der Finsterniß" (1793), worin ein orthodoxer Prediger Stifelius also besungen wird:

> Hier sitzt er nun seit dreißig Jahren schon
> Und tauft und traut und segnet Brod und Wein,
> Und schimpft erzpriesterlich auf neue Lehr',
> Und spricht das Maran-Atha über euch,
> Hufnagel, Semler, Teller, Döderlein,
> Und übergiebt dich, Bahrdt, dem Teufel, wünscht
> Dir Gicht und Podagra in Hand und Fuß.

Auch die A. D. B. verhöhnte die bejahrten Kanzelpauker unsers Aeons, die mit ihrem altexegetischen Borstenbesen überall den Teufel und seinen Schwefelpfuhl ihren bebenden Zuhörern vormalen, und den Schöpfer in echtbigottjüdischem Geiste als ein racheschnaubendes und vor glühendem Zorne allverschlingendes Wesen schildern, unsern Herrn und Heiland von dem Teufel durch die Luft auf das Tempelgeländer tragen, und seine Unterteufel in die Sauheerden fahren lassen. Nichts sei leichter, als ein fertiger und geschickter Theologe nach dem alten System zu werden. „Ein bißchen Schulphilosophie aber desto weniger Menschenverstand, ein gutes Gedächtniß aber nicht viel Urtheilskraft, eine Menge Beweisstellen nach dem Grundtext auswendig gelernt, wenigstens cum memoria locali, einige Förmelchens, einige Distinctionen, dieses Alles mit einer guten Portion Glauben und praeiudicio auctoritatis vermischt, so ist der rechtgläubige Gottesgelehrte fertig." Darauf antworteten die Andern, es gehöre dermalen eben auch nicht viel dazu, zu dem erhabenen

Posten eines Selbstdenkers sich emporzuschwingen. Das bewiesen die Studenten, die nach dem ersten Studienjahr schon völlig mit dem Teufel fertig sind, sowie in dem folgenden mit Mose und den Propheten, mit Wundern und Weissagungen und göttlicher Eingebung. „Pfuscher waren die Mönche der finstern Zeiten gegen so viele der Gottesgelahrtheit Beflissene in den unsrigen: jene konnten allenfalls den Teufel bannen und austreiben, diese können, was Abramelech selbst nicht konnte, ihn ganz und gar vernichten." Und wenn einmal alle jene großentheils sehr nützlichen Distinctionen und richtigen thetischen Ausdrücke, jetzt alter scholastischer Wust genannt, aus dem Wege geräumt wären, so sei damit nichts gewonnen, als daß man sich wieder einige Jahrhunderte herumzankt, bis man die Zaunstecken unserer Altväter wiederum eingesetzt hat und mit gleich deutlichen, auf's Neue gestempelten Worten sagen lernt, was man nun gegenwärtig auf mehreren Seiten sagt. Die Altgläubigen hatten auch, wenigstens zum Theil, ein Gefühl davon, daß ihr System doch mehr Zusammenhang und innere Sicherheit habe, als das, womit die schriftverdrehenden Aufklärer die Deisten gewinnen wollten. Die letzten Repräsentanten der ersterbenden Orthodoxie waren: der erste Hirte und Wächter der St. Catharinengemeinde in Hamburg Johann Melchior Goeze († 1786), Ehrngoeze oder auch der Hamburger Oelgötze genannt, ein Mann, wie selbst Bahrdt's Kirchen- und Ketzeralmanach zugiebt, nicht ohne Kopf, Kenntnisse und Kanzelgaben, der viele weitschweifige Bücher schrieb, namentlich in der Bibelliteratur wohl bewandert war[b]. Er war aber auch der mit dünner Nase für Heterodoxie begabte Petrus der lutherischen Kirche, der „zeitlebens nichts gethan hat, als in der Nähe und Ferne über alle die Leute ein wachsames Auge gehalten, welche die Welt klug machen wollten, und als Streiter des Herrn gegen sie geredet, gepredigt, geschrieben, gedonnert was das Zeug halten wollte". Er schilt auf Melanchthon, der, nur stark in den Komödien und Tragödien der alten Heiden, gegen Luther allezeit eine neidische und hämische Gesinnung gehegt und durch verwegene Fälschung der Augsburgischen Confession der lutherischen Kirche unersetzlichen Schaden gethan habe. Er entzweit sich mit seinem milder gesinnten Bruder J. A. E. Goeze (erstem Hofdiaconus an der Stiftskirche in Quedlinburg). Selbst Mosheim findet vor ihm keine Gnade: manche Behauptung desselben hat er mit Betrübniß und Wehmuth gelesen, und vor

---

b) F. L. Hoffmann, Goeze als Bibelsammler und Bibliograph. Lpz. 1852.

manchen Folgen, die sich daraus ziehen lassen, schaudert ihm die Haut. Er kämpft gegen die Reformirten, als die nicht erhörlich beten, kämpft hartherzig gegen seinen lutherischen Amtsbruder, den gern scherzenden, beredten, redlichen Alberti, der aus dem alten Bußgebet die Worte Asaph's (Ps. 79, 6): „Schütte deinen Grimm auf die Heiden und auf die Königreiche, die deinen Namen nicht anrufen" weggelassen hatte. Er streitet gewaltig gegen die grundstürzenden Irrthümer des kindermörderischen Herodes Basedow, gegen den halsstarrigen Juden Mendelssohn, gegen die verdammlichen Abwege des nachbrüllenden Semler; er schnaubt gegen Nicolai und die satanischen Angriffe seines Freibataillons in der A. D. B., die ihm und so manchem Knechte Gottes schon den Tod hätten zuziehen müssen, wenn das Bewußtsein der Unschuld ihn nicht als ein starker Schild gegen die Pfeile bedeckt hätte; eifert gegen die deutsche Schaubühne, die große Diana von Ephesus, das von der Pest inficirte Haus, diesen Bildersaal voll ärgerlicher Schildereien, zur Pompa Satanao gehörig, und gegen Goethe's Werther als eine Apologie des Selbstmordes. „Da mitten in der evangelisch-lutherischen Kirche Apologieen für den Selbstmord erscheinen und in öffentlichen Zeitungen angepriesen werden, so werden wir bald laudes Sodomiae, wenigstens neue Auflagen oder gar Uebersetzungen der Aloysia Sigaea sehen. Es wird für kein Verbrechen gehalten werden, Andere, welche uns im Wege stehen, aus der Welt zu schaffen. Die Giftmischerei wird so eingerichtet sein, daß die Bestrafung derselben unmöglich sein wird." Diese Fehden wurden geführt allerdings aus Ueberzeugung, aber zudringlich und tölpisch, ohne Verständniß für den gegnerischen Standpunkt, mit antiquirtem Feuereifer und Grobheit. „Man sollte fast glauben, es lebe und webe Flacii Geist in ihm, der aber nach 200 Jahren noch weit wüthender worden ist. Tantaene animis coelestibus irae!" Es konnte nicht fehlen, daß diese provocirenden Angriffe den Pugil Hamburgensis zum Stichblatt vieler Gegner machten. Kloß der Humanist hat ihn lateinisch besungen:

> Goezius Hamburgi clamoribus omnia complet,
> Voce tonat rauca, turris templumque tremiscit.

Die A. D. B. zieht die Parallele: „Stecke dein Schwert ein, Peter! sagt Christus. Hau' ihm ein Ohr ab, sagt Herr Goeze, und wenn du kannst beide." Bei Blumauer in der travestirten Aeneide muß er die Ehrenpredigt auf den trojanischen Gaul halten. In Abbt's „Auto da Fé" bittet er als der lutherische Großinquisitor, nachdem Basedow's

Bildniß mit Füßen getreten worden, mit rührenden Seufzern, daß der Eifer der Leviten auflodern dürfe, zu verzehren alle, die sich wider Mose und Aaron auflehnen, Philosophen, Witzlinge und Freimäurer. J. M. Dreyer verspottet den Hamburger Götzen mit der fetten Wange und Bahrdt rühmt seinen ansehnlichen und der Formula Concordiä zur Ehre gereichenden Bauch. Der Verfasser der „Gallerie der Teufel" (Cranz) redet ihn an: „Ich habe gefunden, daß Ihr unterscheidendes Ingredienz von dem starken Schatten, den Sie Ihren Gemälden geben, wenn Sie einen Ketzer schildern, in einer schönen Art von frommer schwarzer Galle besteht, die sich sehr gut ausnimmt, und die Welt sagt, daß Ew. Hoch-ehrwürden einen schönen Vorrath davon haben sollen." Ein Anderer fragt: „Ist mit einem solchen Manne wohl ordentlich und vernünftig zu strei-ten? Bloße Ironie verdient er. Schade nur, daß sein Priesterkragen ihn vor dieser Ironie einigermaßen zu schützen scheint." Selbst die Mil-desten und Gesinnungsgenossen von ihm reden von Goezischer Heftigkeit und Lieblosigkeit, er habe auch bei der gerechtesten Sache sehr oft den rechten Ton verfehlt. Lessing aber hatte gemeint: „daß Goeze für das Verbrennen der Ketzer und Heterodoxen stimmen sollte, glaube ich nicht. Dazu ist er wirklich wohl noch zu weitherzig; aber daß er darauf be-stehen würde, daß Semler, Basedow und Teller ein Reisbündel auf dem Rücken vor seiner Kanzel erscheinen und so widerrufen müßten, das bin ich überzeugt°." Zu Goeze's Consorten, denen er vom Vorrathe seiner schwarzen Galle mitgetheilt, wurden gerechnet der große Licen-tiatus iuris und gegen die Theaterpest ankämpfende Hamburgische Zei-tungsschreiber Albrecht Witfenberg[d], dann der wegen seines Eifers gegen die Vernunft hochberühmte Chr. Ziegra († 1778), der Dom-kirche zu Hamburg Canonicus minor, Director der weltberühmten „schwarzen Zeitung" (seit 1758)[e], darin zu Nutz der Herrn Prediger im Lande Hadeln den abgefallenen Nicolaiten der A. D. B. als rechten Erzwölfen gern ein Schnurrbart gezeichnet, aber auch ein Hamann zum

---

c) Apologetisch für Goeze: K. Sudhoff in Herzog's R. E. V, 226 u. G. R. Röpe, J. M. Goeze. Eine Rettung. Hamb. 1860 [Aus Röpe hat seinen Artikel in der Allgem. Encyklopädie I, 73, 18 abgeschrieben H. Döring]. Dgg. A. Boden, Lessing und Goeze. Lzg. 1862.

d) F. Wehl, Hamburgs Literaturleben im 18. Jahrh. Lpz. 1856. S. 115.

e) [Chr. Ad. Klotz]:
Idem (sc. Goezius) amans chartas et vana diaria legit,
Qualia bellipotens Hamburgi Ziegra, pusillus
Natus et infausto coeli sub sidere, scribit.

Besten seines kranken Kopfes mit dem Spinn- und Raspelhaus bedroht wurde, wofür dieser den Nachrichter in den „Wolken" (1761) züchtigte, und C. F. Bahrdt, in der Jugend ein orthodoxer Hitzkopf, den Goeze zu sich nach Hamburg ziehen wollte. „Der unsaubere Geist, der aus dem intoleranten Goeze ausfuhr, fuhr sogleich in den reformirten Superintendenten S. L. C. de Marées († 1802) in Dessau, und der schrie gleich als setzte der menschliche Verstand der Religion das Messer an die Kehle." Er hat lebhaft und witzig gegen die neuen Wächter der protestantischen Kirche und den Unfug der Aufklärer geschrieben, dem Kindermord im Reiche der Wahrheit zu steuern gesucht, das ökumenische Büchergericht zu Jena, welches mithelfen wolle das Christenthum in Vernunftreligion zu verwandeln, bekämpft, und den Spiritum Deismi rectificatissimum von der A. D. B. abgezogen, wofür ihn diese einen Systemsfiscal nannte und Nicolai ihm das Patent als eines sehr schwachen Mannes ausfertigte. Die Epoche des unseligen Abfalles, wodurch die Christen nun da sind, wo die Juden vor ihrer Verwerfung gewesen, datirt er in Deutschland von der Ankunft der Philosophen her, die von der Seine gerufen wurden. „Diese Philosophen mit ihren unerschöpflichen satyrischen Witzen, nach denen die Ohren jückten, weil sie die Lüste befriedigten, wurden gelesen, als große Weise bewundert, als Muster angepriesen, und, was kaum begreiflich ist, der vorzüglichste derselben (Voltaire), der die Könige so gut als die Priester, die Metaphysik so gut als das Evangelium verhöhnte, hat doch das Glück gehabt, von Monarchen sowohl als Philosophen vergöttert zu werden." Bekäme die liberale Philosophie in Deutschland die Macht, die sie in Frankreich an sich gerissen hat, sie würde ihm, meint er, nach der Vorschrift eines deutschen philosophischen Illuminatengenerals die Hände binden und ihn der Pike oder Guillotine überliefern, wie in Frankreich einigen ebenso alten als würdigen Bischöfen geschehen ist. Trotz aller von den Aufklärern behaupteten Teufelsvernichtung sei die Familie des Vaters der Lügen vielleicht zahlreicher als jemals, der Debit seiner Unglaubensfabriken verbreiteter als jemals, und die erste Sprache des Versuchers auf unsrer Erde: „Ja, sollte Gott wohl gesagt haben!" ist sogar eine Sprache der Gelehrten geworden. Aber die erfüllte Bibel wird es thun, wie es die übersetzte schon gethan hat, nämlich die Feinde Christi zerschmeißen. Wenn die Neugläubigen zur Erklärung des Pfingstwunders den Blitz zu Hülfe nahmen, so macht ihnen de Marées bemerklich: „ich wünsche aufrichtig, daß keinem von ihnen jemals der Blitz so nahe kommen möge, daß er auf seinem Haupte zu sitzen scheint; ich bin gewiß, es würde ihm alsdann nicht nur die feurige Beredtsamkeit, sondern alle Sprache vergehen." Mit Luther's und Erasmus' Gelehrsamkeit angezogen, habe dieser Meister in Israel — rühmten die Paläologen — unter allen protestantischen Theologen seiner Zeit zuerst den edlen Muth gehabt, den deistischen Fanatismus anzugreifen, seine Blößen und Absichten aufzudecken, und sich dadurch um die evangelische Kirche beider Confessionen unsterblich verdient gemacht. Ueberschwänglich schrieb Lavater: „Der ehrwürdige Greis steht in seinem echten Christenthum so glorreich da, daß man ihm die Kniee umfassen möchte, und unter seinem Silberhaar glänzt ein so warmes Blut auf der Stirne, daß einem das Herzklopfen davon ankömmt." Aber auch die Neue A. D. B. bekannte: „der auswärts für so hyperorthodox verschrieene Superintendent de Marées widerlegt durch die That die Beschuldigung, ein intoleranter Eiferer zu sein." In Verbindung mit Goeze und den Seinen wurde auch Sebastian Friedrich Trescho († 1804), Diaconus zu Mohrungen, genannt, der ehedem in seinen Briefen über die neueste theologische Literatur „mit frommer Wuth" die Lehren der Altväter gegen die betrübten Irrthümer der Neuerer, die auf Mosis Stuhl sitzen und als Feinde des Kreuzes Christi bewundert werden, verfocht, meinend, wenn zu dieser Frist die Lehrer der evangelischen Kirche nicht aufwachten, würden die Steine schreien, dann in seinen „Neuen Briefen über Gegenstände der geistlichen Wissenschaften" (1768) nicht mehr auf gut kosakisch, sondern nach aller Kriegsmanier und mit dem Anstande, der unter gesitteten Völkern Herkommens ist, in das Gebiet der Rationalisten streifte, endlich vor der blutigen Spötterei von der Polemik zur Ascetik zurückkehrend geschwiegen hat. Hart nennt ihn Herder, ehemals Trescho's Abschreiber, einen Heuchler, der ihm auf seine ganze Lebenszeit die Heuchler zu den schwärzesten Leuten gemacht habe, und dichtet:

> Der Trommelschläger Trescho schlug
> Das Kalbfell voll von Muth,
> Sein hocherleuchtet Köpfchen trug
> Zum Schirm den breit'sten Hut.

Mendelssohn schreibt an Abbt: „Trescho, Ziegra, Bahrdt und einige Andere ihres Gelichters ärgern sich fast zu Tode, daß Unchristen auch Vernunft haben sollen. O wohl uns, daß der liebe Gott gütiger ist, als Trescho, Ziegra und Bahrdt!" und Abbt erwiedert: „Gott bewahre nur, daß die Ziegra, Trescho 2c. nicht Scheiterhaufen anzünden dürfen.

Wir dürften nur gleich zum Lande hinauswandern." Dagegen bezeichnet ihn Bahrdt's Ketzeralmanach als einen Mann von lebhaftem Geist und viel Belesenheit, dem eine unwürdigere Begegnung widerfahren, als er den vermeinten Feinden des Kreuzes Christi angedeihen ließ. Der mit vielfacher, zumal orientalischer Gelehrsamkeit ausgerüstete Friedrich Eberhard Boysen († 1800), Oberhofprediger und Consistorialrath im Reichsstifte Quedlinburg, legt in seiner mit einem ebenso festen als warmen Pinsel, aber auch mit ermüdender Weitschweifigkeit geschriebenen Selbstbiographie*) das Bekenntniß ab: „ich wankte nicht im mindesten von dem Lehrbegriff der lutherischen Kirche", und es sei eine in tückischer Absicht gewagte Auflage, wenn man das lutherische Glaubenssystem der Trockenheit und Unfruchtbarkeit für das Leben, also auch als einen systematischen Feind der Tugendlehre beschuldige. Selbst Luther's Bibelübersetzung gilt ihm rücksichtlich der Glaubenslehre für fehlerlos. Auf diesem hartorthodoxen Standpunkt, der ihn aber doch nicht abhielt, am göttlichen Ursprung der hebräischen Accente zu zweifeln, den Exorcismus aufzugeben und in seiner Erläuterung des kleinen Katechismus eine bloße Offenbarungstrinität anzunehmen, eifert er gegen Thomasius, der zu seiner ewigen Schande den Aristoteles pasquillantisch heruntergesetzt habe, gegen den liederlichen Herumläufer Edelmann und dessen von (dem zur Neologie übergegangenen) Bahrdt adonisirten Auswürfe, gegen den Socinianer, den er nicht bloß in der Dogmatik, sondern ebenso kenntlich in der Moral fand, wo ihn noch kein Gelehrter gesucht hatte, gegen die sophistische Witzgelehrsamkeit und cyklopische Grobheit der Religionsmischer, die ohne allen Zubehör der Einsichten und des Herzens sich an die heiligen hohen Wahrheiten der Religion machen. Bei aller Sprache der Demuth selbstgefällig und von sich eingenommen wollte Boysen in mancherlei Wissenschaft Vieles als der Erste und Vieles besser als Andere gemacht haben. Daher es auch mehr wie Mißgunst als Orthodoxie aussieht, wenn er von Semler, den er doch seinen Freund nennt, urtheilt: derselbe habe mehr geschimmert als geleuchtet und sei nur von Halbgelehrten, die im Loben mit epileptischen Zufällen behaftet waren, als der Reformator der christlichen Theologie herausgestrichen worden. Der eng mit Crusius und auch mit Gellert befreundete Domherr Joh. Fr. Burscher († 1805) in Leipzig, der in gutmüthiger Eitelkeit seiner vielen Titel und hohen Würden sich freute, brachte mit

---

*) Eigene Lebensbeschreibung. 2 Th. Quedlinb. 1795 (reicht nur bis 1760).

seiner Catheberpolemik gegen die Neologen und das von ihnen Vernunft genannte Ding den Eindruck des Komischen hervor, indem er, allen wissenschaftlichen Zusammenhang außer Acht lassend, seinen hochgeehrtesten Herrn Zuhörern versicherte, daß er Alles wisse und mit seinen Demonstrationen Alles, auch wie der babylonische Thurm gebaut gewesen sein müsse, apodictisch beweise. „Ich bin fest! ich weiß Alles! die neuen Herren, die ich weiß nicht was Alles in der Bibel finden wollen — zu denen spreche ich: Komm her, Herr Bruder, komm zu mir in die Schule, ich will dir Alles demonstriren, daß du überzeugt werden mußt. — Ja kann ich das denn auch? — Ja! denn ich weiß Alles, ich bin fest! Aber woher weißt denn du Alles? — Ich habe die Quellen alle studirt, die die hoch- und vielgelahrten Herren wohl gar nicht kennen." „Am jüngsten Gericht wird Christus die Socinianer fragen: Glaubst du, daß ich Gottes Sohn bin? — Nein! — Warum nicht? Hast du wohl die H. Schrift gehabt? — Ja! aber ich habe sie nicht verstanden. — Nicht verstehen wollen, nicht verstehen wollen! Fort, fort mit dir in den Abgrund! — Aber, werden meine hochzuverehrenden Herrn fragen, was wird der Herr Christus zu dir sagen? — Er wird sagen: du da hinten, mein treuer Knecht Prälat D. Burscher, komm her, da, hierher, neben mir!" Ein hoher Befehl trug ihm 1789 Vorlesungen über die symbolischen Bücher auf, über deren Besuch jeder Theologe, der in Dresden das Examen machen wollte, durch ein Zeugniß sich ausweisen mußte. Fichte erzählt, Burscher sei schon im Jahre 1798 eine ansehnliche Wette eingegangen, daß er, Fichte, zu Ende des nächsten Jahres Egulant sein würde, und bezeichnet ihn als Eingeweihten dieser Geheimnisse*. Christian Albrecht Döderlein († 1789), erster Professor der neugegründeten Universität Bützow, wollte in seinen „Abhandlungen über den ganzen Umfang der Religion" das alte dogmatische System mit allem seinem Fachwerk in baulichem Stand erhalten, brachte daher unter Abweisung aller und jeder Abweichung die gangbaren Beweise für dasselbe sehr vollständig bei. Die Heiden und Alle, die nichts von Jesu Christo wissen oder gewußt haben, will er zwar nicht verdammen, aber sie sollen auch durchaus keiner Seligkeit theilhaftig werden können. Der Neologie und dem Illuminatismus in umfassender Weise, soweit es die Natur des historischen Vortrages verstattete, entgegen zu arbeiten, begründete H. M. G. Köster († 1802), Professor der Geschichte und Politik in

---

g) F. L. Schönemann, Burscher's Leben und Todtenfeyer. Lpz. 1805.

Gießen, der nicht zu den starken Geistern gehörte, ein orthodoxes Journal „Neueste Religionsbegebenheiten mit unparteiischen Anmerkungen". Weil er darin mit dem Jesuiterfreunde Leop. Alois Hoffmann, Professor der praktischen Eloquenz in Wien (früher als ein um die katholische Aufklärung verdienter Mann von der A. D. B. gepriesen, späterhin, als er die Tollwuth der herrschenden Aufklärungsbarbarei angriff und den Fürsten vordemonstrirte, daß in Folge des Aufklärungsgiftes die Grundfesten ihrer Throne wankten, zu den berüchtigtsten Schriftstellern Deutschlands gerechnet), liebäugelte, gab ihm Biester schuld, er verschieße jesuitische Bolzen.

Als die letzten Regungen der untergehenden Orthodoxie entstanden gesellschaftliche Verbindungen in Schweden pro fide et christianismo, in England for promoting christian knowledge, in Deutschland die deutsche Gesellschaft zur Beförderung reiner Lehre und wahrer Gottseligkeit. Die ersten Vorschläge zu der letztern machte 1779 Johann August Urlsperger († 1806), Senior des evangelischen Predigtamtes in Augsburg, welcher sein ansehnliches und einträgliches Amt Krankheitshalber niederlegte und als Missionarius dieser neuen congregatio de propaganda fide umherreiste. Die Gesellschaft selbst wurde durch einige gutdenkende Freunde der Wahrheit ohne Geräusch und Poltern in Basel gegründet, während Urlsperger sich mehr zurückzog und niemals das Directorium führte. Die Mitglieder wollten nicht einen neuen thetischen Lehrbegriff aufstellen, sich auch nicht schwere Bande anlegen und jede Distinction des vorigen Jahrhunderts vertheidigen, sondern die Ehrfurcht gegen den göttlichen Kanon und die mit dieser Ehrfurcht übereinstimmende Erklärungsart beibehalten, einander vor dem herumschleichenden Gift und herrschenden Schwindelgeist zu verwahren und die mit so vielem Blut versiegelten Lehren unverfälscht auf die Nachkommen zu bringen suchen. Das Alles sollte gewirkt werden nicht durch Disputiren, als wodurch noch wenig Wahrheit in die Welt gebracht worden, auch nicht durch Anrufung der weltlichen Gewalt, sondern im Gegensatz zu den mit Witz überzuckerten giftigen Büchern durch einen erbaulichen Schriftenwechsel. Da es nicht auf ein Hervorsuchen der alten Wortkriege abgesehen war, vielmehr mit der Zeit die Gottseligkeit noch mehr betont wurde als die reine Lehre, waren Lutheraner und Reformirte der Gesellschaft gleich angenehm, wenn sie nur das Wort Gottes als ihre einzige Erkenntnißquelle der selig machenden Wahrheit, Jesum Christum als wahren Gott ansahen und seine vollgültige Genugthuung anerkannten.

Nicolai argwöhnte in dieser so schön verlarvten Verbrüderung von Pietisten und crassester Orthodoxie eine protestantische Jesuitengesellschaft; Urlsperger, der reisende Werbofficier, sei ein gutmüthiger und höchst schwacher Mann, dessen sich unbekannte Personen als ihres Werkzeugs und ostensiblen Hauptes bedienten, um Hierarchie und Katholicismus auszubreiten. Der Ketzeralmanach meinte, weise Regenten würden diese ganze Gesellschaft der verbündeten Schafe Jesu mit ihren Conventikeln in Kurzem zerstören. Sie lebt aber jetzt noch fort in einer Reihe christlicher Vereine, die aus ihrem Stamme erwuchsen[h]. Die Holländische Gesellschaft zur Vertheidigung der christlichen Religion gegen die heutigen Bestreiter derselben ward 1785 unter dem Präsidium des Predigers im Haag Johannes Heringa gegründet. Sie hatte es nur auf die Hauptwahrheiten, welche beide protestantische Kirchen mit einander gemein haben, abgesehen und schrieb zu diesem Zweck antineologische Preisfragen aus.

§. 9. Neologie.

V. J. K. Ritsch. Die Theologie der Neuern. Erf. 1790. Ueber die heutige u. künftige Neologie. Von einem protest. Theologen. Jen. 1792. L. Pelt in Herzog's R. E. X, 262. J. Ritsch. Die geschichtliche Bedeutung d. Aufklärungstheologie [Jahrb. f. prot. Theol. 1875. S. 39]. In satirischer Form: Briefe eines reisenden Juden über den gegenw. Zustand des Religionswesens unter den Protestanten u. Katholiken. 4 A. 1751.

Die Freigeisterei in Frankreich als in einem katholischen Lande konnte, auch wenn sie weniger von Frivolität inficirt und mehr ernsten Geistes gewesen wäre, keinen rückwirkenden Einfluß auf die Theologie ausüben. Dem englischen Deismus steht ebenso unvermittelt die englische Theologie gegenüber. Sie bestreitet ihn, ohne ihn auf sich wirken zu lassen, abgerechnet etwa, daß die englischen Theologen durch den Gegensatz zu einem eingehenderen Bibelstudium und periodenreichen Paraphrasen sich veranlaßt sahen. Die deutsche Aufklärung vollzieht sich nicht bloß in erster Linie auf dem Gebiete der Theologie, die deutschen Theologen selbst sind es, die sie in Vollzug setzen. Für die herrschende Theologie der Aufklärungszeit hat sich die Bezeichnung Neologie oder Kainologie ausgeprägt. In ihr tritt das Princip der Aufklärung mit besonderer Mächtigkeit auf, zerstörend und niederreißend, was zwei Jahrhunderte gebaut und verschanzt hatten, eine siegreiche Fortsetzung des Socinianismus, dessen Waffen die aufklärenden Theologen gebrauchten. Der Kirchenhimmel der alten Orthodoxie galt nunmehr als

---

[h] Neueste Religionsgesch. fortges. v. G. J. Planck I, 209—260. A. Ostertag in Herzog's R. E. II, 651. XVI, 749.

ein solcher, der mit finsteren Wolken bedeckt gewesen, so daß die Sonne der Wahrheit nicht durchscheinen konnte. Auch die Demonstrirsucht der Wolffianer wollte nachgerade nicht mehr verfangen. „Der gar zu philosophische Schwindel unter den Gelehrten läßt allmählich nach, und der Mißbrauch der demonstrativischen Methode veraltet[a]." An ihre Stelle trat die Reformationssucht, die so energisch die neuen Reformatoren befiel, daß ihnen die Verse in den Mund gelegt wurden:

> „Wir haben Recht und Macht allein,
> „Was wir setzen, das gilt gemein:
> „Wer ist, der uns soll meistern?"

und die so allgemein wurde, daß unbärtige Jünglinge, halbjährige Studenten, sich herausnahmen, die Welt zu belehren, daß man auf Dorfkanzeln neologische Predigten hörte und einen großen unsichtbaren Bund argwöhnte gegen die christliche Religion und die monarchischen Staaten[b]. Denn ohne eine Alles dirigirende Spitze lasse sich eine solche Uebereinstimmung der Recensenten, Schriftsteller und Buchhändler, als der Balgentreter bei der Orgel[c], nicht denken. Das Ziel der neologischen Bestrebungen war: das Christenthum sollte auf das Niveau der Aufklärungszeit gebracht d. i. von allen unbegreiflichen Sätzen gereinigt werden, damit es bei Deisten und andern Selbstdenkern beliebt werde, als wenn, bemerkten die Altgläubigen, christliche Lehrer weiter nichts zu thun hätten, als den Deisten nachzulaufen. Dem zufolge begann und führte die Neologie den Kampf gegen die symbolischen Bücher als Fesseln, welche die Prüfung hindern, und gegen den alten Schlendrian, die Dornhecken der orthodoxen Dogmatik, welche so verächtlich gemacht wurde wie eine verjährte Kleidertracht. Die Menschenauctorität in Sachen der Religion fiel dem aufgeklärten Verstande zum Opfer. „Wir können selbst denken und brauchen von Athanasius uns hierin keine Ge-

---

a) Allg. Deutsche Biblioth. (1766) III, 1, 223.

b) [H. M. G. Köster?] Nachr. von einem großen aber unsichtbaren Bunde gegen die christl. Religion u. die monarchischen Staaten. 2. A. 1785. — Auf eine zufällige Zusammenkunft freigesinnter Männer (Sack, Spalding, Rautenberg, Semler u. A.) 1770 zu Magdeburg fiel sofort der Verdacht eines dort verabredeten förmlichen Planes zum Umsturz des bisherigen Lehrbegriffs und Kirchensystems.

c) „Die Neologen, klagt der Oberprediger P. C. Schäffer zu Coburg im Magdeburgischen, haben alle Buchladen in Beschlag genommen, sodaß kein Orthodoxer mehr etwas gedruckt erhalten kann, sondern sein Werk zur Ehre der geoffenbarten Religion von einer Stadt zur andern umherschicken und endlich noch Geld geben muß, um es nur gedruckt zu erhalten."

setze vorschreiben zu lassen." Aber bei alledem wollte die Neologie nicht das Fundament des Christenthums verlassen, sie wollte nicht Naturalismus sein oder doch nur ein Naturalismus in christlichem Gewande. Die heilige Schrift war ihr eine Größe, die respectirt werden muß, wenn auch nicht mehr Auctorität im Sinne des 17. Jahrhunderts. Denn, sagt die A. D. B., wer das N. T. für einen vom Himmel gefallenen, an uns unmittelbar gerichteten Brief ansehen will, der ist seiner Urtheilskraft wegen, die er bei Lesung einer 2000 Jahre alten Urkunde zeigt, eben nicht zu beneiden. Da sich die Orthodoxie für ihre Sätze auf die heilige Schrift berief, so mußte diese die Wahlstatt werden, auf welcher die Neologie ihre Hauptschlacht lieferte. Die Aufklärungstheologie leugnete vorerst den biblischen Grund der orthodoxen Dogmen. Das Alles stehe gar nicht in der Bibel, sei orientalische Figur, jüdischer Sprachgebrauch, nach einer gesunden Sprachkunde müsse Alles anders erklärt werden. Aber die Mittel der bloßen Exegese wollten nicht hinreichen, überall den aufgeklärten Verstand mit der Schrift zu versöhnen. Da fand sich der hermeneutische Grundsatz von der Accommodation (doctrina κατ' οἰκονομίαν), der Localität, der doppelten (Semler) oder auch dreifachen (Steinbart) Lehrart und wurde zur Hauptstütze der Neuerungen. Jetzt hieß es: Moses, Christus und die Apostel hätten zu manchen groben Irrthümern und Nationalvorurtheilen der Juden stillgeschwiegen, sich danach gerichtet, sie als Hülle und Einkleidung gebraucht, um vermittelst solcher Herablassung ihre damaligen Zuhörer desto sicherer in ihr Interesse zu ziehen (ad captandam benevolentiam), ja dieselben wohl gar zuweilen gebilligt[d]. Mit jener gesetzlosen Exegese, die mit jedem Schriftworte den möglichst leersten und seichtesten Sinn zu verbinden suchte, und dieser Accommodationstheorie, welche die Person der Apostel als die höhere gereiftere Instanz von ihren Schriften trennte, waren die bequemsten Handhaben geboten, Alles was das Christenthum Eigenthümliches und über den gewöhnlichen gesunden Menschenverstand Hinausliegendes hat, für jüdische Vorstellungsweise, also für unberechtigt im 18. Jahrhunderte auszugeben. „Der Apostel Schriften wurden für ein Exercitium angesehn, das der Philosoph erst corrigiren müsse." Und nun fingen die Neologen an, wie ihre Gegner es ausdrückten, zu schneiden, zu sengen und zu brennen. Da war fast kein gelehrter Aus-

---

[d] Doch bemerkt Einer der aufklärenden Theologen (Leß) selbst: „Der Weise bequemt sich zwar auch in die Irrthümer seiner Nebenmenschen, aber sie glauben, das thut nur der Unwissende, und sie bestätigen — der Betrüger."

leger mehr", der nicht die Mosaische Erzählung von der Schöpfung für ein poetisches Gemälde, die sechs Schöpfungstage für einen Einfall dichterischer Muse, den verbotenen Baum des Paradieses für einen Giftbaum, der entweder etwas Narkotisches oder Stimulirendes hatte (daher das Verbot, von ihm zu essen, die Warnung eines zärtlichen Vaters), den Sonnenstillstand Josua's für die Sprache des poetischen Affectes oder Scheines, die redende Eselin Bileam's für einen Traum oder ecstasis, die Geschichte des Propheten Jonas für einen moralischen Roman (Fabel, Apolog), die Versuchung Christi für eine innere, dem Satan als erster Ursache zugeschriebene, Regung (falls nicht etwa der Teufel ein verschlagener Spion von der jüdischen Synagoge war) erklärte. Den biblischen Wundern und Weissagungen ward die dogmatische Beweiskraft entzogen. Der Mensch von edlerem Geiste und regerem Gefühle bedürfe zum Glauben an Gott und Tugend keines grünenden Aaronsstabes, wenn er Bäume aus der Erde wachsen und ganze Wälder grünen sieht, und keiner ägyptischen Finsterniss, wenn die natürliche Nacht um ihn her den Erdboden verhüllet und über ihm die Aussicht auf tausend neue Welten öffnet. Man lasse daher die Wunder, als ad acta genommen, liegen. Die Voraussetzung, daß die biblischen Wunderthäter, nach dem Volksglauben der rohen und unwissenden Israeliten sich richtend, Vieles für Wunder ausgaben, was keine waren (so that besonders Moses, um sich Ehrfurcht und seinen Gesetzen Gehorsam zu verschaffen), bahnte den Weg zu ihrer natürlichen Erklärung. Solches Alles sollte verhüten, daß die Religion nicht dem ungesalzenen Spotte ihrer dümmsten Feinde bloßgestellt werde. Die Glaubens- und Lebenssumma des „destillirten und gequintessenzirten" neologischen Christenthumes war diese: „Verehre einen Gott, einen Allvater, sei weise, gut und lebe tugendhaft: denn du hast genug Kräfte zum Guten, du brauchst nur unterrichtet und belehrt zu werden; bilde dich nach dem vollkommensten Lehrer, dem Muster der höchsten Weisheit und Tugend, nach Jesu; und sei versichert, wenn du nach seinen Vorschriften — was aber Jesus lehrte, war herrliche, vortreffliche Anleitung zur Sittenlehre — gut moralisch lebst, so wirst du dich glücklich machen und dafür ewig belohnt werden." Jesus war den

---

o) „Die Zahl derer, welche die Bibel so radebrechen, schreibt Einer 1798, ist in der protest. Kirche bereits Legion, und die Nachbeter sind wie die Sterne am Firmament, wie die Sandkörner am Meere, so daß noch einige recht orthodoxe Bibelfreunde nun in ihren Pfarrhäusern sitzen, trauern, wehklagen und sich nicht wollen trösten lassen."

Neologen der reinste Religionslehrer, der Oberrabbi in Glaubenssachen; der galiläische Socrates, der auf nichts Anderes ausging, als das Judenthum umzuschmelzen, den Menschen ihren eignen Werth kennen zu lehren (sie seien Kinder Gottes, wie alle Geschöpfe, aber dabei unsterblich), sie aus ihren unrichtigen Begriffen von Menschenpflicht zu seinen bessern überzuführen, ihre Tugend zu veredeln (welches geschehe durch Befolgung der von ihm gepredigten Moralien), und dadurch ihnen ein glückliches, ruhiges Leben in der Welt und ungetrübte und freudige Aussichten in die Zukunft zu verschaffen. Eine nähere Erkenntniß von Jesu Natur und Person gehöre nicht für dieses Leben. Die Christen bauten ihm Altäre, die nur dem einigen, ewigen Wesen zukommen, ihm, einem Menschen, der sich nicht selbst, dazu dachte er zu bescheiden, sondern den seine Anhänger apotheosirten^f. Sein Blut reinigt nicht von aller Sünde, wäre es so, welcher Fürst wäre seines Thrones und Lebens sicher. Die Sünden erschienen mehr als durch physische Disposition bedingte Gebrechen — Gott schuf uns zu Menschen, nicht zu Engeln: kann er zürnen, wenn wir Fehler haben, die von unsrer unvollkommenen Natur unzertrennlich sind? — die Tugenden der Unwiedergeborenen nicht mehr als glänzende Laster, denn das ist ein Grundsatz, durch welchen ihr den Menschen für Tugend und Laster, für Ehre und Schande gleichgültig macht, und die Linie ist gerade, die mit dem Lineal übereinkommt, es mag sie gezogen haben, wer sie will. Versöhnung, Opfer, Priesterthum, Königreich, Wiederkunft zum Weltgericht, Auferweckung der Todten, das Alles gehört nur zur Lehrart, nicht zur eigentlichen Lehre Christi. So lehrten die Freunde der Aufklärung, die toleranten Theologen^g — denn der Dämon der Intoleranz, dieses Ungeheuer, das

---

f) Darauf gehen die Verse eines Paläologen:
  Der erste Neolog, der Hevam so betrog,
  Sprach, hätte Gott gesagt? —
  Hört, ruft der liebe Gott, glaubt doch an meinen Sohn!
  Zum Töpfer spricht der Thon:
  Das haben wir nicht nöthig, jedoch sind wir erbötig,
  Moral recht brav zu lehren; die thun, heißt sich bekehren.

g) Bei der Einweihung der Synagoge zu Seesen erblickte man, zum Zeichen der Toleranz jener Zeit, neben dem Oberrabbiner lutherische Superintendenten und Prediger, einen reformirten Geistlichen und katholische Priester (F. K. v. Strombeck's Leben I, 232). Die Einführung des Christenthums in Thüringen feierten am 1. Sept. 1811 zu Altenberga bei Gotha gemeinsam der Erfurter Abt Placidus Muth, der reformirte Prediger Wittich in Schmalkalden und der lutherische Generalsuperintendent Löffler in Gotha. Vgl. F. G. Lübke, Ueber Toleranz und Gewissensfreiheit,

alle Religionen vertilgt, ist heutzutage aus den Geistlichen heraus und in die Weltlichen gefahren — welche unter dem Paniere Nicolai's kämpften, und fühlten sich, während sie aus der christlichen Religion eine kleine Hütte machten[h], und vor aller tiefern Auffassung wie vor einer Untiefe zurückscheuten, als Fortsetzer des Werkes, zu dem Jesus den Anfang gemacht, nämlich das finstere Europa ein wenig mit hellern Wahrheiten zu erleuchten, und als die echten Protestanten. Die Neologie, und das ist ihre Lichtseite, bedeutet die Reformation der evangelischen Theologie, welche auf freigemachter Bahn jetzt zu einer bislang nicht gekannten Höhe der Forschung hinauf gehoben wurde. Diese Reformation der theologischen Wissenschaft war nicht zunächst eine Umwandlung der Dogmatik, die tonangebenden Häupter sind dogmatisch wenig bedeutend, selbst Verfechter des Alten, sondern eine Weiterbildung der biblischen Bestrebungen der Reformationszeit, exegetische und historisch-kritische Arbeit, die, auf allen Seiten die Ueberlieferung durchbrechend[i], am Ende zu einer Totalumwälzung führen mußte. Die wissenschaftliche Solidität bannte den Strom dieser Umwälzung in feste Geleise und hinderte, daß der Bruch mit dem kirchlichen Herkommen zu einem Bruch mit dem Christenthum wurde.

§. 10. Johann August Ernesti und seine Schule.

Elogien u. Characteristiken Ernesti's von A. W. Ernesti [Lips. 1781 u. in Acta hist.-eccl. a. t. VIII, 91], C. L. Bauer [Lips. 1752], B. F. Schmieder [1782]. — Ueber Ernesti als Theologen schrieben: W. A. Teller [Brl. 1783], Semler [Halle 1783], Hagenbach [in Herzog's R. G. IV, 140], W. Gaß [Gesch. d. prot. Dogmatik IV, 60]; als neutestamentlichen Exegeten: Jo. van Voorst [Lugd. Bat. 1804]; als Pädagogen: Eckstein [in Schmid's Enc. II, 193].

Der Erste, welcher im Zeitalter der Neologie reformirend in die theologische Wissenschaft eingriff, war der als zweiter praeceptor Germaniae gefeierte Ernesti, geboren zu Tennstädt in Thüringen 1707. In Wittenberg, wo Wernsdorf zu ihm sagte: „wenn ein junger Mensch

---

insofern der rechtmäßige Religionseifer sie erfordert, und der unrechtmäßige sie verhindert. Brl. 1774. Dagegen Briefe eines reisenden Juden: „Die Toleranzprediger toleriren Alles, was nur zwei Füße und ein Menschengesicht hat."

h) Goethe's Neologen (Werke II, 202):
 Ich begegnet' einem jungen Mann, ich fragt' ihn um sein Gewerbe;
 Er sagt': ich sorge, wie ich kann, daß ich mir, eh' ich sterbe,
 Ein Bauergütchen erwerbe. Ich sagte, das ist sehr wohl gedacht;
 Und wünschte, er hätt' es so weit gebracht. Da hört' ich: er habe vom lieben Papa
 Und ebenso von der Frau Mama die allerschönsten Rittergüter.
 Das nenn' ich doch originale Gemüther.

i) L. Diestel, Gesch. d. A. T. in d. christl. Kirche. Jena 1869, S. 555 f.

recht Griechisch und Lateinisch gelernt hat, so ist er in alle Sättel gerecht, wenn's aber da fehlt, so bleibt er ein Stümper, weil er lebt", und in Leipzig studirte er Theologie und Humaniora, ward Rector an der Thomasschule, Professor der Beredtsamkeit, seit 1759 der Theologie in Leipzig, als welcher er 1781 starb. Lavater beschreibt ihn als einen gut gebauten Mann, bleichfarbig, mit tiefen, denkenden, blauen Augen, unter einem Vorgebirge ohne Augenbrauen herumsehend, sanft redend in dem sichern Ton eines bescheidenen Weltweisen. Er hatte in seinem ganzen Umgang die Miene eines rechtschaffenen Mannes. Alles war an ihm natürlich, ohne Verstellung, ohne Zwang, ohne Modecomplimente. Doch besaß er von Natur ein kaltes Herz, das nicht leicht für etwas erwärmt werden konnte. Seine Schüler waren unendlich für ihn begeistert. Sie meinten, wenn er redete, den Cicero oder Xenophon zu hören, sie wurden nicht müde, ihm zuzuhören, wenn er über die Wissenschaften las oder einen alten Classiker erklärte, zuweilen mit Laune und beißendem Spott*. Weit weniger wollten seine Predigten gefallen, die er zuerst lateinisch concipirte und dann mühselig in's Deutsche übertrug[b]. Er war Theolog und Philolog, aber mehr dieses als jenes (barbari aut semibarbari Dogmatistae nimis Grammaticos nos vocant in theologia), ein eingefleischter Lateiner, der der lieben Frau Muttersprache spottete. Man soll lateinisch schreiben, wenn man nicht für den Pöbel schreibet. Zu Semler, der alles Mögliche las und durchwühlte, Kirchenväter, Scholastiker, mittelalterliche und protestantische, sprach er: „das thue ich Ihnen nicht nach, solchen lateinischen Mischmasch zu lesen, ich verdürbe mir mein Latein." Sein Einfluß auf die Theologie war ein bloß philologischer. Sein Feld ist die biblische Exegese, hier schreibt er gründlich und lehrreich, hier verlangt er Freiheit. Da sagt er mit Luther: non credo me peccare, si patribus dissentio in aliquo textu obscuriore.

---

a) Er spottet z. B. über das commentum Judaicum de nube super arca foederis: „Es ist doch gar zu ein artlich Ding um diese Wolke; da kann man sich doch etwas vorstellen, das wunderbar ist. Eine Pyramidalwolke auf einem Kasten stehend, daraus zuweilen Lichtstrahlen herausfahren: wie schön muß die ausgesehn haben, mit was für Ehrerbietigkeit muß sie der Hohepriester angesehn haben? Die Wände selbst müssen dafür erstaunt sein und sie verehrt haben! Und die schöne Wolke, die so oft in Kupfer gestochen worden ist, soll weg? Nein, nein, das geht nicht an; man muß sie retten und erhalten, auch so vielen gelehrten beschnittenen und unbeschnittenen Juden zu Ehren."

b) Doch vgl. Ph. H. Schuler, Beitr. z. Gesch. des Geschmacks im Predigen. Halle 1799, S. 92 f.

Da tritt er für das Recht der hebräischen Textkritik ein, welche nur Stümper verwerfen könnten. „Man lasse diesen ihre Meinung: sie werden künftig so ausgelacht werden, wie unsere Vorfahren, die sie auch im N. T. für unbrauchbar und gefährlich hielten." Er vor Allen hat in seiner einst classischen Institutio interpretis N. T. °) die Schriftauslegung von der Dogmatik befreit und unter das Gesetz der Grammatik gethan. „Die Auslegungsregeln sind, insoferne sie auf logischen, rhetorischen und grammatischen Principiis beruhen, überall einerlei, und es wäre zu wünschen, daß die jungen Ausleger der Schrift sich erst in der Erklärung der classischen Schriften fein geübet und vorbereitet hätten." Aber, wie nun bei neuen Principien zu geschehen pflegt, Ernesti hat mit einseitiger Uebertreibung alles Heil in der Schrifterklärung gesucht. Sie allein sollte in alle theologische Wahrheit leiten, sie die Schranke aller Forschung sein. „Man muß bei der Schrift und der Auslegung bleiben. Damit kommt man am besten fort, und es ist der beste Pfropf, damit man die Mäuler stumm machen kann. Die Religion steht und fällt mit der Interpretation der h. Schrift, und die Interpretation steht und fällt mit der Philologie." Daher schalt er mit Bitterkeit auf die Versuche, die Theologie mit der Philosophie zu verbinden und Lehren der Religion durch „metaphysischen Kram" zu beweisen. „Das ist die elende Retirade derjenigen, welche mit den Sprachen nicht bekannt genug sind. Das Erklären der Schrift ist nicht jedermanns Werk, aber zu ein wenig Philosophiren wird noch immer Rath." Wolff's dicke Bände und sein analytischer Umschweif waren bei ihm schlecht angesehen. Dieser Widerwille gegen alle metaphysische Theologie brachte ihn in Collision mit seinem logikalisch-apokalyptischen Collegen Crusius, welche sich auch den Studenten mittheilte und sie, so lange beide Männer neben und wider einander in versteckten Anspielungen lehrten, in Ernestianer und Crusianer spaltete. Die besten Köpfe (darunter Goethe) hingen Ernesti, als der klaren Partei, an, die Schwachen liefen zu Crusius. Jener suchte seine Zuhörer zu überreden, daß das Studium der Griechen und Römer

---

c) Lips. 1761. Ed. V. curavit Chr. F. Ammon. Lips. 1809. Vgl. über diese Institutio und deren Mängel (z. B. explicandi V. et N. T. leges ne ab Ernestio quidem diligenter esse distinctas) H. C. A. Eichstädt, Mori super hermeneutica N. T. acroases, Lips. 1797 praef. p. 32. Noch vor Ernesti hatte der Jenaische Magister J. A. Grosch gezeigt, daß es nur eine Auslegungsart gebe, welche allen Arten von Schriften gemein sei, sowie nur eine Logik für alle Disciplinen ist.

gelehrter und weiser mache, als die (Crusius'sche) Philosophie, dieser erinnerte gegen gewisse Sprach- und Gedächtnißgelehrte, die kein iudicium haben, an des Apostels Worte: die Weisheit (er meinte Ernesti'sche Sprachgelehrsamkeit) blähet auf. „Wenn Crusius mit rührendem Ernst seufzte oder mit einem schneidenden Lächeln über Profanität und kritisches Unwesen spöttelte, so schalt Ernesti mit wegwerfender Miene oder spottete mit bitterer Laune über Ignoranz und Seherei — daß beinahe eintraf was der Apostel sagt: die Juden haben keine Gemeinschaft mit den Samaritern[d]." Zur theologischen Aufklärung seiner Zeit hat Ernesti direct wenig beigetragen. Philologische Selbstgenügsamkeit und Vorsicht hielten ihn zurück[e]. Man beschuldigte ihn geradezu, daß er aus Liebe zur Gemächlichkeit seine bessern Einsichten verleugne. „Ernesti fand bei allen seinen philologischen und historischen Kenntnissen doch aus Klugheit und aus Geiz für gut, sich zu einer Dogmatik zu bekennen, die ebenso altväterisch war, als seine alte lange schwarze Damastweste und seine schwarzwollenen Gamaschen." In der That erklärte er, keine Ursache gefunden zu haben, in einem wesentlichen Stück vom Systeme unsrer Kirche abzugehen, weil noch niemand hinlänglich bewiesen habe, daß es in der h. Schrift nicht gegründet sei. Er glaubte also an die Inspiration der Bibel, an die obedientia activa und passiva, an die Incarnation des Sohnes Gottes, er freute sich, selbst Unstudirte und Weibspersonen in der lutherischen Abendmahlslehre befestigt zu haben, er bewies gegen den süßen Belisaire und andere Menschenfreunde aus Schriftstellen mit grammatischer Kälte die ewige Unseligkeit der von ihm so oft kommentirten Heiden. Ueber die neologischen Bestrebungen urtheilte er: „Man hat erst die Vernunftmäßigkeit der christlichen Religion und ihrer Lehrpunkte zu zeigen gesucht. Dieses war an sich gut; aber man verfiel auf den Mißbrauch, unterwarf Alles der Vernunft und wollte keine Geheimnisse mehr erkennen und Alles begreiflich machen oder das Unbegreifliche für überflüssig oder unnöthig halten. Ueber der Moral ist die Glaubenslehre fast von den Kanzeln vertrieben worden. Die Kaltsinnigkeit gegen die Religion und die Spöttereien darüber haben die Schwärmerei befördert." Bei Mendelssohn, weil der das Besondere im Judenthum nur

---

[d] Vgl. J. A. C. T. Dr. Crusius und Dr. Ernesti, ein Dialog. Dresd. 1782.
[e] Semler erzählt, der sel. Ernesti habe ihm oft gesagt, es sei nicht gut, alles zu sagen, was man denke. Oft habe er, Semler, dagegen gehandelt, aber Einiges der Art bereue er itzt. — Noch ein paar Worte üb. Ernesti, hauptsächlich üb. s. Orthodoxie. Lpz. 1782.

accidentell und national sein lasse, findet er bloßen Naturalismus, bei Voltaire den süßen Quark eines elenden Raisonneurs. Nachdem er eine ziemliche Reihe grober historischer Verstöße Voltaire's aufgeführt hat, ruft er, dem Gelehrsamkeit Alles war, empört aus: „Und ein solcher Ignorant will einen Criticum in historischen Dingen machen und eine Philosophie über die Historie schreiben? Und einen solchen Ignoranten lieset und bewundert die französische Nation so? Was werden denn ihre Nachkommen von ihr sagen, wenn sie klüger als ihre jetzigen Voreltern sind werden sollten?" Indeß hielt Ernesti am kirchlichen Lehrbegriff ohne innere Wärme und ohne schroffe Bestimmtheit fest. Vielmehr er will die Lehre, wie sie in der h. Schrift gegründet ist, nicht wie sie in den gewöhnlichen Lehrbüchern steht; er eifert selbst, und zwar aus exegetischen Gründen, wider den Compendien- und Postillen-Schlendrian; er erklärt (auf Semler's Veranlassung) den Lehrtropus vom dreifachen Amte Christi für unhaltbar, weil auf willkürlicher Interpretation der allegorischen Ausdrücke Prophet, König, Priester beruhend. Prophet, König, Hoherpriester seien nicht verschiedne Theile eines Ganzen, sondern ein Ganzes, das Mittleramt, von verschiednen Seiten in's Licht gesetzt. Als sich nun wider ihn ein Geschrei erhob, weil er sich zu behaupten unterstanden, daß „Jesus weder mit noch ohne Besoldung jemals in einem Amte gestanden", nannte er seine Ansicht, als ganz auf richtige Auslegung gegründet, unwiderlegbar. Er sei dem Herrn gefolgt, und der rede nur von einem Ἔργον, quod mihi pater mandavit. In seiner „Neuen und Neuesten theologischen Bibliothek" (1760—79) hatten sich die Neologen einer gewissen, mit aller Schlauheit ausgeführten, Protection zu erfreun; so Teller, Bahrdt, der Ansbacher Kirchenrath Junckheim (der die übernatürliche Wirkungsart des h. Geistes leugnete), so Semler, dessen Bescheidenheit, Spalding, dessen Sanftmuth gerühmt wurde im Gegensatz zur Bitterkeit derer, die sich das Ansehn sehr frommer Leute geben wollen. In Bahrdt's Kirchen- und Ketzeralmanach steht daher hinter seinem Namen: „versteckte Sonnenblicke". Ernesti war seiner Zeit ein Gelehrter ersten Ranges. Quis rite habere veteres docuit? quis contemtum bonis literis inter Germanos abstersit? quis nugarum, minutiarum, falsae interpretationis commenta fugavit? quis barbariem revocatam Germanis post Melanchthonem expulit? unum ubique omnes Ernestium nominant. Semler weist sich bescheiden einen Platz hinter dem großen Mann Ernesti an. Durch sein berühmtes kritisches Journal hat er eine Art literarischer Dictatur geübt, sein Vorwort vermochte bei den Buchhändlern Alles. Aber die, welche mehr verlangten als Grammatik und reines Latein, beurtheilten ihn anders. Jean Paul schreibt: „Man schätzte an dem seligen Ernesti mehr, als man schätzen sollte. Er sprach Cicero's Latein, aber ihm fehlte seine Beredtsamkeit; er hat gute lateinische Worte, aber nicht herrliche Gedanken gehabt; er war erstaunlich gelehrt bei mittelmäßigen Kräften des Verstandes; er hatte seinen Ruhm mehr seinem Fleiß als seinem Genie, mehr seinem Gedächtniß als seinem Tiefsinn zu danken." Und der Orientalist Faber in Jena fragt: „Hat Ernesti je einen erhabnen Gedanken gewagt, der nicht grammatikalisch wäre? hat er je einen Flug gethan, der ihn über die Sphäre gemeiner Einsichten und gemeiner Theologen hinaussetzte? Vermuthlich hat seine theologische Bibliothek ihn zum Wunder der Welt gemacht. Ich schätze die Größe eines Mannes nicht nach dem Umfange seiner Kenntnisse, sondern nach der intensiven Größe der Ideen." Der alte Humanismus, wie er die Reformation der Kirche mit heraufgeführt hatte, so steht er jetzt in Ernesti an der Wiege der neuern Theologie, sie mahnend an die Prüfung ihrer biblischen Prämissen, aber nicht ohne erasmisch-melanchthonische Zurückhaltung und Scheu, in die theologischen Zeitkämpfe mitbestimmend einzugreifen.

Von Ernesti's Schülern im engern Sinne sind an dieser Stelle zu nennen: Johann August Dathe († 1791), Professor der orientalischen Sprachen in Leipzig, geschildert als ein wahrer Israelit, in dem kein Falsch war, zwar kein glänzender aber ein nützlicher Gelehrter, als Kritiker behutsam, ja schüchtern, als vom Meister selbst belobter lateinischer Uebersetzer des A. T. mehr auf Wiedergabe des Sinnes als auf den eigenthümlichen Character des Originals bedacht, die h. Schrift nicht nach dem Compendium theologiae, aber das A. T. aus dem N. T. erklärend nach dem Canon: wenn das N. T. etwas aus dem A. T. als einen Beweis anführt, so handelt die Stelle im A. T. auch von der Sache, zu deren Beweis sie angeführt wird. „Ihm sind die theologi liberaliores gewogen, weil er ihnen nirgends Abbruch thut." Ferner Johann Friedrich Fischer († 1799), Rector an der Thomasschule und Professor der Humanioren in Leipzig, ein gründlicher Interpret und streng grammatisch, ohne alle Rücksicht auf die alte Dogmatik, im Griechischen noch über Ernesti[f]. Johann Benjamin Koppe († 1791),

---

f) Chr. Th. Kulnoel, de Fischero. Lips. 1800. Chr. B. Kindervater, Ueb. Fischer als Schulmann. Lpz. 1801.

Professor in Göttingen, Generalsuperintendent in Gotha, zuletzt erster Hofprediger in Hannover, ein sehr aufgeklärter Theolog, soweit man ein solcher durch philologische und geschichtliche Kenntnisse werden kann, hat, die heiligen Bücher behandelnd wie Heyne den Virgil, in seinem »N. T. perpetua annotatione illustratum« (1778 ff.) die Lichtstrahlen, welche scharfsinnige Forscher auf einzelne Stellen hatten fallen lassen, gesammelt und zur zweckmäßigen Erleuchtung des Ganzen verwendet. Als Prediger sowohl wie als Meister vom Stuhl riß er durch seinen Feuereifer Alles mit sich fort, was in seine Sphäre kam᠎ᵍ.

§. 11. Johann David Michaelis.

Lebensbericht. v. ihm selbst m. Anmerkungen v. Hassencamp. Nebst Bemerkungen üb. dessen liter. Character v. Eichhorn [auch abgedr. in Eichhorn's Allg. Bibl. d. bibl. Literatur III. 827]. Schulz u. dem Elogium v. Heyne. Rinteln u. Lpz. 1793. Literar. Briefwechsel v. J. D. M. hrsg. v. J. G. Buhle. 3 Th. Lpz. 1794—96. H. Ewald, Ueb. d. wissenschaftl. Wirksamkeit d. ehemaligen Göttingischer Lehrer J. D. M., J. G. Eichhorn, Th. Ch. Tychsen [Jahrbb. f. bibl. Wissensch. 1849. S. 26]. Vgl. F. A. Ebert, Ueberlieferungen z. Gesch., Literat. u. Kunst. Dresd. 1826 ff. I, 1, 68. I, 2, 49.

Was Ernesti für das N. T., das war Michaelis, ein Gelehrter, auf den die Augen einer halben Welt gerichtet waren, für das A. T. Er erhielt seine Bildung im Waisenhause und unter seinem Vater Christian Benedict Michaelis († 1764) auf der Universität zu Halle, wo die Theologie im Dienste des Pietismus stand, die Philosophie als Pest für alle frommen Seelen verboten war oder doch nur unter der Firma des Waisenhauses gelehrt werden durfte. Michaelis nahm die Eigenheiten dieser Atmosphäre in sich auf. Ein Hang zur Schwärmerei bemächtigte sich seiner᠎ᵃ, der jedoch die Liebe zu den Classikern nicht gerade ausschloß (er wurde deshalb bei seiner Confirmation als ein halber Pelagianer befunden), und eine gewisse pietistische Aengstlichkeit hat er im Leben nie ganz überwinden können. Seine Reise nach England schuf seine Denkungsart beinahe ganz um, und seit seiner von den Halleschen Pietisten, weil er „die erste Liebe" verloren, gerne gesehenen Uebersiedlung nach Göttingen (1745) wirkte Mosheim befreiend auf ihn. In Göttingen ist er ein hochgepriesener Docent geworden. Seine Vorträge, durch Zungengeläufigkeit, ein Mienen- und Geberdenspiel, das alle Leidenschaften

---

g) Literatur bei G. H. Klippel in Herzog's R. E. VIII, 27.

a) So erzählt auch J. J. Reiske [v. ihm selbst aufgesetzte Lebensbeschreibung. Lpg. 1783. S. 8], der v. 1728—32 Schüler des Waisenhauses war: „Die Betstunden, die ich vor mir halten sah und hörte, und folglich aus Neugier, aus kindischer Nachahmungssucht und aus Zwang mitbesuchte, machten mich zum Narren. Ich ward ein Betnarr. Ich konnte zu ganzen Stunden aus dem Herzen beten."

(z. B. der im Buche Hiob handelnden Personen) bis zur Thräne im Auge, ja bis zur Wandlung der Gesichtsfarbe auszudrücken vermochte, und durch treffliche Stimmmittel unterstützt, waren Muster von Methode, weit besser als seine meist weitschweifigen, ermüdenden Bücher, unterhaltend, für Manchen auch durch die eingestreuten Witze verletzend[b]. In Göttingen ist er der berühmte hebräische Philolog und Bibelkritiker, der stator literarum orientalium per Germaniam illustris geworden, dessen „Namen die Zeit trägt durch alle Jahrhunderte". Bis zu seiner Zeit herrschten Buxtorf's jüdisch-christliche Chimären. Man glaubte an die unverfälschte Richtigkeit des gedruckten hebräischen Bibeltextes, des textus receptus, wie er von R. Jac. ben Chajim 1526 festgestellt worden war, und obgleich Johann Heinrich Michaelis bereits 1720 eine Bibel mit verschiednen Lesarten edirt hatte, die protestantischen Theologen hielten fest am masorethischen Aberglauben, der ihnen Dienste thun sollte im Streite mit den Katholiken. Michaelis war Anfangs ganz in diesem Vorurtheil befangen. Er vertheidigte Buxtorf's Grundsätze in seiner Dissertation de punctorum Hebraicorum antiquitate (1739) und de Psalmo XXII (1740) und setzte für sie das ganze Heer grammatischer Sophistereien in Bewegung. Nun trat der conjecturlustige Houbigant auf und der reichlich unterstützte, fleißige, vielverheißende Variantensammler Kennicot, von Einigen (den neuern Cappellianern) als der Millius des A. T. [II, 300] gefeiert, von den Andern (den Buxtorfianern) als Herostrat beim Heiligthum des Urtextes mit ewiger Schande und Verantwortung am jüngsten Gericht bedroht. Die deutsche Wissenschaft (Ernesti, O. G. Tychsen in Bützow, J. Chr. Döderlein) erkannte bald die sprachwissenschaftliche Untüchtigkeit des Franzosen und die kritische Urtheilsunfähigkeit des Engländers. Es war vor Allen Michaelis, der, der fremdländischen Anregung folgend, die alttestamentliche Textkritik in systematische Behandlung nahm, theils die Freigebigkeit seiner Vorgänger in Conjecturen zügelnd, theils ihnen mit Kühnheit

---

b) Joh. v. Müller erzählt aus eigner Erfahrung: „Michaelis machte durch einen possenhaften Vortrag dem Jüngling die Poesie der hebräischen Weisen und Seher auf einige Zeit wirklich ungenießbar." Ebenso H. E. Rauschenbusch [in sm. Leben, hrsg. v. W. Leipoldt. Barmen 1840, S. 45]: „Leider hatte M. die unselige Gewohnheit, Bibelstellen vor jungen Theologen lächerlich zu machen, was ihm Viele bis in's Alter nicht verziehen, wenn sie in den ernstesten Augenblicken eine Stelle für sich oder Andere gebrauchen wollten, und ihnen dann unwillkürlich wieder einfiel, was er dabei gesagt hatte."

vorauseilend. Schon vor ihm waren von J. A. Kromayer ͨ und A. Schultens die verwandten Dialecte zur Kenntniß des Hebräischen herangezogen worden. Michaelis ging auf dieser Bahn in größerem Maßstabe weiter. Als Liebhaber des Orients regte er bei Friedrich V. von Dänemark und seinem Minister Bernstorff eine Gelehrtenreise nach Arabien (1761) an und gab Carsten Niebuhr seine Fragen mit. Seine Uebersetzung des A. T., zumal der poetischen Bücher, ist undeutsch und schwunglos, aber reich an geschätzten Sprach- und Sachbemerkungen. Die dicta classica schwanden unter seinen Händen gar sehr zusammen ͩ. Die höhere Kritik anlangend hat er die Echtheit des Briefes Judä und der Apokalypse bezweifelt, die der Bücher Mosis mit Accent behauptet. Ein Hauptwerk von ihm ist das „Mosaische Recht" (1770), geschrieben im Geiste Montesquieu's. Als kritisch sichtender Forscher hat er hier die Grillen vernichtet, als ob Mosis Gesetze, weil sie von Gott herkommen, schlechterdings die besten wären. Sie sind zwar die besten, die die Israeliten tragen konnten, aber nicht überhaupt die besten, noch von jedem Volke nachzuahmen. Moses der Gesetzgeber erscheint als ein kluger Politicus, der das Kunststück braucht, den Leuten politisch nöthige Gesetze in der Form der Religion zu bieten, damit sie heiliger beobachtet würden ͤ. Während Michaelis im Einklange mit seiner Zeit die Moral auf das Princip der Glückseligkeit gegründet hat, fand seine Dogmatik, darin Mosheim ihm Vorbild war, nicht die Zustimmung der Reologen. Obwohl er eine theologische Professur anzutreten immer Bedenken getragen hat, weil eine gegebene Unterschrift der symbolischen Bücher ihm viel Unruhe verursachen würde, den Hauptlehren derselben ist er stets treu geblieben. Die Göttlichkeit der biblischen Offenbarung scheint ihm durch unleugbare Wunder bestätigt; sie heischt ungetheilte Annahme, ohne daß man Mißfälliges ausmerzt. Sie ist als von Gott kommend irrthums-

---

c) Prediger in Ohrdruff, Schüler von J. A. Danz, in der Schrift: Filia matri obstetricans. Frf. et Lips. 1707.

d) »Destinatum mihi est, philologia facem praeferente, veris sacrarum literarum auctoritatibus confirmare dogmata christiana, omisso ingenti illo agmine dictorum, ut vocant, probantium.«

e) J. B. in einem Feldlager ist die Reinlichkeit nöthig und übler Geruch kann endlich Krankheiten nach sich ziehen. Moses will daher, ein jeder soll seine Nothdurft außer dem Lager verrichten und sogleich beischarren. Um dieses eher von seinem Volk zu erhalten, befiehlt er, das ganze Lager wegen der Gegenwart Gottes, der ihnen gegen ihre Feinde hilft, für einen Tempel anzusehen, welcher nicht mit Unreinigkeiten entheiligt werden darf. 5 Mos. 23, 10.

los, ohne Widerspruch gegen gesunde Vernunft und wahre Philosophie, ohne Widersprüche mit sich selbst, ohne historische und logikalische Irrthümer, ohne falsche Schlüsse und falsche Weissagungen. Gleichwohl hat er die Inspiration der bloß historischen Sachen im A. und N. T. geleugnet, ausgenommen die Schöpfungsgeschichte, die kein vernünftiger Mensch ohne Offenbarung Gottes beschreiben konnte. Auch hat er das Principium von Sparsamkeit der Wunder angenommen. Sonst durchzieht seine Dogmatik eine derbe, prosaische Nüchternheit und materialistische Aeußerlichkeit. Er, der doch für einen wahrhaft gesalbten Christen gehalten sein wollte, gestand offen, nie in seinem Leben übernatürliche Gnadenwirkungen an sich wahrgenommen zu haben, erklärte die Erbsünde für eine physikalische Folge des Essens der giftigen Frucht vom verbotenen Baume, und hielt es für eine um so größere Thorheit über das Verhältniß des Sohnes zum Vater zu speculiren, als wir nicht einmal wissen, wie Mensch und Vieh aus dem Beischlaf entsteht. Wenn er gegen Ernesti die herkömmliche Dreiämterlehre aufrecht erhält, so war er doch weicher gegen die Heiden gestimmt und glaubte die Frage: possintne sine fide salvari, qui evangelium sine culpa ignorant? unter der Bedingung der Reue, Besserung und Hoffnung bejahen zu dürfen. Sein »Compendium theologiae dogmaticae« (1760) wurde darob im rechtgläubigen Schweden durch den Censor regius 1764 verboten. Eilf Jahre später schickte der König von Schweden als eine Rationalsatisfaction den Nordsternorden. Die zweite, viel dreister geschriebene Ausgabe seiner Dogmatik (1784) in deutscher Sprache — denn er erklärt es im Gegensatz zu Ernesti, der Tellern scharf getadelt hatte, daß er sein Lehrbuch deutsch geschrieben, für einen häßlich niedrigen Gedanken, dem Auge des Volkes durch die Sprache der Gelehrten etwas zu verhüllen: „Wahrheit kennet keine Hülle und der Religion, diesem allgemeinen Eigenthum, ist sie am wenigsten schicklich" — fand den Beifall der Paläologen. Michaelis konnte scherzend sagen, daß er es erlebt habe, bei denselben Lehrmeinungen erst heterodox, dann orthodox, zuletzt hyperorthodox zu scheinen. Der Ketzeralmanach bemerkt von ihm: „Er hat das zur rechten Zeit gethan, was der gute Semler zu spät versuchte, er hat den Mantel nach dem orthodoxen Winde gehängt, um seinen Applaus zu erhalten. Seine Schooßsünde ist auri sacra fames." Ferner Lauckhard: „Sein bis an Niederträchtigkeit gränzender Geiz, sein haberechtiges Wesen und seine Verachtung aller andern Gelehrten neben sich werfen ein sehr gehässiges Licht auf seinen Character." Ein Anderer schreibt: „Michaelis betet täglich: unser Brod auf morgen gieb uns heute! und findet bei einem Pfaff und andern Geizhälsen Beifall." In der That schildern ihn glaubwürdige Collegen als sehr empfindlich und herrisch, und das schöne Wort vom fröhlichen Geber, den Gott lieb hat, war sein Leibspruch nicht‍ᶠ. Im Alter von einer kleingläubigen Aengstlichkeit, die ihm schreiben ließ: „Für die orientalischen Sprachen geschieht wirklich seit 10 Jahren sehr viel, nur sieht es in Deutschland etwas als prächtiges Leichengefolge aus; denn bei uns scheinen sie zu sterben: vielleicht bekommen sie ihr Grab nahe bei der Religion", hat er freudenleer und von der Zuneigung der gelehrten Landsleute verlassen am 22. August 1791 sein Leben beschlossen. Den Namen eines Patriarchen der Rechtgläubigkeit hat ihm sein Festhalten an den characterischen Lehren der alten Dogmatik eingetragen, aber seine große orientalistische Gelehrsamkeit hat er gewiß nicht im Interesse der Orthodoxie gesammelt, vielmehr sein Hauptverdienst liegt gerade in der Aufhellung der weltlichen und natürlichen Theile der Bibel (wie er selbst ein witziger Weltmann und stattlicher Cavalier war), und seine Exegese beugt sich vor andern Gesetzen als dem der analogia fidei‍ᵍ.

Michaelis' Reichthum sowie den Clericus und Dathe hat Ernst Friedrich Karl Rosenmüller († 1835) in Leipzig, genannt Arabs, in seinen »Scholia in V. T.« (1788 ff.) genützt, den herkömmlichen Ideen über die außerordentlichen Ereignisse in der Bibel furchtsam sich anschließend.

§. 12. Johann Salomo Semler.

J. S. Semler, Chr. M. Ph. Semlerin. Nebst einiger Nachr. s. eigenen Lebens. Halle 1772. Lebensbeschr. v. ihm selbst abgefaßt. 2 Th. Halle 1781 f. Außerdem Biographieen: in Schlichtegroll's Nekrolog a. d. J. 1791. B. 2 S. 1, von Eichhorn [Allg. Bibl. d. bibl. Litt. V, 1], Tholuck [Verm. Schrr. II, 39 u. Herzog's R. E. XIV, 259]. Ueber S.'s letzte Lebenstage u. Aeußerungen: F. A. Wolf

---

f) Haffencamp: „Er schenkte dem Studenten das Honorarium nicht, aus Ueberzeugung, daß es mit Recht fordern könne, und dieser es vielleicht doch nur verschwende. Er gab keinem Straßenbettler etwas, aus Ueberzeugung, daß dies dem Bettler so sehr, als dem allgemeinen Besten schade." Seine Zuhörer mußten in den ersten Stunden ihre Namen aufschreiben und ohne Gnade pränumeriren, wobei sein Bonmot war: „Das Aufschreiben thut's freilich nicht, aber das Pränumeriren erfordert eitel gläubige Herzen." Dabei berechnet er selbst sein Diensteinkommen auf 440 Louisd'or. Doch siehe Schlözer's Leben I, 443, wo seine freigebige Beisteuer zur Armenkasse erwähnt wird, und Ewald a. a. O. S. 28.

g) A. F. v. Reinhard († 1783), Professor der Rechte in Büzow, meinte sogar, es seien des berühmten Hrn. Hofrath Michaelis philologische und exegetische Grundsätze von der Beschaffenheit, daß die im Denken noch ungeübten jungen Leute dadurch mit Neuerungssucht und willkürlichen Schrifterklärungen angefüllt würden.

[Halle 1791], A. H. Niemeyer [Halle 1791], J. C. Thieß [Hamb. 1791], C. G. Schütz [Königsb. 1792]. — J. A. Noesselt, De Semlero ejusque ingenio imprimis et meritis in interpretationem S. S. narratio [vor S.'s Paraphrasis in 1. Joannis epist. Rigae 1792; deutsch in Nösselt's Leben v. Niemeyer II, 194]. H. Schmid, Semlerianae theologiae principia et progressiones. Erl. 1854. Drf. Die Theologie Semler's. Nördl. 1858. Gaß IV, 26. L. Diestel, Zur Würdigung S.'s [Jahrbb. f. deutsche Theol. 1867. S. 471].

Wir nahen uns dem Reformator der protestantischen Theologie im vorigen Jahrhundert, dem theologischen Heros der Aufklärung, dem vornehmsten Befehlshaber unter dem Freicorps, mit dessen Kalbe fast alle Neuerer pflügten, dessen Name, wie die Paläologen sagten, bei Manchem mehr galt als der eines Apostels, dem wir — wie der als Kritiker ihm verwandte F. A. Wolf* schreibt — citra titulorum splendorem venerabilis, vita, doctrina, scriptis saeculum insignito illustrans suum, verum, bonum ac decens unice curans. Dieser Großmeister unter den Theologen, der „unsträfliche, ehrliche, tiefgelehrte" Semler, dessen Lebensgeschichte Einer seiner Biographen mit den Worten beginnt: „Heilig sei jedem Edlen die Stunde, die er der fruchtbaren Erinnerung an diesen Redlichen widmet", wurde am 18. Decbr. 1725 in Salfeld geboren, wo sein Vater Geistlicher war. Seine Mutter gewöhnte ihn früh an gerade Aufrichtigkeit, wie denn eine Mutter treffender als Locke und Fenelon von der Erziehung reden könne. In Salfeld wurde unter des Hofes Einfluß damals eine seufzende Frömmigkeit gepflegt wie bei den Einsiedlern in Aegypten. Semler's eigener Bruder war, in Jena unter die Erbauungsmeister gerathen, diesem verzerrten Pietismus völlig zugethan. Ob der Größe seiner Sünden in ungemessener Traurigkeit betete er nicht nur, er jammerte und winselte halbe Nächte vor dem Heiland, verschmähete das Weißbrod, aß selten Fleisch und hielt sich ganz unwerth, sogar seines Daseins. Die Mutter weinte über diesen Sohn, der des Vaters Stütze sein sollte und nun bei sonst glücklichen Anlagen

---

a) Wurde doch auch gegen Wolf's Kritik eingewendet: Homer sei bisher ein Eckstein des hohen Alterthums gewesen; er sei wankend geworden; der Bibel selbst werde es nicht besser gehen. Wolf aber zustimmend meinte: „die Demonstration, die nicht lange ausbleiben wird, daß der Pentateuch eine Composition von ungleichartigen Theilen mehrerer Säcula, und erst aus dem Zeitalter kurz nach Salomo ist — eine solche Ausführung würd' ich ohne Scheu einleiten. Denn nirgends ist ein alter Zeuge, der die Composition dem Moses selber zusichert." In der That ist es Semler's Meinung, daß der Pentateuch erst lange nach Mosis Zeiten in die gegenwärtige Ordnung und Form gebracht worden. Uebrigens war es Semler, der Wolf für Halle gewann. Als dieser die Rectorstelle in Gera vorziehen wollte mit dem Bemerken, wie Gera gar ein fett Land sei und daß die Kühe dort bis an den Bauch im Grase gingen, erwiederte Semler: Gera sei dann zwar für Kühe schön, aber deshalb nicht auch für Gelehrte.

durch dieses pietistische Unwesen ganz verdorben und der Welt völlig
unnütz geworden in einer ungöttlichen Buße beinahe als ein Karthäuser
vor der Zeit dahinstarb. Weil unser Semler von dergleichen sich fern
hielt, so hieß es, der Hof sei gar nicht gleichgültig, daß ein Sohn des
Archidiaconus unbekehrt sein und bleiben wolle und durch dies Beispiel
so viele immer mehr verderben helfe. Er mußte endlich in alle Schritte
und Tritte der neuen Möncherei einwilligen. Seine bisherige Fröhlich‑
keit verließ ihn, er redete so feierlich, daß seine Zuhörer Thränen fallen
ließen. Als er nun befestigt genug schien, ward er nach Hofe bestellt.
Der Herzog, der ganz allein war, redete mit ihm über den Zustand
seines Herzens, hieß ihn niederknieen und in seiner Gegenwart beten.
Ueber eine Stunde dauerte diese fromme Audienz. Semler suchte nun
mit allem Ernste die Versiegelung zur Kindschaft Gottes, kein Winkel
im Hause war, wo er nicht heimlich kniete, weinte, herrnhutische Lieder
sang, und doch blieb er, so hieß es, in einem gesetzlichen Zustand. Zu
Michaelis 1743 bezieht er die Universität Halle, ermahnt vom Super‑
intendenten Lindner, ja nicht über den Herrn Christum hinaus zu studiren.
Ja ein herrnhutischer Stutzkopf wollte ihn bereden, alle gelehrten Collegia
fahren zu lassen, weil dies der Heiland nicht brauche. Seine pietistische
Aengstlichkeit fand in Halle eine Pflegestatt. Er wird immer bedenklicher.
Abends geht er wohl spazieren und denkt in seiner Betrübniß: o wär' ich
dieser Klumpe Eis, dieses Stück Holz. In diese Zeit nun fällt seine
Bekanntschaft mit Baumgarten, dieser (nach Voltaire's Urtheil) Krone
deutscher Gelehrten. Der Umgang mit diesem, wegen seiner exemplari‑
schen Ordnung und Gründlichkeit von ihm bewunderten, Manne, der
gelehrte Winke zwischen vier Wänden gab, bewirkt einen heilsamen Ge‑
gensatz gegen seine pietistische Gedrücktheit. Es dämmert in ihm jetzt das
Bewußtsein des Unterschiedes zwischen Theologie und Religion auf.
Nach Vollendung seiner Studien wird ihm die Redaction der Coburgi‑
schen Staats‑ und Gelehrten‑Zeitung sammt einer Professorstelle extra
ordinem am Gymnasium übertragen. Er war nicht lange in Coburg,
so erhält er einen Ruf nach Altdorf als Professor der Historie und latei‑
nischen Poesie. Bei seinem geringen Einkommen von 200 Kaisergulden
war es nicht ohne Schulden abgegangen. Geheimer Kummer quält ihn
vor seiner Abreise Tag und Nacht. Bloß um dieser Schulden willen
giebt er mit einem kläglichen Schreiben ein früheres Verhältniß auf und
wirbt gleichzeitig um die Tochter seiner Coburger Hauswirthin, die als
seine Verlobte ihm großmüthig aus aller Verlegenheit hilft nicht bloß

durch ihr Geld, auch durch ihren festen Character. Mit ihr verlebt er in Altdorf das glücklichste Jahr seines Lebens. „Wir schmeckten die Süßigkeiten des menschlichen Lebens fast nach allen Arten und Absichten." Die Zeit verschwindet ihm unter fleißigem Studiren, er liest die großen Corpora rerum italicarum, francicarum, germanicarum, excerpirt unter gewisse loci communes alle zusammengehörigen Nachrichten, und findet immer die Woche noch eine oder etliche Stunden für Spazierengehen oder zum Umgang mit recht guten Menschen. Da kommt zu seinem großen Schrecken (10. April 1752) die Vocation zu einer theologischen Professur in Halle. Die theologische Gelehrsamkeit schien ihm am wenigsten ein annehmliches Feld zu sein für einen nur etwas lebhaften und betriebsamen Mann, vielmehr ein gefährliches und mißliches Gebiet. „Ich sahe fast lauter Abhängung und niedrige beschlossene Abhängung, entweder der alten frommen Partei ganz ergeben, und dies war um so weniger meine Sache, da ich die Politik, welche oft Frömmigkeit heißen mußte, schon lange gekannt hatte von Salfeld aus, oder der neuen scientifischen Theologie ergeben, die ich zumal an Baumgarten unbeschreiblich hochschätzte; aber ich vermissete stets die vorige große historische Reihe der vorausgegangenen Theorieen und Systeme, die in der öffentlichen Welt doch auch das rechtmäßige und brauchbare Eigenthum ihrer Jahrhunderte gewesen waren und keineswegs mit diesem neuen System gleich harmonirten." Sein individuelles Studiren ließ ihn zu keiner Partei sich hingezogen fühlen, und einen neuen Weg einzuschlagen, standen ihm unendliche Schwierigkeiten entgegen. Dieses Alles und weil er Halle kannte, wo er das Osterlamm gewiß recht mit bittern Salzen würde essen müssen, machte ihn dem Rufe abgeneigt. Dennoch, durch Baumgarten's Zureden umgestimmt, siedelt er nach Halle über. Im Anfang war er in allen Disciplinen von Baumgarten abhängig, nach dessen Lehrbüchern er las, ohne weiter von ihm berathen und erleichtert zu werden, sondern „der selige Baumgarten überließ mich der eigenen Schule, worüber ich aber ihn nicht tadeln kann". Doch regt sich bei ihm ein, von Baumgarten nicht eben mißbilligter[b], freierer For-

---

b) Semler: „Ich weiß es noch gar wohl, daß Baumgarten die Freiheit im Denken, so ich nach und nach zu äußern anfing, freundlich mit mir beredete: ich würde mir eine gewisse Art Leute auf den Hals hetzen, deren es sehr viele gebe, die auch Verbindungen hätten, wodurch sie mir in der äußerlichen Welt schaden könnten. Ich wurde aber, da es die freundliche Art seiner Vermuthung wohl zu erkennen gab, daß er mich gleichsam nur prüfen wollte, mehr in meiner geraden Denkungsart befestiget,

schungstrieb. Nach Baumgarten's Tod tritt noch reiner seine freiforschende Selbständigkeit auf, diese kühne, um- und unterwühlende, so viele Fragen in Fluß bringende Thätigkeit, aufräumend mehr als aufbauendc, mit zagendem Ernste unternommen und mit Gottesfurchtd. Wenn irgend Einer war er von vorn herein zum Bahnbrechen gerüstet. Aus dem Pietismus brachte er die Liebe zum Gebrauch und den practischen Maßstab zur Beurtheilung der Bibel mit, aus dem Wolffianismus das schärfere Denken über die theologischen Probleme, sein Eigenthum war die Liebe zur Geschichte. Jedes dieser Momente wurde durch das andere ergänzt und corrigirt, und dadurch wurde Semler der gewaltige Kriegsmann, deß' schwerem Geschütz die dicksten Mauern wichen. Unbefriedigt mit dem Compendio und Systemate knüpft er bei den einzelnen theologischen Disciplinen jedesmal an deren beste und freieste Repräsentanten an und geht in deren Bahnen weiter. In der Textkritik, aus deren altem Geleise Baumgarten und J. Chr. Wolf [II, 236] nicht herausgekommen waren, schließt er an Bengel und den Kritiker der LXX J. J. Breitinger (Chorherrn in Zürich, † 1776), nicht an die mechanische, auf die Pluralität der Handschriften basirte Kritik Wettstein's sich ane, und macht die erste vollständige Anlage zur Classification der Handschriften und übrigen kritischen Autoritäten. In der Hermeneutik drang er, in nothwendiger Ergänzung zu Ernesti's grammatischer Interpretation, auf historische Auslegung. Der Ausleger hat auf die damaligen

---

als irre gemacht. Einmal redeten wir ganz ausdrücklich von der schlechten theologischen Beweisart, und daß man zuviel zusammen behalten wollte, dessen Vertheidigung eben nicht merklich gerathen wolle; und er gab zu erkennen, daß ich es auf meine Gefahr wagen könnte, dem Strom eine andere Richtung zu geben; er wisse, daß ich Gott fürchte und nichts aus Leichtsinn oder unwürdigen Absichten thun würde."

c) „Nach meiner Erkenntniß ist in der That noch sehr viel in der gelehrten Theologie aufzuräumen, ehe man auf's Neue libros sententiarum, summas und Theorieen aufbauen kann."

d) Er schreibt 1764: unter vieler Noth und Beklemmung habe er sich über 1 Joh. 5, 7 als unecht herausgelassen. Als er das 3. Stück „von der freien Untersuchung des Kanons" 1773 herausgab, schrieb er: »Jacta est haec alea, indeß wirklich in reiner Furcht Gottes, dessen weise Haushaltung durch die vorzüglichen christlichen Wahrheiten ich wider andere Meinungen aufzuklären suche; wenn mehrere in gleicher Freiheit diese alten Schriften untersuchen und die alte Kirchenhistorie auch aufklären, so werden wir das Christenthum in seiner reinen Kraft nach und nach die alten Laster und Gebrechen der sogenannten Christen beherrschen und überwinden sehen." Auch Ernesti sagt: „wir haben gar wohl gemerkt, daß es der Hr. D. Semler mit der eigentlichen Religion gut meint."

e) Sein textkritischer Grundsatz war: die kürzeste Lesart die beste.

Umstände im Allgemeinen und auf das eigene Locale zu sehen, für welches die einzelnen biblischen Schriften bestimmt waren; erst der Einklang mit diesen, nicht die Grammatik allein, verbürgt die Richtigkeit einer Erklärung. Die ganze Auslegung gewann hierdurch eine günstigere Gestalt. Viele Behauptungen und Ermahnungen in den neutestamentlichen Schriften, welche man für anstößig und unschicklich gehalten, wurden nunmehr in ihrer Localität als sehr nützliche und richtige anerkannt. Die Fackel der Geschichte schien mehr Dunkelheiten zu zerstreuen, als das Licht der Philologie. In der höheren Bibelkritik, welcher Semler ein beinahe ganz neues Feld eröffnete, waren seine Vorbilder R. Simon, Grotius, Clericus, über die er nicht so unwillig sein konnte, wie es die theologische Gewohnheit bisher mit sich brachte f. Jeder Christ, zumal ein eigentlicher Theologus, hat Recht und Freiheit, die Sammlung der sogenannten biblischen Bücher zu prüfen und zu urtheilen, ob jedes Buch darinnen seinen Platz behaupten könne. Denn die gemeine Meinung von beständiger Gleichheit des Kanons ist falsch. Der Kanon ist kein totum homogeneum, kein in allen Theilen gleiches, untheilbares, solidarisches Ganzes. Cura circa canonem ist überhaupt erst seculo IV. allgemein geworden. Das Kennzeichen des Göttlichen und Inspirirten ist die moralische Nutzbarkeit. Auf das Göttliche d. i. auf den moralischen Kern kommt es an g, welcher als das Wesentliche (als das „Wort Gottes") wohl von der ihn umkleidenden Hülle des Temporalen und Localen, darin Christus und die Apostel zum öftern nach den Irrthümern der Juden sich richten, zu unterscheiden ist. Das A. T. mit seiner kindischen Religion, mit seinen Provinzial- und Familiengeschichten kann für die Christen keine verbindende Kraft haben. So viele Psalmen, die Romane von der Ruth, Esther, Simson, sie enthalten nichts, was zur moralischen Besserung tauglich wäre. Jesus und die Apostel beziehen sich wohl auf die Bücher des A. T., aber nicht weil sie selbst, sondern nur weil die Juden sie für göttlich hielten. Auch die Geschichtsbücher des N. T. sind nur für die Schwachen, für fleischliche und sinnliche Leute, die mehr durch Geschichte als durch abstracte Lehrformen geleitet werden müssen, wichtig. Die übrigen neutestamentlichen Schriften sind für den Mann von stärkern Geisteskräften, aber auch für diesen nur so lange

---

f) Die Lectüre des Grotius wurde damals an den Studiosis mit Entziehung der Stipendien bestraft.

g) Religio occupat praecipue notiones morales; historicae si insunt, propter praxin et usum moralem insunt.

Vehikel der Religionserkenntnisse, als er noch nicht die darin vorgetragenen Ideen sich zu eigen gemacht hat. Sind diese ihm geläufig, hat er das Alter religiöser Mündigkeit erreicht, so bedarf er dieses Elementarbuches nicht weiter. Die Entstehung der neutestamentlichen Schriften erklärt Semler aus dem Wechselverhältniß der urchristlichen Parteien. Denn es war eine sinnlichere, rohe Partei vorhanden, die ihr Judenthum noch immer nicht verleugnen wollte, und eine geistigere, feinere, edler denkende Partei, aus Pauli Diöces gesammelt. Für jene waren die Evangelien — es gab aber ein geschriebenes Evangelium vor den vier gewöhnlichen, welches wahrscheinlich reiner war, als die übrigen, wenig von der äußerlichen Historie, desto mehr von Jesu Lehre enthielt — bestimmt, um den falschen, jüdischen Vorstellungen vom Messias entgegenzuarbeiten, für diese die paulinischen Briefe; die katholischen Briefe dienten der Vereinigung beider. Am wenigsten wollte sein Kriterium einer kanonischen Schrift auf die Apokalypse passen, gegen welche er darum eine unüberwindliche Abneigung hatte. Ein roher jüdischer Feuer- und Zorngeist habe dieses finstere, ungeistliche, alberne und abgeschmackte Buch ausgehaucht[h]. In der Kirchengeschichte las er anfangs über Baumgarten's Breviarium, das dieser nach Fleury zusammenstellte, aber ohne seine Quelle zu verrathen. Daher Semler sich mit unsäglicher Mühe die Quellenbelege zusammensuchen mußte, Folianten wälzend Tag und Nacht. Im Anschluß an Calixt, Arnold, Weismann, Pfaff hat er dann epochemachend die Fackel der Kritik in die unermeßlichen Felder der Kirchengeschichte getragen. Wohin er sah, zerstreuten sich die Nebel, wichen die Finsternisse. Er zerstörte das Vorurtheil, daß es je einen idealen Zustand in der Kirche des Urchristenthums gegeben habe. Während er in den meisten Märtyrern montanistische Schwärmer und in den frommen Einsiedlern nervenkranke Leute sah, sind ihm die Ketzer die einzigen Retter der christlichen Vernunft. Daher nimmt er gegen Augustin den verschrienen Pelagius, den er einen sanctus et eruditus monachus nennt, gegen Tertullian den Marcion und seine Anhänger, als welche auf Vertilgung des Judengeistes im Christenthum gedrungen, in Schutz. Die neuen Entscheidungen der kirchlichen Landtage gingen

---

h) Dagegen **Ernesti**: „Wenn wir es zugeben, daß Apocalypsis kein göttlich Buch ist, so wird man bald über die andern Bücher herfallen." — Nachr. v. d. neuesten Streitigkeiten üb. den Kanon in Chr. W. F. Walch's Neuester Religionsgesch. VII, 241. F. Chr. Baur in d. Tüb. theol. Jahrbb. 1850, S. 519. Hilgenfeld, Der Kanon u. die Kritik d. N. T. Halle 1863, S. 105.

alle Christen, die nicht an kirchlichen Stellen und Beförderungen theilnehmen wollten, gar nichts an. Er zeigt die Verbesserlichkeit von dem, was Luther that und schrieb, er warnt vor Luther's Heftigkeit und seinen unleugbaren Uebertreibungen im Streite über das Abendmahl. Er kann in Scherzer's [II, 30] Colleg wider die Socinianer weder Recht noch Licht finden. Wie keiner der Zeitgenossen kennt er die Geschichte der Dogmatik und der Dogmen, aber zum eigentlichen Dogmatiker fehlte ihm der speculative Trieb, die systematische Kunst, die Präcision und Bestimmtheit des Ausdrucks (an den Demonstrationen der Wolff'schen Schule fand er kein Behagen), vor Allem das Verständniß für dogmatische Bildungen. Denn diese erscheinen ihm nur in der Form zufälliger, subjectiver Mannigfaltigkeit. Er stellt es als gottgewollte Thatsache hin, daß es wie im Reiche der Natur so im Reich der Gnaden eine unendliche Mannigfaltigkeit giebt. Das komme daher, daß jeder Mensch seinen eignen modum cogitandi mit sich führt, daß jeder nach gewissen Umständen oder lokal denkt. Die Verschiedenheit der dogmatischen Vorstellungen resultirt aus den Fähigkeiten, Vorkenntnissen und Lokalumständen der Menschen. Es kann daher keine Vereinigung aller Christen unter ein System geben, weil ein System immer lokal sein wird. Semler sieht also in den Dogmen ein Chaos lokal bedingter Vorstellungen, nicht einen stetigen Proceß der Entwickelung, nicht Momente werdender Wahrheit. Da konnte es für ihn kein dringendes Bedürfniß sein, die Masse der dogmatischen Vorstellungen noch mit neuen Lokalideen zu vermehren oder in der Mannigfaltigkeit die (unmöglich aufzufindende) Einheit zu suchen. Ihm erübrigte nur, die Menge der Vorstellungen zu beliebiger Auswahl vorzulegen und die allgemeinen practischen Wahrheiten der h. Schrift, die „eigentlichen unmittelbaren Grundartikel des christlichen Glaubens oder der christlichen Religion, wie sie eine allgemeine Fertigkeit und Glückseligkeit gewährt", als die allen Parteien wirklich gemein sind und bleiben, herauszustellen. Zu diesem Behufe findet er des alten Flacius Plan, ein doppeltes Corpus doctrinae aus dem A. und N. T. zu sammeln, vortrefflich, wenngleich ihm Wigand's Ausführung [I, 111] sehr willkürlich und gar zu freigebig bereichert erscheint. Als eine ganz gewisse Grundlehre des Christenthums gilt ihm z. B. der Glaube an Vater, Sohn und h. Geist, aber die kirchlichen Bestimmungen dieses Glaubens gehören zum Grunde einer besondern, sichtbaren, lokalen Kirchengesellschaft. Ebenso wird die Wohlthat und der Erfolg für uns aus Christi Leben,. Lehre und Tod von allen guten Christen mit dankbarem Herzen anerkannt, aber die Art und Weise, wie dieser Erfolg an sich zu Stande gekommen und also genauer zu beschreiben sei, ist stets eine freie Betrachtung denkender Christen geblieben. Lehrsätze dürfen nicht zu Grundwahrheiten des Christenthums erhoben werden; jene sind local, diese allgemein, jene gehören zur Theologie, diese zur Religion, welch beide Sphären er, Semler, nach des Hrn. D. Ernesti Zeugniß zuerst am besten unterschieden habe. Uebrigens war Semler der Erste unter den deutschen Theologen, der die rationalistische Kritik mit seiner Schrift »de daemoniacis« (1760) begann. G. Müller, Propst zu Kemberg, hatte die sonderbaren Zufälle einer an Krämpfen leidenden Weibsperson (der Lohmannin aus Hornsdorf im Anhaltischen) den Einwirkungen des Teufels zugeschrieben und solches öffentlich behauptet. Da ging Semler alle Stellen A. und N. T.s durch, auf welche man die „Beteufelungen" gegründet hat, und zeigte, daß nach vernünftiger Exegese dieses gar nicht in den angezogenen Stellen liege, daß insbesondere die Besessenen im N. T. nichts anderes als melancholisch-kranke, milzsüchtige Menschen gewesen wären. Der Ausgang dieser Geschichte, wie der von Pater Gaßner's Wunderkuren und Schröpfer's Schwärmerei, sprach für Semler. Bei ihm heißt von nun an „die Werke des Teufels zerstören" so viel als die moralische Besserung der Menschen mit Ernst sich angelegen sein lassen. Auch die Einzellehren im Judas- und zweiten Petri-Briefe achtet er, als dem Buche Henoch entlehnt, für nicht zum allgemeinen christlichen Lehrbegriff gehörig.

So ist dieser große kritische Polyhistor in Riesenschritten durch die Theologie gegangen, mit unbegränzter Begierde Alles verschlingend, mit eisernem Fleiße (er selbst nennt es seine „tägliche gelehrte Eselei") dem Einzelnen nachspürend, aber unmethodisch und ohne Lust zu abrundender, vollendender Darstellung, sondern abspringend und in gehacktem, diffusem („kauderwälschem") Stile. „Seine Schreibart, sagt der Ketzeralmanach, ist so unausstehlich schlecht, daß nur der Geduldigste ihre Lecture über eine Stunde aushalten kann." Mit der Freiheit der Forschung verband er große Gewissenhaftigkeit, die jedes private Interesse dem allgemeinen unterordnete, Bescheidenheit und Frömmigkeit, der zufolge er Sonntags ascetische Vorlesungen hielt, um seinen Zuhörern die eigene Anwendung und Uebung der christlichen Religion, worüber sie in den wöchentlichen Vorlesungen gelehrten Unterricht bekommen, wichtig zu machen[1]. Je weniger nun seine persönliche Rechtschaffenheit in Zweifel

---

[1] Von dem andächtigen Wortgeschwätze, von den gedankenleeren paränetischen

gezogen wurde^k, um so verderblicher erschien Vielen seine freie Theologie. Man paßte ihn auf, man schrieb ihm portontosi errores und detestabiles conatus zu, man schalt ihn ψευδοδιδάσκαλος Halensis, homo impius et Judaeis peior, der auch schon den Mahometismum aus allen Kräften vertheidiget habe (Tresho); er besitze satanische Tücke und verdiene, daß er durch Beelzebub von der Zinne des Tempels geschleudert werde, da würde er horchen. Piderit [§. 22] reichte 1776 gegen ihn vornehmlich seine Vorstellung beim Corpus Evangelicorum, Pommersche Prediger eine förmliche Anklage in Berlin ein, worin sie ihn des Socinianismus und Arianismus beschuldigten. Die letztere Sache ward damit abgethan, daß Semler erklärte, mit Leuten, welche Socinianismus und Arianismus für gleichbedeutend hielten, gar nicht streiten zu können. Die gemeine Meinung der Paläologen war, Semler arbeite, ohne es gerade zu wollen, dem Socinianismus vor. Denn er habe in seinen unzähligen Schriften eine Menge von Materialien herbeigeschafft, die man verarbeiten und zu Waffen bald gegen einzelne Lehren, bald gegen die ganze christliche Religion überhaupt, bald und vornehmlich gegen die Zuverlässigkeit ihrer Urkunden gebrauchen konnte. Ohne ihn und sein großes Ansehn würden weit weniger Schriftsteller gegen die Religion, von welchen sich Viele bloß mit seinen Federn schmückten, aufgestanden sein. Hätte Semler nicht geleiert, würde Bahrdt nicht getanzt haben.

Unbeirrt und ungebengten Muthes schritt Semler seiner Zeit voran bis zum Jahre 1779. Da nach 30 mühevoll verbrachten Jahren beginnt in Semler's Leben jene tragische Wendung, da er der erstaunten Welt sein zweites Gesicht zeigte. In dem genannten Jahre versetzte er dem

---

Formeln aus der Blut- und Wundentheologie hörte man natürlich in Semler's „Ascetischen Vorlesungen zur Beförderung einer vernünftigen Anwendung der christlichen Religion" nichts.

k) So urtheilt Kellner: „Wenn Einer ganz wider den D. Semler eingenommen gewesen wäre und ihn hörte, er sprach ihn, so mußte er den Mann schätzen und verehren und alle widrige Urtheile gegen ihn aufgeben." Röffelt: „Semler war ein durchaus rechtschaffener Mann, ein recht warmer Freund alles dessen, was er als wahr und gut erkannte, ein herzlicher Verehrer der Religion und des Christenthums." Mendelssohn (1772): „Eifer für die Wahrheit und Mangel an Kenntniß der Welt und des Menschen; Nachforschungsgeist ohne Weltweisheit, und kritische Belesenheit ohne Kenntniß des Schönen scheinen in Semler diese Vermischung von Stärke und Schwäche, Kühnheit und Schüchternheit, Originalität und Nachahmungsgeist hervorgebracht zu haben, die uns Andern so sehr auffällt. Im Grunde halte ich ihn für einen sehr rechtschaffenen Mann, der auf der Universität Halle viel Gutes stiftet."

Dr. Bahrdt einige Jagdhiebe wegen seines betrübten, verworfenen Glaubensbekenntnisses. Bahrdt hatte seinem Unglaubensbekenntniß die Worte beigefügt: „Tausend und aber Tausend denken so wie ich; nur daß sie keine Gelegenheit oder keine Verbindlichkeit oder auch nicht genug Freimüthigkeit haben mögen, es laut zu sagen." Bei dieser Stelle mußten sich die Blicke nothwendig auf Semler richten, dem gerade damals nichts widerwärtiger war, als für einen Gesinnungsgenossen des übelbeleumdeten Bahrdt zu gelten. Er schreibt darum seine „Antwort auf das Bahrdtische Glaubensbekenntniß", worin es heißt: „Erst vor kurzem setzte mich Hr. Lavater in großem heftigem Eifer auf der letzten Züricher Synode in eine Classe mit Hrn. Steinbart, und beschrieb mich vornehmlich als einen arglistigen, höchst gefährlichen Naturalisten. Andere aber glaubten schon lange, ich wäre doch wohl ein Socinianer oder Arianer. Ich bin aber weder ein Naturalist, was es auch für große Einsicht begreifen mag, noch ein Socinianer oder Arianer; ich bin 30 Jahre ein ehrlicher, treuer, lutherischer Professor, der seinen Eid zu brechen oder zu bereuen gar keine Ursache hat („wenn man so gut sein will, ihm solches zu glauben", setzt ein Zeitgenosse hinzu). Alle lutherischen Doctores Theologiae haben den Inhalt der Augsburgischen Confession in ihrem Doctoreide und Halle ist eine lutherische, der Augsburgischen Confession zugethane Universität." Darum vermag er Bahrdt's verleumderisches Bekenntniß nicht zu dulden, noch dazu wenn zwei oder drei solche Universalmänner ihre Religion der Oeffentlichkeit aufbringen wollen. „Elende, niedrige Zeiten, ruft er aus, in denen es zur Schande gereichen soll, wenn man der That nach ein guter, ernstlicher und ein gewissenhafter Professor ist. Ich verlange euern Ruhm wahrlich nicht. Streicht mich aus, wenn ihr mich in jene Rolle großer Männer gesetzt hattet, welche das Christliche in der Religion für Vorurtheile halten. Ich kann kein Naturalist sein, wie der Naturalist kein Christ sein will." Was er Neues vorgetragen, betreffe nur die Lehrart, nicht den Grund des Glaubens, und nie sei in seine Seele die Absicht gekommen, eine Aufhebung der iurium ecclesiasticorum im römischen Reiche zu empfehlen und zu befördern. Auf die empfindliche Gegenbemerkung Bahrdt's, daß seine jetzigen Grundsätze um so mehr befremden müßten, je mehr er bisher selbst einer viel weitern Duldung zu bedürfen geschienen habe, und daß ein Semler am wenigsten dem erleuchteten Zedlitz die Schnurre in's Gesicht hätte sagen sollen, daß er berufen sei, Irrthümer zu verhüten und über die Lehre der Augsburgischen Confession zu halten, konnte Semler nur mit Retractationen antworten. „Daß ich wohl diese und jene freie Behauptung geäußert habe? kann sein, aber nach der alten Ordnung: duo cum faciunt idem, non est idem. Und würde es etwa eine offenbare Sünde und greuliche Schande sein, wenn ich nun über solche Behauptungen genauere Einschränkungen selbst bekannt machte, wenn ich sähe, daß unwissende oder absichtliche Leute einen sehr bösen Gebrauch davon machen? Ist es unmenschlich, untheologisch, sich zuweilen wieder zu corrigiren? Verliert ein lutherischer Theologus alsdann sogleich seine iura?" Wenn man diese Frontveränderung Bahrdt gegenüber als zufällige aus einem persönlichen Interesse ableiten zu können meinte[1], so zeigte das Unrichtige dieser Auffassung die in demselben Jahr geflissentlich verbreitete Anzeige Semler's, daß er gegen die Wolfenbüttler Fragmente schreiben werde, wozu zweifelnde Zeitgenossen bemerkten: „kann man auch Trauben lesen von den Dornen?" Seine „Beantwortung der Fragmente eines Ungenannten" erschien und ist von heftigem Eifer erfüllt gegen die offenbar verächtliche niederträchtige Wäscherei dieses Goliath, der dem Zeuge Israels Hohn gesprochen, dieses Ritters von der traurigen Gestalt, den er in sein Gehölze zurückweisen will. Da nun Semler offenbar in vielen Punkten mit dem Fragmentisten übereinstimmte, so wurde er seiner Zeit zum Räthsel, ja zum Gespötte. Der eine schreibt: „Ich gestehe aufrichtig, ich weiß nicht, wie ich diese ganze Widerlegung mit so unzählig vielen Aeußerungen in den Schriften dieses verdienstvollen Gelehrten reimen soll." Ein Anderer: „Es ist zu bedauern, daß dieser verehrungswürdige Mann durch eine wahrscheinlich wohlgemeinte Aengstlichkeit in den neuesten Zeiten sich selbst den Schein gegeben hat, als ob er seine ersten Meisterschritte bereue. Er selbst ist damit, daß er sein wollte, was er nicht war, und nicht sein wollte, was er war, Vielen zweideutig geworden." Starck ruft indignirt aus: „Semler entehrt die gute Sache und sich selbst." Der Ketzeralmanach spottet: „Wer weiß, ob Hr. Semler nicht noch am Ende gar ein Märtyrer der Orthodoxie wird?" Basedow [m] und die Naturalisten lachten über Semler's engbrüstiges Christenthum, Zweizüngig-

---

[l] „So ein guter Freund Hr. D. Semler sonst von Hrn. D. Bahrdt sein mochte, so mochte er doch auch denken: Francum amicum habe, non vicinum. Hr. D. Bahrdt war ein junger, unternehmender, beredter, gefälliger und lustiger Mann. Wie leicht konnte er den ganzen Zulauf, den Hr. D. Semler hatte, an sich ziehen."

[m] Eine Urkunde des Jahres 1780 von der neuen Gefahr des Christenthums durch die scheinbare Semlerische Vertheidigung desselben. Dessau 1780.

keit und gedoppelte Lehrart. Dagegen wendet sich dieser an alle theologischen und juristischen Facultäten, sie sollen Unschuld und Rechtschaffenheit wider Larven beschützen, die neue Worte und Projecte statt rühmlicher Thaten zeither aufstellen. Er sei ein unbescholtener dreißigjähriger Professor, sei nicht zornig, nicht dem Spiel noch der Trunkenheit [§. 4, d] ergeben. Die angerufenen Facultäten schweigen, der Minister v. Zedlitz nimmt ihm das Directorium des theologischen Seminars, da er wegen seiner letzten Unternehmungen ganz anders als er vermuthen möge im Publicum beurtheilt werde. „Mein Haus war mehrere Wochen lang in der tiefsten Betrübniß." Die Paläologen, seine bisherigen Gegner, mißtrauten ihm auch jetzt noch". Ihr Urtheil lautete: Semler vertheidige die christliche Religion so, daß sie dadurch der Willkür eines Jeden preisgegeben werde; sie fügten motivirend hinzu: der Mann habe zuviel gelesen und darüber das Nachdenken und Prüfen vergessen, und es ist ihm gegangen wie Einem, der zuviel ißt und nicht gehörig verdaut. Semler konnte mit Grund der Wahrheit sagen: „Ich habe es weder den Orthodoxen noch den Naturalisten zu Dank gemacht. Aber das durfte ich auch nicht, ich mußte Gott mehr gehorchen als Menschen, und diese sind leider immer stolz genug, sich an Gottes Stelle zu setzen, und ihre kleine geringe Gewohnheit gar zur Ordnung Gottes über andere Menschen zu machen."

Ist nun Semler in der That ein Abtrünniger, ein Verleugner seiner Vergangenheit gewesen? — Der Pietismus hatte die Frömmigkeit frei gemacht von dogmatischen Formeln, diese aber intact gelassen. Semler war weiter gegangen, er hatte an der dogmatischen Formulirung selbst gerüttelt und nur wenige allgemeine Hauptpunkte zur christlichen Frömmigkeit nothwendig erachtet. Da kamen Andere, die mit Berufung auf ihn über ihn und das Christenthum stürmisch hinausschritten. Dadurch kam Semler, der Jerobeam, welcher zuerst Israel sündigen machte, in eine unangenehme Lage, es erfaßte ihn ein ängstliches, unheimliches Gefühl, wie es etwa Luthern ergriff vor den daherbrausenden Schwarmgeistern. Er wollte um jeden Preis den großen Unterschied fixiren zwischen der schonenden, ernsten, gewissenhaften, conservativen Freiheit seiner Forschung und dem extravaganten Beginnen, der unschonenden

---

n) Etwa mit Ausnahme Seiler's, welcher sagt: „Semler zerschmettert das einfältige System der neuen Stifter der Universalreligion mit schweren Schlägen eines gesunden Urtheils über ihre unpractikable Projecte."

Reformationssucht jener Universalmänner, die etwas von seinem sauern gelehrten Schweiß erwischt und nun quer Feld mit durchgingen, um große Thaten zu thun; er wollte zeigen, wie man freiforschender Theologe und doch ein Gegner des kirchenzerrüttenden, intoleranten Naturalismus sein könne. Das thut er durch scharfe Unterscheidung von Privat- und öffentlicher Religion, jene frei, beweglich, mannigfaltig, diese stabil, ihr lokaler Grund in den öffentlichen Lehrartikeln, humanae auctoritatis, durch iura publica ausgezeichnet, von keinem Privatus zu verachten oder zu verwerfen. Die Freiheit des eigenen Gewissens nimmt unsere Kirche keinem ihrer Mitglieder, aber kein Lehrer darf seine Privatgedanken zur öffentlichen Lehre seiner Religionspartei erheben und die Lehrvorschrift hintansetzen, vielmehr die öffentliche Lehre muß ein für allemal nach dem Augsburgischen Glaubensbekenntniß eingerichtet werden, weil dieses bei pactis publicis zu Grunde gelegt wurde. Daher vertheidigt er das so gegründete, so weise, so gemeinnützige Wöllnersche Religionsedict. In demselben sei gar nichts Neues angefangen worden. Es spreche nicht von der Privatreligion, sondern von der öffentlichen. Es waren aber alle Lehrer wirklich auf den urkundlichen, feierlichen, sancirten Lehrbegriff ihrer Religionsgesellschaften eben hiermit angewiesen worden, da man sie in ihr lokales Amt mit höchster Autorität einsetzte. Alle seine gelehrten Arbeiten beträfen die Verbesserung der Theologie, er habe nur die Privatreligion durch freie Untersuchungen weiter ausbreiten und befördern, den Lehrern zu einer größern Lehrgeschicklichkeit verhelfen wollen: alle Arbeiten der Spötter, Schwärmer und Flattergeister gingen auf eine allgemeine Religion, sie wollten die christliche Religion nicht einmal als Privatreligion den zufriedenen Christen übrig lassen. „Ich suche stets Ausbesserung der Theologie, die das Eigenthum der Lehrer ist, also Besserung der Lehrer, und kenne gar keine Besserung und Reinigung der Lehren oder Wahrheiten, die den Menschen innerlich zum Christen machen." Und noch 1788 schreibt er: „Ich vertheidige die Freiheit im Denken noch und habe immer verlangt, der eigne Gebrauch der Schrift und Religion müsse frei bleiben, wobei aber Bekenntniß zum System einer Partei (die Anhänglichkeit an den Kirchendialect, die Kirchengesellschaftssprache) um guter Ordnung willen, und auch ohne Nachtheil der innern Ueberzeugung, stattfinden könne." Indeß diese Möglichkeit entspricht nicht immer der Wirklichkeit. Semler hat einen scharfen Gegensatz formulirt: einerseits die reine Subjectivität der Privatreligion, andrerseits die reine Objectivität der öffentlichen Religion, unabänderlich außer durch die Fürsten*, deren Staatsklugheit es auch überlassen bleibt, ob Socinianer und Naturalisten eine öffentliche Religionspartei im Staate sein können oder nicht. Statt nun beide, Privatreligion und Kirchenglauben, in lebendige Beziehung zu einander zu setzen, beide in ihrer Relativität anzuerkennen, treibend und ermäßigend, jene vor Subjectivismus, diese vor Erstarrung bewahrt, und so eine besonnene Weiterbildung der öffentlichen Lehre in allmählicher Entwickelung anzubahnen, bleibt Semler im unvermittelten Dualismus hängen*, und verbirgt durch zahllose Wiederholungen seine Verlegenheit. Von sich selbst ist er nicht abgefallen, er hat subjective Freiheit und kirchliche Gebundenheit immer zusammen gehabt und mit einander verträglich gedacht. In seiner frühern Zeit kommen sehr unfreie Aeußerungen vor*, und in seinen letzten Jahren hat er immer noch die Freiheit des Denkens vertheidigt und die bequeme Ruhe und Selbstgenügsamkeit der „Bewindhebber der reinen Lehre" getadelt; er hat keinen seiner Grundsätze förmlich zurückgenommen, vielmehr immerfort behauptet, durch seine vorhergehenden Schriften dem Christenthum wichtige Dienste geleistet zu haben, ja er ist noch kurz vor seinem Tode aus einem leidenschaftlichen Gegner ein herzlicher Lobredner der französischen Revolution geworden, weil durch sie das Corpus, dessen Schliche und Ränke seine historischen Schriften aufgedeckt hatten, nämlich die Priesterschaft, aus allen Kräften der bürgerlichen Gewalt unterworfen und um seinen Einfluß gebracht wurde. Aber gegenüber den heranstürmenden Naturalisten, durch die er sich compromittirt fühlte, hat er die Gebundenheit mit einseitiger Emphase in den Vordergrund gestellt. „Man muß sein behutsam zu Werke gehen und nicht stürmen, die Fortschritte der Aufklärung gehn langsam von statten, unsre Zeitgenossen haben noch schwache Augen, sie können das Licht auf einmal nicht ertragen."

---

o) „Alle Artikel der Augsb. Confession, sowohl dogmatici als abusuum, blieben unveränderlich stehen und könnten gar nicht geleugnet oder bestritten werden, aber Fürsten und Lehrer hätten es damals gewußt und wüßten es jzt, daß sie Herren wären über fernere Ausbesserung und Erweiterung der Lehrsätze, wie es von Zeit zu Zeit nöthig sein würde."

p) Denn die von Semler eingeräumten Modificationen im Wortlaut — „der öffentliche Vortrag muß den Symbolen einer jeden Partei gemäß sein, wenn er gleich nicht wörtlich so lauten müsse und könne, ansonst man keine Lehrer, sondern bloße Vorleser der symbolischen Schriften nöthig hätte" — kann doch nicht als eine Ueberbrückung der selbstgesetzten Gegensätze angesehen werden.

q) Z. B. aus dem Jahre 1759: „Ich will gewiß unsere wenige und arme Vernunft nicht zur Meisterin und Anführerin des seligmachenden Glaubens machen."

In seinen letzten Lebensjahren wendet sich Semler mehr und mehr von der Theologie zu den Geheimnissen der Natur, wie umgekehrt Newton, als er seine Elementa nicht mehr verstand, zu den Spielen mit der Apokalypse griff. Der Held der Aufklärung treibt Theosophie, Rosenkreuzerei, hermetische Philosophie, glaubt an eine entschwundene Lichtwelt der Alten, an geheime unbekannte Chymie und Experienz, die freilich den stolzen Menschen nicht zu Theil werden kann, welche über den geheimen Fleiß so leicht spotten, er empfiehlt des Baron von Hirschen Luftsalzwasser (gebenedeites Wasser, unctuöse Feuchtigkeit) — es ergab sich nachmals als eine Mischung von Glaubersalz und Urinmagma — als Vorarbeit des Steines der Weisen, als eine echte hermetische Arznei, die, wenn der Körper nicht schon gänzlich zerrüttet wäre, in allen Arten von Krankheiten helfen müßte, er läßt Gold (Luft-, Gottes-, Horizontal-, embryonisches Gold, aurum aurae s. philosophicum), und zwar reineres Gold, als alles metallische, hervorgehen aus weißgelblichem Zuckerkand und hermetischen Austerschalen, davon er 13 Grane triumphirend an den Prinzen Ferdinand von Preußen einschickte. Mit der Goldmacherei war es ihm besonders ernst. Er habe die Charactere einer ehrlichen wahren Kunst sammeln müssen den betrügerischen Ordensleuten gegenüber, welche sogar das Goldmachen ausgeboten, „und nun ich so weit bin, daß ich die Erzeugung des Goldes aus dem daseienden allgemeinen Stoff wirklich alle Tage vor Augen haben kann, so hielte ich mich als ein ehrlicher Biedermann dazu verbunden, der Wahrheit mein Zeugniß gern zu ertheilen und die herrliche unaussprechliche Ordnung Gottes zu bejahen und zu retten wider Spötter und stolze Ignoranten". Wolf, der ihm immer am lebhaftesten über seine geheimen Beschäftigungen widersprochen hatte, wollte er kurz vor seinem Tod in einer freien Stunde das ganze Geheimniß der Goldmacherei und wie weit er darin gekommen, mittheilen. In solche Spielereien verloren, mit der Theologie verfeindet, betrogen — das Semlerische gewachsene aurum aëreum erwies sich durch Klaproth's chemische Analyse als unechter Goldschaum — und als Quacksalber verhöhnt, ist er dem Tode († 14. März 1791), der ihm nur mutatio domicilii war, moralisch und bürgerlich ruhig entgegen gegangen (er hatte sein N. T. nicht umsonst gelesen), nachdem er noch manches ernste und schöne Wort mit seinem Freunde Niemeyer gesprochen über Bibel und Christenthum, Buchstabe und Geist, über den Verfall des geistlichen Standes. „Er starb, schreibt Wolf an Chr. G. Schütz, mit einer Ruhe, Freund! als ich sie noch nie gesehen habe, aber wie sie sich von seinem Character erwarten ließ. Nos autem, schließt der Bericht des Humanisten, vivamus, Schützi, atque amemus: da mihi basia mille.« Die Universität vereinigte sich zu einer großen Trauerversammlung. Ein dankbarer Schüler des Verewigten hielt vor dem myrthenbekränzten Bildniß die Trauerrede, und der Chor sang unter Thränen:

> Unser Vater ist entflohn!
> In des Grabes heiliger Stille
> Schlummert friedlich seine Hülle,
> Und der Geist stieg auf zum Lohn.

Die A. D. B. zeigte seinen Tod mit den Worten an: „am 14. März stürzte ein Koloß unserer Literatur zusammen." Semler's Verdienst aber ist, daß die freie kritische Forschung durch ihn wie in großem Maßstab begonnen so eingebürgert wurde in die evangelische Theologie.

§. 13. Griesbach und Eichhorn.

Semler hatte riesenmäßig gearbeitet und ein ungeheueres Gebiet forschend umspannt. Die nach ihm kamen wählten sich einzelne Theile aus und führten auf eingeschränktem Gebiete was jener rhapsodisch angedeutet methodisch durch. So hat der geistesverwandte Schüler Semler's Johann Jakob Griesbach in Jena auf seines Lehrers textkritischen Anschauungen fortgebaut, die Schranken des sogenannten textus receptus durch in ihm angebrachte Aenderungen in Deutschland zuerst[a] durchbrochen und ein eigenthümliches Textrecensionensystem aufgestellt. Er hat nicht sowohl auf neue Varianten Jagd machen, sondern unter den vorhandnen eine zweckmäßige Auswahl veranstalten, nicht mit Wettstein die kritischen Zeugen nur zählen, sondern mit Bengel und Semler nach ihrer Verwandtschaft sie prüfen und schätzen wollen. Er unterscheidet daher drei Formen des neutestamentlichen Textes: eine recensio Alexandrina, der Text wie er in Alexandrien war vor und zu Origenes Zeiten; eine recensio occidentalis, der Text des Abendlandes ehe und da die lateinische Uebersetzung gemacht wurde; eine recensio orientalis

---

a) Als der Erste überhaupt kann Griesbach nicht genannt werden, da es nach E. Reuss, Bibliotheca N. T. graeci (Brunsvigae 1872) S. 3 Andere gegeben hat, maxime Angli, qui multis ante Griesbachium annis textum N. T. ediderunt vel ipso Griesbachiano ex parte emendatiorem, quorum tamen nomina et merita doctissima nostra Germania ignorat. Es werden namentlich angeführt: Wells, Mace (Macey) und Harwood.

oder Asiatica, in Syrien, Kleinasien und Constantinopel verbreitet, ein
Mischling aus den zwei ersten Formen. Wo die zwei ersten Textformen
zusammenstimmen, die Lesart erscheint ihm am besten beglaubigt. Die
handschriftliche Beglaubigung schließt innere (rationale) Gründe für die
Beurtheilung der Güte eines Textes nicht aus. Die kürzere, dunklere,
weniger orthodox lautende Lesart ist ihm die vorzüglichere. Lectio, prae
aliis sensum pietati (praesertim monasticae) alendae aptum fun-
dens, suspecta est[b]. Die alte Schule empörte sich noch einmal, als
ob durch die Textkritik wesentliche Lehren umgestoßen oder wankend gemacht würden. Griesbach hat sie für immer abgefertigt. Gegen die
bittern, inhumanen Ausfälle des Christian Friedrich Matthäi, Professors der classischen Literatur in Wittenberg und Moskau († 1811)[c],
der den Text nur nach (seinen Moskauer) Handschriften, nicht zugleich
(wie Griesbach) nach Versionen und Kirchenvätern bessern wollte, auch
durch Handschriften im Glauben an die Gottheit Christi befestigt worden
zu sein behauptete, wodurch solche, die bei der Textkritik nicht nach dem
Schema der Orthodoxie fragten, als Feinde der Gottheit Christi erschienen, hat er nur Weniges erwiedert. Griesbach war der erste Kritiker und einer der vorzüglichsten Exegeten seiner Zeit mit Semler'scher
Abneigung gegen die Apokalypse. Sein theologischer Standpunkt war
eine milde Versöhnung des Alten und Neuen, wie er selbst herkam von
Tübingen und Halle. Die Symbole sind nicht unabänderliche Glaubens-
gesetze, eine übernatürliche Offenbarung ist möglich, wahrscheinlich und
wünschenswerth, aber sie darf keiner evidenten Wahrheit der natürlichen
Religion widersprechen. Seine „populäre Dogmatik" (1779), welche die
practischen, die moralische Besserung und Beglückung des Menschen för-
dernden, Glaubenslehren betont, nahmen die Paläologen als erwünschten Beweis, daß es doch immer noch gelehrte Theologen gebe, welche

---

b) Reuss [not. a] S. 194: »Griesbachius illorum fuit antesignanus, qui
profligatis theologorum praeiudicalis opinionibus scientiae castra et tutiora
et latius patentia vindicavit.«

c) Semler heißt wegen seiner textkritischen Grundsätze bei ihm ein varium mu-
tabile et mirabile caput. Von Griesbach wird gesagt, er werde für die Verwirrungen, die er in der Kritik des N. T. gemacht, Gott Rechenschaft geben müssen.
„Die beiden Vaterunser sind in den Griesbachischen Ausgaben so zerrüttet, daß sie
Kartoffelfeldern gleichen, in welchen die wilden Schweine gewühlt. Auch hat wirklich
Origenes, der Keuler, mit seinen Alexandrinischen und Occidentalischen Ferkeln hier
gewühlt." Doch meint entschuldigend Eichstädt: »multo lenius sentire quam
loqui, maximeque peccare eo, quod stili concitatius deproperantis vehe-
mentiam domare non didicisset.«

das protestantische Lehrsystem für gegründet halten, während die Andern sich wunderten, wie ein Schüler von Semler solch eine Dogmatik, vom alten Sauerteig der Mysteriologie inficirt, schreiben könne, und unlautere Motive ihm unterschoben. Es ist ihm ergangen wie Ernesti und Michaelis. Da noch kein neueres und besseres System erfunden worden, schloß er, um doch Positives zu bieten, mildernd an das alte sich an. Uebrigens ist er der ständige Deputirte der Prälatur der Jenaischen Landschaft gewesen, sein Haus und sein Garten standen den Musen und den Armen offen. Nach vierzigjährigem Fleiße, verehrt von Allen, nahete sich seiner Tugenden Ende (24. März 1812). Solche Prälaten, ruft Schlichtegroll ihm nach, hätte die Kirche immer haben sollen[d]. Was Griesbach für die Verbalkritik, das wurde im Anschluß an seinen Lehrer Michaelis und an Semler für die höhere Kritik Johann Gottfried Eichhorn in Jena (1775—88) und Göttingen († 1827). Rasch, genial, scharfsinnig, ein Meister des Stils hat er rücksichtslos, unbeirrt von Traditionen, seine Kritik, wie Wolf an Homer, an den biblischen Büchern geübt, als an ehrwürdigen Resten des Alterthums. „So ehrfurchtsvoll ich mich auch vor euch beuge, ihr heiligen Männer, denen wir Schriften von so unermeßlicher Wirkung verdanken, so darf doch meine Verehrung nach eueren eignen Aeußerungen in keine abergläubische Anbetung übergehen, die eines vermessenen Tempelraubes schuldig zu werden wähnte, wenn sie euer Heiligthum nach den Grundsätzen menschlicher Kritik zu beleuchten unternähme. Nein, die Schriften des N. T. wollen menschlich gelesen und menschlich geprüft sein." Unermüdlich hat er der Entstehung der heiligen Schriften nachgeforscht, vom Einzelnen aus das Allgemeine, den Kanon, bestimmend, den Subjectivismus der Aufklärungszeit offenbarend in der Form der vielgestaltigen Hypothese, die den Rang objectiv historischer Wahrheit beansprucht. Er ist durch seine Einleitungen in's A. (1780) und N. T. (1804) der Schöpfer der neuern Isagogik geworden. In jener zeigt er zuerst mit Nachdruck die Zusammensetzung der Genesis aus zwei historischen Urkunden, bestreitet die Authentie, auch die temporelle, des Koheleth, kann die Orakel der Propheten nicht erkennen als entstanden durch eine Infusion der Gottheit,

---

d) Entgegen dem Buchmachen aus bloßer Erwerbslust und Armuth postulirte Griesbach: „Jeder, der bis zu einem Alphabet drucken lassen will, sollte zwei Dutzend Fremden wenigstens nachweisen können." — Ueber Griesbach vgl. außer C. Reuß in Herzog's R. E. V, 399 die Schriften von J. Chr. W. Augusti [Bresl. 1812], J. A. Köthe [Jena 1812], B. R. Abeken [Lpz. 1829].

die über sie wie ein Ohngefähr kam, sondern sie haben ihre scharfen Blicke in die Zukunft dem hohen Geiste zu danken, der sie beseelte. Eigentliche Weissagungen d. h. Beschreibungen zukünftiger Begebenheiten nach ihrem genauesten Detail, die nach ihrer Erfüllung zu einer förmlichen Geschichte werden, mögen sehr sparsam im A. T. zu finden sein. In der neutestamentlichen Einleitung entwickelt er seine künstliche Hypothese von einem Urevangelium, durch welche er, das Urapostolische trennend von unapostolischen Zusätzen, die innere Glaubwürdigkeit der evangelischen Geschichte zu befestigen meinte. Auch seine Annahme biblischer Mythen, zum Aergerniß einer Gläubigkeit, welche das Reden der Paradiesesschlange für wirklich und wahr hielt, war zunächst gegen den Spott der Naturalisten gemeint. Er galt auch als der große Lichtschaffer in der Exegese. Er ruft dem Ausleger des ersten Buches Mosis zu: „Lies es als zwei historische Werke der Vorwelt und athme dabei die Luft seines Zeitalters und Vaterlandes. Vergiß also das Jahrhundert, in dem du lebst, und die Kenntnisse, die es dir darbietet; und kannst du das nicht, so laß dir nicht träumen, daß du das Buch im Geist seines Ursprungs genießen werdest." Er ist es gewesen, der die Apokalypse errettete aus den Träumereien der Bengel'schen Schule, indem er sie für ein Drama erklärte, in welchem der Untergang des Juden- und Heidenthums in mancherlei abwechselnden Scenen besungen werde. Freilich hat er auch im Sinne seiner Zeit auf dem Katheder behauptet, man könne und müsse unter dem Wandeln unsers Heilandes auf dem Wasser nichts anders als Schwimmen verstehen, und die Schrift nach ihrer religiösen Tiefe und Eigenartigkeit ward von ihm nicht erkannt. „Er philologirt, bemerkt von ihm der Ketzeralmanach, sehr verblümt und hat in Jena Ursache dazu, doch versteht das Freicorps was er haben will." Sein academischer Applaus war groß, aber sein süßes Wesen manchem zuwider. J. G. Müller schreibt: „Ich habe ehemals Eichhorn in Jena gesehen: ein süßes Männchen, das sich sehr vor Herder bückte. Er hat viel poetisches Gefühl; aber seine Hypothesen sind oft wie im Schlaf gemacht. Da war Michaelis ein anderer Mann, auch von Ansehen*."

---

*) Einer seiner Göttinger Zuhörer, J. C. Maurer, berichtet: „Ich gestehe frei, daß ich Eichhorn beinahe nicht mehr ausstehen kann. Schon in seinem Aeußern hat er für mich etwas äußerst Widriges. Sein beständiges süßes Lächeln und Bücklingemachen, besonders wenn er in's Collegium kömmt, sein Leisetreten (es bringt z. B. ein Liefländer oft einen großen Hund mit in's Collegium, der sich gerade da hinlegt, wo Eichhorn durch muß; statt nun, wie ein anderer ehrlicher Mann, dem Hunde einen

Heyne rühmt ihn als eine Zierde der Göttinger Universität, aber er „machinirt und machinirt, denn dies liegt in seinem Character; eine unruhige Herrschbegierde mit Eigennutz verbunden hat ihn beständig herumgetrieben, so lange er hier ist; immer suchte er durch heimliche Ränke sich eine Partei zu machen, um mehr bedeutend zu werden." C. Meiners nennt es die Schwachheit Eichhorn's, daß er sich zu sehr nicht bloß nach der aus höhern Gegenden wehenden Luft, sondern auch nach der aura popularis richtet[f].

§. 14. Kirchenhistoriker der Aufklärungszeit.

F. Chr. Baur, Die Epochen der kirchlichen Geschichtschreibung. Tüb. 1852, S. 152.

Die deutsche Aufklärung war unhistorisch. Ihr Subjectivitätsprincip hinderte die Anerkennung der immanenten Macht und Bewegungskraft der Ideen in der Geschichte. Sie kennt keine Auseinanderfolge, kein continuirliches Werden, sondern nur Zufälligkeiten, individuelle Factoren. Vorwitz hat die alten Theologen veranlaßt, das Verhältniß Christi zum Vater zu bestimmen. „Pinselhafte Sophisten haben zu Nicäa das allerliebste Homousios ausgeheckt." Die Meinung der Athanasischen Partei siegte in der christlichen Kirche nur, weil die großen Herren alle zu ihr übertraten. Der Pietismus fand bei den kleineren Höfen Deutschlands sonderlich Eingang, weil dort jedes Mittel, der Langenweile zu entgehen, mit Vergnügen ergriffen wird. „Ein solches Mittel brachten dann die lieben Männer den verwittweten Fürstinnen und ihren Fräulein, indem sie kamen und ihnen ein Wort der Erweckung nach dem andern an's Herz legten. Nun vergingen ganze Tage unter den gesegneten

---

Tritt zu geben, daß er aus dem Wege gehe, so geht Eichhorn auf den Zehen, mit einem so widrigen ängstlich freundlichen Lächeln um den Hund herum, daß es mir äußerst auffallend ist, den kühnen Hypothesenmacher in dieser Stellung zu sehen; mir ist dies Schauspiel, welches ich beinahe alle Tage mit ansehen muß, so characteristisch für Eichhorn, daß ich glaube in seine Seele hineinzusehen in dieser Postur, und besonders sein monotoner herzloser Vortrag, wobei man so deutlich sieht, daß es gelernte Lection ist." F. Oehme, Göttinger Erinnerungen. Gotha 1873, S. 46: „Würde lag nicht auf Eichhorn's kleiner Gestalt, aber in seinem Antlitze sprach sich in den noch hellen Augen unter der hohen Stirn viel Klugheit und Scharfsinn aus, verbunden mit einer sehr angenehmen, gewinnenden Freundlichkeit. Er verfiel zu meiner Zeit leiblich auffallend; er hatte den Speichelfluß; neben seinem Catheder war es ganz naß: denn, nachdem er einige Worte gesprochen, mußte er den Speichel entfernen; dennoch hatte er Geistesstärke genug, sein Collegium fortzusetzen."

[f] Bertheau in Herzog's R. E. III, 710. Vgl. Baur [§. 12, h] S. 542. Hilgenfeld [§. 12, h] S. 131. Diestel [§. 9, i] S. 607.

Gaß, Gesch. der prot. Theol. III.

Uebungen des Betens, Singens, Ermahnens. Man theilte sich seine geistlichen Erfahrungen mit, wie man hier eine Regung gefühlt, dort unter einer Anfechtung gekämpft, und über das Alles wurden dann viele und lange gesalbte Sprüche gewechselt, daß dabei die Zeit unvermerkt vorbeistrich." Dem aufgeklärten Ich, welches sich selbst zum Maßstab der geschichtlichen Erscheinungen machte, mußte in der Geschichte das Meiste sehr unsympathisch erscheinen. Da es nun rein individuelle Instanzen sind, welche die Geschichte bestimmen, so mußten in diesen unliebenswürdige Eigenschaften, unlautere Triebfedern als wirksam vorausgesetzt werden. In der That sind es die Categorieen der Dummheit, Verrücktheit, Schwärmerei, Eigensinn, welche von den Aufklärern als die Hebel der Weltgeschichte angesehen und zur Erklärung herbeigerufen werden. Die Kirchengeschichte namentlich verwandelt sich unter ihren Händen in eine Geschichte der menschlichen Thorheiten, in eine Botany-Bay und eine Bedlams-Gallerie zugleich. Die alten Kirchenlehrer, die den ehrwürdigen Namen Patres größtentheils mit Unrecht führen, fallen sammt ihren unlogikalischen Arbeiten fast alle der Verurtheilung anheim. Da ist die Rede vom höchst sonderbaren und fanatischen Tertullian, vom abergläubischen Theodoret, vom halbverrückten, abscheulichen Athanasius, der selbst nicht einmal recht wußte was er wollte, vom elenden Sophisten Johannes Damascenus. Am meisten scheel wurde Augustin angesehn, der spitzfindige, dolose, ungestüme, hartherzige und herrschsüchtige Bischof von Hippo, der Vater aller unnützen Speculationen über den freien Willen und die Gnade, der sich ganz den Einfällen seines Kopfes überließ, die er ohne lange Prüfung behauptete, mit der größten Lebhaftigkeit vertheidigte, mit einer gewissen Stärke und Ueberlegenheit des Geistes aufdrang und sie herrschend zu machen suchte. Die Reformatoren waren vorzugsweise Streiter für Vernunft und Freiheit. Bei Luther war es die ausschweifende Hitze, welche die Aufklärung von Europa beförderte. Die wachsende Ausbreitung seiner Meinungen erhub den Stolz Calvins dergestalt, daß er sogar sich kein Bedenken machte, an Servetus, der seiner Lehre von der Dreieinigkeit nicht Beifall geben wollte, zum Henker zu werden. Unstreitig der beste seiner Zeit war Zwingli. Seine Aufklärung athmet den Geist des übertriebenen Hasses gegen Andersgläubige nicht, wie Luthers und Calvins, sondern zeigt den ruhigen Ernst des Denkers und den zwar standhaften, aber unverfolgenden Muth des Reformators. Des Flacius unvernünftiger Streit mit dem Strigelius hat ihm gewiß ganz unverschuldet den Schein einer großen Frömmigkeit gegeben. Die Märtyrer erschienen als Leute von zweifelhaftem Gemüthszustand, die Mönche und Einsiedler als Tollhäusler, die Bischöfe größtentheils als Intrigants. Flachgelehrte Köpfe, verwirrte Pfaffen und schwarze Herzen gaben auf den Kirchenversammlungen den Ton an. Die Orthodoxie war nichts als willkürliche Rechthaberei. Mit Behagen erging man sich gegen Pfaffengezänk und priesterliche Schandmäler*. In diesem Sinne ist die Kirchen- und Ketzergeschichte behandelt worden von Semler, der überall in der Geschichte nur Mannigfaltigkeit, Veränderlichkeit der Standpunkte erblickt und eben damit das Recht seines eigenen erweist. Es war sein subjectives Interesse, das ihm die Energie verlieh, unermüdlich sich in die Quellen zu stürzen. Gleichfalls tief in die Quellen vergraben und propter eruditionem et candorem animi geschätzt war Christian Wilhelm Franz Walch in Göttingen († 1784), dogmatisch altgläubig („ehemals wurde den alten Kirchenlehrern ohne Bibel zuviel geglaubt, nun wollen wir auch das was biblisch ist nicht glauben") und die Anfälle der A. D. B. auf das Kirchensystem oft mit thränenschwerem Auge lesend, der neologischen Geschichtsbetrachtung ergeben. Die Geschichte besteht in zufälligen Veränderungen zufälliger Dinge, ohne nothwendige Wahrheit und innere Entwickelung. Die Ketzereien und Religionsstreitigkeiten, deren vollständige Historie Walch geschrieben hat, würden nie entstanden sein, wären die Christen nie von der Wahrheit und Liebe abgewichen. Es wäre daher zur Ehre der Menschheit zu wünschen, wenn diese Zänkereien aus dem Gedächtniß der Menschen ausgelöscht würden. Allein andrerseits ist die Kenntniß derselben doch nützlich, denn sie lehrt das richtige Verhalten bei entstehender Uneinigkeit. „Für den Politiker, bemerkt auch die A. D. B., ist diese Geschichte eine vortreffliche Schule der Klugheit, welche ihn der gefährlichen Mühe überhebt, durch eigene Versuche sich Erfahrung zu erwerben, wenn Zeloten ihn auffordern, der nothleidenden reinen Lehre zu Hülfe zu eilen." Sein Plan, ein Buch von Adams

---

a) Als Beispiel eines solchen ward angeführt, daß die Hamburger Prediger 1632, als ihnen eine Bieraccise auferlegt werden sollte, schrieben: „eine christliche Obrigkeit wäre ärger als die Heiden und hätte den Glauben verleugnet, wenn die Prediger Bieraccise geben sollten, weil selbst Pharao und Arthasasta, ob sie gleich Heiden waren, ihre Priesterschaft mit Auflagen verschont hätten." Auf den Einwurf, daß gleichwohl Christus selbst Zoll gegeben, antworteten sie: „sie hätten solche hamos nicht. Wollte man sie mit der Bieraccise pressen, so wollten sie zu Gott seufzen und ihr Gebet würde alle Accise verzehren und den Zorn Gottes über die ganze Stadt bringen."

Theologie zu schreiben, blieb glücklicherweise unausgeführt [b]. Die umfangreichste Kirchengeschichte, das Werk eines mehr als vierzigjährigen Fleißes, schrieb Johann Matthias Schröckh aus Wien († 1808), ein Schüler Mosheim's, von dem er die pragmatische Geschichtsbehandlung lernte, geistig electrisirt von Michaelis, befreundet mit Ernesti, seit 1767 Professor der Dichtkunst, nachmals der Geschichte in Wittenberg, die Zierde und der Stolz dieser hohen Schule. Seiner Richtung nach bibelgläubig, mit dem Ansehn der Offenbarung die Zweifel der Vernunft erdrückend, die Neuerungssucht durch die Geschichte regelnd, war er als Historiker zuverlässig, schonenden Urtheils, die sichere Mitte suchend (er wollte die Anzahl der Märtyrer weder mit Dodwell zu klein noch mit Andern zu groß machen), kein philosophischer, genialer Kopf, daher ungern bei dem reinen Gedanken verweilend, eine gleichsam historische Seele, doch ohne das Talent einer kunstreichen plastischen Darstellung. Der Aufklärungstypus zeigt sich bei ihm in der Betonung des Nutzens der Geschichte, als welche an Beispielen Tugend und Klugheit lehren soll, und darin, daß das Subjective in der Form des Biographischen überwiegend hervortritt [c]. Die Kirchengeschichte hat aus dem gelehrten Wuste gerettet und durch glücklichen Takt in der Auswahl, durch sein philosophisch geschärftes Auge, das bis auf der Ereignisse Grund drang, durch überraschende geist- und ideenreiche Wendungen, durch divinatorische Reflexionen, Kraft- und Schlagwörter aus den Quellen einflechtend, zu ebenbürtiger Höhe mit der Profangeschichtschreibung seiner Zeit erhoben Ludwig Timotheus v. Spittler, der gefeierte Göttinger Professor und wenig glückliche Würtembergische Staatsminister († 1810). Wie er als historischer Schriftsteller bewiesen hat, daß mühselige gelehrte Forschung nicht nothwendig mit Pedanterie und Langeweile verbunden sein muß, so ist er, seine schwäbische Schüchternheit überwältigend, ein Meister des academischen Vortrags geworden, der seinen Zuhörern die Thränen in die Augen reden konnte. „Lange noch klang seine Rede in ihren Ohren wieder, nachdem sie den Hörsal still und gedankenvoll verlassen hatten." Sein „Grundriß der Kirchengeschichte" (1782), „die wahre Blüthe seines Geistes", liebt den subjectiven Pragmatismus, der die historischen Dinge erklärt aus den Leidenschaften der Menschen, und hebt vornehm neologisch also an: „Die Welt hat noch nie eine solche Re-

---

[b] W. Möller in Herzog's R. E. XVII, 490.
[c] Literatur bei G. H. Klippel in Herzog's R. E. XIV, 20.

volution erfahren, die in ihren ersten Veranlassungen so unscheinbar und in ihren letzten ausgebreitetsten Folgen so höchst merkwürdig war, als diejenige ist, welche ein vor 1800 Jahren geborener Jude, Namens Jesus, in wenigen Jahren seines Lebens machte ᵈ.“ Es war natürlich, daß in einem Zeitalter, welchem die Geschichte, insbesondere die Kirchengeschichte, als eine Geschichte der Thorheiten und Laster der Menschen erschien, die Historiker mit Vorliebe darauf ausgingen, die Krankheiten der Seele, die Verirrungen des menschlichen Verstandes zu geschichtlicher Darstellung zu bringen. So schrieb der Rath J. Chr. Adelung in Dresden († 1806) eine Geschichte der menschlichen Narrheit (1785) in sieben Theilen, mit einer ganzen Gallerie — denn das Reich der Thorheit ist größer als das Reich der Weisheit — von philosophischen Unholden, welche ihr ganzes Leben ein Geschäft daraus machten, wider Philosophie und gesunde Vernunft zu handeln und sich doch dabei große Philosophen zu sein dünkten; so der Würtembergische Prälat Christian Friedrich Duttenhofer († 1814), frühzeitig von glühendem Widerwillen gegen alle Frömmelei ergriffen, die Geschichte der Religionsschwärmereien in der christlichen Kirche (1796) — nach ihm der angemessenere Name für Kirchengeschichte, als welche nichts anderes sei als die Geschichte der vielen Verfälschungen und Entstellungen, welche die von Jesu der Welt verkündete reine Vernunftreligion erfuhr — eine aus sehr secundären Quellen zusammengestellte Spottgeschichte und Lästerchronik, in welcher Abgeschmacktheiten, wahnsinnige Andächteleien, eingebildete oder erlogene Visionen und Wunder, Heuchelei und Bubenstücke abwechselnd wiederkehren; so H. Corrodi († 1793), Professor des Naturrechts und der Sittenlehre am Gymnasium in Zürich, Semler's Schüler und Liebling, die Geschichte des Chiliasmus (1781) als eines Zweiges der religiösen Schwärmerei, eine Geschichte, welche außer dem Nutzen, den sie dadurch verschafft, daß sie die religiöse Schwärmerei in nachtheiligem Lichte vorstellt und vor einem besorglichen Rückfall in dieselbe verwahrt, auch reichen Stoff zur Belustigung gewährt. Auch für Hamann war das, ungeachtet des Semler'schen Sauerteigs und des

---

ᵈ) Wie Herder zu dem Urtheil sich verlieren konnte: „Spittler ist ein verschliffener academischer Geschicht- und Politikleser, kein Historiker, kein Historiograph" — ist mir ein Räthsel. Aufsätze über Spittler von Hugo (Civilist. Magazin. B. 3, S. 455], A. H. L. Heeren [Hist. Werke VI, 515], G. J. Planck [vor der 5. Aufl. v. Spittler's K.-G.], K. L. v. Woltmann [Zeitgenossen II, 65], Strauß [Kleine Schr. Lpz. 1862, S. 68], Henke [Herzog's R. E. XIV, 678].

Anscheins, den von Reimarus abgerissenen Faden neu angezettelt und weiter ausgespannt zu haben, eine merkwürdige Schrift.

§. 15. Neologische Populartheologen und Apologeten.

Tholuck, Verm. Schr. I, 163. Hagenbach, K. G. des 18. u. 19. Jahrh. 3. A. I, 349. K. H. Sack, Gesch. d. Predigt in der deutschen ev. Kirche v. Mosheim bis Schleiermacher u. Menken. Heidelb. 1866. S. 35.

Das Gemeinsame der neologischen Practiker und Populartheologen ist, daß sie, bald mehr bald minder bibelgläubig, die Wahrheiten der natürlichen Religion und der aufklärenden Popularphilosophie auch als die wesentliche und eigentliche Lehre des Christenthums, ohne viel Respect vor symbolischen Büchern, Concilienschlüssen und kirchlichen Verdammungsurtheilen, der christlichen Gemeinde proklamiren. Die christliche Glaubenslehre sagt ihnen eben das, was die natürliche Religion, nur daß es jene so deutlich, vollständig und rührend sagt und etwa noch einige unschädliche Zusätze hat. Eine offne Bestreitung der Kirchenlehre auf der Kanzel erschien unangemessen*, aber sie reden wenig von Erbsünde, Buße, Wiedergeburt, Versöhnung durch eigentliche Genugthuung, Menschwerdung, Christi Blut, Dreieinigkeit, weil alle diese Lehren als Werke der Modephilosophie oder politischer Umstände keinen Einfluß auf die Gottseligkeit haben, desto mehr hingegen von der Nützlichkeit des Glaubens an Gott und an die Vorsehung, als des Fundamentes der Religion, von der Unsterblichkeit der Seele, von möglicher Rückkehr aus der sittlichen Verschlimmerung zur Tugend und Glückseligkeit. Das Organ für die Religion ist ihnen der Verstand, das Christenthum richtige Religionslehre, die beste Philosophie, das Unterscheidende des Christenthums Anerkennung Jesu als des vorzüglichsten Lehrers der Religion und des höchsten Reichsbedienten Gottes auf der Welt. An Jesum glauben heißt seine ganze Lehre aufrichtig und willig annehmen. Der confessionelle Unterschied zwischen Lutheranern und Reformirten mußte um so mehr zurücktreten, als die letztern fast überall den schwarzen me-

---

a) Unter Zustimmung der A. D. B. lehrte sogar Bahrdt in seiner „Rhetorik für geistliche Redner", daß nie ein Thema gewählt werden müßte, worin ein Satz des herrschenden Lehrbegriffs für Irrthum erklärt oder etwas dem Entgegenstehendes behauptet wird. Daher Nicolai 1772 in einem Briefe an Joh. v. Müller bemerkt: „Die neuen guten Theologen zetteln eine heimliche Verschwörung wider den Despotismus der Dogmatik an, sie wollen daher auch den besten Streiter nicht in ihre Partei nehmen, wenn sie merken, daß er geneigt ist durch Schwertschlag zu erhalten, was sie durch Winkelzüge zu erlangen trachten."

lancholischen Irrthum der Prädestination aufgegeben hatten. Alle hierher gehörigen Theologen mochten weder in die kalte Zone der Speculation noch in die heiße Gegend der Gefühle sich verirren, sie gefielen sich in dem gemäßigten Mittellande, darin man weder erfriert noch verbrennt, dem Lieblingsort der Weisen und Guten.

In den Predigten trat, sie nützlicher zu machen, an die Stelle der Dogmatik die Moral. Aber die Nützlichkeit der geistlichen Amtsthätigkeit schien noch einer weiteren Steigerung fähig. Garve richtet (1772) an Zollikofer die Frage: „Sollte nicht das gemeine Volk noch einen andern Unterricht brauchen, als einen bloßen Religionsunterricht? Und sollten nicht zuletzt die Prediger die Lehrer aller gemeinnützigen Wissenschaften werden können?" Die A. D. B. ist ihrerseits immer der Meinung gewesen, daß sich ein Landprediger doppelt schätzbar und sein Amt für die christliche Kirche wie für den Staat gleichwichtig und gemeinnützig machen könne, wenn er mit seinem Hauptgeschäft, der Seelsorge für seine Pfarrkinder, auch Bemühungen zur Beförderung ihres zeitlichen Wohlstandes verbände, wenn er über ihre Wirthschaftsangelegenheiten zuweilen von der Kanzel mit ihnen spräche. Es wurde daher die Forderung aufgestellt, der zukünftige Landprediger solle neben oder statt Polemik, Dogmatik, Kirchengeschichte und biblischer Sprachkunde, das Rechnungswesen, Rechtsgelehrsamkeit, Pädagogik, Anatomie und Oekonomie studiren, damit er seinen Pfarrkindern in Wirthschafts- und Proceß-Sachen, bei Krankheiten und Kinderzucht rathend zur Seite stehen und so dem Staate mehr Nutzen, seinem Amte mehr Wichtigkeit geben könne [b]. In der That fingen nun Geistliche an, Predigten zu halten über Gegenstände aus der Natur und Politik [c], aus der Land- und Staatswirth-

---

b) So wünschte Campe, daß die Prediger zugleich Dorfärzte werden möchten, und Bahrdt [Ueber d. theol. Studium auf Universitäten. Brl. 1785, S. 31, 85, 94] meint: „Sagt uns nicht die Geschichte, daß beide Schwestern (Heilkunde u. Theologie) ehedem stets beisammen gewohnt haben? waren die ägyptischen Priester nicht auch die Aerzte der Nation?"

c) H. G. Zerrenner, Natur- und Ackerpredigten oder Natur und Ackerbau als eine Anleitung zur Gottseligkeit. Magdeb. 1783. J. N. G. Beyer, Prr. üb. Gegenstände aus der Natur. Lpz. 1805 (z. B. vom Himmel; von der Sonne; vom Monde; über die Sterne; von den wunderbaren Eigenschaften des Lichts; von den Bergen; von dem Weltmeere; vom Schlafe; vom Winter; vom Nutzen des Donnerwetters). J. G. Rosenmüller predigte am 2. Advent 1800 über die Fortschritte in Naturkenntnissen, welche im 18. Jahrh. gemacht worden sind. J. J. Stolz, Prr. üb. d. Merkwürdigkeiten d. 18. Jahrh. Altenb. 1801 (darin Prr. über Friedrich II., über Bonaparte, über Preßfreiheit u. Publicität, über das Schicksal der Schweiz, über die verderbten Höfe).

schaft^d, aus Arznei- und Erziehungskunde^e, beinahe nach der Strophe aus einer Homiletik in Versen:

> Sprich unverzagt, wie's kommt in's Maul,
> Von Wind und Wetter, Karrn und Gaul,
> Von Brache, Mist, Ochs, Eselein,
> Von Hühnern, Gänsen, Kuh und Schwein,
> Von Frohnen, Kirchweih und dergleichen,
> Von Flegelei und dummen Streichen,
> Von Branntweinsaufen, Processiren,
> Von Blatternimpfen und Klystieren,
> Auch mische drunter hier und dort
> Ein wenig was aus Gottes Wort,
> Nach vorn und hinten und mitten hinein
> A la Hans Sachs ein Reimelein,
> Zitir' aus — s Hülfsbüchel die Kreuz und die Quer —
> So hast gepredigt populär.

Seit der Verbannung der unnützen Streitfragen und der ängstlichen Seelenführungsmethode von der Kanzel wollten auch die alten Kirchenlieder nicht mehr behagen. Ochsen- und Taubenkothhändler, hieß es, müßten aus dem Tempel vertrieben werden. „O ihr Consistoria, ihr

---

d) J. F. Schlez, Landwirthschaftspredigten, ein Beitrag zur Beförderung der wirthschaftl. Wohlfahrt unter Landleuten. Nürnb. 1788, 2. A. 1794. Hier z. B. Themata: von der Anhänglichkeit an's Alterthum in der Haus- und Feldwirthschaft (über 1 Thess. 5, 21); von dem Befehl Mosis, das Feld zu gewissen Zeiten ruhen zu lassen (über 2 Mos. 23, 10 f.). Andere predigten über den Werth des Feldbaues, über den Kartoffelbau, über Stallfütterung (zu Weihnachten), über's Baumverderben (am Palmsonntag), über die Vorsicht mit Feuer u. Licht umzugehen. J. O. Thieß, Ueb. d. Werth des Geldes, gepredigt am 3. Pfingstfeiertage u. hrsg. z. Besten zweier Geldbedürftigen. Hamb. 1789. H. F. Kehm, Prr. üb. Volksvorurtheile. 2 B. Erf. 1802. Vgl. auch [David Christoph Seybold] Prr. des Hrn. M. Sebaldus Rothanker aus sn. Papieren gezogen. Lpz. 1774.

e) B. L. Steinbrenner, Prr. üb. die Kunst das menschl. Leben zu verlängern nach Hufelandischen Grundsätzen. Halle 1804. F. L. v. Kalm, Postille zum Vorlesen in Landkirchen. Hann. 1821 (darin lautet das 15. Thema: wodurch gelangt der Mensch zu einem ruhigen und sanften Schlaf). Prr. für Hypochondristen. Gotha 1778 (darin: Vom Spazierengehen, Predigt am 2. Osterfage). Besonders häufig wurden Prr. über die Heilung und Einimpfung der Blattern gehalten, zuweilen von der Landesregierung, etwanige Vorurtheile zu zerstreuen, gefordert (z. B. im Fürstenthum Coburg), auch von Ernesti in der Neuest. theol. Bibl. II, 575 gutgeheißen. Blatternpredigten v. J. Chr. Ritter [1772], G. Merkel [Lpz. 1777], J. Chr. Grot [1781], Chr. E. Prinzig [Schillingsfürst 1802], J. F. J. Spannuth [Helmst. 1807]. Nach J. H. Voß sollte das Weihnachtsfest benutzt werden, den Eltern eindringlich zu machen, wie wichtig ihr Beruf sei, ihre Kinder zu gottwohlgefälligen Menschen zu erziehn, die nur so geleitet Andern sich nützlich machen und selbst ruhig und glücklich werden könnten. Es wurde auch zu Weihnachten über die Pflege der Wöchnerinnen, und am Feste der Heimsuchung Mariä über die Erziehung der Kinder vor der Geburt gepredigt.

Regenten! zwingt uns doch nicht ferner, Tändeleien, Unsinn oder gar Scandale zu singen." Friedrich II., damit ganz einverstanden, stellte es einem Jeden frei, zu glauben und zu singen, was und wie er wolle, auch so thöricht und dummes Zeug wie: „Nun ruhen alle Wälder"ᶠ. Es erschienen fast in allen Gegenden neue Gesangbücher. So das Zollikoferſche (1766), welches dem Herausgeber die Beschuldigung des Socinianismus eintrug; so zur Ablöſung des alten Porſt das neue Berliner vom wackeren Oberconſiſtorialrath J. S. Diterich, nicht ohne Widerſpruch eingeführt, welchen der Berliner Kaufmann Apitzſch organiſirte; so das neue Leipziger, von J. G. Rosenmüller gefördert; so das Baſedowſche (1781), beſtimmt für alle Kirchen und Secten, mit dem Aufklärungshymnus:

> Lobſingt, lobſingt dem Herrn!
> Denn er hat uns befreit,
> Es iſt nunmehr von des Gewiſſens Tyrannei
> Doch hie und da ein Plätzchen frei.

Wie gegen die alten Kirchenlieder, so lehnten sie sich gegen die kirchlich autoriſirten Albernheiten in der Liturgie auf; z. B. gegen den (mit Zetergeschrei und Augenverdrehen vollzogenen) Exorcismus, dieſen Greuel des Aberglaubens und Scandal für gutgeſinnte Prediger, und gegen die Copulationsformel, in welcher dem ruhigen Kapitalisten vom Essen im Schweiß seines Angeſichts, dem armen Taglöhner, der keine Furche beſitzt, die Drohung, daß sein Acker Dornen und Diſteln tragen soll, und der sechzigjährigen Matrone wie dem jungen Mädchen vom Schmerz der Schwangerschaft und der Geburt vorgesagt wird. Die „Abendsmahlfeier" des Kirchenrathes Lang in Regensburg brachte die neue Spendeformel: „Genießen Sie dies Brod! Der Geist der Andacht ruh auf Ihnen mit seinem vollen Segen! Genießen Sie ein wenig Wein! Tugendkraft liegt nicht in dieſem Wein — sie liegt in Ihnen, in der Gotteslehre und in Gott!"ᵍ

Auch auf dem Gebiete der ascetiſchen Literatur zeigte sich der Umschwung der Zeiten. Die Andachtsbücher des sonſt redlichen Arndt und

---

f) „So thöricht und dummes Zeug" hat allerdings auch Virgil gedichtet, Aen. IV, 522—25:
  Nox erat, et placidum carpebant fessa soporem
  Corpora per terras, silvaeque et saeva quierant
  Aequora: quum medio volvuntur sidera lapsu,
  Quum tacet omnis ager, pecudes pictaeque volucres etc.

g) W. F. Hufnagel, Liturgiſche Blätter. Erl. 1796. 1, 6, 18.

der alte sonderbare Cubach wurden „der vernünftigen Religion zu Liebe" zurückgestellt. An ihre Stelle traten J. A. Hermes' Handbuch der Religion (1779) und als besonders beliebt in dieser Zeit „der Christ in der Einsamkeit" (1761) von dem fürstlich Schönaich-Carolathischen Hofprediger Martin Crugott, dem die Paläologen nachsagten, daß er im Begriff sei, unsern Heiland aus Warschau wegzupredigen. Der Christ in der Einsamkeit fand viele Gebrüder (als: der wahre Christ in der Einsamkeit, der wahre Christ in seinen Empfindungen in der Stille, der Jüngling in der Einsamkeit, das Frauenzimmer in der Einsamkeit, der Christ in der Welt, der Christ am Sonntag, der Christ in der Nacht), welche geschriebene Christen meistens verunglückten in einem Schwall strotzender Worte.

Der vernünftigen, klugen Geistlichen, die, wie J. G. Forster sich ausdrückt, aus der Fülle ihrer Tugend und moralischen Vollkommenheit Religion von Unverstand säubern und dem gemeinen Menschenverstande ganz begreiflich machen wollten, waren Viele, ihr Prätorium Berlin. Nur uneigentlich kann ihnen beigezählt werden der Chrysostomus des 18. Jahrhunderts Johann Andreas Cramer († 1788), hoher Geistlicher in Quedlinburg, Copenhagen, Lübeck, zuletzt Kanzler der Universität Kiel. Nicht seine Richtung, denn er hielt mit unbewegbarem Sinn die orthodoxe Lehrart großentheils aufrecht, sondern die Billigkeit, womit er die jüngern Theologen und ihre neuen Entdeckungen beurtheilte, ließ ihn als einen Beförderer der aufgeklärten Theologie erscheinen. Dagegen gehört zu den tonangebenden Vertretern der neologischen Praxis der feingebildete Johann Friedrich Wilhelm Jerusalem, Abt von Ribbagshausen, Vicepräsident des Consistoriums zu Wolfenbüttel, Curator des auf seinen Vorschlag 1745 gegründeten Collegium Carolinum. Er studirte in Leipzig, aber weil dort der pedantischste, stumpffte Mann Dogmatik lehrte, so ging er zu den Jenensern J. Gerhard, J. Musäus und Buddens in die Schule. Er selbst nennt seine Jugend gar zu unordentlich und ausschweifend. „Jedoch wäre ich ordentlicher gewesen, so hätte ich auch vielleicht mehr Ehrfurcht vor mein orthodoxes Systema behalten und wäre denn jetzt auch allen Klugen damit ein Ekel und der ganzen Welt eine Last und Strafe." Er setzte seine Studien in Leiden fort und holte sich seine Menschenkenntniß in London, wo er im Umgange mit Foster und Whiston [II, 263] die glückliche und für jeden rechtschaffenen Verehrer Jesu entzückende Erfahrung machte, wie fruchtbar die wesentlichen Grundlehren des Christenthums in guten Seelen, bei allem übrigen Unterschied der Lehrbegriffe, sind. Ein wackerer Alethophilus [II, 391] reducirte er seinen biblisch einfachen Glauben darauf: die Tugend zu lieben, Gott zu erkennen und Christum als göttlichen Gesandten anzunehmen, mit Abneigung vor den Terminologieen und Hypothesen der Theologen wie vor den Richtersprüchen der Philosophen[h]. Die ganze Natur der Religion besteht in der Anweisung zur vollkommensten Zufriedenheit. An selige Erleuchtungen, durch welche die Vernunft die reine Religionserkenntniß erlangte, hat er geglaubt. Ohne unmittelbare göttliche Unterstützung hätte die christliche Religion nicht dauernden Einfluß finden können. Aber die Offenbarung darf nur offenbaren was Gott anständig ist, was innere Wahrheit und Klarheit hat und zur moralischen Bestimmung des Menschen gehört. Auf Grund solcher an Wolff erinnernden Anschauungen hat er in seinem Hauptwerke, den damals berühmten „Betrachtungen über die vornehmsten Wahrheiten der Religion" (1774 ff.) mit Wärme und sanft nachziehender Beredtsamkeit gegen Voltaire's und Anderer Spöttereien einige (an sich unbedeutende) Geschichten des A. T. als nützlich dargethan, weil sie bewiesen, daß Gott Regierer der Welt sei[i], andere entschuldigt (für die von den Aegyptern mitgenommenen silbernen und güldenen Gefäße wurden jene reichlich durch die liegenden Güter, welche die Israeliten zurückließen, entschädigt, und damit ist dann auch das große Geschrei, das hierüber immer erhoben wird, hinreichend beantwortet), andere als unwahr beseitigt (die dumme Geschichte mit dem Esel schickt sich fürtrefflich zum Gaukelspiele des Betrügers Bileam, hat aber etwas Empörendes für allen gesunden Menschenverstand und ist für wahr genommen anstößig gegen die allerhöchste göttliche Würde)[k]. Vielleicht daß die Liebe zum Wunderbaren, der Mangel einer richtigen Auslegungskunst und eine zu buchstäbliche Erklärung eines höhern verblümten Ausdrucks die biblischen Wunder ohne allen Grund gehäuft hätten. Als Prediger wendet er von dem üblichen „Nachtwächter- und Marktschreierton", Mosheim noch übertreffend, zu einer edlen, unaffectirten Einfachheit zurück; doch weil ihm die Externa fehlten und er nach Art der Engländer seine

---

h) „Sollen die Philosophen Richter sein? O, gebt uns lieber die alte Inquisition her, als dieses neue Tribunal!"

i) Danovius: „J. weiset die Freigeister mit den gründlichsten Beweisen zurück. Voltaire bekommt nach Verdienst rechts und links Maulschellen."

k) Auch damalige Orthodoxe, wie J. H. Benner († 1782) in Gießen, wollten die Rede des Esels nicht für ein Wunder ansehen, sondern Gott habe dem Bileam den Verweis im Namen des Esels durch einen der gefangenen Geister aus der Hölle beibringen lassen.

Predigten ablas, war er mehr für die Gebildeten als für die große Gemeinde. Er hat auch die deutsche Literatur in Schutz genommen gegen Friedrich II., hoffend, es würden die unbebauten Gegenden noch in schöne belaubte Haine verwandelt werden. Die Altgläubigen glaubten nicht, daß er viele Freigeister zum Christenthume bekehren werde, er habe den Deisten vielmehr vorgearbeitet, sei wohl selbst ein versteckter Socinianer und weiche darum aus, sich über die Person Christi zu erklären[1]. Der Ketzeralmanach v. J. 1786 sagt: „Diesen großen berühmten Mann wollen die jungen Liberalen immer zu ihrem Exerciermeister machen, besonders in der ältesten biblischen Geschichte von Moses; da wollen sie von ihm gelernt haben, daß es bis zur Sündfluth lauter alte Volkslieder wären, die mehr Erdichtungen als wahre facta enthielten." Aufgeklärtere als er selbst wollten von seinem Offenbarungssystem nichts wissen, denn echte Religion sei ganz unabhängig von Wundern und unmittelbarer Offenbarung. Heitere Ruhe auf der Stirne, das Bild eines wahren Weisen, starb der ehrwürdige Greis 1789, der „ein halbes Jahrhundert über wahre echte Religion ein helles und wohlthätiges Licht verbreitet hatte"[m]. Neben Jerusalem und mit ihm befreundet stehen drei berühmte Berliner Oberconsistorialräthe, zuerst der reformirte August Friedrich Wilhelm Sack, ein Eklektiker in der Theologie wie seine schweizerischen Vorbilder Turretin und Werenfels, auf der Kanzel einfach und geschmackvoll wie Tillotson, ein so geschworener Feind alles intoleranten Sectenwesens, daß er die eidliche Verpflichtung auf die symbolischen Bücher für einen Ueberrest hierarchischer Anmaßung erklärte. In der Jugend hatte ihn Gemüthsbangigkeit ergriffen ob seiner Erwählung, im Alter galt ihm der unbedingte Rathschluß der Supralapsarier als ein abscheulicher Lehrsatz. Sein gegen die Feinde des Christenthums „Vertheidigter Glaube der Christen" (1748) wollte ohne Einmischung gelehrter Theoricen und Untersuchungen die Hauptlehren des Christenthumes dem unbefangenen gesunden Verstande einleuchtend und dem guten Herzen annehmungswürdig machen. Religion ohne Tugend ist ein Körper ohne Seele. Daher die Reden Jesu nichts enthalten was nicht auf Frömmig-

---

[l] Daraus wollten Manche sein Zögern sich erklären mit der Fortsetzung seiner „Betrachtungen". Er selbst nannte als Hinderniß seine äußerst schwache Gesundheit, die er nur von einem Tag zum andern mit Arzneien hinhalte.

[m] F. Koldewey, Jerusalem ein Lebensbild a. d. Aufklärungszeit [Zeitschr. f. hist. Th. 1869, S. 530], woselbst auch die Literatur verzeichnet ist mit Ausnahme des Aufsatzes: „Jerusalem und das Carolinum in Braunschweig" bei Th. W. Danzel, Gottsched u. s. Zeit. Lpz. 1848, S. 318.

keit und Tugend leitet. Die göttliche Offenbarung dient nur, die Grundsätze der natürlichen Religion zu bestätigen, sie ist das Fernglas für die Vernunft. Aber nicht Alles in der Bibel ist göttliche Offenbarung. Von ihm rühmt der Ketzeralmanach, er habe das männliche Alter in Christo. Während er Einigen noch zu früh Halt gemacht zu haben und zu wenig freimüthig zu sein schien ⁿ, schalten ihn die Andern einen kalten Moralprediger, einen Socinianer, der die Leute zum Umsturz des protestantischen Lehrbegriffs, unter dem Vorwand ihn zu reinigen, um so mehr ermuntert habe, je größer sein Ansehn gewesen. Lavater meinte spitzig: „Vielleicht würde er besser thun, wenn er den Verdacht, für orthodox gehalten zu werden, auf eine minder gesuchte Weise von sich ablehnen würde." Die Barmherzigkeit Gottes preisend ist dieser Patriarch der Wahrheit, wie Basedow ihn nennt, hochbetagt verschieden (1786) ᵒ. Sodann der ehrwürdige, (nach Lavater) in Absicht auf das Herz dem Christenthum viel näher als Sack stehende Johann Joachim Spalding, welcher, durch ein früh erlangtes Gefühl der Religion vor den Verführungen der Jugend bewahrt, in seinem glücklich heitern Leben und mit seiner patriarchalischen Frömmigkeit das Ideal eines Geistlichen dargestellt hat, dem es ein redlicher Ernst vor Gott war, seiner Gemeinde durch Erlangung christlicher Erkenntnisse und Gesinnungen nützlich zu sein. Schon als Rostocker Student von heterodoxen Anwandlungen nicht frei, bekannt mit den Thorheiten der philosophischen und theologischen Orthodoxie, hat er in dem unbedingten Festhalten des Kirchensystems eine übelverstandene Gewissenhaftigkeit gesehen, dagegen der freien, jedoch maßvollen Forschung, deren Verhinderung der Religion Schaden thut, das Wort geredet und ist, gehorsam gegen die unwiderstehliche Wahrheit im Gewissen, mit überzeugter Aufrichtigkeit Christ geblieben. Als Gelehrter mittelmäßig, als populärer Schriftsteller sehr beliebt, hat er, vom Wolffianismus herkommend und mit den englischen Moralisten befreundet ᵖ, überall den Verstandes- und Nützlichkeits-Standpunkt

---

ⁿ) Nicolai an Joh. v. Müller 1772: „Wissen Sie, daß Aufsehen machen und verdammen ihm (Sack) beinahe in gleichem Grade verhaßt ist. Dieser Mann, der noch nie Alles gesagt hat, was er denkt, der hingegen Vieles gesagt hat, was er nicht denkt, und dabei bis in sein 72. Jahr Oberconsistorialrath geblieben ist, diesem Manne ist es gar nicht erfreulich, zu vernehmen, daß jemand Aufsehen machen will."

ᵒ) A. F. W. Sack's Lebensbeschr., hrsg. v. F. S. G. Sack. 2 B. Brl. 1789. K. H. Sack in Herzog's R. E. XX, 653.

ᵖ) [J. O. Thieß] Ketzeralmanach auf d. J. 1797: „Seine Moral ist die des Hutcheson, sein Vortrag der des Addison."

hervorgekehrt. Die Religion ist nützlich, selbst zur äußerlichen Glückseligkeit dieses Lebens, zu welcher die beste Gesetzgebung und Policei nicht hinreichen. „Man nehme den Glauben an Gott und seine Vorsehung weg, man hebe Unsterblichkeit der Seele und zukünftige Vergeltung auf, wie bald wird die Welt ein Schauplatz der abscheulichsten Ungerechtigkeiten werden." Das Christenthum ist nützlich. Denn durch seine Lehren werden die Wahrheiten der natürlichen Religion nicht gehindert („was schadet ein Zusatz, der, wenn er allenfalls auch falsch wäre, wohl noch sogar die Wirkungen jener Wahrheiten fördern kann?"), es ist vielmehr erwiesen, daß keine natürliche Religion unter den Menschen sein würde, wenn keine geoffenbarte wäre. Er kann sich deshalb kein zweckloseres, aber auch zugleich grausameres und menschenfeindlicheres Verfahren denken, als das der fanatisch zudringlichen Missionarien des äußersten, Alles verwüstenden Unglaubens q. Die intellectuelle Auffassung des Christenthums läßt Spalding so sehr vorherrschen, daß nur dann religiöse Rührung bei ihm vorhanden ist, wenn er diese oder jene Lehre des göttlichen Wortes recht erkennt. Plötzliche gewaltsame religiöse Erregungen waren ihm ganz unverständlich, ihre Aufzeichnung nutzlos. „Was sollen denn die sorgfältigen Bemerkungen, die genauen Tageregister über die gehabten Empfindungen in der Seele, wodurch die Welt schon so oft unterrichtet worden, wie diesem oder jenem Menschen von einer Zeit zur andern zu Muthe gewesen, was für ein Spruch ihm gestern erwecklich geworden und was für eine Betrachtung ihm heute durch's Herz gefahren." Solche Gedanken hat er niedergelegt in den „Vertrauten Briefen die Religion betreffend" (1784), durch welche er gegenüber dem muthwilligen absprechenden Ton der Freigeister, die auch niederrissen was nützlich war, wenigstens eine bedachtsamere Achtung gegen die Sache der Religion erwecken wollte r; in dem Buch über „die Bestimmung des Menschen"

---

q) Spalding an Joh. v. Müller 1772: „Ich bin von der Wohlthat Gottes durchdrungen, welche er durch die Sendung und das Evangelium Jesu zum Behuf jenes Zweckes einem so großen Theile des menschlichen Geschlechts bewiesen hat. Die Verbindung dieses Mittels mit jenem Zweck leuchtet mir als so sichtbar und wichtig ein, daß es mir allemal eine Art von Pein macht, wenn ich Aeußerungen gewahr werde, welche die Würde des göttlichsten Tugendlehrers, die Glaubwürdigkeit seines Unterrichts und also die praktische Achtung der Menschen gegen seine recht verstandenen und der Menschlichkeit so nützlichen Beweisungen schwächen könnten."

r) Schulz, der freigeisterische Zopfprediger, urtheilte darum von diesen Briefen: sie enthielten ganz unstatthafte und nicht selten völlig sinnlose Declamationen, theils ein ganz unverschämtes fanatisches Gewäsch, mitunter auch die lächerlichsten Absurditäten.

(1748), entgegengesetzt dem l'homme machine von de la Mettrie, dessen Verstand beständig vom hitzigen Fieber krank sei; in den „Gedanken über den Werth der Gefühle im Christenthum" (1761), worin er sich mit dem Halleschen Pietismus, mit seinem Treiben auf Bußkampf, auf sinnlich empfundene Bekehrungsgnade auseinandersetzte; endlich „Von der Nutzbarkeit des Predigtamtes" (1772), worin er seinen Amtsbrüdern, ihr Amt nutzbarer zu machen, einschärft, nicht die Menge der Christen mit subtilen Bestimmungen theoretischer Sätze zu beladen, sondern Moral zu predigen, indem der Zweck der Predigten nichts anders als Rechtschaffenheit und Beruhigung sei. Die Geistlichen sind nicht Priester, sondern Tugendlehrer ohne unmittelbaren Beruf von Gott und ohne finstere Grimasse, sind die eigentlichen Depositärs der öffentlichen Moralität, noch immer brauchbar in einem sehr wohl policirten Staate. Sie bilden die einzige Anstalt, welche durch Erweckung guter Gesinnungen die sonst ewigen Elusionen der besten Gesetze zu verhüten vermag. Daher wird der Regent es gern sehen, durch die Prediger gute Verehrer Gottes zu haben, damit er desto bessere Bürger habe. Diese Auffassung des Predigtamtes bloß von Seiten der Nutzbarkeit für den Staat reizte Herdern, der in Spalding sonst einen Schriftsteller erkennt nicht bloß des Vaterlandes, sondern der Menschheit, zu seinen sarkastischen „Provincialblättern". In seinen Predigten schmucklos, ohne erkünstelte Begeisterung, aber präcis und würdig, wollte er nicht Phantasie und Gefühl erregen, sondern eine Verstandesbewegung, klare und gewisse Erkenntniß hervorbringen, und so die innerliche moralische Ordnung des Geistes als des Menschen wahres Glück befördern. Die Anstalten des Zwangs, mit welchen man die Herrschaft einer abergläubischen Barbarei unter dem Nachfolger Friedrich's II. durchzusetzen vorhatte, waren ihm betrübend und fürchterlich. Mit einer beweglichen Rede an seine Gemeinde legte er 1788 seine Aemter nieder, um nicht noch in seinem Alter vor ein schikanirendes Inquisitionsgericht gezogen zu werden. Schelling, der ihn 1797 kennen lernte, schrieb: „Man kann keine edlere Gestalt sehen, als jener Greis im Alter noch erhält, kein würdigeres Gespräch führen, als dieser treffliche Mann," und als er (1804) starb, wünschte Joh. v. Müller, daß seine letzte Schrift „Religion eine Angelegenheit des Menschen" dem Sarge, wie dem Raphael sein Verklärungsgemälde, vorgetragen werde[s]. Endlich Wilhelm Abraham Teller († 1804), ausgezeichnet

---

[s]) J. J. Spalding's Lebensbeschr. v. ihm selbst, hrsg. v. G. L. Spalding.

durch Scharfsinn und Freimuth, ein „alter gedienter Stabsofficier bei dem theologischen Freicorps", von dem die A. D. B. nie anders als im panegyrischen Tone redete, während Schelling, der ihn als einen kleinen lebhaften Mann mit rothem Gesicht, dicken Waden und einem Stutzperrückchen comme il faut beschreibt, nichts Besonderes an ihm sehen konnte. Ganz der freien, über Ernesti'sche Vorsicht hinausschreitenden Richtung zugethan, nicht für irgend ein System, vom Lehm der Polemik zusammengefügt, eingenommen, aber das Christenthum ehrend als beste Weisheitslehre zu einer immer höhersteigenden Glückseligkeit, hat er unter den populären Neologen den weitgreifendsten Einfluß geübt, aber auch manchen Conflict für seine Ueberzeugung zu bestehen gehabt. Als er in seiner Vaterstadt Leipzig in academischer Disputation seine Theorie über die Wahl der biblischen Beweisstellen (Topice scripturae sacrae, 1761) vertheidigte, schloß J. F. Bahrdt die zweistündige Fehde erzürnt mit den Worten: itaque topicen tuam Helmstadium transferendam tibi relinquo, meam mihi hic retineo. Als er als Helmstädter Professor ein Lehrbuch des christlichen Glaubens (1764) schrieb, worin er, das gebahnte Geleise einer uralten Orthodoxie ein wenig verlassend, ein christliches Glaubenssystem aus der Bibel geben wollte, als in welcher der Geist Gottes in menschlicher Sprache zu Menschen geredet habe, da gab sein eigner Bruder, der Crusianer Johann Friedrich Teller, Pastor an der Capitulskirche in Zeitz, das Signal zur Verketzerung dieses Lehrbuches, indem er in einer abgenöthigten Antwort die Irrthümer darin auf Neuerungssucht, Ehrgeiz und Eigendünkel zurückführte¹. In Kursachsen wurde das Lehrbuch auf landesherrlichen Befehl in den Buchladen weggenommen und sein Vertrieb den Buchführern bei namhafter Strafe

---

Halle 1804. K. H. Sack, Ueber J. J. Sp. als Schriftsteller [Stud. u. Krit. 1864, S. 589; vgl. ebend. 1843, S. 90]. Br. Bauer (Gesch. d. Politik, Cultur u. Aufklärung des 18. Jahrh. I, 254—61) sieht in der Theologie Spalding's und Jerusalem's „den Sumpf, in welchem sich die alte Dogmatik verlor" — während sie doch die Aufweichung eines vertrockneten Bodens war.

1) Daher der Ketzeralmanach auf d. J. 1787 bemerkt: „Zwei leibliche Brüder, die aber einander so unähnlich sind, wie das Roß und das Heupferd. Jener (W. A. Teller) ein Mann von dem menschenfreundlichsten Herzen, dieser ein zänkischer und tatzenartiger Polterer; jener bei dem seltensten Grade von Gelehrsamkeit bescheiden und sanft, dieser bei sehr wenigen Kenntnissen stolz und trotzig; jener ein aufgeklärter und scharfsinniger Freund der Wahrheit, dieser bei allen Brillen der Crusius'schen Philosophie blinder Verfechter des Aberglaubens." Auch die A. D. B. urtheilt vom orthodoxen Teller, er müsse in seiner Bibel die Lesart haben: wenn dein Bruder von einem Fehl übereilet worden, so hilf ihm wieder zurecht mit hämischem Geiste.

nachdrücklich untersagt. Ernesti, dem es gewidmet ist, urtheilte über dasselbe: non concipiebam animo talem stultitiam, qualem cum magno dolore legendo libro cognovi. Die konvulsivische Bewegung, welche seine Helmstädter Collegen (J. B. Carpzov) über das socinianisch-pelagianisch-unchristliche Lehrbuch des Doctor semestris erfaßte, veranlaßte Teller über die thetische Theologie nicht mehr öffentliche Vorlesungen zu halten. Durch Vermittelung des Braunschweigischen Hofes, wo Jerusalem ihn leise in Schutz nahm, wurde er an J. P. Süßmilch's Stelle 1767 nach Berlin berufen. Der landschaftliche Secretär dankte damals dem Herzog öffentlich, daß er einen so bösen Mann aus dem Lande gebracht. Als Teller von da an immermehr die Religion Jesu von Menschensatzungen zu reinigen begann, den Glauben der Kinder bei der Taufe leugnete, die Erbsünde für eine bloße Temperamentssünde, die Besessnen für tobsüchtige Kranke, den Satansengel, der Paulus mit Fäusten schlug, für die Migräne erklärte, für die Gottheit und Persönlichkeit des H. Geistes nur ein schwaches argumentum a tuto aufzubringen vermochte, daß der Sohn Gottes die Welt geschaffen und sich selbst lebendig gemacht habe in Abrede stellte, die reformirte Abendmahlslehre vor der lutherischen begünstigte, über Trinität, stellvertretende Genugthuung, Rechtfertigung das Urtheil frei haben wollte, an der Echtheit des Eingangs zum 4. Evangelium zweifelte, es eine Grundwahrheit nannte, daß Gott nicht Opfer, sondern eigne sittliche Thätigkeit wolle nur den Juden, denen der Opferdienst so sehr am Herzen lag, zur Beruhigung wird der Tod Jesu als Opfer vorgestellt): als er solche Gedanken als des männlichen Alters des Christenthums in seinem „Wörterbuch des N. T. zur Erklärung der christlichen Lehre" (1772) und in der „Religion der Vollkommneren" (mit den drei Stufen: bloß historischer Glaube, vernünftiger Glaube, reines vernünftiges Christenthum) als Beilage zu diesem Wörterbuch weithin verbreitete, da hieß es von Rostock her, Teller gerathe in den traurigen Verdacht, daß er es mit den Feinden der Wahrheit, den Arminianern, Dippel, Edelmann und den Socinianern halte, er wäre wohl nicht zu einem Dorfschulmeister mit gutem Gewissen vorzuschlagen. Er hätte sein Wörterbuch, dieses Meisterstück der falsch berühmten Kunst, eigentlich nennen sollen: „Versuch, den historischen Sinn und den ganzen Geist des N. T. wegzuliteralisiren", weil er unter der Gestalt einer neuen Auslegungsart das Depot der unmittelbaren und eigentlichen Offenbarungen Gottes in bloß menschliche Ideen verwandle". St. Teller in Zeiß setzte ihm ein eignes orthodoxes, Oetinger ein biblisch-emblematisches Wörterbuch mit der Tendenz, daß die Sinnlichkeit der Schrift die Hauptabsicht Gottes sei (während Teller, der es übrigens gut meine, das Evangelium leicht und practicabel machen wolle, alle Sinnlichkeiten der Schrift ausleere und dadurch in eine falsche Uebersinnlichkeit gerathe), entgegen. Aber auch Herder schlug als treffenderen Titel „Wörterbuch eines N. T." vor; Teller lasse die h. Schrift mit den verschiedensten Worten lauter Tautologieen sagen. Schelling nannte den Pfaffen Teller, der sich für das erste Licht der Kirche hält, den erbärmlichsten Exegeten und seichtesten Philosophen unter den Theologen. Als 1798 einige jüdische Hausväter in Berlin in einem Sendschreiben bei Teller anfragten, was zu ihrem deistischen Bekenntniß, welches sich vom Gesetze förmlich lossagte, ohne den unglaublichen Lehrsätzen des Christenthums, welche die Seele erniedrigten, zuzustimmen, noch hinzukommen müsse, damit sie in die christliche Kirche aufgenommen würden und sich der Vorrechte christlicher Unterthanen erfreuen könnten, da hielt er, indem er den Vorzug der christlichen Moral vor jener des Gesetzes in seiner Antwort darlegte, ihre Zulassung zu der geistigeren und erfreuenderen Religion Christi unter gewissen, unschwer anzunehmenden Bedingungen für thunlich. Dies gab den Anlaß zu einer verdrießlichen Privatcorrespondenz zwischen dem Geologen J. A. de Luc und Teller, die dieser zuletzt unwillig abbrach mit den Worten: mecum agis uti cum discipulo in ultima classe ludimagistri alicuius sedente mihique tribuis tergiversationem, simulationem, hostilem adeo animum adversus religionem christianam et quid non? Durch sein Votum in Sachen des Zopfpredigers Schulz zog er dreimonatliche Amtssuspension sich zu, während welcher Zeit sein Gehalt dem Irrenhause überwiesen wurde. Doch hat er tapfer auf seinem Posten ausgehalten, wegen seines guten Herzens beliebt, ein lehrhafter Kanzelredner und wackerer Vertreter der kirchlichen Gemeinderechte im freiesten Sinne der Gegenwart". Als Lehrer der Weisheit und als Mensch gleich

---

v) Hierauf geht das fingirte Gespräch zwischen ihm und Iffland:
Teller. Sagen Sie mir, wie es kommt, Herr Roscius, immer ist voll ihr Musenhaus, und es stehn unsere Tempel so leer?
Iffland. Wir, hochwürdiger Herr, umbilden die Fabel zur Wahrheit; Sie dagegen stell'n Wahrheit als Fabel uns dar.
w) F. Nicolai, Ehrendenkmal des Hrn. D. Teller. Brl. 1807 [abgedr. in b. Abhdlgn. der k. Academie d. Wissensch. in Berlin. Tom. III, S. 40]. Tholuck in Herzog's R. E. XV, 494. Vgl. C. G. Bauer [§. 4, g] S. 9.

allgemein geehrt und geliebt wirkte in Leipzig der reformirte Prediger Georg Joachim Zollikofer, mit dem bleichen langen, aber redlichen und geistvollen Angesicht, der deutsche Demosthenes des 18. Jahrhunderts, ein gern angeführtes Exempel, wie Neologie der segensreichsten Amtswirksamkeit kein Hinderniß sei[x]. Im Gegensatz zu der schwärmerischen Andacht, in welche seine Jugend verstrickt war, hat er nachmals die durchbrechende religiöse Empfindung zu bemeistern gesucht mit seinem allerdings hellen Verstande. Was unsere Zeit tadeln würde an einem Prediger, an Zollikofer haben es seine Zeitgenossen gerühmt, daß er den Text so wenig gebrauche, als irgend ein Prediger von Ruf[y], und daß er den Weg zum Herzen nehme über den Verstand. Das Wesentliche des Christenthums hat er in folgende Punkte gesetzt: „es ist nur ein Gott, nur ein ewiger, unendlicher, höchst vollkommener Geist; dieser Gott ist der Vater der Menschen; beruhige dich völlig in seiner weisen und gütigen Vorsehung; weihe dich ganz der Rechtschaffenheit und Tugend; laß Liebe, Gottesliebe und Menschenliebe, dein ganzes Herz durchdringen; schränke deine Bestrebungen, deine Hoffnungen, deine Erwartungen nicht auf dein kurzes hinfälliges Leben ein." Wenn nun auch Zollikofer diese Hoffnungen mit den Heilsthatsachen des Christenthums belebte, so bestand er doch eben nicht auf dem Glauben an einen dreieinigen Gott[z]. Wie er von sich selbst versicherte: „seit mehr denn 20 Jahren habe ich vergessen, daß ich reformirt bin, um mich nur zu erinnern, daß ich Christ bin", so hat er auch seine Gemeinde fleißig zur brüderlichen Liebe gegen ihre Mitchristen ermahnt, die in Religions-

---

x) Salzmann: „Hört, Staatsmänner! Laien, nehmt es zu Ohren! Zollikofer, der mehr als tausend gewöhnliche Prediger Gutes gestiftet hat, war nicht orthodox."

y) A. D. B. 100, S. 38: „Ich kenne fast keinen Kanzelredner, der seinen Text so wenig gebraucht als Zollikofer. Er ist fast immer nur Motto und oft so beschaffen, daß ich jeden andern Hauptsatz ebenso gut daraus herleiten will. Und was ist denn auch daran gelegen? Wie engbrüstig müßten fast alle Predigten sein, wenn der Text immer die Seele der Predigt sein müßte! Hat Christus, haben die Apostel über Texte gepredigt?" und ist der Text zu einer Predigt absolut nothwendig?" — Wie es übrigens von Cramer hieß, daß er in den ersten Bänden seiner Predigten den Chrysostomus, in den letzten aber sich selbst ausgeschrieben habe, so wird von Z. erzählt, er habe vom J. 1784 bis zu seinem Tod keine neue Predigt mehr, sondern immer nur alte mit wenigen Veränderungen gehalten.

z) Zollikofern, der die Persönlichkeit des H. Geistes leugnete, entgegnete C. F. Bahrdt: „Das kann doch nicht sein, denn sonst hätten wir ja keine Trinität mehr." Zollikofer zuckte die Achseln und erwiederte: „ei nun, müssen wir denn eine Trinität haben?"

meinungen von ihnen abgehen. Spätere hatten wegen der weichlichen Ideen von Glückseligkeit in seinen "Predigten über die Würde des Menschen" (er verstand unter Glückseligkeit das freudige Gefühl, das mit dem Bewußtsein eines pflichtmäßigen Sinnes und Wandels verbunden ist, den Wunsch, Zollikofer möchte des Lichts der kritischen Philosophie theilhaftig gewesen sein. Auf seinen, 1788 erfolgten, Tod erschienen an 20 Parentationen in Prosa und Versen**.

Als vielgelesene Apologeten sind bemerkenswerth: Gottfried Leß († 1797), Professor in Göttingen, zuletzt Hofprediger in Hannover, Baumgarten's Haus- und Tischgenosse, ein belesener, vielfach origineller, dem Christenthum, dessen Wahrheit er bewiesen hat, mit Wärme zugethaner Theologe. "Ich bezeuge es vor dem Allwissenden, daß ich keine seligern Stunden in meinem ganzen Leben gehabt habe, als diejenigen, welche ich im Umgange mit dem Christenthum hinbrachte; so lange ich diesem vollkommen treu blieb, war ich auch unter den peinlichsten Leiden ruhig, heiter, groß und froh." In der Moral, die er in einem klagenden Jammertone vortrug bb, huldigte er anfangs einem Rigorismus, der Schauspiele verdammte und die Unterlassung des Tischgebetes für thierisch erklärte. Sein dogmatischer Standpunkt war eine wankende, immermehr concedirende Rechtgläubigkeit. In seinen Vorlesungen über die practische Dogmatik redete er ebenso freimüthig als mit gebührendem Ernste von den unfruchtbaren Sätzen des Systems und deren Nichtübereinstimmung mit der Lehre der Bibel. Das A. Testament scheint ihm nicht so sicher als das neue. Die Mosaische Schöpfungsgeschichte handelt nicht vom Weltall sondern vom Erdball, und zwar nicht von der ersten Schöpfung sondern von der Umschaffung der Erde. Der Genuß von der Frucht des verbotenen Baumes hat, wie Schierling, Arsenik oder Opium, auf den Leib, der vergiftete Leib auf die Seele der Proto-

---

aa Garve, Ueb. d. Character 3.t. Lpz. 1788. Briefwechsel zw. Garve u. J. Bresl. 1804. Palmer in Herzog's R. E. XVIII, 653. — Nicolai: "Z. war indulgent und billig, selbst gegen Lavater, dessen verwirrte Begriffe vom Christenthum nicht seinen Beifall hatten; er war es sogar gegen Leute, welche sich von der Wirklichkeit einer geoffenbarten Religion nicht überzeugen können, aber mit redlichem Herzen die Wahrheiten annehmen und nach ihnen leben wollten, welche aus der natürlichen Religion fließen." Doch hat ihn Henke gegen den Fragmentisten, Bahrdt und die Socinianer predigen hören.

bb) Joh. v. Müller: "Leß ist ein unvergleichlicher Moralist; man hört die Moral nicht nur, man sieht sie an ihm; aber sein Vortrag ist sehr unangenehm." Uebrigens ist seine "christliche Moral" auch in katholischen Kreisen viel gelesen und genützt worden.

plasten zerrüttend gewirkt. Jedem Menschen auf dem Erdboden, auch dem Hottentotten und Eskimo, giebt Gott die hinlänglichen Mittel, eines wahren und ewigen Glücks theilhaftig zu werden. Die guten Handlungen redlicher Nichtchristen für glänzende Laster erklären ist unchristlich. Die Gnadenmittel wandelten sich in Tugendmittel, die Personen der Trinität in Personificationen göttlicher Attribute, Jona Fisch in ein Schiff, benannt: großer Fisch. So in der Mitte stehend zwischen den Alt- und Neugläubigen hat er die Anfechtungen beider erfahren. Der Hauptpastor Goeze registrirte unter andächtigen Declamationen seine Widersprüche gegen die symbolischen Bücher und warf ihm, dem humaner gewordnen Moralisten, Toleranz gegen Laster vor. Oetingern zufolge sah er aus Furcht vor den Journalisten zu viel auf die recipirte Berliner Mode von Jesu zu schreiben. Der Ketzeralmanach dagegen vermißte an ihm philosophischen Geist und Entfesselung von dogmatischen Vorurtheilen, er sehe die Wahrheit immer nur wie die Sonne hinter Wolken. Als er in einer Reformationspredigt vom freien Gebrauch der Bibel und gegen das sectirische Kleben an Luther geredet hatte, bemerkte ihm die A. D. B., daß er ja selbst die Bibel nicht frei gebrauche, sondern so ängstlich an den Satzungen der Reformatoren klebe. Der Magister und nachmalige Musketier Laukhard fällt das ungünstige Urtheil: „Leß ist ein pietistisches Quodlibet, so recht nach den Umständen, und hat etwas an sich von dem Wesen der Betschwestern in Frankreich, die in der Jugend nicht beten und im Alter die Religion als eine entschädigende Galanterie behandeln." F. A. Wolf, dem Humanisten, wollte nicht gefallen, daß Leß mit heulender Stimme betheuerte: longe maiorem Demosthene oratorem esse Paulum ᶜᶜ. Ebenso repräsentirte Johann August Rösselt († 1807), der fromme, Lehrfreiheit und Würde behauptende, nach Garve's Urtheil nützlichste Professor in Halle, mit dem Air von Caspar Lavater, als Schüler Baumgarten's früherhin einer pietistisch gefärbten Orthodoxie mit Eifer ergeben, auf Grund gewissenhafter Ueberzeugung in decenter Weise die vorgeschrittene neologische Richtung, die den Unterschied des Natürlichen und Uebernatürlichen im Christenthum als practisch irrelevant verwischt und einen geläuterten Eudämonismus begünstigt, aber durch solches Abgehen vom Positiven sich die Gemüthsruhe nicht stören läßt. Ein solcher Mann war für die Popularphilosophie, nahm an der transscendentalen, namentlich wiefern sie moralische Interpretation der

---

cc) [Holscher] G. Leß, ein biogr. Fragment. Hann. 1797.

h. Schrift wollte, Anstoß und konnte sich mit den nachkantischen Systemen gar nicht befreunden. „Guter Gott, ruft er aus, erhalt' uns den gesunden Menschenverstand!" Unter dem Ministerium Wöllner war auch er mit Cassation bedroht, weil er in seinen dogmatischen Vorlesungen neologische principia äußere, wodurch die Zuhörer von der Erkenntniß der reinen christlichen Glaubenslehre abgeführt würden. Unerschrocken, ja kühn hat der sonst stille friedfertige Mann damals die academische Lehrfreiheit vor seinem königlichen Herrn vertheidigt. „Das ist noch, sagte Lessing, ein Theologe wie er sein soll." Seine Collegien las er noch im Ornat und begann jederzeit mit Gebet [dd]. An Johann Georg Rosenmüller († 1815), Professor und Prediger in Erlangen, Gießen, Leipzig, dem Verfasser der Scholia in N. T. (1777), ward die redliche Wahrheitsliebe und der sanfte Religionseifer gerühmt. Leise tretend hat er weder den Orthodoxen noch Heterodoxen Aergerniß geben wollen. Das alte scholastische kirchliche System mit seinen Tertullianischen, Augustinischen, Anselmischen Vorstellungen war ihm allerdings nicht Orthodoxie. Denn „wenn eine Religionslehre weder mit Grundsätzen der unbefangenen Vernunft noch mit klaren Aussprüchen der heil. Schrift übereinstimmt, so ist sie nicht orthodox". Er hielt sich an das echte, von vernunftwidrigen Zusätzen freie Christenthum, welches Alles enthält, was allen Menschen zu allen Zeiten und in allen Gegenden brauchbar und wichtig sein kann zur Besserung, Beruhigung und Vorbereitung auf eine selige Ewigkeit. Dieses hat seine Wirklichkeit durch unmittelbaren Einfluß der Gottheit erhalten; ein gewöhnlicher Mensch konnte Plan und Inhalt dazu nicht erfinden. Obschon er hiernach keineswegs geneigt war, alle Wunder bei der ersten Gründung des Christenthums auszuschließen, so hat er doch dahin gearbeitet, die ersten Zeiten des Christenthums weniger wunderbar zu machen. So sah er im Versucher Christi nicht mehr den Satan, sondern einen bösen und durchtriebenen Menschen, der den Erlöser zu sündhaften Handlungen verleiten wollte. Mit Vergnügen nahm die A. D. B. diese liberalere Exegese an ihm wahr, während die englischen Theologen wider ihn eiferten. Seine christlichen Lehr-, Andachts- und Communion-Bücher haben lange Zeit das protestantische und zum Theil selbst das katholische Deutschland gebildet und erbaut [ee]. Wenn die bisher genannten Theologen, ganz wie

---

dd) A. H. Niemeyer, Leben Rößelt's. 2 Abth. Halle 1809.
ee) Biographieen und Characteristiken von J. Chr. Dolz [Lpz. 1816], S. F.

die um diese Zeit fleißig übersetzten englischen Apologeten (Addisson, Foster, Lardner, Stackhouse, Butler, Conybeare, J. Abbadie, Paley), die Vertheidigung des Christenthums nach seiner äußern Seite mit vielerlei angebrachten Milderungen und Preisgebungen geführt hatten, so hat dagegen Theodor Christoph Lilienthal († 1782), Professor und Pastor in Königsberg, in seinem sechzehnbändigen mühsamen Werke: „Die gute Sache der in der h. Schrift A. und N. T.s enthaltenen göttlichen Offenbarung wider die Feinde derselben erwiesen und gerettet" (1750) in milder friedlicher Rechtgläubigkeit (orthodoxiae defensor moderatissimus) alle Positionen zu halten, alle Einwürfe aller neuern Religionsfeinde durch eigne und entlehnte Gegengründe zu entkräften und auch die kleinsten Steinlein des Anstoßes mikrologisch aus dem Wege zu räumen gesucht, gründlich, wenn schon nicht immer glücklich" (man darf aber auch, wie Goethe bemerkt, von einem Haufen Beweise für das Christenthum so wenig wie von einem Bündel Ruthen fordern, daß sie alle gleich stark sein sollen), und bei aller Wundergläubigkeit die Wunder einschränkend durch Erdbeben. Durch ein solches soll Sodom untergegangen, die Mauern von Jericho eingefallen, der Meeresgrund erhöhet worden sein, daß Israel trocken hinübergehen können. Bewundernd hat Joh. v. Müller ausgerufen: »hostes unus omnes immortalis Lilienthal pellit«, und Herder rühmt von seinem Lehrer: „Wir haben im Deutschen einen Retter der h. Schrift, den uns Ausländer beneiden dürften, so stille und geräuschlos er lehre: Lilienthal. Seine „gute Sache der Offenbarung" ist eine Bibliothek von Meinungen für und wider, ein Meer von Gelehrsamkeit und Uebersicht der Einwürfe und ihrer Antworten. Ist er hie und da zu genau, zu pünktlich, so ist der Fehler für einen Sachwalter der Bibel Tugend." Kant hat auf ihn den Ehrendenkspruch gemacht:

>Was auf das Leben folgt, deckt tiefe Finsterniß;
>Was uns zu thun gebührt, deß sind wir nur gewiß.
>Dem kann, wie Lilienthal, kein Tod die Hoffnung rauben,
>Der glaubt, um recht zu thun, recht thut, um froh zu glauben" .

Dinter [Sammlung kleiner Schrr. Neust. 1833, S. 239], A. Vogel [Herzog's R. E. XIII, 135].

ff) z. B. die Frage: ob Adam nach der Bildung des Weibes eine Rippe zu wenig, oder vorher eine zu viel gehabt? beantwortet er damit, daß die Zahl der Rippen nicht wesentlich und nothwendig einerlei sei, da man gesunde, wohlgestalte Leute gefunden, die auf einer Seite 11 oder 13 Rippen gehabt haben.

gg) Lebensbeschr. Lilienthal's in Acta hist.-eccl. nostri temporis X, 153.

Als Helfer der Theologen im Streite gegen den Unglauben standen drei große Naturforscher auf. Charles Bonnet († 1793), der menschenfreundliche Weise von Genthod (am Genfersee), der beim Werke der Natur des Werkmeisters gedachte. Seine palingénésie philosophique (1764), woraus Lavater einen Abschnitt unter dem Titel: „Philosophische Untersuchung der Beweise für das Christenthum" übersetzte, lehrt die Vervollkommnung aller Wesen in einer neuen Oekonomie, wo der grobe Körper abgelegt, ein ätherischer angezogen wird. Die Persönlichkeit des Menschen hängt wesentlich am Gedächtniß, das Gedächtniß am Gehirn, aus dem Gehirn wird der unverwesliche Leib der Zukunft sich bilden mit der Rückerinnerung an die Vergangenheit. Diese seine Unsterblichkeit dem Menschen gewiß zu machen, ist zur Ergänzung des Vernunftbeweises die Offenbarung gegeben, deren Stützen die Wunder sind, Dispensationen der Naturgesetze durch ihren Urheber. „Der große Werkmeister mag von Anfang her in der Maschine unsrer Welt gewisse Stücke und Springfedern verborgen haben, welche nicht spielen sollten, bis in dem Augenblicke, da es gewisse entsprechende Umstände erfodern würden." So ist Bonnet, handhabend die gesunde Logik des Verstandes und Herzens, um der Gewißheit der künftigen Bestimmung willen Apologet geworden, auf sensualistischem Standpunkt wie Locke, nicht eben orthodox, aber mit Redlichkeit Zweifelnde festigend gegen den die h. Schrift mit Arsenik vermischenden Polygraphen Voltaire[hh]. Wenn Mendelssohn mit Bonnet's Methode jede beliebige Religion zu vertheidigen sich getraute, so war dagegen der berühmte Mathematiker Leonhard Euler († 1783) von Bonnet's Beweis der Offenbarung tief ergriffen. Er selbst hat in besonderer Schrift die Offenbarung gegen die Einwürfe der Rotte der Freigeister gerettet, indem er die den Willen bessernde Kraft des Christenthums und als Zeichen seines göttlichen Ursprungs das Wunder der Auferstehung wie ein Bollwerk hervorhob[ii]. Noch mächtiger und überzeugter ist der große Physiologe Albrecht v. Haller († 1777), von seinen Freunden aufgemuntert, am Abend seines Lebens für die durch erfüllte Weissagungen und Wunder verbürgte Wahrheit des Christenthums eingestanden gegen die stolzen Weisen seines Jahrhunderts, deren Unglauben die öffentliche Moral in größte Gefahr bringe, namentlich gegen Voltaire, als welcher dem menschlichen Geschlechte die stärksten

---

hh) C. Humbert in Herzog's R. E. XIX, 249.
ii) K. R. Hagenbach, Euler als Apologet d. Christenth. Bas. 1851.

Mittel rauben wolle, gut und gerecht zu sein. Er hat für diesen Prediger des Unglaubens zu Gott gebetet: „Durchstrahle sein Herz mit dem hellsten Licht deiner Wahrheit! gönne deinen glaubenden Geschöpfen die Freude, diesen kühnen Feind am Abende seiner Jahre zu deinen Füßen zu sehen!" Aus seinem religiösen Tagebuche spricht nicht eine stürmische Hyperorthodoxie, als deren engherzigen Vorkämpfer ihn Alte und Neuere erkennen wollten, sondern eine gedrückte zagende Frömmigkeit kk. Nicht bloß für die Nothwendigkeit der Religion im Allgemeinen, als welche der Mensch immer unter den Ruinen wieder hervorsuchen wird, wenn es jemals einem Herostratus gelingen sollte, ihren Tempel zu verbrennen, sondern auch für die Positivität der Volksreligion ist, und zwar geistreicher und entschiedener als die damaligen Theologen, eingetreten ein Lieblingsschriftsteller Deutschlands und Advocatus patriae in Osnabrück, Justus Möser († 1794), in seinem (von dem ihm befreundeten Abt Jerusalem angeregten) „Schreiben an den Herrn Vicar in Savoyen, abzugeben bei Herrn J. J. Rousseau" (1762). Die natürliche Religion reicht vielleicht aus für einige wohlerzogene milchbärtige Emile, aber sie ist unzulänglich zu Ketten für Bösewichter, zu Triebfedern für Schwache und Feige, zu Trostgründen in den grausamsten Martern, zu Gewichten gegen tyrannische Fürsten und zu sehr vielen andern Dingen. Einzelne Hirtenfamilien in großen Wüsteneien mögen mit ihr auskommen, aber die Vereinigung vieler Menschen erfordert ganz neue Triebfedern, Schnellkräfte und Gegengewichte. Moses würde die Hunderttausende von Ziegelbrennern, welche ihr Gefühl und ihr Gewissen in den Leimgruben gebildet hatten, mit allen Gründen, welche die Verfasser der Donner-, Stein- und Fischtheologieen dem gebändigten Theile der Menschen mit gutem Erfolg vorlegten, nicht gebändigt haben. Daher haben die Stifter großer Staaten zu einer positiven Religion ihre Zuflucht nehmen müssen. So ist also die Religion eine Politik? — Ja, aber die Politik Gottes in seinem Reiche unter den Menschen. Die positive Religion ist eine sinnliche Rede von der natürlichen und eine sinnliche Rede rührt uns mehr als bloße Schlüsse. „Lassen Sie Tyrannen, Erdbeben, Ueberschwemmungen und andere Landplagen kommen. Mich sollen Sie als einen andern Orpheus unten am Felsen, und vor mir die erschrockenen Menschenkinder

---

kk) Briefe üb. d. wichtigsten Wahrheiten d. Offenbarung. Bern 1772. Neu hrsg. v. Auberlen. Stuttg. 1859 [vgl. Goethe's W. XXXII, 61]. C. Baggesen, A. v. H. als Christ u. Apologet. Bern 1865. Lissauer, A. v. H. u. s. Bedeutung f. d. deutsche Cultur. Brl. 1873.

finden. Jedes Herz will ich mit Hülfe der geoffenbarten Religion stärken, trösten und zu neuen Unternehmungen geschickt machen, wann Sie in Ihren Gebirgen einigen verzagten Zweiflern die Schönheit der eingestürzten Werke Gottes vergeblich predigen werden." Also ist die Religion eine bezaubernde Musik, ein Kappzaum für den Pöbel? — Wir sind alle Pöbel; und Gott hat besser gethan, uns seinen Kappzaum an die Seele als an die Nase zu legen. Denn an einer Stelle war es uns doch nöthig. Der Mensch ist ein Thier, das an der Kette seiner Einbildung liegen soll. Etliche brauchen einen Kloß von fünf Centnern, um nicht mit der Kette davon zu laufen, Andere liegen geruhig an einem Lothe. Die Religion muß beides, den Kloß und das Loth, für Millionen Einbildungen haben. So hat Möser ein, wenn auch mehr staatsmännisches, Verständniß für die Macht des Positiven in der Religion in einer Zeit, der dieses Verständniß erbleicht war[11].

§. 16. Dogmatiker und Moralisten der Aufklärungszeit.

Chr. G. Heinrich, Gesch. d. verschiedenen Lehrarten der christl. Glaubenswahrheiten, Lpz. 1790, S. 432. [G. U. Draftberger] Erzählung u. Beurtheilung der wichtigsten Veränderungen, die vorzüglich in der 2. Hälfte des gegenw. Jahrh. in der gelehrten Darstellung des dogmatischen Lehrbegriffs der Protestanten in Deutschland gemacht worden sind. Halle 1790. Lüderwald, Revision der von ihm erlebten 50jährigen theol. Periode v. 1740—1790 [theol. Magazin B. 2, St. 1]. [W. Münscher] Hist. Entwickelung der Ursachen, durch welche die Dogmatik in dem prot. Theile v. Deutschland seit der letztern Hälfte des gegenw. Jahrh. eine neue Gestalt erhalten hat. 1798 [in Stäudlins Beitr. z. Philos. u. Gesch. d. Rel. IV, 1]. A. B. Manitius, Die Gestalt der Dogmatik in d. christl. Kirche seit Morus. Witt. 1806. [W. D. Fuhrmann] Die Aufstellungen der neueren Gottesgelehrten in d. christl. Glaubenslehre v. 1760—1805. 1. B. Lpz. 1807. H. G. Tschirner, Beurtheilende Darstellung der dogmatischen Systeme, welche in der prot. Kirche gefunden werden [in Tschirner's Memorabilien I, 1 u. 2]. Gaß IV, 69. — J. Horn, Narratio conversionum, quas theologia moralis sec. XVIII. experta est. Goett. 1802.

Die Dogmatik war in der Aufklärungszeit nicht die tonangebende Disciplin. Da die alten Positionen unterminirt, neue noch nicht gefunden waren, so konnten neue und eigenthümliche Lehrgebäude nicht erstehen. Die neologische Dogmatik mit einem starken Zug zum Populären und Historischen präsentirt sich als ein abgeblaßtes Schattenbild der orthodoxen. Die alttheologischen Uebertreibungen, die termini, die undenkbaren Dogmen gefallen nicht mehr, es wird ihnen die Spitze abgebrochen, man corrigirt in den Prämissen und wagt es nicht mehr auf die scharfen Consequenzen. Das credo quia absurdum est geht in ein mattes credo quia verisimile est über. Man wendet sich von dem gelehrten mit Kleriseispeculationen durchwebten mysteriösen Christenthum

---

[11] B. R. Abeken, Reliquien v. J. Möser. Brl. 1837, S. 41. F. Krehßig, J. M. Brl. 1857, S. 89. Evang. K. Z. 1872, S. 161.

der Symbole ab, geht unmittelbar auf die alte einfache Mysterien enthüllende Lehre Jesu in der Bibel zurück, und beläßt es bei der biblischen Unbestimmtheit. Freilich die biblischen Schriftsteller folgten zuweilen ihrer eignen Neigung. Nicht bei allen Büchern und Stellen der Bibel ist die Eingebung dieselbe. Daher muß sorgfältig unterschieden werden zwischen Bibel und Wort Gottes, zwischen Offenbarung und Urkunden der Offenbarung. Die Inspiration wandelte sich aus einer besondern übernatürlichen Eingebung mehr in einen allgemeinen mittelbaren Beistand. Hierzu kam nun noch der Aufschwung, welchen die Schriftauslegung genommen hatte. Diese verbesserte Exegese, das Auge des sonst zu sehen unvermögenden theologischen Körpers, führte nicht bloß zur Ausmerzung vieler untauglicher dogmatischer Schriftbeweise, sondern lehrte auch, daß viele Dogmen aus Unkunde der Sprachen, aus Mißverständniß der Worte entstanden waren. Was man aber in der Schrift weder für bleibende Wahrheit noch für Täuschung halten mochte, ward als Accommodation beseitigt. Der Sündenfall, da die ersten Menschen von einer metaphorischen Schlange verführt von giftiger Frucht genossen, hat nicht Zurechnung der Sünde Adams, nicht die Verdammlichkeit der Menschen gleich vom Augenblicke der Geburt an, sondern nur schädliche Folgen, die Anlage zu fehlerhaften Handlungen mit sich gebracht und eine partielle Verfinsterung der Vernunft. In der Trinitätslehre und in der Lehre von der Person Christi wurden bestimmte Vorstellungsarten, wie die nicänische, zur Seligkeit nicht nothwendig erachtet, die Toleranz erlaubte socinianisch, fein- und quasiarianisch zu denken (Christus der erste mächtigste Geist nach Gott, der Erstgeborene aller Creatur). Die Ubiquitätslehre wurde zu spitzfindig erfunden. Die Höllenfahrt hatte schon Baumgarten in seinen dogmatischen Vorlesungen verworfen. Ueber das Erlösungswerk, Genugthuung und Versöhnungstod waren die geläuterten Vorstellungen getheilt. Erst wurde nur der thätige Gehorsam, dann die ganze Lehre von der stellvertretenden Genugthuung angegriffen, als die in der h. Schrift keinen Grund habe, der Tugend der Menschen nachtheilig sei und der Weisheit Gottes geradezu widerspreche. Das Verdienst Jesu galt als bloß moralischer Art, sein Tod sühnte nicht den Zorn Gottes, sondern versöhnte die Menschen mit Gott. Die Ewigkeit der Höllenstrafen wurde angezweifelt, die übernatürliche Kraft des göttlichen Wortes zu einer bloß moralischen herabgesetzt. Diese abgeschwächte gebrochene Dogmatik schien die moralische Haushaltung Gottes edler, wahrer und würdiger aufzufassen, als die vormalige. „Dem practischen

Interesse ist die neue Lehrform, die den Speculationen, dem Formularglauben und dem Buchstaben nicht günstig, aber dem Geist der Religion, der Wirksamkeit, der Lehre für die Jugend und dem Genuß der Wahrheit desto förderlicher ist, mehr angemessen." Sie ist aber nur schüchtern und zaghaft vorgetragen worden von ihren Vertretern, die ihre eigentliche Meinung von ihren Schülern öfter errathen ließen, als daß sie dieselbe deutlich zu erkennen gaben ᵃ.

Von den hierher gehörigen Dogmatikern ließen die Einen mehr, die Andern weniger vom alten Systeme fallen. Noch fest zum Alten, wenn auch dem alten Formalismus sich entwindend, standen durch Teller's irata eusebie geschriebenes Lehrbuch angeregt: Walch [S. 83], über dessen breviarium theologiae dogmaticae die A. D. B. urtheilte: „es ist wirklich traurig, bei einem Gelehrten, der anderweitig große Verdienste hat, noch einen so großen Grad der Finsterniß und einen so dicken Nebel von Vorurtheilen zu finden"; der Tübinger Kanzler Christoph Friedrich Sartorius († 1785), der gegen die neuen Gnostiker und Nachbeter des Rakauischen Katechismus die alte Orthodoxie als ein treuer Wächter in Zion schirmte, hoffend, es werde das neue Christenthum, das eine Gerechtigkeit sine Christo et fiducia meriti ipsius lehre, wie eine Wolke vorübergehen, und Ernesti's Schüler Johann Benedict Carpzov († 1803), Professor in Helmstädt, welchem der Abfall von der reinen Lehre wie ein Schwert in die Seele ging. Ein polygraphischer, aber nicht ein sclavischer Anhänger des alten Systems war Georg Friedrich Seiler († 1807), Professor in Erlangen, ein Mann von imponirendem und würdevollem Aeußern. Er hat in seiner Theologia dogmatico-polemica (1774) den alten apparatus, welcher, gelehrte Theologen zu bilden, erfordert wird, beibehalten, die Lehre von der Gottheit Christi zur Seligkeit nothwendig behauptet, das im Versöhnungstod aufgestellte Strafexempel „mit den gemeinen Bestimmungen dieses unmoralischen Grundsatzes" gegen Eberhard in seiner redseligen Weise vertheidigt, gegen Ernesti die Dreiänterlehre in Schutz genommen, und nicht vergessen, der dritten Person der Trinität ihren Antheil bei Auferweckung des todten

---

a) Ueber das schüchterne Wesen unserer paradox gesonnenen Geistlichen. Halle 1799: „Unter hundert schweigen 99 immer still und es redet immer nur ein Einziger, doch nie das Alles, was er Paradoxes denkt, sondern immer nur das Minderwichtigste desselben, und auch dies beständig so, daß nur der Theolog es hören kann. Heißt denn dies die Wahrheit, die man von Christus will vernommen haben, von den Dächern predigen?"

Leibes Christi zu vindiciren. Andrerseits hat er die veritas palmaria des Christenthums in den weiten Satz zusammengefaßt, daß Gott der Schöpfer und Lenker aller Dinge seinen eingeborenen Sohn zur Erlösung des Menschengeschlechts als λύτρον dahin gegeben habe, hat an die Vernunftmäßigkeit der Trinitätslehre geglaubt, die er freilich nur dadurch herstellt, daß er die drei Subjecte in der Gottheit zu drei Kräften degradirt und, wenn sich die Kräfte wieder als Subjecte geltend machen wollen, auf die Endlichkeit der menschlichen Vernunft verweist, und versichert, es schaudere ihm allezeit die Haut, so oft er den Exorcismus zu sprechen genöthigt sei. „Seiler, erzählt sein Biograph, gab hier und da Winke, aber er wagte es nicht, sich weiter über dieselben zu verbreiten, um nicht in den Verdacht der neuern Heterodoxie zu verfallen." Gegen die Neologen in seinen Schriften maßvoll und anerkennend („gelehrte und scharfsinnige Gegner des gewöhnlichen Lehrbegriffs schätze ich so hoch als sie jemand schätzen kann, sie sind der Wind, der in die Teune bläst"), soll er sie in seinen Vorlesungen minder glimpflich behandelt haben. Seine schriftstellerische Vielgeschäftigkeit, durch eine eigne Druckerei und Verlagsgeschäft unterstützt, war so groß, daß alle höhern und niedern Schulen mit Handbüchern aus seiner Fabrik versehen wurden, und daß man meinte, er werde noch im Angesicht des Todes recensiren. Einzelne seiner populären Schriften, wie „die Religion der Unmündigen", fanden eine erstaunliche Verbreitung. Der Ketzeralmanach hat ihn scharf mitgenommen. „Seiler ist ein Meister in der Kunst, den Mantel nach dem Winde zu hängen. Auf der einen Seite macht er bei aller Gelegenheit unsern Ketzern Complimente und Verbeugungen, lobt ihren Scharfsinn, ihre Liebe zur Wahrheit, ihre großen Einsichten, und spielt überall den sanften und toleranten Mann, der kein Wässerchen trübt. Auf der andern Seite aber seufzt, winselt er über einreißende Irrthümer, über gefährliche Grundsätze, und vertheidigt allen Unsinn des Systems mit einer Dreistigkeit, die nichts Aehnliches hat. Dabei hat er die Gabe, weil die meisten Theologen elend schreiben, sich durch ein Bischen declamatorischen Stil auszuzeichnen, den eleganten Theologen zu machen und mit diesem Vehikel das allerfadeste Gemengsel von philosophischen und exegetischen Schnitzern dem geringen Publikum ohne Schamröthe vorzulegen und den großen Haufen seiner Nachbeter damit zu füttern [b]."

---

[b] [Harlessii] Memoria Seileri. Erl. 1807. M. L. Steinbrenner, Seiler, eine dankbare Reminiscenz. Erl. 1807.

Andere wollten die fides formularia gänzlich aufgeben und die Glaubenslehre der h. Schrift allein entnehmen. So gab Büsching als Adjunct der theologischen Facultät in Göttingen in einer Inauguraldissertation (1756) eine epitome theologiae e solis sacris litteris concinnatae et ab omnibus rebus et verbis scholasticis purgatae, worin er die reine aus den sedes doctrinarum geschöpfte Bibellehre von den Distinctionen und Subtilitäten der Schultheologie schied und letztere in die theologia problematica verwies. Sein Lehrer Baumgarten und der Consistorialrath Götten in Hannover äußerten darüber ihr größtes Mißfallen; Münchhausen, besorgt um den guten Ruf seiner geliebten Tochter, der Universität Göttingen, bewog ihn, von Abfassung theologischer Schriften abzustehen. Teller's Lehrbuch [S. 96] verfolgte die gleiche Tendenz und erfuhr gleichen Widerspruch. Auch C. F. Bahrdt, damals Professor in Erfurt, wollte in seinem „Versuch eines biblischen Systems der Dogmatik" (1769) allein dem Lichte der h. Schrift folgen und die stroherne Hülle scholastischer Terminologie entfernen. Die Ketzereien, in welche er bei der übrigens inconsequenten Durchführung dieses Gedankens verfiel, trugen ihm Anfechtungen und einen Wahrspruch der Wittenberger Theologenfacultät, auf indifferentistische, pelagianische und calvinistische Irrthümer lautend, ein.

Das rechte Bild der Aufklärungsdogmatik gewähren aber weder die vorhin genannten Orthodoxen noch diese biblischen Systematiker, sondern die Theologen, welche die alte Dogmatik durch Weglassungen und Milderungen dem neologischen Zeitgeiste anzupassen suchten. Hierher gehört der scharfsinnige Schüler Baumgarten's, Johann David Heilmann († 1764 in Göttingen, insignis doctrinae et morum probitatis exemplum, welcher sein Compendium theologiae dogmaticae (1761) mit feinem humanistischem Geschmacke schrieb, die demonstrative Methode beschränkend, die kirchlichen Dogmen in neue Formen fassend, wohl auch (z. B. die Höllenfahrt Christi) ganz übergehend, manche gewöhnliche Erklärungen und Beweise philosophisch und philologisch berichtigend, ohne die theologischen Kunstausdrücke zu verbannen. Weil er über manchen Satz der Schultheologie seine Meinung sehr frei sagte, die Möglichkeit einer Vernunfterkenntniß göttlicher Dinge bejahte, den Namen Sohn Gottes für einen Amtsnamen erklärte (jedoch ohne die ewige Gottheit Christi zu leugnen), die Fragen, ob Unwiedergeborene erleuchtet zu nennen, ob gute Werke zur Seligkeit nothwendig sind ꝛc. nicht unter die Probleme, sondern unter die Logomachieen rechnete, wurde er in Leipzig öffentlich des Socinianismus beschuldigt und seiner in Göttingen nachmals gar nicht in Ehren gedacht°. Sein Schüler, der Rector an der Johannisschule in Danzig, Ernst Jakob Danovius wurde 1768 an das damals orthodoxe Jena, wo die Namen Spalding, Teller, Bahrdt im Catalogo librorum prohibitorum standen, berufen, um den sinkenden Flor der theologischen Facultät durch seine zeitgemäßere Richtung wieder herzustellen. Seine Institutio theologiae dogmaticae (1772) wurde, weil nach Heilmann's Compendium entworfen, als Heilmannus redivivus bezeichnet ᵈ. Er entfernt sich, nicht aus Sucht durch Neuheit zu glänzen, sondern aus redlichem Streben nach Wahrheit, wie er sie in der h. Schrift anzutreffen glaube, auf vielen Seiten vom kirchlichen Lehrbegriff, schränkt die Inspiration eigentlich auf den religiösen Inhalt der Bibel ein und erklärt daraus die Unrichtigkeiten und das Menschliche in ihr (das Hohelied bleibt ihm ein inspirirtes Buch, welches die keusche Liebe des Ehestandes besinge), versteht unter articuli fundamentales primarii solche, die zunächst in einer offenbaren Verbindung und Zusammenhange mit der Hauptsache in der Religion stehen, sieht in der Erbsünde nicht eine Verschuldung oder eigentliche Sünde der Nachkommen Adams, identificirt Gnadenwahl und Rechtfertigung, hat kein gutes Vertrauen zu dem Beweis für das Christenthum aus dem innern Zeugniß des h. Geistes, freut sich über Jerusalem's „Betrachtungen" vornehmlich wegen der Hofleute, denen nichts lesenswürdig ist, als was witzig und in einer pompeusen und fliegenden Schreibart verfaßt ist, kurz „er trägt einen Oberrock wie die regulirten Theologen, aber darunter steckt die Uniform vom Freicorps". Sein Herz war für die Wiedervereinigung mit den Reformirten, aber er scheute die reformirte Lehre vom Gottmenschen, welche die Hinlänglichkeit der verdienstlichen Werke und Leiden des Heilandes zweifelhaft machen, das gläubige Vertrauen zu demselben schwächen, den ganzen Trost des Evangeliums rauben müsse. Die theologische Facultät suchte ihm überall Hindernisse in den Weg zu legen bis zu Beschwerdeführungen bei den Höfen. So rief er einst bei einer öffentlichen Disputation entrüstet aus: Semlerum meum conviciis lacerant. Man hat auf dieses Wort als eine propositio male sonans et piarum

---

c) [C. G. Heyne] In memoriam Heilmanni. Gott. 1764 [abgedr. in Mursinae Biographia selecta I, 109].

d) H. M. G. Köster findet bei alledem einen so großen Unterschied zwischen Heilmann's und Danov's Werk, daß jenes als ein Abc-Buch zu diesem angesehen werden könne.

aurium offensiva eine Anklage begründet. Die hochherzige Fürstin Anna Amalie nahm ihn in ihren besondern Schutz. Der Ketzeralmanach aber bemerkt: „Danov hat der Welt zur Genüge gezeigt, daß ihm der Morgenstern aufgegangen ist, darf ihn aber in Jena nicht sehen lassen. Er soll sich auch zuletzt ganz darauf eingerichtet haben, den alten Schlendrian fortzubeten, um Ruhe zu behalten." Sein Vortrag auf der Kanzel war unpopulär, lebhaft, lichtvoll, gründlich und von bedeutender Wirkung auf dem Katheder e. Damit steht in seltsamem Contrast der so unendlich schwerfällige, mühsam sich fortschleppende Stil in seinen Büchern. Es ward ihm so sauer, so ängstlich zu Muth, wenn er etwas zu schreiben hatte. Er hatte sich zuletzt mit der in der Bibel so oft vorkommenden Zahl 40 beschäftigt, um die Resultate seiner Forschung im Osterprogramm 1782 niederzulegen. Die mühsame Anstrengung über ein solches Thema vermehrte seine hypochondrische Laune, Unzufriedenheit bemächtigte sich seiner Seele, sein dickes, zähes Blut häufte sich und drückte auf sein Gehirn, sein Geist wurde verdüstert, es nahte im raptus melancholicus sein tragisches Geschick. Noch war er am Sonntag in der Kirche gewesen, noch hatte er kurz zuvor im Collegium gegen den Selbstmord geeifert f, als am Morgen des 18. März 1782 die Schreckenskunde sich durch Jena verbreitete, daß der erste Professor der Theologie sich in der Saale ertränkt habe. Die unverständige Hyperorthodoxie, der er immer ein Greuel war, meinte: der Teufel hat ihm einen Tück bewiesen; so geht es wenn man keinen Teufel glaubt g. Sein Amts-

---

e) Das beweisen die Urtheile seiner Schüler. J. W. F. Hezel z. B. sagt: „Danovius, ein wahrhaftig großer Mann, war in seinen exegetischen Vorlesungen so bescheiden, oft, nachdem er ein Heer von unbefriedigenden Erklärungen angeführt und censirt hatte, zu gestehen: Aber — noch weiß ich nichts Besseres."

f) Danov urtheilte z. B. über Werthers Leiden: „Hätte ich den Titel machen sollen, so würde ich gesagt haben „„Thorheiten eines jungen Menschen, der eine Ehefrau verführen wollte"". Das ganze Buch gehört zu den verführerischen Schriften unserer Tage, darin man sich auf's angelegentlichste bemüht, den männlichen Character unsrer Nation in einen weibischen umzuwandeln. Es wird offenbar der Selbstmord darin vertheidigt und der scheint jetzt unter uns Mode zu werden."

g) Dagegen Brendel, einer von seinen Schülern: „Danov, ein sehr fleißiger und denkender Theologe, wurde zuletzt, wahrscheinlich durch allzuanhaltendes Arbeiten angegriffen, auch wohl durch häusliche Umstände verstimmt, schwermüthig und ertrank in der Saale, was damals alle, die sich selbst vermaßen, daß sie allein die Frommen wären, unchristlich genug, für eine dem Unglauben gebührende Strafe erklärten." Laukhard [Selbstbiographie II, 200]: „Das allgemeine Gerücht sagt, er habe sich aus Aerger über seine Frau ersäuft." Von anderer Seite wird Danov als ein stolzer und heftiger Mann geschildert. So schreibt J. W. Schmid: „Die Heftigkeit seines

nachfolger in Jena und hier „mit dem hohen Prädikat eines Geheimen Kirchenraths begabt" war Johann Christoph Döderlein, vorher Professor in Altdorf. Leicht und gewandt im Ausdruck, von schneller Auffassung und blühender Phantasie, galt er als der Ersten Einer in seinem Fache; er hat gutentheils durch seinen Ruf die Frequenz der Universität um die Hälfte vermehrt, aber auch, die Zukunft zur Richterin setzend über sein Verdienst, Gott zum Richter über sein Herz, ein ziemliches Selbstgefühl entwickelt. Auf die Frage: wer der Erste unter den jetztlebenden Theologen sei? war seine Antwort: Reinhard ist der zweite. Als „der Melanchthon seiner Zeit" vermochte er sich nicht für eine Jubelfeier der Concordienformel, als deren sich die evangelische Kirche schwerlich freuen könne, zu begeistern. „Es sollte uns Leid sein, wenn die Streitigkeit über den Inhalt und die kirchlichen Definitionen z. B. in der Lehre von der Art der Vereinigung beider Naturen in Christo bei dieser Gelegenheit aus dem Schlummer erweckt und die lärmenden Wortgezänke darüber erneuert würden." Er hielt es für die eigentliche Aufgabe damaliger Theologie, die Lehren der Schrift nach der Vernunft zu untersuchen und beide, die doch einander nicht wirklich widersprechen können, in Harmonie zu bringen. Dabei mußte freilich Manches als Spreu verstieben. Seine Institutio theologi christiani nostris temporibus accommodata (1780), auf Zureden einiger Ungarn verfaßt, galt ihrer Zeit als ein epochemachendes Werk wegen gründlicher Exegese, Aufnahme des Dogmenhistorischen, Klarheit der Entwickelung, Abneigung vor jeder otiosa speculatio. Er hat liberale Grundsätze befolgt[h], aber mit schonender Mäßigung, früherhin über Steine des Anstoßes klug hinweg-

---

Temperaments verleitete Danovius zuweilen zu Handlungen, die er selbst hernach wieder bereute, und diese ist vermuthlich auch die Ursache seines unglücklichen Endes gewesen, über dessen eigentliche Veranlassung nur die Ewigkeit einen völligen Aufschluß geben kann. Seine Asche wird mir immer gesegnet bleiben." — Chr. G. F. Schütz, Leben u. Character des Hrn. D. Danovius [als Anhang zu Danov's Uebersetzung von A. J. Roustan's Briefen zur Vertheidigung der christl. Religion. Halle 1783 und auszüglich in Acta hist. eccl. n. t. IX, 375]. G. Frank in Herzog's R. E. XIX, 386.

h) z. B. »Non probari potest, omnia, quae in N. T. leguntur, θεοπνεύστως fuisse scripta — traduntur enim historiae, quibus nihil intercedit connexionis cum religione«. Nicolai [Reise durch Deutschland II, 324] erzählt: „Hr. D. Döderlein hat das Verdienst für seine Zuhörer, daß er durch die Art seines Vortrags den Geist der Untersuchung in ihnen rege macht. Er wählt unter Lehren und unter Beweisen. Er verschweigt seinen Zuhörern die Einwürfe nicht, welche wider manche Lehren gemacht werden, und läßt sie auch die Unzulänglichkeit der gewöhnlichen Beweise bemerken, wofern diese allzu unzulänglich sind."

gleitend, später offner seine Meinung bekennend. „Er gehört vielleicht unter unsere halbaufgeklärten Theologen. Es ist nur heisere Stimme der reinen Wahrheit, die aus der Vorrede zu seiner Institutio hervortönt, damit er nur erst die Ketzermacherei abzuwehren scheint, und ganz kann man doch nicht aus ihm klug werden." Gleichwohl ist von dem Schaum des Hauptpastors Goeze auch etwas an sein Gewand gespritzt worden. Von auffahrendem, heftigem Character und mit Prätensionen behaftet, war die Liebe seiner Collegen nicht sonderlich bei ihm. Der allerdings auch nicht ränkelose Eichhorn ist um seinetwillen dem Rufe nach Göttingen gefolgt. In seinem ein halbes Jahr vor seinem Tode begonnenen „Theologischen Journal" herrscht, sei es in Folge der neuen Wendung, die seine Hauptwissenschaft durch die Kantische Philosophie zu nehmen anfing, sei es in Folge der bereits in ihrem Anfang vorhandnen Krankheit, welche sein Leben mitten in der Blüthe seiner Jahre und seines Ruhmes (1792) geendigt hat, ein mit aller Welt unzufriedner Ton. Bei seinem Tode war die Rührung in der Nähe äusserst klein, aber Reinhard schrieb: „Jena und die ganze theologische Literatur haben an diesem Manne sehr viel verloren, und ich sehe vor der Hand keine Möglichkeit, wie man in Jena diesen Verlust ersetzen will." Dieselbe Richtung, nur mit weniger Freimuth, vertrat in Leipzig Samuel Friedrich Nathanael Morus († 1792), der dankbare Schüler (breviter dicam, si quid umquam in litterarum studiis praestiterim, id me, quoniam Ernestii disciplina usus sum, praestare potuisse) und denkende Amtsnachfolger des grossen Ernesti, ein allgemein geschätzter und (nach Goethe ungemein sanfter und freundlicher Mann. Der Ketzeralmanach schreibt: „Er ist ein Mann, auf welchen die Nation stolz sein würde, wenn sie ihn ganz kennte. Er ist zuverlässig das, was Heyne in Göttingen ist, und er ist insofern mehr, weil er zugleich einer unsrer aufgeklärtesten Theologen ist. Er ist der Einzige in Leipzig, bei dem man gesunde Exegese suchen darf. Hätten ihn die Leipziger nicht, die Theologie Studirenden müssten verhungern." Der Wissenschaft hat Morus nicht durch Aufstellung neuer und grosser Gesichtspunkte, sondern durch stilles, ruhiges Forschen zu dienen gesucht. Er gründete seine Dogmatik auf die nach Ernesti's Grundsätzen sorgfältig und mit feinem Geschmack erklärte

---

i) Ammon im Neuen theol. Journal (hrsg. v. Hänlein und Ammon) 1793. 1, 1. Hagenbach in Herzog's R. E. III, 432. G. Frank, Jenaische Theologie S. 89.

h. Schrift, als die Urkunde einer von Gott geoffenbarten Religion. An richtig verstandene littera scripta will er sich halten und er weiß den Werth einer Offenbarung, die theils eigentlich unerkennbare Lehren bekannt gemacht, theils die erkennbaren denen, die sie nicht erkannt hätten, näher gebracht hat, zu schätzen. Denn eine übernatürliche Offenbarung muß nothwendig Unerkennbares haben. Daher wagt er über viele Dogmen, wie über die Lehre von der Inspiration (welche ihm bald als Veranlassung zum Schreiben, bald als Bewahrung vor Irrthum, bald als wirkliche Offenbarung erscheint), vom Fall der bösen Engel und deren Einfluß auf die Menschen, von der Trinität, von der Erbsünde, dem Zustand nach dem Tode, dem Geheimnisse des Abendmahls nichts zu entscheiden. Die Modalität dieser Lehren ist nicht deutlich zu machen, sie sind darum in ihrer biblischen Einfachheit zu belassen, mit religiöser Achtung zu behandeln und zum Nutzen für sich und Andere zu gebrauchen. „Morus räumte einen großen Theil des Schuttes weg, wenn er gleich sich noch die undankbare Mühe gab, biblische Phrasen, in denen etwas Vernunftgemäßes nicht zu liegen scheint, durch künstliche Erklärungen vernunftgemäß erscheinen zu lassen und manche offenbare Widersprüche in der Bibel scheinbar zu vereinigen. In jener Zeit durfte man freilich noch nicht sagen, daß nicht Alles zu vertheidigen sei, was in der Bibel steht[k]." Obschon einige Buchstabengläubige ihn einen Socinianer, Cryptocalvinisten 2c. schalten, seine Epitome theologiae christianae (1789), auf höheren Wunsch geschrieben, auf A. Teller's Rath den dogmatischen Vorlesungen z. B. in Frankfurt a. d. O. officiell zum Grunde gelegt, mit Erlaß vom 6. Nov. 1794 als Religionslehrbuch für die gelehrten Schulen in Preußen eingeführt, galt im Allgemeinen für eine treue Darstellung des Kirchensystems, zu dem er mit Mäßigung, die Fortschritte der Neuzeit halblaut anerkennend, sich bekannte, über dessen Barbarismen er lächelte. Die Aufgeklärten warfen ihm ein wenig Jesuitismus vor, er halte an sich, um nicht durch freimüthiges Bekenntniß sich unangenehme Folgen zuzuziehen. Sein zurückhaltendes Verfahren [l] ging aber mehr aus einer gewissen wissenschaftlichen Scheu und natürlichen Aengstlichkeit hervor. Jean Paul erzählt: „Morus ist unstreitig

---

k) G. E. Fischer, Die Wunder meines Lebens. Neust. 1834, S. 53.
l) Er war z. B. zu der Ueberzeugung gekommen, daß Paulus nicht Verfasser des Hebräerbriefes sein könne, aber er wagte nicht, es öffentlich auszusprechen, sich damit begnügend, daß er den Apostel Paulus nie ausdrücklich als Verfasser nannte.

nicht orthodox. Er hat schon viele Verfolgung erlitten ᵐ, und eben dies macht ihn behutsam und hindert ihn seine Meinung frei herauszusagen. Wo er ein Wunder, den Teufel ꝛc. wegerklären oder eine Allegorie aus dem A. T. zu einer Accommodation machen kann, da thut er's. In seiner Dogmatik, die er trefflich liest, trägt er die streitigen Punkte, die Meinungen der entgegengesetzten Parteien vor. Er überläßt den Zuhörern die Entscheidung; und wer wollte da nicht aus der Stärke seiner Gründe auf der einen Seite herausbringen, welches seine wahre Meinung sei." Nach Eichhorn war Morus' frühere Vorstellungsart meist ängstlich nach dem älteren System geformt und härter, die spätere, wenn gleich immer noch etwas schüchtern und verzagt, doch liberaler, dem System der neuen Theologen günstiger und leichter. „Er näherte sich seinen kühnern Zeitgenossen, eine Folge seiner körperlichen Zustände, mit furchtsamem Tritte." Seine Predigten, darin die ungekünstelte und doch so characteristische Sprache des Herzens vernehmbar ist, galten als Muster für aufgeklärte Zuhörer. „Morus (dessen Lieblingsschriftsteller Chrysostomus war) war auch als Prediger für uns musterhaft und damals der Einzige, von dem wir lernen konnten, sachreich, belehrend und in gewähltem würdigem Style zur Gemeinde zu sprechen." Er hat viel Gutes, die Folgen der Vorsehung überlassend, im Stillen gewirkt ⁿ, der theologische Gellert, wie man ihn nannte. Gleich nach seinem Tode raufte man sich um seine (auch die unbedeutendsten) Collegienhefte, und magistri, doctores und professores, die wohl selbst lieber etwas Kluges hätten schreiben sollen, trugen ihre geraubte Gelehrsamkeit auf Stäben des merkantilischen Merkurs zur Schau ᵒ. Den gleichen Mittelweg ging der einflußreiche Gröninger Professor Hermann Muntinghe († 1824), welcher, die scholastische Terminologie verbannend, die Kirchenlehre mildernd, sich an die Lehre der h. Schrift selbst zu halten suchte. Seine

---

m) Von Verfolgungen ist mir nichts bekannt geworden, man müßte denn dazu rechnen, daß manche bigotte Väter ihren Söhnen verboten, Vorlesungen bei Morus zu hören, oder daß folgende pseudonyme Schrift gegen ihn erschien: Alethophilus Constans [d. i. C. G. Hempel], Irrthümer, zu welchen eine falsche Bescheidenheit und Nachgiebigkeit die Lehrer des Christenthums verleiten kann. Deutschland 1790; auch u. d. T.: Irrlichter und Irrgänge. Erstes Irrlicht, läßt sich zu Zeiten im rothen Collegio zu Leipzig sehen. Witt. u. Lpz., bei allen Studenten zu haben [Cöthen] 1790.
n) Vgl. z. B. J. S. Fest, Biogr. Nachrr. üb. sich selbst. Lpz. 1797, S. 71.
o) Biographieen und Characterzeichnungen von Chr. D. Beck [Lips. 1792], Chr. F. T. Voigt [Lpz. 1792], J. G. Chr. Höpfner [Lpz. 1793], Bauer [Weiße's Museum f. sächs. Gesch. 1794, I, 1, 16], G. V. Reichel [Lpz. 1797, eine Plünderung der frühern Biographieen], Mangold [Herzog's R. E. X, 19].

Theologia christiana theoretica (1800) gilt als die holländisch-reformirte Parallele zu Döderlein's Institutio.

Die vorgeschrittensten unter den neologischen Dogmatikern waren: Johann Gottlieb Töllner, Professor zu Frankfurt a. d. O., der bei fast beständigem Kränkeln und Siechen sein Leben noch nicht auf 50 Jahre brachte († 1774). Ein Schüler Baumgarten's hat er wohl dessen trockenen Stil nachgeahmt, aber an die Stelle der mathematischen Methode, welcher das Zeugniß Gottes in der h. Schrift fast entbehrlich sei, die scientifische, welche unter Zuhülfenahme biblischer Beweismittel die dogmatischen Wahrheiten zur Wissenschaft verknüpft, gesetzt. Nicht durch das nach seinem Tode erschienene „System der dogmatischen Theologie", wohl aber durch seine Schriften über einzelne Dogmen ist er einer der freiesten Theologen seiner Zeit geworden, der „ohne Menschenschauder mit Hand anlegte, das Unkraut und die Dornen der Schulphilosophie und der Mönchstheologie aus der Religion Jesu wegzuräumen." Die kirchlichen Hauptdogmen verfielen oder erlagen seiner Verbesserung. Die symbolischen Bücher waren ihm ein nothwendiges Uebel, ein Schnitt in das Gewissen, der aber geschehen müsse, sollen der Wunden nicht mehre und größere werden. Eins von beiden müsse man wählen, entweder etwas Papstthum oder Religionszwang, oder keine Glaubenseinigkeit. Zur Seligkeit an sich und überhaupt führet Gott die Menschen bereits durch eine natürliche Offenbarung[p], aber die Offenbarung in der Schrift ist ein vollkommneres Mittel zu einer höhern und größeren Seligkeit. „Das Buch der Offenbarung führet genau eben dahin, wohin mich das Buch der Natur führet. Die Offenbarung, das sind bloß noch mehrere göttliche Anstalten zu meiner Glückseligkeit und noch mehr Bewegungsgründe zu Religion und Tugend." Bei den historischen Büchern des A. T. fand eine eigentliche Offenbarung nicht statt, höchstens eine göttliche Stärkung des Gedächtnisses. Denn es ist nicht wahrscheinlich, daß Gott eine schon hinlänglich gelieferte Geschichte noch einmal sollte eingegeben haben. Die Religion der Christen würde nichts verlieren, wenn auch gleich alle Eingebung überhaupt wegfiele. Denn die evangelische Geschichte würde wahr bleiben, weil ihre Verfasser die Wahrheit sagen konnten und wollten. Die Erbsünde wird als ein Uebergewicht zu unsittlichen Handlungen, als

---

p) Dazu bemerkt die A. D. B.: „Ob nun nicht vollends irgendwo ein blinder Eiferer aufstehen und ihn deswegen vor Gottes Richterstuhl belangen werde, daß er ehrliche Heiden und Türken, denen das Evangelium nicht offenbart worden, auch in den Himmel kommen läßt, das stehet zu erwarten."

eine Folge der Schranken der menschlichen Natur begriffen, der Tod Jesu als ein Versicherungsgrund unserer Begnadigung. Die Trinitätslehre ist nicht eine Grundlehre der Religion überhaupt, sondern nur der christlichen Religion, aber auch hier ist sie nicht von der Bedeutung, daß man ohne sie kein Christ sein könnte. Er wünschte angelegentlich, die vielen und großen Wunder nicht glauben und lehren zu dürfen. Den Vorwurf der Heterodoxie, wo es sich um bloß theologische Dinge handelt, hielt er für unverständig und unchristlich. Bahrdt's Ketzeralmanach rühmt: „Scharfsinn, Wahrheitsliebe, Freimüthigkeit gab ihm die Natur; hätte sie ihm doch auch einen festen Körper gegeben! zu früh starb er für die Kirche, in der er mit der Fackel in der Hand nur eben auftrat, um die Finsternisse des Aberglaubens vertreiben zu helfen, von allen Edlen beweint." Daran anknüpfend der Ketzeralmanach auf das J. 1786: „Diesen beweint noch das ganze Freicorps laut schluchzend, und jammern, daß er zu früh gestorben; meinen, er würde noch alle finstern Kirchenwinkel erleuchtet und zur Auspolirung der Schrift sehr viel beigetragen haben q." Ferner Johann Friedrich Gruner († 1778) in Halle, welcher in seinen Institutiones theologiae dogmaticae (1777) sich in einer Weise als Selbstdenker erwies, daß seine besondern Meinungen auch denen schätzbar waren, die sie zu unterschreiben Bedenken trugen. Ausgehend von der Annahme, daß durch die alexandrinische platonisch-orientalische Philosophie die Hauptlehren des Christenthumes verdorben worden, will er nichts als christliche Glaubenslehre aufnehmen, was nicht in einer richtigen grammatischen Auslegung der h. Schrift seinen Grund hat. Hierdurch sind ihm die Mysterien des Glaubens entschwunden. Zeugung des Sohnes heißt ihm Bestätigung zum messianischen Amt, Rechtfertigung die moralische Veränderung, da der Mensch aufhört muthwillig zu sündigen. Der h. Geist ist die durch das Evangelium im Menschen gewirkte rechtschaffne Gesinnung, das Verdienst Jesu seine vollkommne Anweisung, die Menschen zum moralischen Ebenbilde Gottes zu bringen. Das angeborne Verderben ist keine Sünde. Auch die Verdammten werden selig werden. Solche Neuerungen schienen auch freigesinnten Zeitgenossen zu gewagt, unvorsichtig und unnöthig.

Die Aufklärungszeit sah alle Dinge auf ihren Nutzen für das Subject an, ihre Tendenz war eudämonistisch, sie wollte Glückseligkeit für

---

q) C. S. Proße, Ehrengedächtniß Töllner's. Frkf. 1774. Fronmüller in Herzog's R. E. XVI, 190.

das Ich. „Das Bestreben glücklich zu sein ist das große Triebrad menschlicher Handlungen." Die Moral, welche sich als practische Anleitung gab, den Menschen zeitlich und ewig glücklich zu machen, mußte in dieser eudämonistischen Form eine Lieblingswissenschaft der Zeit werden. „Der bessere Theil der Theologen unterscheidet sich sehr rühmlich dadurch von den alten Zeiten, daß er mit Vorbeigehung der Theologie und Dogmatik die practische Sittenlehre andrängt, dadurch das Volk edler, menschlicher und besser zu machen." Die neologischen Moralisten schrieben populär, ohne sich speculativ zu vertiefen; als ihre Vorzüge wurden angeführt: »notiones Judaicae exterminabantur, multa officia circa angelos maxime et diabolum non amplius docebantur, dictorum probantium curatior selectus habitus est.« Sowohl als Fortsetzer Mosheim's als durch sein eignes Lehrbuch der christlichen Moral (1773) hat Johann Peter Miller in Göttingen († 1789) einen sanftmüthigen liebenswürdigen Sinn bewährt, wie er selbst (genannt der Candidatenmakler) von einer seltnen Bereitwilligkeit zu rathen und zu helfen war, wo Rath und Hülfe gefordert ward. Die A. D. B. hat ihn gesegnet, daß er die häufigen Lebensstrafen mißbilligte und statt derselben andere vorschlug. Seine Humanität gab ihm eine Disputation ein, worin er die Meinung äußerte, daß tugendhafte Heiden, wie Socrates, Epictet, Antonin, wohl schwerlich ewig verdammt werden würden. Auf das ihm überschickte Exemplar schrieb Semler: Nun kommt der Heiden Heiland. Morus drang in der Moral, mit Weglassung aller leeren Spitzfindigkeiten, auf die Anwendung, in seinen (1794 herausgegebenen) Vorlesungen mit einer Herzlichkeit redend, wie ein Vater zu seinen Kindern, bisweilen Thränen im Auge, so daß seine Schüler die ganze Kraft der Lehre, die er vortrug, fühlten. Das für die Religion und Moral der Aufklärungszeit characteristischste Buch, welches bei der ersten Lesung Manchen electrisch beatificirt hat, schrieb Gotthilf Samuel Steinbart († 1809). In der Jugend von seinem Vater, dem Director des Waisenhauses in Züllichau, mit pietistischen Andachtsübungen überhäuft[r], auf der Schule zu Kloster Bergen nach Baumgarten's Dogmatik und Polemik Begriffe kunstmäßig zu spalten unterrichtet, eine Kunst, die er späterhin aufgegeben hat, kam er durch die Lectüre der Schriften des Philosophen von Ferney zu der Alternative, entweder den bon sens zu

---

r) „Steinbart's seliger Vater ist anders gesinnt und ein eifriger Verehrer Jesu und seines blutigen Martertodes gewesen."

verabschieden oder sein ganzes Religionssystem umzuändern. Er entschloß sich zum Letztern, wurde ein theoretischer Freigeist, behielt aber die ihm durch seine Erziehung habituell gewordene Ehrfurcht gegen Gott und die Stimme des Gewissens bei. Durch die Anregungen, die er von dem Orakel der Theologen Baumgarten, der durch die äußere Lage genöthigt war, in seinen öffentlichen Vorlesungen und Schriften dunkel zu bleiben und bloß denen, die Fähigkeit hatten weiter zu forschen, die nöthigen Winke zu geben, von Töllner, der ihm Freund und Vater war und dessen Nachfolger im academischen Lehramt er wurde, von Locke und Foster seinen Lieblingsautoren empfing, kam er in seinem 32. Jahre mit seinem gesammten System zu Stande, und hat es in seinem 40. Jahre als „System der reinen Philosophie oder Glückseligkeitslehre des Christenthums, für die Bedürfnisse seiner aufgeklärten Landesleute und Andrer, die nach Weisheit fragen, eingerichtet" (1778) veröffentlicht. Es soll ein Leitfaden sein, vermittelst dessen man sich, ohne erst nach Arabiens Wüste zu reisen und Hor und Sinai zu besteigen, aus allen Irrgängen des Kirchensystems herausfinden und zu einem neuen Lehrgebäude des Christenthums gelangen kann, durch welches alles Aergerniß über theologische Streitigkeiten bei denkenden Personen wegfallen, dem Christenthum mehr Freunde gewonnen und auch die Naturalisten mit demselben ausgesöhnt werden würden. Höhere Glückseligkeit ist das allgemeine Ziel aller menschlichen Wünsche. Sie besteht in dem Gemüthszustande einer fortdauernden Zufriedenheit und des öftern Vergnügtseins. Einen solchen Zustand kann die alttestamentliche Religion nicht gewähren. Alle herrschenden Religionsmeinungen unter den Juden haben den Menschen mehr Vortheile und Freuden des Lebens geraubt als gegeben. Dagegen bietet das Christenthum — freilich nicht das katholische und protestantische System mit seinem auf Augustin, der ein unverdientes Ansehen erhalten hat, zurückdatirenden Wust menschlicher Hypothesen — die höhere Glückseligkeitslehre. Denn es giebt die Ueberzeugung, daß die Welt einen höchst gütigen und weisen Urheber und Regierer habe, ist die einzige Quelle dauerhafter Gemüthsruhe, höherer Hoffnungen und eines standhaften weisen Verhaltens. Der Stifter des Christenthums, ein außerordentlicher Mann von seltenen Talenten und seltener Rechtschaffenheit, der ohnerachtet der Armseligkeit seiner äußern Lage von Jugend auf von allen ihm sich darbietenden sinnlichen Annehmlichkeiten Gebrauch machte, lehrt genau besehen nichts als wahre Tugend. Tugendhaft sein heißt aber in vollem Maße das Gute genießen, was Gott von allen Seiten der thierischen, geistigen und moralischen Natur des Menschen aus freier Güte darbietet. Wahre Glückseligkeit postulirt durchaus Unsterblichkeit der Seele. Denn ohne diese ist eine wahre Werthschätzung unserer selbst und ein immer fortdauerndes Wachsthum unserer Vollkommenheiten unmöglich. Auf dieses System hin wurde Steinbart zum Dr. theol. ernannt und die Neologen waren seines Lobes voll. Was seit 1760 einzeln und zerstreut erinnert worden, finde sich hier zu einem Plan vereinigt. Er habe die Idole des Kirchensystems zertrümmert und einen neuen Palast an die Stelle des alten Hauses gesetzt. Sein Buch verdiene das allgemeine Compendium der Religion zu werden. Er glänzt, schreibt der Ketzeralmanach, noch heller als Mosis Angesicht. Auch Herder findet das Buch in seinem philosophischen Theile unwidersprechlich schön und brauchbar, nur hätte der Verfasser das Athanasisch-Augustinisch-Anselmische System an dem ruhigen Orte, wo ihm so wohl ist, lassen und manche ärgerliche Ausdrücke über das A. T. vermeiden sollen. „Im Schimmer der Morgenröthe und bei jedem Schritt der steigenden Sonne gibts Regungen und Schönheiten der Natur, die bei der höchsten Mittagshöhe nicht sind." Dagegen wollten die Altgläubigen seit Edelmann keinen solchen Wust grober Irrthümer und kein Schänden auf unsere Kirche in solcher Ausführlichkeit gelesen haben. Christus erscheine hier als ein christlicher Socrates. Steinbart habe bei weitem nicht leise genug getreten, um nicht die kenntlichsten Fußstapfen eines an der geoffenbarten Geschichte Jesu gänzlich zweifelnden Freigeistes zu zeigen. Seiler nannte ihn, unter Complimenten für seinen Scharfsinn, einen Unitarier, Lavater erinnerte mit der Inbrunst eines gutherzigen Enthusiasmus, daß Steinbart den christlichen Lehrbegriff nicht vollständig geliefert habe. Dieser erwiederte seinen Gegnern: er wolle das Kirchensystem nicht umändern, sondern lasse die Polizeigesetze, welche äußere Gerechtsame begrenzen, stehen, seine Absicht sei gewesen eine Philosophie des Christenthums, nicht des Lutherthums. Als das preußische Religionsedict erschien, konnte er zu Wöllner's Beruhigung erklären, daß er bereits seit einigen Jahren die Theologie bloß historisch vortrage, ohne über die Richtigkeit der Grundsätze der einzelnen Religionsparteien zu entscheiden. Unter Bahrdt's, des fruchtbaren Moralisten und die Moral als vornehmste Wissenschaft Preisenden, leichtfertiger Hand entartete die Moral, dem natürlichen Menschen nachgebend und sich schmiegend, zur bloßen Klugheitslehre (eudaemonismus crassus). Er verschrieb aus seiner moralischen Apotheke allerlei Mittel wider die Uebel, welche den wahren Genuß stören. Strenger als Bahrdt hat J. D. Michaelis, die Sittenlehre der Bibel durch die Forschungen der Vernunft befestigend, an Stelle des eudämonistischen das panteudämonistische Princip gesetzt: suche die ausgedehnteste Glückseligkeit zu befördern. Seine hin und wieder originelle „Moral" (1792) behandelt unter besonderer Rubrik die Inoculation der Blattern als eine Pflicht der Tapferkeit und erklärt auch die vollkommenste Leibeigenschaft, da der Herr das Recht über Leben und Tod übet, nicht für sündlich, wozu die A. D. B. bemerkt, was würde der selige Ritter gesagt haben, wenn man mit dieser vollkommensten Leibeigenschaft an ihm die Probe hätte machen wollen. Ernesti's Schüler Carl Christian Tittmann († 1820), Professor in Wittenberg, nachmals Superintendent in Dresden, hat seine „christliche Moral" (1783) nach den Vorschriften und dem Muster Jesu geschrieben, in der 3. Auflage mit der Absicht, die Mitte zu halten zwischen der schlaffen Nachgiebigkeit einer leichtsinnigen und der allzu großen Strenge einer überspannten und raisonnirenden Philosophie. Döderlein's Entwurf der christlichen Sittenlehre (1789), obschon er das Eudämonistische zurücktreten läßt, entging dem Achselzucken der kritischen Philosophen nicht. Die gewöhnlichen moralischen Lehrbücher für die reformirte Kirche Deutschlands lieferten Carl Wilhelm Robert, zuerst Professor der Theologie, dann, als sich seine Einsichten so geändert hatten, daß er dem von ihm abgelegten Eide nicht länger ein Genüge leisten konnte, ohne seinem moralischen Character den größten Nachtheil zuzufügen, Professor der Rechte in Marburg († 1803), welcher in seiner Ethica christiana (1770) die reine Sittenlehre der Schrift geben wollte; Endemann [II, 410], welcher den Principien der Vernunft und Offenbarung folgte, die Moral der Heiden verdammte³, die Möglichkeit einer Herleitung christlicher Tugend aus Arianischen und Socinianischen Irrthümern verneinte und keinen Deisten (peccatores proaeretici et deistae) zum Eide zugelassen wissen wollte; endlich Samuel Mursinna, Professor der Theologie und Ephorus des reformirten Gymnasiums in Halle († 1795), der Stabsfourir beim theologischen Freicorps. Die gesammte auf den Eudämonismus basirte Aufklärungsmoral zerschellte am kategorischen Imperativ der Kantianer.

---

s) »Ethnicorum doctrina moralis non potuit non esse illaudabilis, bona vero, quae tradiderunt nonnulli philosophi, per traditionem ex divina revelatione originem ducunt.«

§. 17. Theologische Controversen.

1. Das Zeitalter der Neologie hatte die Lust zur unbeschränkten Verehrung der symbolischen Bücher verloren. Es war zuerst der Berliner Prediger J. G. Lüdke († 1792), ein Mann, wie die A. D. B. sagt, von vielen Einsichten und von unermüdetem Fleiß, welcher in seiner Schrift „Vom falschen Religionseifer" (1767) die symbolischen Schriften als Hindernisse der Freiheit und Mittel der Trennung bezeichnete. Dann rügte Büsching einige Unrichtigkeiten in denselben in abgebrochener Schreibart. Als in Folge des preußischen Religionsedictes die Bekenntnißfrage brennender wurde, trat Büsching auf's Neue hervor mit der Untersuchung, wann und durch wen der freien lutherischen Kirche das Joch der symbolischen Bücher zuerst angelegt worden. Das sei erst in der berüchtigten Eintrachtsformel geschehen. Den symbolischen Büchern wurde schuld gegeben, daß sie den Untersuchungstrieb ersticken, den Anbau der theologischen Gelehrsamkeit verhindern, dem Ansehn der h. Schrift Abbruch thun und somit eine Beleidigung der Majestätsrechte des Oberherrn Christus sind. Die A. D. B. bezeichnete es insbesondere als eine Schmach für einsichtsvolle Lehrer des Christenthums, daß sie noch die zween Catechismen Lutheri für ihre Normalbücher erkennen müssen. Freunde der Symbole, wie der Hauptpastor Goeze und der Altenburger Generalsuperintendent G. F. Löber, erblickten dagegen in einer eventuellen Abschaffung der Symbole Verletzung der Gewissensfreiheit der Gemeinden zu Gunsten einzelner Theologen. Und was für schädliche, grundstürzende, aus der Gnade Gottes setzende Irrthümer, was für ein socinianisch Heidenthum würde überhandnehmen, wenn jeder öffentlich den Samen beliebiger Lehre ausstreuen dürfte. Auf das positive Recht versteifte Juristen, wie Schnaubert in Jena und der Rostocker Professor J. F. Roeunberg, dessen Schrift „Ueber symbolische Bücher in Bezug auf's Staatsrecht" (1789) sowohl den hohen Kennerbeifall des Corpus Evangelicorum fand als auch auf Specialbefehl des Königs von Preußen in alle Consistorialsprengel vertheilt wurde, verlangten gegenüber dem erfunden haben wollenden Religionssystem der seinwollenden Ur- und Kraftgenies Festigkeit in Lehre und Glauben, weil nur dann Schutz und Schirm anwendlich sei. Denken könne jeder für sich, was er nach seiner Ueberzeugung für wahr halte, aber lehren müsse er nach den Bekenntnißschriften, und du bleibst, wenn du auch wider Ueberzeugung lehrst, dennoch ein ehrlicher Mann. Das nannte der ältere Rosenmüller

wahren Hildebrandismus, und Bahrdt bewies: symbolische Schriften seien weder Völker- noch Kirchen- noch Staatsbedürfniß. Einer Schrift des Professor am Joachimsthaler Gymnasium Villaume gegen Roennberg wurde in Preußen die Drucklegung verweigert.

2. Urlsperger [S. 45], ein Schüler Baumgartens, vornehmlich aber durch Gottes Güte in die rechte Weisheitsschule geführt, meinte, das theologische Losungswort »quid sit nasci, quid progressus, me nescire sum professus« verschmähend, in der h. Schrift den Schlüssel zum Geheimnisse der Trinität und damit die höchste Metaphysik, den Grundstein aller wahren Erkenntniß gefunden zu haben. Wesensdreieinigkeit und Offenbarungsdreieinigkeit sind nach ihm genau zu unterscheiden. Die letztere folgt zwar aus der erstern, ist vorgebildet in der erstern, aber nicht mit ihr zu vermischen. Im Wesen Gottes giebt es keine subordinirten Personen, aber wohl drei in sich selbst nothwendig gegründete, uns nach der Empfindung vollkommen unbekannte, daher auch mit Worten nicht auszudrückende geistige Naturen, deren nothwendiges und unzertrennliches Band ein Geist ist. Der unterscheidende Character der ersten Potenz in Gott ist unendliche Lebenskraft, der zweiten unendliche Kraft, wodurch in Gott ein unendliches lebendiges Bewußtsein seiner Vollkommenheit ist, der dritten unendliche lebendige Neigungskraft zu dem All aller unendlich erkannten Vollkommenheiten und eine unaussprechlich damit verbundene Freude und Wonne. Die Begriffe Vater, Sohn und h. Geist sind hier eigentlich und unmittelbar noch nicht vorhanden. Nun wollte aber Gott eine Welt schaffen. Er ist unendlich, die Welt ist endlich. Da ist eine unübersteigliche Schwierigkeit. Die Welt ist zu klein für Gott. Damit nun das Unendliche etwas Endliches machen könne, so bestimmt die erste Person die zweite, daß sie aus der Gottheit ausgehen (Geburtsausgang) und ein Werk außer Gott machen soll. Diese Bestimmung zum Ausgehen heißt die Zeugung. Jetzt bekommt die erste Person den Namen Vater, die zweite Wort und Sohn. Der Erstgeborne gehört seinem Wesen nach in Gott selbst, seinem Sohnsverhältniß nach außer Gott, dadurch das Unendliche mit dem Endlichen, das Nothwendige mit dem Zufälligen, die Ewigkeit mit der Zeit den schicklichsten Vereinigungspunkt erhält. Als göttliche Person ist der Sohn dem Vater unaufhörlich wesentlich gleich, ökonomisch hängt er vom Vater ab, ist als Sohn geringer als der Vater. Die dritte Person wird gleichfalls zum Ausgehen bestimmt, um der zweiten zu helfen. Nun erhält die dritte den Namen Geist. Die zweite Person ist nicht nur zur Schöpfung

sondern auch zur Erlösung der Menschen bestimmt, der h. Geist aber bearbeitet die Herzen der Menschen zur Annahme der durch den Erlöser erworbenen Gnade. Weil im Vatergeheimniß die erste Person die zweite und dritte zum Ausgehen bestimmt, so muß im Wesen Gottes selbst ein ähnlicher dreifach persönlicher Unterschied obwalten. Urlsperger wollte damit das mögliche Vorhandensein der Welt erklärt und den Irrthum der Kirche, welche die Begriffe Vater, Sohn und Geist in das Wesen des dreieinigen Gottes setzt, berichtigt haben. Die Dreizeugenstelle (1 Joh. 5, 7) erschien ihm aus innern Gründen als unecht. Die Zeitgenossen stellten sich zu dieser bald wieder vergessenen Theorie verschieden. Während die Einen darin wirklich einen weitern Schritt zur Erkenntniß der geoffenbarten Wahrheiten erblickten, zogen die Andern die gewöhnliche Athanasische Hypothese vor (Hegelmaier in Tübingen), als in welcher der Tritheismus weniger deutlich in die Augen falle (A. D. B.). Ph. M. Hahn vermochte Urlsperger's Lehre nicht in der Bibel zu finden, ein Göttinger Recensent erblickte in ihr eine Annäherung zum Sabellianismus a.

3. Der Streit des Parsimonius [I, 158] und Piscator's [I, 315] über den **thätigen Gehorsam** wurde mit größern exegetischen Mitteln wieder aufgenommen von Töllner. Es handelte sich nicht um die Wichtigkeit des thätigen oder thuenden Gehorsams. Diese wurde nicht in Abrede gestellt. Denn ohne daß der thätige Gehorsam vorausgegangen, hätte Christus auch durch sein Leiden nicht stellvertretende Genugthuung leisten können. Die Streitfrage war vielmehr, ob der thätige Gehorsam denselben coordinirten Factor in der stellvertretenden Genugthuung bilde wie der leidende. Töllner in seinem Buche „Der thätige Gehorsam Jesu Christi" (1768) läßt den thätigen Gehorsam nur als subordinirtes mittelbares Moment, als Mitursache (nicht als Theil) der Genugthuung gelten. Außer dem exegetischen Beweis, daß in der h. Schrift die Genugthuung auf den leidenden Gehorsam eingeschränkt sei, führt er noch folgende dogmatische an: Da nicht anzu-

---

a) Vgl. Baur, Dreieinigkeit III, 705. Ostertag in Herzog's R. E. XVI, 751: „Was für Hohn und Verachtung Urlsperger dafür von den damaligen Wortführern der Neologie eingeerntet, das wäre schwer zu schildern." Mir ist von diesem Hohn nichts bekannt geworden, vielmehr Neologen wie Bahrdt (dessen Mitarbeiter an der Allgemeinen theol. Bibliothek Urlsperger gewesen war) beriefen sich auf ihn zur Entschuldigung ihrer eigenen Abweichungen von der Kirchenlehre. Dagegen äußert sich scharf gegen U. und seine Dreieinigkeitslehre — Lavater.

nehmen, daß die Nichtverbindlichkeit zum Gehorsam eine göttliche der menschlichen Natur Christi mitgetheilte Eigenschaft sei, da vielmehr die menschliche Natur in der persönlichen Vereinigung mit der göttlichen nicht aufgehört habe ein Grund freier Handlungen zu sein, so sei sie auch ein Subject des Gehorsams geblieben, also für sich selbst zu demselben verbunden. Die Unsündlichkeit der menschlichen Natur war eine bedingte, sie setzte das Gesetz voraus, demnach hat Christus seiner menschlichen Natur nach das Gesetz erfüllt. War aber Christus selbst zum Gesetzesgehorsam verbunden, so kann derselbe keine stellvertretende Bedeutung haben. Eine Zurechnung fremden Gehorsams, fügte verstärkend die A. D. B. hinzu, sei selbst Gott unmöglich, weil solche den Principien der Moralität, dem Bau des Gewissens widerstreite. Also die ganze Erlösung ist eine Frucht des Leidens Christi, mit dem leidenden Gehorsam ist den Absichten Gottes bei der geforderten Genugthuung vollkommen Genüge geschehen. Dagegen meinte Schubert [II, 407], wenn Christus nur für uns gelitten hätte, so wären wir dadurch allerdings von der Verdammniß frei, aber doch nicht der Seligkeit theilhaftig geworden, sondern würden in einen Mittelzustand gekommen sein, worauf wiederum Töllner erwiederte, es könne Niemand von einer Krankheit geheilt werden, ohne daß die entgegenstehende Gesundheit entstünde. Ernesti, der die verwirrende Eintheilung in thuenden und leidenden Gehorsam längst gern beseitigt gesehen hätte, aber „man stimmt die alten Leyern nicht gern anders, die Saiten möchten gar springen", gab zu, Christus sei als Mensch verbunden gewesen, die göttlichen Gesetze zu halten, aber er habe sie zugleich auch für uns erfüllt. Denn gerade zu dem Ende sei er geschaffen worden. Ein angenommener Aushülfsdiener sei zu beiden verbunden, zu eigener Dienstleistung, und zugleich zur Vertretung des andern erkrankten Dieners. Dagegen bemerkte Töllner, es sei der eigne Gehorsam jedes einzelnen Geistes zu seiner Glückseligkeit erforderlich. Auf den weitern Einwand: vollkommen Gehorsam zu leisten, sei dem Menschen unmöglich gewesen, also habe Christus eintreten müssen, erwiederte Töllner: absolut vollkommen Gehorsam als eine unmögliche Forderung an ein vernünftiges Geschöpf könne Gott gar nicht fordern, nur aufrichtiger Gehorsam sei zur Seligkeit nothwendig. Töllner hat mit kluger Bescheidenheit und in der guten Meinung, daß eine schriftgemäße Vorstellung der Genugthuung wider die Deisten jetzt Bedürfniß sei, diesen Streit geführt, dem zuletzt die Betonung des wahrhaft Menschlichen in der Person Christi und der Subjectivität menschlicher Sittlichkeit als eigenstes Moment zum Grunde liegt ᵇ.

4. Die hergebrachte Vorstellung von der Rechtfertigung hat Danovius dadurch berichtigen wollen, daß er dieselbe identificirte mit der Gnadenwahl, als dem bestimmteren Begriff für jene. Das rechtfertigende Urtheil Gottes wird in der herkömmlichen Lehre vom Glauben des Menschen abhängig gemacht. Das streitet mit der Unveränderlichkeit Gottes, der so oft sein Urtheil ändern müßte, als der Mensch seinen Glauben ändert. Daher kann die Rechtfertigung nicht vom wahren, sondern vom beharrlichen, nicht vom Zeitglauben, sondern nur von dem bis an's Ende ausdauernden Glauben abhängig gedacht werden. Da nun Gott von Ewigkeit her voraussah, wer im Glauben ausharren würde, so ist die Rechtfertigung ewig und unveränderlich, Niemand, der sie erlangt hat, geht ihrer wieder verlustig. Aus diesem Grunde, sowie daraus, daß die Rechtfertigung den wirklichen Genuß der ewigen Seligkeit mitumfaßt, geht hervor, daß Rechtfertigung und Gnadenwahl zusammenfallen. Als Danov diese Lehrmeinung in seiner Doctordissertation drucken lassen wollte, erhob die Jenaer Facultät, unterstützt von den Gutachten der Göttinger und Erlanger, Einsprache; als er dieselbe hierauf in zwei Weihnachtsprogrammen (1774 und 75) und in seiner Dogmatik veröffentlichte, hielt sich die theologische Facultät in Erlangen für verpflichtet, durch ihren Dekan Seiler öffentlich zu widersprechen. Es wurde (in dem bei der Doctorpromotion des nachmaligen Generalsuperintendenten von Schwedisch-Pommern Gottlieb Schlegel's ausgefertigten Programme) zuerst der Unterschied zwischen Rechtfertigung und Gnadenwahl festgestellt: jene fällt schon in dieses Leben, diese geht auf den Zustand des Menschen im künftigen Leben; jene ist da, sobald der wahre Glaube im Herzen ist, diese beruht auf dem beharrlichen Glauben oder darauf, daß der Mensch im Glauben stirbt; jene kann wieder aufhören und hört auf, sobald der Glaube aufhört, diese dagegen ist unveränderlich. Fälschlich habe Danov die Seligkeit zum Begriffe der Rechtfertigung selbst gezogen, deren Wirkung sie sei. Die Unveränderlichkeit Gottes werde keineswegs durch die bisherige Ansicht von der Rechtfertigung alterirt. Was in aufeinander folgenden Zeiten beim Menschen geschieht, das bedingt noch keine Veränderung in Gott. Gott hat ja von Ewigkeit

---

ᵇ) Walch, Neueste Religionsgesch. III, 309. Baur, Lehre v. d. Versöhnung S. 475.

her gewußt, in welches Verhältniß jeder Mensch zur Genugthuung Christi treten werde. Judicia quidem Dei sunt aeterna, sed relatio eorum ad obiecta actualia tempus admittit. Durch Danov's Lehre werde die Freudigkeit, Gemüthsruhe und Friede der Seelen bei den Gläubigen aufgehoben und damit falle der stärkste Triebgrund der Heiligung, nämlich die kindliche Liebe, die Dankbarkeit und freudige Ergebung in Gott hinweg. Danov, obwohl empfindlich darüber, daß eine ganze Facultät gegen ihn auftrat, wollte sich doch für überwunden ansehn, wenn man beweisen könnte, daß durch seine Ansicht sichere Gründe der Beruhigung und Gottseligkeit aufgehoben würden. Rechtgläubige Zeitgenossen fanden es auffällig, daß sich die Erlanger gerade an diesen würdigen und in aller Rücksicht verdienstvollen Mann, der in seinen Schriften nicht nur seine Rechtgläubigkeit sondern auch edle Fürsorge für dieselbe so rühmlich bewiesen, gemacht hätten, da sie doch weit wichtigere Gegenstände vor sich nehmen und manches selbst in der Nähe in's Reine bringen sollten c.

5. Der in Jena gebildete Göttinger Professor Christoph August Heumann († 1764) hatte, schon in der Jugend ohne Neigung, ein Priester zu werden, weil er nicht Alles simpliciter glauben und bona fide nachbeten konnte, was die Kirche glaubet d, die Fesseln des Theologenhasses soweit abgelegt, daß er, von Ekel erfüllt gegen den lutherischen Eigensinn und die niederträchtigen Bemühungen lutherischer Theologen, Calvin und Zwingli zu verketzern, von den Lutheranern das Aufgeben ihrer **Abendmahlslehre** verlangte, wofür die Reformirten ihr absolutum decretum daran geben sollten. Seine keineswegs an sich, sondern nur durch die Tendenz bedeutsame, nach dem letzten Willen des Verfassers von Sack herausgegebene Schrift: „Erweiß, daß die Lehre der reformirten Kirche von dem h. Abendmahl die rechte und wahre sei" (1764 mit den spöttisch fingirten Druckorten: Eisleben und Wittenberg) argumentirte aus der h. Schrift und aus der Geschichte, indem nach dem Grundsatz »tantus consensus est signum evidentiae« Lutheraner

---

c) Acta hist. eccl. n. l. IV, 713. Neueste Religionsbegebenheiten 1775, S. 265.

d) Schon als Magister schrieb er eine Disputation de fato uxoris Loti non miraculoso (1706), wegen welcher er in Jena, ubi theologia sectaria et auctoritatis praeiudicium regnat, in Anspruch genommen wurde. — Biographieen von Chr. G. Heyne [in Mursinnae Biographia selecta I, 131], G. A. Cassius [Cassel 1768], G. H. Klippel [in Herzog's R. E. VI, 65].

zu Zeugen für die reformirte Lehre gepreßt werden, vorzüglich solche, die (wie Spener und Buddeus) die Abendmahlsdifferenz milde beurtheilt hatten. Daß die von D. Luthern aus dem Papstthum behaltene Lehre (wonach Christus viel tausend Leiber haben müßte, wenn nur an einem Sonntag ein jeder Communicant den Leib Christi bekomme) überhaupt fortgepflanzt worden, komme daher, weil man diejenigen, welche ihr widersprachen, scharf strafete. Eine ganze Reihe lutherischer Gottesgelehrter setzte sich in Bewegung*, diese Heumann'sche Geburt umbringen zu helfen, darunter Ernesti, im Interesse seines zum Cryptocalvinisten gestempelten Schwiegervaters Buddeus J. G. Walch, und die Göttinger mit der Behauptung, der so alte Theologus Heumann sei kindisch geworden und habe nicht mehr den völligen Gebrauch der Beurtheilungskraft besessen. Die A. D. B. spöttelte über diese Tragikomödie, die es offenbar gemacht, was noch für ein sectirerischer Groll in den Herzen mancher Menschen stecke. Die Schritte zum Abendmahlsfrieden der Protestanten wurden seit Heumann immer häufiger. Der Berliner Prediger Jakob Elias Troschel und Andere brachten zu diesem Zweck die Meinung von einer imputativen Vereinigung des Leibes mit dem Brode auf. Brod und Wein sind stellvertretende Zeichen. Der Communicant empfängt Brod und Wein, das ist aber im Urtheil Christi und nach seiner Anrechnung ebensogut, als wenn er Leib und Blut empfinge, wie ein kupferner Groschen valorem eines wirklichen hat, wenn er dafür ausgeprägt worden. Eine besondere Controverse entstand über den gemeinschaftlichen Abendmahlskelch. Der theologischen Behauptung, wie sie namentlich Leß vertrat, Privatcommunion sei keine Communion, stellte sich das medicinische Bedenken gegen den gemeinschaftlichen Kelch als Behikel der Ansteckung entgegen. Der Streit wurde hauptsächlich zwischen den beiden medicinischen Hofräthen Tralles in Breslau und Gruner in Jena geführt, jener für die Ehre und Unschuld des gemeinsamen Kelches eintretend, als durch das Wort des Herrn: „Trinket alle daraus" gefordert und ungefährlich, dieser das Gegentheil behauptend. Wahre Philanthropen schlugen kleine Kelche vor, welche nur für ein paar Leute paßten und sogleich vom Küster wieder gespühlt werden könnten, wogegen Andere Jesu, dem so richtigen Beobachter der Natur, vertrauten, er werde keine Stiftung gemacht haben, welche seine Freunde und Bekenner der Gefahr der Ansteckung aussetze. Der Taufe wurde

---

e) Characteristik der Gegenschriften in Ernesti's Neuer theol. Bibl. VI, 732.

Frank, Gesch. der prot. Theol. III.   9 die sacramentliche Verbindlichkeit abgesprochen in der Schrift „Die Taufe der Christen ein ehrwürdiger Gebrauch und kein Gesetz Christi" (1774). Nach Hamann's Urtheil ist darin ein ehrwürdiger Gebrauch mit ungewaschenen Händen und ohne alles Gefühl des Wohlstandes angegriffen worden.

6. Der Streit über des Teufel's Existenz und Wirksamkeit wurde nach hundertjähriger glücklicher Ruhe 1776 erneuert, als in welchem Jahre mehr Bücher vom Teufel als vom lieben Gott herauskamen. Wenn B. Bekker, welcher den Aufklärern ein ehrwürdiger Märtyrer erschien, nur den Einfluß des Teufels auf die Erde geleugnet hatte, so traten jetzt Antidiaboliker auf, welche den Teufel um seine Existenz zu bringen suchten. Dem armen Teufel wurde recht warm gemacht und auf den Kanzeln diejenigen für Pinsel erklärt, welche dem von den Chaldäern zu den dummen Juden gebrachten Teufelsglauben anhingen. Solches reizte Köstern [S. 44] zu der Satyre: „Demüthige Bitte um Belehrung an die großen Männer, welche keinen Teufel glauben" (1776), worin die Nichtigkeit einiger Einwürfe und die Großsprecherei einiger Schriftsteller in ihrer Blöße dargestellt wurde. Warum, meint Köster, sollte der Teufel es nicht mit Dank annehmen, daß man sich so viele Mühe giebt, den Leuten die Furcht vor ihm zu benehmen und sie sicher zu machen? Die „demüthige Bitte" rief eine „demüthigste Antwort" (von dem Landgeistlichen Bonnat zu Breitenbach) und eine ganze Reihe Broschüren hervor. Es zeigte sich, daß der Teufelsglaube keine Wurzel im Zeitbewußtsein mehr hatte. Man wollte lieber Gott als den Teufel fürchten. Insbesondere wurde Semler, als Bevorworter der „biblischen Dämonologie" (1776), einer hitzigen Bestreitung der Teufelslehre, gerühmt, dem Teufel den Hals gebrochen oder doch das theologische Unthier von der Erde verwiesen zu haben. Der Prediger zu Aschersleben Chr. F. Sangenhausen machte das Sinngedicht:

> Als Semler aus der Welt den Satanas vertrieb,
> Und jeder Orthodox dawider schrie und schrieb,
> Sprach Satanas, gestützt auf seinem Wanderstabe:
> Mich daur't die Welt, wo ich so wahre Freunde habe¹.

---

¹) G. Roskoff, Gesch. des Teufels. Lpz. 1869. II, 479.

§. 19. Neologie und Katholicismus.

K. Werner, Gesch. d. kathol. Theologie. München 1866, S. 68—275. H. Schmid, Gesch. d. kath. Kirche Deutschlands. München 1872—74, S. 1 ff.

Soweit nicht jesuitische Selbstüberhebung daran hinderte, wirkte die protestantische Wissenschaft der Aufklärungszeit auch befruchtend und befreiend auf die katholische Theologie in Deutschland ein. Jerusalem's Betrachtungen, Bahrdt's und Lessens Moral, Hessens biblische Schriften fanden sich in den Händen vieler Priesterseminaristen, Zollikofer galt auch den Katholiken als Predigermuster, sie erbauten sich an Rosenmüller's Andachtsbüchern und über Feder's Compendium der practischen Philosophie wurden in Wien Collegia gelesen. Es bildete sich neben den ultramontanen Verfechtern der Barbarei und Hildebrandischen Monarchie eine milde, freie und friedliebende Richtung, die dem Jesuitenorden das Monopol der Erziehung oder vielmehr Abrichtung streitig machte. Die Vorurtheile schmolzen dahin wie Eis an der Frühlingssonne und die Freiheit zu denken schaute durch die Lücken der alten Tyrannei hervor. Man ging daran, die Lehre den Bedürfnissen der Zeit anzupassen, damit der Aberglaube nicht überhandnehme und die Religion nicht von Witzlingen verachtet werde. Man wagte es sogar auszusprechen: wenn die kirchliche Unfehlbarkeit sich nicht halten lasse — und die bisherigen Beweise für dieselbe seien nicht überzeugend — müsse der Katholik seine Dogmen aus höhern, von der Kirche unabhängigen Principien ableiten. Denn es sei immer besser, auf freiem Felde zu wohnen, als in einem bequemen Hause, welches den Einsturz droht. Als Repräsentanten dieser dem Protestantismus entgegenkommenden Richtung erscheinen: Joh. Nic. v. Hontheim, erzbischöflich Trierscher Weihbischof und Bischof von Myriophytus († 1790), der den Katholicismus mit dem Zeitgeiste kirchenrechtlich versöhnen wollte. Obwohl allstündlich bereit, Blut und Leben für die römisch-katholische Kirche zu lassen, machte er doch in seinem berühmten Werke: Iustini Febronii ICti de statu ecclesiae et legitima potestate romani pontificis (1763) einen grossen Unterschied zwischen der römischen Kirche und den übertriebenen Forderungen des römischen Hofes. Allerdings ist der Primat des Papstes ein von Gott herrührendes Recht und auf ihm beruht die Einigkeit der Kirche, aber ihr oberstes Tribunal ist das allgemeine Concil (das als allgemeines sich erst durch die Anerkennung seitens der Kirche erweist), dem auch der Papst unterworfen. Von Unfehlbarkeit des Papstes, die selbst die Curialisten für nichts weiter als eine Meinung auszugeben sich getrauten und wovon das Gegentheil auf allen Academieen und öffentlichen Schulen Frankreichs und Oesterreichs gelehrt werden mußte, kann nicht die Rede sein. Die Bischöfe sind dem Papste nur gewissermaßen und insoweit unterworfen, als es das Wohl der allgemeinen Kirche erfordert. Der Papst ist aber nicht Ordinarius Ordinariorum, und, wiewohl vornehmster custos et executor canonum, besitzt er doch nicht iurisdictio concurrens, er kann die Rechte der Bischöfe nicht einschränken oder umstoßen, er hat nicht gleiche Gerichtsbarkeit mit den Bischöfen in ihren Diöcesen (eine unmittelbare Einflußnahme des Hauptes der Kirche auf die Regierung der Particularkirchen könnte nur in Nothfällen entschuldigt werden). Denn die Bischöfe haben ihre Rechte nicht vom Papst, als oberstem Monarchen, sondern unmittelbar von Christo. Die Meinung, daß der Papst auf die temporalia regum Anspruch habe, als wodurch die protestantischen Fürsten ihre Majestätsrechte bedroht glauben, ist mit allem Fleiße auszurotten. So hat Hontheim, auf dem Gallicanismus fußend, den Josephinismus vorbereitend, ein bischöfliches Collegialsystem dem päpstlichen Absolutismus entgegengesetzt. Die Vertreter des letztern, die schon damals die Frage aufwarfen: „ob man nicht mit allem Recht über die Lehre von der Unfehlbarkeit des Statthalters Christi einen Glaubensact erwecken könnte?" gaben ihm schuld, daß er einen förmlichen Haß und unversöhnlichen Groll wider die Kirche im Herzen trage. Rom setzte alle Maschinen wider ihn in Bewegung, bis der fast achtzigjährige Greis, ermüdet durch die unablässigen Neckereien der Exjesuiten, um den Abend seines Lebens in Ruhe zu verbringen, am 15. November 1778 in der zu Rom beliebten Form Widerruf leistete. Der hocherfreute Papst erkannte darin eine That des h. Geistes, Andere lachten der Farce[a]. Im Anschluß an J. D. Michaelis und J. E. Faber in Jena hatte Joh. Lorenz Isenbiehl († 1818), Professor der h. Schrift und der orientalischen Sprachen in Mainz, in seinem „Neuen Versuch über die Weissagung vom Immanuel" (1778) — „so, weil ohne Erlaubniß des Ordinariats gedruckt, schon in seiner Geburt das Brandmaal der Verwerfung an der Stirne trägt"— Jes. VII, 14 nicht als eine Weissagung im strengen Sinne auf die jungfräuliche Geburt Christi, sondern von einer ungenannten Jungfrau verstanden, die einen Sohn, Immanuel,

---

[a] M Müller, De Hontheimio strenuo libert. eccles. vindice. Traj. 1863.

gebären werde, und als Sinn der Stelle angegeben: „ehe dieses also vorgestellte Kind in der dazu erforderlichen Frist den Unterschied des Guten und des Bösen erlangen würde, eher wird noch das Land, dafür ihr so bange seid, von seinen zween Königen verlassen sein." Die Mainzer und andere Theologen sahen in dieser Interpretation ein Attentat auf den göttlichen Character der h. Schrift, auf Tradition und Kirchenväter. „Wenn Isenbiehl, der den Immanuel nicht einmal als Vorbild von Christus gelten läßt, so fortraisonnirt, so wird er bald mit Bahrdt gar kein prophetisch Bild Christi mehr in dem A. T. antreffen. Sein ganzer Gang ist völlig Bahrdtisch." Dieser wollte sich nur der Freiheit bedient haben, welche uns Christus geschenkt, und begehrte Schutz wider Alle, die zu der leichten Bürde des Glaubens und der Sittenlehre Christi und seiner allgemeinen Kirche noch eine andere untragbare Last auflegen wollen. Auch bemerkte er, es gebe Sätze, die von vielen Vätern und doch nicht von der Kirche gelehrt würden. Allein seine Schrift wurde durch öffentliche Decrete verboten, der Verfasser seiner Professur enthoben, zuerst in das Seminar verwiesen, um dogmatische Theologie zu studiren, dann als Gefangener in die Abtei Erbach gebracht, wo er mit Niemand außer den Klostergeistlichen sprechen durfte. Zu Weihnachten 1779 ließ er sich zu folgendem Widerruf herbei: „Da nach dem Ausspruche des heiligsten Vaters in meinem Neuen Versuch, den ich zwar in einer löblichen Absicht, der katholischen Kirche einen Dienst zu leisten, geschrieben habe, falsche freventliche der Ketzerei günstige Sätze enthalten sind, so verwerfe ich ihn ohne Rückhalt und Ausnahme," worauf er Kanonikus zu Amöneburg und Vicarius bei St. Alban wurde. „Siehe einen so großen Zorn hatte die heilige Mutter, die Kirche, gegen ihren Sohn, als er sich unterfing, ein einziges Sprüchelchen nicht nach ihrem Herzen zu dolmetschen." Viele Katholiken schämten sich dieses Verfahrens. Der Prokanzler der Universität Ingolstadt, späterhin geistlicher Rath in München, Benedikt Stattler († 1797) wirkte, obgleich Exjesuit, für eine gereinigtere Theologie und Belebung des philosophischen Studiums unter seinen Glaubensgenossen. Als er in seiner Demonstratio catholica (1775), einer Darstellung der Grundverfassung der wahren Kirche aus den Grundsätzen des natürlichen Gesellschaftsrechtes, allen guten Menschen den Himmel zusprach und den Protestanten den Namen von Christen und Mitbrüdern zugestand, erhielt er von Rom aus die Weisung, sein Buch als durch und durch ketzerisch und mit unendlichen Irrthümern angefüllt zu widerrufen. Da er zu solchem

Widerruf keine Lust bezeugte (quicunque me propius norunt, neque tam stupidum me credent, ut infinitorum errorum congeriem pro demonstratione ipse habere, neque tam perdite malum, ut fallaci animo typis proponere, publice non dubitarim), konnte auch das Zeugniß des Bischofs von Eichstädt von seinem untadeligen Wandel die Demonstratio nicht vor der Verdammung retten. Denn, schrieb der Papst, je rechtschaffener der Mann ist, desto weniger muß man ihn schonen, weil eben seine Rechtschaffenheit den Irrthümern seiner Schriften Ansehn und Schutz verleiht. Einer der Vorgeschrittensten, der uneingeschränkte Denkfreiheit in Ansehung der Sache wie der Methode als ein heiliges Recht der Menschheit reclamirte, war Franz Berg († 1821), Professor der Kirchengeschichte in Würzburg. Recht im Sinne der Aufklärung hat er als treibenden Grund in der ganzen Kirchengeschichte den Egoismus, in Tertullian einen schwarzgallichten Feuerkopf, in der Geschichte des Tridentiner Concils einen Beitrag für die Schwäche des menschlichen Geistes erkannt. Daß er was er insgeheim als Aberglauben verlachte doch äußerlich mitmachte, daß er bis an's Ende seines Lebens Messe las und Processionen mit dem Sanctissimum führte, suchte er vor sich selbst zu rechtfertigen mit der Unfähigkeit des hohen und niedern Pöbels, die Wahrheit zu ertragen [b]. Nicht minder aufgeklärt und darum reinkatholischen Seelen ein Greuel war Franz Oberthür († 1831), Professor der Dogmatik in Würzburg, der die katholischen Dogmen in eine nähere Berührung mit den Fortschritten der Vernunft bringen, sie in ihrer Einfachheit und Schönheit reizend und wirksam darstellen wollte. Denn man lege jetzt von katholischer Seite bei weitem nicht mehr soviel Werth auf Rechtglauben als auf Rechthandeln. Bei so viel Geist fand die A. D. B. Oberthür's mystische Andächtelei „zu unserm in der Hostie persönlich gegenwärtigen Gott und Erlöser" doppelt seltsam und widerlich.

Auf das Panier der Aufklärung war die Toleranz geschrieben, die Dogmen zerbröckelten, die Unterscheidungslehren verloren ihr Gewicht, die Vereinigung der (im Wesentlichen einigen) Religionen oder, wie Andere es nannten, der religionsmengerische Kosmopolitismus wurde ein Lieblingsgedanke, der patriotische Wunsch der Aufklärungszeit. Man setzte nicht mehr bei dem confessionellen Gegenfüßler bösen Willen voraus, sondern erklärte die Verschiedenheit der Glaubensbekenntnisse

---

b) J. B. Schwab, F. Berg. Würzb. 1869. 2. (Titel-) Ausg. 1872.

aus der zufälligen Verschiedenheit der Individualitäten. „Die Tage des übereilten Secteneifers scheinen Gottlob! zu Ende zu gehen. Nachgerade sollte man nicht mehr fragen, seid ihr lutherisch oder reformirt? sondern, seid ihr evangelische Christen?" Die Union zwischen Lutheranern und Reformirten ging stillschweigend ihrer Vollziehung entgegen. Bereits hatte man in der Schweiz und fast in allen reformirten Ländern den schwarzen melancholischen Irrthum des Prädestinationismus aufgegeben. Die Lehren vom Abendmahl, soweit Lutheraner ihren Lehrbegriff nicht schon modificirt hatten, und von der Person Christi wollte man, als ohne Einfluß auf Glauben und Gottseligkeit, den Theologen überlassen. Es gab aber auch Ireniker, die sich das weitere Ziel einer Vereinigung des Protestantismus mit der römischen Kirche steckten. Katholiken rühmten von der Reformation, daß sie die Wahrheiten des Evangeliums aus dem Mönchswuste und dem aristotelischen Wortkram wieder hervorgezogen. Die Protestanten hätten fast alle Dogmen mit den Katholiken gemein, nur anders gestaltet, und keinen Satz, der mit der Sittenlehre der Katholiken oder mit den Bürgerpflichten eines katholischen Staates unvereinbarlich wäre. Darum „lasset es uns versuchen und mit unsern irrenden Brüdern freundlich von dem, was zu Jerusalems Frieden gehöret, reden". Hontheim hatte seinen Febronius geschrieben, aus Eifer, die Protestanten wieder mit der römischen Kirche zu vereinigen. Der vornehmste Grund der noch andauernden Trennung sei der kirchliche Despotismus des Papstes, den er eben darum brechen wollte. Ein Benedictiner zu Donauwerth Beda Mayr († 1794) veröffentlichte 1778 ein Irenicum unter dem Titel: „Der erste Schritt zur künftigen Vereinigung der katholischen und evangelischen Kirche, gewagt von — fast wird man es nicht glauben — einem Mönche", worin er statt der Controversprediger als nützlichere Geschöpfe Unionsprediger und Unionsprofessoren begehrt und sich entschlossen zeigt, die Unfehlbarkeit der Kirche der Union zu opfern. Stattler entwarf einen „Plan zu der allein möglichen Glaubensvereinigung der Protestanten mit der katholischen Kirche". Evangelischerseits kam diesen katholischen Unionsprojecten der Leipziger Magister Masius (Meese) entgegen, der Theologie studirt, 340 mal mit Beifall gepredigt hatte und sich einen Correspondenten und Agenten einer (fingirten) Gesellschaft vereinigter Religionslehrer nannte. Der ziemlich verworrene Mann, hinter dessen Plan zur großen Religionsvereinigung sich auch ein wenig Buchhändlergeist verbarg, verlangte Rückkehr zur ersten Einfalt der apostolischen Kirche. Es müsse eine und zwar eine apostolische Kirche gestiftet werden, dann brauchten die Katholiken nicht zu den Protestanten überzutreten, noch diese zu jenen zurückzukehren. Sodann erließ der reformirte Pfarrer zu Stolberg bei Aachen Heinrich Simon van Alpen einen „Patriotischen Aufruf zur allgemeinen Vereinigung der Religionen, Confessionen, Kirchen, Schulen, Consistorien, Religionslehrer und Gemeinden" (1801), worin er mit Feuereifer gegen Intoleranz und Fanatismus, das alte mächtige Ungeheuer, das schwarze Kind der Hölle, das die Welt in Mord und Graus stürzte, und Zwietracht wie brennende Feuerklumpen um sich warf, declamirte, und die jetzige Menschheit für Jesu Plan, eine ganz allgemeine Religion einzuführen und alle Menschen zu Anbetung eines Gottes zu vereinigen, reif erklärte. Da jedoch Alpen jeder Kirche ihre Unterscheidungslehren belassen wollte, so scheint es bei ihm doch nicht auf förmliche Vereinigung, sondern nur auf eine allgemeine Toleranz abgesehen gewesen zu sein.

Einzelne hielten hüben und drüben auch damals an dem alten dogmatisch-polemischen Tone fest. So Goeze und Leß, der das Papstthum für das gerade Widerspiel vom Christenthum erklärte, römischerseits Aloysius Merz, christkatholischer Controversprediger zu Augsburg, welcher durch sein polemisches Gepolter den Hohn der Protestanten erregte. „Von ihm weissagt Salomo, wenn er spricht: so du den Narren in einen Mörsel thätest und stampftest ihn wie Grütze, so wiche seine Narrheit nicht von ihm." Aber auch die eigentlichen Neologen, sobald die von ihnen im Princip zugestandene Einigung in bestimmten Projecten sich individualisirte und greifbare Gestalt gewinnen wollte, witterten Unrath. Von Semler abgesehn, der zur Beförderung des innern Christenthums eine Vereinigung für unnöthig, weil Gewissenszwang einführend für schädlich, und wegen Verschiedenheit der menschlichen Vorstellungen für unmöglich hielt, sahen Bahrdt und Nicolai unter dem Schein evangelischer Milde ein Attentat auf die protestantische Freiheit vor sich gehen. Maurer, Jesuiten und Schwärmer arbeiteten en compagnie, um den Protestanten neue Ketten, welche die Clerici jetzt viel feiner aber auch fester zu schmieden wüßten als ehedem, über den Hals zu werfen. Mendelssohn meinte kopfschüttelnd: „sie wollen als Unterhändler zusammentreten und einen Glaubensvergleich zu Stande bringen, um Wahrheit wie um feiles Kaufmannsgut handeln." Die einzelnen Friedensapostel haben schlechten Dank geerntet. Dem Hontheim wurde bemerkt: ungeachtet seiner reineren Grundsätze sei an keine Vereinigung mit den

Protestanten zu denken, indem diese nicht den Concilien das Recht einräumen würden, in Glaubenssachen zu entscheiden, worauf doch das System des Febronius gebaut sei. Beda Mayr's „ersten Schritt" nannten strengere Glaubensgenossen von ihm ein Verbrechen, das exemplarische Bestrafung verdiene. J. Möser, auf Mayr's Schrift eingehend, wies darauf hin, wie schwer besonders das politische Interesse eine Vereinigung mache. „Jetzt wird die protestantische Kirche allein von der Bibel beherrscht, einem Fürsten, der ruhig auf dem Thron sitzt, nicht den geringsten Aufwand erfordert, sich von jedem Menschen sprechen und keinen ohne Trost von sich läßt; man findet bei ihm Alles was man sucht. So bequem und wohlfeil hat es die katholische Kirche nicht, sie hat ein Oberhaupt mit dem repräsentirenden Character der Gottheit. Dieses erfordert allein 72 Cardinäle und eine Suite. Man wird in den Kabinetten unsrer Fürsten eher das heilige Oel, das unentgeltlich gegeben wird, als die Taxe der römischen Kanzlei zulassen. O lieber Pater! ich fürchte, ich fürchte, es wird nichts daraus; wir sind zu sehr an unsern guten Herrn und an die Freiheit gewöhnt." Am schlimmsten erging es dem Magister Masius. Merz nannte seinen Unionsversuch ein grundverderbliches Unternehmen, ausgehend von einem lockeren Indifferentisten oder einem stark illuminirten Freimaurer. Die A. D. B. vermuthete, unbekannte Leute, die niemand ihren Namen wollen kund werden lassen, brauchten den unbedeutenden Magister nur als Katzenpfote. Stark meinte: der Mann ist seelenkrank, man kaufe ihn in ein Hospital. Zu Masius' „Buch der Vereinigung oder Anweisung zur Glückseligkeit für alle Menschen" (1785) bemerkt ein Zeitgenosse: „Wie kann Wasser solche große Dinge thun. Frech, unüberlegt sind deine Pläne und klein der Mensch, der ihr Ausführer sein will." Er machte, so demaskirt, 1792 bekannt, daß er nach dem Genesediftrict, 50 Meilen hinter Philadelphia, abreisen werde c). Die Masiade war zu Ende gespielt. Weisere Zeitgenossen setzten ihre Hoffnung auf die Vorsehung, welche nach und nach den Weg zu einer glücklichen Vereinigung bereiten werde.

---

c) Doch scheint es ihm damit nicht Ernst gewesen zu sein. Denn 1802 finden wir ihn in Reichenberg bei Dresden, wo er von der Gutmüthigkeit der benachbarten Prediger, die er unter allerlei Vorwänden brandschatzte, lebte.

§. 19. Die Ultras der Aufklärung.

Bibliothek der deutschen Aufklärer des 18. Jahrh. Hrsg. von Martin v. Geismar [Edgar Bauer]. Lpz. 1846.

Neben den gemäßigten Neologen, diesen „Halbtheologen, die nicht das Herz hatten, beim hellen lichten Tag zum Teufel zu fahren, sondern sich zwischen Christo und Belial mitten inne hielten", fehlte es auch nicht an solchen, welche die Schwellen und Eckpfosten vollends wegrißen. Wenn jene in den Socinianern und Arminianern ihre Vorläufer hatten, so diese „zudringlichen Reformatoren" in den englischen Deisten und den deutschen Ketzern Treiber, Dippel und Edelmann [II, 342] (weniger in den frivolen Freigeistern Frankreichs); wenn jene immer Christen sein und heißen wollten und das von späteren Zuthaten gereinigte Christenthum als auch in der Zeit der Aufklärung berechtigt erwiesen, hatten diese die Eifersucht für eine bestimmte Religion abgelegt und begnügten sich mit der bloßen Vernunftreligion. Die Aufrechthaltung dieses Standpunktes äußerte sich negativ in meist gehäßiger Bestreitung der positiven Religion, in Verunglimpfung der Träger biblischer Offenbarung, im Priesterhaß („wären nie Priester gewesen, so wäre die Vernunft die sichere Führerin der Menschen geblieben"). Das formale Rüstzeug lieferte die Wolff'sche Schule mit dem hocherhobenen principium contradictionis und exclusi tertii. Dieses Princip ließ nur ein aut der Wahrheit und ein aut des Betruges, kein Mittleres zwischen beiden zu. Die Positionen der positiven Religion verfielen unter den Händen der Ultras dem zweiten Theil der Alternative. Die Gemäßigteren unter ihnen hielten noch insofern am Christenthum fest, als sie Inthronisation der natürlichen Religion als die eigentliche Absicht Jesu vermutheten. Er habe nichts gelehrt, was nicht mit der Vernunft begriffen oder aus der Natur belegt werden könne, er habe schlechterdings keinen Glauben, sondern lebendige überzeugende Erkenntniß und gute Werke, Kosmopolitensinn, von seinen Bekennern gefordert, folglich sei seine Lehre pure reine Vernunft- und Naturreligion, brauchbar unter allen Zonen und für alle Völker; Tugend beselige den Feueranbeter so gut wie den Christen, die Seligkeit, die sie verleihe, residire weder in den Tempeln noch sei sie eine monopolisirte Waare der tonsurirten Kaufleute oder der Buchhändler[a]. Radicalere

---

a) [A. v. Knigge] Allgem. System für das Volk. Nicosia (Hanau) 1775 [Aufstellung einer allgemeinen Volksreligion, welche für alle Secten, auch für die, welche die Offenbarung nicht annähmen, passen könnte].

verwischten und befleckten das ideale Bild Christi — ein kluger Philosoph, der die Leute mit der besten Manier von der Welt in sein Himmelreich hineingetäuscht hat — setzten die Moral des Christenthums herab und steuerten auf eine Moral ohne alle Religion zu.

Diese Freigeisterei hat Carl August Gebhardi, der sich ein Mitglied der Weißenfelsischen alethophilischen Gesellschaft nannte, in seinen in Berlin erschienenen und (1743) verbotenen Schriften: „Vernünftige Gedanken von dem Gebrauch der strengen Lehrart in der Theologie" und „Vernunftmäßige Betrachtung der übernatürlichen Begebenheiten" eingeleitet, indem er alle Wunder und Religionsgeheimnisse leugnete, auch manches Gott Unanständige in der Bibel fand. Darnach schrieb der unruhige Advocat Georg Schade († 1795) in Altona, später in Kiel, das „alles Abscheues würdige" Buch: „Die unwandelbare und ewige Religion der ältesten Naturforscher und sogenannten Adepten oder geometrischer Beweis, daß die Metaphysik die wahre theoretische und die Moral die wahre practische Gottesgelahrtheit sei" (1760), worin er nach seinem Vorbild Tindal [II, 352] die Zulänglichkeit der natürlichen Religion, deren größter Erneuerer Jesus war, streng geometrisch beweisen (alle Gottesgelehrten, die von nun an noch von übernatürlicher Offenbarung reden würden, will er als die gottlosesten Betrüger, die jemals die Erde getragen, betrachten) und mit Hülfe der von ihm hocherhobenen Leibniz-Wolff'schen Metaphysik den rechten Naturalismus (als System von den einfachen Substanzen) im Gegensatz zum köhlergläubigen befestigen wollte. Ueber seine wunderliche unzusammenhängende Beweisführung bemerkte der durch Schade's Ueberhebung der Philosophie über die Sprachkunde geärgerte Ernesti: Neptuni Pferde beim Homero thun keine so großen Sprünge, als dieser unumstößlich geometrischer Demonstrator thut. Wegen der darin enthaltenen gotteslästerlichen Ausdruckungen und auf die gänzliche Verachtung aller geoffenbarten Religion gerichteten Absicht (z. B. die dummen Bauchpfaffen wollten die Vernunft unter den Gehorsam der Fabel gefangen nehmen; man könne vielmehr sagen, Cicero's Bücher de officiis und Wolff's natürliche Religion seien von Gott eingegeben, als die Bibel, diese unordentliche Rhapsodie von guten und schlechten Gedanken) ließ der Magistrat zu Hamburg die Schrift dieses herumschleichenden hungrigen Freigeistes auf dem ehrlosen Block verbrennen und ein Mandat ausgehen wider das Laster der beleidigten göttlichen Majestät, dem zufolge in der christlich gesitteten Stadt Hamburg die Freigeisterei in der aufgekeimten ersten Brut sofort erstickt werden sollᵇ. In Berlin war es der Rector am kölnischen Gymnasium Christian Tobias Damm, ein Mann von solider Gelehrsamkeit aber wenig Geschmack, der, mit der Orthodoxie zerfallen („unsere sogenannte Thetica ist so voll von leeren Worten, daß selbst das wenige Wahre, was noch darunter ist, gar nicht herausgefunden werden kann"), mit biogenischer Herzhaftigkeit gegen ihre Vertreter eiferte („Gott erlöse doch endlich die Christenheit von den doctoribus acroamaticis, die die Ohren ihrer Schüler sowohl als ihr Gehirn mit lauter Nichts anfüllen und plagen") und, bereits 60 Jahre alt, das Christenthum in christlichen Naturalismus umzugießen begann. Wie Jesus ein göttlicher und guter Mensch in seinem Lebenswandel war, so seine Lehre die der natürlichen Vernunft, der menschlichen Natur und der menschlichen Glückseligkeit. Die A. D. B. giebt das richtige Signalement: „Ein Heterodoxer, der Jesum Christum für einen außerordentlichen Gesandten Gottes hält, mit höhern geistigen Kräften begabt, um die natürliche Religion wieder in ihrem völligen Lichte auf der Welt auszubreiten und dadurch eine allgemeine Religion zu stiften, der weder Engel noch Teufel im systematischen Verstande glaubt, dem Leib den Antheil an einem bessern Leben durchaus abspricht, die ganze bekannt gemachte Religion der Christen nach dem Favoritsatze beurtheilt, daß in derselben Alles klar und begreiflich sein müsse, diese Ueberzeugungen bei fortgesetzter Lesung der Schriften des N. T. gewonnen zu haben betheuert, wacker auf alle Lehrer der herrschenden Kirchenparteien schimpft, im Fall sie Miene machen sollten, ihm zu widersprechen, ein solcher ist Herr Damm." Um die reine Lehre Jesu in den Schriften seiner Boten nachzuweisen, schrieb er seine commentirende Uebersetzung des N. T.ᶜ Seine Ansichten den biblischen Schriftstellern unterlegend übersetzt er Joh. 1, 1: „Im Anfang war der sprechende Gott und Gott war der Sprechende," Matth. 26, 53: „Zwölf Legionen Zugeschickter." In den Anmerkungen finden sich Ausfälle auf die kirchliche Orthodoxie in sonderbarer Schreibart. Damm wurde als Socinianer (wozu die ihm nicht gewogene A. D. B. bemerkt: „man darf diesen unbedachtsamen Poltergeist nicht zu den Socinianern rechnen, denn das würde den Leser zu glauben veranlassen, als habe er wirklich den bon sens, die Scharfsinnigkeit, Gelehrsamkeit und kritische Kenntniß in seiner

---

b) Literatur bei L. Heller in Herzog's R. E. XX, 686.
c) Das N. T. von neuem übersetzt und mit Anmerkungen für sorgfältige Leser begleitet. Brl. 1764. Andere Schriften von ihm: Vom hist. Glauben. Brl. 1772. Betrachtungen üb. d. Rel. Brl. 1773.

Erklärung bewiesen, die man an verschiednen Socinianern schätzen muß")
und Deist verschrieen; ein Recensent forderte alle Gottesgelehrten auf,
bei Brod und Sold, bei Ehre und Gewissen zu Damm's Uebersetzung
nicht zu schweigen. Es ging ein Gerücht, als sei er abgesetzt[d], was
Abbt zu dem Ausruf veranlaßte: „O wäre er beim Geisbocke Homers
geblieben, der ist nicht schädlich. Was Geier hatte er mit dem h. Geist
zu thun, den die ganze Christenheit glaubet?" Es ist jedoch nur dies
geschehen, daß er vor das Oberconsistorium citirt und, als er ein von
Marquis d'Argens an ihn erlassenes Schreiben, welches ihn der Erlaubniß des Königs zum Druck und öffentlichen Verkauf seines N. T.
versicherte, vorzeigte, wieder entlassen wurde. Als der Mecklenburger
Hofprediger Masch meinte: dieser gelehrte Mann habe seine Lebenszeit
mit Lesen heidnischer Bücher zugebracht und erkläre nach solchen das
N. T., da versicherte der hiedurch bedrohte Ernesti: Damm habe das
N. T. gerade wider alle Regeln, die man bei den heidnischen Schriften
befolge, erklärt. Daß er die Dreieinigkeit leugnete, Sündenfall und
Bethlehemitischen Kindermord für lehrreiche Erdichtungen hielt, Jesum
am Kreuze nicht wirklich gestorben, sondern nur ohnmächtig geworden
sein ließ, das Buch Daniel voll von übertriebenen und abergläubischen
Geschichten glaubte, solches oder Aehnliches thaten Semler, Teller und
ihre Schüler allerdings auch, aber Damm schritt deutlicher und bewußter
dem Naturalismus zu, als jene.

Auch eigentliche Theologen langten beim Naturalismus an. So der
weltbekannte theologische Wildfang Karl Friedrich Bahrdt († 1792),
der die ganze Stufenleiter theologischer Richtungen durchgemacht hat.
Als Leipziger Katechet orthodox und Goeze's Liebling, wandte er sich als
Erfurter Professor vom Symbol- zum Bibelglauben [S. 110] und ging
als Professor in Gießen in Berichtigung des Lehrbegriffes immer weiter.
Wegen seiner „Neuesten Offenbarungen Gottes in Briefen und Erzählungen" (1773), darin sich Alles so modern und verständlich liest, als
ob die neutestamentlichen Bücher einen Deutschen zum Verfasser hätten,

---

d) Solches wird auch in G. W. Meyer's Gesch. d. Schrifterklärung V, 564 erzählt. Dagegen Mendelssohn [Abbt's Werke III, 322]: „Alles was das schwarze Wesen vom Rector Damm schreibt, ist erlogen. Er ist immer in seinem Amte ge- blieben und hat nur angeloben müssen, der Jugend keinen Unterricht in der Theologie zu geben. Aber seine besten Freunde und Schüler gehen vor ihm vorbei, als wenn sie ihn nicht kenneten. O Wahrheit, Wahrheit! die sich in dich verlieben, sind die geplagtesten Geschöpfe. Mit Steinen muß man dir nachwerfen, wenn man vergnügt leben will."

ward er ein Socinianer in Lebensgröße, ein Naturalist mit der Bibel unter dem Arm, ein deistischer Windbeutel, ein Vorfechter aus Satanas Schule gescholten, er habe das N. T. übersetzt wie ein Heide. Nach seiner durch Leichtsinn verunglückten philanthropinistischen Thätigkeit in Marschlinz [S. 18], faßte er als durch Reichshofrathsconclusum entsetzter Generalsuperintendent in Dürkheim seine Heterodoxie in ein kurzes Glaubensbekenntniß zusammen, darin er die christliche Religion bis auf die Knochen abschälte und nichts als ein bloßes Gerippe von kahlem Deismus mit moralischen Bettlerlappen behängt übrig ließ. Bahrdt hatte gleichwohl damit von der lutherischen Kirche sich nicht lossagen wollen. Erst in Halle, wo der Landflüchtige (1779) Privatdocent (eine Anstellung als Professor der Theologie wies der große König mit den Worten zurück: Monsieur Bahrdt est un fou), später Wirthshausvater wurde, schlug durch Eberhard's und Trapp's Einfluß die Sterbestunde für seinen Offenbarungsglauben. Er wird entschiedener Anhänger der bloß natürlichen Religion und der Herold des hereinbrechenden naturalistischen Reiches. Alle Religion soll im Staate auf allgemeine Vernunftbegriffe eingeschränkt werden, damit alle Unterthanen gleichen Antheil an der öffentlichen Religion nehmen können. Christus selbst war der größte Naturalist, der, glühend vor Abscheu gegen die scheußlichste Unterjochung der Vernunft und der Tugend, welche herrschsüchtige Priester bei allen Völkern durch vorgebliche Göttersprüche und eingeführten Opferdienst bewirkt hatten, einen Versuch zu machen beschloß, die Welt aufzuklären und durch reinere Begriffe von Gott und Gottesverehrung dem menschlichen Geiste seine Freiheit, der Wahrheit ihr Interesse und der Tugend ihre Verehrer wiederzugeben. Sein Zweck war, nach und nach alle positive Religion zu verdrängen, und es waren bloße Klugheitsrücksichten, die ihn hinderten, alle unmittelbare Offenbarung als Priesterbetrug darzustellen. Der Geist der Wahrheit, den er seinen Jüngern verhieß, das war der Geist der Aufklärung. Auf diesem Standpunkt hat Bahrdt sich viel seltsame Mühe gegeben, den übernatürlichen Factor als Ueberrest jüdischen Aberglaubens aus der Bibel zu entfernen. Er hat in seiner „Kleinen Bibel" (1780) Moses zum Feuerwerker gemacht, der mit Hülfe des Pulvers vom Berge Sinai herabdonnerte, in seinen „Briefen über die Bibel im Volkston" (1782) alle Wunder Jesu natürlich erklärt. Die Krankenheilungen geschahen durch Heilmittel, die er als Arcana und Universalmedicin bei sich führte, die Todtenerweckungen waren Erweckungen aus tiefer Ohnmacht. Auf der Hochzeit von Kana hatte Jesus einen Vorrath von (vielleicht nur gemachtem) Wein zur Hand. Die Speisung der 5000 wurde dadurch möglich, daß Jesus einen Korb mit verschnittenem Brod nach dem andern aus einer Höhle tragen ließ, wohin Tags vorher Brodvorräthe in Menge geschafft worden waren. Das Wandeln auf dem Meere ist geschehen auf einem ungeheuern hundertelligen Stück Bauholz. Endlich in seiner „Ausführung des Plans und Zweckes Jesu" (1783), verfaßt, die Ehre des Christenthums und seines erhabenen Stifters zu retten, erscheint Bahrdt, dem alten Maurer und Gründer der deutschen Union [S. 29], Jesus als Stifter einer geheimen Ordensgesellschaft mit drei Graden (bestimmt, das heilige Depot der vernünftigen Religion im Stillen zu verwahren, um es gegen Aberglauben und Priesterbetrug zu schützen) nach dem Vorbilde Melchisedeks, des Oberhauptes der Mutterloge zu Salem, von dem Abraham den Segen, d. i. die völlige Einweihung in die Mysterien erhielt, und des Moses, welcher mittelst einer Art von Maurerei und durch Geheimnisse die Israeliten vom Joche der Aegypter befreite^e. An den Ordensbrüdern („den Todten in Christo" 1 Thess. 4, 13) hatte Jesus willige Werkzeuge, die bei den wunderbar scheinenden Handlungen und besonders zur Zeit seines Leidens und Sterbens als stärkende Engel und als Engel in weißen Kleidern sich thätig erwiesen. Vor seinem Tode haben sie seinen Körper durch stärkende Mittel vorbereitet, um die entsetzlichen Mißhandlungen aushalten zu können, sie brachten ihn dann aus seiner langen Ohnmacht durch stärkende Düfte, Lebensbalsam, Musik u. dgl. allmählich wieder zu sich selbst, und wälzten, versteckt in der Höhle, die einen verborgenen Ausgang hatte, am dritten Tage den Stein hinweg. Nach der scheinbaren Himmelfahrt lebte Jesus als unbekannter Oberer im Cercle einer Mutterloge fort, in welche auch Paulus aufgenommen und von ihm unmittelbar unterrichtet wurde. Wie hier Bahrdt das Leben des Herrn in einen abentheuerlich-sentimentalen Roman verwandelt hat, so war er selbst ein abentheuernder, immer tiefer sinkender Libertin, lustig im Leben, leicht und Alles nur anstreifend in der Wissenschaft^f. Im Anschluß an Bahrdt

---

e) Ebenso ist nach Leuchsenring, dem „Erzphantasten", Alles durch geheime Gesellschaften geschehn. Das A. T., Mosis Bücher zumal, hat eine solche geschrieben, welche an Cyrus' Hof die Speculation ersonnen, den Juden ein Centrum zu geben, wohin sie aus aller Welt steuern sollen. Das Gesetz war von gestern und die geheime Gesellschaft machte ihnen weiß, es sei tausend Jahre alt, nachmals wurde ein David und Salomo erdacht, weil doch die Römer einen Romulus und Numa hatten.

f) G. Frank, K. F. Bahrdt [Raumer's hist. Taschenbuch 1866].

schrieb Karl Heinrich Georg Venturini († 1849), Docent zu Helmstädt, späterhin Pfarrer zu Hordorf in Braunschweig, wo der heitere launige „Doctor" ein patriarchalisches Leben führte, seine von anderer Hand begonnene und nachmals als Jugendsünde bereute „Natürliche Geschichte des großen Propheten von Nazareth" (1800) ᵍ und als Fortsetzung derselben seine vom zeitgemäßen Schleier des Wunderbaren befreite „Geschichte des Urchristenthums" (1807) mit der Hypothese von einem Nazarener-Orden, in welchem Männer des Essäischen Ordens die geheimen Obern waren. Der letztere Orden hat ebensowohl an Jesu letzten Schicksalen wie an seiner ersten Verstandes- und Herzensbildung Antheil gehabt. Die Apostel wußten nicht um das wahre Geheimniß, den eigentlichen Zweck und Plan, und waren nur blinde Werkzeuge der Essäer. Die Aeltesten der Essäer, kalte bedachtsame Greise, hatten Jesu nach seinem feierlichen Abschied am Oelberg einen einsamen Wohnplatz in jenen majestätischen, von hohen Cedern beschatteten Schluchten des Libanon bereitet, die noch nie ein Uneingeweihter betrat. Die letzte That des Herrn war, daß er, dessen feste Gesundheit durch die Martern der Kreuzigung auf immer zerrüttet war, seine letzte Kraft zusammenraffend sich zu dem engen Gebirgspfad bringen ließ, den Saulus auf schnaubendem Rosse passirte, um mit herzerschütternder Stimme „Saul! Saul! warum verfolgst du mich?" zu rufen. Vom plötzlichen Feuerstrahl, in welchem Jesus verschwand, waren Saulus' Augen geblendet. So hat sich ein redlich gemeinter Versuch, dem gesunden Menschenverstand wieder zum Besitze seiner Rechte zu verhelfen und den reinmenschlichen Character Jesu ohne Spott und Verkleinerungssucht reinmenschlich darzustellen, durch ungereimte Fictionen und indem des Verfassers nicht immer reine Phantasie das Religiöse mit dem sinnlich Romantischen verquickte (die stillschwärmende Maria mit dem holden Lächeln auf den rosigen Wangen war eine Betrogene) zur romanhaften Carricatur gestaltet, wo holde liebreizende Mädchen mit Rosenmund und schlankem Leib abwechseln mit dem dumpfen Geheul der wilden Tschakale und mit rollenden Augen, die finster auf die gefühllosen Priesterknechte sich richten. Hatten Bahrdt und Venturini wenigstens die sittliche Würde Jesu unangetastet gelassen, so wird dieselbe bereits angestreift von Andreas Riem († 1807), reformirtem Prediger zu Friedrichswalde in der Uckermark, dann Prediger

---

g) Als Seitenstück dazu erschien: Muhamed Abul Casem, der große Prophet von Mekka. 2 Th. Mekka (Copenhagen) 1802 [Aus d. Französischen des Lanselin von Venturini].

am Friedrichshospitale zu Berlin, auf welches Amt er resignirte, weil er seiner Lehre sich unterziehen könne, so gegen die reine Vernunftlehre streitet („ich bin einer der Unglücklichen, wenn es ein Unglück ist, welchen die Fortschritte in dem Fach der Theologie und Philosophie, statt ihn dem Lehrbegriff der Kirche zu nähern, von demselben entfernten"), um dafür, mit Beibehaltung des Secretariats bei der Academie der Künste und mechanischen Wissenschaften, die Direction der academischen Kunst- und Buchhandlung zu übernehmen. Als nach Friedrichs II. Ableben Rebel aufzusteigen begannen, schrieb er seine Fragmente „über Aufklärung", mit Parenthyrsen gegen die verderbliche Priesterherrschaft angefüllte Piecen. „Könnte die Erde das Blut der durch Religionshaß Ermordeten wiedergeben, und es sich an einem Orte sammeln, wie ungeheuer würde der Umfang dieses Meeres sein? Ha! mit welchem Triumphe würden es nicht die Altgläubigen beschiffen, Paläste auf seinen Inseln und Lusthäuser an seinen Ufern bauen. O, daß nie Pfaffenlist und Dummheit ihre schwarzen höllischen Flügel über Dich ausbreiten und die himmlische Krone der Duldung Dir, hohes Borussia, vom Haupte stoße!" Er ward dieser Fragmente halber in einen fiscalischen Proceß verwickelt, kam aber mit einem ernstlichen Verweis seiner Unbesonnenheit davon. Seinen über die Neologie hinausgeschrittenen Standpunkt bezeichnet schon der Titel seiner Schrift: „Fortgesetzte Betrachtungen über die eigentlichen Wahrheiten der Religion oder Fortgang da wo Herr Abt Jerusalem stillstand" (1789)[A]. Eine Offenbarung, meint er, welche nützlich werden und göttlich sein soll, kann keine Geheimnisse enthalten. Denn von dem Lichte kommt keine Finsterniß und aus dem hellsten Verstande keine Dunkelheit. Eine Offenbarung, insofern sie Mysterien und dem menschlichen Verstand unbegreifliche Dinge enthält, offenbart nichts, sondern verdunkelt, sie erreicht nicht die Würde der Naturreligion, welche Deutlichkeit fordert und besitzt. Das Christenthum war Anfangs nichts als essäisch gefärbte Naturreligion. Seine auffallenden Difformitäten entstammen theils den Thorheiten der alexan-

---

A) Andere Schriften von ihm: Philosophisch-kritische Untersuchung über das N. T. und dessen Göttlichkeit. London [Dessau] 1785. Briefe des heil. Jambres an sn. Freund Jannes im Limbus der Väter, den schwarzen Mann auf dem Berg Sinai betreffend. Elysium [Berlin] 1786. Christus und die Vernunft. Deutschland [Braunschw.] 1792. Neues System der Natur. Dresd. u. Lpz. 1792. Reines System der Religion f. Vernünftige. Brl. 1793. Ueber Christenthum u. moralische Religion. Halle 1793.

drinischen Philosophie, dem abgeschmacktesten und sinnlosesten aller Systeme, theils wuchsen sie, von Pfaffen und Mönchen erfunden, in Klöstern auf und sind Ueberbleibsel der erbärmlichen Scholastik. Die Reformation hat keineswegs Wahrheit an Stelle des Irrthums gesetzt, sondern nur den Irrthum verwechselt. In Christus hat er den weisen Aufklärer und Führer zum reinsten Deismus geehrt. „Einst stand unter dem jüdischen Volk ein Weiser auf, der die Bedürfnisse der herbeieilenden Jahrhunderte fühlte, der die Regentschaft der Dummheit sah und den Verstand erweckte, der mit männlichem Geiste die Vorurtheile seiner Nation vor sich zertrat, dessen Lehre sich auf kein symbolisches Buch, aber auf die göttliche Offenbarung des Buchs der Natur, des Verstandes gründete und die Liebe zum Inhalte hatte, aber die Stupidität zerriß den Faden seines Lebens und vertilgte ihn von der Erde." Dieser Weise gestand mit Bescheidenheit ein, daß ihm jene Güte noch fehle, die ohne Tadel ist. Wie viel Riem an seiner tadellosen Güte vermißt, bezeugt er mit den Worten: „So lange Jesus frei war, so lange ertrug er keine Beleidigung ohne sie den Pharisäern, von denen sie kam, zu erwiedern; keine Frage, die sie vorlegten, ohne sie entweder durch eine Zweideutigkeit zu verhöhnen oder mit den widrigen Schimpfnamen der Heuchler und Narren zu belegen." Die von Jesus gelehrte und geübte Moral war practischer Mysticismus, seine Glaubenslehre enthielt zwar die Postulate der practischen Vernunft, aber in einer Menge von falschen Lehrsätzen eingehüllt. Der, welcher dem Dr. Bahrdt die letzten Reste von Hochachtung gegen Bibel und offenbarte Religion wegdisputirte, welcher von Riem ein Sophist, von Zimmermann wegen seiner unbändigen Grobheit der Aufklärungsdragoner gescholten ward, das war Johann Heinrich Schulz, Prediger zu Gielsdorf, Wilkendorf und Hirschfelde, genannt der Zopfprediger[1] oder auch der Prediger des Atheismus und des zureichenden Grundes. Schulz war Naturalist, er

---

[1] Bis dahin gehörte die von Schulz mit dem Zopf vertauschte Perrücke zur geistlichen Amtstracht [II, 26]. „Man konnte — sagt Feder in seinem „Leben" [S. 15 d] S. 37 — damals (1759) nur mit einer Perrücke die Kanzel besteigen, nicht in eigenem Haare. Die dies zuerst wagten, weil jene Tracht in andern Ständen bereits angefangen hatte abzunehmen, waren in großer Gefahr für eitele Weltkinder gehalten, wohl gar von einem alten Rigoristen abgewiesen zu werden." Feder, der Philosoph, legte die Perrücke im Frühjahre 1793 ab, „also zu einer Zeit, wo es politisch verdächtig machen konnte, sein eigenes Haar, und abgeschnitten, zu tragen". Desgleichen wagte Beireis das Catheder, Reinhard zuerst die Kanzel im eigenen Haare zu besteigen.

glaubte an Gott, und die Hoffnung eines künftigen Lebens war auch ihm eine selige Lehre. Aber er hat mit dem Naturalismus den Determinismus verbunden („alle eure Schicksale müssen nothwendig und ausbleiblich erfolgen; ich bin niemals Herr von meinen Handlungen, sondern werde wie ein Holz vom Strome fortgerissen; unter verwechselten Verhältnissen würde der Fromme der Gottlose und der Gottlose der Fromme sein"), dagegen Moral und Religion auseinander gerissen [k] (wir wissen von Gott gar nichts als daß er der zureichende Grund des Daseins der Welt ist, sonach kann das menschliche Leben in keiner wirklich gegründeten Beziehung zu Gott gedacht und können aus der Lehre von Gott keine Bewegungsgründe zur Tugend hergenommen werden), ja eine theologische Moral für unmöglich erklärt. Denn Theologie und Religion sind die bloß willkürliche und veränderliche Privatsache des einzelnen Menschen, die Moral aber ist von einer allgemeinen Verbindlichkeit für alle Menschen. Sonach würde theologische Moral ein veränderliches unveränderliches Ding sein. Durch Verbindung der Theologie mit der Moral entsteht eine verfälschte, verstümmelte und verkrüppelte Moral. Darum waren die bündigsten Atheisten zugleich die rechtschaffensten zufriedensten Menschen, eben weil nach geschehener Abdankung der Theologie und Religion die beglückenden Moralvorschriften das Einzige waren, wonach sie ihre Denkungs- und Handlungsart bildeten, und jede bürgerliche Gesellschaft ist in dem Maße mehr oder weniger glücklich, als ihre Moralprincipien, nach denen sie regiert wird, entweder reine oder mit Religionsprincipiis vermischte sind. Dieser Grundsatz, auf die h. Schrift angewandt, führte zu förmlicher Mißhandlung des alttestamentlichen Gesetzgebers. Moses, wahrscheinlich ein Kind der ersten unschuldigen Liebe einer ägyptischen Prinzessin und demzufolge, wie die Erfahrung insgemein für die Kinder bezeuget, die ihr Dasein keiner gesetzlichen Pflicht zu verdanken haben, mit sehr glücklichen Fähigkeiten geboren, suchte als tollkühner Aventurier die jüdische Zigeuner- und Räuberbande mit einem gräulichen Hocuspocus von gottesdienstlichen Ceremonieen zu betäuben. Er wollte deshalb alle Untergötter verbannen, um sich selbst als Cabinetsminister der höchsten Gottheit darzustellen. Die Leviten

---

[k] **Erweis** des himmelweiten Unterschiedes der Moral von der Religion 1788. Andere Schriften von ihm: Versuch einer Anleitung zur Sittenlehre f. alle Menschen ohne Unterschied der Religion. 1783. Predigt üb. d. falsche Lehre von ewigen Höllenstrafen. Brl. 1784. Philos. Betrachtung üb. Theologie u. Religion. 1784. Ueber Religion, Deismus, Aufklärung u. Gewissensfreiheit. Germanien [Brl.] 1788.

waren sein Garderegiment, schonten aber bei Kriegen ihre Haut. Moses verfinsterte das Volk. An gottesdienstlichen Müßiggang gewöhnt, blieben die Juden in allen nützlichen Künsten Fremdlinge, dergestalt daß auch selbst zu Saul's Zeiten noch kein Schmidt im ganzen Lande Israel erfunden ward, sondern ganz Israel hinabziehen mußte zu den Philistern, wenn jemand eine Pflugschar, Haue, Beil oder Sense zu schärfen hatte. Kein größerer Fluch hätte je das Menschengeschlecht treffen können als derjenige war, der durch die Mosaische Auffassung des Wesens Jehovas, des Erfinders aller Menschenopfer, über dasselbe gekommen ist. Mit Mendelssohn, der die Gesetzgebung auf Sinai noch wundervoll und göttlich finden wollte, erbot sich Schulz nach einer Wetterscheide zu reisen, dort ein heraufziehendes Gewitter abzuwarten und ihm alsdann unter allen denselbigen Feierlichkeiten das Joch des Gesetzes wieder abzunehmen, unter welchen es ihm der alte Moses über den Hals geworfen. Jesus von Nazareth, der Natur auf ihrer bildenden Scheibe zum glücklichsten Genie gerathen, war ein großer Philosoph und Lehrer der natürlichen und bürgerlichen Moral, aber nicht Stifter irgend einer Religion. In seinem ganzen Lehrvortrage findet man auch nicht einen einzigen bestimmten deutlichen Begriff von der Natur und dem Wesen der Gottheit. Er soll nach Schulz gesagt haben: Wollt ihr mit aller Gewalt beten, so sprecht: Unser Vater ⁊c. Man muß in seiner Beurtheilung billig sein. Wenn der sonst gute rechtschaffene Mann und ein Lehrer groß von Verstande gegen die Lebhaftigkeit seines Temperaments zu viele Nachsicht hatte, hier und da einmal in den ersten Augenblicken seines Unmuths ein zu hartes Wort von seinen Lippen fallen ließ, so würde doch kein anderes Temperament fähig gewesen sein zur Ausführung dessen, was er zur Bewirkung so großer Aufklärung gethan hat. Es begreift sich hiernach, daß Schulz Jahre lang schwanken konnte, ob er Socrates oder Jesu den Vorzug geben solle. Ein Prediger mit diesen Ansichten und der nicht bloß Moses für einen Lügner und Betrüger hielt, sondern es auch für seine Pflicht ansah, das seinen Zuhörern zu sagen, konnte auch im Zeitalter der Aufklärung nicht unangefochten bleiben. Hier ging selbst die Toleranz der A. D. B. zu Ende. Sie konnte nicht begreifen, wie ein so roher unbilliger Naturalist, der alle möglichen Vorwürfe zusammenhäuft, die von jeher die Gegner des Christenthums der sanften duldenden Lehre Jesu gemacht hatten, der mit unerhörtem Muthwillen über die Religion (als eine Gaukelei, Grimasse, Hofetiquette, durch den Eigennutz herrschsüchtiger Priester erfunden) spottet, der prophezeit, daß der Luftballon des geistlichen Ansehens seiner gänzlichen Vernichtung werde entgegenfaulen müssen, noch immer als öffentlicher Lehrer ein Amt verwalten könne. Er war auch schon 1782 von seinem Patron zu Hirschfelde, dem v. Bismarck, wegen öffentlichen Vortrages solcher Lehren, die zum Fatalismus führten, desgleichen daß er im Haarzopf predige, angeklagt worden. Schulz erwiederte, daß seine Gesundheit es nicht verstatte, den Nacken bedeckt zu tragen, weswegen er die runde Perrücke, die er sonst getragen, nun seit 6 Jahren abgeschafft habe. Fatalist sei er nicht, aber alle sogenannten freien Handlungen der Menschen seien nothwendige Folgen ihrer deutlichen Vorstellungen und Erkenntnisse. Dieser Determinismus gehöre zu den Grundwahrheiten, welche Christus selbst gelehrt habe. Die Sache blieb auf sich beruhen und der Patron söhnte sich mit seinem Pfarrer wieder aus. Vom Oberconsistorium wegen seiner „Sittenlehre für alle Menschen" in Anspruch genommen, eröffnete das geistliche Departement (Freiherr v. Zedlitz), den Schriftsteller vom Prediger trennend, Schulz habe die in seinem Buch eingeflossenen philosophisch-speculativen Sätze nur gegen das Publicum zu verantworten, während das Oberconsistorium nur darauf zu sehen habe, daß der Prediger seine Gemeinde im Guten festhalte und nicht wankend mache. Eine Cabinetsordre, wahrscheinlich auf Anstiften des Berliner Predigers Brumbey erlassen, regte 1791 eine neue Untersuchung mit der Frage an, ob der schon längst berüchtigte Schulz noch weiter fortfahre, seitdem das Religionsedict erschienen, seine bekannten Irrthümer den Leuten vorzupredigen. Das Zeugniß der Gemeinde und des Erbherrn auf Gielsdorf, v. Pfuel, lautete: Schulz habe das Predigtamt zur Zufriedenheit der ganzen Gemeinde verwaltet, lebe friedlich, sei ein Mann ohne Falsch, von allem Geiz entfernt, gebe den armen Schulkindern die Bücher unentgeltlich und manchem armen Leuten das Brodkorn von dem seinigen, halte auf die Schulen gute Aufsicht, unterrichte die Jugend auch selbst. Schulz selbst erklärte, er habe darauf abgezielt, die wahre Lehre des Jesus von Nazareth unter dem Wust der irrigen Vorstellungen und falschen Lehrsätze, wodurch sie in der Folge überladen und dadurch fast ganz erstickt worden, wieder hervorzuziehen. Das Kammergericht in Berlin, an welches die Acten abgegeben wurden, legte dem Oberconsistorium die Frage vor: ob Schulz von der christlichen Religion überhaupt und von der lutherischen Confession insbesondere abgewichen sei. Von den Oberconsistorialräthen bejahte Zöllner das Zweite, das Erstere getraute er sich nicht geradezu zu entscheiden. Teller meinte: es müsse dem Gewissen eines Lehrers, Patrons und seiner Gemeinde überlassen werden, was sie zu den Grundwahrheiten des Christenthums nach ihrer Ueberzeugung rechnen wollen, da von jeher keine Einigkeit in der Christenheit gewesen. Entschuldigende Gutachten liefen von Döberlein, Eckermann und Löffler ein. Jedoch fanden es die beiden Ersteren unnöthig, unvorsichtig, unverantwortlich, der Hochachtung gegen die Bibel nachtheilig, daß Schulz den Moses für einen Betrüger erklärt habe (Döberlein ward dafür des Mangels an Aufklärung und der Anhänglichkeit an Vorurtheile geziehen), Löffler wunderte sich, daß Schulz (welcher gesagt hatte, Jesu Gebeine lägen noch im Grabe) die von Allen erzählte Auferstehung Jesu habe leugnen mögen, und wünschte ihn auf gute Manier an eine andere Gemeinde versetzt. Die Sentenz des Kammergerichts lautete: „daß der Prediger Schulz zwar für keinen lutherischen Prediger zu achten, dennoch aber als ein christlicher Prediger mit seinen christlichen Gemeinden zu dulden und sie bei ihren Lehrvorträgen zu schützen seien". Der König confirmirte den ersten Theil der Sentenz, Schulz wurde abgesetzt und seine Stelle iure devolutionis (der Patron wollte keinen andern als Schulz präsentiren und erklärte im Voraus, daß er jeden andern, der die Stelle annähme, für einen schlechten Menschen halten würde) vom Oberconsistorium 1794 wiederbesetzt. Wegen des zweiten Theiles der Sentenz, als durch welchen das Kammergericht aus seinen Schranken gegangen sei, war der König so aufgebracht, daß den Räthen Strafen zuerkannt, aber aus angeborener Milde erlassen wurden. Unter der liberalen Regierung des folgenden Königs ließ Schulz seinen Absetzungsproceß revidiren, ohne eine im Wesentlichen günstigere Sentenz zu erlangen. Doch befahl der König, diesem Manne eine Accisebedienung zu geben — ein weises Verfahren, urtheilten die Zeitgenossen, wie echte Duldung mit achtungswerther Vorsicht in Bewahrung des herkömmlichen religiösen Volksglaubens einträchtig bestehen könne. Schulz wurde 1799 bei dem Fabrikdepartement als Inspector und Assessor (nach anderer Lesart als Geschirrschreiber bei der Porcellanmanufactur) in Berlin angestellt, 1808 in den Ruhestand versetzt, und starb am 21. August 1823 im 84. Lebensjahre[1].

Noch weiter und mit weniger Pietät trieb man die Zerstörungslust in nichttheologischen Kreisen. Der Professor zu Frankfurt a. d. O.

---

[1] L. Volkmar, Rel.-Proceß des Pred. Schulz. Lpz. 1846. Cb. K. B. 1673, S. 675.

Chr. E. Wünsch († 1828), „ein gutherziger, aber unglaublich leerer und ununterrichteter Mensch", aus der Todesangst der Zweifel durch Gott vermittelst seiner Vernunft gerettet und mit Abscheu gegen die Voltairianer erfüllt, die er nur als Schurken kennen lernte, schrieb das bald vergessene Buch „Horus oder astrognostisches Endurtheil über die Offenbarung Johannis und über die Weissagungen auf den Messias wie auch über Jesum und seine Jünger" 1783, nach des Verfassers Angabe zu Ebenezer (Halle) im Verlage des Vernunfthauses, wie Andere meinten, des Tollhauses erschienen ᵐ. Die Prophezeiungen des A. T., namentlich die eines Messias, sind ein Aegyptiacismus. Die ägyptischen Priester hatten einige Geheimnisse, welche aber zuletzt in bloßen alltäglichen astronomischen Kenntnissen bestunden. Sie machten die Sonne zum Osiris, den Mond zur Isis, von beiden erzeugt entstand der Horus, die belebte und vegetirende Natur. Moses und die Israeliten hatten von den Aegyptern und ihrer Weisheit allerlei aufgefangen, sie benutzten diese wenigen erlangten Kenntnisse und machten Bilder zukünftiger Begebenheiten für ihr Volk daraus, die Astrologie der Chaldäer und Perser späterhin noch dazu nehmend. Bei Moses wurde aus der Sonne der Geist Gottes, aus dem Monde das Wasser, worauf er schwebte. Der von beiden Erstgeborene ist das Licht, auch das Wort (Logos) genannt, weil durch das göttliche Machtwort entsprungen. So sind die Christen zur Dreieinigkeit gelangt. Die 3 Wesen der Zeugung combinirte Moses mit seinen 3 Erzvätern, die 12 Gestirne des Thierkreises mit Jacobs 12 Söhnen. Aus der vegetirenden Natur entstand der ägyptische Horus, aus dem jungen Helden Horus der jüdische Messias, der hiernach bloß aus Mißverstand geboren ist. Die Feinde, die der Herr nach Ps. 2 in seinem Grimm wie Töpfergeschirr zerschmeißen soll, sind die Feinde des Horus (d. i. der Saat), nämlich Mäuse, Maulwürfe, Raupen und Schnecken; Jes. 53 ist ein sehr treffendes Leichencarmen auf den (wenn in Aegypten die Aecker unter Wasser stehn) sterbenden Horus. Durch diese dunklen astrologischen Grillen der alten hochmüthigen und höchst

---

m) Andere Schriften von ihm: Rabbinismus ob. Sammlung talmudischer Thorheiten. Amsterdam [Prag] 1789. Esoterica ob. Ansichten der Verhältnisse des Menschen zu Gott, nebst neuen Erörterungen üb. die h. Urkunde der Geschichte der Menschheit, nur für die h. Statthalter Gottes auf Erden, keineswegs aber für das Volk. 2 Th. [Herbst] 1818 [Die messian. Weissagungen aus mißverstandenen Hieroglyphen der Aegypter u. Chaldäer von der Sonne entstanden; der Mensch Jesus beschließt sie, damit sein Volk nicht länger umsonst warte, so gut als möglich zu erfüllen, u. bedient sich dabei physikalischer Kunststücke zur Unterstützung seines Ansehens].

geizigen Priester und Mystagogen ward Jesus irregeführt und in großes Leid gestürzt. Er und seine Jünger waren nicht Betrüger, aber einfältige und irrende Enthusiasten, denen der Kopf durch die fälschlich so genannten Weissagungen verrückt worden ist. Sie bildeten sich ein, Jesus wäre der Messias und wendeten nun die Aussprüche der Propheten, die bloße astrologische Grillen waren, auf ihn an. Johannes oder wer sonst der Verfasser der sogenannten Offenbarung ist, hatte den ganzen Kopf davon voll und hieraus sind seine vermeintlichen Weissagungen entstanden, die sich ganz leicht aus der ägyptischen und chaldäischen Astrognosie erklären lassen. In seinen Urtheilen über Bibel und biblische Gestalten berührt sich der Verfasser des Horus vielfach mit dem Zopfprediger. In der Bibel kommen neben manchen guten Sachen offenbare Gotteslästerungen und Huronengesänge vor. Moses erscheint als Betrüger und zugleich Pyrotechniker. Er ließ eine Art von Schwärmer (feurige Schlangen 4 Mos. 21, 6) unter das Volk werfen. Er lösete das goldne Kalb auf d. h. machte aurum fulminans (Knallgold) daraus, womit er hernach den Korah mit Andern im Namen des Herrn in die Luft sprengte. Als Aaron das erste Brandopfer vor der Stiftshütte zubereitet hatte, da warf ein anderer Priester einen brennenden Wollenbüschel, der mit Terpentin und Kampher versetzt war, unbemerkt auf den Altar. Daß Moses zu sehr mit Feuer und giftigen Dampfkugeln um |sich geworfen, erhellet auch aus den Feuerstrahlen, die auf die 250 vor der Stiftshütte mit Räucherpfannen versammelten Männer von dem Herrn ausfuhren. Jesus, ein gutherziger und sanftmüthiger Mann, war doch nicht frei von Intoleranz (Matth. 10, 34) und Uebereilungen (z. B. als er die Taubenkrämer und Wechsler aus dem Tempel trieb), und seine Jünger verfluchten die Leute (1 Cor. 16, 22). Was in seiner Moral gut ist, das hatten die griechischen Moralisten längst gesagt. Die Speisung der 5000 geschah so, daß sie von den Jüngern kleine Brotschnittchen als Leckerbißchen empfingen, sich aber aus ihren eigenen mitgebrachten Brodkörben satt aßen. Jairi Tochter war bloß ohnmächtig. Lazarus stellte sich auf der listigen Schwestern Rath todt. Jesus selbst lag auch nur in einer Ohnmacht und konnte darum leicht auferstehen. Aber er vernachlässigte hernach seine Wunden, ein Wundfieber schlug dazu, daß er wirklich in allem Ernste starb. Hamann nannte den „Horus" eine Mißgeburt à la Boulanger und noch etwas ärgeres, die A. D. B. fand darin zwar nicht Ruchlosigkeit, aber Thorheit und aberwitzige Träume. Insbesondere gegen die Moral des Christenthums wandte sich Jakob Mauvillon († 1794), Obristlieutenant und Lehrer der Taktik und Politik am Carolinum in Braunschweig, Mirabeau's Freund, Exilluminat und Revolutionär (d. h. Freund der beginnenden französischen Revolution), der nicht an Wunder glaubte und selbst im Unsterblichkeitsglauben nicht fest war. Sein „einzig wahres System der christlichen Religion" (1787) bekämpft zuerst mit Bitterkeit das allezeit herrschsüchtige Priesterthum, welches, seine Absichten zu verschleiern, jetzt ein so genanntes vernünftiges und geläutertes Christenthum modele, sodann die Göttlichkeit des Christenthums, als wovon die Vernunft auf gar keine genugsame Art überzeugt werden könne. Denn als Offenbarung müsse es deutlich, bestimmt, allgemein sein, zweifellose Merkmale seines Ursprungs mit sich führen und so vortreffliche Gesetze enthalten, daß man aus deren Wirkungen den Ursprung sogleich einsehen könne. Von alledem finde das Gegentheil statt. Was die Deutlichkeit betrifft, so habe das A. T. eine solche Beschaffenheit, daß jedes Erklären nichts als ein Dechiffriren sei. Die Sünde wider den h. Geist, diese so schwere Sünde, ist doch so wenig bestimmt, daß man nach mehr als 1700 Jahren noch darüber zankt. Die christliche Moral, abgesehen davon daß sich nirgends im N. T. ein ordentlicher und deutlicher Abriß der ganzen Pflichten findet, macht den Menschen träge, denn sie verlangt eine zu große Gleichgültigkeit gegen die Dinge dieser Welt; sie macht den Menschen kriechend, denn sie verbietet alle Erhebung der Seele, allen selbst den edelsten Stolz, und verwehrt es, selbst gegen einen ungerechten Beleidiger die gehörigen Straf- und Vertheidigungsmittel zu gebrauchen, also auch allen Krieg, ohne welchen doch Nationen nicht sein können (hier redet der Obristlieutenant aus Mauvillon); sie empfiehlt Armuth, Cölibat, Intoleranz (Luc. 14, 23); sie hat sich ohnmächtig erwiesen, die Sitten zu verbessern, den Aberglauben auszurotten, den Verfolgungsgeist zu hemmen, die Welt zu erleuchten, den Forschungsgeist zu befriedigen, den Wissenschaften aufzuhelfen, denen das Christenthum vielmehr immer das obstat gehalten. Darum soll an die Stelle der christlichen eine vernunftmäßige, von der Religion unabhängige Moral gesetzt werden. Das einzig wahre System der christlichen Religion, wie er sich's denkt, ist eine Religion für die wenigen Auserwählten, die Gott selbst dazu erleuchtet und tüchtig macht und dann einst vorzüglich belohnt, ein übernatürlich gewirkter wahrer Glaube und das stärker als alle Apologieen redende Gefühl von den Gnadenwirkungen des h. Geistes. Christian Ludwig Paalzow († 1824 zu Rathenow), Kriminalrath beim Kammergericht in Berlin, seit 1798 Kriegs- und Domänenrath, zweiter Justitiarius und Kammerfiscal in Marienwerder, hat durch den Bahleaner Freret († 1749), dessen Examen critique des Apologistes de la religion chrétienne er unter den Titeln: „Hierokles" (1785), „Celsus" (1791), „Porphyrius" (1793) bearbeitete ⁿ), die gewöhnlichen Beweise für die Wahrheit und Göttlichkeit des Christenthums entkräften lassen. Ausgehend von der Meinung, daß die Neologen mit ihren vermeintlichen vernunftmäßigen Erklärungen die Vernunft beschwichtigen oder vielmehr bestechen wollen, werden Michaelis, Semler, Leß als Apologeten eingeführt, denen gegenüber Freret immer Recht behält. Letzterer macht sich schon darüber lustig, daß jeder Apologet nur seinen Beweisen eigentliche Beweiskraft zuschreibt. Semler sucht dabei schlecht mit der doppelten Lehrart sich herauszuhelfen, meinend, der Eine werde durch diesen, der Andere durch jenen Beweis überzeugt. Im Verlaufe der Disputation kommen starke Ausfälle vor gegen einzelne Dogmen als Extremitäten der menschlichen Narrheit, gegen das ganze Religionssystem und die Moral der Christen, welches Alles nur zum Nutzen des Priesterthums da sei. Die behauptete Unsicherheit der Vernunft ist eine Injurie und eine schwarze Verleumdung gegen das höchste Wesen. Der Gott der Christen gilt ihm als despotisch und phantastisch, der Stifter des Christenthums als intolerant. „Vielleicht hat er damals eine uneingeschränkte Toleranz geboten, da er die falschen Lehrer mit reißenden Wölfen verglich." Die christliche Moral ist eine Moral aus der andern Welt. Die wahren Christen können mit jenem Philosophen verglichen werden, der, weil er seine Augen beständig gen Himmel richtete, nicht sah was vor seinen Augen lag und darüber in einen Brunnen fiel. Noch bis in die zwanziger Jahre unseres Jahrhunderts herein hat Paalzow in seinem philosophisch-epikureischen Dilettantismus gehässige Spöttereien über die Religion und was mit ihr zusammenhängt verbreitet. Die A. D. B. hatte nur Mitleiden und Verachtung für diesen Mann. Von England schallte Thomas Paine's († 1809 zu Newyork), des verunglückten Physikers und Halbphilosophen, lecke Stimme nach Deutschland herüber. In seiner „Untersuchung über wahre und fabelhafte Theologie" (1794) wird die Physik als die wahre Theologie hingestellt, denn wer sich damit beschäftigt, studirt im eigentlichen Verstande die Werke Gottes, während

---

ⁿ) Verzeichniß seiner Schriften bei C. G. Bretschneider, Syst. Entwickelung aller in d. Dogmatik vorkommenden Begriffe. 4. A. Lpz. 1841, S. 266.

die gewöhnliche Theologie nur das Studium menschlicher Meinungen und Einbildungen ist. Alle geoffenbarte Religion ist Aberglaube, die Bibel untergeschoben, das System des christlichen Glaubens eine Zusammensetzung von vielem Manichäismus und ein wenig Deismus, der gänzlichen Gottesleugnung so nahe kommend, wie die Dämmerung der Finsterniß. Denn dieses System stellet zwischen den Menschen und seinen Urheber einen dunklen Körper hin, den es Erlöser nennt, so wie der Mond sein dunkles Selbst zwischen die Sonne und die Erde drängt, und dadurch entsteht eine moralische Sonnenfinsterniß, die man religiös oder irreligiös nennen kann, wie man will. Zeitgenossen fanden Paine's Angriffe so plump, seine Späße so abgedroschen und schmutzig, daß Leute von feiner Bildung seine Sansculotterien in's Kehricht werfen würden.

Außerdem schwärmten noch anonyme Broschüren in Menge umher, die Freigeisterei darstellend in allerlei Formen. In einigen wurden die biblischen Wunder als Erdichtungen (nach dem Satz: was ich nicht einsehen kann, ist auch nicht), Schwärmereien, ja Schelmereien verdächtigt, insbesondere, um ihre Trüglichkeit an einem Beispiele darzuthun, das 9. Axiom des Euklides gegen die Speisung der 5000 in's Feld geführt[o]; in andern wurden die biblischen Personen und ihre Handlungen im Geschmacke Voltaire's verspottet und beschimpft[p], das Christenthum

---

[o] Auch Fragmente. Philadelphia [Altona] 1783 (Verfasser: Graf H. W. Schmettow in Plön † 1785, nach Unzer's Meinung der einzige offenbare Freigeist in Deutschland, der sich untersteht der christlichen Religion in's Gesicht zu widersprechen). Ueber Offenbarung, Judenthum und Christenthum s. Wahrheitsforscher. Brl. 1785 (Hamann: „Im Grunde ist es Schulz, der nackte kahle Schulz in einem anständigern Gewande". Freimüthige Betrachtungen üb. d. dogmatischen Lehren von Wundern und Offenbarung in Briefen an einen Freund. 1792. Ferner gehört hierher eine Reihe kleiner, zumeist dem Oranienburg-Nassauischen Justizrath zu Dillenburg, Karl v. Knoblauch († 1794) zugeschriebener Schriften: Anti-Hyperphysik. 1789. Die Nachtwachen des Einsiedlers zu Athos. Germanien [Nürnberg] 1790. Antithaumaturgie ob. die Bezweiflung der Wunder. Loretto [Berlin] 1790. Euklides antithaumaturgicus ob. Beweis von der Unmöglichkeit hyperphysischer Begebenheiten. Germanien [Weißenfels] 1791. Paläphatus der Zweite. Von unglaublichen Dingen u. A.

[p] Charlatanerieen in alphabetischer Ordnung. 4. A. Brl. 1781. Etwas f. d. Priesterwelt ob. d. Grab Mosis 1786 (Moses war kein außerordentlicher Gesandter Gottes. Denn das vollkommenste Wesen konnte keinen vorsätzlichen Mörder zu seinem Werkzeuge erwählen. Seine Parteilichkeit für das Volk der Israeliten kam daher, daß er eine israelitische Amme hatte, die durch ihre Muttermilch soviel von israelitischen Seelenpartikeln in die Consistenz des Jünglings überschwemmte. Die ersten ägyptischen Plagen waren Taschenspielereien Mosis, die blutige Niederlage der Erstgebornen das Werk verschworener Banditen. Moses wurde vom Eleasar mit guter Manier auf

in seiner Geschichte herabgesetzt⁹ und ihm gegenüber das Heidenthum (d. h. die Privatreligion der berühmten heidnischen Philosophen) bevorzugt ʳ. Wieder andere enthalten Kriegserklärungen gegen alle Offenbarung und geoffenbarte Religionen, und Vertheidigungen des Deismus ˢ. Wenn Bahrdt wenigstens die ganze natürliche Religion gelehrt haben wollte, so wollten ungenannte Ultranaturalisten den theoretischen Theil derselben (Dasein, Eigenschaften, Vorsehung Gottes, Unsterblichkeit) gänzlich vom öffentlichen Unterricht ausgeschlossen und nur den moralischen, zur Beförderung der allgemeinen Glückseligkeit dienenden Theil vorgetragen wissen ᵗ. „Die süßen Träume von einem Gott, der sich um jedes meiner Haare zu kümmern Zeit hat, und einem Plan, nach welchem einmal recht kommt was Jahrtausende schief geht, und einem Leben des Mausetodten gönne ich jedem, der sie braucht, sich dadurch zur Tugend zu ermuntern ᵘ." Waren die Wahrheiten der natürlichen Religion einmal für moralisch unwirksam erklärt, so war nur noch ein kleiner Schritt, sie überhaupt für leere Begriffe anzusehn. Einzelne schritten auch bis zu diesen letzten Consequenzen fort. Sie streiften die Religion wie eine große Sclavenkette ab. Der Glaube an Gott und die Einrichtung seines ganzen Verhaltens nach diesem Glauben ist die fruchtbarste Quelle alles Jammers und Elends, womit das menschliche Geschlecht

---

die Seite geschafft aus Rache wegen der vorgeblichen Vergiftung seines Vaters Aaron). Biographieen a. d. Bibel. Von einem Türken [A. d. Franz. v. K. H. Venturini]. Häresiopol [Schweinfurt] 1787. Satyrische Biographieen der Altväter und Apostel. Brl. Frkf. u. Lpz. [Schweinfurt] 1789 (Moses ein Gaukler, Josua ein barbarischer Korsar, David der scheußlichste Auswurf des menschlichen Geschlechts, Salomo ein Weiser, der mit Sperlingen und Maulwürfen wetteiferte). Skeptische Abhandlungen üb. wichtige Gegenstände der menschlichen Erkenntniß. 1789 (mit pöbelhaftem Spott über die jungfräuliche Geburt Christi).

q) Kurze Uebersicht der Gesch. d. Entstehung u. des Fortgangs der christl. Religion. 1796 (Es giebt keine Religion, deren Entstehung u. Fortgang soviel Greuel u. strömendes Blut durch ganze Jahrhunderte begleiten, als die Religion, welche wir die christliche nennen. Ihr Fortgang ist das Werk der Politik, der Ehrsucht u. der Geldbegierde der Priester, die frevelvoll den Namen unsers Gottes mißbrauchten, um damit ihre Leidenschaften, Laster und Schandthaten zu verschleiern).

r) Das Theater der Religionen ob. Apologie des Heidenthums [hrsg. v. K. Spazier]. Athen [Lpz.] 1791.

s) Natürliche Religion nach Ursprung, Beschaffenheit u. Schicksalen. Brl. [Erfurt] 1784. Philosophischer Höllenzwang. Altona 1797.

t) Der Faden im Labyrinthe der Religionen. Braunschw. 1791.

u) [J. F. Knüppeln] Novellen a. d. Archiv der Wahrheit und Aufklärung, von einem Kosmopoliten. Germanien [Gera] 1789.

beimgesucht wird*. Die Hoffnung der Unsterblichkeit ist ein leerer und noch dazu schädlicher Traum*. Wenn schon bei Leibes Leben ein wenig Blut, welches auf's Hirn drückt, der Seele göttliches Licht auslöscht, wenn ein von Winden aufgetriebener Darm, ein Klumpen Koth im Unterleibe den größten Geist zum Dummkopf macht, so heißt unsere Denkkraft den Körper überleben lassen so viel als die ewige Fortdauer der Sehkraft nach Zerstörung der Augen behaupten. Darum soll man die Kinder lehren, daß der Mensch ein Thier ist, jedoch das vollkommenste Thier, welches vor andern Thieren Vernunft und Sprache voraus hat[x].

§. 20. Hermann Samuel Reimarus.

Arn. Gaedeke, De Reimari philosophumenis. Regim. 1861. D. F. Strauß, H. S. Reimarus. Lzg. 1862. C. Mönckeberg, Reimarus und Edelmann. Hamb. 1867.

Den belangreichsten Ausdruck fand die deutsche Freigeisterei in den Wolfenbüttler Fragmenten, welche von Lessing, der mit seinem „Unbekannten" nicht länger allein unter einem Dache wohnen wollte, 1774—78 in den Beiträgen „zur Geschichte und Literatur aus den Schätzen der Bibliothek zu Wolfenbüttel" herausgegeben wurden. Eine schon 1771 in Berlin versuchte Herausgabe scheiterte an Censurschwierigkeiten[a]. Wer war der Verfasser dieser Fragmente? Lessing rieth, von der rechten Spur ablenkend, auf Joh. Lorenz Schmidt [II, 397], Andere auf Damm, Andere auf den russischen Etatsrath Strube oder auf den getauften Juden Joh. Georg Pfeiffer, der als theologischer Candidat in Braunschweig vergeblich auf Beförderung harrte, bis sich, was schon Bahrdt im Ketzeralmanach behauptet hatte, zweifellos Hermann Samuel Reimarus als Verfasser herausstellte. Reimarus war 1694 zu Hamburg geboren — Hamburg, die Pflegestatt der Orthodoxie, bringt deren

---

v) Frevel über Gott, Religion und Unsterblichkeit, ein hist.-phil. Beitrag zur Gesch. der Meinungen üb. die genannten Begriffe u. zur liberalen Prüfung des Gehalts derselben, hrsg. v. d. Verf. des Hierokles. Dessau u. Thorn. 1794. Gesch. d. menschl. Ausartung u. Verschlimmerung durch das gesellschaftl. Leben, hrsg. v. Verf. d. Hierokles. Altona 1795.

w) Ist es im 18. Jahrh. zu früh, sich zur natürlichen Religion zu bekennen? 1792.

x) Ueber des Hrn. Prof. Ehlers Vorschlag zu einem neuen Religionsedict. 1799.

a) Nach Lessing's Tode wurden von C. A. E. Schmidt (d. i. A. Riem) die übrigen noch ungedruckten Werke des Wolfenbüttler Fragmentisten (1767), u. wichtige Stücke aus dem handschriftlich vorhandenen Werke, aus dem die Fragmente genommen, von E. Klose in der Zeitschrift f. hist. Theol. 1850—52 veröffentlicht.

stärksten Gegner hervor — studirte in Jena unter Buddeus, aus dessen Sittenlehre er lernte, daß Wahrheiten erkennen wollen, die nicht die Erkenntniß und Verehrung der Tugend fördern, nichts als Eitelkeit sei, und in Wittenberg, wurde 1723 Rector der Stadtschule zu Wismar, 1727 Professor der hebräischen Sprache und Mathematik am Gymnasium zu Hamburg, wo er 1768 mit dem Ruhme aufrichtiger Rechtschaffenheit und Gottesfurcht[b] starb. Reimarus war aus der Leibniz-Wolff'schen Schule hervorgegangen. „Wolff ist Leibnizens Lehnsträger und der Ungenannte der angeschworenste Lehnsträger des Lehnsträgers." In seinen vielgerühmten „Abhandlungen über die vornehmsten Wahrheiten der natürlichen Religion" (1754) und in seinen „Betrachtungen über die Triebe der Thiere" (1760) vertritt er die Teleologie wie sein Freund Brockes [II, 401][c]. Ueberall treten aus der Natur die Zwecke, die gütigste Absicht des Schöpfers hervor. Die Uebereinstimmung des ganzen Mechanismus der thierischen Leiber ist voll unbegreiflicher Weisheit und Kunst Gottes. Dieser teleologische Standpunkt machte ihn ebenso sehr zum entschiedenen Gegner des zweckleugnenden französischen Materialismus, als er ihn dem Glauben an Offenbarung und Wunder, als Unterbrechungen der natürlichen Zweckmäßigkeit, entfremdete. Eine göttliche Offenbarung, schließt er mit Wolff, muß zweckentsprechend und ohne Widerspruch, ihre Träger müssen gottesfürchtige Leute sein. Indem er nun mit diesem Richtmaß an die Bibel tritt, findet er in ihr Zweckwidriges, Widerspruchsvolles, Unmoralisches bei denen, die als Männer Gottes gelten. Da sonach die Bibel nicht, wofür sie sich ausgiebt, göttliche Offenbarung sein kann, so ist sie, nach dem Satze des Widerspruchs, Betrug. Bei diesem Ziele langt Reimarus, der Verehrer der natürlichen Religion, der Streiter gegen Lamettrie, als Wolfenbüttler Fragmentist an. Er hat unerbittlich die Consequenzen gezogen, die in Wolff's Sätzen präformirt waren, und seine Gedanken in dieser Richtung niedergeschrieben, wie er selbst sagt, zu eigner Gemüthsberuhigung. Wir alle kommen nicht durch eigne Wahl, sondern durch bloßen Zufall zum Christenthum, weil unsere Eltern Christen waren. Die schweren Fesseln sind uns

---

b) Der hypochondrische Reiske [S. 57, a] schreibt: „Der sel. Reimarus war ein vortrefflicher Mann und mein wahrer Freund. Seine Briefe, die meist lateinisch und in ausgesuchtem schönem Latein geschrieben waren, zeugten von des Verfassers edlem großmüthigem tugendhaftem, zur Liebe, zur Freundschaft, zum Wohlwollen und Wohlthun geneigtem Herzen."

c) D. F. Strauß, Brockes u. Reimarus [Kl. Schr. Lpz. 1862. S. 1].

gleichsam im tiefen Schlafe angelegt worden. Und will nun später der Einzelne, bei gereiften Einsichten prüfen, so schiebt das Christenthum seiner Vernunft einen starken Riegel vor. Er, Reimarus, hatte einen doppelten Trieb, sich von der Wahrheit des christlichen Glaubens gründlich zu überführen: erstens als ein vernünftiger Mensch, der um seine ewige Wohlfahrt bekümmert sein muß, sodann als ein künftiger Theologus, der Andern den Weg dazu weisen sollte. Bei dieser Glaubensprüfung empfindet er schon in den Jünglingsjahren Zweifel. Die dogmatischen Beweisstellen erscheinen ihm durcheinander geworfen, zerrissen und zerstreut, dunkel und zweideutig, sonach ungenügend zum Beweise. Bei dem Trinitätsdogma, welches die conservativen Wolffianer zu verpallisadiren gesucht hatten, vergingen ihm alle Gedanken. Dachte er an den einen Gott, so verschwanden ihm die Personen. Nach langer Qual sieht er sich genöthigt, die Dreieinigkeit aus seiner Vorstellung wegzulassen. Bei dem Gedanken an die Ewigkeit der Höllenstrafen, wodurch Gott 99 Theile des menschlichen Geschlechts seinem unauslöschlichen Zorn verfallen läßt, schaudert ihm Mark und Bein. Der moralische Character der alttestamentlichen Hauptpersonen schien ihm abzuweichen von den Regeln der Tugend, des Natur- und Völkerrechts. Da giebt er den Gedanken an die Theologie auf, es umfängt ihn eine Scheu vor Untersuchungen des angeerbten Glaubens, sein Geist erschrickt vor den Negationen, auf welche er geführt wird. Aber der zurückgedrängte Zweifel kehrt wieder mit doppelter Gewalt. Das bringt ihn endlich zu dem Entschluß, die positive Religion mit gleichgültiger Wahrheitsliebe zu untersuchen, das Endurtheil möge ausfallen, wie es wolle. Und so schreibt er seine „Apologie oder Schutzschrift für die vernünftigen Verehrer Gottes", in einer toleranteren Zeit zur Veröffentlichung bestimmt. Aber diese Schutzschrift für sich werde nicht genügen, wenn ihr nicht die vernünftigen Verehrer Gottes durch den sittlich strengsten Ernst eine besondere Armatur geben, damit der Vorwurf von ihnen abgewendet werde, als wollten sie nicht glauben, um wild und liederlich leben zu können. Aus solcher Gesinnung ging diese Schutzschrift hervor, aus welcher Lessing einzelne Stücke herausgab. Es begreift sich des Letzteren Urtheil über seinen Unbekannten: „Die Fragmente sind mit der äußersten Freimüthigkeit, zugleich aber mit dem äußersten Ernste geschrieben. Der Untersucher vergißt seine Würde nie; Leichtsinn scheint nicht sein Fehler gewesen zu sein, und nirgends (?) erlaubt er sich Spöttereien und Possen. Er ist ein wahrer gesetzter Deutscher in seiner Schreibart und in seinen Gesinnungen. Er sagt seine Meinung geradezu und verschmäht alle kleinen Hülfsmittel, den Beifall seiner Leser zu erschleichen." Bei der Herausgabe ist Lessing mit pädagogischer Klugheit verfahren. Er hat mit dem Ungefährlicheren begonnen, das Dreisteste und Stärkste aber bis zuletzt aufgehoben. Die einzelnen Fragmente erschienen unter folgenden Aufschriften:

1. Von Duldung der Deisten. Diese wird um so mehr empfohlen, je weniger die reine Lehre Christi selbst, unabhängig von den abergläubischen Zusätzen der Apostel und der Kirche aufgefaßt, etwas Anderes als eine vernünftige practische Religion oder einen Deismus enthalte. Aber reine vernünftige Religion zu haben, ist in der Christenheit nirgends erlaubt. Glauben mußt du etwas bei Protestanten und Katholiken. Nur daß die Katholiken wenigstens in ihrer Intoleranz consequent sind.

2. Von Verschreiung der Vernunft auf den Kanzeln. Einem jeden ist seine Religion in der Kindheit bloß als Vorurtheil durch unverstandene Gedächtnißformeln und eingejagte Furcht vor Verdammniß eingeprägt worden. Weit entfernt nun, daß die Herrn Prediger dieses Vorurtheil in späteren Jahren in eine vernünftige Einsicht in die Wahrheit verwandeln, schreckt man vielmehr diejenigen, welche nachzudenken Lust bekommen, davon ab, indem man die Vernunft, diese edelste Naturgabe, als eine schwache blinde verdorbene und verführerische Leiterin abmalt. Die Herrn Theologi haben das Beispiel ihres großen Lehrers Jesu nicht auf ihrer Seite, und Paulus, dessen Werke sie immer im Munde führen, hat das gar nicht sagen wollen. Es ist eben derselbe hierarchische Kunstgriff als da die Pfaffen bei den Katholiken den Laien die Lesung der Bibel verbieten, die sie für sich allein behalten und nach Gefallen deuten wollen.

3. Unmöglichkeit einer Offenbarung, die alle Menschen auf eine gegründete Art glauben könnten. Eine allgemeine Offenbarung wäre möglich a) dadurch, daß Gott allen und jeden Menschen zu allen Zeiten und an allen Orten eine übernatürliche Erkenntniß unmittelbar offenbarte. Das wäre aber ein beständiges Wunder. Ein beständiges Wunder störte die Ordnung und den Lauf der Natur beständig, welche doch Gott selbst weislich und gütig gesetzt hat. Also ein beständiges Wunder wäre ein Widerspruch in Gott, der die Ordnung der Natur beständig wollte und nicht wollte. b) dadurch, daß Gott die Offenbarung nur etlichen Personen bei jedem Volke zukommen ließe. Allein hier wäre wieder ein beständiges Wunder nöthig und dieses beständig nothwendige Wunder

würde nicht einmal seinen Zweck erreichen, indem die Andern nicht die Offenbarung selbst, sondern nur ein menschlich Zeugniß von ihr erhalten würden, das vielem Widerspruch und Zweifel unterworfen ist. c) dadurch, daß die Offenbarung nur an ein Volk geschehe. Allein auch in diesem Falle müßte ein Wunder geschehen und die Andern müßten auch hier auf menschlich Zeugniß hin glauben. Dazu tritt noch das Unmögliche, daß diese Offenbarung von einem Volk zu allen übrigen kommen soll. Unter einer Million Menschen kann kaum Einer mit Grund von einer solchen Offenbarung urtheilen und überführt werden. Denn Kinder unter 10 Jahren können eine Offenbarung nicht verstehen. Nun stirbt aber die Hälfte der Menschen unter 10 Jahren. Zur Zeit des A. T. ist, wie die Geschichte lehrt, die Offenbarung nicht an andere Völker gekommen, denn vor Alexandri M. Zeiten waren die Juden kaum in der Geschichte bekannt. Seit der Geburt Christi sind gut sechs Achttheile der erwachsenen Menschen mit der Offenbarung unbekannt geblieben. Wenn Paulus sagt, das Evangelium sei bei allen Creaturen gepredigt worden, so müssen in seinem Atlante geographico sehr viele Karten gemangelt haben. Da nun die Erwachsenen kaum ein Viertheil der gesammten Menschheit sind, so würden nur $^2/_{32}$ Theile übrig bleiben, die vom Christenthum etwas wissen können. Aber nun kommt noch eine ganze Reihe anderer Schwierigkeiten. Das Christenthum, welches ursprünglich eine vernünftige Religion war, ist aus dem Katechismo verbannt und sind lauter unbegreifliche Glaubensartikel geblieben, und statt Tugend und Gottseligkeit lässet man nichts als ruchloses Wesen und Schandthaten sehen. Dadurch wird der Fortgang des Christenthums bei den Heiden gehindert, Mühe und Kosten sind an Missionen verloren. Dazu kommt noch als großes Hinderniß die Verschiedenheit der Sprachen, wodurch Gott, da er selbst diese Sprachverschiedenheit gesetzt haben soll, die Ausbreitung der Offenbarung selbst gehindert hat. Weitere Schwierigkeiten entstehen aus der Beschaffenheit der Offenbarungsurkunde. Ihr schweres Verständniß bewirkt nothwendig Köhlerglauben. Der Laie läßt den Priester, der Priester den Professor, der Professor Calvinum, Lutherum, die Heidelbergischen, Wittenbergischen, Tridentinischen Theologen, und diese wieder die Concilia, Kirchenväter und Athanasium für sich denken. Jede Confession findet ihre Lehre in der Bibel. Vitringa und Lampe [II, 249] waren gescheite Leute — wer kann es leugnen? — und was fanden sie in der Bibel? den Heidelberger Katechismus und das Dordrechtische Concilium. Buddeus, Reinbeck, Mosheim haben allewege großen Ruhm — wer wollte ihnen den streitig machen? — aber was sehen sie in der Bibel? die Augsb. Confession und Lutheri Katechismum. Grotius, Episcopius, Limborch haben viel Einsicht und Wissenschaft gehabt; was ziehen sie aber aus der h. Schrift für eine Lehre? die der Arminianer. Lasset uns auch Petavio, Bellarmino und andern Katholischen mehr das Zeugniß einer großen Gelehrsamkeit nicht unbillig versagen; aber was kommt aus ihrem Bibelforschen heraus? die Lehre der Tridentinischen Väter. Wenn solche große Männer im Finstern getappt, was will dann der Laie durch eigne Einsicht erforschen? Aber nicht bloß das schwere Verständniß ist es, die Offenbarungsurkunde kann auch verstümmelt und verfälscht sein, und wenn nicht, sind ihre Urheber auch wirklich vom h. Geist getrieben gewesen, ist sie wirklich Gottes Wort? Daß sie es sei, wird aus der Bibel bewiesen. Die Offenbarung hat also allein das Recht, sich per petitionem principii zu erweisen. Man beruft sich auf das Zeugniß des h. Geistes. Nun wenn Etwas wahr und gut in der h. Schrift gesetzt ist, so ist das nichts Außerordentliches, was nicht im Alkoran auch anzutreffen wäre. Daneben aber wieviel Ungereimtes, wieviel Widersprüche (in der Geschichte von der Arche Noäh sind soviele Widersprüche, als Thiere im Kasten), wieviel Fabelhaftes, ja Gottloses und Liederliches! Man denke an alle die saubern Historien von Noah, von Loth, der um des guten Weidelandes willen in dem Schandneste Sodom wohnt, und seinen Töchtern, von Abrahams und Isaaks Preisgebung ihrer Weiber, von der kinderbegierigen hysterischen Sara, von Jakobs Betrug und List gegen seinen Wohlthäter, von Josephs Kornjuderei und Schinderei, von Mosis Stehlen, Rauben und Morden, von den Diebsstreichen, Straßenräubereien und empörenden Grausamkeiten des auserwählten Volkes, von der Gefräßigkeit der Israeliten, da jeder täglich 288 Wachteln zu essen gehabt hätte, von Josua, der unschuldige Leute ex iure bestiali angefallen, der das bei Jericho erbeutete Gold, Silber, Erz und Eisen dem Herrn geweiht, d. h. den Priestern in die Hände gespielt hat, um sie dadurch zu seinen Freunden zu machen u. s. w. Wären aber auch alle Historien der Bibel glaubwürdig und würde Alles in ihr der Vernunft gemäß gefunden — eine Untersuchung, die doch nur der allerkleinste Theil des menschlichen Geschlechts führen könnte — wäre darum das Buch göttlich? Aus dem Allen folgt, wenn Gott die Offenbarung als einziges und nothwendiges Mittel der Seligkeit setzt, so handelt er unweise, unbillig, ungerecht und unbarmherzig, denn er hängt die

Seligkeit an ein Mittel, welches den allermeisten Menschen schlechterdings unmöglich fällt anzunehmen und zu gebrauchen. Gott können wir nicht unweise und unbarmherzig denken, also muß die Offenbarung gewiß nicht nöthig und der Mensch für keine Offenbarung gemacht sein. Es bleibt der einzige Weg, dadurch etwas allgemein werden kann, die Sprache und das Buch der Natur, die Geschöpfe Gottes und die Spuren der göttlichen Vollkommenheiten, welche darin als in einem Spiegel allen Menschen, so gelehrten als ungelehrten, so Barbaren als Griechen, Juden und Christen, aller Orten und zu allen Zeiten, sich deutlich darstellen.

4. Durchgang der Israeliten durch's rothe Meer. Es ist unmöglich, daß in der Zeit von 12 Uhr Nachts bis 3 oder 4 Uhr Morgens eine Menge von 3,100,000 Menschen, 100,000 Pferden, 300,000 Ochsen und Kühen, 600,000 Schafen und 6000 Wagen durch das rothe Meer gezogen seien, vorausgesetzt daß man den Israeliten und ihren Ochsen und Karren keine Flügel gebe. Es hat aber keine Nation auf der Welt weniger verdient, daß Gott um ihretwillen Wunder thäte, als die hebräische.

5. Daß die Bücher A. T.s nicht geschrieben worden, eine Religion zu offenbaren. Eine übernatürliche, seligmachende Religion fordert vor allen Dingen eine Erkenntniß von der Unsterblichkeit der Seelen und die Lehre von einer ewigen Vergeltung. Vielerlei Beispiele werden hierauf zum Beweise angeführt, daß diese Religion nach dem klaren Verstand des A. T. sich nicht in ihm finde.

6. Ueber die Auferstehungsgeschichte. Das neue System der Apostel beruht auf der Wahrhaftigkeit der Auferstehung. Aber wenn wir die Umstände ansehen, so reimet sich Alles mit der Beschuldigung, daß der Körper Jesu des Nachts heimlich aus dem Grabe gestohlen und anderwärts verscharret worden ist. Die Erzählung des Matthäus und Johannes von dem Tode Jesu an bis an's Ende der Geschichte reimt sich fast in keinem Verstande zusammen. Auch verschwindet Jesus bei ihnen und man weiß nicht, wo er geblieben, gleich als ob dieses eine Kleinigkeit wäre. Die unsichtbaren Teufel und verdammten Seelen in dem Pfuhle, der mit Feuer und Schwefel brennt, haben die Ehre, daß sie den auferstandenen Jesum sehen, aber die Menschen, welche Augen haben zu sehen, denen zu Gute er auferstanden sein sollte und denen die Ueberzeugung davon nöthig war zur Seligkeit, die haben das Unglück, daß sie ihn nicht zu sehen bekommen. Hätte er sich doch nur ein einziges Mal

nach seiner Auferstehung im Tempel vor dem Volke und vor dem hohen Rathe zu Jerusalem sichtbar, hörbar, tastbar gemacht, so konnte es nicht fehlen, die ganze jüdische Nation hätte an ihn geglaubt und wären soviel tausend Seelen mit so vielen Millionen Seelen der Nachkommen jetzt so verhärteter und verstockter Juden aus ihrem Verderben gerettet worden. Der Beweis für die Auferstehung aus der Schrift ist eine gar elende und handgreifliche petitio principii per circulum.

7. Von dem Zwecke Jesu und seiner Jünger. Die Predigten Jesu gingen auf ein rechtschaffenes thätiges Wesen, auf eine Aenderung des Sinnes, nicht auf neue und unbekannte Glaubensartikel. Der Glaube, den Jesus fordert, ist ein Vertrauen zu ihm und zu dem Reiche, das er bald anfangen werde, dem erwarteten Messiasreiche mit Beibehaltung des Gesetzes. Dabei bleibt Alles in den Schranken der Menschlichkeit, und es stehet dahin, ob Jesus selbst die Absicht seines Himmelreichs weiter, als auf die jüdische Nation erstrecket. Er hat ein weltlich großer König sein und ein mächtiges Reich zu Jerusalem errichten wollen. Er hat die Jünger, welche bis an seinen Tod auf Jesum als auf einen weltlichen Erlöser des Volkes Israel hofften, nicht aus dieser Ansicht gerissen. Bei seinem feierlichen Einzug in Jerusalem wollte er von allem Volk zum König ausgerufen werden. Das war das alte wahre System von einem weltlichen Erlöser. Nun sah sich der Meister selbst und noch viel mehr die Jünger bei seiner Verurtheilung und Tod zuletzt betrogen. Da wurde nach dieser fehlgeschlagenen Hoffnung das neue System von einem leidenden geistlichen Erlöser substituirt, ohne daß jemand vorher davon gewußt oder daran gedacht hat. Es besteht dieses neue System in der Lehre von der Auferstehung Christi (welche erdichtet und falsch ist) und in der Lehre von seinem Wiederkommen in großer Pracht und Herrlichkeit aus dem Himmel. Hätten die Apostel diese nicht verheißen, kein Mensch hätte nach ihrem Messias gefragt. Hätten sie diese Wiederkunft erst nach 17 oder 18 Jahrhunderten verheißen, sie wären nur ausgelacht worden. Folglich mußte sie versprochen werden wenigstens auf die Lebzeit der damals vorhandenen Juden. Er ist aber nicht wiedergekommen und jetzt muß über die offenbare Falschheit dieser Verheißung eine gekünstelte und kahle Bedeutung der Worte hinweghelfen. Wunder können solches nicht wieder gut machen. Denn die Wunder an sich brauchen ebensoviele Untersuchung, ob sie wahr sind, als das was dadurch soll bewiesen werden. Auch halten die Wunder keinen Grundsatz in sich, woraus ein Factum als Schlußsatz resultirte. Es folgt nicht:

Jesus hat einen Blinden sehend gemacht, ergo ist er wahrer Gott, weil auch falsche Propheten dergleichen verrichtet. Der Widerspruch in einem System ist ein Teufel, der sich nicht austreiben läßt weder durch Fasten, noch Beten, noch Wunder. Die Apostel hatten sich durch zeitliche Absichten bewegen lassen, Jesu nachzufolgen. Mit seinem Tode fiel Alles das hinweg. Die zwölf Stühle, worauf sie sitzen sollten, waren umgestoßen. Was sollten sie nun weiter beginnen? Wollten sie zu ihrer vorigen Handthierung wieder greifen, so wartete lauter Dürftigkeit und Beschimpfung auf sie. Dürftigkeit, denn sie hatten Alles und insonderheit ihr Handwerkszeug, ihre Netze und Schiffe, verlassen und waren der Arbeit entwöhnt. Beschimpfung, weil sie von ihren hohen Gedanken gewaltig heruntergesetzt und da sie allenthalben durch Jesu Nachfolge bekannt worden waren, so würde ein Jeder mit Fingern auf sie gewiesen haben, daß aus den vermeinten Richtern Jsraels und nächsten Freunden und Ministern des Messias nun wieder arme Fischer und wohl gar Bettler geworden wären. Beides war ihnen nothwendig höchst empfindlich und zuwider. Sie hatten dagegen unter ihrem Meister schon einen kleinen Vorschmack gehabt, daß das Lehren Ansehn gäbe und nicht unbelohnt bliebe. Jesus selbst hatte von sich nichts, aber als Lehrer durfte er nicht darben. Wenn er sich zu Jerusalem oder in einer andern großen Stadt aufhielt, so lud ihn Freund und Feind häufig zu Gaste, insonderheit waren viele Marthaen, die sich's recht sauer werden ließen, ihm gute Speisen zu bereiten. Man versorgte ihn auch mit Geld, und Judas, der den Beutel trug, war der Kassenmeister, der hie und da auf den Reisen, wo es ja nöthig war, kaufen, bezahlen und Rechnung davon thun mußte. Die Apostel sahen also, daß das Lehramt, zumal die Verkündigung des Messias, niemand darben lasse. Als sie nun, wie es heißt, einmüthig bei einander waren, da hatten sie die beste Zeit, zu überlegen, wie sie demgemäß ihre Zukunft gestalten wollten. Sie arbeiteten ihr neues System aus. Dazu war nöthig, daß zuerst der Körper Jesu weggeschafft wurde, damit sie sagen könnten, er sei auferstanden und gen Himmel gefahren. War dies geschehen, so mußte der Fortgang ihrer Sache ein guter sein. Niemand konnte sie einer Lüge überführen. Das corpus delicti war nicht vorhanden oder in 50 Tagen durch die Verwesung unkenntlich. Es kam nur auf ein breistes standhaftes Bejahen und Bezeugen an, daß er auferstanden und gen Himmel gefahren sei. Am Pfingstfest traten nun die Apostel damit hervor. Das Pfingstwunder ist so unverständlich erzählt, daß es mehr einem prophetischen Gesicht, als einer Geschichte ähnlich sieht. Was hat aber doch Viele, wenn auch ohne Zweifel von den 3000 Vieles abzubingen ist, bewogen, zum Christenthum überzutreten? Nicht das Wunder, sondern der liebe Genuß der gemeingemachten Güter. Dies ist der wahre Grund des Zulaufs, dies der rechte brausende Wind, der so viel Leute so geschwind zusammenwehet, dies die rechte Grundsprache, welche Wunder thut.

§. 21. Der Fragmentenstreit.

A. T. B. Bd. 39. S. 36 u. Bd. 40, S. 356 [von Kühl]. J. B. Lüderwald, Erzählung der Streitigkeit über die durch Lessing herausgegebenen Fragmente [Acta hist. eccl. nostri temporis V, 711. VI, 96]. C. G. W. Schiller, Lessing im Fragmentenstreite. Lpz. 1865. Rienäcker, Ueber Lessing als Hrsg. d. Wolfenb. Fragmente [Stud. u. Kritiken 1844, S. 991].

Ungeheuer war der Eindruck und die Entrüstung, welche dieser Angriff nicht bloß auf das Christenthum, sondern auch auf den sittlichen Character seines Stifters und der Apostel hervorrief. Voltaire's Spöttereien erschienen diesen Fragmenten gegenüber wie die Neckereien eines Knaben. Die Theologen waren zwar ihrer Mehrzahl nach nicht mehr die alten, aber diese Dosis war auch den Freiergesinnten zu stark. Mancher ernste Jüngling, der sich der Theologie gewidmet hatte, entschloß sich damals, in seiner Ueberzeugung erschüttert, zu einem andern Berufe. Die Fragmente wurden „das wahre Karthago für die christliche Kirche, woran die Streiter Zions ihre Kraft übten". Lessing hatte sehr gewünscht, daß Jerusalem sich gegen die Fragmente äußern möchte, welchem er das gelegentlich gefällte Urtheil, die heutigen Gegner der Schrift seien durch ein Naserümpfen zu widerlegen, nie vergessen konnte. Jerusalem hat geschwiegen, aber von Theologen seiner Richtung schrieben gegen die zuerst erschienenen Fragmente Leß und Döderlein[a], beide den Scharfsinn und die Gelehrsamkeit des Fragmentisten anerkennend, letzterer besonders vorurtheilslos, unerschrocken, zuweilen mit Laune. „Ist denn der allemal Feind der Religion, der gegen ihre Wahrheiten Zweifel erregt? — Ich wünschte, daß statt des Heulens und Wehklagens, wenn etwa unsre Messen ein Buch gegen die Religion geliefert, statt des Anziehens der Sturmglocken, welche Ministerien und Fiscale, Obrigkeiten und Pöbel in Bewegung setzen, den mordbrennerischen Künsten Einhalt zu thun, statt der wehmüthigen und furchtsamen Warnungen, vielmehr die Bekanntmachung solcher Zweifel mit Dank und Freude, welche aus dem Bewußtsein einer sicheren Sache entspringt, aufgenommen

---

a) Fragmente und Antifragmente. 2 Th. Nürnb. 1778 f.

würde. Es hat keine Noth mit der Verführung der armen Seelen, mit der Verwirrung der Schwachen und der übrigen Gefahr, die man etwa aus jenen Zweifeln und Einwürfen besorgen mag." Der Verfasser der Fragmente durfte also seine Zweifel vorbringen, ohne deßwegen ein Bösewicht und Religionsspötter zu heißen. Nur seine spöttischen und unanständigen Ausdrücke in einer sehr ernsthaften Sache verrathen mehr die heiße Neigung eines Lästerers als die kalte Unparteilichkeit eines gewissenhaften Forschers. Als christlicher Lehrer, der die Auferstehung zu bezeugen hat, ruft Döderlein aus: Gebt mir Jesum lebendig, oder ich habe gar keinen. Entweder ist Christus auferstanden oder er ist ein Betrüger und im letztern Falle ist es aus mit der christlichen Religion. Zur Vertheidigung der Offenbarung macht er geltend, daß die Allgemeinheit einer Religion nicht ein nothwendiges Merkmal ihrer Göttlichkeit sei. Unwilliger schon urtheilte Lüdke in der A. D. B.: der Fragmentist habe sich den Kitzel, die heiligen Schriftsteller bei einem schwachen unbestimmten Wort zu fassen, manchmal stechen lassen. Gemeiniglich hängt er ihnen dann spöttelnd eines dafür an, welches aber dem ernsthaften Leser höchlich mißfällt und glauben macht, er meine es mit dem Forschen nach der Wahrheit nicht so ehrlich, als es sonst das Ansehn hat, sondern sei schon im Voraus wider sie eingenommen. Nach ihm seien in einer Reihe von tausend Jahren keine einzige gute edle Seele, sondern lauter häßliche in die Leiber der Israeliten gefahren. Wie wegwerfend behandle er den muthigen Paulus, der zur Aufrichtung eines vernünftigen geistigen Gottesdienstes doch so viel that. Mit besonderer Heftigkeit schrieb Semler gegen den Ritter von der traurigen Gestalt und seinen Plunder, kaum werth, daß ehrliche Leute sich damit auch nur abgeben, zugleich aber auch so weitschweifig und abstoßend, daß Herder klagt: „in Semler kann ich gar nicht fortkommen; die Antwort auf die ersten Punkte hat gemacht, daß ich's beim zweiten Blatt gelassen, und sonst hab' ich, soll ich sagen leider! oder gottlob! nichts gelesen." Semler begegnete sich in der heftigen Art seiner Widerlegung mit dem Urtheile der Strenggläubigen: der zügellos schmähsüchtige, abscheuliche, freche Mensch bringe offenbar Lügenhaftes und handgreifliche Verleumdungen aus seinem bösen Herzen hervor. Als das letzte Fragment erschien, lenkte dieses alle Angriffe auf sich und stumpfte sie zugleich ab, weil sein Urheber ein Mann sei, der mit dem Christenthum gebrochen. Wenn Altgläubige in demselben eine der ewigen Finsterniß würdige Hirngeburt erblickten, so meinte Bahrdt: Jesus war zu weise und zu gut, um nach einer jüdischen Krone zu trachten. Reinhard schrieb seinen trefflichen „Versuch über den Plan, welchen der Stifter der christlichen Religion zum Besten der Menschen entwarf" (1781). Ohne Vorbild und Führer wandelte der Stifter der christlichen Religion auf ungebahntem Wege und betrat eine Höhe, der sich die größten Geister vor ihm nicht einmal genähert haben. Darum war er der erhabenste Weise, der größte Wohlthäter der Menschen, der glaubwürdigste Bote der Gottheit. Eine Parodie (von Chr. Kruse): „Von dem Zweck des Socrates und seiner Schüler" (1785 giebt dem Weisen Griechenlands, der kein durch Wahrheit aufklärender Philosoph, sondern bloß Politiker gewesen, die Absicht schuld, sich zum Herrn von ganz Griechenland aufzuwerfen, und wie dieses nicht gehen wollen, persischer Satrap in Ionien zu werden.

Lessing hatte die Fragmente herausgegeben, der Wahrheit einen Dienst zu thun, unbekümmert um das etwaige Aergerniß, das einige „Namenchristen" daran nehmen möchten. Er wünschte nichts mehr, als alle und jede ausgesetzte Geburten des Geistes mit eins in das große für sie bestimmte Findelhaus der Druckerei bringen zu können. „Freilich, weil ich das Gift, das im Finstern schleichet, dem Gesundheitsrath anzeige, soll ich die Pest in das Land gebracht haben. O impudentiam singularem! accusant medicum, quod venena prodiderit. Ihm stimmte Herder, dem manche Stellen und Stiche des Fragmentisten wehe gethan, vollkommen bei: „Ich wünschte nichts, als die Ausgabe des ganzen Werks, begreife auch nicht, wie es nicht Freunde und Feinde wünschen. Giebt man diesen einigen Satz zu, Wahrheit müsse und könne untersucht werden, Wahrheit gewinne jedesmal bei jeder neuen freien und ernsten Prüfung, giebt man diesen Satz zu, den die Geschichte aller Zeiten, aller Religionen und Völker unwidersprechlich beweiset, so hat Lessing gewonnen, so müssen wir, statt von krummen hämischen bösen Absichten zu reden, ihm danken, daß er uns eine neue Gelegenheit zu Untersuchung und Befestigung der wichtigen Wahrheit, kurz zum Triumph gegeben." Auch der Wandsbecker Bote war nicht ungehalten über Lessing. „Er meint, wer Recht hat, wird wohl Recht behalten. Und also läßt er die Zweifel mit Ober- und Untergewehr aufmarschiren. So'n Trupp Religionszweifel ist aber wie die Klapperschlange, und fällt über den ersten den besten wehrlosen Mann her; das will er nicht haben, und darum hat er gleich jedem Zweifel ein Felsstück mit scharfen Ecken in den Hals geworfen, daran zu nagen, bis sich irgend ein gelehrter und vernünftiger Theologe rüste." Unter den Theologen, auch den altgläubigen, waren Einzelne, welche Lessing nicht unter die Feinde der christlichen Religion zählen und die Herausgabe der Fragmente nicht schlechthin mißbilligen wollten. Bei Andern verfiel der Character wie des Ungenannten so seines Herausgebers dem Gerichte. Was konnte er bei Herausgabe der Fragmente für eine Absicht gehabt haben? Keine? Etwa wie man dem Wallfisch eine Tonne hinwirft, bloß um sich daran zu belustigen, wie der Fisch damit spielt? oder wie der klügste Mann eine Prise Tabak nimmt, bloß weil er's gewohnt ist? Eine solche Absichtslosigkeit wäre doch zu arg. Er hatte eine bestimmte Absicht, und zwar die, die Religion anzugreifen und lächerlich zu machen, den Orthodoxen wehe zu thun und die übrigen Gottesgelehrten, die bisher die christliche Religion von theologischen Zusätzen zu reinigen suchten, zu zwingen, noch weiter zu gehen. Semler hat seiner Beantwortung der Fragmente einen Anhang beigegeben. „Von dem Zwecke Hrn. Lessings und seines Ungenannten. Ein Paar Fragmente eines Ungenannten aus meiner Bibliothek", worin ein Gespräch zwischen dem Lord Mayor und Sir John Bowling in London mitgetheilt wird. Letzterer wird angeklagt, Feuer in einem Hause angelegt und dadurch die gute Stadt London in Gefahr und Schrecken gesetzt zu haben. Er leugnet das gar nicht, behauptet aber des Nachbars Haus aus Patriotismus und Rechtschaffenheit angesteckt zu haben und eher eine Belohnung als Strafe zu verdienen. „Ich kam gestern Nachmittag um 4 Uhr auf meines Nachbars Boden, ich fand daselbst ein brennendes Licht stehen, das vermuthlich die Bedienten aus Nachlässigkeit daselbst vergessen hatten. Ich sahe leicht ein, daß, wenn das Licht noch 3 oder 4 Stunden da stehen bliebe, so würde es die Treppe ergriffen und in der Nacht eine gefährliche Feuersbrunst erregt haben. Am Tage kann eher Hilfe geschehen, ich nahm daher das Licht und warf es auf etliche Bund Stroh, die auf dem Boden lagen, und öffnete die Kaplöcher, daß das Feuer Luft bekam. Die Flamme schlug zu den Kaplöchern heraus; es ward gleich Lärm, die Spritzen eilten herbei und das Feuer, das in der Nacht hätte gefährlich werden können, ward geschwinde gelöscht. Jedermann bewunderte dabei die Vortrefflichkeit unserer Feueranstalten und alle Fremden gestanden, daß sie nirgends so vortreffliche Einrichtungen gesehen hätten." Als der Lord Mayor erwiedert, warum er nicht vielmehr das brennende Licht ausgelöscht habe, ist Bowling's Antwort: so würden die Bedienten im Hause nicht vorsichtiger geworden sein. Der Lord Mayor nennt das eine seltsame Methode, die Leute vorsichtiger zu machen, wenn man seinem

Nachbar einen tödtlichen Schreck einjagt, sein Haus in die größte Gefahr versetzt und die ganze Stadt erschreckt. Powling findet das nicht so seltsam. „Denn 1) wußte ich, daß meines Nachbars Haus massiv und feuerfest ist, also nicht ganz abbrennen konnte, 2) ist mein Nachbar ein Philosoph, der über eine solche Kleinigkeit nicht erschrickt, 3) hatte ich zu den hiesigen Löschanstalten ein so gutes Zutraun, daß mir gar nicht bange war, daß das Haus abbrennen würde. Ich habe also durch diese That meines Nachbars Philosophie geprüft und den Feueranstalten Gelegenheit gegeben, Ehre einzulegen." Da meint der Lord Mayor: „Er ist wirklich kein Bösewicht, sondern er ist nicht richtig im Kopf. Bringt ihn nach Bedlam." Und er ward nach Bedlam gebracht, wie ein Jeder weiß, und sitzt da bis auf den heutigen Tag. Die Anwendung auf Lessing, welcher selbst gesagt hatte: „dem Feuer muß Luft gemacht werden, wenn es brennen soll", ist leicht. Lessing, mit Semler darin einig, daß man von der Unrichtigkeit einiger Facta nicht auf die Unrichtigkeit der christlichen Religion schließen könne, mochte doch seinen ernst und ehrlich forschenden Unbekannten, bloß deshalb weil sein Schluß ein anderer war, nicht schmähen lassen, es hat ihn erbittert, daß seine, des Herausgebers, Absicht, so verkannt werden konnte, daß dieser Schubjak Semler, so eine impertinente Professorgans, ihn in's Tollhaus verweisen wollte. Lessing's Tod hat Semler vor einer scharfen Züchtigung bewahrt. Nur ein Fragment, welches Semler und seine Theologie derb anfaßt, ist noch vorhanden. „Es hat Ew. Hochwürden beliebt, Ihre sonst ganz ernsthafte Widerlegung der Wolfenbüttler Fragmente mit einem lustig-gründlichen und gründlich-lustigen Nachspiele zu krönen, in welchem ich die Ehre habe, in's Tollhaus verwiesen zu werden. Nun bin ich mit dem großen Tollhause, in welchem wir Alle, mein Herr Doctor, leben, zu wohl bekannt, als daß es mich besonders schmerzen sollte, wenn die Tollhäusler der mehreren Zahl mich gern in ein eigenes Tollhäuschen sperren möchten. Wenn wir von Herrn Semler nicht glauben sollen, daß er im Grunde mit meinem Verfasser einerlei Meinung sei, so muß er uns ohne Anstand deutlich und bestimmt sagen: 1) worin die allgemeine christliche Religion bestehe; 2) was das Locale derselben sei, welches man jedes Ortes, unbeschadet jener Allgemeinheit, ausmerzen könne; 3) worin eigentlich das moralische Leben bestehe und die beste Ausbesserung eines Christen, welche durch jenes Locale nicht verhindert werde." Einen andern Kampf durchzuführen, gegen das Haupt der Orthodoxie, Goeze, hatte ihm das Schicksal Zeit gelassen.

Der fiel mit ungestümen Seufzern nicht bloß über den unbekannten höllischen Abenteurer, sondern auch über Lessing her („ach, wie tief ist der gefallen, der sonst in dem Felde der schönen Wissenschaften als ein Morgenstern glänzte, und auf den wir Deutsche in diesem Felde stolz zu sein Grund hatten!"), ertheilte ihm aus wahrhaftig bekümmertem Gemüthe eine Gewissensrüge („ist diese an Ihnen verloren, so werde ich dadurch nichts, Sie aber in Zeit und Ewigkeit desto mehr verlieren, so bin ich rein von Ihrem Blute"), stellte sich als den redlichen Knecht dar, der von Lessing mit Schmach überhäuft werde, wünschte endlich dessen polizische Maßregelung. Denn die Herausgabe der Fragmente sei etwa dasselbe, als wenn Lessing Fragmente drucken lasse, in welchen die Gerechtsame des hohen Hauses, dem er diene, die Ehre und Unschuld der ehemaligen großen und unbescholtenen Minister desselben und selbst des regierenden Herrn angegriffen würden. Goeze's Schildknappe, Wittenberg, bewies als Licentiatus iuris aus Rechtsgrundsätzen, daß nicht allein die Urheber, Schreiber und Drucker von Schriften gegen den christlichen Glauben, sondern auch die Verbreiter und Herausgeber nach Beschaffenheit der Umstände an Ehre, Leib, Gut und Blut unnachläßig gestraft werden sollten. Lessing sei aber einer der frechsten Störer des öffentlichen Friedens, der die Grundfesten des heiligen römischen Reichs wankend zu machen suche, daher das Reichshofrathstribunal seine Frechheit unmöglich ungeahndet lassen könne. Und nun beginnt die weltberühmte, ungesittete vielleicht aber nicht unsittliche, Polemik Lessings gegen den Hauptpastor in Hamburg, die, schneidend in ihrem Ernste, vernichtend in ihrem siegreichen Witze, für immer bleiben wird ein glänzendes Stück der classischen Literatur Deutschlands. Die kleinen Nachtheile Lessings aus diesem von ihm in tiefer häuslicher Trauer und heimlichen Grames voll[b] geführten Streite waren: er verlor die Censurfreiheit, die Beiträge wurden confiscirt, seine Schriften gegen Goeze in Sachsen bei 50 Thaler Strafe verboten. Aber folgenschwere, das Jahrhundert der Aufklärung überragende Gedanken haben im Fragmentenstreite sich entwickelt.

---

b. Jacobi 1781 an Elise Reimarus: „Er ließ mich von fern argwöhnen, seine verstorbene Frau habe ihm auf dem Todbette Vorwürfe gemacht, daß er sie mit unglücklichen Meinungen angesteckt habe. So etwas wäre entsetzlich, und verböte ihm, an Ehe, an Kinder, an Liebe zu denken." [J.s Briefwechsel. Lpz. 1825. I, 318].

§. 22. **Staatspolizeilicher Widerstand gegen die Aufklärung.**

Die zerstörenden Mächte der Aufklärung zu bändigen, wurde durch eine Reihe staatspolizeilicher Maßregeln versucht. Einer der Ersten wirkte in dieser Richtung J. R. A. **Piderit** († 1791), Professor am Collegium Carolinum in Kassel, von Bahrdt als des H. R. Reichs zukünftiger Großinquisitor, von der A. D. B. als lächerlicher Querkopf aufgeführt, dessen Geburten ein character indelebilis von Schlechtheit eingedrücket sei. Der fügte dem 2. Stück seiner „Beiträge zur Vertheidigung und Erläuterung des Canons" (1776) eine Zueignungsschrift an das Corpus Evangelicorum zu Regensburg bei, worin er um Vorkehrungen gegen die jetzigen Neuerungen und den daraus erfolgenden gänzlichen Umsturz der protestantischen Religion bat. Er führte namentlich Semler auf, aus dessen Schule so viele verdorbene Lehrer der evangelischen Kirche hervorkriechen, mit übertriebenem Eifer und äußerst unsanftmüthig als Mordbrenner bezeichnet. Während dieses Buch mit Begleitschreiben beim kursächsischen Directorialgesandten lag, übergab der hessen-casselsche Reichsgesandte eine Note des Inhalts, daß Piderit wegen übertretenen Verbotes der Regierung, keine theologischen Schriften mehr herauszugeben, und als Friedensstörer seines Amtes entlassen wurde. Aus Rücksicht auf seine zahlreiche Familie erfolgte seine Restitution noch im selbigen Jahre, aber mit dem strengsten Befehl, in Zukunft klüger zu sein. „Herr Piderit wollte der Reformationshydra ihre vielen Köpfe auf einmal abhauen. Allein der gute Mann war kein Hercules und hatte auch keinen Jolaus hinter sich stehen [a]." Ein von dem Generalsuperintendenten Chr. W. Schneider, nach J. Chr. Bartholomäi Herausgeber der Acta historico-ecclesiastica, in Eisenach ausgegangener, von Meiningen unterstützter Antrag (1794), daß den Lehrern auf der Universität Jena, unter Bedrohung des unvermeidlichen Verlustes ihrer Lehrstelle, der reinen evangelischen Lehre nach den libris symbolicis getreu zu bleiben, geboten werde, wurde von Karl August ad acta gelegt [b]. Dagegen kam es anderwärts zu ernsthaften Conflicten und Maßnahmen. Gegen den Präpositus zu Wahren in Mecklenburg J. A. **Hermes** († 1822 als Superintendent zu Quedlinburg), der in seinen „Wöchentlichen Beiträgen zur Beförderung der Gottseligkeit" (seit 1770) Grund-

---

a) Acta hist. eccl. n. t. III, 457.
b) [Röhr] Wie Carl August sich bei Verketzerungsversuchen gegen akademische Lehrer benahm. Hann. u. Lpz. 1830.

lehren der evangelischen Kirche angegriffen hatte, wurde eine Untersuchung eingeleitet. Einer „sonst unausbleiblichen verdienten Beahndung" entging er nur durch seine Berufung in's Magdeburgische ᶜ. Herzog Karl von Würtemberg verordnete (12. Februar 1780), daß die Religionslehrer sich an den Lehrtypus der symbolischen Bücher halten und keine Schriften ohne Censur des herzoglichen Consistoriums gedruckt werden sollen; deßgleichen der Magistrat der freien Reichsstadt Ulm (14. Nov. 1787), daß in hiesigen Kirchen und Schulen nichts gelehrt noch auch in gedruckten Schriften vorgetragen werde, was den von unsern Vorfahren pro norma docendi weislich und wohlbedächtig angenommenen und bisher dafür anerkannten libris symbolicis zuwiderlaufe. Ein Markgräflich Bayreuthischer Consistorialerlaß (19. Juli 1780) ordnete, weil man beginne, von der reinen Lehre sich zu entfernen und den Weg zu verlassen, den die Glaubensbücher, besonders die Augsburgischen Confessionsartikel vorschreiben, und sich immermehr der Lehre des Socins, der Christum herab- und den verdorbenen Menschen hinaufsetzen will, zu nähern, Circularpredigten über die Augsb. Confession an, davon ein sauber geschriebenes Mundum dem Consistorium einzusenden sei, und sollen die Superintendenten ein wachsames Auge auf diejenigen richten, so durch die Lectüre der Neuerungsgeister von socinianischem Gift oder andern Irrlehrern möchten angesteckt sein. Eine Markgräflich Badensche Consistorialverordnung v. J. 1799, dem Jahre, welches „so viele Schriften wider die ewig feststehende Wahrheit hervorbrachte", klagte, daß man sich auf der Kanzel der Lehren schäme, die nicht Fleisch und Blut, die nur der Vater im Himmel offenbaren kann. Der Kurfürst von Sachsen trug (2. October 1776) den Consistorien, Universitäten und Superintendenten auf, Anzeige zu thun, wenn von Geistlichen oder Andern, weß Standes sie seien, entweder durch öffentliche Lehren oder auch in Schriften und sonst irrige und besonders socinianische Lehrsätze sich hervorthun. Eine zweite kursächsische Verordnung (16. März 1796) wollte der überhandnehmenden Freiheit, womit die Grundwahrheiten des christlichen Glaubens sogar von berufenen und verordneten Dienern des göttlichen Wortes angefochten werden, Einhalt thun. Demzufolge wurde „das Evangelium Johannis hebraismenfrei übersetzt und philosophisch erklärt" von dem Ansbacher Gymnasiallehrer Eucharius Ferdi-

---

c) Acta hist. eccl. n. t. II, 999. J. H. Fritsch, J. A. Hermes nach sm. Leben. Quedlinb. 1827, S. 13.

nand Christian Oertel bei 20 Reichsthaler Strafe confiscirt, und der Consistorialassessor und Archidiaconus zu Lübben J. Chr. F. Eck († 1823), ein als Religionslehrer, Bürger und Mensch verehrungswürdiger Mann, wegen seines „Versuchs, die Wundergeschichten des N. T. natürlich zu erklären" (1795), worin es hieß, daß bald die Natur allein, um den edelsten Theil der Menschen zur Quelle aller Wahrheit und Glückseligkeit sicher hinzuleiten, zureichend sein werde, zu dreimonatlicher Suspension, öffentlichem Widerruf und Abbitte wegen des gegebenen Aergernisses verurtheilt. Am heftigsten traf der Rückschlag auf im Lande der Gewissensfreiheit, Preußen. Hier hatte Friedrich Wilhelm II. den Thron bestiegen mit dem Gefühle, daß die Säulen des Christenthums wankten. Der gutmüthige König ließ sich von seinem Minister J. Chr. v. Wöllner († 1800), einem Schüler Baumgartens, bei dessen Theologie er stehen geblieben war, herrsch- aber nicht rachsüchtig, an Geistererscheinungen glaubend, aber an der Ewigkeit der Höllenstrafen wie sein Vater und Großvater zweifelnd, in geheime Ordensoperationen verstricken und zur Aufrechthaltung des symbolischen Lehrbegriffs bestimmen[d]. Schon am 26. Juli 1787 schrieb er an den Regierungspräsidenten v. Seidlitz in Breslau: „ich werde nie leiden, daß man in meinen Landen die Religion Jesu untergrabe, dem Volke die Bibel verächtlich mache und das Panier des Unglaubens, des Deismus und Naturalismus aufpflanze." Am 9. Juli 1788 aber erschien das vielberufene Religionsedict[e], drohender im Ausdruck als in der Ausführung. Es constatirt zuerst die Thatsache, daß man sich nicht entblöde, die elenden, längst widerlegten Irrthümer der Socinianer, Deisten, Naturalisten und andrer Secten mehr wiederum aufzuwärmen und solche mit vieler Dreistigkeit und Unverschämtheit durch den äußerst gemißbrauchten Namen Aufklärung unter das Volk auszubreiten, das Ansehn der Bibel als des geoffenbarten Wortes Gottes immer mehr herabzuwürdigen und diese göttliche Urkunde der Wohlfahrt des Menschengeschlechts zu verfälschen, zu verdrehen oder gar wegzuwerfen, und dem Christenthum auf dem ganzen Erdboden gleichsam Hohn zu bieten. Er, der König, halte es für eine der ersten Pflichten eines christlichen Regenten, in seinen Staaten

---

d) M. v. Geismar [C. Bauer], Deutschland im 18. Jahrh. Lpz. 1851, S. 24: „Der König ließ sich seine Sünden durch Wöllner wegbeten und verwahrte sich gegen die ewige Verdammniß durch Religionsedicte."

e) Zu der von Tholuck in Herzog's R. E. XVIII, 224 ff. angeführten Literatur ist noch hinzuzufügen: Erinnerung an d. Ministerium Wöllner. Lpz. 1846.

die christliche Religion bei ihrer ganzen hohen Würde und ihrer ursprünglichen Reinigkeit aufrecht zu erhalten. „Wir verordnen also, daß hinfüro kein Geistlicher, Prediger oder Schullehrer der protestantischen Religion bei unausbleiblicher Cassation und nach Befinden noch härterer Strafe und Ahndung, Irrthümer bei der Führung seines Amtes oder auf andere Weise öffentlich oder heimlich auszubreiten sich unterfange." Die von den Oberconsistorialräthen Spalding, Büsching, Teller, Diterich, F. S. G. Sack († 1817) gegen das Religionsedict vorgebrachten Bedenken und gewünschten Modificationen blieben nicht nur unberücksichtigt[f], sondern es erfolgte noch eine Reihe von Verordnungen und Veranstaltungen im Sinne und zur Durchführung des Edictes. So das erneuerte Censuredict (19. Decbr. 1788), welches zwar einer anständigen, ernsthaften und bescheidenen Untersuchung der Wahrheit nicht hinderlich sein, aber demjenigen steuern wollte, was wider die allgemeinen Grundsätze der Religion, wider den Staat, und sowohl moralischer als bürgerlicher Ordnung entgegen ist. So die Einführung eines neuen Katechismus „Die ersten Anfangsgründe der christlichen Lehre", mit dem königlichen Befehle (19. Jan. 1790), daß „die Prediger die Grundsätze ihrer Kirche bei dem Unterrichte nicht nach ihrer Willkür abändern, sondern solche genau und vorschriftsmäßig befolgen müssen; denn sie sind Diener der Religion und nicht Herrn und Meister derselben. Niemand soll lehren, was er will, sondern das was vorgeschrieben ist, obgleich ein jeder auf seine eigne Gefahr glauben kann, was er will. Derjenige Prediger und Schullehrer, welcher sich in diese Ordnung nicht fügen will, der muß ohne Anstand als ein ungehorsamer Unterthan seines Amtes entsetzt werden." So die Examinationsverordnung (9. Decbr. 1790), nach welcher die neuangehenden Prediger sollen geprüft werden, ob sie vornehmlich in der Dogmatik der christlichen Religion fest gegründet sind: Diesen heilsamen Zweck desto sicherer zu erreichen, wurde ein Schema examinis candidatorum[g] entworfen, nach dessen Inhalt die Examinatoren sich richten, die articuli puri zum Hauptwerk machen, den Candidaten die Gottheit Christi aus der Schrift beweisen lassen sollten. Nach wohlbestandenem Examen soll der älteste Examinator an den Candidaten die Frage thun: ob er nach dieser Erkenntniß bei Führung seines Amtes

---

[f] K. H. Sack, Urkundliche Verhandlungen, betreffend die Einführung des preuß. Rel.-Edictes [Ztschr. f. hist. Th. 1859, S. 59].

[g] Abgedruckt in der Ztschr. f. hist. Th. 1862, S. 430.

die christliche Religion zu lehren verspreche? und sich darauf den Handschlag geben lassen. So die Einsetzung einer Examinationscommission (14. Mai 1791) bei dem Oberconsistorium in Berlin, aber unabhängig von demselben, für deren vornehmste Arbeiten und Hauptbeschäftigungen das Religionsedict die Basis sein sollte. Ihre Mitglieder waren der Oberconsistorialrath Joh. Esaias Silberschlag († 1791), zugleich geheimer Oberbaurath und von großen Kenntnissen in Geogenie, Physik, Oekonomie, Mathematik, so daß er zu einer Reconstruction der Arche Noah befähigt erschien und aus der Dynamik die Möglichkeit der Trinität (diversa centra dynamica, sed communis sphaera dynamica) zu beweisen vermochte, der Rede Gottes in der Schrift jedoch mehr glaubend, als der Mathematik[b]; Hermann Daniel Hermes († 1807), der Verfasser des Examinationsschema, an der Schwelle des 19. Jahrh. die unverfälschte Christenthumslehre bezeugend, später (1805) als nach Kiel berufener Oberaufseher über das gesammte Schul- und Studienwesen, um eine Reform der Schleswig-Holsteinischen Kirche an Haupt und Gliedern zu bewirken, bitter bekämpft[i], bis die Bitterkeit sich in Mitleiden mit der Schwäche des alten Mannes verwandelte, der ein Narr gescholten zu werden um Christi willen von vorher gewohnt war; Woltersdorf, phlegmatisch und von schwer wandelndem Körper, nach dem Ketzeralmanach der dickste im ganzen Ministerio ecclesiastico zu Berlin, und der geheime Rath Gottlob Fr. Hilmer († 1835). So die Errichtung von geistlichen Examinationscommissionen (15. Nov. 1791) auch bei allen Provinzialconsistorien, welche jeden Candidaten, der eine Pfarre oder Schulamt verlangt, über sein Glaubensbekenntniß und ob er auch nicht von den schädlichen Irrthümern der jetzigen Neologen und sogenannten Aufklärer angesteckt sei, noch besonders examiniren sollten, bevor der Candidat zu dem mündlichen Tentamen und Examen admittirt wird. So ein königliches Rescript (12. Mai 1793), die Pre-

---

h) J. E. Silberschlag's Leben, von ihm selbst beschrieben. Brl. 1792. Nach Silberschlag's Tod trat an seine Stelle als Mitglied der Commission Andreas Jakob Hecker († 1819), Pred. an der Dreifaltigkeitskirche, „von dem dreifachen H im Berliner Consistorium mit Recht der Erste".

i) Voß machte die Epigramme: „An Hermes, den Ketzerjäger"
  Leblos starrtest du lange, du Faust von Wöllner, dem Schlaukopf.
  Balle dich, Faust; dich belebt künftig ein schlauerer Kopf.
und „Die wegweisenden Hermen"
  Hermes, ein Block mit Haupt, wies Wege zu gehn den Achaiern,
  Hermes, ein Block ohn' Haupt, weiset uns Wege zu scheun.

digten am Himmelfahrtsfeste betreffend. „Da höchst mißfällig wahrgenommen worden, wie verschiedne Prediger sich beikommen lassen, am Himmelfahrtstage anstatt über das gewöhnliche Festevangelium oder die Epistel zu predigen, andre Texte zu wählen, worin von dieser wichtigen Glaubenslehre nichts enthalten ist, so werdet ihr befehligt, Alles dieses abzuändern." So eine von der Immediatexaminationscommission erlassene „Umständliche Anweisung für die evangelisch-lutherischen Prediger in den preußischen Landen" (9. April 1794). Weil in vielen Kirchen entweder ein kalter kraftloser Vortrag solcher moralischer Lehren, die den Zuhörern schon durch die Landesverfassung und Gesetze bekannt sind, oder in die Naturlehre und Landwirthschaft einschlagender Dinge stattfinde, so werden die Prediger so väterlich als ernstlich angewiesen, die Grundlehren des Christenthums auf echtbiblische Art den Zuhörern vorzutragen. Jeder neuanzustellende Lehrer aber soll reversmäßig geloben: „daß ich die mir vorzüglich empfohlenen Lehren der h. Schrift meiner Gemeinde weder verschweigen noch vorenthalten noch bloß historisch, sondern als wahre wesentliche Grundlehren des Christenthums treu und unverfälscht vortragen will." Zwei Rescripte (12. April 1794) befahlen dem Großkanzler v. Carmer gemessenst an: „so lieb Euch meine Gnade ist, die Fiscale anzuhalten, daß sie bei den Untersuchungen gegen die Neologen und Uebertreter des Religionsedicts weder saumselig noch nachsichtig sein sollen, wofern sie nicht selbst cassirt sein wollen", und daß der Religionsproceß abgekürzt werde. Jeder Prediger, der dem Religionsedict zuwider handelt, soll vom Consistorium sofort durch Decret seines Amtes entsetzt werden. In Cassationssachen neologischer Prediger sollen sich aber die Oberconsistorialräthe Teller, Zöllner und Gedike als „bekannte Neologen und sogenannte Aufklärer, die Ich zwar auf eine kurze Zeit noch dulden werde", ihres Voti enthalten. „Ich befehle Euch demnach unter Androhung meiner Ungnade mehr Strenge anzuwenden und strafende Exempel zu statuiren." Ein Erlaß (Mai 1796) kündigte den Feld- und Garnisonspredigern an, daß sie nur alsdann auf weitere Beförderung rechnen können, wenn sie allen neologischen Meinungen und Auslegungen entsagen. Endlich mußten alle königlichen Pfarren und Patronatskirchen das Werk des Stiftssuperintendenten zu Merseburg, Gottlob August Baumgarten-Crusius († 1816)[k], eines mit Herz

---

[k] D. K. W. Baumgarten-Crusius, Leben des G. A. B.-Cr. Dresden 1820.

und Mund dem alten Glauben zugethanen, von Laukhard in den
Obscurantenalmanach gesetzten Crusianers, „Schrift und Vernunft für
denkende Leser" (1793) als Inventarienstück ankaufen, daraus sich belehren zu lassen über die abscheuliche Accommodationshypothese und die
freche Behauptung der neologischen Dictatoren, es sei nicht Alles wahr
was die Schrift lehrt, sondern die Vernunft müsse die biblischen Behauptungen erst sichten. Das Religionsedict mit seinem Gefolge machte
einen unbeschreiblichen Eindruck. „Die Weisen staunten, die Orthodoxen,
Jesuiten, Lämmleinsbrüder, Schröpferianer, Rosenkreuzer, Geisterseher
und Goldmacher riefen Victoria, und hatten den frommen Wunsch, daß
alle Philosophen nur einen Hals haben möchten, um ihn auf einen
Streich abzuhauen." Es brach eine Opposition in so leidenschaftlicher
Sprache los, daß „es war, als wenn man einen ganzen Haufen von
wilden Thieren losgelassen hätte"[1]. Da kam zuerst Bahrdt mit seinem
ehrenrührigen „Religionsedict ein Lustspiel" und seinem „Pastor Rind-
vigius", in welchem der Minister von Besenstiel (Wöllner) eine abscheuliche Rolle spielt, dann Degenhard Pott in Leipzig mit seinem unhöf-
lichen „Commentar über das Religionsedict", der es „nicht verdiente,
confiscirt, wohl aber zusammt dem Verfasser verachtet zu werden",
ferner Heinrich Würtzer, der in seinen „Bemerkungen über das Religionsedict" erzählte: „Kabalen belagern den Thron des Königs, Priester und
Geisterseher drängen sich zu ihm hin und arbeiten unabläßig daran, sich
seines Gewissens zu bemächtigen. Man will der protestantischen Kirche
ihr edelstes Kleinod, die Freiheit des eignen Denkens, der eignen Untersuchung nehmen und sie an alte Formeln binden." Alle drei büßten ihre
Autorschaft mit Arrest. Einen maßvollen Gegensatz bezeichnen die „Freimüthigen Betrachtungen über das Edict" (1788) von Villaume, welche
an die Ausführung, das Edict sei, ob es gleich das Ansehn habe, nur
gegen unbesonnene und die Freiheit mißbrauchende Lehrer gerichtet zu
sein, der Freiheit überhaupt nachtheilig, die Hoffnung knüpften: „Friedrich Wilhelm wird seinen Befehl zurücknehmen, weil er der Vater nicht
nur der Orthodoxen, sondern auch der Heterodoxen ist." Dagegen fanden
die Rechtgläubigen das Edict ganz in der Ordnung, es sei ein wahres
Toleranzedict. Denn jedem Unterthanen sei völlige Gewissensfreiheit
gelassen, zu glauben, was er für das nützlichste hält, nur die Priester

---

[1] H. Ph. C. Henke, Beurtheilung aller Schriften, welche durch das kön. pr. R. E. veranlaßt sind. Kiel 1793.

sollen diejenige Religion, zu welcher sie selbst und ihre Gemeinden sich bekennen, nach den angenommenen, als wahr anerkannten Lehrsätzen unverfälscht dem Volke vortragen. Damit stimmte Semler, seinem späteren Drängen auf Geltung conventioneller Religionslehren gemäß, vollkommen überein. Das Edict sei nur gegen unbesonnene Prediger gerichtet, welche bisher die Freiheit mißbrauchten und wirklich in's Große schädliche Lehren auf den Kanzeln vortrugen. Wenn, ruft er aus, in jedem Landeskollegio dieser ganz sonderbare Gebrauch der Vernunft (in der öffentlichen Religion) sich einführet, wo wird die ganze Subordination bleiben, welche das Band der ganzen Welt ist? Und de Marées [S. 41], gegen den Unfug der sogenannten Aufklärer eifernd, die das Religionsedict in Prosa und Versen mit Majestätsschändung behandelt hätten, meinte: daß Apostaten die Gesellschaften hassen, von denen sie sich trennen, ist gewöhnlich genug, aber daß Männer die Lehren und Bekenntnisse derjenigen Kirche, zu deren Lehrer sie sich haben verpflichten lassen und von welcher sie Namen, Lehramt und Sold behalten wollen, auf alle mögliche Art bestreiten und verhöhnen, daß sie alle ihrem Berufe noch treubleibende Lehrer derselben auf das verächtlichste beschimpfen, das war nur den Aufklärern unsrer Zeiten möglich. — Das Religionsedict ist nicht im Stande gewesen, den breiten Strom der Aufklärung zurückzudämmen. Was vermag eine Kabinetsordre gegenüber der Geistermacht eines ganzen Zeitalters! Die Aufklärung ging ihren Gang fort und „kümmerte sich nicht um die Sectirer, Apitschianer, Schröpferianer, Geisterseher, Goldlaboranten und Orthodoxen, denen auch ihr Stündlein kommt, wo sie, von Schmerz und Reue gefoltert, singen werden: Herr ich habe mißgehandelt!" Mit dem Tode (16. Nov. 1797) Friedrich Wilhelms II. verlor das Religionsedict alle Geltung. Sein Thronfolger gab die Erklärung ab, Religion sei Sache des Herzens, des Gefühls und der eignen Ueberzeugung und dürfe nicht durch methodischen Zwang zu einem gedankenlosen Plapperwerke herabgewürdigt werden. Wöllner trat 1798 aus seinen Aemtern, nachdem schon vorher das Oberconsistorium wieder in diejenigen Rechte eingesetzt war, welche demselben nach seiner Instruction zustanden. Die Examinationscommission wurde als schädlich aufgehoben, den bisherigen Mitgliedern aus bloßem Mitleiden eine Pension angewiesen, das übrige Geld zu nützlichern Zwecken erspart.

§. 23. Dethronisation des gesunden Menschenverstandes.

Die Sonnenhöhe und zugleich die Ueberwindung der deutschen Aufklärung bezeichnet G. E. Lessing († 1781)*, der Rechtdenker unter den Freidenkern, dem der Ketzeralmanach einen der ersten Plätze in den Subsellien der christlichen Kirche anweist. Die Theologie, welche er in Leipzig studiren sollte, ließ er, wie jedes Fachstudium, bei Seite. Aber ein Liebhaber der Theologie ist er immer geblieben, des Euripideischen Jon Worte, als der die Stufen vor dem Apollotempel kehrt, auf sich wendend:

> Wie schön ist, Phöbus, der Dienst,
> Den ich übe vor Deinem Hause,
> Fromm ehrend den Seherfitz —
> Doch ich will mit dem Lorbeerzweig,
> Mit dem heiligen Reis, am Tempel umher
> Rein kehren die Schwell.

„Auch ich bin nicht im Tempel, sondern nur am Tempel beschäftigt. Auch ich kehre nur die Stufen, bis auf welche den Staub des innern Tempels die heiligen Priester zu kehren sich begnügen. Auch bin ich stolz auf diese geringe Arbeit; denn ich weiß am besten, wem zu Ehre ich es thue." Lessing's theologische Stellung war eine ganz eigenthümliche und isolirte. Er war aus der Aufklärung herausgewachsen; unter den Aufklärern waren seine intimsten Freunde; er hat über Luther ausgerufen: „Großer, verkannter Mann, du hast uns vom Joche der Tradition erlöst, wer erlöst uns vom Joche des Buchstabens!" Er hat in den Fragmenten der deutschen Aufklärung zu ihrem schärfsten Ausdruck verholfen, die Orthodoxie auf's Tiefste erschüttert. Er hat in „Nathan dem Weisen", „diesem Sohn seines eintretenden Alters, den die Polemik entbinden helfen", dieser Fortsetzung des Fragmentenstreites, unternommen auf seiner alten Kanzel, dem Theater, die Aufklärung dramatisirt, scheidend

---

a) Allgemeines: H. Ritter, Ueb. L.'s philos. u. rel. Grdsätze. Gött. 1647. Th. W. Danzel u. G. E. Guhrauer, L., sn. Leben u. s. WW. 2 B. Lpz. 1850—54 [bes. II, 2, 104 ff.]. C. Hebler, Lessing-Studien. Bern 1862. W. Dilthey, Ueb. L. [Preuß. Jahrbb. 1867. Bd. 19, S. 117 ff. 271 ff.] Ueber Lessing's Theologie: J. F. Röhr, L., wie er war, in theol. Beziehung [Kleine theol. Schrr. Schleusing. 1841, S. 158]. A. W. Bohtz, L.'s Protestantism. u. Nathan d. W. Gött. 1854. F. Lichtenberger, la théologie de L. Strasb. 1854. C. Schwarz, L. als Theologe. Halle 1854. E. Zeller, L. als Theolog [Sybels Hist. Ztschr. 1870. H. 2. S. 343 ff.]. H. Langen, L.'s Verhältniß zu Rel. u. Christenthum. Eupen 1873.

von positiven Religionsbestimmungen die Idee der Religion, welche Liebe ist, Ergebenheit in Gott und herzliche Verträglichkeit — bei scheinbarer Zurücksetzung desselben ein Triumph des Christenthums, auf dessen Fittigen allein sich der Dichter zu solcher Höhe der Anschauung zu erheben vermochte, auf welche er die fingirten Repräsentanten des Islam und Judenthums stellt[b]. Er hat das orthodoxe System das abscheulichste Gebäude von Unsinn genannt. Und doch Lessing war kein gewöhnlicher Aufklärer. Das Hin- und Herreden, die Halbheit, die Unfertigkeit der Neologie hatte ihn ganz unbefriedigt gelassen. Ihrem „vernünftigen Christenthum" konnte er nicht absehen, weder wo ihm die Vernunft noch wo ihm das Christenthum sitze. Ihre mattherzige Apologetik schmeckte ihm wie lauwarmes Wasser. „Je bündiger mir der Eine das Christenthum beweisen wollte, desto zweifelhafter ward ich. Je muthwilliger und triumphirender mir es der Andere zu Boden treten wollte, desto gewisser fühlte ich mich, es wenigstens in meinem Herzen aufrecht zu erhalten." Alle Kanzeln ertönten vom innigen Bunde zwischen Vernunft und Glauben, und „doch wenn es einmal eine Offenbarung geben muß, was ist eine Offenbarung, die nichts zu offenbaren hat?" Da war ihm die Orthodoxie mit ihrem kecken Entgegensetzen von Vernunft und Glauben noch lieber als die flache haltlose Neologie, die den gesunden Menschenverstand bestechen möchte. „Soll die Welt einmal mit Unwahrheiten hingehalten werden, so sind die alten bereits gangbaren besser, als die neuen." Ja er hat auf seinem an der Hand von Spinoza und Leibniz gewonnenen höheren Standpunkt sich nicht, wie die Aufklärer, in der bloßen Antithese zum Dogma gehalten. Wo die Neologie nur Unsinn sah und Priesterbetrug, da entdeckte er nach seiner „besonderen Gabe", auf die er stolz war, verhüllte oder keimende Wahrheit. Die Neologen, Eberhard an der Spitze, nannten die Ewigkeit der Höllenstrafen ungegründet und wider alle Vernunft. Lessing, der nicht scharfsinniger als Leibniz, nicht menschenfreundlicher als Socrates scheinen wollte, vertheidigte sie in dem Sinne, daß die Wirkungen böser Handlungen sich auf alle Zukunft erstrecken. „Jede Verzögerung auf dem Wege zur Vollkommenheit ist in alle Ewigkeit nicht einzubringen, und

---

b) Neuere Schriften über den Nathan: W. Wackernagel [Gelzer's prot. Monatsbl. 1855, VI, 232], C. Riemeyer [Lpz. 1855], K. Hase [Das geistl. Schauspiel, 1858, S. 249], H. Dünger [1863], Beyschlag [1863], Strauß [Brl. 1864. 2. A. 1866], K. Fischer [Stuttg. 1864], Plaß [Diesterwegs pädagog. Jahrbb. 1865], W. Gieße [Allgem. Kirchenzeitung 1866, S. 649].

bestraft sich also in alle Ewigkeit durch sich selbst." Sonach „die Hölle, welche Eberhard nicht ewig haben will, ist gar nicht, und die, welche wirklich ist, ist ewig." Gegenüber der nicht sehr sinnvollen socinianischen Vorstellung von der Vergötterung eines Menschen nahm Lessing sich der Trinitätslehre an, als die transscendentale Einheit Gottes bezeichnend, welche eine Art von Mehrheit nicht ausschließt. „Der Sohn ist von Ewigkeit in Gott vermöge der Vorstellung, die Gott von sich selbst und von dem Inbegriff seiner Vollkommenheit hat. Diesem Ideal Gottes fehlt keine Eigenschaft, die Gott selbst hat, er ist der Abglanz aller seiner herrlichen Eigenschaften, ein identisches Bild Gottes. Zwischen diesem Bilde und Gott selbst ist die vollkommenste Harmonie, und diese Harmonie ist der Geist Gottes, von dem gesagt wird, daß er vom Vater und Sohn ausgehe." Die Neologen konnten sich ob solcher Reden in Lessing nicht finden. Nicolai schrieb an ihn: „die Theologen glauben, daß Sie ein Freigeist geworden, und die Freigeister, daß Sie ein Theologe geworden." Wogegen Ernesti Lessing mit dem theologischen Doctorate belohnt wissen wollte für den Dienst, den dieser durch den Berengarius Turonensis der lutherischen Orthodoxie in der Abendmahlslehre erwiesen. „Ob das mich aber so recht kleiden möchte und ob ich das gute Lob nicht bald verlieren dürfte, das wird die Zeit lehren." Und in der That er hat doch der Orthodoxie sich nur angenommen, als des geringeren Uebels. „Was gehen mich die Orthodoxen an? ich verachte sie ebensosehr wie Du (schreibt er seinem Bruder), nur verachte ich unsere neumodischen Geistlichen noch mehr, die Theologen viel zu wenig und Philosophen lange nicht genug sind. Nicht das unreine Wasser, welches längst nicht mehr zu gebrauchen, will ich beibehalten wissen; ich will es nur nicht eher weggegossen wissen, als bis man weiß, woher reineres zu nehmen; ich will nur nicht, daß man es ohne Bedenken weggieße, und sollte man auch das Kind hernach in Mistjauche baden. Und was ist sie anders, unsere neumodische Theologie, gegen die Orthodoxie, als Mistjauche gegen unreines Wasser? Darin sind wir einig, daß unser altes Religionssystem falsch ist, aber das möchte ich nicht mit Dir sagen, daß es ein Flickwerk von Stümpern und Halbphilosophen sei. Ich weiß kein Ding in der Welt, an welchem sich der Scharfsinn mehr gezeigt hätte, als an ihm. Flickwerk von Stümpern und Halbphilosophen ist das Religionssystem, welches man jetzt an die Stelle des alten setzen will und mit weit mehr Einfluß auf Vernunft und Philosophie, als sich das alte anmaßt." Die eigenen folgenschweren Gedanken Lessings des Theologen, wie sie zumeist im Fragmentenstreite sich entwickelt haben, sind: Die Bibel ist nicht die Religion. „Ich denke sogar, es streife ein wenig an Gotteslästerung, wenn man behaupten wollte, daß die Kraft des h. Geistes sich ebensowohl an dem Geschlechtsregister der Nachkommen des Esau beim Moses als an der Bergpredigt Jesu beim Matthäus wirksam erzeigen können." Darum Einwürfe gegen die Bibel sind nicht Einwürfe gegen die Religion. Das Christenthum war ehe die Evangelisten geschrieben hatten, und die christliche Religion ist nicht wahr, weil die Evangelisten und Apostel sie lehrten, sondern sie lehrten sie, weil sie wahr ist. Zufällige Geschichtswahrheiten können nicht ewige Vernunftwahrheiten beweisen. „Das ist der garstige breite Graben, über den ich nicht kommen kann, so oft und ernstlich ich auch den Sprung gemacht habe." Wenn die Bibel nicht Quelle und in der ältesten Kirche nicht die einzige Norm der Glaubenswahrheit war, was war dann die Quelle? Die traditionell fortgepflanzte regula fidei, von Lessing der Opposition wegen freilich höher erhoben, als recht war. Sind die Evangelien erst so abgeleiteten Ursprungs, so ist die strengste Kritik über sie erlaubt. Lessing, diese Kritik übend, hat zuerst die Urevangeliumshypothese aufgestellt, wonach die Evangelien des Fleisches und das des Geistes aus gemeinsamer hebräischer Quelle flossen. Die religiöse Entwicklung der Menschheit entrollt sich ihm wie ein großes Bild in der „Erziehung des Menschengeschlechts"c. Was die Erziehung bei dem einzelnen Menschen das ist die Offenbarung bei der Menschheit. Die Offenbarung ließ Gott einem einzelnen Volke angedeihen, und zwar dem ungeschliffensten von allen, um mit ihm ganz von vorne anfangen zu können. Diesem Volke gegenüber mußte mit der Unsterblichkeitslehre inne gehalten werden, ihre Mittheilung wäre die Uebereilung eines prahlerischen Pädagogen gewesen. Das A. T. war das Elementarbuch für ein kindisches Volk. Christus kam, der erste zuverläßige Lehrer der Unsterblichkeit, und riß dem Kinde das erschöpfte Elementarbuch aus den Händen. Und uns wird kommen die Zeit eines neuen ewigen Evangeliums oder die Zeit, wo die offenbarten Wahrheiten, ihrer Hülle sich entkleidend, dastehen und glänzen werden als Wahrheiten der reinen Vernunft, eines neuen Evangeliums, davon die Schwärmer der Vorzeit einen Strahl aufgefangen, davon Fr. Schlegel sang:

---

c) G. E. Guhrauer, L.'s Erziehung des Menschengeschlechts. Brl. 1841.

> Es wird das neue Evangelium kommen,
> So sagte Lessing, doch die blöde Rotte
> Gewahrte nicht die aufgeschloßne Pforte.
> Und dennoch was der Theure vorgenommen,
> Im Denken, Forschen, Streiten, Ernst und Spotte,
> Ist nicht so theuer, als die wen'gen Worte.

Das war die Stellung Lessing's auf dem Hügel, von welchem er etwas mehr, als den vorgeschriebenen Weg seines heutigen Tages zu übersehen glaubte. Wenn die Aufklärung das Positive an den Religionen für ein nicht schnell genug zu beseitigendes Uebel hielt, so erkannte Lessing in den positiven Religionen den Gang, nach welchem sich der menschliche Verstand entwickeln sollte, er mochte über keine derselben vornehm lächeln oder zürnen. Sie alle die positiven Religionen sind wohlberechnete Glieder, Entwickelungsstufen im göttlichen Weltplan, keine die absolut vorzügliche und absolut bevorzugende. Als Lessing starb, schrieb der Belletristenalmanach: „Die Krone unsers Hauptes ist gefallen." Ihm galt der großen Dichter Xenie:

> Vormals im Leben ehrten wir dich wie einen der Götter,
> Nun du todt bist, so herrscht über die Geister dein Geist.

In Lessing's Nachfolge schritten unsere klassischen Dichter und Denker siegreich hinweg über die kleinen Häupter der deutschen Aufklärung. Bahrdt's sonderbare Modernisirung des N. T. hat Goethe treffend gegeißelt in seinem „Prolog zu den neuesten Offenbarungen Gottes" (1774). Nicolai, vorerst nur der Neckerei Blumauer's ausgesetzt,

> — Bald fiel ihm ein, die Dichterschaar,
> Die nicht so wie sein Ramler war,
>   In Stücke zu zerreißen;
> Bald wandelte die Lust ihn an,
> Den Teufel, der ihm nichts gethan,
>   Zur Höll' hinauszubeißen —

wurde mit insigner Geringschätzung in den Xenien behandelt.

> Könnte Menschenverstand doch ohne Vernunft nur bestehen,
> Nickel hätte fürwahr menschlichsten Menschenverstand.
> Armer empirischer Teufel! Du kennst nicht einmal das Dumme
> In dir selber, es ist ach! a priori so dumm.

Im Faust läßt Goethe Nicolai als Proctophantasmist in der Walburgisnacht mit auf dem Blocksberg sein, wo der Aufklärer über den immer noch vorhandenen Geisterspuk sich ärgert.

> Ihr seid noch immer da! Nein das ist unerhört!
> Verschwindet doch, wir haben ja aufgeklärt!

> Das Teufelspack, es fragt nach keiner Regel,
> Wir sind so klug, und dennoch spukt's in Tegel.
> Ich sag's euch Geistern in's Gesicht,
> Den Geisterdespotismus leid' ich nicht,
> Mein Geist kann ihn nicht exerciren.

Trieben die großen Dichter nur ihr neckisches Spiel mit den Aufklärungshelden, so war der Zusammenstoß der Popularphilosophie mit den großen Denkern ernsthaft und schneidend. Der erste Anstoß ging wiederum von Lessing aus. In dem berühmten Gespräch, welches Jacobi im Juli 1780 zu Wolfenbüttel mit Lessing geführt, hatte dieser mit Rücksicht auf Goethe's Prometheus geäußert: „Der Gesichtspunkt, aus welchem das Gedicht genommen ist, das ist mein eigner Gesichtspunkt. Die orthodoxen Begriffe von der Gottheit sind nicht mehr für mich, ich kann sie nicht genießen. Ἕν καὶ πᾶν! ich weiß nichts anderes. Dahin geht auch das Gedicht." Auf Jacobi's Rede: „Da wären Sie ja mit Spinoza ziemlich einverstanden", erwiedert Lessing: „Wenn ich mich nach Jemand nennen soll, so weiß ich keinen Anderen." Die Nachricht von diesem Gespräch ward durch Elise Reimarus, Jacobi's Delila an der Elbe, Mendelssohn mitgetheilt zu einer Zeit, wo dieser damit umging, eine Lobschrift auf Lessing, den Herausgeber der Fragmente, den Verfasser des Nathan, den großen bewunderten Vertheidiger des Deismus und der Vernunftreligion, zu verfassen, sie traf ihn wie ein Donnerschlag. „Wie, rief er aus, Lessing ein Vertheidiger des Pantheismus? wem mußten die Wahrheiten der Vernunftreligion unverletzlicher sein, als ihm, dem Beschützer des Fragmentisten, dem Verfasser des Nathan? Deutschland kennt keinen Weisen, der die Religion der Vernunft in einer solchen Lauterkeit, so ohne Vermischung mit Irrthum und Vorurtheil gelehrt und dem schlichten Menschenverstande so überzeugend vorgetragen, als der Fragmentist. Nach seiner Bekanntschaft mit dem Fragmentisten bemerkt man in allen seinen Schriften dieselbe ruhige Ueberzeugung, die diesem so eigen war, denselben planen Gang des gesunden Menschenverstandes. Und in seinem Nathan? Hauptsächlich was die Lehre von der Vorsehung und Regierung Gottes betrifft, kenne ich keinen Schriftsteller, der diese großen Wahrheiten in derselben Lauterkeit, in derselben Ueberzeugungskraft und mit demselben Interesse dem Leser an's Herz gelegt hätte, als er." Lessing möge vielleicht gesagt haben: Lieber Bruder, der so verschrieene Spinoza mag wohl in manchen Stücken weiter gesehen haben, als alle die Schreier, die an ihm zu Helden geworden sind; in seiner Ethik insbesondere sind vortreffliche Sachen enthalten, vielleicht bessere Sachen, als in mancher orthodoxen Moral; sein System ist so ungereimt nicht als man glaubt. Als Jacobi entgegnete, daß Lessing eben nicht so gesagt habe, da schrieb Mendelssohn in voller Aufregung seine Schrift: „An die Freunde Lessings" (1786), in welcher er nachzuweisen suchte, daß sich Lessing mit Jacobi einen Scherz, eine Schäferei erlaubt habe, um ihn zu heilen von seiner Spürsucht nach Spinozismen. „Unser Freund, der die ehrliche Absicht des Herrn Jacobi gar bald mochte gewittert haben, war schalkhaft genug, ihn in der Meinung, die er von ihm gefaßt hatte, zu bestärken. Er spielte daher den aufmerksamen Schüler, widersprach nie, stimmte in Alles mit ein und suchte nur den Discurs, wenn er ausgehen wollte, durch Witzelei wieder in Gang zu setzen. Daher die gezwungenen Einfälle und Plattheiten, die sonderbaren Grillen, die bei einer Tasse Kaffee noch immer unterhaltend genug waren." Bevor noch Jacobi hierauf antworten konnte, war Mendelssohn bereits nicht mehr. Jene Schrift war sein Schwanengesang gewesen. Jacobi wurde von den Berlinern als Mendelssohn's Mörder ausgeschrien (Lavater's Zubringlichkeit gab dem Leben Mendelssohn's den ersten Stoß, Jacobi vollendete das Werk) — welche Ehre der Zopfschulz durchaus für sich in Anspruch nahm, in seinem „entlarvten Moses Mendelssohn" behauptend, dieser habe sich nur an seiner (Schulz') „philosophischen Betrachtung" (§. 19, k) zu Tode ärgern können. Was Lessing den Philosophen betrifft, so sagt schon M. Claudius mit Recht: die gewöhnlichen Bänke passen nicht für ihn. Ihm, der markanten und energischen Persönlichkeit, der die Freiheit und ewige Fortdauer des Individuums betonte, selbst der Metempsychose seine Neigung schenkte, mußte Leibniz's Individualismus viel mehr entsprechen, als die Alleinheitslehre Spinoza's, bei dem er ausgesprochenermaßen „Irrthümer" gefunden. Daß er sich dennoch zu Spinoza bekannt, das ist doch nur gemeint gegenüber dem herkömmlichen Gottesbegriffe. Mit der theologischen beatitas Dei, dem unveränderlichen Genuß seiner allerhöchsten Vollkommenheiten, verknüpfte sich ihm die Vorstellung von unendlicher Langeweile. Da sprach ihn das verrufene ἓν καὶ πᾶν mehr an, Gott der Welt immanent, die immer schaffende Seele des Alls, jeder Gedanke bei Gott eine Schöpfung, jedes geschaffene Wesen den Gedanken Gottes reflectirend. Das Bedeutungsvolle in Lessing's Bekenntniß zu Spinoza liegt in der speculativen, weit über den gesunden Menschenverstand hinausliegenden Wendung, die er damit nahm. Insofern gestaltete sich der Streit Jacobi's mit Mendelssohn zum Todtengericht über die Popularphilosophie, wie es aus Jacobi's Worten über "den neuen Socrates, den unsterblichen Weisen" hervorklingt: "Ich habe nie viel aus Mendelssohn gemacht. Er ist mir als Philosoph was mir Gellert als Dichter ist," oder wie Jacobi's Freund J. G. Forster sich ausdrückt: die theure Philosophie der neuen Reformatoren sei keinen Kreuzer werth[d]. Die Pächter der Aufklärung, voran das Triumvirat in Berlin, Nicolai, Gedike, Biester, wie sie als die bevollmächtigten Statoren des Protestantismus, der ihnen freilich in weiter nichts bestand, als in der Kunst, die Vernunft über die Offenbarung zu setzen, sich gerierten, so wagten sie auch mit ihrem gesunden Menschenverstand die Cirkel der neuen Philosophie zu stören, deren Gestirn bereits in vollem Glanze leuchtete. Vor allen Andern fühlte Nicolai sich berufen, gegen die Verderbniß des gesunden Menschenverstandes zu zeugen und als die kapitolische Gans die philosophische Welt aufzuwecken. Er nahm in den 11. Theil seiner "Reise durch Deutschland" (1796) ein Capitel "philosophische Querköpfe" auf, worin er, seinen Mutterwitz über den Schulwitz setzend, die hochstrebenden jugendlichen Philosophen nach Kant mit einem gewissen souveränen Mitleid behandelte. "Speculation ist für Magister, was Feuer dem Holze, das einzige Mittel ihre hölzernen Seelen etwas zu sublimiren." Insbesondere machte er sich über Fichte, von dem er doch wußte, daß er herausgefordert schrecklich war, und über M. Schelling II. her. Jener wolle mit seinem verwirrten transscendentalen Gewäsche den Geist seines Zeitalters leiten, sei aber von dem wildesten Dünkel und dem plumpsten gelehrten Stolze so besessen, daß er zu einer neuen Charlataneria eruditorum ein ebenso einleuchtendes als komisches Beispiel geben würde. Von Schelling aber schreibt er: "Da sitzen sie Göttern gleich im seligen gnostischen Βυθός, und abermals die jüngsten am seligsten, in ihrer Tiefe eifrig beflissen, von jeder Art der Philosophie alles Materiale und Gegebene, wie Häute von einer Zwiebel, so subtil als möglich abzuziehen." Es wäre, meint er, zu wünschen, daß irgend ein Menschenfreund eine Wiese zum Besten unbärtiger kränklicher Magister und blaßwangiger Baccalaureen vermachen möchte, damit sie darauf spazieren gehend nicht auf's Bücherschreiben verfielen. Gehe aber das Unwesen mit den scholastischen Spitzfindigkeitendrehern so fort, so werde

---

[d] R. Zimmermann, Leibniz und Lessing [Sitzungsberichte d. philos.-hist. Classe d. k. Acad. d. Wissensch. in Wien. 1855. XVI, 326]. Schon Kant meinte, es sei nicht so ausgemacht, daß Lessing Spinozist gewesen.

die Polizei ein Einsehen darin haben müssen. Er ist für diese, wie er's nannte, literarische Offenherzigkeit ganz unbarmherzig behandelt worden. Hatte ihn ehedem Kloß novus Jupiter chartaceus, omnium bipedum maxime ridiculus, und den Lästerer Deutschlands gescholten, so verbat sich jetzt Kant, ihm gegenüber, die Entscheidung vermittelst der Wünschelruthe des sogenannten gesunden Menschenverstandes, die nicht jedermann schlägt. Jacobi schrieb: „die Bestialität dieses Menschen ist meinem ganzen Wesen dergestalt zuwider, daß ich alle Fassung darüber verliere." Fichte in seinem sarkastischen Büchlein: „Friedrich Nicolai's Leben und sonderbare Meinungen" (1801), womit er das literarische Schreckenssystem in die Philosophie einführte, nannte ihn die seufzende Creatur, den alten Berlinischen Steinbock, den jeder Muthwillige am Barte zupfe, um sich an seinen Capriolen zu belustigen. Es sei ebenso närrisch, wenn ein einfältiger Buchhändler sich für einen großen Weltkenner und Weltmann halte, als es närrisch ist, wenn ein alter Schuhflicker sich für den König von Jerusalem ansieht. Es ist kein Zweifel, daß auch ein Hund, wenn man ihm nur das Vermögen der Sprache und Schrift beibringen könnte, und die Nicolaische Unverschämtheit und das Nicolaische Lebensalter garantiren könnte, mit demselben Erfolg arbeiten würde, als unser Held. Fichte leitet alles Thun und Treiben Nicolai's aus der Meinung ab, die sich bei ihm festgesetzt, daß er alles mögliche menschliche Wissen in seinem Gemüthe umfaßt, erschöpft und aufbewahrt habe, daß darum sein Urtheil in aller Wissenschaft unfehlbar, dem Urtheil Anderer als Richtschnur dienen müsse, daß er das Centrum deutscher Bildung sei. Dafür hält sich dieser dürre Chronikengeist mit absoluter Oberflächlichkeit und totaler Seichtigkeit, und von diesem Gesichtspunkt aus urtheilt er. Als Jacobi Lessing's Spinozismus verkündete, betheuerte Nicolai, Lessing sei ganz gewiß mißverstanden worden, denn er, Nicolai selbst, habe ja mit Lessing über diese Materie differirt. Jacobi, ein mittelmäßiger Kopf, habe diese Anecdote verbreitet, sich ein Ansehn zu geben. Diese Insinuation war Fichten zu stark, und er ruft aus: „Armer Wicht, ahndete dir denn gar nicht von den Versuchungen des Teufels, als du diese Stelle niederschriebst? Hattest du denn gar keinen Freund, der dir in die Ohren geraunt hätte, daß, wenn die Geisteskraft dieses mittelmäßigen Kopfes, F. H. Jacobi, unter 10 mal 10 mal 10 Nicolai zu gleichen Theilen vertheilt würde, jeder dieser Nicolai seinen Kopf doch noch mit weit mehr Ehre durch die Welt tragen würde, als du, allererbärmlichster Friedrich Nicolai?" Selbst seinen

Freund Lessing gab Nicolai für einen wunderlichen Kopf, einen übellaunigen Brummer, ein überspanntes Genie aus. Das veranlaßt Fichte zu der Apostrophe an Lessing: „Heiliger Schatten, vergieb uns, daß wir in demselben Zusammenhang von dir reden und von ihm (Nicolai). Wenn auch keine deiner Behauptungen, wie du sie in Worte faßtest, die Probe halten, keines deiner Werke bestehen sollte, so bleibe doch dein Geist des Eindringens in das innere Mark der Wissenschaft, deine Ahnung einer Wahrheit, die da Wahrheit bleibt, dein tiefer inniger Sinn, deine Freimüthigkeit, dein feuriger Haß gegen alle Oberflächlichkeit und leichtfertige Absprecherei unvertilgbar unter deiner Nation!" Ueber Nicolai's triviale Einwendungen gegen die neue Philosophie bemerkt Fichte: „Diese Einwendungen — etwa, daß ja die Erscheinung der Sinnenwelt so gar nicht vor Blutigeln weiche, vor denen doch sonst jede Erscheinung verschwinde, oder daß, wenn Alles, was da ist, das Ich selbst sei, ein Mensch, der eine wilde Schweinskeule äße, sich selbst äße — waren sämmtlich von der Art, daß jeder Knecht und jede Magd im römischen Reiche, die sie vernahmen, finden mußten, sie hätten dieselben wohl auch vorbringen können. Aber dadurch, daß unser Held sie ihnen so vor dem Munde wegnahm, empfahl er sich schlecht ihrer Zuneigung. Ueberdieß hörten sie auch nicht, daß man jene Philosophen von Obrigkeitswegen in die Tollhäuser gebracht, welches doch, wenn ihre Behauptungen durch jene Einwendungen getroffen würden, nothwendig hätte geschehen müssen." „Bleibende Wahrheit, fährt Fichte in seiner vernichtenden Kritik fort, ist ihm ein Greuel, er haßt sie und wüthet gegen ihre Ideen. Sein Protestantismus war die Protestation gegen alle Wahrheit, die da Wahrheit bleiben wollte; gegen alles Uebersinnliche und alle Religion, die durch Glauben dem Dispute ein Ende machte. Seine Denkfreiheit war die Befreiung von allem Gedachten, die Ungezähmtheit des leeren Denkens, ohne Inhalt und Ziel. Freiheit des Urtheils war ihm die Berechtigung für jeden Stümper und Ignoranten über Alles sein Urtheil abzugeben. Nicolai ist zum literarischen Stinkthier und der Natter des 18. Jahrhunderts bestimmt gewesen, er hat deßhalb Stank um sich verbreitet und Gift gespritzt, nicht aus Bosheit, sondern lediglich durch Bestimmung getrieben. Er hätte ein gutes Theil weniger dumm sein müssen, um zu begreifen, daß er dumm sei." In Fichte's Urtheile stimmten Schelling und Niethammer ein. Jener nannte ihn den alten Californier, einen alten Geck und geborenen Dummkopf; dieser meinte: Nicolai sei nun wirklich übergeschnappt, und er sei der

Gott Vater zu Bedlam, der gegen seinen Nachbar Jesus Christus die Zähne fletsche. So war das Ende des Nicolaitischen Papstthums und der deutschen Verstandesaufklärung. Sie versank vor dem Schwunge des Genius unserer klassischen Denker und Dichter, das fahlere Licht vor dem Sonnenglanz.

Cap. II. Gefühlsvertiefung.

§. 24. Die Nachtseite der Aufklärung.

<small>G. C. Horst, Dämonomagie (2 Th. Frff. 1818) I, 253. C. Zierle, Schwärmer u. Schwindler zu Ende d. 18. Jahrh. Lpz. 1874.</small>

Während der aufklärende Verstand alle Fesseln finstern Aberglaubens von sich streifen wollte, ging doch daneben und gerade als Folie zur einseitigen und entleerenden Aufklärung, als ihr Schatten, ein düsterer Zug durch diese Zeit in Form geheimer Gesellschaften [S. 27], alchymistischer Künste, Geisterseherein, mysteriöser Menschen und Systeme. „Wir träumten von nichts als Aufklärung und glaubten durch das Licht der Vernunft die Gegend so aufgehellt zu haben, daß die Schwärmerei sich gewiß nicht mehr zeigen werde. Allein, wie wir sehen, steiget schon von der andern Seite des Horizonts die Nacht mit allen ihren Gespenstern wieder empor." Namentlich in den achtziger Jahren erschienen Fanatiker, zahlreich wie Heuschrecken. Die Goldmacherkunst blieb noch immer eine vielbeliebte Wissenschaft. In jeder Messe erschien eine Menge alchymistischer Bücher, deren Verfasser sich zermarterten, den hochbelobten Stein der Weisen bald aus diesem, bald aus jenem Körper herauszubringen, einer aus Salzen, jener aus Ruß, dieser aus vegetabilischen Körpern, ein Anderer gar aus thierischen Ausleerungen. Die größten Aufklärer waren nicht frei von alchymistischen Anwandlungen. Reusch, der aufgeklärte Wolffianer, laborirte sehr ernsthaft [II, 406]. Semler's Lust am Goldmachen ist bekannt [S. 76]. Sowie, meint er, aus kleinen Samen große Bäume wachsen, so sei es nicht so ungereimt, daß Gold und Silber seinen eigenen Samen habe, der in seinem Boden leicht aufgehe; er sei also sehr wohl damit zufrieden, daß die Alchymie oder stille Chymie (dieselbe „nimmt nicht die schon da seienden Corpora und zerlegt und mischt sie nach dem Buche oder nach Belieben, sie hat es geradezu erst damit zu thun, was nicht Corpus ist, was actu primo erst ist, das beobachtet, das erwartet sie") in unsern Zeiten ihr Haupt wieder erhebe. Er selbst habe die so eben hervorbrechenden Spitzen des unsichtbaren

Goldpünktchens deutlich gesehen. Jung-Stilling las in seinen jüngern Jahren alle alchymistischen Schriften und glaubte dem Stein der Weisen auf der Spur zu sein. In Schwaben bemächtigte sich der Adeptus in Christo Oetinger der philosophia chemica und experimentirte je und je zum Vortheile seiner emblematischen Theologie. Christus selbst erschien ihm als der himmlische Schmelzer und Scheider. J. G. Forster († 1794), der Weltumsegler und Revolutionär, glaubte während seiner Verbindung mit den Rosenkreuzern ganz ernstlich, durch Gebet und chemische Operationen zum Umgang mit Geistern und in den Besitz des Steines der Weisen zu gelangen. Bahrdt, der große Aufklärer der Menschheit, wünschte sich wohlthätige sympathetische Mittel, um nach Jesu Beispiel Kranke zu heilen, ließ sich von einem alten Weibe die Rose besprechen, und erbat sich von dem Adepten zu Helmstädt ein Particulare zum Goldmachen. Dieser, der abentheuerliche Hofrath Beireis († 1809), eine kleine, blasse, gebückte, aber lebhafte Figur mit einer niedrigen Perrücke (welches Symbol des Magisterthums er später von sich warf), war das eigentliche Oberhaupt aller damaliger Alchymisten, der Paracelsus der Aufklärungszeit, halb Gelehrter und halb Charlatan, einer der letzten Repräsentanten der Universität Helmstädt und der fleißigste Professor in Deutschland. Ein frommer Naturforscher, der in Adam und Salomo seine Berufsgenossen erblickte (denn jener hätte ohne Studium der Eigenschaften der Dinge nicht allen unterscheidende Namen geben können, und dieser redete von den Cedern des Libanon bis zum Ysop an der Wand), ein sacerdos naturae, spähete er kühn und nimmer ermüdet des Ewigen Fußspur nach, erblickte auf jedem Blatte mit schöner Schrift Allweisheit und Allliebe, bewunderte in jeder Insectenlarve den Höchsten, fand in der Natur die Gründe für Unsterblichkeit der Seele. Aber er galt auch weit und breit für Einen, der das Goldmachen gründlich verstehe, und er selbst voll naiver Eitelkeit (wonach er unter den drei ganzen Köpfen der Welt mit Thales von Milet und Newton als der dritte sich dünkte) verfehlte nicht, sich in ein geheimnißvolles Dunkel zu hüllen und geheime Künste zu ostentiren. Er wollte alle Länder durchreist, in Neapel einen zweiten Bucephalus gebändigt, aus Sumsulpur in Bengalen den größten Diamanten erhalten haben. Es wollte durch Metaphysik ihm gelungen sein, verrückte Menschen wieder vernünftig zu machen. Automaten standen in seinem Dienst und er vermochte seines Kleides Farbe zu wandeln[a]. Neben den Alchymisten

---

[a] C. v. Heister, Nachrr. üb. G. Chr. Beireis. Brl. 1860.

thaten sich die Magnetiseure hervor, an ihrer Spitze Anton Mesmer in Wien. Nachdem er von P. Hell, dem Astronomen, erfahren, daß sehr starke künstliche Magnete Besserung bei rheumatischen Schmerzen bewirkten, verfertigte er magnetische Ringe als schmerzstillende Mittel. Als der Credit dieser Ringe fiel, gab er vor, eine besondere Kraft (fluidum nerveum) in seinen beiden ersten Fingern zu besitzen, und nannte diese (im Gegensatz zum mineralischen) thierischen oder animalischen Magnetismus. Er unternahm nun ganz besondere Curen und wollte einem von Kindheit an stockblinden Fräulein, der damals bekannten Clavierspielerin Maria Therese v. Paradis, zum Gesicht verholfen haben. Als diese Heilung sich als eine nur vorübergehende herausstellte aus Wien verwiesen, ging er nach Paris, pries dort seinen Magnetismus an, wurde bald der Mann des Tages, galt als unumschränkter Gebieter über die ganze belebte und unbelebte Schöpfung, gewann elèves immediats an Marquis de Puységur, Chevalier Barbarin zu Lyon, Würz in Straßburg, Bergasse u. A., und erwarb viel Geld von den Kranken, bis er durch medicinische Auctoritäten in Mißkredit kam, und vergessen zu Meersburg in seiner schwäbischen Heimath 1815 starb[b]. Mesmer hielt sich an das Physische, er massirte d. h. berührte und bestrich stark und geschwind, so daß die Kranken durch seine Manipulation bald in Betäubung (Desorganisation) fielen, bald Ohnmachten, Zuckungen, Krämpfe, Fallsuchten, Schweiße und Thränenflüsse bekamen, bald weinten bald lachten bald die Gesichter verzogen. Andere Magnetisten behandelten Alles bloß psychologisch oder moralisch, wieder Andere vereinigten das Physische und Moralische. Hier kam — was Mesmer noch nicht kannte — der divinatorische oder magnetisch-prophetische Schlaf (Somnambulisme magnétique) der Somnambulen und Clairvoyanten vor, wobei sich ein 6. Sinn entwickeln sollte. Frankreich zählte (1786) 29 harmonische Gesellschaften (Philalethen), die sich mit Magnetisiren beschäftigten und dasselbe priesen von einem Ende der Erde zum andern. In Deutschland fing der kindersinnige, schnellgläubige, engelreine Lavater zu mesmerisiren an, magnetisirte seine Frau und empfahl auch diese Operation, als er in Bremen war. Ein satyrisches „Freudenlied der Jünger Lavaters in Bremen"(1787)[c] hebt an:

---

b) J. Kerner, F. A. Mesmer, Entdecker des thierischen Magnetismus. Frkf. 1856. Vgl. auch Zeitgenossen. Neue Reihe. Bd. 2 (1822). H. 5.

c) Verf. v. J. C. Ummius, Rector der Domschule in Bremen, und abgedr. bei F. W. Ebeling, Gesch. d. komischen Literatur. Lpz. 1869. 1, 459 ff.

Wie schön leucht't uns von Zürich her
Der Wunderthäter Lavater!

Einige benutzten sofort den Magnetismus als Erklärungsprincip der biblischen Wunder, besonders derer, die Christus durch Auflegung der Hände gewirkt. Mit dem Magnetismus verbanden sich Geisterseherei — ein Geist (interlocuteur genannt) brauche die Somniloques als Organe — und religiös-theosophische Momente in Schweden. Hier war 1757 eine neue göttliche Oekonomie, die Krone aller Kirchen, das neue Jerusalem (mit Mauern von Jaspis, mit Thoren von Perlen und mit Gassen von lauterem Golde) angebrochen, indem ein Gericht in der geistigen Welt über die erste Kirche erging und der Herr zum zweiten Male kam, nicht in Person, sondern in der Kraft und Herrlichkeit seines Wortes. Zeuge dessen war Emanuel Swedenborg († 1772), ein gelehrter Mann in Mineralogie, Mathematik und Mechanik, Assessor beim königlich schwedischen Bergwerkscollegium, seit seinem vierten Jahre in Gedanken beständig mit Gott beschäftigt und schon damals so angesehn, als ob die Engel aus dem Kinde sprächen. In einem Gasthof zu London beim Mittagessen (April 1745) öffnete ihm der Herr, anhebend mit der Ermahnung: „Iß nicht soviel!" das Gesicht in die geistige Welt. Von da an beginnt seine theologische Laufbahn mit ihren Eigenthümlichkeiten. Er genießt wenig animalische Nahrung, liegt oft mehrere Tage im Bett, ohne überhaupt etwas zu essen, geht in einem altmodischen schwarzen Sammtkleide und langen Manschetten, einen Degen mit ungewöhnlichem Heft an der Seite und einen Stock mit goldenem Knopf in der Hand, ist nun oft im Geiste und als Geist unter Geistern, unterhält sich, weil es in der geistigen Welt keinen wirklichen Raum giebt, mit Aposteln, verstorbenen Päpsten, Kaisern und Königen, mit den Reformatoren der Kirche und mit andern Menschen aus fernen Ländern, hat den richtigen Einblick in die Natur des Himmels und der Hölle und einen merkwürdigen Fernblick. Er sah in Gothenburg eine Feuersbrunst, welche in dem 50 Meilen entfernten Stockholm ausbrach, er theilte der Königin Louise Ulrike gewisse Nachrichten von ihrem verstorbenen Bruder mit, die keinem Menschen, als der Königin und dem verstorbenen Prinzen bekannt gewesen, gab Auskunft über eine verlegte Quittung u. s. w. Sein himmlischer Verkehr geschah nach einer constabilirten Harmonie, vermöge deren niedere Wesensklassen höheren Wesensstufen correspondiren (scientia correspondentiarum), die irdische Welt der himmlischen Welt (die zu einander wie das Holz zum Marke sich verhalten), der

Wortsinn der h. Schrift dem geistigen Sinn, den zu enthüllen der erleuchtete Swedenborg kam und so sein sabellianisch- (Deus est unus persona et essentia, also keine triplicata divinitas), patripassianisch- (Divinum Domini, quod Pater vocatur), pelagianisch-gnostisches (Christus hat dem Menschen seine verlorene Freiheit wiederhergestellt und das ganze Geisterreich wieder in Ordnung gebracht, indem, als der Herr ausging, die Dämonen flüchteten, wie Raubthiere in ihre Höhlen) System als vera religio christiana schuf. Swedenborg's Theosophie fand an vielen Orten Beifall, Lavater sah in ihm einen wahren redlichen Divinator, Oetinger einen Vorboten, daß in dem Königreich Christi auf Erden die Gläubigen werden ein Sensorium, ein Frühlingswerkzeug haben, wodurch sie mit den obern Mitgenossen der Hochzeit des Lammes reden, Semler sprach sich dahin aus, daß kein Jahrhundert Swedenborge unterdrücken oder als eine Schande des Jahrhunderts ansehen müsse. Dagegen nannte Kant ihn einen Erzphantasten, die A. D. B. einen Nachtwandler mit dem Kopfe, wie Andere mit den Füßen, Hamann bezeichnete die Wunder des schwedischen Koboldsehers als eine Art von transscendentaler Epilepsie. Seine Anhänger in Schweden (die sich zu exegetischen und philanthropischen, in England zu theosophischen Gesellschaften zusammenthaten und an dem fiat lux arbeiteten) gingen auch Verbindungen mit den schwedischen Maurern ein, welche nun von Visionen, Träumen, Meldungen, Chapitre illuminé redeten. — Die Schwärmerei trieb in dieser ihr günstigen Zeit noch eine zahllose Menge anderer Sprossen. Es tauchten kabbalistische Rechner auf, auf den Geist Gablidone sich stützend (einen spiritus familiaris, dem ähnlich, welcher dem Muhammed in Gestalt einer Taube erschien und beim Delphischen Orakel Dienste leistete), Wahrsager, Exorcisten, Teufelsbanner, Theurgen, Magier mit hyperphysischen Wissenschaften und hermetischen Mysterien, sympathetische Windbeutel und allerhand Sonderlinge. Als Wahrsager setzte Conrad Sigismund Ziehen († 1780), Superintendent des Communionherzes und Pastor primarius zu Zellerfeld ganz Deutschland in Bewegung. Eine in sich gekehrte, schwermüthige Natur war er durch das Lesen chymischer und alchymistischer Schriften zu einem memphitischen Weisen, einem Sohn des Hermes, welcher die smaragdnen Tafeln aus der Gruft seines Vaters geholt, und zum hypermetaphysischen Dichter geworden. Im Jänner 1780 trat er endlich als Prophet hervor und kündigte aus geologischen, astronomischen (vermehrte Rectascension und verminderte Declination der Fixsterne) und biblischen Gründen seinen

Landesregierungen in einem Promemoria noch nie erhörte Erderschütterungen und Erdbrüche an. Ein ungeheurer Abgrund werde den Bodensee, Rheinstrom und andere Gewässer verschlingen, Mähren werde von Oestreich, Böhmen von Baiern, die Alpen und Niederlande von Deutschland getrennt werden, der Brocken Feuer speien und Lava bis nach Böhmen ausströmen, und das Alles sollte noch vor Ostern 1786 geschehen. Als nun wirklich 1780 einige Erdstöße verspürt wurden, so erschienen diese als der Anfang und alle Leichtgläubigen geriethen in Schrecken. Ziehen galt als vom Vater des Lichts erleuchtet und als Einer, der in dem kabbalistischen Buche Chovilla, diesem hieroglyphischen Theil der h. Schrift, die Engelsprache erlernt habe, während er selbst für den Engel der Gemeine zu Thyatira sich hielt (Apoc. 2, 18). Lichtenberg und auch Lavater bestritten diese Prophezeihungen, letzterer wegen deren Zwecklosigkeit (man finde keine Spur von Erweckung zur Buße und Sinnesänderung darin) und Herzlosigkeit (kälter und unempfindlicher könne man nicht das Zertreten eines Wurmes anzeigen, als Ziehen diese schrecklichste aller Naturbegebenheiten), ohne besondern Erfolg d. Der Theurg Schröpfer [S. 31] zauberte seinen alten greißgrauen, gebarteten Mann, seine kalten Riesen und Zwerge, seine unanrührbaren oder beim Anrühren niederschmetternden Figuren mit unendlicher Arbeit herauf und wußte sie mit weit schwererer Arbeit oft kaum wieder wegzubringen. Der oberdeutsche Priester Johann Joseph Gaßner († 1779), dessen Mirakelruhm in die Jahre 1774 — 76 fiel, heilte übernatürliche Krankheiten der circumsessi, obsessi, possessi, die er durch ein praeceptum probativum von natürlichen Krankheiten zu unterscheiden wußte, durch Beschwörung im Namen Jesu, Auflegen seiner hochpriesterlichen Hand und eines Pectoralkreuzes, durch welches Alles er sich selbst aus einem Pfarrer zu Klösterle auf einen bischöflichen Hofkaplan und geistlichen Rath hinaufexorcisirt hat, bis ein kaiserlicher Befehl seinen exorcistischen Handlungen im ganzen römischen Reich ein Ende machte. Während die Aufgeklärten seine ganze Kunst darein setzten, daß er die Einbildungskraft des Pöbels durch ungestümes Betasten und Wüthen, Anfahren mit erschütternder Stimme zu erhitzen wisse und hierdurch in der That einzelne Nervenkranke geheilt habe, dienten den Katholiken diese Wunder zur Beschämung der Protestanten, als unter welchen keine

---

d) Allg. D. Bibl. 79, 278. Ein zeitgenössisches Epigramm auf ihn lautet:
Erde, du sollst vergehen, sprach Ziehen. Doch Marcus der Schiffer
Sprach: Mich kümmert es nicht, morgen geh' ich zur See.

Gaßner aufstünden*. Lavater, der die Fortdauer der apostolischen Wundergaben glaubte und darum auf alle solche außerordentliche Erscheinungen gespannt war, war, ob er gleich keine für Andere entscheidende Beweise von Gaßner's summi imperii in nervos zu sehen das Glück gehabt wie von seiner Redlichkeit und Unbetrogenheit in seiner Wirkungskraft so von der höchsten Harmonie seines Systemes mit sich selbst völlig überzeugt. „Laßt uns, schrieb er ihm, stille, stille unsere Seelen einander mittheilen, die Welt ist's auch nicht werth, daß wir ihr die Kraft Gottes vor die Füße werfen." Bei seiner übergläubigen Religiosität („meine echte Religion ist auch eine echte Magie") und seiner sympathischen Stellung zu Mesmer, Gaßner und allen Arten von Thaumaturgen konnte es nicht fehlen, daß auch der Lavaterianismus unter den Schwärmereien eine Stelle fand. Hätte Lavater doch zu gern durch eine Spalte in's Reich der Unsichtbarkeit gesehen†. Ein Gläubiger an die Geschichten der Schrift von den Engeln als sichtbaren Geistern, ein Nichtgläubiger an den Genius des Socrates, hielt er seinem sadducäischen Zeitalter zum Troß Mittelgeister, Dämonen, Vielwisser für möglich, und für das Köstlichste und Heiligste in der menschlichen Natur, mit reinern Geistern umzugehen. „Freue der Erscheinungen dich, doch beschwöre nie die Erscheinung!" In solchen Dingen, sagt er mit Bayle, sei weniger als der Pöbel, mehr als die Philosophen zu glauben, und er konnte sich ärgern über das schnelle Absprechen, das rohharte Erklären für Betrug. Aber „die Geister, wenn sie mir verehrungswürdig sein sollen, müssen sich durch sich selbst legitimiren, sie müssen mir sagen, was mir Niemand aus der sichtbaren Welt sagen kann, und reelle Bedürfnisse meiner Natur befriedigen, d. h. mich froher, edler, glaubender machen. Ich sage nicht zu Gott: sende mir einen Engel! aber auch nicht mit Luther: ich verbitte mir alle Engelerscheinungen. Auch hier bleib' ich bei meinem lieben nil velle, nil nolle in Sachen solcher Art. Ich bitte Gott täglich, sende mir einen Weisern, einen Ueberzeugtern, der mich lehre, was alle Weisen, die ich kenne, mich noch nicht lehren konnten, ein Mittel zum Mittel, einen Wegweiser zum Wegweiser! Sei dieser Weisere, dessen ich unaussprechlich bedarf, nun ein Socrates, der unerkannt auf Erden

---

e) Nachr. v. G.s Teufelsbeschwörungen in Walch's Neuester Rel.-Gesch. VI, 369.
f) Lavater's u. sr. Freunde Verkehr mit der Geisterwelt (Gelzer's Prot. Monatsbl. 1859, S. 169]: „Lavater strebt in die unsichtbare Welt, und vertraut sich jedem Brette an, das dahin zu treiben scheint." [Ewald] Briefe üb. den neuen Sektennamen Lavaterianismus. Hann. 1793.

leben mag oder ein socratischer Mensch oder ein socratischer Genius; der Weiseste ist mir der Göttlichste, der Reinste mir ein Engel, der Liebevollste mein Gott!" — Endlich durchzogen allerhand absonderliche Menschen das aufgeklärte Deutschland, meist eitel und gewinnsüchtig, ausbeutend den Zug der Zeit für das Sonderbare. So der göttliche Ca‑ gliostro (eigentlich: Giuseppe Balsamo aus Palermo, † 1795 zu St. Leo im ehemaligen Kirchenstaate als Gefangener), der Groß‑Cophta, der mit auf der Hochzeit zu Cana gewesen sein wollte, ja, als entstauben aus der Verbindung der Gottessöhne mit den Menschentöchtern (1 Mos. 6, 1), sein Alter bis auf den Kasten Noah zurückdatirte, durch sein System der ägyptischen Maurerei, durch den Stein der Weisen, den zu besitzen er sich rühmte, und allerhand magische Künste (Lebenstincturen, Schönheitsessenzen) sich den Anstrich eines außerordentlichen Mannes in ganz Europa, auch bei Elise von der Recke, bei Lavater ("ich glaube, die Natur formt nur alle Jahrhunderte eine Gestalt wie diese, und ich möchte Blut weinen, daß ein solches Product der Natur theils so sehr mißkannt, theils durch so viele unleugbare Hartheiten so drückend werden muß") und Schlosser zugeben wußte, und Männer von der größten Bedeutung in Bewegung setzte. Lichtenberg nannte ihn den infausten Schurken des 18. Jahrhunderts, einen Charlatan en gros, die A. D. B. einen sehr schlauen Betrüger, einen Abgeschickten einer sehr listigen Gesellschaft, welche durch ihn große und weitausschende Plane vorbereiten wollte. In der That machte er viel Gold dadurch, daß er auf die für Andere zu entdeckenden Schätze starke Vorausbezahlungen annahm, fremde Handschriften täuschend nachahmte und seiner schönen Frau den einträglichen Grundsatz beibrachte, daß Ehebruch einer Frau keine Sünde sei, insofern sie sich des Nutzens und nicht der bloßen Liebe willen einer Mannsperson überläßt". Als Ueberwinder im Glauben und als Virtuose im Predigen zog der gewesene kursächsische Unterkanonier J. G. Hermann aus Bautzen als Pseudofreiherr Morteziuni, der sich auch Ritter des h. Stephansordens nannte, in Sachsen und Preußen brandschatzend und bewundert umher, bis er von Chr. J. Kraus in Königsberg als Betrüger entlarvt wurde. Er starb 1797 als Professor der slavischen Sprachen beim adeligen Cadettencorps in Berlin. Der wellenhaarige Kraftapostel Christoph Kaufmann († 1795) aus Winterthur, Apo-

---

g) Die interessantesten Criminalgeschichten aller Länder. Aus dem „neuen Pitaval". Hrsg. v. A. Vollert. Lpz. 1869. Bd. 5. S. 1.

theker von Profession, unternahm, von ungemessenem Ehrburst getrieben und vertrauend auf seine stürmische hinreißende Urkraft, in eine grüne Friesjacke und Charivaris gekleidet, die Brust bis auf den Nabel nackt, einen gewaltigen Knotenstock in der Hand, auf einem Schimmel eine abentheuerliche Reise an verschiedene deutsche Fürstenhöfe als Repräsentant der Menschheit, Demiurg und Kraftkoloß, ein fertiger Emil, der dem Naturzustand zu Liebe weder den Bart mit dem Messer schor noch Gegohrnes trank und die Erdäpfel als die beste Nahrung pries. Garve schrieb von dem ganz in seinem Centro ruhenden Mann: „er geht schlechterdings seinen eignen Weg und weicht Niemandem, der ihm auf demselben begegnet, aus, sollten auch ihre Köpfe noch so hart an einander stoßen." Hamann nannte sein Denken und Empfinden alpenähnlich. „Er spielt beinahe die Rolle im bürgerlichen Leben als ich in der Autorwelt." Herder fand in ihm einen der stärksten, reinsten, geordnetsten, gütigsten Menschen, die er kannte. Lavater redete überschwänglich von diesem Seher Gottes und der Wahrheit, welcher „kann, was er will". Von Astrakan bis Zürich habe er seines Gleichen nicht. „Sei froh, schreibt er an Zimmermann, daß er dir nicht zu nahe kam; denn, Lieber, seine bloße stille Gegenwart würde dich töbten und ein Wort von ihm deine Gebeine zerschmettern." Goethe aber, der auf den „Gottesspürhund", als Lumpen- und Lügenpropheten, schlecht zu sprechen war, schrieb an Kaufmann's Thüre:

> Ich hab' als Gottesspürhund frei
> Mein Schelmenleben stets getrieben;
> Die Gottesspur ist nun vorbei,
> Und nur der Hund ist übrig blieben.

Er ruhte zuletzt am Busen der Natur und der Gottheit aus als Arzt der Gemeine in Gnadenfeld und Herrnhut, und arbeitete, wie man meinte, an einer Verbindung der Herrnhuterei und Freimaurerei[h]. Am harmlosesten noch war der gutherzige, immer hinaufwärtsschauende Schwärmer Jakob Hermann Obereit († 1798), der Weltüberwinder, Chirurgus und Magicus, der sich den Schweizer Diogenes mit der Laterne zum hellen Aufgang nannte. Eine wundersame Figur, in einem langen blauen Ueberrock, in gelben Pantoffeln und einer kleinen runden schwarzen wollenen Perrücke, zog er in Deutschland umher als Apostel der Goldmacherei (er versuchte einige Metalle unter göttlichem Beistand zu

---

[h] H. Dünzer, Chr. K., der Kraftapostel der Geniezeit [Raumer's hist. Taschenbuch 1859. S. 107].

verbessern), der Mystik und des Centralismus. „Centralismus ist ganz einfältig Nichts, als auf Grund, Wesen', Kern aller Dinge zu dringen, alles Reelle, alles Gute vom Centro aller Wesen her und wieder dazu hinzuleiten, zum höchsten Grundbesten, natürlich und frei genetisch evolutiv, nicht fatal emanativ." Nach dem Tode seiner Frau, der seraphischen Schäferin Theautis und Psycho empirea, die er just zweimal soviel Tage besessen, als Jahre er in sie verliebt war, schlug er seit 1785 seine Wohnung in einem dunklen Dachstübchen hinter der Stadtkirche in Jena auf, war dann mehrere Jahre Hof- und Cabinetsphilosoph in Meiningen, wo er mit den auserlesensten Männern und Damen des Hofes in stillharmonischer Philosophie conferirte, studirte hierauf in Jena unter Reinhold und Fichte die kritische Philosophie (die er aber, die Kantischen Kategorien mit den kabbalistischen Sephiroth identificirend, schon in der uralten Weisheit des Orients vorfand), und war auch nahe daran, eine lebendige Philosophie sich anzueignen, d. h. eine Sophie zu ehelichen, weder schön noch reich noch jung noch vornehm — philosophus non curat. Mit einer präadamitischen Messiade, die er schreiben wollte, ist's beim guten Vorsatz geblieben[1].

§. 25. Die Nachklänge des Pietismus.

Der Pietismus lebte noch hie und da fort, mehr bänglich als kräftig, wie eine welkende Blume, nur mühsam der Neologie sich erwehrend, oder überhaupt auf die vergebliche Abwehr der wunderlichen Dinge, die in diesen Tagen geredet, geschrieben und gedruckt werden, verzichtend. Ein allzukluges Geschlecht sei aller Orten aufgekommen, welches lieber eine theologiam speculativam, als experimentalem et practicam haben wolle. Seine einander entgegengesetzten Heimstätten waren Halle und Herrnhut. Dort wurde der alte, ernste, gesetzliche Pietismus gepflegt, hier ein freierer, schwärmerischer, in eigenthümlicher Mundart mit dem Blute Jesu tändelnd und strengeren Gemüthern anstößig. Den Halle'schen Pietismus pflanzten als Directoren des Waisenhauses und Professoren der Theologie, als solche mehr Suspiranten als Exegeten, fort: Gotthilf August Francke († 1769)[a], Johann Georg Knapp

---

[1] Schlichtegroll's Nekrolog. 1798. II, 1. Ueber ein Possenspiel, das sich „der sonst tiefsehende und sehr ehrliche" Dr. Obereit mit Herder erlaubte, vgl. dessen Werke 40, 227.

[a] J. G. Knapp, Denkmal G. A. F.'s. Halle 1770 [Nova acta hist. eccl. IX, 770. X, 529].

(† 1771), ein Mann von Henochischem Wandel, aus welchem der Geist Christi heraussah, dessen kursorische Lecture des A. T. viel Beifall fand[b], und Gottlieb Anastasius Freylinghausen († 1785), ein Enkel A. H. Francke's, ängstlich von Natur, ein stiller toleranter Gelehrter, den theologischen Neuerungen furchtsam entgegenblickend[c]. Lebendiger floß die altpietistische Quelle in dem seit 1746 in Halle heimischen Asceten Carl Heinrich von Bogatzky († 1774)[d], früher an den frommen Höfen zu Köstriz und Salfeld. Nachdem er durch Scriver's Seelenschatz zu überschwänglicher geistlicher Freude erhoben worden, war seine Lebensrichtung entschieden. „O, es müssen ewig höllische Flammen über mir zusammenschlagen, wenn ich wieder untreu würde und abwiche." Er hörte am liebsten erbauliche Collegia und war betrübt, wenn er manche „ungebrochene" Studiosos theologiae (welches sonderlich die Siebenbürger thaten) die herrlichsten Collegia theologica vorbeigehen sah, als die sich ganz in die Philosophie vertieft hatten und darüber recht elende Menschen wurden. Als Student in Jena betete er ernstlicher, weil es an diesem gefährlichen Ort sehr wild und wüste zuging. Das Kreuz Christi erschien ihm als das rechte Catheder, davon uns alle christlichen Tugenden gepredigt werden; die ganze h. Schrift kam ihm so vor, als wäre sie mit Christi Blut geschrieben; er sang gerne Sterbelieder, und schrieb neben mancherlei gottseligen Betrachtungen sein von der Welt sehr verspottetes aber oft gedrucktes „Güldenes Schatzkästlein der Kinder Gottes". Sein Pietismus war aber der Hallesche (der Herr habe durch den sel. Spener und die treuen Knechte in Halle einen rechten neuen Gnadenperiodum eintreten lassen). Daher, obwohl er seine eigne Seelenführung Andern nicht aufdringen und nicht Alle nach einerlei Führung geformt wissen wollte, die Herrnhuter meinten: „so viel Gutes dieser würdige Mann im Reich Gottes durch viele erbauliche Schriften gestiftet, so unduldsam war derselbe gegen Andere, welche von seiner Meinung abwichen, obgleich beide auf den Grund gebaut von welchem Jesus Christus der Eckstein ist." Als die sogenannten erleuchteten und aufgeklärten Zeiten kamen und er manche Theologen sah, die eine Neigung zum Socinianismo äußerten oder doch nicht ernstlich genug gegen denselben zeugten, da gedachte er an das Wort A. H. Francke's: „er finde fast in allen

---

b) G. A. Freylinghausen, Ehrengedächtniß J. G. K.s. Halle 1772.
c) J. L. Schulze, Denkmal G. A. F.'s. Halle 1786.
d) B.s Lebenslauf, von ihm selbst beschrieben. Halle 1801. Neue Ausg. (v. Plath). Brl. 1872. Dryander in Herzog's R. E. II, 284.

Secten noch einige Spuren der Wiedergeburt, nur unter den Socinianern finde er nichts davon." Das Musterbild eines gemäßigten Pietismus war in Norddeutschland Anton Friedrich Büsching († 1793), dem das herrliche Evangelium des seligen Gottes von seiner ersten Jugend an unzählige Mal das süßeste und edelste Vergnügen verschaffte. Wenn die vortrefflichen Männer, seine Lehrer, in den Erbauungsstunden ihn namentlich aufriefen und fragten, ob er den Herrn lieben, verehren und bekennen wolle, so antwortete er allezeit mit gerührtem Gemüth: ja! und gab ihnen die Hand darauf. Mit einem Freunde setzte er einen Bundesvertrag auf, in der Liebe zu unserm großen Heiland zu wachsen, und durch nichts von ihm sich scheiden zu lassen, es sei Leben oder Tod, Kreuz oder Verfolgung, Haß oder Neid. Von dem Tage an war es sein ernstlicher Wille und geflissentliches Bestreben, Gott wohl zu gefallen. Er ging mit erweckten jungen Leuten um, fing erbauliche Unterredungen an, hielt sich in Halle zu den gottseligen Studenten und einem studentischen Collegium biblicum. Knapp und Baumgarten waren seine Lehrer. Kein Wort entwischte ihm von des letztern Unterricht, ohne daß er ahnte, wie es oft unerweisliche und verwerfliche Schulweisheit war, die Baumgarten lehrte. Nach seiner Studienzeit lebte er als Hauslehrer bei dem frommen Grafen zu Köstritz. Als Professor in Göttingen stieß er mit seiner antischolastischen Theologie [S. 110] bei seinen Obern an, aber den Studenten gefiel er, gerade weil sein Herz voll glühender Andacht war. Als preußischer Oberconsistorialrath wehrte er sich freimüthig gegen sectirerische Formularherrn, Symbolzwang [S. 123] und Religionsedict*. Das süddeutsche Gegenstück zu ihm war der „so viele seltene Rollen gespielte" Johann Jakob Moser. Er begann als Docent in Tübingen, wo der Kanzler Pfaff, weil er auf gewisse Heirathsanträge nicht eingehen wollte, sein Freund nicht war. Auch in Wien hatte er, als mit der lutherischen Erbsünde behaftet, wenig Glück. Zeitweilig ohne einen Funken auch nur der natürlichen Religion, wird er durch ein antinaturalistisches Bedenken Spener's für das durch die That zu erprobende Christenthum gewonnen. In Tübingen, wo er 1727 als Professor angestellt wurde, vollenden Weismann's Predigten und die Bekanntschaft mit Zinzendorf das Werk. Er stellt sein cholerisches Temperament unter das Regiment der Gnade, die Zweifel fallen nach und

---

e) Eigene Lebensgeschichte. Halle 1789. Schlichtegroll's Nekrolog, Supplement auf b. J. 1790—93. 1, 58.

nach) hinweg, er findet bei Jesu Ruhe für seine Seele, zugleich mit ihm wird seine Frau von Gott ergriffen, sie fangen mit einander ein Herzensgebet an, es sammelt sich ein Häuflein redlicher Seelen in seinem Haus. In Frankfurt a. d. O., wohin er 1736 als Ordinarius der Juristenfacultät berufen wurde, bat er Gott, ihn wie andern gegründeten Seelen bleibenden Frieden zu schenken und ward einstmals im Geiste vor Gottes Gericht gestellt. Während seines achtjährigen Aufenthaltes in Ebersdorf kehrten viele Kinder Gottes bei ihm ein. Da fand Zinzendorf in Ebersdorf Eingang. Moser, der schon früher über dessen unverantwortlich guten Urtheile über Dippel und über dessen verwegene und freche Beurtheilung des Buddeus und Steinmetz betreten war, nahm jetzt an Zinzendorf's Hoffart (er sehe Alles, wo etwas Gutes im Reiche Jesu aufging, für seinen Grund und Boden an) und seinen saft-, kraft- und verstandlosen Vorträgen (z. B. wenn Judas das h. Abendmahl mitgenossen, so habe er seliglich den Hals gebrochen) Aergerniß. Zinzendorf seinerseits klagte über Joabsfreundschaft. Mit den Seinigen vom Abendmahl ausgeschlossen, zog Moser von den Lammesgeschwistern fort. „Strick ist entzwei und ich bin frei." Es war der Gegensatz von Herrnhut und Halle, der ihn forttrieb. Er bekannte sich, Herrnhut abgeneigt, zur alten evangelischen Luther-Arndt-Spener-Franckeschen Religion. Auf diesem Standpunkt hat er andererseits auch seine Antipathie gegen die vordringende Neologie nicht verborgen. Wie ihm die Verbindung der (Wolff'schen) Weltweisheit mit der Theologie als eins der größten Gerichte Gottes erschien, so hielt er die neue Semlerisch-Bahrdtische Theologie für eine Untergrabung der christlichen Religion aller Parteien. Kurze Zeit Geheimerrath in Hessen-Homburg, kehrte er als Landschaftsconsulent in sein Vaterland zurück. Seine Opposition gegen den unbegränzten und unumschränkten Gehorsam, welcher im Gegensatze zu dem beschworenen Landesrechte gefordert wurde, brachte ihn als Einen, der sich an Sr. herzogl. Durchlaucht höchlich versündiget, in gute und enge Verwahrung auf seine hohe Schule, die Festung Hohentwiel. Nach 5 Jahren in Folge Reichshofrathsschlusses entlassen, starb er als Privatmann in Stuttgart 1785 [f]. Sein Sohn Friedrich Karl von Moser († 1798), Reichshofrath, später Minister in Darmstadt, hat die fromme

---

[f] Zu der von Grüneisen in Herzog's R. E. X, 34 angeführten Literatur ist hinzuzufügen: A. Schmid, Das Leben J. J. M.'s. Stuttg. 1868. Als Vater des deutschen Staatsrechts wird Moser behandelt von R. v. Mohl [Gesch. u. Literatur der Staatswissenschaften II, 401] u. H. Schulze [J. J. Moser. Lpz. 1869].

Richtung des Vaters geerbt. Kein menschlicher Geist gelange zur ganzen Freiheit ohne göttliche Gnade und Erleuchtung, welche allein die Grundlagen der Gedanken reinigt und die Seele zu ihrer ursprünglichen Hoheit erneuert. Doch mochte er nicht falsche Geistlichkeiten und geistliche Moden, da man die Welt verleugnet zu haben glaubt, wenn man die Perrücke nicht pudert und keine Manschetten trägt. Auch ihm war es ein trauriges Zeichen zunehmenden Verfalles, daß der Deismus unter den Theologen selbst immer mehr überhand nehme. Andrerseits hat er, berührt vom neologischen Zeitgeist, gerade die Stärke der Religion in eine genaue Vereinigung mit der gesunden Vernunft gesetzt, und einem Bahrdt gegenüber als Laie sich dispensirt gehalten, weder Ketzer zu machen noch zu absolviren[g]. In alle Formen des damaligen Pietismus war Friedrich Christoph Steinhofer verwickelt. Als Hofprediger im noch hallisch gesinnten Ebersdorf stand er gegen den phantastischen Pietismus der Herrnhuter, bis er durch deren Erfolge bewogen den alten Pietisten ablegte und ganz zur Brüdergemeinde übertrat. Aber die in der Gemeine überhand nehmende Schwärmerei und die choquanten Ausdrücke, davon ihm die Ohren gellten, stießen ihn bald wieder ab. Er trat in den Kirchendienst seiner Heimath Würtemberg zurück und erholte sich am schriftvertieften Pietismus Bengels (mit Ausschluß der Apokalyptik), daraus seine noch jetzt fortwirkenden erbaulichen Schriftauslegungen erwuchsen. Er starb gar heroisch in seinem Erlöser 1761[h].

§. 26. Bengel'sche Apokalyptiker und Pietisten.

Süddeutsche Originalien. In Fragmenten gezeichnet von ihnen selbst. Hrsg. von C. G. Barth. Stuttg. 1828—36. 4 H.

Als Nicolai 1781 auf seiner Reise nach Würtemberg kam, fand er, daß daselbst apokalyptische und prophetische Grillen nebst pietistischer Ascetik den Platz gründlicher und nützlicher theoretischer Wissenschaften einnahmen. Diese eigenthümliche, lebenskräftige Richtung hatte der ehrwürdige Bengel [II, 209] hervorgerufen, der Abraham der würtembergischen Pietisten, der Prophet seiner Zeit, der „seinen Bemühungen um die Offenbarung Johannis dadurch einen entschiedenen Einfluß verschafft hatte, daß er als ein Mann ohne Tadel bekannt war". Während

---

g) Biographieen von: H. vom Busche [Stuttg. 1846] u. K. F. Ledderhose [Heidelb. 1871].

h) Th. Geißler in Herzog's R. E. XXI, 163. A. Knapp, Altwürtembergische Charactere. Stuttg. 1870, S. 143.

nun die Aufklärer für Bengel's künstliches Gebäude, als seine schwache Seite, nur ein Lächeln hatten und die Arbeiten seiner zahlreichen Schule fast gänzlich ignorirten, waren seine schwäbischen Freunde von der Wahrheit seiner Schriftauslegung vollkommen und bis zur Verantwortung vor dem Throne des Lammes überzeugt; über Bengel's Offenbarungen freue sich das ganze Geisterreich. Bengel war dem hergebrachten Lehrbegriffe treu geblieben, ausgenommen das Lehrstück von den letzten Dingen. Er wollte „Chiliasmum orthodox machen". Seine Schüler haben das Gemeinsame, daß sie in einem ganz besonders tiefen, realistischen, vollen und universalen Sinne die h. Schrift zur Quelle der Erkenntniß machen, sie gehen aber darin wieder in zwei Hauptrichtungen auseinander, daß die Einen auf Grund ihrer realistischen Schriftauslegung eigenthümliche theosophisch-apokalyptische Systeme errichteten, während die Andern, mit Ausschluß der Apokalyptik und Theosophie, eine tiefgreifende practisch-pietistische Wirksamkeit entfalteten. Sie waren, eine bibelfeste Kritik an der Kirchenlehre, wenn auch cum sale et pace, nicht verschmähend, in manchen Stücken heterodox und wurden manche derselben von der Kirchenbehörde beanstandet. Aber weil ihre Heterodoxie nicht einem Mangel, sondern eher einer Ueberfülle des Glaubens entsprang, so konnten dieselben heterodoxen Männer zugleich erklärte Gegner der Neologie sein, in welcher sie einen gefährlichen Idealismus sahen. Aber bei ihren theosophischen Voraussetzungen und als (einen einzigen ausgenommen) Männer in practischen Aemtern zerstreut, nicht auf eine vereinte systematische Polemik eingerichtet, war von einem erfolgreichen Gegensatz der Bengel'schen Schule gegen die herrschende Neologie nicht die Rede. „Wir können dem Strom des Verderbens nicht steuern, ob wir gleich im Einzelnen hie und da Samen streuen, von dem eine Frucht aufgeht." Ein sonderbares Phänomen stand Swedenborg vor den Bengelianern und machte ihnen viel Noth im Gemüthe. Wenn sie schon für seinen moralischen Character, für seine erstaunlich große Gelehrsamkeit, für seine gesunden und feinen Tugendlehren nicht gleichgültig waren, so berührte sie sein über das Sichtbare erhabenes Sensorium, sein Blick in das unsichtbare Geisterreich, seine Communication mit ihm, geradezu sympathisch. Dagegen erschraken sie vor seiner hieroglyphischen Schriftdeutung, welche ohne apokalyptische Reichsbegriffe das tausendjährige Reich, die Stadt Gottes, die Zukunft Christi für bloße Sinnbilder nahm. Weil ihm die Erkenntniß der Stufen fehlte und weil er aus der Wissenschaft der Entsprechungen mehr Schlüsse machte, als erlaubt ist, sei er auf Thorheiten gerathen, auch hätten ihm falsche Geister Vieles vorgegaukelt, daher er viel hundert Jahre an Ablernung des Irrthums zu lernen haben werde. Damals wenig beachtet oder als Dummköpfe allzumal verachtet, hat erst unsere Zeit an den Originalien oder Geistessonderlingen der Bengel'schen Schule Gefallen gefunden, und ihre Schriften an's Licht gezogen. 1) Unter den Bengel'schen Apokalyptikern war der einzige akademische Vertreter Christian August Crusius († 1775) in Leipzig, Bengeliani systematis generosus, imperterritus, obtrectationis etiam ac invidiae patiens assessor. Von widriger Sprache und breit in seinem Vortrage (er las nach eigener Berechnung über die Psalmen beinahe 7 Jahre), mit der Gewohnheit zu lächeln, selbst wenn er ganz von Eifer für Religion und Tugend durchdrungen war, gewann er doch durch die Freudigkeit der Ueberzeugung und durch seine Frömmigkeit im Leben viele Jünglinge. Sie bildeten, wie Goethe berichtet, eine ansehnliche Masse, die um desto mehr in die Augen fiel, als Ernesti mit den Seinigen das Dunkel, in welchem jene sich gefielen, nicht aufzuhellen, sondern völlig zu vertreiben drohte. Crusius verstand beides zugleich zu sein, scharfsinniger Philosoph und typisch-prophetischer Theolog. Als Philosoph bekämpfte er das Wolff'sche System überall, da, wo es der Theologie überhaupt oder seiner Theologie gefährlich werden konnte. So schränkte er den Satz vom zureichenden Grunde in engere Gränzen ein, weil er in seiner Uneingeschränktheit eine absolute Nothwendigkeit aller Dinge bedingen würde, erklärte es für ein wahres Arcanum Satanae, daß die Wolff'sche Philosophie den Begriff der Subsistenz nicht habe, auf dem doch die ganze Einsicht in das Mysterium de trinitate beruhe*, und setzte an die Stelle der harmonia praestabilita das alte systema influxus physici, die physische Wechselwirkung des Geistes und der Materie. In letzterem Punkte zeigt sich die Eigenthümlichkeit seiner Philosophie und ihr Zusammenhang mit seiner Theologie. Seine Philosophie ist im Gegensatz zum Leibniz-Wolff'schen Idealismus ein derber Realismus, neben dem Geist steht als selbständig und nothwendig die Materie. Seine mit Freiheit aus Bengel geschöpfte realistisch-typische Theologie erkennt die Leiblichkeit als das Ende des Werkes Gottes. Es ist, sagt er, unverantwortlich, wenn man allen

---

a) Crusius hatte nämlich das Geheimniß der Dreieinigkeit dadurch wahrscheinlich machen wollen, daß er Existenz (das Sein an sich) und Subsistenz (das Sein an und vermittelst eines Andern) unterschied.

Verheißungen von der Glückseligkeit der Kirche einen geistlichen Verstand beilegen will. Vielmehr das Reich Gottes werde zuletzt auch materiell sich darstellen, die Erde zur sedes maiestatis Dei et Christi inter homines aeternum habitaturae werden. In seinem Hauptwerk »Hypomnemata ad theologiam propheticam« (1764) nennt er die Apokalypse den Schlüssel aller prophetischen Bücher, in der ein vollständiges System der Weissagungen und sublimia dogmata enthalten seien. Diese hohen Wahrheiten kommen zum Ausdruck in der Dämonologie, Christologie und Uranologie. Bei der Einführung Christi in den Himmel wurde ihm Satan im Triumph zur Schau vorgeführt (Col. 2, 15), gefangen genommen und so der Anfang gemacht, ihn zuerst aus der Versammlung der guten Engel zu verbannen, wobei ihm doch noch ein gewisser Ab- und Zugang, auch Aufenthalt im Himmel für damals freigelassen worden. Auf diesen ersten Grad der Ausstoßung folgte ein zweiter zu den Zeiten Mahomeds (Apok. 9, 12. 11, 14). Ein noch tieferer Grad seiner Verstoßung in den Abgrund (Apok. 20, 2) wird mit Anfang des zweiten Jahrtausends vor dem völligen Weltende erfolgen, und im 1. und 2. Jahrhundert des letzten Jahrtausends, nachdem er wieder einige Zeit losgelassen worden, sein völliger Sturz in den feurigen Pfuhl (Apok. 20, 10). Christus, schon Mosaicae doctrinae centrum, ist ein eigentlicher König (non improprie rex est, sed excellentissime). Er hat sonach seinen Thron im recht eigentlichen Sinne, hat seine geheimen Räthe, von denen immer einer näher um ihn ist, als der andere, seinen in die Augen fallenden Staat, theilt in seinem Reiche den Ueberfluß dieses Lebens aus. Dieses Alles wird nach und nach sichtbarer werden. Der glückliche Zustand der Kirche wird 2000 Jahre dauern, nämlich die tausend Jahre, welche der Satan im Abgrund gebunden liegt, und die tausend Jahre, in welchen die Märtyrer mit Christo im Himmel herrschen werden, nach deren Verlauf dann das Ende der Welt kommen wird. In den ersten dieser tausend Jahre wird auch der äußerliche Zustand der Kirche herrlich sein und dieselbe eine völlige Ruhe genießen. Das Volk der Juden wird bekehrt wieder in sein Land eingeführt werden, und dieses ein ganz neues blühendes Ansehen bekommen. Vielleicht daß auch die wilden Thiere in demselben sehr selten und im eigentlichen Sinne schüchtern werden. Chiliasmus könne das nicht genannt werden, denn es handle sich um 2000 Jahre und sei nicht die Rede von einem tausendjährigen Reiche Christi auf Erden, sondern von tausendjähriger Gefangennehmung des Satan. Die Uranologie enthält die Beschreibung dessen, was die innere Pracht des Himmels ausmacht und der dereinst zu hoffenden Erkenntniß einer Zehneinheit Gottes. Es giebt eine besondere Classe von Vorbildern der himmlischen Dinge, welche gewisse Realitäten im Himmel vorstellen sollen. Rospondent sane Sioni urbi sanctae, arae, thymiamatis τὰ ἐπουράνια τὰ ἀληθινά (Hebr. 9, 23). Nur können Materie und Form der himmlischen Dinge von Menschen nicht begriffen werden. In der Seligkeit wird auch die geheimnißvolle Sieben der Gottheit (Apok. 1, 4. 3, 1) uns entdeckt werden. Quemadmodum salva naturae infinitae unitate in ea trias est, sic in natura spiritus s. vere potest alius generis arcana heptas inesse. Die hieran nicht glauben wollen, denen giebt er zu bedenken, annon sic criminis alicuius ἀπιστίας et obstinationis adversus testimonium Dei se obstringant, und da die Ernestianer zu diesen Ungläubigen gehörten, so hielt er von ihnen, daß sie das Reich Gottes zu stürzen suchten. Ernesti dagegen urtheilte: Crusius hätte wohl die studirende Jugend mit solchen Dingen verschonen können, da das nicht das wahre, lautere und sichere Wort Gottes sei. Der ungestümere Bahrdt, einst Crusius' Schüler, fand ihn voll fanatischer Grillen, welche in unsern aufgeklärten Zeiten sich nicht blicken lassen dürfen, ohne ausgepfiffen zu werden[b]. Origineller und zukunftsreicherer Gedanken voll, ein Pfarrer der Natur und der Gnade, war Friedrich Christoph Oetinger, der Prälat zu Murrhard. Schon in der Jugend fühlte er sich aufgeschwungen in Gott, inzwischen unter dem harten Tractamente seiner Lehrer auch fluchend wie ein Hamburgischer Schiffer. Seine wirkliche Bekehrung fällt in's Jahr 1721, wo er Gott zu dienen sich vornahm. „Von der Stunde an war ich ein anderer Mensch; ich war nicht mehr galant in Kleidern, ich ging nicht mehr in Gesellschaft, ich redete wenig, ich las in Gottes Wort und nicht mehr im Cicero und andern weltlichen Autoren." Vier Jahre später wurde er mit dem Manne Gottes Bengel bekannt, der die vias Dei publicas aufgedeckt hat und durch welchen eine neue Epoche der Erkenntniß angebrochen. „Ich sah der Geburt des apokalyptischen Systemes nach allen Theilen zu und ergötzte mich an der

---

[b] F. Delitzsch, Die biblisch-prophetische Theologie, ihre Fortbildung durch Chr. A. Crusius. Lpz. 1845 (mit gereizten Urtheilen über das teuflische Triumphgeschrei der Neologen). Die hier versuchte übertreibende Geltendmachung des „wackeren Evangelisten" Crusius, der Orthodoxie und Pietismus geeint, wird ermäßigt von Gaß IV, 159. Crusius kann nur dann als phänomenale Erscheinung gelten, wenn er isolirt, nicht gliedlich mit andern ebenbürtigen Bengelianern, aufgefaßt wird.

Art und Weise, die Gott gebraucht hat, in diesem Werkzeug der Weisheit nach und nach die zunehmende Erkenntniß zu läutern, aufzuklären und zu befestigen." Nach Vollendung seiner Studien in Tübingen, wo er als Bilfinger's fidus Achates in die Leibnizische Monadologie ganz eingetaucht worden, sucht er Leute auf, welche die cognitio centralis hatten, wandert (1728) nach Jena, woselbst eine der apostolischen gleichende Erweckung aufgekommen sein sollte, übt sich bei den Herrnhutern in den Experimenten an den Seelen, trennt sich aber wieder von ihnen, weil sie mehr auf des (zweizüngigen, ja beinahe zweiherzigen) Herrn Grafen Liedern, als auf der h. Schrift stünden. Als Pfarrer hatte der fromme Mann doch nicht immer die Zufriedenheit seiner Gemeinde, weil er, damit nicht die Gnade zur Kunst gemacht werde, die Vorbereitung auf seine Predigten grundsätzlich unterließ, daher auf der Kanzel oft lange Pausen zu machen gezwungen war, das Gesicht mit den Händen bedeckend und des Geistes harrend. Oetinger kam von der Leibniz-Wolff'schen Philosophie her. „Ich glaubte, die Materie sei eine bloß regulirte Erscheinung der aggregirten ersten Einheiten, deren viele Millionen in jedem Stück, das ich betastete, beisammen wären. Ich glaubte, ein einfaches Ding könne keine vim motricem haben, auch die Seele nicht; die Idee von der Einwirkung der Seele in den Leib sei verführerisch. Weil nun die Seele nicht in den Leib wirken könne und der Leib nicht in die Seele, so müsse Gott Leib und Seele wie zwei Uhren neben einander in Bewegungen und Gedanken vorher zusammengestimmt haben." Aber Gott hat ihn hernach, wie er sagt, durch viele Schmerzen so lange in seinem Innersten mit seinem Wort gepeinigt, bis er diese Grundbildung der Gedanken fahren und anders gestalten ließ. Die Leibniz-Wolff'sche Philosophie ist Idealismus (= repraesentatio corporum non vera, sed optica adeoque negatio substantiae corporeae realis), ihre Begriffe sind Schatten, unzureichend, die Wirklichkeit zu begreifen oder in's Innre der Natur zu bringen. Dagegen strebte Oetinger ein Alles, den Geist und die Körperlichkeit gleichmäßig umfassendes, massiv realistisches System an. Er nennt es philosophia sacra, als gestaltet nach den Grundideen der Propheten und Apostel. „Ich folge dem Wort des Lebens im Evangelio Schritt für Schritt und nehme keine Philosophie an, die nicht wie der Schlüssel in das Schloß der h. Schrift paßt." Das Verständniß der h. Schrift hat ihm die Kabbala, ferner die Philosophie der Adepten, welche ungemein viel zu der Physik der Schrift und somit zur Erkenntniß der Schrift selbst hilft (denn die Natur weiset auf die Schrift und die Schrift auf die Natur)ᶜ, der tiefgründende philosophus teutonicus J. Böhme, den schon Bengel den Herold des ewigen Evangelii genannt hatte, vor Allem Bengel's Exegese (exemplar interpretationis, per quam nihil additur et nihil demitur scripturis) erschlossen. Für Oetinger ist die h. Schrift nicht bloß ein Religionsbuch, sondern ein heiliges Amphitheater der höchsten und der niedrigsten Dinge, ein Regelmaß aller menschlichen Gedanken. Sie spiegelt die ganze Weltentwicklung allseitig ab, sie gewährt ein vollständiges Ganze von Erkenntniß, sie schließt den ganzen Vorsatz der Ewigkeiten, den universellen Reichsorganismus Gottes unserem Geiste auf. Als Bengelianer bringt er unbedingt auf den leiblichen Schriftverstand, hält er auf die Leibhaftigkeit der Schriftbegriffe (Corporatismus S. Scripturae). „Die h. Schrift redet phänomenologisch mit uns. Sie giebt ihren Ideen einen Leib, aber einen solchen, der nicht in die Sinnlichkeit führt." Hier ist der Punkt, wo Oetinger Einsprache erhebt gegen den gustus modernus der Aufklärung, die Pestilenz der Zeit. Hatte er schon bei Leibniz die Entkörperungen apokalyptischer Redensarten beklagt, so vor Allem bei Semler, als der gesetzt sei, sich zu stoßen am Wort wie Pharao, proprietatem verborum in asiatische Schilderungen verkehre. Nach diesem Idealismus sei Christus nicht gekommen in Wasser, Blut und Geist, sondern allein im Geist. Quo ruet tandem universa theologia per idealismum! Aber der große Tag der Chemia universalis wird die idealistischen Ideen der neuen Schriftverkehrer materialistisch genug machen. Dem Schriftprincipe correspondirt im Menschen der sensus communis, die Intuition, die gefühlsmäßige Berührung mit dem Leben der Dinge (sensus tacitus aeternitatis), die sich zur Centralanschauung steigern kann und zur Werkstatt des h. Geistes werden soll. Seine heilige Philosophie selbst ist eine Theologia, richtiger Theosophia ex idea vitae deducta. Die ἐνδελέχεια derselben ist nicht Denken, nicht Sein, sondern Leben und Bewegen. Das Leben ist äußerlich Monas, innerlich Myrias, ein aus Kräften essentiirtes und simplificirtes Wesen, da Alles in Jedem und Jedes in Allem ist. Das Ineinander, die Inexistenz von Kräften ist wesentlich leiblich. Das Leben

---

c) Oetinger, der Adeptus in Christo, trieb mit Vorliebe Alchemie, die ihm zur emblematischen Theologie sehr viel nützte, ohne welche er nicht weit gekommen wäre. Der realistische Denker wollte durch chemische Experimente den idealen Organismus der Seele beleuchten und die erste Bestimmung Gottes in den Geschöpfen erklären.

läuft auf Leiblichkeit aus. Das Leibhaftigsein ist eine Vollkommenheit, eine Realität, falls nur die der irdischen Leiblichkeit anhaftenden Mängel (als: Undurchdringlichkeit, Widerstand und grobe Vermischung) in Wegfall kommen. Leben und Leiblichkeit sind also die Grundbegriffe, die Pfeiler der Oetinger'schen Theosophie. Die Gottheit ist actus purissimus, die ewige Manifestation, die unendliche Gebährung ihrer selbst (ens manifestativum sui), Wirkung und Gewirktes zugleich, ein unauflöslich Leben (Hebr. 7, 16). Die simplicitas Gottes das ist eben seine indissolubilitas virium. Ist Leiblichkeit eine Realität, so muß dieselbe auch in das allerrealste Wesen fallen. „Wenn man alles Leibliche von Gott absondert, so ist Gott ein Nichts." Oetinger schreibt daher der Gottheit realitates summe spirituales zu: die Augen, Ohren, Hände, welche die Schrift Gott beilegt, sind si non corporaliter tamen proprie zu nehmen, ne sub vocibus Spiritus s. battologias Alcoranis in modum statuamus. Das Leben der Creatur ist dagegen auflöslich; darum kann sie versucht und eine Kraft vor der andern erhoben und angezogen werden, daß hernach eben dadurch der Anfang der Finsterniß entsteht. In der That ist das auflösliche Leben der Creatur durch die Sünde aufgelöst worden. Folgerecht wird auch die Erlösung unter die Begriffe von Leben und Leiblichkeit sich stellen. Beginnt sie doch mit dem Offenbarwerden Gottes im Fleische. Christus wie er princeps et centrum vitae, Hoherpriester nach der Kraft des unauflöslichen Lebens war, so ist seine That des wahren Lebens Wiederherstellung. Finis statuum et officiorum Christi est communicatio vitae Christi per spiritum sanctum. Er ging ein mit seiner himmlischen Menschheit in alles Irdisch-Menschliche und erhöhete es eben dadurch. Corpus Christi est perfectio spiritus. Sein ausgeflossenes Wasser und Blut besaß eigenthümlich belebende Kraft. Jedoch ohne die Auferstehung wäre das Opfer Jesu am Kreuze nicht völlig. In der Lebensentwicklung Christi wie aller Heiligen nimmt Oetinger 4 Stände oder Stufen an, die er parallelisirt mit den 4 lebendigen Wesen vor Gottes Thron (Ezech. 1), also daß wer auf der höchsten Stufe steht ein in die ewige Sonne durch den Aufschluß des Geistes schauender Adler ist. Die Sacramente, welche in ihrer lutherischen Fassung sich wohl in den Oetinger'schen Realismus fügten, sollen den Salzleib, der im Feuer besteht, die glückselige ἀφθαρσία, darin Jesus nun lebt, begründen. Die Gemeinde ist der Leib Christi, sein Leib in höherer Potenz. Gott wohnt in der Gemeinde nicht nur geistlich, sondern auch, weil Leibhaftigsein eine Vollkommenheit ist, leiblich. Das Werk Christi ist aber nicht auf die Menschenwelt beschränkt. Er ist der Lebensfürst, der alle Creatur aus dem Tod zum Leben führt, er ist auch „Zurechtsteller der Natur". Er belebt das All, erhöhet das Universum. Indem zuletzt Fleisch und Blut Christi Alles zur wahren Leiblichkeit bringt, so daß Gott, mit seiner Herrlichkeit der Creatur einwohnend, Alles in Allem sein kann, ist Leiblichkeit das Ende der Wege Gottes. Die Eschatologie vollzieht sich in lauter massiven Realitäten nach der Offenbarung Johannis, in welcher Alles leiblich zu verstehen ist. Im Himmel ist ein wirklicher Thron Gottes, von welchem Blitz und Donner ausgehen, es wird wirklich ein tausendjähriger Ruhestand der Kirche auf Erden nebst Bekehrung der Juden, dann ein tausendjähriger Aufenthalt der Heiligen im Himmel erfolgen, bis endlich dieselben mit Christo wieder auf die neue Erde herabkommen, in der herrlichen, viereckigen, neuen Stadt wohnen, die Gottlosen und auch die allegorischen Theologen richten und über sie herrschen werden als Könige und Priester. Indessen vermuthet Oetinger von den Verdammten, daß sie bisweilen aus dem Feuersee werden herausgelassen werden, um zu sehen, wie sie sich halten, und zuletzt wird aller Jammer in der Schöpfung ein Ende haben. Oetinger hat dieses System für unüberwindlich gehalten, denn er habe es in 46 Jahren gemacht sub spiritu Domini. Gegner nannten ihn einen Finsterling, Hypochonder, den General der Schwärmer, und wegen seines Buches über Swedenborg's Philosophie erhielt er, des Fanaticismi angeschuldigt, einen Consistorialverweis. Dagegen seine Anhänger, obschon seine Schreibart ihnen oft mißfiel — er werfe seine Gedanken wie rauhe Steine hin, an deren unbehauenen Ecken man sich leicht stoßen könne — mochten um des schlechten Beutels willen das darin befindliche Geld nicht verachten, hielten vielmehr dafür, dem frommen, aus der Salbung schreibenden Vielwisser sei in Studien und Einsicht keiner gewachsen, er heiße Ernesti 2c. oder sei's noch so ein tiefer Philosoph. Ein kindisch gewordener Greis ist der Magus des Südens heimgegangen 1782[d]. Ein echter Schüler des prüfenden Oetinger war der tiefsinnige und weitaussehende Pfarrer von Dettingen unter Urach Johann Ludwig Fricker († 1766). Als solcher hat er einerseits Bengel's exegetische Grundsätze und sein

---

[d] Oetinger's Selbstbiogr. hrsg. von Hamberger. Stuttg. 1845. K. Chr. E. Ehmann, Oet.s Leben u. Briefe. Stuttg. 1859. K. A. Auberlen, Die Theosophie Oet.s. Tüb. 1847. Drs. in Herzog's R.-E. X, 566. Gaß III, 253. K. H. Sack, Gesch. der Predigt S. 161.

apokalyptisches System vollständig sich angeeignet, aber dafür gehalten, das Bengelianische Exegesiren müsse noch mehr universalificirt werden und bedürfe zu seiner Sufficienz der (Böhme'schen) Theosophie, andrerseits Swedenborg's Verflüchtigung der apokalyptischen Lehren von der Zukunft Christi, vom tausendjährigen Reich, von der Stadt Gottes, vom neuen Himmel und der neuen Erde widersprochen, welche Lehren alle nicht mystisch, emblematisch oder metaphorisch (etwa von der Anbetung Gottes im Geist und in der Wahrheit), sondern massiv nach dem Wortlaut verstanden werden müßten. In alledem nur Oetinger folgend, ist er darin eigenthümlich, daß er, ein mathematischer Kopf, der nicht anders als in Zahlen denken konnte, aus der Natur der Arithmetik und Musik Beweise für die Göttlichkeit der Offenbarung Jesu Christi hernahm, wiewohl er später immermehr der Mathematik entsagend die Förderung des Reiches Gottes zur Hauptsache machte. An den Vacanztagen kamen Studirende in Fricker's Pfarrhaus, um hier sich Realitäten zu sammeln*. Ein anderer Anhänger der zwei verachteten, aber das Siegel des Geistes der Heiligung vornehmlich an sich tragenden Männer, Bengel und Oetinger, die für ihn mehr Gewicht hatten, als alle bisherigen sächsischen und würtembergischen Theologen, und mit denselben mystischen Vorstellungen, prophetischen Bildern und sonderbaren Schriftauslegungen erfüllt war Philipp Matthäus Hahn († 1790), zuletzt Pfarrer in Echterdingen. In der ganzen Schrift zwecke Alles auf die Erhöhung der Materie ab. Gott offenbarte sich im brennenden Busche, sein Geist bewegte sich auf dem Wasser, er wird ein verzehrendes Feuer und unzugängliches Licht genannt, also muß etwas dergleichen in seinem Wesen liegen. Die Möglichkeit dreier Ichheiten in der einigen Gottheit ist vorgebildet in den Grundanfängen aller Geschöpfe, Feuer und Wasser, und wenn das Wasser durch's Feuer erwärmt wird, wird eine Ausdünstung oder Luft erzeuget. Gott wird uns bei der Auferstehung wieder so handtastlich und körperlich darstellen als jetzt; das erfordert die Wahrheit seines Wortes, und die innerlichen unabgetödteten Fleischessachen wird man den Auferstandenen von Außen ansehn. An Bengel's apokalyptische Zeitbestimmung geglaubt zu haben, werde er sich nie reuen lassen, selbst wenn sie fehlgehen sollte, indem ja auch die Apostel und ersten Christen und auch Jesus selbst seinen Tag und den Anbruch seines Königreichs näher geglaubt haben, als es ihm hernach nach seiner Him-

---

e) K. Chr. E. Ehmann, J. L. Fricker. Tüb. 1864.

melfahrt eröffnet worden. Seine Apokalyptik hat ihn sogar zu seinen berühmten mechanischen Arbeiten begleitet, indem er in seine astronomische Maschine die sinnlichen Vorstellungen von den 7 Hauptperioden des Weltalters mit eingerückt hat, nämlich von Adam bis auf Noah, von Noah bis auf Abraham, von Abraham bis auf Christum, von Christo bis auf die heilige Offenbarung, von der heiligen Offenbarung bis auf die Zeiten der großen Plagen über die Erde, von diesen bis auf's Königreich der 1000 Jahre auf Erden, von diesen bis auf die 1000 Jahre im Himmel und Gog und Magog, das jüngste Gericht und die Stadt Gottes. Auch er hat sich Semler's Verführungslehre aus abstractem Idealismus erklärt. „Die Idee der puren Geistlichkeit und Einfachheit der menschlichen Seele hat den großen Unglauben gegen die Schrift verbreitet." Als Pfarrer wollte er das ganze Evangelium predigen, nicht, wie die Pietisten, das einseitige ewige Einerlei von Sünde und Gnade, das nur für Anfänger gut ist. Seine Abweichungen vom typo doctrinae evangelicae brachten auch ihn in Conflict mit der Kirchenbehörde, der dadurch seinen Abschluß fand, daß Hahn sein bisher ordnungswidriges Unternehmen bereute und seine irrigen Aeußerungen widerrief. Lavater, der auf Oetinger nicht wohl zu sprechen war, demselben ewige Wiederholungen unerläuterter und unerwiesener Sätze, vermischt mit noch vielen Schlacken der Schultheologie, vorwarf, sagt von Hahn: „unter allen mir bekannten Theologen der, mit dem ich am meisten sympathisire, oder vielmehr, dessen Theologie zunächst an die meinige gränzt." Hamann erbaute sich an seiner Postille, fand aber seine theologischen Schriften unausstehlich. Schelling blickte als kleiner Knabe mit geheimer unverstandner Ehrfurcht empor zu diesem großen Manne und sein erstes Gedicht war dem Tode Hahn's gewidmet[f]. Endlich ward von Oetinger geleitet und von Fricker in die großen Werke Gottes eingeweiht Karl Friedrich Harttmann († 1815), zuletzt Dekan in Lauffen. Seine Seele, von der Schriftwahrheit erfüllt, haßte Kant's Philosophie als eine wahre Feindin der Schrift[g].

2. Unter den practischen Bengelianern sind die namhaftesten: Georg Konrad Rieger († 1743), Specialsuperintendent und Hospitalprediger in Stuttgart, einer der hervorragendsten Prediger Würtem-

---

[f] C. Ph. Paulus, Ph. M. Hahn. Stuttg. 1858. Harttmann in Herzog's R. E. XIX, 597.

[g] G. F. Harttmann und K. Ch. E. Ehmann, K. F. Harttmann. Lüb. 1861.

bergs, gleichaltrig mit Bengel und noch kurz vor seinem Tode seine Freunde ausdrücklich auf diesen hinweisend, als dessen Vortrag unter allen Zeitgenossen dem apostolischen am nächsten komme. Sein Sohn Karl **Heinrich Rieger** († 1791), Consistorialrath und Stiftsprediger in Stuttgart, ein dem Pietismus streng ergebener Mann, vertrat die Bengelianer in der obersten Kirchenbehörde bis zur Zurücksetzung Andersdenkender[h]. Auf Philipp David **Burk** († 1770), zuletzt Special in Kirchheim, Bengel's Amanuensis und nachmaligen Schwiegersohn, von ihm als ἰσόψυχος bezeichnet, sah Bengel's Schule nach des Meisters Tod wie auf ein Vorbild. Die Bekehrung fiel bei ihm mit dem Antritt des Studiums der Theologie zusammen. Von selbiger Zeit an trieb er beständig das Lesen und Meditiren in der Schrift und suchte Gottes Angesicht fleißig in herzlichem Gebete. Den Aufenthalt bei Bengel hat er in seinem ganzen Leben für eine von den größten Proben der göttlichen Vorsorge über ihn gehalten. Er schrieb, ohne an Bengel's Gnomon hinanzureichen, ein gnomonisches Werk über Psalmen und kleine Propheten. Unter gnomonischer Methode versteht er: profunditatem, salubritatem et concinnitatem sensuum coelestium e nativa verborum vi durch eignes Nachdenken, durch geistliche Erfahrung herauszubringen, wozu die gewöhnlichen Hülfsmittel der Interpretation umsonst angewandt werden. Denn der bloß gelehrte Ausleger könne weit entfernt sein a praecisa veritate divina et abysso profunditatis scripturariae, ab ea in scripturis facultate, quae virilis et regalis sit et adversitatum igne concocta. Ein heimlicher Anhänger J. Böhme's zu sein, hat er in Abrede gestellt[i]. Der holdselige Pfarrer in Münchingen Joh. Friedrich **Flattich** († 1797), von Bengel ausgehend und das Schriftprincip in solcher Ausdehnung erfassend, daß er nicht an das Dasein einer Hand glauben wollte, wenn es nicht in der Bibel stünde, daß der Mensch Hände und Füße hat, begründete, der Pädagog der Bengel'schen Schule und ein christlicher Philanthropist, die Pädagogik auf die h. Schrift und wollte beim Lernen nicht auf die Utilität, sondern auf den gustus veritatis in der Jugend rechnen[k]. Die beiden

---

[h] Palmer in Herzog's R. E. XIII, 32. Klaiber, Evang. Volksbibliothek IV, 503. Lebensabriß von C. H. Rieger. Stuttg. 1837.

[i] Ph. D. Burk's Lebensgeschichte. Hrsg. v. J. A. Burk. Tüb. 1771.

[k] L. Völter in Schmid's Enc. II, 352. Palmer in Herzog's R. E. XIX, 493. K. F. Ledderhose, Leben u. Schrr. des M. J. F. Flattich. 5. A. Heidelb. 1873. Dazu Ergänzungsband v. K. Ehmann. Hdelb. 1870. C. B. Schäfer, Flattich u. sn. pädagog. System. Frkf. 1871.

Sänger der Bengel'schen Schule waren: Philipp Friedrich Hiller († 1769), ein unmittelbarer, auch von Hamann geschätzter Schüler Bengel's, Pfarrer in seinem Geburtsort Mühlhausen an der Enz, welcher gerade in seinen durch Heiserkeit stimmlosen Jahren weil er glaubte seine Lieder sang, auch ein „System aller Vorbilder Jesu Christi durch das ganze A. T." unter dem Einfluß von Bengel und Jäger (II, 251) schrieb[1], und weniger populär Christoph Karl Ludwig v. Pfeil († 1784), würtembergischer, später preußischer Geheimrath, der, mit Herrnhut befreundet, später abgekühlt, als Zinzendorf gegen Pfeil's Verheirathung mit einer Bürgerlichen sich mit schneidendem Hochmuth ausließ, zu Bengel sich wandte und, von Oetinger in die Schrift eingeführt, die Wunder Gottes in der Natur neutestamentisch besang, so das große, ganz Europa mit Schauder erfüllende Erdbeben, welches am 1. Nov. 1755 Lissabon zerstörte:

> Natur, eröffne dich und deinen Wunderschooß!
> Ruf', daß es laut erschallt: nur Gott, nur Gott ist groß!
> Läßt jemand diese Stimm' sich nicht zum Zeugniß dienen,
> Dem ruft ihr Steine zu von Lissabons Ruinen[m].

Der Letzten Einer in Bengel's Richtung und wie dieser seine Zeit betrachtend im Lichte der Johanneischen Offenbarung war der Prälat von Anhausen, Magnus Friedrich Roos († 1803). Nachdem er einmal den Gnadenzug des barmherzigen Gottes kräftig an sich erfahren und Gott seine Seele durch sein Wort zermalmt hatte, lebte er unberührt vom dogmatischen Zweifel „wie Maria zu den Füßen Jesu". Er war seiner Richtung gemäß biblischer Theolog im strengsten Sinne des Wortes d. h. er fand in der Bibel nicht bloß Anhaltspunkte und Grundgedanken zu einem theologischen Systeme, die aber erst der gelehrten Vermittelung und Zusammenarbeitung bedürfen, sondern das System selbst, welches nur einfach ausgezogen zu werden braucht. So stellt sich in der That seine „christliche Glaubenslehre nach der h. Schrift verfertigt" als eine äußerliche, lexikalische Aneinanderreihung von Bibelstellen dar. Wenig günstig urtheilt Oetinger: „Roos will Prälat werden durch affectirte Orthodoxie, wodurch er mich corrigiren will," und die A. D. B. nennt

---

[l] Hiller's Lieder gesammelt v. K. Chr. E. Ehmann. Reutlingen 1844 u. 1851. A. Knapp [§. 25, b], S. 78. Wagenmann, Terstegen, Hiller, Gellert [Jahrb. f. deutsche Theol. 1870, S. 207].

[m] H. Merz, Leben des christl. Dichters u. Ministers Chr. K. L. v. Pfeil. Stuttg. 1863.

ihn „im wahrsten und eigentlichsten Sinne anmaßend, voll schriftstellerischer Selbstgenügsamkeit und hierarchischer Denkungsart"ⁿ.

3. Bengel's Einfluß in Verbindung mit dem Geiste Böhme's und Arnold's reichte auch hinüber in die reformirte Kirche. Hier bildete sich die biblisch-mystische Hasenkamp-Collenbusch-Menkensche Schule, welche in Conflict mit Orthodoxie und Neologie mit großer Begeisterung für ein lebendiges, nicht ängstliches Christenthum wirkte. Von den drei Brüdern Hasenkamp, Bauernsöhnen aus der Grafschaft Tecklenburg, war der Erste Johann Gerhard († 1777) Rector am Gymnasium zu Duisburg und wurde ein zweiter Oetinger genannt. „Oetingerei ist für mich ein großer Ehrentitel, ein erquickender Balsam." Oetinger selbst bekannte von ihm: er nahm meine Principien an und setzte sie fort. Er machte sich auch eine Ehre daraus, in vielen Stücken ein Lavaterianer zu heißen, und war endlich stolz darauf, Bengel's, dessen Schriften ihm Millionen werth waren, Schüler zu sein, ohne doch seine Abirrungen für Wahrheit zu halten. „Ich bin nicht überzeugt, daß Bengel in der Zeitrechnung Alles getroffen habe; aber was die Sachen selbst anbetrifft, halte ich Bengel's Arbeit über die Offenbarung für die beste, und seine Art, mit der Schrift umzugehen, für die erbaulichste, von ihm will ich lernen in Zeit und Ewigkeit." Sein Gegensatz gegen die Orthodoxie liegt in Herder's an Lavater gerichteten Worten angedeutet: „Hab' Acht auf den Knaben! Er hat auf Luthers Absolutismus und die Concordienformel als auf eine Klotz- und Ochsentheologie gescholten;" und es klingt nicht sehr erbaulich, wenn er schreibt: „Die papistische Hurenkirche hat zwo Töchter, die lutherische und die reformirte, die nur darin besser sind, daß sie ihre Schande besser decken können." Ebenso scharf ist er mit den Neologen in's Gericht gegangen. „Semler, Teller, Töllner, Bahrdt, Jerusalem: darunter kenne ich keinen Christen, wohl aber theils ehrbare, theils wilde Weltleute, auch Erdenverderber, deren Urtheil geschrieben steht Apok. 11, 18." Basedow werde gewiß in jener Welt zu den Bettelarmen gehören. Lavater hatte den Wunsch an seinen Freund Hasenkamp, daß er sich frei mache von aller Kabbalistikomania. „Denn, indem du in den Himmel steigst, versäumst du die Sache des Herrn auf Erden°." Der Zweite, Friedrich Arnold († 1795), Nachfolger seines

---

ⁿ) Selbstbiographie als Anhang zu seinen „Gesprächen vom Alter". Hrsg. v. J. F. Roos. Nürnb. 1903. Palmer in Herzog's R. E. XIII, 112.

°) M. Goebel in Herzog's R. E. V, 574. Briefwechsel zwischen Lavater u. Hasenkamp. Hrsg. v. K. C. E. Ehmann. Bas. 1870.

Bruders im Duisburger Rectorate, kämpfte gegen eine Neologie, die Parforcejagd machte auf Alles, was Offenbarung hieß. Der Dritte und gemüthvollste der Brüder, Johann Heinrich († 1814), lebte unter Drahtziehern und Scheerenschleifern auf einsamer Pfarre zu Dahle in der Grafschaft Mark, wenig von Herder erbaut, noch weniger von Goethe, der nach ihm zu den garstigen Menschen gehört, die in der Schrift Hunde und Schweine genannt werden. Der Arzt Dr. Samuel Collenbusch († 1803) in Duisburg und Barmen, früher der Mystik und Alchymie ergeben, wurde durch J. G. Hasenkamp und Fricker mit den Schriften Bengel's und Oetinger's bekannt und lernte von ihnen die Grundbegriffe seiner Lehre vom himmlischen Reiche Jesu, des darin herrschenden Rechts der Gnade und Gerechtigkeit und das Geheimniß der Heiligung oder Christus in uns. Er wurde nun ganz wie Oetinger biblischer Realist und der Hauptmann bei der Lehre von den Stufen. Die gerecht gemachten Heiligen erhielten durch den h. Geist Kraft zur Heiligung, die in 7 scharfbegränzten Stufen sich vollziehe (nach Matth. 5, 3—9 und 2 Petr. 1, 5—7). Seine Anhänger dachten ihn auf der Stufe der Vollkommenheit und nach Stilling strahlte aus seinem Gesichte eine geheime stille Majestät hervor. Ihm erschien der Gott der Berliner als ein stolzer Götze, er thut nicht, was die Gottesfürchtigen begehren, er achtet ihr Schreien nicht, und hilft ihnen auch nicht[p]. Ihm am meisten unter allen Menschen zur ewigen Dankbarkeit verbunden zu sein, bekannte Gottfried Menken († 1831), Pastor primarius zu St. Martini in Bremen, genannt Bremens Wagen und seine Reiter, einer der größten Kanzelredner seiner Zeit. Als Student hatte er sich vorgenommen, ein heiliger Idiot zu werden. Daher er alle gelehrte Wissenschaft vernachlässigte, um in des von ihm hochverehrten Bengel's Weise nur die Offenbarungswahrheit der Schrift zu erforschen und in sie sich zu vertiefen. Sein biblisch-realistischer Standpunkt gränzt sich ab gegen Philosophie, Rationalismus und Orthodoxie. Bei einer gewissen Hinneigung zum Realisten Bako haßte er förmlich die Schulphilosophie seiner Zeit mit ihren unkörperlichen Geistigkeiten. „Wie könnt' ich meine Kniee beugen vor dem Greuelgötzen der Philosophie, da ich die Strahlengestalt der Wahrheit gesehn und ihre Stimme gehört

---

p) F. W. Krug, Die Lehre des Dr. Collenbusch. Elberf. 1846. Drf. Kritische Gesch. d. Schwärmerei im Großherzogthum Berg. Elberf. 1851. S. 205. M. Goebel in Herzog's R. E. VIII, 19.

habe." Kant, gegen den auch Collenbusch scharfe Worte geführt, war ihm der verderblichste unter allen Menschen. Er hat als Student in Jena die Collegia bei Döderlein „um seiner Gottlosigkeit willen" dran gegeben. „Und das freut mich noch diesen Tag. Verflucht sei die schändliche Toleranz, der es einerlei ist, ob ein Mensch Gott lästert oder seinen Namen heiligt! Ich will mich von nun an in der Intoleranz üben; ich will die schändliche Gutmüthigkeit gegen Leute, die Gott verachten, aus meinem Herzen zu tilgen und es mit Haß, mit rechtem ernstlichem Hasse zu füllen suchen gegen die, die Gott oder, welches Eins ist, Gottes Wort hassen." Er hat vor eine Predigt Schleiermacher's geschrieben: „Verräthst du des Menschen Sohn mit einem Kuß?" Aber derselbe Menken hat sich, nach Schrift-, nicht nach Symbolmäßigkeit fragend, mit großer Strenge gegen das orthodoxe Kirchenthum und die Systemstheologie erklärt. Er war für Union, er achtete Harms' Thesen gering, er nannte dessen Katechismus abominabel, die Kirchensätze und Kirchenlehren einen Fluch. Was der Hasenkamp-Collenbusch-Menken'schen Schule am meisten verübelt wurde, das war deren nachdrückliche Verwerfung der kirchlichen Lehre der Genugthuung Christi für uns. Hasenkamp leitete diese Lehre geradezu vom Teufel her, und Menken ruft aus: „Die Sünde eine Beleidigung der Majestät Gottes, ein Gott, der straft um zu strafen, und von Ewigkeit beschlossen hat, den größesten Theil des Menschengeschlechts ewig strafen zu wollen — um des Himmels willen! Wer vor solchem Gotte mit der anbetenden Achtung und Ehrfurcht sich beugen und sich ihm, im heiligen Geiste rufend: Abba, lieber Vater! mit Kindesvertrauen in die Arme werfen kann, den begreife ich nicht, der ist anders genaturt, der hat eine andere Seele als ich." Diese Schule setzte an die Stelle der Genugthuungslehre eine strenge proportionirliche Reichsgerechtigkeit Gottes gegen seinen Sohn und die an ihn Glaubenden. Ohne Strafe zu fordern und ohne Strafe zu üben hat Gott in Folge des Reichthums seiner Liebe durch Anstalten seiner Heiligkeit die Menschen erlöst. Unsere Sündlichkeit als Folge der Schuld Adams ist ein Unrechtleiden. Gott aber schaffet Recht Allen, die Unrecht leiden. Er sandte daher, um uns von diesem Unrechtleiden zu erlösen, seinen Sohn in die Welt. Der erste Adam war durch Lust geprüft worden, der zweite Adam mußte durch Leiden geprüft werden. Satan mußte seinen ganzen fürchterlichen Zorn an Jesus auslassen und Jesus mußte dieses Alles vollkommen geduldig leiden, damit er [aus dieser Prüfung mit vollkommenem Wohlverhalten hervorginge. Indem er durch diese Prüfung das sündliche Fleisch, das er angenommen, besiegte, hat er zuerst sich das Recht erworben, als Mensch zur Rechten Gottes erhöht zu werden, sodann auch die ganze Menschheit als deren Stellvertreter über alle Himmel erhaben gemacht. Christus also hat von Gottes Gnade und des Teufels Zorn den Tod geschmeckt, er hat nicht Gott mit der Welt, sondern die Welt mit Gott versöhnt. Menken ist wegen dieser Heterodoxie noch kurz vor seinem Tode dem Anathema der Evangelischen Kirchenzeitung verfallen, von welchem Blatt er bemerkt: „Man konnte dieser Zeitung gleich bei den ersten Blättern den Puls fühlen, und ich für meine Person gewann gleich damals die Ueberzeugung, daß es mit derselben mehr auf Kirchenthum als auf Christenthum, mehr auf Erneuerung und Verbreitung des todten und tödtlichen Calvinismus als des ewig frischen, lichten und lebendigen Christianismus des Evangeliums abgesehen sei q."

§. 27. Tersteegen und Jung-Stilling.

Wie in einer andern, der Aufklärung abgekehrten und ihr unverständlichen Welt lebten die Stillen im Lande, als schwachgute Schwärmer verschrien oder ertragen, in erweckten Kreisen von tiefgreifendstem Einfluß. So der asketische Seidenbandwirker Gerhard Tersteegen († 1769) zu Mülheim an der Ruhr. Den von Hochmann (II, 195) und Unterehk (II, 266) angeregten Kreisen zugehörend, nannte er den Candidaten Hoffmann, Hochmann's Schüler, seinen geistlichen Vater. Nicht ohne Zeiten der Verdunkelung hat er sich endlich 1724 mit seinem eignen Blut in aller Form an seinen Bräutigam, Christus Jesus, verschrieben, sein Leben fortan dem Umgang mit Gott, der Erweckung Unbekehrter, der Leitung Erweckter, dem Wohl der Armen gewidmet und „gewiß mehr wahre Christen gezeugt, als seit der Apostel Tagen irgend ein Anderer gethan". Da er überall viel Hunger unter den Menschen fand, den die gewöhnliche Speise nicht mehr stillte, so gab er sein Bandwirken ganz auf, um in Erbauungsstunden erweckten oder bekümmerten Seelen seine geistlichen Brosamen darzureichen, Gebet, Selbstverleugnung und Wandel in der Gegenwart Gottes fordernd. Seine Stellung war mitteninne zwischen Kirche und Separatismus. Er hat den öffentlichen Gottesdienst,

---

q) Menken's Schrr. 7 B. Brem. 1858. Briefe an H. R. Achelis. Brem. 1660. Biographieen von J. E. Osiander [Bremen 1632]; M. Goebel [in Herzog's R. E. IX, 325]; C. H. Gildemeister [2. Th. Brem. 1861]. Lampe u. Menken [Ev.-ref. K. Z. 1869, S. 29]. Sack [not. d.] S. 297.

besonders die Abendmahlsfeier, als an welcher auch offenbare Sünder theilnähmen, gemieden und doch kein Separatist sein wollen. Der Koth der Separatisten könne die Kirche nicht rein machen, der Separationsperiodus gehe überhaupt seinem Ende entgegen. Nur leicht und zeitweilig vom Gliederzittern der Inspirirten berührt, hat er auch niemals einer besonderen Secte angehört, vielmehr ist er libertinischen, aus der Schlangenvernunft stammenden Auswüchsen innerhalb der Kreise der Erweckten wacker entgegengetreten sowie den um ihn werbenden Herrnhutern, welche einen breitern Weg bahnten, als der Heiland und alle Heiligen Gottes. Seine Geschichtsbetrachtung weist auf G. Arnold — Anfangs bildete sich durch die Predigt der Apostel eine unvergleichliche Gemeinde; seit Constantin d. Gr. trat der große und allgemeine Abfall ein, das Christenthum wurde zum gräulichen Antichristenthum und Babel; auch die Reformation ist nicht zum erwünschten Durchbruch gekommen, fast überall in den äußern Parteien hat das Maulchristenthum die Oberhand; doch hat Gott noch Anhänger, welche wider den Verfall zeugen — seine Heiligungslehre mit den 7 Stufen auf die Bengelianer, seine Unterscheidung eines äußern Gotteswortes in der Schrift und eines wesentlichen im Herzen überhaupt auf die Mystik. Seine mystische Schriftstellerei begann er im Anschluß an Poiret [II, 269], und nach dem Beispiele von Reitz [II, 267] hat er die Lebensbeschreibungen heiliger Seelen der katholischen Kirche, an denen er, die Erb- und Sinnenreligion darangebend, unbedenklich sich erbaute, zusammengetragen. Seinen Gegensatz zur Aufklärung gab er kund in den „Gedanken über die Werke des Philosophen von Sanssouci". Der Philosoph von Sanssouci kenne das Herz wahrer Christen nicht, sonst würde er sie nicht laches nennen, ihre Tugenden nicht finstere Scheintugenden. Hinter der Maske der alten und neuen stoischen Tugenden seien erst recht die Runzeln verborgen. „O ihr Gernphilosophen sans souci, werdet doch erst Philosophen de grand souci, oder ihr betrügt euch jämmerlich." Als dieser edle Mysticus heimgegangen, achtete der ältere Hasenkamp den Himmel nun schöner und anziehender. Auch einem F. H. Jacobi gefiel Tersteegen's „Weg der Wahrheit, der da ist zur Gottseligkeit" gar wohl, und auf Lavater hatte der unaussprechlich kindliche Geist in seinen Schriften Eindruck gemacht". Auf viel weitere Kreise hat der empfindsame,

---

a) G. Kerlen, G. T. 3. A. Mülheim 1869. Uebrige Literatur bei Wagenmann (§. 26, not. 1) S. 212.

gebetsstarke, felsenfest und selbst leichtsinnig auf die wunderbaren Wege der Vorsehung bauende Johann Heinrich Jung - Stilling († 1847) gewirkt, von welchem Goethe sagte: „der wunderliche Mensch glaubt, er brauche nur zu würfeln, und unser Herr Gott müsse ihm die Steine setzen." Seine Jugendlectüre bis in sein 10. Jahr war Arnold's Leben der Altväter, Reitzens Historie der Wiedergebornen und Bunyan's Christenreise. Er konnte sich gar nicht satt an diesen Büchern lesen. Als er zum ersten Mal die Töne der Orgel hört, bekommt er gelinde Zuckungen, eine jede sanfte Harmonie zerschmolz ihn; die Molltöne rührten ihn zu Thränen und das rasche Allegro machte ihn auffspringen. Noch in späterer Zeit hat er, warum Dur zur Freude, Moll zur Trauer stimme enträthseln und daraus wichtige Entdeckungen für die Ewigkeit machen wollen. Immer zu den Frommen und Stillen sich haltend, fiel seine eigentliche Erweckung in das Jahr 1762, da beim Anblick einer lichten Wolke über seinem Haupte seine Seele eine unbekannte Kraft durchdrang. Als er aber Elle und Schulmeisterstab von sich geworfen, als er in Straßburg mit Goethe und Herder verkehrte, da riß sein Geist, ohne daß die Blicke in's Jenseits aufhörten, sich los vom gewöhnlichen Treiben der Erweckten, die ihn wegen seiner Perrücke und Halskrause nun sogar für einen weltförmigen Mann hielten. Lange und schwer hat er mit widrigen Verhältnissen zu kämpfen. Seine Schulden drücken ihn sehr. Es klingt fast komisch, wenn er einmal ausruft: „Großer Menschenvater! bewahre die, die dich lieben für Schulden, lieber krank, lieber auf alle Weise elend, als Schulden haben, vorzüglich wenn die Gläubiger Kaufleute sind." Aber auch gerade in der wiederholten Errettung aus dieser Noth, die geschehen mochte nach Goethe's Wort: „man müsse dazu beitragen, daß dem Unglücklichen bisweilen, gleichsam wie aus den Wolken, Hülfe erscheine", hatte Stilling die weise Vorsehung zu preisen. Seine ökonomische Lage hob sich als er Professor der Cameralwissenschaft in Kaiserslautern und Marburg wurde. Als er aber zuletzt vor nur 3 Zuhörern lesen mußte, erkannte er, daß das akademische Lehramt seine Bestimmung nicht sei. Auch kam der fromme Mann, obwohl unschuldig, in Conflict mit den Studenten. Die wollten ihm die Fenster einwerfen, verwandelten aber diese Strafe, durch Stilling's Sohn bewogen, dahin, daß sie vor sein Haus gingen und ausspuckten. „Das konnten sie nun thun, dazu war Raum genug auf der Gasse." Sein Glücksstern führte ihn als Geh. Hofrath nach Karlsruhe, wo er ganz seiner eigentlichen Bestimmung, den Augenkuren und der religiösen Schriftstellerei, leben konnte. Seine Schriften verfolgen den Zweck, den wahrheitsuchenden Christen den wahren schmalen Weg zwischen der falschen Aufklärung und der Schwärmerei durch zum großen und glänzenden Ziel zu zeigen. Gegen jene hat er ausgerufen: „Ist nicht die ganze wahre christliche Kirche heimwehkrank, jetzt da ihr gar ihre Pfleger, ihre Lehrer, vom Wein der babylonischen Hure zu trinken geben wollen, und wenn sie ihn nicht mag, verdürsten lassen?" und insbesondere gegen den Verfasser des Sebaldus Nothanker als hohnsprechenden Philister die Schleuder eines Hirtenknaben erhoben. Gleicherweise hat er aus allen Kräften der im Dienste der Aufklärung stehenden Freimaurerei entgegengewirkt, die er Apok. 17, 5 geweissagt findet — „Und auf ihrer Stirne den geschriebenen Namen: Geheimniß! Babylon die Große, die Mutter der Huren und der abscheulichsten Dinge der Erden. Wir kennen dies Geheimniß, wissen seinen Gang, seine Meister, seine Grade und seinen Zweck" — sowie dem Titanismus seiner Zeit, welcher weder die Herrschaft Gottes noch anderer Mitmenschen über sich leiden wolle, und tobt gegen alle Obrigkeiten und Vorgesetzte. Aber er kennt auch die unseligen Folgen einer kopflosen Schwärmerei und hat ernsthaft vor ihr in seinem „Theobald" gewarnt, damit durch fanatischen Unfug Religionsspötterei nicht gefördert werde. Er selbst ein gutmüthiger Schwärmer schwebte mitunter über das gewöhnliche Menschenmaß hinaus. So fühlte er, sein „Heimweh" schreibend, seinen Geist wie in ätherische Kreise emporgehoben, und im „Theobald" sagt er: „alle Weisheit hilft nichts, wenn man nicht die 7 reinen Flämmchen an dem Throne Gottes kennt." Auch hat er im Gegensatz zu Lucian's und Wieland's Scenen aus dem Reiche erdichteter Gottheiten, geschrieben, die Leser zu belustigen, Scenen aus dem wahren Geisterreiche, die Leser zu erbauen, vorgeführt. Aus dem schweren Gefängniß des Determinismus, darin er durch die Leibniz-Wolff'sche Philosophie 20 Jahre lang schmachtete, ward er durch die Kant'sche Freiheitslehre gerettet. Daher er an Kant Wohlgefallen hatte, ihm gegenüber jedoch bemerkte, daß jeder Heischesatz der ganzen Moral eine unmittelbare Offenbarung Gottes sei. Er hat zuletzt die Brüdergemeinde als das mit der Sonne bekleidete, in die Wüste geflohene Weib der Offenbarung angesehn und Bengel's apokalyptische Progression und Weissagung im „Grauen Mann" der Menge verkündet, sich freuend auf den großen Tag der Zukunft und das neue Jerusalem, in dessen Tempel Uz, Cramer und Klopstock, die Assaphs, Hemans und Jedithuns sein werden. Gar Viele, besonders Damen der vornehmern Classen, spran-

gen von Voltaire zum „grauen Manne" über und berechneten jetzt mit
Andacht, in welchem Jahre des neuen Seculums der jüngste Tag kommen werde^b.

§. 29. Lavater und seine Freunde.

Eine ganz besondere Stellung, mit den verschiedensten Zeitrichtun-
gen in Berührung, ohne in eine derselben aufzugehen, nimmt der Züricher
Diaconus Johann Caspar Lavater (Johannes Turicensis, Natha-
lion a Sacra Rupe), ein, eine außerordentlich liebenswürdige, in das
Weite hinausschweifende und hinauswirkende, das Göttliche in der Welt
suchende, exaltirte und agile Persönlichkeit, eine präsentimentalische oder
Colombische Seele^a, die unendlich viel Wichtigeres zu thun hatte, als
mit den Bengel'schen Theosophen Satans metaphysische Natur zu untersuchen, ein Jesaias, wie Collenbusch meinte, den der liebe Gott zum
Bauen braucht. Er war voll des festesten, biblischen und auch phantastischen Glaubens. „Glaube ist Hypostasis, eine Grundkraft, eine
complete Seinsart, die sich voll fühlt, die alle Bilder verschlingt; er verträgt nichts Unsolides, Halbes, Schwankendes; er realisirt Alles zur
Fülle des eignen Daseins; er macht Alles sich selbst gleich in Ansehung
der Gewißheit und Realität." In solchem Glauben hat er propriorem
Deum gemerkt und gesungen:

Für den folgenden Tag verbeute Dir jeglichen Kummer.

Πάντα δυνατὰ τῷ πιστεύοντι war der Wahlspruch, der auf seinem
Petschaft stand. Den Seligen im Jenseits (deren Bewegungsschnelle er
berechnete) werde es ein Leichtes sein, Felsen zu zerbrechen, Berge zu
versetzen und selbst ein Planetensystem wie eine Thüre aus den Angeln zu
heben. Von Lavater's Glaubenskraft wollten die Verfasser der A. D. B.
sich dadurch überzeugen lassen, daß er vermittelst derselben ein gutes
Stück Alpenberg aufhöbe und es zu ihrem Schrecken vor den Thoren
Berlins niedersetzte, und der von Lavater sogenannte Non-putaram-
Gleim dichtete:

---

b) C. Gaab, J.-St. u. s. Bedeutung f. seine Zeit [Studien u. Krit. 1866,
S. 607]. Uebrige Literatur bei M. Goebel [Gelzer's Prot. Monatsbl. 1860,
S. 47] u. Matter in Herzog's R. E. XV, 124.

a) „In seiner Seele tief, unaustilgbar, unbewegbar trug der Vorempfinder Co-
lomb seine neue Welt, so ich die meinige."

Dich, Glaubensriesen, dich bitt' ich, der Glaubenszwerg:
Versetze diesen Poppelberg,
Es macht ja dir so wenig Müh',
Heut noch nach Sanssouci.

Seines Glaubens Mittelpunkt, sein A und O, sein Eins und Alles, war aber Christus, der leicht glaubbare menschliche Gott, den er in seinem „Jesus Messias" besang, ohne welchen er ein Atheist wäre. „Wer nicht an Christum glauben kann, der wird, wenn er consequent raisonnirt, zum Atheismus kommen. Ein Atheist ist mir viel begreiflicher als ein Deist, denn alle Schwierigkeiten, mit denen das Christenthum umgeben ist, treffen den Deismus um kein Haar weniger." Dabei hatte er oft Mühe, sich an der Niedrigkeit, zu welcher sich der Allerhabenste selbst erniedrigt hat, nicht zu ärgern. Seine Christusgläubigkeit fachte seinen, an Mendelssohn übereilt geübten, von Lichtenberg verspotteten, Bekehrungseifer an. Auch ist sein Glaube mit ungestillter, schmachtender Sehnsucht nach sichtbaren Spuren des Herrn und nach Handauflegung eines Mannes, dem er den Schuhriemen zu lösen nicht werth sei[b], mehrmals zu einer Gerngläubigkeit geworden, die ihn prostituirte [S. 196], oder zu einer naiven Uebergläubigkeit, welcher die massive Auslegung von Schriftworten behagte. So nahm er das Wort des Herrn: „alle Haare auf eurem Haupte sind gezählt", ganz eigentlich, dachte an jedem Morgen, wenn er sich die Haare auskämmte, an dasselbe und waren ihm darum die mit dem Kämmen ausgezogenen Haare heilig und respectabel. Aus Joh. 21, 22: „so will ich, daß dieser Jünger bleibe, bis ich komme" zieht er allen Ernstes den Schluß, der Apostel Johannes befinde sich noch leibhaftig auf Erden, und blickt längere Zeit auf Spaziergängen jeden Fremden scharf an, ob es der Evangelist sei, welcher komme, um mit

---

[b] Sein Hunger nach Gottesoffenbarung legte das Gebet auf seine Lippen: „Zeige dich, Abrahams Gott, Gott Isaaks, Israels, zeige dich!" Er wollte einen persönlichen Gott, mit dem er wenigstens so vertraulich correspondiren könne, wie mit einem guten Freunde, und der ihm ebenso determinirt antworte, und strengte, wie F. L. Stolberg schreibt, seine innere Sehe fürchterlich an, um in unsrer Mondscheinnacht andere als reflectirte Sonnenstrahlen zu sehen. Zu Christus hat er gerufen: „Komm', ja komm', Herr Jesu, ehe du kommst! Komm' spürbarer, ehe du sichtbar kommst!

Gieb Erfahrung mir von Dir,
Saulus-Freude meinem Herzen,
Thomas-Wonne, Christus, mir!"

Er wünschte sich die Gnade der Gnaden, eine blutige Dornspitze zu sehen, die aus der Krone Jesu auf die Erde fiel. Ein Schatten von einem seiner Haare wäre ihm ein Heiligthum.

ihm Abendmahl zu halten. Seinem Freunde Hasenkamp räth er: „Süßapfel in Süßöl gekocht und darin getaucht, drei Abende nach einander vor Schlafengehen gegessen, allemal etwa 7 Stücklein — im Glauben — und Ihre Heiserkeit wird vergehen." Es begreift sich so, wenn er für das Eigentliche in der Religion (dieser Götterzauberei, Engelerschaffung, Gottesrealisirung, dieser Hypostasis in uns) kein anderes Wort finden kann, als Magie. Aber bei aller Lust am Glauben mochte Lavater nicht durch irgend ein System sich Herz und Zunge binden lassen. Ein so beweglicher Geist hat wohl sein eigenes Costüme, erträgt jedoch nicht ein bestimmtes System. Ihm waren Calvin und Athanaslus keine göttlichen Auctoritäten, Zwinglisch, Calvinisch, Lutherisch reine Nullitäten. „Ich habe es mir zum unverbrüchlichen Gesetze gemacht, mich niemalen über einem bloß theologischen Wort zu zanken und zu disputiren. Fragt mich einer: Glaubst du die Dreieinigkeit, glaubst du die Genugthuung, glaubst du die unionem hypostaticam? Ich werde weder Ja noch Nein sagen. Ich weiß darüber nichts zu sagen und will nichts wissen, ob es 3 Personen in der Gottheit gebe, und ob der h. Geist eine Person sei; aber das bekenne ich, daß der Vater Gott, der Sohn Gott, der h. Geist Gott, der wesentlichste Gott sei, daß der Vater im Sohn, der Sohn im Vater, der Geist im Vater und Sohn sei, weil das die Schrift sagt. Ob das jetzt Socinianismus, Sabellianismus, Arianismus heiße, weiß ich nicht und will es nicht wissen. Namen betäuben. Die Schriftsprache ist meine theologische Sprache, und die beste andere hat für mich keine Autorität." Und das führt nun zu dem andern Pol seines geistigen Lebens. Neben der unerschütterlichen Gebundenheit in Christus geht bei ihm her der humane, tolerante, freie, für alles Große, von Gott in irgend einer Weise Ausgezeichnete, empfängliche Sinn, gepaart mit dem gewinnendsten, göttlich-offnen, natürlichen Wesen, das im amorosen Auge sich spiegelte:

> Du wirst in meinem Aug' ein amoroses Schmachten,
> Licht, Nacht, Eturderie und List mit Lust betrachten.

Als 21jähriger Jüngling ist er hinaufgezogen nach Pommern zu Spalding, damals Präpositus in Barth, um an dieser Persönlichkeit sich zu nähren, sich aufzuranken. Schon aus der Ferne ruft er ihm zu:

> Edelster unter den Menschen, der ferne am baltischen Ufer
> Einsam, ein Licht in der Finsterniß, wohnt,
> Ach wie schlägt mir, wie fliegt mit laut frohlockender Hoffnung,
> Göttlicher Spalding, mein Herz nach dir!

Beide waren von einander im höchsten Maße erbaut und befriedigt. Nachmals gingen beider Wege, des nüchternen Spalding und des glühenden Lavater, weit auseinander. Allein obschon Lavater urtheilen zu müssen glaubte: „sein System von den Wirkungen des Geistes scheint mir eines von den unbiblischsten und gefährlichsten zu sein; wirklich reducirt er Alles, gar Alles auf die natürliche Kraft des Wortes; der Geist Christi, der unmittelbare persönliche Christus wird überall entbehrlich" — Spalding blieb ihm der ehrlichste Wahrheitsfreund. „Ihr Herz und Ihre Absichten sind und bleiben mir heilig. Der ehemalige neunmonatliche Hausgenosse und Freund meines Herzens mit seinem hellen richtigen Verstandesblicke und mit seiner geraden offnen einfachen Seele stehet noch immer in dem achtungsvollsten und angenehmsten Andenken vor meinen Augen." Er hat geklagt über die Heere negativer Menschen — Alles zerstört, niemand will bauen — und die Namen Raubthiere und Hausdiebe für die Häupter der Neologie nicht zu unhold geachtet, und doch seine Liebe dem Dr. Bahrdt noch im Gefängniß nachgetragen, bei den andern wenigstens die überlegne Gelehrsamkeit anerkannt. „Ich würde wider meine Gabe sündigen, meinen Glaubenszirkel überschreiten, wenn ich wider Michaelis und Semler kritisch zeugen wollte. Ich bin nicht gelehrt, nichts weniger als Philolog und Kritiker, das wäre klug sein über meine Gebühr." Er war auch der Meinung, es gebe keine Kirche, die gar nicht irrte, und keine Secte, die nur irrte (er findet in Socin's Lehren viele unvergleichbare Luminositäten, und in dem orthodoxen System viele unverdauliche Cruditäten), und obschon er declarirte Unchristen nicht declarirte Christen heißen wollte, dennoch Alles hatte freien Zutritt zu ihm vom unthätigsten Quietisten an bis zum werkheiligsten Pietisten, vom bilderhassenden Mystiker an bis zum sinnlich liebenden Herrenhuter, vom Socinianer und Deisten bis zum decidirtesten Atheisten. Und so konnte geschehen, daß er an der Wirthstafel bei den 3 Reichskronen in Coblenz gemüthlich zusammensitzt mit Basedow dem Freigeist und Goethe dem Weltkind. Allenthalben, wo er nicht predigt, ermahnt er zur Geistesfreiheit. „Keiner soll des Andern ganzen Glauben, jeder soll einen eignen individuellen Glauben wie ein eignes Gesicht haben." Und frei hat er bekannt: „wer mit ganzer Redlichkeit und Einfalt orthodox, und mit ganzer Redlichkeit und Einfalt heterodox ist, die erkenne ich beide für meine Brüder und Freunde." Seiner Humanität, seiner Liebe und Lust an der Menschheit entsprang sein „Pontius Pilatus", ein ecce homo für Alles, was Mensch heißt, und seine Physiognomik, ihm Offenbarung im dunklen Worte, ein trait de génie Gottes, welche das Göttliche im Menschlichen, das Unsterbliche im Sterblichen entdecken lehren wollte. Letztere, wiefern sie dem Subjectivismus der Aufklärung entsprach, fand so vielen Beifall, daß eine Art physiognomischer Wuth zum Vorschein kam — meinte man doch durch Physiognomik die Tortur ersparen, sie zum Criminalrecht ziehen zu können — welcher Musäus und Lichtenberg mit Spott Einhalt zu thun versuchten (ob man denn die Menschen nach ihrem Aeußern beurtheilen wolle, wie der Viehhändler den Ochsen?). Aber auch bei seinen physiognomischen Studien leuchtet ihm Christi Bild. Alle seine Kräfte möchte er aufbieten, ein erträgliches Christusgesicht einem Zeichner anzugeben oder vorzuzittern. Gerade seine empfindsame Christus- und Menschenliebe machte ihn zu jener thatlauteren, strahlenheiteren, superlativisch emporstrebenden Religionsseele, zum Ersten aller Knechte Gottes, gestaltete seine Reisen zu Triumph- und Eroberungszügen, auf denen er enthusiastische, fast abgöttische Verehrung erntete. Andächtige Seelen und Magdalenen aller Klassen drängten sich um ihn. Es gab Damen von Bedeutung, mit denen er Strumpfbänder wechselte, und solche, die er durch Händeauflegen zur Fruchtbarkeit einsegnen wollte, in Bremen wurde nach ihm ein Seeschiff getauft. Tadelnd schrieb ihm Klopstock: „Sie erlaubten es, daß man sich gegen Sie beinahe wie gegen einen Heiligen betrug"; tadelnd Zimmermann: „Ich begreife, daß es dir vielleicht nicht gleichgültig ist, für Jesus Christus II. gehalten zu werden." Weil in Lavater zwei sonst nur getrennt vorkommende Seiten sich einigen, so konnte sein großer Freundeskreis aus entgegengesetzten Lagern sich bilden, aber auch eine Entgegengesetztheit der Urtheile über ihn. Die Aufklärer mit ihrer „seelenharten Nüchternheit" konnten sich nicht in seine Schwärmerei, die Schwärmer nicht in seine weltliche Aufgeklärtheit finden. Der Ketzeralmanach warf ihm vor, er setze nicht nur unter Schustern und Schneidern, sondern auch unter Fürsten und Fürstinnen das Schwatzen von Christo an die Stelle des Thuns für Christum und gewöhne sie statt an Frömmigkeit an Empfindelei und zeitverderbende Beterei. Die A. D. B. gab ihm schuld, wirklich entehrende Begriffe von Gott und Christus in Umlauf gebracht zu haben. Auch Herder schreibt ihm einmal: „Du, mein Freund, bist ein Gottesschwätzer." Seine humane Seite hatte ihn mit den großen Geistern seiner Zeit befreundet, sein Bekehrungseifer, seine religiöse Ueberreiztheit hat das Freundschaftsband wieder gelockert. Goethe schreibt ihm: „Eins werden wir doch wohl thun, daß wir einanbei unsere Particularreligion ungehudelt lassen;" und „Laß mich Deine Menschenstimme hören, damit wir von dieser Seite verbunden bleiben, da es von der andern nicht geht." Goethe's Freundschaft und Herder's zu Lavater ist nachmals völlig erkaltet, bei Goethe bis zur Inhumanität. „Hol' oder erhalte ihn der Teufel, der ein Freund der Lügen, Dämonologie, Ahnungen, Sehnsucht ꝛc. ist von Anfang." Wieland ermahnt ihn: „Wenn Sie Sich die ewigen Superlativos abgewöhnen könnten! ich habe einen unsäglichen Pik darauf. Erfahrung hat mich auf den Positivum gesetzt." Zimmermann will ihm seine Fehler ohne Barmherzigkeit sagen „sobald ich sehe, daß sie dich von einem Säulenfuße, wo man dich anbeten würde, hinunterschmeißen in den Dreck". Und er hat Wort gehalten. Er schreibt ihm: „Du mußt dich bestreben, nicht in der Sprache einer überspannten, fieberhaften Phantasie zu reden," und fragt unwillig: „Warum giebst du nicht alle Verbindung mit Hasenkamp, Collenbusch, Oetinger und den Dummköpfen allzumal auf?" Dagegen nahmen wieder die Frommen an Lavater's humaner Weltlichkeit Anstoß. Es fehlte wenig, der gute Hasenkamp hätte sich an ihm geärgert, er hat Gott gebeten, ihn vorm Weltgeist zu wahren, und die Herrnhuter empfahlen ihn dem blutigen Seitenloch des gehangenen Gottes. Das mildeste Urtheil von dieser Seite lautet: Lavater helfe zum Reich Gottes als ein Mittelding zwischen dem Belletristen und dem wahren Christen und bringe manche Lichtsideen in die Weltmenschen. Die Geißelung der Xenien, die Kränkungen, die er als angeblicher Kryptokatholik, die Spöttereien, die er als Schwärmer und Freund der Schwärmer erfuhr, hat er schwer empfunden, aber verziehen.

> Vater, vergieb mir,
> Wie ich der Feinde mich oft, die scharf mich kränkten, erbarmte,
> Wie ich völlig vergeb' auch unerbittlichen, welche
> Müde nicht werden, auf mich den Müden Lasten zu wälzen.

Bekannt ist sein Lebensende, herbeigeführt durch einen Schuß, den ein französischer Soldat, welchem er eben Wein gereicht, wie in satanischer Wuth auf ihn abfeuerte. Aber selbst seinem Mörder hat er vergebende Liebe entgegengebracht; er hat ihn in allen Himmeln und Höllen dereinst aufsuchen wollen, ihm für die Verwundung, diese ihm so lehrreiche Schule, zu danken.

> Gott vergebe dir, sowie ich dir von Herzen vergebe,
> Leide nie, was ich um deinetwillen gelitten.
> Ich umarme dich, Freund, du thatest unwissend mir Gutes.

Kommt dies Blättchen zu dir: es sei dir Pfand von des Herrn Huld,
Welche reuige Sünder begnadigt, entsündigt, beseligt.
Lege Gott mir für dich in die Seele große Gebete,
Daß kein Zweifel mir bleibt: wir umarmen uns einst vor des Herrn Aug'.

So ist er „ein Blutzeuge der Wahrheit" und als der gute Narr vom lieben Gott, von dem er doch nicht lassen kann, unter Schmerzen lächelnd heimgegangen (2. Jan. 1801) c.

Lavater's horchsamer Schüler, dem er einige seiner Ideen von den eigenthümlichsten Schriftlehren mitgetheilt, später sein Erzfreund, seine von Gott ihm väterlich zugeordnete Leibwache, die ihn vor desperatem Unglauben an die Menschheit verwahrte, war Johann Konrad Pfenninger († 1792), Diakon bei St. Peter in Zürich, ein Mann von unermüdetem Wuchergeist und unnachahmlich lieblichen Geberden. Was beide unauflöslich verband, war das auf tausend Weise angefochtene Reich des Messias, dessen Erscheinung Pfenninger's heißester Wunsch war. „Jede Spur der Herannäherung des Endes aller Dinge und der damit verbundenen Offenbarung des einst gekreuzigten Nazareners in der göttlichsten Herrlichkeit wurde von ihm, o wie scharf bemerkt, o wie heilig gehalten!" Bahrdt's (dessen Phantasieen über Jesum Pfenninger empörten) Ketzeralmanach weiß von ihm zu melden: „Mit einer von Lavatern überkommenen Dosi Schwärmerei angeschwängert, glaubt er überzeugt zu sein, daß in jenem eine ungewöhnliche Kraft wohne, und dieser Glaube scheint seine Vernunft zu fesseln, so daß er nie zu ganz reinen Kenntnissen gelangen wird d." Johann Caspar Häfeli († 1811), einst in Lavater's Nähe und begeistert ihn anrufend: „Ach, könnte ich an deiner Brust liegen in Sabbathsheiliger Abendstille — o du mein Engel," und in seinem unanatomirten Kinderglauben den jungen Theologen rathend: „schneide jede Feder, falte jeden Bogen Papier, schreibe jeden Brief in Christi Namen," hat nachmals, in geistlichen Aemtern zu Bremen und Bernburg, mit der (Schweizer-) Heimath auch die Richtung gewechselt und sein Rednertalent im Sinne des Kant'schen Moralismus verwerthet. Daher die Einen ihn als Untreuen bezeichneten, der nicht

---

c) Literatur bei Schenkel in Herzog's R.-E. VIII, 233. Außerdem: [J. A. Räbe, Pfarrer zu Crumpan bei Merseburg], J. K. L. Lpz. 1801. G. R. Zimmermann, J. K. L: Zürich 1873. H. Dünker, Freundesbilder a. Goethe's Leben. Lpz. 1853, S. 1—124. Sack [§. 26, d], S. 120 u. der §. 26, o citirte Briefwechsel.

d) Etwas über Pfenningern von Lavater. 6 Hefte. Zürich 1792 f. Schlichtegroll's Nekrolog. 1792. II, 153.

wie früher von Christus zeuge, sondern im äußersten Vorhof des Christenthums bleibe, und nage der Wurm des Zweifels an der Wurzel seines Glaubens, während Thieß' Ketzeralmanach rühmt: „Lallte vormals als ein Jünger Lavater's, redet itzt vernünftige Worte"." Ebenso ist Johann Jakob Stolz († 1821 in seiner Vaterstadt Zürich), ein schwärmerischer Jünger Lavater's und Pfenninger's, als welcher er des Erstern Kraftstil nachahmte, einen „Joseph" als Gegenstück zum „Pontius Pilatus" schrieb, von „Gott im strengsten Incognito" und von der Möglichkeit einer Appellation Gottes an den Teufel redete, als Prediger zu St. Martini in Bremen der neologischen Richtung zugänglich geworden, wie solche aus seiner „Sittenlehre Jesu" und aus seiner vielbelobten Uebersetzung des N. T. hervorschimmert. In letzterer, unabhängig von aller Dogmatik gemacht („ob 10 Dogmen fallen zu seiner Seite und 100 Hypothesen zu seiner Rechten, das darf den Ausleger nicht anfechten"), erblickte die A. D. B. die künftige allgemein christliche Vulgata'. Ein Gegner dieser Uebersetzung, weil sie gewisse Lehren (wie die von der Größe Jesu) auf die Seite zu bringen suche, darum ein unberufener inquisitor haereticae pravitatis gescholten, war Johann Ludwig Ewald († 1822), zuletzt Kirchenrath in Karlsruhe, ein eifriger Anhänger des Züricher Sehers, dessen Ausdrücke er oft wörtlich copirte, und polygraphischer Erbauungsschriftsteller, aber mit einem Weltton und Hofair, das frommen Kreisen mißfällig war.

§. 29. Hamann und Johannes von Müller.

Weder der gemüthvolle Schwärmer, wie Stilling, noch mit dem unwiderstehlichen Drange zu handeln, wie Lavater, und doch im tiefsten Grunde eins mit ihnen war Johann Georg Hamann, der Magus im Norden, der preußische Heraklit, der Elias seiner Zeit, der Mann Gottes am Berge Horeb. Die Theologie, der er sich widmen wollte, gab er auf seiner schweren Zunge wegen und weil er viele Heuchelhindernisse in seiner Denkungsart fand. Er trieb dann überhaupt kein bestimmtes Fachstudium, lieber ein Märtyrer — das Genie ward ihm zur Dornenkrone — denn ein Tagelöhner und Miethling der Musen, mit einem Adlershunger nach Büchern, daß er sich daran zu verekeln fürch-

---

e) Sack [§. 26, d], S. 196.
f) Bekenn, Ueb. Stolz's liter. Wirken [Kirchenhist. Archiv v. Stäudlin. 1824. H. 4. S. 99]. Jahrbuch d. häusl. Andacht. 1825, S. 256.

tete, wie die Kinder Israel am Manna. Seine größte irdische Hoffnung war, als ein Invalide des Apoll mit einer Zöllnerstelle zu seiner Zeit begnadigt zu werden. Diese Hoffnung ist ihm erfüllt worden. Er wurde, nachdem er sich als Hauslehrer und Volontär auf der Kanzlei des Kneiphoffschen Rathhauses versucht, Königsberger Packhofverwalter, ein erzapulesisches Lastthier, 5 Stunden Morgens und 4 Stunden Abends Säcke tragend. Sodons in teloneo nahm er ein vollblütiges vierschrötiges Bauernmädchen von eichenstarker Gesundheit, welche seines alten gelähmten Vaters Stütze gewesen, als Haushälterin zu sich, und diese Hamadryade brachte bei ihm eine hypochondrische Wuth hervor, welche weder Religion, Vernunft, Wohlstand noch Arznei und Fasten überwältigen konnten. Vier Kinder entsproßten dieser Gewissensehe. Hamann war ein tiefsinniger, dunkler, innerlich lodernder Mensch, fast alle Extreme in sich vereinigend, bald ein Leviathan, der Monarch und erste Staatsminister des Oceans, von dessen Odem Ebbe und Fluth abhängt, bald der Wallfisch, den Gott geschaffen hat, im Meere zu scherzen, und wurmförmig der Gang seiner Rede, „ein verfluchter Wurststyl, der von Verstopfung herkommt, und von Lavater's Durchfall ein Gegensatz ist" — ein dämonistischer Geist, ein mit Wolken umzogener Nachthimmel, an welchem Blitze zucken und leuchten. Nachdem er unter düstern Erfahrungen in London die Höllenfahrt der Selbsterkenntniß durchgemacht („ich konnte es nicht länger vor meinem Gott verhehlen, daß ich der Brudermörder seines eingebornen Sohnes war"), fand er in Gottes Wort die Arznei, den Wein, der allein unser Herz fröhlich machen kann und unser Gesicht glänzend von Oel. Die Bibel wird sein Eliment und Aliment, er hat sie fame canina verschlungen, an ihrem Geist entzündet sich sein eigner Geist, er findet sie zu mediis terminis und Gleichungen unbekannter unendlicher Größen ergiebiger, als alle Systeme und Hypothesen alter und neuer Philosophie. Ihr getreu wird die Furcht des Herrn seiner Weisheit Anfang, die der Seele jedes Menschenkindes eingewebte Religion, der lebendige Glaube wird die Macht, die Hypostasis seines Lebens, die Geistestinctur, mit welcher er alle Steine des Anstoßes und Felsen des Aergernisses wie Schaumgerichte verdauet und auflöst. Alles Andere ist heiliger Koth des großen Lama. Daher wie er von den Theologen mit Vorliebe den schriftgelehrten Bengel studirt, so unter den Philosophen Hume, weil aus dem Munde dieses Feindes und Verfolgers der Wahrheit ein Zeugniß der Wahrheit komme, wiefern der sogar zum Essen und Trinken den Glauben nöthig habe.

„Er ist wie Saul unter den Propheten und fällt in das Schwert seiner eignen Wahrheiten." Im Glauben hat Hamann unmittelbare Gewißheit und bedarf nicht erst der Philosophie, dieser aussätzigen Prophetin. „Alles was die Philosophie über Gott und die Natur schwatzt, kommt mir so abgeschmackt vor, ist so ekel, als das Gewäsche des Gesindes über seine Herrschaft auf dem Fisch- und Fleischmarkt." Da jeder Mensch das Ebenbild Gottes an sich trägt (exomplumque Dei quisque est in imagine parva), so ist es noch unsinniger, sein Dasein beweisen zu wollen, als es zu leugnen. „Das Dasein Gottes leugnen und beweisen wollen ist im Grunde, wie der selige Voltaire sagte, sottise de deux parts." Gott ist der Vater feuriger Geister und athmender Kräfte, kein bloßer Töpfer plastischer Formen. Seine Weisheit und Güte verläßt uns auch in diesem Raupenzustand nicht. Sein Wille geschieht, wenn der unsrige gebrochen wird. »Fiat voluntas tua ist der wahre lapis philosophorum.« Auch das Böse in der Welt ist ein Meisterstück der göttlichen Weisheit. Dieser Gott nun hat die menschliche Sprache, das schwache dürftige Organ, zum Träger seiner Gedanken gemacht, wie der Schönste unter den Menschenkindern sich des unberittenen Füllens einer lastbaren Eselin bediente. Hoch steht die Schriftoffenbarung über allen classischen Produkten. „Was ist die sanfte, liebevolle Seele des blinden mäonischen Bänkelsängers gegen den von eignen Thaten und hohen Eingebungen a priori und a posteriori glühenden Geist eines Mose." Aus der Schrift aber leuchtet Christus hervor, der große Architekt und Eckstein eines Systemes, das Himmel und Erde überleben wird. „Ich habe den funden, von welchem Mose im Gesetz und die Propheten geschrieben haben. Das ganze Räthsel unsrer Existenz, die undurchdringliche Nacht ihres termini a quo und termini ad quem hat sich aufgelöset durch die Urkunde des Fleisch gewordenen Wortes. Es ist eher möglich, ohne Herz und Kopf leben, als ohne Jesus, den Gekreuzigten." Der Executor des N. T. und nächst dem Prediger des alten Bundes der weiseste Schriftsteller und dunkelste Prophet war Pontius Pilatus. Das Christenthum besteht in göttlichen Thaten und Anstalten, deren verhaßte Evidenz und erstickte Energie Hamann dem allgemeinen Wortstrom der Speculation seiner Zeit entgegensetzt. „Idealismus und Realismus sind nichts als entia rationis, wächserne Nasen, Christenthum und Lutherthum sind res facti, lebendige Organe und Werkzeuge der Gottheit und Menschheit." Das Christenthum gilt ihm aber nur in seiner urwüchsigen Frische und Unmittelbarkeit, nicht in steifen oder engen Gewande einer

Schule. Denn „alle förmliche Religion als solche ist nur Lamadienst, nur Kothfressen", und „weder die dogmatische Gründlichkeit pharisäischer Orthodoxen noch die dichterische Ueppigkeit sabducäischer Freigeister wird die Sendung des Geistes erneuern, der die heiligen Menschen Gottes trieb zu reden und zu schreiben". Auch unter den Heiden hat er göttliche Menschen anerkannt, eine nicht zu verachtende Wolke von Zeugen, die der Himmel zu seinen Boten und Dolmetschern salbte und zu eben dem Beruf unter ihrem Geschlecht einweihte, den die Propheten unter den Juden hatten. Und die Vernunft war ihm ein Orbil zum Glauben (zwar nicht den Weg zur Wahrheit und zum Leben, wohl aber des Irrthums Erkenntniß lehrend), wie das Gesetz ein Zuchtmeister auf Christum. Mit wuchtiger Ironie wandte sich Hamann gegen die Aufklärer mit ihrem ihm so widerwärtigen Geschmack von natürlichen Religionswahrheiten. „Natürliche Religion ist für mich, was natürliche Sprache, ein wahres Unding." Die Aufklärung seines Jahrhunderts erschien ihm als ein bloßes Nordlicht oder als ein kaltes unfruchtbares Mondlicht, aus dem sich kein kosmopolitischer Chiliasmus wahrsagen läßt. Er nennt ihre Berliner Vertreter die Chaldäer im allgemeinen deutschen Babel, Großsprecher und Philister, allgemeine Wechsler und Beutelschneider, hypokritische Heuschrecken, die sich für Riesen von den Kindern Enaks halten, die inhumansten Barbaren. „Ich bin ihnen so gram wie Sirach dem tollen Pöbel in Sichem." Besonders übel berührte ihn der gerade von dieser Seite her geführte Streit gegen heimlichen Katholicismus. „Blinde Splitterrichter des Papstthumes mit einem Sparren des Papstthums in ihrem Schalksauge!" Seine Hauptschrift „Golgatha und Scheblimini", die nichts als ein evangelisches Lutherthum in petto hat, zunächst den jüdischen Pfiffen des neuen Socrates Mendelssohn entgegen gesetzt, von dem Hamann sagt: „er glaubt weder Mosen noch den Propheten, obgleich er sie beide übersetzt hat, und dünkt sich weiser als Rathan und Heman, der Schauer des Königs, in den Worten Gottes das Horn zu erheben," wollte überhaupt den Berlinern die philosophische Maske abreißen und ihren Fanatismus darthun, womit sie Andersdenkende verfolgen. So steht dieser Hamann da als eine ganz eigenthümliche Erscheinung, eine personificirte coincidentia oppositorum mit dem Leibspruch »omnia divina et humana omnia«, tief eingetaucht in alle geistigen Bewegungen und doch nur ein Zuschauer der olympischen Spiele, ohne Lust selbst mitzulaufen, mit scharfer Beize gegen die Altflickereien, die Midasohren des herrschenden seculi, unverstanden und angestaunt, in der That ein Magus, die Magi aus dem Morgenlande und die Magi im glühenden Ofen seine Ahnen, nur nicht dem Verbrennen wie diese, eher dem Verhungern ausgesetzt, ein Zeichendeuter, ein Prophet, auch dem Schicksale nach, das er mit allen Zeugen theilte, geläftert, verfolgt und verachtet zu werden. Das gewöhnliche Zeiturtheil über ihn lautete: „Kein Alchymist, kein Jakob Böhme, kein wahnsinniger Schwärmer kann unverständlicheres und wahnsinnigeres Zeug reden und schreiben." Aber die Großen seiner Zeit sahen mit hoher Verehrung auf ihn und hochachteten seine Orakel. So Herder, der ihn als seinen lieben Vater Silenus ehrte, so Kraus, dem Hamann's Herz mehr war, als Kant's Kopf, so Jacobi, sein Herzens-Jonathan, der ein wahres Pan, so Jean Paul, der einen tiefen Himmel voll telescopischer Sterne und Nebelflecke, eine von der Studirstube durch's Empyreum reichende Gestalt in ihm erkannte, so Claudius, den die goldnen Sternlein in seinem mitternächtlichen Gewande reizten, so Lavater, welcher in der Physiognomik ausruft: „Siehe den hochstaunenden Satrapen. Die Welt ist seinem Blicke Wunder und Zeichen voll Sinns, voll Gottheit. Kann ein Blick mehr tiefer Seherblick sein? Prophetenblick zur Zermalmung mit dem Blitze des Witzes!" Ohne vorher gegangene sichtbare Ahndung seines nahen Endes wurde er am 21. Juni 1788 (wie Jacobi sagt) hinweggenommen und ward nicht mehr gesehen. Die holde Fürstin Gallitzin, seine Diotima und Philothea, in deren Garten er begraben wurde, ließ dem „Großen, so wenig Gekannten" durch Hemsterhuis die Grabschrift setzen: Judaeis quidem scandalum, Graecis autem stultitiam". Neben dem Magus im Norden mag der Tacitus Deutschlands Johannes von Müller eine befreundete Stätte finden, wenn er auch nicht vor der großen Oeffentlichkeit, sondern im Briefverkehr seine religiösen Gedanken enthüllte, und so zunächst nur auf den weiten Kreis Bekannter und Freunde wirkte. Er studirte in Göttingen unter Miller, Walch, Heß und dem großen Michaelis, der „die Kunst besaß, selbst einen Cato zum Lachen zu bringen", auf einen Helvetischen Mosheim los. Als Jüngling führt er die Sprache der herrschenden Neologie („ich

---

a) Literatur bei Lange in Herzog's R.-E. V, 486. Außerdem: F. Herbst, Hamann und Jacobi. Lpz. 1830. C. H. Gildemeister, H.'s Leben u. Schr. 6 Bde. Gotha 1857—73 [bes. B. IV, 33 ff.]. J. Disselhoff, Wegweiser zu H. Elberf. 1871. M. Petri, H.'s Schr. u. Briefe. 4 Th. Hann. 1872—74. K. H. H. Delff, Lichtstrahlen a. H.'s Schriften. Lpz. 1873. G. Poel, H. der Magus im Norden. 2 Th. Hamb. 1874.

bin ein Feind aller Sclaverei im Denken; lieber gar nicht gedacht, lieber ein Orangutang sein, als nachbeten, was Väter und Großväter geträumt haben*) und wird Mitarbeiter an der A. D. B. Als er aber deren Niveau der Aufklärung und ihren schleichenden Ton durch lebhaft andringende, schnell zu schlagende Schreibart zu überschreiten wagte, da ward seine Recension des Buches „der Lehrer des Naturalismus der schädlichste Mann" als eine Apologie des Deismus zurückgewiesen. Kurze Zeit hindurch neigt er sogar zu Voltaire. „Mir schien unmöglich, von dem, was außer dem Kreis der Sinne liegt, etwas zu wissen; daher ich auch die natürlichen Religionswahrheiten für mehr oder weniger gewiß ansah." Aber durch Bonnet's Einfluß kommt er schon 1778 zur Einsicht des Schadens, den Voltaire gethan dadurch, daß er jenen Geschmack an Frivolitäten (der ärger als alle Laster ist, weil er entnervt) ausgebreitet und alles Ernste lächerlich gemacht hat. Was für Bako die Philosophie, das wurde für ihn die Historie, ein Führer zum Glauben. Geschichte schreibend staunt er über die wundervolle Fügung der Welt, die Vorsehung leuchtet wie die Sonne am hellen Mittag in seine Augen, Christus erscheint ihm als der Schlüssel der Historie wie aller Räthsel Lösung, und im Jenseits gedenkt er die Geschichte der Sonnensysteme zu schreiben. Besonders seit 1782 greift er zu „unsrer mit Ehren alt gewordnen" Bibel. Da liest er die eignen Worte Jesu und es entbrennt sein Herz, ein Strahl fällt in seinen Geist, von da an schlingt das Evangelium sich durch alle seine übrigen Kenntnisse und beseelt alle wie der Hauch Gottes den Erdenkloß. Die einfache Bibelreligion ohne alle speculative und gelehrte Vermittelung wird seine größte Stärkung. „Untersuche nie wer der Sohn war, niemand weiß es, als der Vater. Beweise nie die Wahrheit seiner Lehre, wer sie nicht annimmt wie ein Kind, ist ihrer nicht empfänglich. Man kann sie unmöglich nach unsrer Art beweisen, denn eben darum ist Er aus dem Schooß des Vaters zu uns herabgestiegen, weil wir ohne ihn das nicht wissen konnten, was er uns lehrt, nämlich, daß das Licht einer unsterblichen Seele in der Finsterniß unseres Körpers wohnt. Ich glaube, daß der Herr auf eine uns unbegreifliche Art für uns Gott ist und bete ihn an." Als Zeugen dieser Wahrheit verehrt er vor Allen Lavater mit seiner einwohnenden Gotteskraft. „Lavater! Bruder, Vater, Lehrer, Freund oder was du sonst mir sein willst, Alles in unserm Herrn und Gott. Gesegnet seien die Götterstunden, da deine Seele sich erhob zu dem, in dem Alles ist, und in ihm schaute und sah was in dem Herzen des Menschen ist, und welche

Höhe es erlangen kann, wenn es bei dem Urquell der Kraft bleibt."
Dagegen fühlt er immer mehr sich im Gegensatz zur theologischen
Neuerungssucht. „Ich habe ein Großes gegen die neuen Theologen; um
die Ungläubigen zu gewinnen, werden sie ihnen gleich und vereinfältigen
das Geheimniß, welches die Engel anbeten. Diese Vernünftelei gefällt
mir gar nicht; wir sind alle Kinder und Kinder müssen glauben." Er ist
voll Unwillen wider die Jesuitenjägerei, da Alles, was nicht neutheolo-
gisch ist, jesuitisch sein muß, sollten es auch Augustinus und Luther mit
dürren Worten sagen. Ein besonderer Greuel und Muthwille präsump-
tuöser Unwissenheit war ihm die höhere Kritik, das Schaben an dem
κνοῦς des Alterthums, das Zimmern und Schnitzeln an den heiligen
Schriften. Schon Semler's freie Untersuchung des Canon gilt ihm als
einer der größten Unglücksfälle, welche die christliche Religion und Theologie seit dritthalbhundert Jahren betroffen hat. Als dann aber die
Kritik weitere Fortschritte machte, als die drei ersten Evangelien „eine
Zusammenstoppelung der allenfalls erträglichsten Fabeln von Jesus aus
dem zweiten, dritten Jahrhundert", als selbst „an dem Jünger, den Er
lieb hatte, kein wahres Wort" sein sollte, da sah er die protestantische
Kirche immer mehr zur Babel werden und die Stützen des Christenthums
wanken. Doch Christo rege nihil est ecclesiae timendum. Lange
werden diese gelehrten Arbeiten bei den Büchertrödlern modern, wenn
noch Jesaias Himmel und Erde aufrufen und der Donner seiner Rede
Himmel und Erde bewegen wird. Sein Lebensabend ist tragisch mit
Deutschlands Erniedrigung verflochten. Als 1806 „die Scene feierlich
wurde, der Alte der Tage zu Gericht saß, die Bücher aufgethan und die
Nationen und ihre Fürsten gewogen wurden", als Preußens Geschick bei
Jena sich erfüllte — ruit alto a culmine Troia — da hat er alles
Alte verloren gegeben, er sah einen ganzen Welttheil sinkend die Fackel
einem andern reichen, und ließ sich durch den Helden der Zeit, den Voll-
zieher der Verhängnisse Gottes, Napoleon, vor dem die Welt schweigt,
weil Gott die Welt in seine Hände gegeben, erobern. Der preußische
Kriegsrath trat als Minister-Staatssecretär in die Dienste des Napo-
leoniden Jerome, allerdings unter Scheu und Gram und mit der Versicherung: „ich werde Deutschlands nicht vergessen, so wenig wie Daniel,
dem Niemand die hohe Stellung zu Babel übel nahm, Jerusalems bei
Hofe vergaß." Ob dieser erasmischen Klugheit von den Patrioten an-
gefeindet, starb er verbittert und gebrochen 1809. „Ich kann mich

nicht aufschwingen wie sonst, Simson ist um die Haarlocken gekommen [b]".

§. 30. Gellert. Klopstock. Claudius.

Wenn die religiösen Denker und Charactere eine vertieftere Lebensanschauung in sich gestalteten im Gegensatz zu ihrer Umgebung, so waren das allerdings zunächst nicht theologische Verdienste, aber sie haben so Manches vorgeahndet, Ansätze und Keime entfaltet, die in der späteren Theologie ihre Blüthen trieben. Dasselbe gilt von drei Dichtern, welche in ihrer Art den Gegensatz widerspiegeln gegen den frivolen Geist oder die religiöse Vernüchterung des Zeitalters, mit mehr oder weniger bewußter Entschiedenheit unter einander und in den verschiednen Epochen ihres eignen Lebens. Zuerst der fromme schüchterne Gellert mit dem leidenden liebreichen Gesicht, in drückenden Verhältnissen aufgewachsen — als eilfjähriges Kind muß er sich plagen mit Abschreiben von Kaufbriefen und gerichtlichen Acten, und später noch als Hauslehrer, wenn er des Abends ein wenig Meißnerwein mit etwas Brod hatte, so konnte ihn das zu dankbaren Thränen rühren. Der Predigerberuf, für den er gemacht schien wie kein Anderer, wurde ihm verleitet, weil er als Jüngling in einer Parentation stecken geblieben war. „Ich armer Redner, warum hab' ich nicht lieber dem Glöckner läuten geholfen!" Er sollte freilich in viel weiteren Kreisen seinen geistlichen Beruf erfüllen. 1751 wurde er Professor der Dichtkunst und Beredtsamkeit in Leipzig, welche Stelle er verwaltete bis an seinen Tod (1769). Seine Wirksamkeit als Lehrer und Schriftsteller war ungeheuer groß. Er war der Liebling seiner Nation und der studirenden Jugend. Vierhundert Zuhörer saßen zu seinen Füßen und Menschen aus allen Ständen brachten dem Beweise ihrer Liebe, der gesungen hatte: „Ach wie muß das Glück erfreun, der Retter einer Seele sein." Die Ausdrücke und Ausbrüche der Verehrung von Seiten seiner nächsten Freunde überschreiten nach unsern dermaligen Begriffen einigermaßen die Grenzen einer wohlanständigen Bescheidenheit, und als er starb, da trat ein ganzes Heer männlicher Klageweiber in einer Fluth von Denkschriften auf. Gellert war kein genialer schöpferischer Geist, sondern reflectirend, gemeinfaßlich. Seine herzrührenden moralischen Vorlesungen, auf Mosheim, Baumgarten,

---

[b] Chr. F. Jäger, Gesch. d. religiös. Bildung des J. v. M. [C. G. Bengel's Archiv f. d. Theol. III, 374. VIII, 640]. J. v. M.'s Christenthum [Beilage zu Herbst's Lavater (Ansb. 1832) S. 323].

Crusius und Hutcheson fußend, machten einen großen Eindruck auf die mittelmäßigen Köpfe, bei höheren, thatkräftigen, glühenden Geistern, wie Goethe, wollten sie weniger verfangen. Und doch auch Goethe nennt Gellert's Schriften das Fundament der deutschen sittlichen Cultur. Worin lag nun das Geheimniß der großen Wirkung Gellert's? Einmal in der Wahrheit seiner religiösen und moralischen Gedanken, was er dichtete und schrieb war wahrhaftig und wirklich von ihm innerlich erlebt, tief empfunden. Und sodann das Tiefempfundene war in eine nach Maßgabe seiner Zeit anziehende schöne Form gekleidet. Ein Apologet des Christenthums in Wort und Leben hat er auf sein Gewissen bezeugt, daß alle Weisheit der Alten, gegen den Unterricht der Offenbarung gehalten, Schatten und Ungewißheit, höchstens ein dunkler Schimmer, öfters aber sogar Finsterniß, Thorheit, Aberglaube und Unsinn ist, und gesungen:

> Verachte christlich groß des Bibelfeindes Spott;
> Die Lehre, die er schmäht, bleibt doch das Wort aus Gott.

Gleichwohl war in ihm keine Zähigkeit im Festhalten der strengen Gedanken der alten Orthodoxie, vielmehr besaß er, ein Bewunderer Mosheim's, als der Zierde des Jahrhunderts, eine gewisse Freiheit theologischer Anschauung. Wer Ketzereien glaubt, braucht darum nicht auch ein Bösewicht zu sein. Schmeichler thun nach seiner Meinung der Wahrheit mehr Schaden als alle Ketzer und Freigeister. Berührt auch von dem pelagianisirenden Geiste der Aufklärung weist er gern hin auf die großen Vortheile, welche die Tugend bringt. Seine Bedeutung für Theologie und Religion liegt darin, daß er in einer Zeit, da eine Kluft sich aufthat zwischen Christenthum und moderner Bildung, christlichen Gedanken dadurch weite Verbreitung verschaffte, daß er sie „auf eine vernünftige Art" beibrachte[a]. Gellert an dichterischer Genialität weit überragend und für engere Kreise von intensiverer Wirkung war der Verkünder hoher himmlischer Gedanken Klopstock, den der Geist Gottes trieb wie einen Seher der Vorzeit und Gottes Salbung war über ihn

---

a) Chr. Garve, Verm. Aufsätze üb. G.'s Moral [in Garve's Sammlung einiger Abhandlungen. Lzg. 1779, S. 198]. J. Ritsch, Ueb. Lavater u. über G. Brl. 1857. K. Biedermann, Deutschland im 18. Jahrh. (Lpz. 1867) II, 2, 20. A. Bucher, Ueb. G.'s Stellung in d. deutschen Literatur. Brl. 1869. Chr. E. Luthardt, Gellert. Lpz. 1870. F. Reinthaler, G. als Moralphilosoph u. geistl. Liederdichter. Köslin 1870. Uebrige Literatur bei Hagenbach in Herzog's R.-E. IV, 768 u. Wagenmann [§. 26, I] S. 232.

ausgegossen, obwohl er weder Heuschrecken noch wilden Honig aß. Schon als Alumnus der Schulpforte faßt er, mitten im classischen Alterthume lebend, den großen Entschluß, der Deutschen Homer zu werden, und er ist ihr Dante, ihr Milton geworden. Er dichtet die Messiade, die ersten Gesänge unter Wehmuth und den Thränen einer unerwiederten Liebe, die spätern unterstützt durch die Gebete seiner Meta, Thränen der Rührung in den Augen. Das erhabene Gedicht ist der Schwanengesang der protestantischen Orthodoxie im vorigen Jahrhundert, sie rührt noch einmal das Herz des deutschen Volkes, ehe sie von ihm Abschied nimmt, ein schöneres Lebewohl, als das in Goeze's Streitschriften und im preußischen Religionsedict. Der Christus der Messiade ist der altkirchliche Gottmensch, mehr Gott noch, als Mensch. Er vollbringt die große Versöhnung, indem er leidend handelt, den Zorn des gerechten Gottes sühnend in den furchtbarsten Tod geht. Engel durchschweben den Weltenraum mit eilendem Fluge „rauschend, wie Pfeile vom silbernen Bogen, zum Siege beflügelt". Das Alles singt Klopstock mit der höchsten religiösen Empfindung, etwa wie die Propheten des alten Bundes geredet haben in den Momenten gesteigertster Begeisterung. Bei ihm, den der herunterstäubende Rheinfall zum Preise der Herrlichkeit Gottes ruft, findet die dichterische Genialität den ihr allein genügenden Gegenstand in der Religion. Nicht bloß die Dichterschulen, auch die theologischen Urtheile waren über die Messiade getheilt. Ein französischer Freigeist hat über sie ausgerufen: quel pauvre sujet! und Wieland meinte: für vernünftige Leute und Philosophen sei sie nicht. Aber auch strenggläubige Theologen waren nicht mit ihr zufrieden wegen der vielen Abweichungen von der biblischen Relation. Das allertheuerste Geheimniß der Erlösung werde mit einer poetischen Tünche dergestalt überzogen, daß dieselbe zu einem geringschätzigen Spiele der ausschweifenden Phantasie gemacht wird. Für einen solchen Gegenstand seien alle, auch die erhabensten Fictionen, verwegen, ungeziemend und sündlich. Man wollte von dieser Seite der Messiade Matth. 27, 28: „sie zogen ihn aus und legten ihm einen Purpurmantel an" zum Motto geben. Die meisten jedoch erfüllte fromme Begeisterung für das Gedicht und seinen göttlichen Verfasser. Es ward auf den Kanzeln citirt und schwäbische Handwerksleute brauchten es statt eines Erbauungsbuches. Lavater kannte keinen Sterblichen, dem er mehr zu danken habe, als Vater Klopstock. Sack weinte Thränen der zärtlichsten Wehmuth, wenn er den Messias las. Einer (K. E. K. Schmidt) hat gedichtet (1773):

> Zwo Gnaden hat uns Gott erzeigt,
> Die keines Menschen Dank erreicht:
> Die eine, daß er uns den Weg zum Himmel wies,
> Die andre, daß er ihn von Klopstock singen ließ.

Schubart wollte mit einer Messiade auf dem Herzen begraben sein. Hippel schrieb 1772 an Klopstock: „Ihr Leben als Schriftsteller war ein Leben in Gott, und Ihre letzte Stunde kann Ihnen nicht schwer werden, wenn Sie mit dem Gedanken diese Welt verlassen, keine Silbe geschrieben zu haben, die Ihnen im Sterben gereuen könnte. Ich und Viele mit mir werden es Ihnen vor dem Throne des Richters, dessen heilige Religion wir bekennen, einzeugen, daß Ihre Lieder uns erbauet, gestärkt und getröstet haben, und wie Viele sind uns schon zuvorgekommen, die Ihr Verdienst um die Religion Christi unter den Vollendeten des Herrn verbreiten." Selbst Paulus, damals noch Klosterschüler aber schon beginnender Rationalist, schauerte zusammen vor den Versen des 10. Gesanges:

> Er rufte mit lechzender Zunge: Mich dürstet!
> Ruft's, trank, dürstete, bebte, ward bleicher, blutete, rufte:
> Vater, in deine Hände befehl' ich meine Seele!

Man kann sich den Enthusiasmus, mit welchem der Messias anfänglich aufgenommen wurde, nur denken im Zusammenhange mit dem noch lebendigen Glauben an einen Gottmenschen. Sowie der Glaube an eine Menschwerdung Gottes im Bewußtsein der Zeit zu sinken begann, verflog jene schwärmerische Begeisterung, die beständige Spannung unter der Menge übermenschlicher Wesen führte zur Abspannung, die Aufnahme der letzten Gesänge war eine kalte. Selbst Joh. v. Müller wünschte „eine menschliche Messiade". Seine Oden, „Töne aus Davids Harfe", haben offenbar den Messias überlebt; sie gelten dem Allgegenwärtigen, der Liebe, der Freundschaft, der Freiheit. Er hatte 1789 den Franzosen entgegengejubelt, zehn Jahre später hielt er sie für ausgemachte Teufel. Seine „Gelehrtenrepublik", die vielerlei Anstoß erregt, enthält in satyrischer Form seine patriotischen Gedanken über Literatur. Z. B. „Wer sich täglich in den Schriften der neuen Sophisten, Voltaire's und seiner Säuglinge, besäuft, der wird bei den Nachtwächtern auf Gnade und Ungnade eingesperrt und ihm seines gewöhnlichen Gesöffs wie auch Papiers zum Speien so viel er will gelassen." Als Klopstock 1803 starb, wurde er unter außerordentlichen Feierlichkeiten auf dem Friedhofe zu Ottensen begraben unter der Linde neben seiner Meta.

Statt der Leichenrede las der Domherr Meyer aus dem 12. Gesang der Messiade die Stelle vor vom Tode der Maria, des Lazarus Schwester. Wie Gellert so hat auch Klopstock die engen Schranken der Rechtgläubigkeit hin und wieder durchbrochen. Bei Untersuchung der Wahrheit ist ihm schon in der frühesten Jugend der Zweifel heilig gewesen. Manche Härte des orthodoxen Lehrbegriffs, wie die Ewigkeit der Höllenstrafen, hat er sich nicht aneignen können. Vor dem Gnadeflehen des gefallenen Engels Abbadonna verstummen die Donner des Weltgerichts. Und bezeichnend ist es, daß Klopstock es für seine Bestimmung erklärt: „Vielen die Menschlichkeit desjenigen, der eurer ganzen Nachahmung und Anbetung würdig ist, zu zeigen." Seine Bedeutung war, daß er mit hoher Begeisterung dichtend Humanismus und Christenthum versöhnte, das in einer zerstörenden Zeit in ihm einen Widerhall und Widerhalt gefunden hat [b]. Nicht reflectirend wie Gellert, nicht überschwänglich wie Klopstock, aber treuherzig und jovial, natürlich und sinnig, schlicht und bescheiden, original aphoristisch im Stile und in seiner spätern Lebenszeit in schrofferem Gegensatz zur Aufklärung war Matthias Claudius, der Bote oder Weise von Wandsbeck. Er studirte in Jena und hat hier seinem Bruder die Grabrede gehalten. Amtsscheu tritt er 1771 als Redacteur des Wandsbecker Boten auf. Damals hat er auch seine Rebekka geheirathet. Häusliche Sorgen zwingen ihn 1776 Oberlandcommissarius in Darmstadt zu werden. Aber schon nach einem Jahre zieht er wieder nach Wandsbeck. „Er war zu faul, mochte nichts thun, als Vögel singen hören, Clavier spielen und spazieren gehen, konnte die hiesige Luft nicht vertragen, fiel in eine tödtliche Krankheit und ging von selbst zu seinen Seekrebsen zurück." Heiter und gottergeben ist er 1815 bei seinem Schwiegersohne Perthes in Hamburg gestorben. Er hatte früher in den Tagen seiner herzlichen Schalkhaftigkeit den Widerwillen Lessing's gegen eine seelenlose Orthodoxie getheilt. Der Geist der Religion, sagt er im Streite zwischen Alberti und Goeze, wohnt nicht in den Schalen der Dogmatik, hat sein Wesen nicht in den Kindern des Unglaubens noch in den ungerathenen Söhnen und übertünchten Gräbern des Glaubens, läßt sich wenig durch üppige glänzende Ver-

---

[b] Aeltere Literatur bei J. O. Thieß, F. G. Klopstock. Altona 1805, neuere bei Lange in Herzog's R. E. VII, 745. Außerdem: H. Hettner, Literaturgesch. d. 18. Jahrh. III, 2, 117. D. F. Strauß, Klopstock's Jugendgeschichte [Kleine Schrr. Neue Folge. Brl. 1866, S. 1—232]; Biedermann [not. a] II, 2, 105; Briefe von u. an Klopstock. Hrsg. v. J. M. Lappenberg. Braunschw. 1867.

nunftsprünge erzwingen noch durch steife Orthodoxie und Mönchswesen. Es giebt auch Leute, die auf der Stirne die Ehre Gottes und unter dem Mantel den Dolch tragen. Seit seiner Rückkehr nach Wandsbeck begann seine vena comica zu versiegen, er wird in seinem Wesen ernster und strenger, conservativer in Rechtgläubigkeit und politischer Ueberzeugung. Seine Urtheile über Vernunft und Philosophie lauten nunmehr so ziemlich wie im 17. Jahrhundert. Eine Versöhnung von Vernunft und Offenbarung erscheint ihm undenkbar (er sieht deßhalb mit Schmerz auf seinen Freund Herder mit dem Evangelium der Humanität in der Hand). Zwar die Vernunft ist mehr als eine Gabe, sie ist, so zu sagen, ein Theil des Gebers, aber sie ist, wie Vulkan, durch den Fall lahm geworden, sie geht an Krücken und krüppelt; sie ist ein Strahl Gottes, aber das radicale Böse hat ihr die himmelblauen Augen verderbt. Das Höchste, was sie erreicht, ist die Erkenntniß der Schranke und Grenze ihres Vermögens, wo sie, wie Moses auf dem Hügel stehend, in's gelobte Land einen Blick werfe. Daher die Offenbarung nach der Vernunft meistern wollen heißt die Sonne nach einer hölzernen Wanduhr richten. Hätte sich Abraham mit seiner Vernunft in Wortwechsel begeben, so wäre er sicherlich in seinem Vaterlande und bei seiner Freundschaft geblieben. Offenbarung und Philosophie verhalten sich zu einander wie Himmel und Erde, Oben und Unten. „Die Philosophie ist 'n Besen, die Spinnweben aus dem Tempel auszufegen; möcht sie auch einen Hasenfuß nennen, den Staub von den heiligen Statuen damit abzukehren." Von der Aufklärung meint er, sie sei wohl gut zur Regulirung der Begriffe. Nur wer mit ihrem Medusenhaupt die Neigungen und Leidenschaften zu versteinern denkt, der ist unrecht berichtet. „Paulus, der auch ein Fort Esprit gewesen ist, und hernach eines Andern belehrt worden, läßt sich 45 Streiche weniger Eins darauf geben, daß der Friede Gottes höher sei, als alle Vernunft." In „Urians Nachricht" singt er von der neuen Aufklärung:

> Ein neues Licht ist aufgegangen,
> Ein Licht, schier wie Karfunkelstein.
> Wo Hohlheit ist, es aufzufangen,
> Da fährts mit Ungestüm hinein. —
> Religion war hehre Gabe
> Für uns bisher, war Himmelsbrod,
> Und Menschen gingen drauf zu Grabe:
> Sie sei und komme her von Gott!
> Nun kommt sie her, weiß selbst nicht wie? —
> Man saugt nun aus dem Finger sie.

Sein „silbernes Abc" enthält die Verse:

> Erleuchtet das Jahrhundert ist,
> Der Esel Stroh und Disteln frißt.

Er hat auch damals des Teufels Existenz vertheidigt, als welchen die ganze Natur und Religion supponirten, und St. Martin's Buch »des erreurs et de la verité« übersetzt, ohne es zu verstehen. Nun hieß es von Claudius, er stecke seine Nase in mystischen und abentheuerlichen Unrath. Er ward mit dem Xenion bedacht:

> Irrthum wolltest du bringen und Wahrheit, o Bote von Wandsbeck;
> Wahrheit, sie war dir zu schwer; Irrthum, den brachtest du fort.

Voß schrieb: „Claudius versinkt immer tiefer in den grundlosen Morast, der ihm ein Paradies scheint." Ein Anderer redet nunmehr von dem alten genialischen Pavian, der durch seine Schnurren Hof und Land eine Zeit lang ziemlich belustigt habe. Der alte Claudius aber, der auch in alten Tagen noch über Manches lachen konnte, worüber „sich Viele unserer Toleranz- und Humanitätsprediger halb todt ärgern würden", tröstete sich:

> Die Wahrheit bleibt doch Wahrheit, wie ich sehe;
> Gut eingerieben thut sie wehe«.

§. 31. Friedrich Heinrich Jacobi.

Literatur bei C. S. Mirbt, Kant u. s. Nachfolger. Jena 1841. I, 278. A. Ueberweg, Grundriß d. Gesch. d. Philos. 2. A. Brl. 1868. III, 200. — W. Meyer, J.s Briefe an A. Bouterwek. Gött. 1868. C. H. Gildemeister, Hamann's Briefwechsel mit J. Gotha 1868. A. Zoeppritz, Ungedruckte Brf. von u. an J. 2 B. Lpz. 1869. — Biographieen u. Lebedarstellungen von A. Schlichtegroll, C. Weiller, A. Thierst [München 1819], A. Herbst [§. 29, a], J. Kuhn [Lpz. 1834], C. Roessler [Jena 1848], H. Frider [Augsb. 1854], C. Zirngiebl [Wien 1867]. — Chr. A. Thilo, J.s Ansichten von den göttl. Dingen [Ztschr. f. exacte Phil. 1867. VII, 113]. J. u. s. Bedeutung f. d. Theol. d. Gegenwart [Gelzer's Monatsbl. 1867. B. 30, S. 218].

Der mystische, gefühlsmäßige Gegensatz zur Verstandesaufklärung tritt immer heller und abgeklärter hervor. Er erreicht seine philosophische Spitze in Jacobi, dem geistreichen philosophischen Dilettanten (geboren 1743), der nach eigenem Zeugniß von Kindesbeinen an mit Ernst und Inbrunst nach Wahrheit gerungen wie Wenige. Zum Kaufmannsstande bestimmt benutzte er in Genf seine geschäftsfreie Zeit zur wissenschaftlichen Ausbildung. Lesage ward der Lehrer und Freund des schöngestalteten Jünglings mit dem reinen, glühenden Geiste. Dem Zwanzigjährigen

---

c) Biographieen von W. Herbst [3. A. Gotha 1863], J. H. Deinhardt [Gotha 1864], C. Mönckeberg [Hamb. 1869]. Dazu Hagenbach in Herzog's R. E. II, 712.

übergiebt sein Vater die Handlung in Düsseldorf und vermählt ihn mit der liebenswürdigen Betty von Clermont, als Heimgegangene ihm ein Zeichen der Unsterblichkeit und Gottes. 1771 zum kurpfälzischen Hofkammerrath ernannt und mit dem Zollwesen betraut, gab er die Handlung auf und lebte im Sommer auf seinem Landsitz Pempelfort bei Düsseldorf, dem Asyle der schönen Geister. Mit allen bedeutenden Männern der Zeit befreundet, hing er doch mit besonderer Innigkeit an seinem lieben treuen Herzensvater Hamann und an Johannes Lavater, an welchen er schreibt: „ich glaube nicht, daß ein Tag vergeht, an dem ich nicht öfters an Sie denke, denn ich trage Sie in meinem Herzen und mein Geist freut sich in dem Ihrigen." Seine schwärmerische Freundschaft mit Goethe, an dessen Brust er lag und weinte, ist, als beider divergente Richtungen bestimmter sich ausprägten, erkaltet. Goethe schreibt von Jacobi: „Wir lieben uns, ohne uns zu verstehen. Gott hat ihn mit der Metaphysik gestraft und ihm einen Pfahl in's Fleisch gesetzt, mich dagegen mit der Physik gesegnet, damit es mir im Anschaun seiner Werke wohl werde." Für reine Natur und Kunst begeistert, einstimmend in den Ruf der Goldschmiede von Ephesus: Groß ist die Diana der Epheser! ergriff Goethe ein wahrhaft Julianischer Haß gegen die mystischen Richtungen eines Claudius, Lavater und auch Jacobi. „Wenn Lavater seine ganze Kraft anwendet, um ein Mährchen wahr zu machen, wenn Jacobi sich abarbeitet, eine hohle Kindergehirnempfindung zu vergöttern, wenn Claudius, ein Narr, der voll Einfaltsprätensionen steckt, aus einem Fußboten ein Evangelist werden möchte, so ist offenbar, daß sie alles, was die Tiefen der Natur näher aufschließt, verabscheuen müssen^a." Auch der widernatürliche Bund zwischen Jacobi und Wieland, mit welchem er gemeinsam den deutschen Merkur (seit 1773) herausgab, löste sich völlig auf. Als gegen Ende des Jahrhunderts (1795) durch das Unglück der Zeiten sein Vermögen sehr zusammen geschmolzen und trüb der Ausblick auf die Zukunft war, kam ihm ein Ruf nach München an die Academie der Wissenschaften, deren Präsident er wurde, erwünscht. Sich dahin sehnend, ubi saeva indignatio cor ulterius lacerare nequit, starb er 1819. Und da im Leben das tägliche Gebet dieses christianus spiritualis, den Fichte für das schönste Bild der reinen Menschheit in seinem Zeitalter hielt, um ein reines Herz und

---

a) F. Deyks, J. im Verhältn. zu sn. Zeitgenossen, bes. zu Goethe. Frankf. 1848. Dünzer [§. 28, c], S. 125—257.

einen neuen gewissen Geist gewesen war, so ward ihm als Grabschrift gesetzt das Wort aus der Rede vom Berge: „Selig sind, die reines Herzens sind, denn sie werden Gott schauen."

Jacobi's Philosophie, niedergelegt besonders in der Schrift „Von den göttlichen Dingen und ihrer Offenbarung" (1811), die er sein philosophisches Testament nannte, ist eine Glaubens- und Unmittelbarkeitsphilosophie. Allem Wissen aus Beweisen geht voraus das Wissen ohne Beweise d. i. der Glaube. „Wer da sagt, er wisse, den fragen wir mit Recht, woher er wisse. Unvermeidlich muß er dann am Ende auf Eines von diesen beiden sich berufen, entweder auf Sinnesempfindung oder auf Geistesgefühl." Der Glaube also ist der Realgrund, das Element aller menschlichen Erkenntniß. Eine Philosophie, die Alles demonstriren will, ist darum eine Unmöglichkeit. Was heißt demonstriren? Etwas ableiten, und zwar Ungewisses aus Gewissem, Zuweisendes aus bereits Bewiesenem. Auf dem Wege des Demonstrirens muß man nothwendig zuletzt auf etwas Unbewiesenes und Unbeweisbares kommen, das an sich Gewißheit hat, und das ist der Glaube, eine unerklärliche Röthigung des Gefühls. Glaube ist sonach das unmittelbare, unerweisliche Wissen im Gegensatz zum vermittelten Wissen, speciell das unmittelbare Wissen des Uebersinnlichen. Jacobi glaubt an ein göttlich wahr- und weissagendes Wesen, eine unsterbliche Seele in ihm. „Es wohnt in dem Menschen noch ein anderer Geist, als der Geist des bloßen Syllogismus, es ist der Odem Gottes in dem Gebilde von Erde." Er glaubt an das Dasein Gottes. Es beweisen wollen, wäre eine contradictio in adiecto. Sollte ein Beweis möglich sein, so müßte es etwas geben, was vor und über Gott wäre — ein offenbarer Widerspruch mit der Gottesidee. Ein Gott, der gewußt werden könnte, wäre kein Gott. Die philosophische Darstellung Gottes ist nothwendig objective Gottesvernichtung. Soll aber Gottes Dasein beweisen so viel heißen als dasselbe aus der Beschaffenheit des menschlichen Geistesvermögens deduciren, so wäre diese Deduction gerade der Beweis, daß Gott ein durchaus subjectives Erzeugniß des menschlichen Geistes, also möglicherweise ein leeres Hirngespinnst ist. „Das Wahrste kann nur so wahr sein als Gott lebt, nur so wahr als daß ein Gott im Himmel d. h. selbständig außer der Natur und über ihr vorhanden ist; ihr freier Urheber, ihr allweiser und allgütiger Beherrscher; ein Vater aller Wesen, mit Vatersinn und Vaterherz. Wird dem Menschen dieser lebendige Gott zu einem bloßen, durch Strahlenbrechung und Strahlensammlung in die menschliche Gemüthswolke sich stellenden Regenbogen, lernet er ihn so erkennen, nur als eine psychologische, jener optischen ähnliche Täuschung, dann hat seine gesammte Erkenntniß auch schon eben diesen Weg genommen, und wird nach derselben Regenbogentheorie sich immer höher wohl verklären müssen, bis zuletzt ein allgemeines, aber nun doch offenbares Nichts der Erkenntniß als Siegesbeute dem Epopten bleibt." Dem Menschen bleibt also nur die Wahl, entweder Alles aus Einem oder Alles aus Nichts herzuleiten, entweder über Allem einen wahrhaften, allein Alles wahrmachenden Gott oder überall ein offenbares Nichts anzunehmen, entweder Glaubensphilosoph oder Nihilist zu werden. Jedes consequente Philosophiren führt zu diesem Nihilismus. Es überrascht daher Jacobi nicht, vielmehr ihm ist es eine Nothwendigkeit, daß der transscendentale Idealist Fichte Gott leugnet; nur das ist sein Fehler, wenn er einen nothwendigen Satz der Wissenschaft zu einem allgemein (auch im Leben) gültigen erheben will[b]. Alle derartigen Philosophieen bezeichnet Jacobi als Systeme des Naturalismus, und dieser hat seine vollendete Ausprägung im Spinozismus gefunden. Spinozismus ist gleich Atheismus und Fatalismus. Spinoza's Gott ist kein Er, sondern ein Es. Was ist das aber für ein Gott, der nicht zu sich selbst sagen kann: ich bin, der ich bin? Ihm graut vor dem Demonstrator Spinoza. Lieber die dürftigste unter den naturis naturatis will er sein, als eine spinozistische natura naturans. Vor diesem Systeme giebt es nur eine Rettung, aller Philosophie den Rücken zu kehren und kopfunter sich in die Tiefen des Glaubens zu werfen. Jacobi ist auf die elastische Stelle getreten und hat mit einem salto mortalo ("metaphysischem Purzelbaum") sich hineingeschwungen in den Theismus: eine Natur unter, ein Gott über dem Menschen. Er zog dem Nichts das Eine vor. Er bedurfte eine Wahrheit, die nicht sein Geschöpf, sondern deren Geschöpf er wäre. Sagt der Naturalismus: „Ohne Welt kein Gott," so sagt Jacobi's Theismus: „Ohne Gott keine Welt." Der Mensch, seinem Wesen nach ein religiöses Geschöpf, muß einen Gott vor Augen haben bei Strafe der Entdeckung: die Wahrheit aller Wahrheiten sei, es gebe keine Wahrheit. Niemand aber hat einen Gott und kann einen haben, als der ihn in sich selbst geboren hat, in dessen Brust Gott erst Mensch wurde. „Ich bin der ich bin. Dieser Machtspruch begründet Alles. Sein Echo in der menschlichen

---

b) Wogegen **Fichte** bemerkt: „Wozu ist der speculative Gesichtspunkt und mit ihm die ganze Philosophie, wenn sie nicht für's Leben ist."

Seele ist die Offenbarung Gottes in ihr: Geschaffen nach Seinem Bilde, ein Gleichniß Seiner, des in sich Seienden. Den Menschen erschaffend theomorphisirte Gott. Nothwendig anthropomorphisirt darum der Mensch. Was den Menschen zum Menschen d. i. zum Ebenbilde Gottes macht, heißet Vernunft. Diese beginnt mit dem — Ich bin. Am Anfang war das Wort. Wo dieß inwendige, das sich selbst-gleiche aussprechende Wort ertönt, da ist Vernunft, da ist Person, da ist Freiheit. Ich bin der ich bin, der ich war, der ich werde sein. Vergangenheit, Gegenwart und Zukunft, in dem Gefühl des Selbst- und Insich-Seins unzertrennlich verknüpft; das ist Geistesbewußtsein, das ist das von dem Ewigen uns eingedrückte Sigill."

Wie verhielt sich diese Glaubensphilosophie zum Christenthum? Jacobi hat von sich gesagt: „durchaus ein Heide mit dem Verstande, mit dem ganzen Gemüthe ein Christ, schwimme ich zwischen zwei Wassern, die sich mir nicht vereinigen wollen, so daß sie gemeinschaftlich mich trügen, sondern wie das eine mich unaufhörlich hebt, so versenkt zugleich auch unaufhörlich mich das andere." Und an Lavater schrieb er: „Soweit das Christenthum Mysticismus ist, ist es mir die einzige Philosophie der Religion, die sich denken läßt; desto weniger aber komme ich mit dem historischen Glauben fort." Die Religion, die eingeborne Andacht zu einem unbekannten Gott hatte ihn zum Philosophen gemacht. Darum liebte er im Christenthum die Idee, den Geist der Religion, der sich für ihn dahin bestimmt: „der Mensch wird durch ein göttliches Leben Gottes inne, und es giebt einen Frieden Gottes, welcher höher ist, denn alle Vernunft; in ihm wohnt der Genuß und das Anschauen einer unbegreiflichen Liebe;" das fortdauernde Wunder der Wiedergeburt durch höhere Kraft, Christus, wird von ihm hochgehalten, seine Persönlichkeit ist ihm das beweisende Exempel für das Walten eines persönlichen, anbetungswürdigen Gottes, erhabener als Schöpfer dieser Persönlichkeit, denn als Urheber des Sternenhimmels. „Wenn die Natur allein ist, dann ist kein Socrates möglich, kein Christus. Mit Wahrheit zeugte darum der Heilige von sich selbst: daß, so man ihn erkenne, man auch erkenne den Vater, und daß wer an ihn glaube, nicht glaube an ihn, sondern an den, von dem er ausgegangen sei. Christenthum in dieser Reinheit aufgefaßt ist allein Religion. Außer ihm ist nur Atheismus oder Götzendienst. Und Er, der Reinste unter den Mächtigen, der Mächtigste unter den Reinen, der mit seiner durchstochenen Hand Reiche aus der Angel, den Strom der Jahrhunderte aus dem Bette hob und noch fort gebietet den Zeiten — wer mag bekennen, daß Er war und zugleich sprechen: es ist kein Gott, keine Vorsehung, keine waltende Liebe über dem lichtlosen Schicksal, dem blinden Ungefähr?" So hat Jacobi einen Triumphbogen ausgespannt, der mit seinen Füßen in zwei Welten stand, und erst im Glauben an die Freiheit der Kinder Gottes das Leben lebenswerth geachtet. Perthes schrieb an ihn im J. 1818: „Ist Ihnen nun auch hienieden nicht das kindliche Festhalten der göttlichen und offenbarten Wahrheit zu Theil geworden, weil Sie zu stark vom Baume der Erkenntniß genossen und zu lange gearbeitet haben, allein durch den intellectuellen Höhesinn sich Ruhe zu gewinnen, so ist das freilich ein Verlust für Ihr Seelenwohlbefinden, aber wer so wie Sie fragen kann: wo und wie ist Wahrheit? der hat eine Demuth vor Gott, wie Wenige sie erlangten, die so forschten wie Sie." Allerdings die Aeußerlichkeit des Auctoritätsglaubens war für ihn nicht, aber auch nicht die Aeußerlichkeit und die Abstractionen der Aufklärung. Er hat ausgerufen: „Gott, was sind unsre Coryphäen der Aufklärung doch für ekelhafte Mißgeburten! Centauren, nicht von unten, sondern von oben mit der Thiergestalt und wohlbegabt mit den zu ihrer Natur gehörigen zween Magen und vier Lungen." Zwar nicht den Theismus der Aufklärer hat er angreifen wollen, aber ihren philosophischen Papismus, ihren Verfolgungsgeist, ihre Mißachtung des Genies, das in der A. D. B. faunisch mit Füßen getreten werde, ihr Bestreben, Bahrdtische Offenbarungen an die Stelle der göttlichen, philanthropinische Tugenden und Gefühle an die Stelle echter menschlicher zu setzen. Und obwohl er „von keinem der verschiedenen Sternbilder an unserm philosophischen Himmel ein Theil, sondern zu den Sporaden gehörend", kein schulgerecht durchgeführtes System aufgestellt, obwohl er auch die Kluft zwischen der Klarheit des Verstandes, die zwar feste Gestalten, aber hinter ihnen einen bodenlosen Abgrund zeigt, und der Klarheit des Herzens, welche zwar verheißend aufwärts leuchtet, aber bestimmtes Erkennen vermissen läßt, zu breit, ausfüllbar nur durch ein Wunder gedacht und den inneren Menschen, als glaubenden und wissenden, dualistisch zerspalten hat°.

---

c) Schelling: „J. vermochte nicht das Tiefste mit dem Höchsten zu verknüpfen. Seine Gedanken, welche sich von vorn herein gleich von der Natur trennen, sind jenen zarten Fäden zu vergleichen, die zur Zeit des Spätsommers in der Luft schwimmen, gleich unfähig, den Himmel zu erreichen und durch ihr eigenes Gewicht die Erde zu berühren. Er sah nur die Irrfahrten der frühern Philosophie, nicht das verheißene Land der künftigen, er war der unfreiwillige Prophet einer bessern Zeit, kein Moses, sondern ein Bileam."

protestantisch und zukunftsvoll war sein begeistertes Eintreten für die Macht des religiösen Geistes, den Geist unmittelbar aus Gott und des Menschen eigentlichstes Wesen.

§. 32. Johann Gottfried Herder.

<small>Biographieen u. Charactecistiken von Danz u. Gruber [Lpz. 1805], M. C. v. Herder [in H.'s Werken B. 39 u. 40], G. G. v. Herder [Erl. 1816]. — [August] H.'s Dogmatik a. dessen Schriften dargestellt Lpz. 1805. J. G. Müller, Welche Bedeutung hat H. für die Entwickelung d. neueren deutschen Theologie? [im Weimar. Herderalbum. Jen. 1845]. J. E. Dibbits, Herder beschouwd als theoloog. Utrecht 1863. A. Werner, H. als Theologe. Berl. 1871. G. Frank, H. als Theologe [Ztschr. f. wiss. Th. 1874, S. 250]. Ueber H. als Prediger schrieben: E. Schwarz [Herderalbum S. 169], Sack [§ 26, d] S. 138, A. Brömel, Homilet. Characterbilder. 2. Bd. Lpz. 1874. — H. Erdmann, H. als Religionsphilosoph. Heröf. 1866. E. Melzer, H. als Geschichtsphilosoph. Neiße 1872. Vgl. auch Hagenbach in Herzog's R.E. V, 747 u. Heiland in Schmid's Enc. III, 410.</small>

Die gefühlsmäßige Kehrseite der Aufklärung gipfelt theologisch in Herder, dem Theologen unter den Classikern (geboren am 25. Aug. 1744 zu Mohrungen). Von seinen mittellosen Eltern zum Handwerker bestimmt, offenbarte während seiner Verwendung bei Trescho [S. 42] ein Gedicht „an Cyrus, den Enkel des Astyages" zuerst seinen Genius. In Königsberg studirte er unter Lilienthal und Kant. In begeisterter Freundschaft schloß er sich Hamann an, und des Magus Strahl zündete im Dichtergeist. Nachdem er einige Jahre als Collaborator an der Domschule und Adjunct des Stadtministerii in Riga gewirkt hatte[a], unternahm er, als Schriftsteller bereits wohl bekannt — „was ist für ein neuer Pindar unter euch aufgestanden?" schrieb Winkelmann aus Rom an Heyne — eine Reise, die besten Erziehungsanstalten und gelehrten Institute in Frankreich, Holland, England und Deutschland kennen zu lernen, nach deren Muster er ein eignes Erziehungsinstitut in Riga, eine liefländische Nationalschule, errichten wollte. In Paris erhielt er den Antrag, den Prinzen Peter Friedrich Wilhelm, Sohn des Herzogs von Holstein zu Eutin, als Instructor und Reiseprediger zu begleiten. Aus der Mißlage bei diesem (nachmals regierungsunfähig erklärten) Prinzen befreite ihn der Ruf zum geistlichen Primarius nach Bückeburg. Als solcher führte er seine Caroline heim, die nun ganz in ihrem Herder lebte, mitempfindend was er übel empfand, daher oft leidenschaftlich und seltsam wechselnd in ihren Urtheilen, das Echo von Herder's em-

---

<small>a) C. A. Berkholz, Beitr. z. Gesch. d. Kirchen u. Prediger Riga's. 1. Abth. Riga 1868: „H. hat an der 1812 abgebrannten Jesuskirche als Adjunct gewirkt; da aber der Pastor Georg Bärnhoff am Neujahrstage 1769 von der Kanzel erklärt hatte, es sei bejammernswerth, daß die Jesuskirche einen Adjuncten unterhalte und doch keine Hilfe von ihm habe — H. war von der Amtsverwaltung in lettischer Sprache dispensirt — so wurde H. klagbar und schied von Riga."</small>

pfindsamer und empfindlicher Seele. Die Uebernahme einer theologischen Professur in Göttingen stieß sich an seiner Weigerung, ein „inquisitorisches Ketzer- und Knabenverhör" vor der Facultät zu bestehn. Dagegen gewann ihn Weimar für das Amt eines Generalsuperintendenten. Seine Predigten zerstreuten die Gerüchte als sei er ein unerbaulicher, ja gefährlicher Aufklärer, und brachten ihm allgemeine Achtung und Liebe. Daß er sich in Weimar immer zufrieden und glücklich gefühlt habe, das läßt sich allerdings nicht behaupten. Er war, wie bemerkt, eine empfindliche Natur, verletzlich, es mag auch sein, daß er, der berühmte und des Ruhms gewohnte Name, sich durch den Glanz des großen Weltkindes neben ihm beschwert fühlte[b]. Dazu kamen die austrocknenden Amtsgeschäfte[c] und die ihn verstimmenden Consistorialsitzungen[d]. So ward ihm sein Amt oft zum Joche, er wünschte von Weimar sich weg, wollte an Döderlein's Stelle Professor in Jena werden, und bisweilen wurde ihm ganz Thüringen verhaßt. „Ich will nächstens einen physischen Erweis schreiben, daß Thüringen in keinem der 6 Schöpfungstage erschaffen sei, von denen Gott sagte, daß in ihnen Alles gut gerathen sei; das ganze Land ist von späterem Dato und unser Ettersberg das letzte Anspülsel der erschöpften Erde." Selbst die Bücher, die lieben tröstlichen Freunde, wollte er in der Verstimmung manchmal von sich werfen. „Ich habe wie Einer, den der Hund gebissen hat, nicht die Hydro-, sondern die Bibliophobie, ob ich gleich verdammt bin, unter diesem Quark zu leben." Erheiterung und Erfrischung brachte ihm seine italienische Reise. Ein abermaliger Ruf nach Göttingen, so verlockend er war für ihn, der sich, um seiner Gedanken und Ideen los zu werden, wenigstens einige Jahre auf eine Universität gewünscht hatte, konnte ihn doch Weimar

---

b) Jean Paul: „Ein (zuletzt physisch) kränklicher Ehrgeiz war H.'s einzige Schwäche."

c) „Mein Mann, schreibt Caroline Herder im Mai 1782, trinkt die Queckentur und ist wohl dabei, — er sitzt eben und monirt Kirchenrechnung und fährt so fort bis Sonntag Abend und von Montag bis auf den Freitag mit Abnahme — alsdann wird er mit Gefühl singen: „Herr, gieb einen milden Regen."

d) Sein Unmuth darüber entlud sich in dem Epigramm „An das Crucifix im Consistorium":
O du Heiliger, bleibt dir immer dein trauriges Schicksal,
   Zwischen Schächern gehängt, sterbend am Kreuze zu sein?
Und zu deinen Füßen erscheint das Wort des Propheten,
   Von der Ochsen und Farr'n feisten geselligen Schaar.
Heiliger! blick auf mich, und sprich auch mir in die Seele:
   Vater vergieb! denn die wissen ja nie, was sie thun.

nicht entfremden. Ein gutes Gesangbuch, ein Katechismus, Kirchengebete und Schulverbesserungen bezeugen dort noch heute seine gesegnete Wirksamkeit. Nachdem dieser „durchgötterte Mensch, der den Fuß auf dieser Welt, Geist und Kopf in der andern hatte", 1803 verschieden war, setzten Deutsche aller Lande ihm ein Denkmal an der Stätte seines Wirkens.

Herder war durchaus ein universaler Geist, der mit breiten Fittichen über weite Flächen schwebte, nicht ein Stern unter Sternen, sondern, wie Jean Paul sagt, ein Sternenbündel, ein halbes Dutzend Genies auf einmal. Dem überreichen Geiste entsprühten die Gedanken wie zahllose Leuchtkugeln, beschreiben glänzende Bahnen, zerplatzen aber auch vielfach ohne festes Gefüge im Luftkreis. Seine Imagination schaute und umfaßte Alles lebendig, assimilirte sich das Mannigfaltigste und ließ es, mit dem Stempel seines Geistes versehen, wie ein Originales wieder hervortreten. Aber wie er selbst keine, weder amtlich noch geistig, in sich befriedigte und abgeschlossene Persönlichkeit war, so kommt es bei ihm nicht zu einer faßbaren begrifflichen Gestaltung. Er hatte, wie Fries es ausdrückt, einen Widerwillen gegen scharfe Abstractionen. Aber in diesem Mangel an Geschlossenheit, darin, daß die einzelnen Geistesfunken bei ihm sich nicht zu einer Flamme zusammenballen wollten, liegt auch wieder seine Größe. Ein Prophet, der zukünftigen Geschlechtern predigt, kann niemals einhergehen im engen und hemmenden Kleide des Systematikers. Herder, der berühmte Classiker war zugleich und an erster Stelle Theologe. Wenn ein Recensent des vorigen Jahrhunderts meinte: müßte Herder die Provinz der Theologie abtreten, er wäre noch Potentat genug, so kann man mit vollem Rechte umgekehrt sagen: wenn Herder keine Provinz weiter hätte, als die Theologie, er wäre noch Potentat genug. Es war sicher ein ungeheurer Gewinn für die protestantische Theologie, daß ein Mann wie Herder seinen Genius ihrem Dienste weihte, gleichsam sein Feuer in ihre vertrockneten Adern goß. Herder's Stellung in der Theologie ist wie Lessing's eine ganz eigenthümliche, in aller Zeit wenig verstandene. Sie läßt sich mit keinem Schulnamen bezeichnen. Er nähert sich allen Richtungen, aber allen nur bis auf eine bestimmte Entfernung. Sein Standpunkt ist über allen, er ist gleichsam ein persönlich-poetischer Ausgleich der theologischen Gegensätze seiner Zeit.

Das Alles bewegende und bestimmende Princip, das ihn mit seiner Zeit verknüpft und über seine Zeit erhebt, sein Spiritus rector war die

Humanität. Alles Große und Schöne, die ganze Idealität hat er in die Humanität gelegt. Sie ist ihm, practisch wie speculativ, der höchste Begriff, und als solcher die coincidentia oppositorum. Denn je mehr der Mensch seine Bestimmung erfüllt, desto reiner stellt er das Humanitätsideal dar, und je mehr er sich diesem Ideale nähert, desto näher kommt er der Gottheit. Im Begriffe der Humanität begegnen und einen sich Menschliches und Göttliches. Bei dieser Bedeutung der Humanität mußte Herder die Religion als ein ihr inhärirendes Moment begreifen. Die Humanität gipfelt bei ihm in der Religion. Die Religion ist unentbehrlich für die Menschheit, sie ist die erhabenste Blüthe der menschlichen Seele, sie ist Nachahmung des Höchsten und Schönsten im menschlichen Bilde, sie ist die höchste Humanität, sie wand der Humanität eine unsterbliche Krone. Religion beruht auf Offenbarung d. h. auf Enthüllung, heller Vernunft, nicht auf dunkler Schwärmerei. Nur so ist die Religion eine Angelegenheit nicht bloß des Mystikers, sondern wirklich des Menschen. Wiederum das Ideal der Religion ist das Christenthum. Denn das Christenthum ist die eigentliche Religion der Menschheit, ist Menschenreligion, ist ein Deismus der Menschenfreundschaft, der menschenliebendste Deismus. Es will Erlösung von Unnatur, Wiederherstellung der Menschheit zur Anwendung ihrer Kräfte, es gebietet die reinste Humanität auf reinstem Wege. Daher nach der eigenen Humanisirung streben heißt nach dem Reiche Gottes trachten, der Herzschlag der Menschheit ist auch der Herzschlag des Christenthums. So hat Herder das Christenthum seiner Zeit menschlich nahe gebracht in immer neuer und begeisterter Rede. „Eine herzliche Seite hat das Evangelium, ja es ist eigentlich ganz Herz und Seele. Wahrheit, Liebe und ein heiliger Bund der Gemeinschaft sind ihm das große Medium, das die Gottheit mit den Menschen, die Menschen unter einander innig und thätig verbindet. Verstand und Herz sind ihm Eins; seine Sprüche sind die umfassendste Weisheit in der engsten Anwendung. Sein Epos wird zur Ekloge, seine Ekloge zum Epos." Was am Christenthum nicht mit der Humanitätsidee harmonirt, das ist das Vergängliche an ihm. „Alles wird und muß vom Christenthum wie ein dürrer Herbst abfallen, was nicht Ueberzeugung, Gewissen, oder reine Menschenreligion ist oder mit sich führt. Einen Cultus Vergebung und Seligkeit bringender Formeln kennt es nicht. Wie nannte sich Christus? Den Menschensohn d. i. einen einfachen reinen Menschen. Von Schlacken gereinigt kann seine Religion nicht anders als die Religion reiner Menschengüte, Menschenreligion heißen." Hier ist der Punkt, wo bei Herder das Specifische des Christenthums im Meere der Humanität zu verschwimmen scheint. Daher nachmals Deutschkatholiken und Lichtfreunde auf ihn wie auf ihren Ahnherrn zurücksahen. Es soll nun nicht geleugnet werden, daß besonders in Herder's späteren Schriften nivellirende Stellen vorkommen, die dem Christenthum nichts Eigenthümliches lassen, die es in allgemeine Menschenreligion auflösen, die es sogar als möglich hinstellen, daß dereinst der Name des Christenthums untergehe. Diese Verallgemeinerung und Verflachung erklärt sich einmal aus einer in jener Zeit liegenden Einseitigkeit der Reflexion auf das Wesen, auf das rationale Moment des Christenthums, sodann aus Herder's universalistischer Gestimmtheit, der das Besondere und Individuelle mitunter zum Opfer fallen konnte. Man wird hier unwillkürlich an ein Urtheil Jacobi's erinnert, da wo er Herdern mit dem im niederländischen Sande sich verlierenden Rheine vergleicht. Aber wo Herder seinem das Abstracte fliehenden Geiste treu blieb, wo sein Lichtblick den Bedingungen nachging alles geschichtlichen Lebens, da konnte ihm die Bedeutung und Macht des Positiven nicht verborgen sein. Herder ist's, der das unendlich wahre Wort gesprochen: „Im Allgemeinen sowohl der Philosophie als Geschichte fliegen nur die Himmelsvögel; auf der Erde wächst das Heil; aus dem Staube quillt das Leben. Die menschliche Seele dürstet nach Thatsachen." Allerdings seinem Wesen nach ist das Christenthum eine Philosophie des Himmels von unirdischer Lauterkeit, aber wenn diese Himmelsphilosophie auf Erden wirken sollte, so mußte sie mit irdischer Materie vermischt werden, sie bedurfte derselben als Vehiculum. „Je feiner der Duft ist, je mehr er an sich verflöge, desto mehr muß er zum Gebrauche vermischt werden." Herder erklärt es für eine tausendfache Thorheit, wenn du einem Kinde deinen philosophischen Deismus nach hohem Geschmack deiner Zeit gönnen wolltest; das Kind würde, wenn der unsinnige Plan gelänge, zu einem Greise von drei Jahren. So hält sein geschichtlicher Sinn und das practische Bedürfniß ihn fest auf dem Boden der Realitäten. Wie nun die alttestamentliche Religion ihren positiven Stützpunkt in Moses hat, dem Günstlinge der Vorsehung, dem Gott sein Wesen und seine Eigenschaften in symbolischen Bildern enthüllte, so die neutestamentliche in der Person Christi. Jesus war nicht etwa auch ein guter Mann und Lehrer guter Moral, wie es deren mehrere gab, sondern Erlöser der Welt durch Stiftung des Bundes der gottliebenden und gottgeleiteten Seelen. Vorbild christlicher Vollkommen-

heit in die Entwickelung der Ewigkeit, Mittelpunkt des menschlichen
Geschlechts, das personificirte Humanitätsideal. „Die echteste Humanität ist in den wenigen Reden enthalten, die wir von ihm haben; Humanität ist's, was er im Leben bewies und durch seinen Tod bekräf-
tigte." Seine Wunder sind Beweise seiner sittlichen Vollkommenheit. Die von
ihm ausgehende Offenbarung war seine hell eingesehene, klar vorgetragene Wahrheit. „Wollten wir mit einem Unbegriff zu ihm treten:
„„Rabbi, zu dieser Erkenntniß konntest du allenfalls selbst gekommen sein,
jenes aber muß dir eine Taube oder eine Entzückung zugeführt haben!""
was unternähmen wir? war er nicht vom Himmel und im Himmel?
Er that, was er seinen Vater thun sah, d. i. die reine nebelfreie Denkart, in der Jesus handelte und dachte, war sein Character, eine fortge-
hende Offenbarung. Die Gottheit war der Himmel in ihm." Die Offenbarung ist für uns niedergelegt in der Bibel. Der Bibel zu Liebe war
Herder Theolog geworden, und sie hat an ihm den begeistertsten Apologeten gefunden in einer Zeit, da Gottes Wort theuer geworden, wo es
an Bibelverdrehern und Bibelspöttern nicht fehlte. Er hielt die Bibel so
hoch, weil er in ihr gleichsam den Codex der Humanität sah. Abgefaßt
in der Muttersprache der Menschheit soll dieses göttliche Buch menschlich
gelesen werden. Je humaner man es liest, desto näher kommt man dem
Zwecke seines Urhebers, der Menschen zu seinem Bilde schuf, und in
allen Werken und Wohlthaten, wo er sich uns als Gott zeigt, für uns
menschlich handelt. „Wie ein Kind die Stimme seines Vaters, wie der
Geliebte die Stimme seiner Braut, so hören sie Gottes Stimme in der
Schrift und vernehmen den Laut der Ewigkeit, der in ihr tönet." Sie ist
ein Archiv der Urkunden der Vorsehung, ein Buch voll heiliger Symbole, darin man weder die kirchlichen Dogmen noch neologische Philosopheme suchen darf, geschrieben für Heilsbegierige, nicht für Neugierige.

Uebersieht man diese Grundanschauungen, so ergiebt sich leicht, daß
Herder als Theologe nicht in den gewöhnlichen Rahmen paßt. Daher
schon der Ketzeralmanach ihn ein Kraftgenie nennt, das wie die Genies
alle auch in der Theologie seinen eigenen Weg gehe, für die Strenggläubigen zu aufgeklärt, für die Freien zu besonders. „Man weiß ja,
wie diese Herren sind, sie rennen überall den Leuten wider die Stirn,
schlagen links und rechts um sich, sehen Alles, was ihnen in den Weg
kommt, für unsers Herrgotts Hornvieh an, und denken sich immer als
die einzigen vernünftigen Geschöpfe, die unter dem Monde leben." Orthodox war Herder gewiß nicht. Er selbst schreibt: „Ich wünsche Jeder-

mann die beste Ortho- und Orkodoxie, die man auf unserm Staubball nur haben kann, und habe für mich noch viel zu viel derselben." Nach dem Symbolum Athanasianum gemessen, würde er dem damnamus, im Mittelalter, darin er geboren zu sein wünschte, dem Scheiterhaufen verfallen sein. Was Herder von der Orthodoxie schied, war dieses: die Orthodoxie legt alles Gewicht auf die Lehrmeinung, auf das formulirte Dogma, sie hat darum (wie er sagt) aus der Religion Jesu eine Religion an ihn gemacht, aus dem lebendigen Entwurfe zum Wohl der Menschen eine gedankenlose Anbetung seiner Person. Herder aber war viel zu feurig, zu glühend für das eigentliche Leben der Religion, als daß er sich für eine verständig systematische Formulirung derselben hätte begeistern mögen. Herder ist dem Dogma gegenüber Pessimist. Er geht oder vergißt sich soweit, den Concilbeschluß über die Naturenvereinigung einen Schneiderscherz zu nennen, und ruft aus: „Was Dogmatik? ein untergeschobenes Kind der Offenbarung, dem jeder, der diese Mutter kennt, seine Fremdheit ansieht. Ich habe noch keine zwo Dogmatiken gesehen, die völlig gleich gewesen wären, und wer kann, mache sich seine Dogmatik selbst." Ein Gebäude von Satzungen der Menschen als Religion geben, heißt den lebendigen Quell der Religion verschütten. Es könnte nun scheinen, als habe Herder um so fester den Gegenfüßlern der Orthodoxie sich angeschlossen. Allerdings ist es richtig, daß sein Humanitätsprincip auf demselben Boden erwachsen ist, auf dem die Neologie stand, und er hat sich kritisch frei bewegt wie diese. Aber wie kein tieferer Geist der damaligen Zeit an der Theologie der gewöhnlichen Aufklärer Befriedigung fand, so wußte auch Herder mit der natürlichen „Wasserreligion" der Neologen nichts anzufangen. „Natürliche Religion, wo ist sie zu finden? Ist sie etwas Anderes als ein unhistorischer Traum, eine utopische Abstraction, ein kraft- und saftloses Gebilde des Verstandes?" Sein poetisch-historischer Sinn strebte nach tieferer und reicherer Erfassung des Christenthums, nach einer congenialeren Ergründung der Bibel, als der nur zu platte Verstand der Aufklärung zu geben vermochte. Er mißbilligte daher die plumpe Heterodoxie der preußischen Aufklärer[e]. „Es regt sich, schreibt er 1774 an Spalding, immer

---

[e] Nach K. A. Böttiger [Liter. Zustände u. Ztgenossen. Lpz. 1838. I, 131] hat H. seinen Standpunkt so markirt: „Was in der Bibel mit klaren Worten stehe, sei christlicher Lehrbegriff und dies müsse aus einem christlichen Lehrkatechismus nicht hinausgedeutet werden. Eine ganz andere Frage sei freilich die, ob nun dies Christenthum für alle Zeitalter gültig und gleich brauchbar sei. Hier müsse man aber als

was in mir, wenn ich sehe, wo es mit der Religion und Theologie Teller's, Eberhard's, Damm's, Nothanker's hinaus will. Mit alle den Leuten hab' ich nichts zu schaffen." Daß er aber zuweilen nicht bloß mit Ironie, sondern unmuthiger Entrüstung voll verwundend seine Geißel schwang gegen die Mythologieendichter und Entweiher der Offenbarung Gottes, die zuletzt die ganze Bibel, die heiligsten simpelsten Offenbarungen zu orientalischen, arabischen und ägyptischen Phantasieen machen und alles Wort Gottes als Schaum gelehrter Phrasen verdunsten lassen wollten, das redete so wohl seines Freundes Hamann Geist aus ihm. Es stand aber zwischen Orthodoxie und Neologie noch eine dritte, die biblisch-supranaturalistische Richtung, mit welcher Herder offenbar sympathisirte und die ihm anfangs ihre Sympathieen entgegentrug. Die Verehrung der Bibel und der Gegensatz gegen die bibelverkehrenden Neologen waren das einigende Band. Aber die poetisch-menschliche Betrachtung der Bibel trennte wieder Herder ganz von dieser Geheimnisse spähenden Richtung und ihren enttäuschten Repräsentanten. Diese biblische Richtung trat ihm aber in verschiedener Schattirung und Personification entgegen. Biblisch-phantastisch in Lavater, dessen Pendant man Herder genannt hat. Beide sind einmal Freunde gewesen, aber bei ihren auseinander strebenden Richtungen geht durch ihre späteren Briefe ein beinahe schneidender Ton. Als Lavater in Weimar gewesen, da ruft Herder dem liebenswürdigen Menschenfänger nach: „Gebe Gott ihm eine glückliche Reise und fernerhin guten Muth, sich und die Welt zu täuschen bis an sein seliges Ende." Der Lavaterianer Ewald aber nannte Herder's Schrift von der Auferstehung einen Judaskuß, ärger als der, welcher vor 1700 Jahren gegeben ward. Biblisch mystisch in Kleuker, der, einst mit Herder befreundet, dem späteren Herder seine Entfreundung öffentlich ausgesprochen hat, als welcher jetzt Behauptungen und Vorstellungsarten in der Theologie das Wort rede, denen er ehedem mit Nachdruck widersprochen habe. Endlich biblisch-realistisch in der Bengel-Oetinger'schen Schule Schwabens. Diese realistischen Schrifttheologen

---

Diener des Staats und der Kirche beiden getreu bleiben. Er mißbillige daher die plumpe Heterodoxie der preußischen Aufklärer. Der achtungswürdigste scheine ihm immer noch Teller. Aber seine „Religion der Vollkommneren" und alle übrigen Schriften wären ihm doch unausstehlich neuerungssüchtig. Löffler schlage dem Faß den Boden ganz ein. Auch hätten die preußischen Theologen dabei eine unverzeihliche Nachlässigkeit und Aufgebundenheit im Styl und Ausdruck, die ihm sehr ekelhaft sei. So in Teller's Predigten. Er, Herder, wisse nicht, wie er bei diesen Grundsätzen so sehr in den Geruch der Heterodoxie gekommen sei."

hatten bei Herder manchen ihnen verwandten Zug gefunden, aber von seinen spätern theologischen Schriften wandte sich ihr Gemüth mit innigem Bedauern ab. Daß ihm Lavater zum Ekel geworden, daß er selten zu beten pflege, dann sein ängstliches Herumlaufen auf dem Zimmer und das Aufreißen der Bibel waren ihnen kein guter Beweis für sonderliche Philosophie und Christusreligion. Da war ihnen der nach geprüften und bewährten Grundsätzen immer männlich handelnde Bengel ein anderer Mann. Eine vornehme Dame, die diesem Kreise nicht fern stand, urtheilte über Herder's „Gott" und „Ideen": „Wenn ich so unter den Blumen umhergehe, grauet mir oft vor dem Abgrunde, welchen der rosige Schleier decken möchte. Seine Bücher scheinen mir jetzt eine Familie von Kindern, die sich einander auffressen."

Herder hat seiner Theologie zum Motto gesetzt die johanneische Trilogie: Licht, Liebe, Leben, und als den Zweck seiner theologischen Schriften bezeichnet: Orthodoxie, wahre Theologie herzustellen, „und vielleicht kommt die Zeit, die da sagt, daß meine undogmatischen Schriften dies tiefer und wurzelfester gethan, als hundert Spinnweben von Dogmatiken und verjährten Calendern". Er ist in der That der Vorläufer, der Johannes Baptista der neuern, nach den Zerstörungen wieder auferbauenden Theologie geworden. Weil er aber seine dogmatischen Ansichten in einem philosophisch-poetischen Helldunkel schweben ließ, ging eine principiell durchgreifende Wirkung von ihm nicht aus, wie ihm auch die concentrirende Attractionskraft fehlte, welche nöthig ist, Schule zu bilden. Vielmehr liegt seine Bedeutung für die Theologie darin, daß er ihre einzelnen Theile durch zahllose Funken seines sprühenden Geistes belebt und befruchtet hat. Wie anregend waren und sind noch seine „Briefe, das Studium der Theologie betreffend"! Besonders der 43. Brief wurde von Jacobi und seinem Freundeskreise mit Rührung aufgenommen. Da verlangt Herder einen freien Sinn, einen heitern Geist, da will er verbannt wissen alle dumpfen Vorurtheile und alle Sclavenseelen. Das Studium der Gottesgelehrsamkeit soll beginnen als Studium der Bibel. Mit dem Geiste eines Orientalen dachte er selbst sich in ihre kühnen Bilder und Redeformen, in das Concrete ihrer Sprache, in das Naive ihrer erzählenden Poesie. Und so war er, der sich in Riga das Examen im Hebräischen verbitten mußte, im Stande, sein berühmtes Werk „vom Geist der ebräischen Poesie" zu schreiben, einen Myrthenhain der Liebe im Hohenliede aufzuthun und die „älteste Urkunde des Menschengeschlechtes" in seiner Weise zu deuten. Auf dem Gebiete des

N. T. begegnet er uns als geistvoller Erklärer der Apokalypse, als einer poetischen Darstellung der Empfindungen der vergegenwärtigten Zukunft des Herrn, und als erster Vertheidiger der Hypothese von einem mündlichen Urevangelium, dessen erster lebendiger Rhapsod der zweite Evangelist war. Endlich wie ideal hat er den geistlichen Stand gedacht, wie begeistert für seine Würde geschrieben! Wenn Spalding das Predigtamt bloß von Seiten seiner Nützlichkeit, besonders für den Staat, betrachtete und anempfahl, so ruft Herder ihm und dem Geiste des Jahrhunderts gegenüber in seinen „Fünfzehn Provinzialblättern" aus: „Ist denn über das Wesen des Predigtamtes nichts mehr und anderes und besseres zu sagen, als von Beziehung der Religion auf den Staat, von andern Nebennutzen des Amtes und von Klagen gegen Dogmatik, Gesangbuch, Katechismus und Liturgie? — Wenn das zur Beförderung des Nutzens im Predigtamt, und zuvörderst und also gesagt werden müßte, so weiß ich nicht mehr, was Predigtamt ist. Laßt uns dasselbe geistliche Amtmannsstelle, oder ich weiß nicht wie nennen, nur durchaus wird das Wort Gottes alsdann nicht dazu Codex." Der Geistliche ist kein Gemeinortkrämer und Lehrer der Weisheit und Tugend, kein Professor Moralium, der allenfalls im Staate zu toleriren ist, weil er durch seine Discourse Unterthanen Gehorsam lehren und die Zollregister verbessern kann, sondern er ist ein Bewahrer der göttlichen Offenbarung, ein Erklärer des göttlichen Willens, ein Bote Gottes, ein Säemann, der nicht für diese, sondern für eine bessere Welt säet, ein Vater und Tröster seiner Gemeine, ein schwacher brechlicher Mensch, aber mit dem Blitze Gottes in der Hand, den er nicht von Menschen, sondern von Gott erhalten hat, und den er nicht zu kleiner Eitelkeit noch zu etwas Geringerem braucht, als Mark und Bein von Unterthanen und Fürsten zur Besserung und zum Empfängniß einer über alles herrlichen Seligkeit zu treffen und zu durchdringen. Wie Herder den Prediger malt in den Worten: „Redner Gottes! groß im Stillen, ohne poetische Pracht feierlich, ohne Ciceronische Perioden beredt, mächtig ohne dramatische Zauberkünste, ohne gelehrte Vernünftelei weise, und ohne politische Klugheit einnehmend," so athmen in der That seine Predigten eine ungezwungene Natürlichkeit, und er selbst stand ohne alle Gesticulation auf der Kanzel, unbeweglich wie eine Statue.

Als ob die neuere Zeit diesen Classiker dem geistlichen Stande mißgönnte, sind über ihn, als Amts- und Würdenträger der Kirche, bedauernde Worte vernommen worden. Man hat es eine Ironie des

Schicksals genannt, daß Herder Geistlicher war, man spricht von dem bedauernswerthen Einfluß, den der stete Conflict zwischen Amt und Ueberzeugung auf ihn wie selten auf einen Geistesheroen ausübte, man hat es sogar entsetzlich gefunden, daß Herder, der offen mit dem alten Kirchenglauben gebrochen, Geistlicher und Präsident der obersten Kirchenbehörde war, er, der strengsittliche Mann, mit dieser steten Lüge auf der Seele. Nun auf die Zeitgenossen hat Herder diesen unheimlichen Eindruck nicht gemacht. Wieland schreibt (1776): „Herder predigt wie noch niemand gepredigt hat, so wahr, so simpel, so faßlich, und doch Alles so tief gedacht, so rein gefühlt, so schwer an Inhalt. Und was das Wunderbarste ist, so reinen Menschensinn, so lautere Wahrheit, und doch Alles so orthodox, so himmelweit von dem Begriffe und der Lehrart unserer Modetheologen verschieden." Gleim erzählt: „Ich hörte Herder predigen, und als er von der Kanzel kam, gerieth ich in Enthusiasmus, umarmte den großen Mann, sagte: Herder du bist ein Apostel! So einfach predigte er, wie die Apostel, die keine Gelehrte waren, ohne Zweifel gepredigt haben." Joh. v. Müller berichtet: „Herder hat, was ich noch an keinem so gesehen, auch in seiner Miene eine gewisse erhabene Unschuld, welche ihn zum Ausleger der Wege Gottes characterisirt." Endlich G. H. v. Schubert meldet als Erinnerung aus seiner Weimarischen Gymnasialzeit: „In seiner Stellung, seiner Stimme, seinen Mienen, wenn er auf der Kanzel oder als Ephorus zu uns in der Schule sprach, war eine Macht, welche Schweigen und Ehrfurcht gebot."

Herder der Theologe fordert von selbst zur Vergleichung auf mit Lessing, dem Liebhaber der Theologie. Beide waren Verehrer Spinoza's und konnten, ohne Pantheisten zu sein, mit der extra- und supramundanen Gottheit nicht fortkommen¹), beide faßten die Offenbarung als Menschheitsgeschichte, beide haben die Trivialität der gewöhnlichen Aufklärung überwunden und reichten sich auf der Höhe ihrer Zeit die Hände, Propheten einer durch das Christenthum verklärten Humanität. Wenn aber Lessing im Christenthum nur die Religion ehrt, so hat Herdern das Verständniß sich erschlossen für die dauernde Bedeutung auch des Positiven im Christenthum. Wir schließen mit dem Seherworte des hochbe-

---

¹) Herder: „Das müßige Wesen, das außerhalb der Welt sitzt und sich selbst beschauet, so wie es sich Ewigkeiten hindurch beschaute, ehe es mit dem Plan der Welt fertig ward, ist nicht für mich. Gott ist nicht Welt und Welt ist nicht Gott, das bleibt gewiß; aber mit dem extra und supra ist's, dünkt mich, auch nicht ausgerichtet."

gnadigten Mannes: „Eine goldene Kette der Aufklärung umschlingt die Erde; die Hand der Vorsehung selbst knüpfte sie um die Menschen von Anfang an. Immer verjüngt in seinen Gestalten blüht der Genius der Menschheit auf und zieht palingenetisch in Völkern, Generationen und Geschlechtern weiter."

§. 33. Heß. Wizenmann. Kleuker.

Nach ihrer Geistesverwandtschaft hierher gehörig, verdienen noch drei Männer eine anhangsweise Erwähnung. Zuerst der Freund und Amtsgenosse Lavater's Johann Jacob Heß († 1828), Antistes in Zürich. Er war nicht orthodox, mißbilligte den Geist der Kirchenversammlung zu Nicäa, verwarf die alte Inspirationstheorie und wollte das Kirchensystem nicht hineinreden lassen in die Interpretation der Bibel. Aber er wollte auch nichts von der Accommodationslehre, von der Alles vernatürlichenden Auslegungsweise, von der sophistischen Pseudoexegese, die bald alles Göttliche der Geschichte und Lehre aus den Urkunden wegsophistisirt, insbesondere nichts von Bahrdt's „Briefen im Volkston" wissen, als welche gegen die Achtung und Gewissenhaftigkeit anstießen, mit welcher alte historische Denkmale behandelt sein wollen. Was ihn characterisirt, ist eine treuherzige, undogmatische Bibelgläubigkeit, die ihr Genüge findet in reinhistorischer Schriftforschung. Denn die Bibel enthält die authentische Regierungsgeschichte Gottes, eine zusammenhängende Reihe weithinzielender göttlicher Führungen zur Gründung, Anbahnung und wirklichen Darstellung eines ewigen Reichs der Glückseligkeit für die Verehrer Gottes, mithin Alles, was die Menschheit bedarf für Zeit und Ewigkeit. Die biblische Geschichte, im Ganzen genommen, ist eine historische Theodicee, die ihresgleichen nicht hat, und von unumschränkter Wichtigkeit. Denn das ist das Eigenthümliche des Christenthums, daß es mit Geschichte durchaus verwebte Lehre ist. „Glauben an Geschichte bleibt etwas zum Wesen des Christenthums, zur christlichen Religion unabtrennbar Gehöriges; die christliche Glückseligkeitslehre kann und darf vom Glauben an Geschichte nicht abgelöset werden. Es wäre sogar wider die Natur des Christenthums, eine solche Gränzlinie ziehen zu wollen." Nur darf dieser Glaube an Geschichte nicht eben auf alle mitgezählten Nebenvorfälle bezogen werden. In diesem Sinne hat Heß seine Darstellungen der biblischen Geschichte von den Patriarchen bis auf die Apostel verfaßt, eine Lieblingslectüre gebildeter

Christen a). Thomas Wizenmann, Vicar in Eßlingen, Privaterzieher in Barmen, zuletzt Hausfreund Jacobi's, von Joh. v. Müller als eine Mischung der scharfsinnigsten Feinheit und einer gewissen angelischen Unschuld, von Kant als ein sehr feiner und heller Kopf gepriesen, ist in jungen Jahren (1787) heimgegangen, philosophischen Ruhm und eine Professur zu Duisburg in Aussicht. Von Orthodoxie und Neologie abgesehn („die Orthodoxen eifern mit Unverstand und die Neologen wissen gar nicht, was sie glauben"), hat er die Strahlen fast aller übrigen geistigen Zeitmächte in sich aufgefangen. Einer pietistischen Familie in Ludwigsburg entsprossen, wirken zuerst auf ihn die Bengel, Fricker und Oetinger, besonders der letztere. Obgleich Wizenmann nicht eine von Oetinger's Grundideen zu der seinigen gemacht hatte, bekennt er doch: „dieser tiefe feurige und rohe Kopf hat mir mit seinen empörendsten Ideen mehr genützt, als zehn Logiken." Hierauf bewegt er sich in der Attractionssphäre der Heß, Lavater, Herder, welche ihm das Auge über die Geschichte der Bibel öffnen. Das Christenthum, so schreibt er in Heß' Sinn, gründet sich ganz auf Geschichte, ja ist Nichts als Geschichte, die auf jedes Individuum practisch angewendet werden soll, und Herder's, des Bibelverehrers, Genius reißt ihn hin. Endlich tritt er in den Kreis Jacobi's, durch den er Spinoza kennen lernt. Er begeistert sich für die Philosophie. „Die Philosophie ist mein größtes Gut: denn durch sie erkenne ich die Wahrheiten in dem Zusammenhange, in welchem sie Gott sieht," und Pietisten, wie J. H. Hasenkamp, ärgerten sich an ihm, als er einer Freundin in's Stammbuch schrieb:

> Pilgerin! fragst du: woher? ich weiß es nicht;
> Fragst du: wohin? ich weiß es nicht,
> Aber den Himmel seh' ich voll Sterne,
> Und das Menschengeschlecht voll Ahnung des Himmels.

In der That hat der philosophische Zweifel ihn scharf angefaßt („das Dasein Gottes, die Wahrheit der Bibel ward mir zum Phantom"), und es hat ihm Mühe gekostet, bis er dem Bibelglauben die Oberhand gewann und versichern konnte, daß der Spinozismus ihn im Glauben an Christum befestigt habe, zumal sein frühzeitiges Hinwelken ihn oft so mürrisch machte, wie Jonas, da ihm die Sonne auf den Kopf stach. Man kann Wizenmann als den christlich-positiv gewordenen Jacobi be-

---

a) Biographieen von G. Geßner [Zürich 1829], H. Escher [Allg. Encyclop. II, 13, 168 u. Zürich 1837], J. J. Heß [Herzog's R. E. VI, 22]. Vgl. Sack [§. 26, d] S. 170.

zeichnen. Er stimmte mit diesem überein, daß das Dasein Gottes philosophisch unerweislich sei, daher jede wahre Ueberzeugung davon vom Glauben ausgehen müsse. Aber während nun Jacobi sich zur Gottheit aufschwang durch die eigne Willenskraft, als einen lebendigen Funken von der Gottheit, machte Wizenmann die Bibel mit ihren Offenbarungsthatsachen zu seinem Vademecum. Mit seinen „Resultaten der Jacobi'schen und Mendelssohn'schen Philosophie" (1786), die allgemein für eine Schrift Herder's gehalten wurden, trat er entgegen der philosophischen Dogmatik Mendelssohn's für den vernunftmäßigen Glauben an Offenbarung ein[b]. Seine nachgelassene „Geschichte Jesu nach dem Matthäus" gab Johann Friedrich Kleuker († 1827) heraus, nach einander Hauslehrer in Bückeburg, auf Herder's Empfehlung Prorector in Lemgo, Rector in Osnabrück. Seine Berufung nach Kiel (1798), wo gar keine Lücke in der theologischen Facultät war, geschah nach dem Willen des Curators Grafen Reventlow, um einen Gegensatz zur Neologie zu bilden, und schien daher manchem ein arger Orientalismus zu sein. „Die Lavatergemeine mit der römisch-katholischen eng verbunden läßt nun auch den düstern Kleuker in Kiel dunkeln." Mit einem Hang zum Mysticismus verband er einen entschiedenen, nicht ohne Bitterkeit geltend gemachten Gegensatz zum herrschenden Geiste der Theologie, der die ganze Luft so vergiftet habe, daß man kaum noch wagen könne, von Christo mehr, als von jedem Schatten, der über die Erde flieht, zu sagen. Er hat gegen die Wolfenbüttler Fragmente und den Hierokles (Paalzow) die Wahrheit und den göttlichen Ursprung des Christenthums vertheidigt, ohne an Wortinspiration, Buchstaben und Nebensachen zu hängen, die Facta des N. T. als Stützen des religiösen Glaubens betonend. „Wer die Wunder des N. T. leugnet, der kann die Geschichte des Lebens Christi nicht für wahr halten, ohne die Wahrheit dieser Geschichte aber giebt es keine Lehre Christi, die ein ewiges Evangelium wäre." Einst mit Herder befreundet und durch ihn mit dem „Zend-Avesta, Zoroaster's lebendigem Worte", dessen Uebersetzer er wurde, bekannt gemacht[c], hat

---

[b] A. von der Goltz, Th. W., der Freund Jacobi's. 2 B. Gotha 1859.
[c] Herder [Böttiger, Liter. Zustände I, 121]: „In Bückeburg war zu meiner Zeit Kleuker Hofmeister bei einem Justizrathe. Durch mich lernte er den Zend-Avesta kennen. Da spukten lauter Arimans und Oromasden in seinem Kopfe. Einstmals war es bis zu Schlägen zwischen ihm und seinem Prinzipal gekommen. Da kam er schreiend zu mir gesprungen und rief, die Wunde auf seinem Gesicht zeigend: da hat Ariman seine Krallen eingesetzt. Er hat den Classikern nie Geschmack und Form ab-

er dem späteren Herder sich entfremdet gefühlt und mehr Jacobi sich zugeneigt. Wenn schon die A. D. B., bei allem Tadel von Kleuker's steifer Anhäuglichkeit an die Lehrsätze der alten Schultheologie einen denkenden Mann nennt, der seine Lehre prüft, so fanden in homogeneren Kreisen seine Gelehrsamkeit, seine einfältige und tiefe Gottseligkeit, kindliche Demuth und Anmaßungslosigkeit um so ungetheilteren Anklang.

Zweiter Abschnitt.

Philosophie und Theologie. Rationalismus und Supernaturalismus.

§. 34. Ueberficht und Literatur.

Lessing und Herder hatten die Aufklärung überschritten; dem Zeitgeiste den Stempel ihres Geistes aufzudrücken, vermochten sie nicht. Ihr Widerspruch war zu sporadisch geltend gemacht. Eine wirkliche Umgestaltung hervorzubringen, mußte ein mauerfester Damm aufgeführt werden. Diese Grenzfeste, an der die Wogen sich brachen, diese magna res war die kritische Philosophie. Sie hat der eudämonistisch erschlafften Zeit einen Zuchtmeister im kategorischen Imperativ gesetzt, den philosophischen Dogmatismus überwunden, den gesunden, bloß nach dem Augenschein urtheilenden Menschenverstand auf speculativem Gebiete außer Curs gesetzt, damit der Popularphilosophie den Todesstoß gegeben. „Es ist, sagt der Kantianer Tieftrunk, ein schlechtes Zeichen, wenn Leute, die sich für Philosophen ausgeben, sich auf den gesunden Menschenverstand (als auf einen Deus ex machina) berufen, weil beim Philosophiren nicht bloß der gesunde Menschenverstand (bei dessen Gebrauch wir uns mit dem gemeinsten Ackerbauer auf einer gleichen Function befinden, wiefern er bloß das Vermögen ist, die Regeln in der Anwendung, mithin in concreto, zu brauchen und richtig zu urtheilen), sondern der gesunde und zugleich speculative Menschenverstand (welcher allein philosophirt d. h. durch Begriffe, mithin in abstracto, erkennt) zu sprechen hat. Der gesunde Verstand ist zwar die unumgäng-

---

gewinnen können, und sein Hang zum Mysticismus hat ihn immer verworrener und schwärmerischer gemacht." — H. Ratjen, J. F. Kleuker u. Briefe fr. Freunde. Gött. 1842. G. H. Klippel in Herzog's R. E. VII, 742.

liche Bedingung (conditio sino qua non), aber nicht die zureichende Bedingung, um als Gelehrter und Lehrer des Publicums auftreten zu können." Wie der Popularphilosophie so schien der Kantianismus auch der Neologie gefährlich. „Mehreren Denkern war eine gewisse Seichtigkeit in dem System der Heterodoxen, die durch Journale sich die lauteste Stimme verschafft hatten, nicht entgangen. Man fing nun auch an, das neue System der sogenannten Aufgeklärten mit der Fackel der Kantischen Philosophie zu beleuchten, und fand allenthalben Schwächen." Andrerseits begegnete sich die Aufklärungstheologie nach ihrer kritischen und dogmenauflösenden Richtung und in ihrer practisch moralisirenden Tendenz mit der neuen Philosophie. Sie hielt sich wie früher an Wolff so nunmehr an die Resultate der Kritik der practischen Vernunft oder auch an Jacobi, als welcher selbst ausgesprochen hatte, daß seine Resultate mit denen Kant's fast durchaus zusammenträfen. Sie faßte jetzt erst am Kantischen Grundsatz der Vernunftautonomie sich principiell zusammen. Aus der Neologie wurde Rationalismus. Die theologische Aufklärung sah ihrer höchsten Wünsche Erfüllung. Triumphirend schrieb die A. D. B. (1797): „Nicht lange mehr, so wird das himmlische Licht, das Luther nur noch im Traume sehen konnte, uns lieblich umströmen." Aber trotz der versuchten Anlehnung und Kraftentwickelung, der schöpferischen Macht der neuen Philosophie, die, wie Saturn immer wieder die eignen Kinder verschlingend, tiefsinnige Systeme in überraschender Schnelle gebar, erwies sich eine Theologie nicht ebenbürtig, die, ohne die Kraft wissenschaftlicher Vertiefung, thatsächlich noch mit den alten entwertheten Kategorieen rechnete. Sie lebte fort, aber wie ein Baum, der mehr durch das Blattwerk als aus der Wurzel sein Dasein fristet*. Dem Ratio-

---

a) Ein denkender Zeitgenosse entrollt (1798) folgendes Bild: „Der Zustand der wissenschaftlichen Theologie ist in unsern Zeiten höchst schreckend und unbestimmt. Viele Theologen fühlen das Bedürfniß noch gar nicht, der Theologie eine zusammenhängende und consequente wissenschaftliche Form zu geben, und sind zufrieden, wenn sie höchstens die Gestalt einer an einem leidlich zusammenhängenden Faden fortlaufenden Erzählung hat. Andere können mit sich selbst nicht einig werden, woher die Principien der wissenschaftlichen Theologie genommen werden sollen. Aus unsern Religionsurkunden kann diese Form nicht genommen werden, weil nichts in denselben wissenschaftlich vorgetragen ist. Das alte kirchliche System ist zwar bei weitem consequenter, als alle Systeme unsrer neuern Theologen. Aber es findet zu vielen Widerspruch von Seiten der Philosophie, als daß es länger aufrecht erhalten werden könnte. Die Philosophie selbst, so laut sie ihre Stimme erhebt, um ihre Ansprüche geltend zu machen, ist in einem solchen Zustande der Gährung, daß es ihr unmöglich wird, ihr Recht, der Theologie die Form der Wissenschaft zu geben, mit Nachdruck zu

nalismus stand nicht Orthodoxie, sondern ein Schattenbild derselben im modernen Supernaturalismus gegenüber, vielfach mit dem Rationalismus verwandt und in ihn verfließend. — C. F. Stäudlin hat den Gegensatz von Rationalismus und Supernaturalismus in seiner Geschichte desselben als durch die ganze Kirchengeschichte sich hindurch ziehend erkannt, die geschichtliche Entwickelung meist nur in Bücherauszügen dargestellt, sich selbst auf den Standpunkt eines vereinigten Rationalismus und Supernaturalismus gestellt, da der bloße Rationalismus in seiner Consequenz zum Aufgeben des Christenthums nöthige [b]. Einen gutgeschriebenen Abriß, bis auf die Reformation zurückgreifend, mit mancherlei Unrichtigkeiten im Einzelnen, gab Edward Bouverie Pusey, Fellow des Oriel-College in Oxford, im Rationalismus eine Entnervung des Christenthums erblickend [c]. Amand Saintes schrieb, dem Gegenstande nicht gewachsen, eine unkritische Geschichte des Rationalismus, als der Nationalreligion Deutschlands, den die menschliche Vernunft divinisirenden Rationalismus für kirchenfeindlich, den Supernaturalismus für ein Postulat des vollkommenen Christseins achtend, mit vielen falschen Behauptungen [d]. Die Geschichte des Rationalismus des Amerikaners Hurst mit der Aufgabe, die historische Stellung des Rationalismus und dessen Antagonismus gegen evangelisches Christenthum so genau als möglich darzustellen, hat ihren Werth in dem, was sie über die rationalistischen Richtungen in England und Amerika bietet [e].

---

behaupten." A. G. Kästner charakterisirte den wissenschaftlichen Fortschritt dieses Zeitraums also: „In der Mathematik immer mehr wissen; in der Theologie immer weniger glauben; in der Philosophie immer eine neue Sprache reden."

b) Gesch. d. Ration. u. Supernat. vornehmlich in Beziehung auf d. Christenth. Gött. 1826.

c) Das Aufkommen u. Sinken des Ration. in Deutschland. Ein hist. Versuch nach dem Englischen des E. B. Pusey bearbeitet v. Chr. H. F. Bialloblotzky u. F. Sander. Elberf. 1829.

d) Krit. Gesch. des Ration. in Deutschland von sn. Anfange bis auf unsere Zeit. Nach dem Französ. des A. Saintes hrsg. von Chr. G. Ficker. Lpz. 1847.

e) History of Rationalism embracing a survey of the present state of Protestant Theology with an Appendix of Literature by J. F. Hurst. London 1867.

Cap. I. Philosophie und Theologie.

§. 35. Immanuel Kant.

J. W. Schubert, K.s Biographie Lpz. 1842. — K. Rosenkranz, Gesch. d. Kant'schen Philosophie. Lpz. 1840. Mirbt [§. 31]. J. E. Erdmann, Die Entwicklung der deutschen Speculation seit Kant. Th. I. Lpz. 1848. Des. Grundriß d. Gesch. d. Phil. (2. A. Brl. 1870) II, 206. E. Fortlage, Genetische Gesch. d. Phil. seit Kant. Lpz. 1852. H. Ulrici in Herzog's R. E. VII, 333. H. M. Chalybäus, Hist. Entwickelung d. specul. Phil. von Kant bis Hegel. 5. A. Lpz. 1860. S. 16. K. Fischer, J. K. 2 B. 2. A. Mannheim 1465—69. E. Zeller, Gesch. d. deutschen Phil. seit Leibniz. München 1873. S. 401. Uebrige Literatur bei Ueberweg [§. 31] S. 143 f.

Mitten in die Zeit der Aufklärung trat Kant, der Weise von Königsberg, gepriesen als der Fürst der Philosophen und wie ein zweiter Messias, der die Philosophie nicht reformirt, nein erst begründet habe. Denn vor Kant (meinte Heydenreich) existirte keine Philosophie. Er war eines Sattlers Sohn 1724 zu Königsberg geboren. Die pietistische Strenge seiner Erziehung gab seinem Leben und seiner Lehre den moralischen Accent. Er selbst hat geurtheilt: „Man sage dem Pietismus nach, was man will, genug die Leute, denen er ein Ernst war, zeichneten sich auf eine ehrwürdige Art aus." Seit 1755 Privatdocent, seit 1770 Professor in Königsberg hielt er seine Vorlesungen — und die Sitte jener Zeit forderte es, daß jeder eben aus der Schule Entlassene seinen Cursus mit Logik, Metaphysik und Moralphilosophie bei Kant anfangen mußte, wenngleich in den seltensten Fällen nur mit einigem Erfolg — mit der pünktlichsten Regelmäßigkeit, drang aber auch auf pünktliche Bezahlung des Honorars. Sein ganzes Leben war ein einförmiges, penible geregeltes, ernstes (Kant lachte fast nie) Denker- und Gelehrtenleben, durch Freundschaft, nicht durch Liebe erhellt. Der einzige Luxus, den er sich gönnte, war ein gutbereitetes Mahl, eingenommen mit einigen Freunden, in seinen schlecht meublirten, von Rauch und Lichtdampf so geschwärzten Zimmern, daß man mit dem bloßen Finger auf die Wand schreiben konnte. Den öffentlichen Gottesdienst besuchte er höchst selten, aber die Bibel als das beste vorhandene und noch auf unabsehliche Zeiten ausreichende Leitmittel zur Gründung und Erhaltung einer wahrhaftig seelenbessernden Landesreligion hat er geehrt, ihren Werth nicht durch unnütze oder muthwillige Angriffe geschwächt wissen wollen*, und es einen unbescheidenen Unfug genannt, Einwürfe

---

a) „Es ist nicht zu erwarten, daß, wenn die Bibel, die wir haben, durch die Keckheit der Kraftgenies, welche diesem Leitbande des Kirchenglaubens sich jetzt schon entwachsen zu sein wähnen, außer Credit kommen sollte, eine andere an ihrer Stelle emporkommen würde; öffentliche Wunder machen sich nicht zum zweiten Male in derselben Sache." Er schrieb auch an Jung-Stilling: „Darin thun Sie wohl, daß Sie

und Zweifel gegen die Geheimnißlehre des Christenthums in Schulen oder auf Kanzeln (in Facultäten muß es erlaubt sein) und in Volks-Schriften auszustreuen. Kant war ein kleiner hagerer Mann, mit tiefgebeugtem Nacken. „Sein Aeußeres (erzählt J. Chr. F. Schulz) giebt den Anblick eines guten ehrlichen Uhrmachers, der sich zur Ruhe gesetzt hat. Er ist einer von den Menschen, die ich zu einem Bilde der Ehrlichkeit sitzen lassen würde, wenn ich sie einmal gemalt haben wollte." Kant's Leben verlöschte am 12. Febr. 1804, nachdem sein Körper über alle Vorstellung ausgedörrt und die Kraft seines Geistes in einer Weise versiegt war, daß der Mann, den Jean Paul nicht ein Licht der Welt, sondern ein ganzes strahlendes Sonnensystem nannte, kaum noch seinen Namen schreiben konnte.

Vor Kant herrschte die dogmatische Philosophie d. h. die Philosophie der willkürlichen Voraussetzung. Sie setzte voraus die Möglichkeit der Erkenntniß und zwar der Erkenntniß vom Wesen der Dinge. Sie philosophirte ohne zuvor sich den Erkenntnißact klar zu machen und ohne das menschliche Erkenntnißgebiet auszumessen. Die beiden Fragen: wie entsteht menschliche Erkenntniß? und wie weit reicht menschliche Erkenntniß? waren unbeantwortet. Zwar beide Reihen der dogmatischen Philosophen hatten eine Antwort versucht, die Idealisten hatten das menschliche Erkennen aus angeborenen Ideen, die Realisten aus sinnlichen Eindrücken hergeleitet [II, 102]. Aber beider Auskunft war kein Aufschluß. Die idealistische Ableitung der Erkenntniß aus angeborenen Ideen erklärt die Erkenntniß nicht, sondern setzt sie eben als angeboren voraus. Die realistische Ableitung der Erkenntniß aus Sinneseindrücken setzt wiederum die Erkenntniß voraus, weil sie unerklärt läßt, durch welchen Act der Verknüpfung bloße Eindrücke zur Erkenntniß werden. Der gesammte Dogmatismus setzte die Möglichkeit der Erkenntniß (oder der Wahrheit) voraus. Diese Voraussetzung kann wahr, sie kann aber auch falsch sein. Ist sie falsch, dann ist Erkenntniß unmöglich, dann giebt es keine Wahrheit, der Skepticismus siegt über den Dogmatismus. Der Skepticismus ist aus dem dogmatischen Realismus als Consequenz gezogen worden von Hume [II, 359]. Wenn alle Erkenntniß aus der Erfahrung stammt, so wird auch die Causalität ein Erfahrungsbegriff sein. Ist sie das, so giebt es nicht nothwendige, nur zu-

---

Ihre einzige Beruhigung im Evangelio suchen, denn es ist die unversiegbare Quelle aller Wahrheiten, die, wenn die Vernunft ihr ganzes Feld ausgemessen hat, nirgends anders zu finden sind."

fällige Verknüpfung, nicht Wahrheit, sondern aus der Erfahrung abstrahirte Wahrscheinlichkeit. Durch Hume ist die Philosophie des dogmatischen Realismus auf den Punkt der Insolvenz gekommen. Die Philosophie soll Wahrheit geben und hat hier nur Wahrscheinlichkeit. Und wohin war es mit den idealistischen Dogmatikern gekommen? Alle tieferen Philosopheme und gerade die Primärfragen der Philosophie bei Seite schiebend, riethen sie, daß man „die Wohlthaten der Sonne und der Vernunft genießen und benutzen müsse, ohne über die Art, wie wir zu denselben gelangen, nachzugrübeln." Ihr Philosophiren war ein Appelliren an den gesunden Menschenverstand. Was diesem einleuchtete oder wahr schien, das galt diesen Popularphilosophen als Wahrheit. Der dogmatische Realismus war beim offnen, der dogmatische Idealismus beim verschämten Skepticismus, beide bei der Unphilosophie angekommen. Sollte die Philosophie weiter bestehen, so mußte ein ganz neuer Standpunkt gewonnen werden. Kant hat ihn entdeckt im Kriticismus und dadurch der philosophischen Anarchie ein Ende gemacht. Er stand in seiner vorkritischen Periode zuerst unter dem Einfluß des idealistischen, sodann unter dem des realistischen Dogmatismus, nicht als blinder Nachbeter, sondern immer was streitig und problematisch war, zur Entscheidung sich vorlegend, bis er durch Hume aus dem dogmatischen Schlummer geweckt und dadurch zur „Kritik der reinen Vernunft" geführt wurde. Nach Hume war Erkenntniß eine Chimäre. Kant fragt: was ist im strengen Sinne Erkenntniß? Alle Urtheile, die den Character der Nothwendigkeit und Allgemeinheit an sich tragen. Solche Urtheile nennt Kant Urtheile a priori. Aber nicht alle Urtheile a priori geben wirkliche Erkenntniß. Wirkliche Erkenntniß ist nicht bloß Erläuterung des Gewußten, sondern Erweiterung, besteht nicht in analytischen, sondern in synthetischen Urtheilen. Also wirkliche Erkenntniß besteht in synthetischen Urtheilen a priori. Solche Urtheile, also wirkliche Erkenntniß giebt es, wie alle Sätze der Mathematik beweisen. Wenn Erkenntniß in synthetischen Urtheilen a priori besteht, wenn ferner solche Urtheile existiren, so folgt nunmehr die Hauptfrage: wie sind synthetische Urtheile a priori möglich? Mit dieser Frage steht Kant auf dem Boden seiner eignen, der kritischen oder Transcendental-Philosophie d. h. einer Philosophie, welche auf die apriorischen Bedingungen einer möglichen Erkenntniß gerichtet ist. Gegeben sind uns äußere Data, gleichsam der Rohstoff zu Urtheilen. Soll aus diesem Stoff Erkenntniß werden, so muß er geformt, er muß verknüpft werden. Es muß eine Synthese stattfinden und diese Synthese muß a priori sein. Der Mensch also muß formgebende und verknüpfende Kräfte haben. Kant weist diese nach. Der Mensch hat ein Vermögen der Reception, er kann Eindrücke von Außen empfangen, die in ihm zu Vorstellungen werden. Dieses Vermögen heißt Sinnlichkeit. Wären in der Sinnlichkeit nicht bestimmte Formen vorhanden, unter welche alles sinnlich Wahrnehmbare gebracht werden kann und muß, so könnte der Mensch gar nichts Sinnliches vorstellen. Diese Formen, unter welchen jeder Mensch mit Nothwendigkeit alle sinnlichen Erscheinungen sich vorstellt, sind Raum und Zeit (reine d. h. von allem empirischen Inhalt befreite Anschauungen). Jede Vorstellung entsteht demnach durch Concurrenz von Sinneseindrücken mit den apriorischen Formen von Raum und Zeit. Aber Vorstellungen sind noch keine Erkenntniß, sondern nur ein Neben- und Nacheinander von Erscheinungen. Soll aus Vorstellungen Erkenntniß werden, so müssen dieselben auf einander bezogen, sie müssen verknüpft werden. Diese Verknüpfung geschieht durch den Verstand, der bestimmte Formen des Verknüpfens (Stammbegriffe, Kategorieen) hat. „Ohne Sinnlichkeit würde uns kein Gegenstand gegeben, und ohne Verstand keiner gedacht werden. Begriffe ohne Anschauungen sind leer, Anschauungen ohne Begriffe sind blind. Daher ist es ebenso nothwendig, seine Begriffe sinnlich zu machen (d. i. ihnen den Gegenstand in der Anschauung beizufügen) als seine Anschauungen sich verständlich zu machen (d. h. sie unter Begriffe zu bringen)." Die allgemeinen Begriffe deducirt Kant aus den Urtheilen. Sonach giebt es vier Urkategorieen: Quantität, Qualität, Relation und Modalität. Die Kategorieen sollen durch Verknüpfung der Vorstellungen nothwendige und allgemeine Urtheile geben. Dies ist nur möglich unter der Voraussetzung eines allgemeinen und unwandelbaren reinen Bewußtseins. Ein solches reines Ich, das alle unsere Vorstellungen begleitet (transscendentale Apperception) und in jedem dasselbe eine ist, eine solche Einheit des reinen Selbstbewußtseins existirt, wo nicht, so existirte auch kein empirisches Ich. Unter die Kategorieen sollen die durch die reinen Anschauungen vorgestellten Erscheinungen subsumirt werden: nur dadurch entsteht das Urtheil oder die Erkenntniß. Zu dieser Subsumtion bedarf es eines verknüpfenden Mittelgliedes. Denn „in allen Subsumtionen eines Gegenstandes unter einen Begriff muß der Begriff dasjenige enthalten, was in dem darunter zu subsumirenden Gegenstande vorgestellt wird. Nun sind aber reine Verstandesbegriffe in Vergleichung mit empirischen Anschauungen ganz ungleichartig und können niemals in irgend einer Anschauung angetroffen werden." Soll also die Anwendung der (intellectuellen) Kategorieen auf die (sinnlichen) Erscheinungen ermöglicht werden, so muß es ein Drittes geben, gleichartig mit dem reinen Begriff wie mit der sinnlichen Erscheinung. Diese mittlere Proportionale, dieses die Kategorie versinnlichende Bild heißt transscendentales Schema. Da nun solche Schemata in der That von allen Begriffen vorhanden sind, so sind sämmtliche Bedingungen erfüllt, unter denen Erkenntniß möglich ist. Es giebt Erscheinungen, es giebt reine Begriffe, unter welche die vorgestellten Erscheinungen subsumirt werden können, diese Begriffe haben das Vermögen allgemein und nothwendig zu verknüpfen und lassen eine Versinnlichung zu. Wo aber eine Erscheinung fehlt, da hört die Erkenntniß auf, da klappen die synthetischen Urtheile leer zusammen. Es folgt die negative Aufgabe, nachzuweisen, daß es eine Erkenntniß nichtsinnlicher Dinge nicht giebt. Die dogmatische Philosophie hatte eine rationale Psychologie, eine rationale Kosmologie und eine rationale Theologie. Alle diese Wissenschaften beruhen auf einer Illusion, nämlich als ob das Ding an sich, welches doch nur Grenzbegriff ist, Object einer möglichen Erkenntniß sein könne. Allerdings die Vernunft sucht zu den Verstandesbegriffen die Principien, zu den Urtheilen ihre Einheit, sie hat ein Recht zu schließen von einem Bedingten auf ein Unbedingtes, aber auf ein Unbedingtes als Idee, nicht als Dasein, als regulatives (unsere Erfahrung ordnendes), nicht als konstitutives (unsere Erfahrung erweiterndes) Princip. Die Vernunft postulirt ein Unbedingtes in uns, welches die absolute Einheit aller innern Erscheinungen ist, aber dieses absolute Subject, die Seele, ist eben Idee, nicht Gegenstand einer möglichen Erfahrung, darum nicht der Erkenntniß (Paralogismen der reinen Vernunft). Die Vernunft postulirt ein Unbedingtes außer uns, ein vollständiges Weltganzes, welches die absolute Einheit aller äußeren Erscheinungen ist, wiederum eine Idee, nicht ein erkennbares Object. Die rationale Kosmologie, welche die Erkennbarkeit annimmt, widerspricht sich in jedem ihrer Urtheile (Antinomieen der reinen Vernunft) und ist darum unmöglich. Die Vernunft postulirt endlich ein absolut Unbedingtes, als den Inbegriff aller Realitäten, ein allerrealstes Wesen. Die Gottesidee ist eine Idee in individuo d. h. ein Ideal, das Ideal der reinen Vernunft. Die rationale Theologie faßt aber das Ideal der reinen Vernunft nicht als reinen Vernunftbegriff, sondern als reales Object, dessen Realität zu beweisen ihr eigentliches Geschäft ausmacht. Wenn Mendelssohn zuversichtlich behauptet hatte: „die Hauptwahrheiten der natürlichen Religion sind so apodictisch erweislich als irgend ein Satz in der Größenlehre," so erklärt dagegen Kant alle Beweise für das Dasein Gottes für falsch. Der ontologische Beweis ist falsch, weil Existenzialsätze nicht analytisch sind d. h. weil ich aus dem Begriffe eines Dinges nicht seine Existenz herausklauben kann. Der kosmologische Beweis ist falsch, weil es ganz unstatthaft ist, von dem Zufälligen in der Sinnenwelt auf ein Nothwendiges jenseits der Sinnenwelt zu schließen. Der physikotheologische Beweis ist falsch, weil auch er von der Erfahrung ausgehend auf eine jenseitige Causalität schließt. Weil aber der physikotheologische Beweis im günstigsten Falle nur zu einem Weltbaumeister, nicht zu einem Weltschöpfer führt, so springt er in dieser Verlegenheit zum kosmologischen über; der kosmologische, indem er aus dem Begriffe des nothwendigen Wesens die Existenz deducirt, zu dem ontologischen und dieser ist falsch. Hiermit hat die Kritik der reinen Vernunft ihre Aufgabe vollendet. Sie hat die herculischen Säulen aufgerichtet mit der Inschrift: nihil ulterius. Unmöglich ist eine Erkenntniß der Dinge an sich, möglich eine Erkenntniß der Erscheinungen. Es giebt daher nur eine Wissenschaft von den Erscheinungen. Die Erscheinungen sind theils die Natur theils die menschlichen Handlungen. Daher hat Kant eine Metaphysik der Natur und eine Metaphysik der Sitten. Die letztere ist niedergelegt in der „Kritik der practischen Vernunft". Jean Paul sagt über das Verhältniß beider Kritiken: „Die zwei Hände der reinen Vernunft, welche einander in der Antinomie zerkratzten, legt die practische friedlich zusammen, drückt sie gefaltet an's Herz und spricht: Hier ist ein Gott, ein Ich und eine Unsterblichkeit." Erst als practische Vernunft entfaltet die Vernunft ihre höchste Kraft. Die Metaphysik der Sitten[b] hat vor allem den Canon aufzustellen, durch welchen der Character des Sittlichen als eines solchen bestimmt wird, oder die Frage zu beantworten: was ist moralisch? Das moralische Handeln nennen wir gut. Das oberste Princip der Moral wird folglich die Merkmale des Guten enthalten. Nichts ist an sich gut, Alles wird erst gut durch den Willen. Der Wille aber wird erst gut, wenn er seiner wahren Bestimmung oder der Pflicht, dem erhabenen großen Namen, entspricht. Gut ist der pflichtmäßig handelnde Wille. Aber da es bei der Moralität nicht bloß auf die Aeußerlichkeit

---

b) A. Dorner, Ueb. d. Principien d. Kantischen Ethik [Zsschr. f. Philos. 1874, S. 161. 1875, S. 1].

der Handlung (virtus phaenomenon), sondern auch auf die innere Triebfeder dazu (virtus noumenon) ankömmt, so ist das pflichtmäßige Handeln des Willens nur dann gut, wenn es hervorgeht aus pflichtmäßiger Gesinnung d. h. aus Achtung vor dem Gesetz („der bestirnte Himmel über mir und das moralische Gesetz in mir"). Das Gesetz soll meine Maxime, mein subjectives Willensprincip sein, und nur dann ist meine Handlung gut, wenn umgekehrt meine Maxime allgemeingültiges Gesetz werden kann (formales Moralprincip). Maxime und Gesetz müssen eine vollkommene Gleichung bilden. Auf die Frage: was ist Moralität? folgt die Frage: wie entsteht Moralität? Alle natürlichen Wesen wirken nach Gesetzen, der Mensch als bewußtes Wesen handelt nach einem bewußten Gesetz. Ein bewußtes Gesetz ist ein Princip; das Vermögen, Principien zu haben, ist die Vernunft, das Vermögen, nach Principien zu handeln, ist die practische Vernunft oder der Wille. Der Wille ist Ausdruck der Freiheit, das Gesetz der Nothwendigkeit. Das Gesetz enthält für den Willen keinen Zwang (sonst wäre der Wille unfrei), wohl aber eine Nöthigung, kein Müssen aber ein Sollen, einen kategorischen Imperativ mit absolutem Zwecke. Der kategorische Imperativ lautet: Handle nach einem absoluten Zwecke. Da nun absoluter Zweck oder Selbstzweck nur der Mensch ist, so heißt die Formel bestimmter: Behandle den Menschen nicht als ob er einen relativen Zweck habe, sondern der Menschenwürde gemäß. Die Erfüllung des kategorischen Imperativs ist die Bedingung einer sittlichen Welt. Aber diese Erfüllung muß hervorgehen aus Achtung vor dem Gesetz. Der Wille kann sich unbedingt nur dem eignen, selbstgegebenen Gesetze beugen. Diese Autonomie des Willens unterscheidet die Sittenlehre Kant's von allen dogmatischen Sittenlehren, welche sämmtlich auf der Heteronomie beruhen. Der moralische Imperativ setzt also den autonomen oder selbstgesetzgebenden Willen voraus. Ist das selbstgegebene Gesetz nothwendig, so ist seine Ausführung möglich. „Du kannst, denn du sollst." Die Willensautonomie setzt die Freiheit voraus als das Vermögen, sich von einem Gesetze bestimmen zu lassen. Die Freiheit, dem selbstgegebenen Gesetze sich unterwerfend, richtet sich auf das Gute. Das Gute soll nicht aus Neigung geschehen, sondern aus Grundsatz, aus Achtung vor dem Gesetz oder aus Pflichtgefühl. Das siegreiche Ringen der Pflicht mit der Neigung ist Tugend. Die practische Vernunft sucht ihrer Natur zufolge die unbedingte Einheit und Vollendung alles Guten (bonum supremum et consummatum). Dieses höchste Gut besteht in der Einheit von Tugend und Glückseligkeit, als Wirkung der Tugend. Dieses vom Menschen unabhängige Causalverhältniß (diese Proportion) von Tugend und Glückseligkeit ist ein Postulat der practischen Vernunft, theoretisch nicht zu erklären. Sonach hängt der Verstand vom Willen ab, die practische Vernunft hat den Primat über die theoretische. Das höchste Gut soll verwirklicht werden mit moralischer Nothwendigkeit. Der höchsten Tugend oder sittlichen Vollendung kann der Mensch nur theilhaftig werden, wenn es eine Unsterblichkeit der Seele, der höchsten Glückseligkeit als Folge der Tugend nur, wenn es eine Ursache der Welt giebt, welche die physische und moralische Welt, die Natur mit der moralischen Gesinnung in Uebereinstimmung gesetzt hat. Das ist der reine Vernunftglaube, seine Sätze sind Postulate der practischen Vernunft, nicht zu beweisende Objecte. Die Sittlichkeit ist also nicht bedingt durch die Religion, sondern umgekehrt die Religion durch die Sittlichkeit. Die Religion ist die Anerkennung der sittlichen Gesetze als göttlicher Gebote[c]. Kant's tiefsinniges Werk „Die Religion innerhalb der Grenzen der bloßen Vernunft" behandelt die Cardinalfrage aller Religion, die Erlösung des Menschen vom Uebel. Wenn das Gute ein pflichtmäßiges Handeln ist aus pflichtmäßiger Gesinnung, so ist das Böse ein pflichtwidriges Handeln aus pflichtwidriger Gesinnung. Das Böse ist sonach Umkehr der moralischen Ordnung, es ist die Selbstsucht verwandelt in einen Grundsatz. Weil diese Neigung zur principiellen Selbstliebe da ist, deswegen ist der Mensch radical böse[d]. Der Uebergang vom Bösen zum Guten ist bedingt durch eine Revolution in der Gesinnung. Diese Revolution ist thunlich, aber die Menschen sperren sich davor, sie schieben die Last gern auf Gott, wodurch die Religion außerhalb der Grenzen der bloßen Vernunft oder die Religion der Gunstbewerbung entsteht. Der höchste Zweck des Menschen ist, der personificirten Idee des guten Princips oder dem Sohne Gottes[e] gleich zu werden. Der Weg dazu ist

---

[c] J. Chr. R. Eckermann, Bemerkgen. üb. d. Schrift des Hrn. Prof. Kant, die Rel. innerhalb der Grenzen der bloßen Vernunft [Theol. Beiträge III, 3. IV, 1. 2. 3]. Chr. A. Thilo, Ueber K.s Religionsphilosophie [Ztschr. f. exacte Phil. 1865. V, 276]. W. Bender, Ueber K.s Religionsbegriff [Ulrici's Ztschr. f. Philos. 1872, S. 30 u. 157]. G. Ch. B. Pünjer, Die Religionslehre Kant's. Jena 1874. H. Holtzmann, K.s Religionsphilosophie [Ztschr. f. wiss. Th. 1875, S. 161].

[d] L. Paul, K.s Lehre vom radicalen Bösen. Halle 1865. P. Schultheis, K.s Lehre v. radic. Bösen. Jena 1873.

[e] L. Paul, K.s Lehre vom idealen Christus. Kiel 1869. C. Kalich Cantii, Schellingii, Fichtii de filio divino sententia. Lips. 1870.

die Erlösung. Diese ist nur möglich durch eine dem Bösen gleichkommende Strafe (durch eine Reihe schmerzlicher Resignationen) und durch eine dem Ideale gleichkommende Besserung. Zur Erlösung gehört also die Wiedergeburt und in deren Folge die beharrlich gute Gesinnung, sodann das Leiden, welches die gute Gesinnung trägt und über sich nimmt als Strafe für das Böse. Um den Sieg des Guten in der Menschheit zu vollenden, exeundum est e statu naturali, es muß eine ganz neue Gesellschaft, ein ethischer Staat oder eine unsichtbare Kirche gegründet werden. Die Möglichkeit einer unsichtbaren Kirche ist bedingt durch die Wirklichkeit einer sichtbaren. Die sichtbare Kirche setzt eine gottesdienstliche Religion, diese einen statutarischen (historischen) Glauben voraus. Der statutarische Glaube, den uns dem Ansehen nach ein Ungefähr in die Hände gespielt hat, nützt an sich nichts und gehört nicht zur Seligkeit, aber er kann das Vehikel, der Leitfaden werden zum reinen Religionsglauben. Der Uebergang von jenem zu diesem ist möglich, wenn eine existirende Religion dazu befähigt ist. Diese Fähigkeit trägt das Christenthum in sich, weil sein Mittelpunkt die Wiedergeburt ist. Wie der Kirchenglaube so muß auch die Bibel unter den moralischen Gesichtspunkt gestellt und in einem Sinne gedeutet werden, der mit den allgemeinen practischen Regeln einer reinen Vernunftreligion zusammenstimmt. Diese Auslegung mag in Ansehung des Textes oft gezwungen sein, aber sie ist einer solchen buchstäblichen vorzuziehen, die entweder schlechterdings nichts für die Moralität in sich enthält oder deren Triebfedern wohl gar entgegenwirkt, sie ist allein authentisch und für alle Welt gültig, während die gelehrte Auslegung nur doctrinalen Werth hat. Ob es eine Offenbarung giebt, kann die kritische Philosophie nicht entscheiden. Dieselbe angenommen, so hat sie nur subjective Nothwendigkeit, den Weg abzukürzen bis die Menschheit zu der Entwickelung gediehen ist, daß sie in ihrer Vernunft die Wahrheit findet. Die Bibel aber verdient aufbewahrt zu werden „gleich als ob sie eine göttliche Offenbarung wäre". Auf Grundlage der Kritik der reinen Vernunft hatte sich die Metaphysik der Natur und der Sitten erhoben. Damit war ein Dualismus hereingeführt zwischen Natur und Freiheit. Ihn hat Kant behoben durch Subsumtion der Natur unter die Freiheit. Subsumiren heißt urtheilen, das Urtheilen setzt eine Urtheilskraft voraus. In der „Kritik der Urtheilskraft" giebt Kant die Verbindung der beiden Seiten seines Systems, indem er hier die Natur durch die Freiheit d. h. durch den Begriff der natürlichen Zweckmäßigkeit vorstellt.

§. 36. Für und wider Kant.

Rosenkranz, S. 279. Erdmann, S. 232.

Die Popularphilosophen sahen zuerst mit einer gewissen vornehmen Gleichgültigkeit dem Entstehen der kritischen Philosophie zu. Als Feder in Göttingen vernahm, Kant habe in seinem Pulte ein Werk liegen, welches den Philosophen gewiß noch einmal großen Angstschweiß kosten werde, lachte er darüber und meinte, von einem Dilettanten in der Philosophie sei so etwas wohl schwerlich zu erwarten. Mendelssohn bekannte, die Kritik der reinen Vernunft nicht zu verstehen, für ihn, wie er glaubte, kein sonderlicher Schade. Auch Basedow, der sich doch für fähig hielt, in zehn Wochen Alles, Mathematik, Latein, das bürgerliche Recht so zu fassen, daß er es Andern lehren könne, warf das Buch mit den Worten von sich: qui non vult intelligi, non debet legi. Als nun aber die Verwüstungen, welche Kant in dem Felde der bisherigen Metaphysik anrichtete, lauten Beifall fanden, als die Lieblingsbeweise für Gottes Dasein und Unsterblichkeit in Trümmer fielen, als sein moralischer Rigorismus stolz gegen den Aufklärungseudämonismus sich aufbäumte, als vor der Tiefe seiner Speculation das Räsonnement des gesunden Menschenverstandes erbleichte, da fühlten die Popularphilosophen den Boden unter ihren Füßen wanken von dem ehernen Tritte des Alleszermalmenden. Jetzt klagte Feder, daß die Kant'sche Revolution, welche es mehr als problematisch machte, ob es bis dahin irgend Philosophie gegeben, mehr als alles Uebrige seinem Beifalle Abbruch gethan habe. Der streitbare Nicolai öffnete Kant's Widersachern die Thore seiner Bibliothek. Er selbst verfaßte den Sempronius Gundibert [S. 21], diese „aus Berlinerdraht geflochtene Geißel für die kritisirende Katheder-arroganz", und ließ sich in den „Neun Gesprächen zwischen Wolff und einem Kantianer" (1798) vernehmen: „Es ist jetzt nöthig, über Mißbräuche, wodurch die gesunde Vernunft niedergedrückt und die deutsche Literatur verderbt wird, laut zu sprechen. Jetzt streiten sie sich unter einander bis auf's Blut, ob Bavius mit der problematisch-transscendentalen Theologie, oder Mävius mit der reinen Regierungsform von vorn her, oder Trullus mit der reinen vonvorigen Katechetik, oder Mamurius mit einem Naturrechte aus dem Ich, oder Cotylus mit einer Physiologie aus dem Ich und Du hergeleitet, oder Marforius mit einer objectiven Aesthetik für die Dichter und Maler am spitzfindigsten die Köpfe verwirrt habe,

Ob Dudeldum, ob Dudeldey
Der beste krit'sche Trillerschläger sei.

Wenn dies Unwesen so fort geht, so wird die Polizei ein Einsehen darin haben müssen, ohngefähr ebenso als wenn irgendwo ein Schulmeister in seinem Hause seine Schüler bloß Schnellkäulchen spielen ließe und nun behauptete, sie gingen in die Schule. Aber sowohl diese Auslassungen wie die (von Kant mit Ironie aufgenommene) Entdeckung Eberhard's, daß die Leibniz'sche Philosophie ebensowohl eine Vernunftkritik und auch alles Wahre der neueren enthalte, sah schon Bahrdt im Ketzeralmanach für nichts an, als Gewimmer oder Gekrächze der Verzweiflung der Sterbenden. „Eine Welt voll Popularphilosophen stand wider den Urheber der kritischen Philosophie auf, aber er hat die Welt überwunden." Wie die Aufklärungsphilosophen so fühlten auch die Theologen der Aufklärung, wie Hamann sich ausdrückt, Kant's „Herculische Faust, welche aller speculativen Theologie der Spaldinge, Steinbarte ꝛc. und jesuitischen Betrachtungen unserer Hephästione das Maul stopft". Wizenmann schreibt triumphirend: „Kant hat den falschen Scheingrund der Wolff'schen Philosophie aufgedeckt, ihre Resultate verworfen, ihre Höhen gestürzt. Wie werden die Steinbarte, Eberharde, Semler große Augen machen, wenn ihrer ganzen Theologie der Boden genommen wird, und sie so arm, nackt und bloß vor der Welt dastehen — die Buben! die mit der Bibel so kurz und gut aufräumen wollten, um sich selbst einen Namen zu machen, an Christi Stelle von der Nachwelt gepriesen zu werden. Ja, gepriesen! man wird ihr taubes Salz auf dem Miste zertreten — Amen!" Den Neologen war einmal anstößig der moralische Purismus, als welcher alle Verehrer der Tugend des kräftigsten Beweggrundes und des süßesten Trostes beraube, daß Glückseligkeit der Zweck aller Gesetze und Sittlichkeit sei, sodann die Bemühung Kant's, von den Dogmen der Orthodoxie, welche längst abgethan schienen, doch ein Analogon in der allein durch Vernunft gültigen Religion anzutreffen und aufzufinden. „Daß in unsern jetzigen Zeiten, nachdem für die richtige Interpretation des N. T.s so viel geschehen ist und der große Unterschied zwischen Bibel und Dogmatik kein Geheimniß mehr ausmacht, ein solcher Krieg zwischen Gott und dem Teufel über die Seelen der Menschen, bei welchem Gott so sehr den Kürzeren zieht, fingirt und als Lehre des N. T.s von einem so einsichtsvollen, mit vielen Fächern der Gelehrsamkeit genau bekannten Mann dargestellt wird, so ist dies doch wirklich kaum zu verzeihen*." Endlich widerstand ihnen, besonders den Exegeten aus Ernesti's Schule, die von Kant geforderte moralische Auslegung, als welche das gelehrte Schriftstudium beeinträchtigen, die Bibel nur verdächtig und am Ende gar lächerlich machen werde. Denn mit Hülfe dieser gezwungenen und mystischen Deutung werde der Philosoph seine Philosophie, aber auch der Schwärmer seine Schwärmereien in die Schrift hineintragen, und könne dieses Spiel des Witzes ebensogut auf den Koran als auf die Bibel angewendet werden. Principieller und tiefgreifender mußte sich der orthodoxe und supernaturalistische Gegensatz gegen Kant gestalten. Kant's Betonung der Vernunftautonomie mußte eine Offenbarung zu ziemlicher Bedeutungslosigkeit herabdrücken, seine Ueberordnung der Moral über die Religion (so daß diese als ein Anhängsel von jener erschien), des moralischen über den empirischen Glauben, das Positive zum Adiaphoron machen, mit dem es jeder halten mag, wie er es für erbaulich findet. Die strengeren Theologen erblickten daher in der kritischen Philosophie ein neues Hülfsmittel, das Christenthum in Deismus zu verwandeln. De Marées „der streitbare Paladin" erklärte es für unmöglich, daß ein christlicher Prediger Kantianer sei, da die Kant'sche Philosophie Glaube, Liebe, Hoffnung, drei Dinge, die da bleiben sollen, aufhebe und den theoretischen wie practischen Theil des Christenthums wirklich vernichte. „Wir sollen die Lämmer Christi auf die dürre Kant'sche Weide führen, nach Kant'scher Art katechisiren, von Zeit und Raum ausholen, statt der gewöhnlichen Hauptstücke die Kategoricen, statt der zehn Gebote die assertorischen, problematischen, kategorischen Imperative (bei welch' letzteren man mit mehr Recht, als 2 Mos. 5, 2 Pharao fragen könne: wer ist der Herr, deß Stimme ich hören müßte?),

---

a) [G. E. Schulze], Einige Bemerkungen über K.s philof. Religionslehre. Kiel 1795. R. A. D. B. (XVII, 161): „Es muß also nach Kants Meinung in Sachen des Kirchenglaubens Alles recht hübsch bei dem Alten bleiben, und die Stützen des religiösen Aberglaubens können nicht abgeschafft, sondern müssen als die unentbehrlichen Fundamente einer moralischen Religion immer beibehalten werden. Wenn nun Christus auch so gedacht und das Judenthum bloß moralisch interpretirt hätte: so würde das Christenthum nie entstanden und ausgebreitet worden sein. — In manchen Gemeinden würde der Lehrer, der das Kirchendogma von der jungfräulichen Schwangerschaft und Niederkunft der Maria so moralisch interpretiren wollte, wie es von Kant geschehen ist, gewiß allgemein ausgelacht werden und allen Kredit verlieren." Rinteler Annalen 1796 S. 162: „Man kann sich oft des Gedankens nicht erwehren, daß die Kantianer, wo von positiven Lehrsätzen des Christenthums die Rede ist, die theologische Aufklärung unsers Zeitalters ignoriren und einen Zeitpunkt, den man 30 Jahre zurückdatiren muß, vor Augen haben wollen."

statt des christlichen den reinen Vernunftglauben lehren, statt den Kindern in Christo die Erkenntniß des Vaters, welche das ewige Leben ist, beizubringen, sie bereden: „„zu dem, was jedem Menschen zur Pflicht gemacht werden kann, muß das Minimum der Erkenntniß (es ist möglich, daß ein Gott sei) schon hinreichend sein,"" statt sie in das Himmelreich zu leiten, sie in ein ideales Reich der Zwecke führen, wo jeder Gesetzgeber und Unterthan zugleich ist — ich breche ab." Köster hielt sich zu der Frage berechtigt, welche Vernunft nach Kant eigentlich entscheiden solle, meine eigne oder allenfalls die Vernunft des Wilden, der es für gut hält, seine Gefangnen nicht bloß zu fressen, sondern auch zuvor zu martern? Wenn Kant für nöthig gehalten hatte, zur Sicherstellung des Vernunftglaubens den Anmaßungen der theoretischen Vernunft Schranken zu setzen, so nahm ihn Storr[b] beim Wort und vindicirte dem Christen das Recht, der anmaßenden theoretischen Vernunft auch da das Gehör zu verweigern, wo vom historischen Glauben, als einer wichtigen Stütze des moralischen, die Rede ist. Reinhard[c], dessen Einfluß für Sachsen entscheidend war, hielt die mit so großem Selbstvertrauen allgemeingültiger Principien sich rühmende Philosophie für unvereinbar mit dem Christenthum. Denn die kritische Philosophie kann die Erweiterung unserer Erkenntniß über die Erfahrung hinaus, welche die Offenbarung verspricht, unmöglich für reell halten, und muß auf dem Gebiete der Moral jede Offenbarung als Heteronomie zurückweisen. Ein landgräfliches Verbot der Kant'schen Philosophie für die Universität Marburg (1786) wurde auf Endemann [S. 122] zurückgeführt, welcher dafür hielt, daß Kant den gefährlichsten Skepticismus lehre. Drastischer ergingen sich katholische Eiferer gegen die neue Philosophie, welche als alleingöttische Ichheiterei das Christenthum zermalme und eine Moral lehre, bei der alle Unholder und Sinnlichkeitsjäger, Aventuriers, Staatenumwälzer, Sodomiter und Bestialitäter sich wohl befinden. Stattler [S. 133] zählt es unter seine vorzüglichsten Verdienste, daß er dem Unwesen, welches die Kant'sche Philosophie auch in der katholischen Kirche anzurichten gedrohet und auf katholischen Universitäten, vornehmlich aber in Klöstern bereits angerichtet, mit Nachdruck zu steuern gesucht, und bisher fast der einzige, diesen letzten von der Hölle wider das ganze Gebäude der christlichen und selbst natürlichen Religion aus-

---

b) G. Chr. Storr's Bemerkgen. über K.s phil. Religionslehre. Tüb. 1794.
c) Vorrede zur 3. A. seines „Systems d. christl. Moral". 1797.

gestellten Mauerbrecher in kleine Stücken zerschlagen habe. Recht materialistisch ward von dieser Seite die Entstehung der kritischen Philosophie erklärt. „Hume als nordischer Insulaner und Kant als Ostseebewohner zu Königsberg athmeten dichte Atmosphäre, tranken fettes Bier sammt Schnaps, aßen gern Rindfleisch, fuhren oft zur See und schöpften den Seeschwindel bis in ihren Geist hinein. Kein Wunder, daß sie an der Seele, an Gott und der Welt außer uns irre wurden und an nichts als körperliche Impressionen glaubten[d]." Kant selbst kam bei Herausgabe der „Religion innerhalb der Grenzen der bloßen Vernunft" in Conflict mit der Berliner Censur. Er gedachte das Buch stückweise in der „Berliner Monatsschrift" zu veröffentlichen. Das erste Stück vom „radicalen Bösen" war glücklich durch die Censur hindurchgekommen, da doch nur der tiefdenkende Gelehrte die Kant'schen Schriften lese. Dem zweiten Stück „vom Kampf des guten und bösen Princips" wurde auf Grund des Religionsedicts von Hilmer und Hermes das Imprimatur verweigert. Da unterbreitete Kant seine religionsphilosophischen Abhandlungen der Censur der theologischen Facultät in Königsberg. Einstimmig wurde das Imprimatur ertheilt, worauf das ganze Werk 1793 im Druck erschien. Eine Kabinetsordre vom 1. Oct. 1794 zieht ihn zur Verantwortung, weil er seine Philosophie zur Entstellung und Herabwürdigung mancher Haupt- und Grundlehren der h. Schrift mißbrauche. Da gab Kant die feierliche Erklärung ab, daß er als Sr. Königlichen Majestät getreuester Unterthan sich fernerhin aller öffentlichen Vorträge, die Religion betreffend, es sei die natürliche oder die geoffenbarte, sowohl in Vorlesungen als in Schriften gänzlich enthalten werde. Zu Kant's Gegnern stand auch Herder. Zwar er gedenkt noch in späterer Zeit mit größester Dankbarkeit des Philosophen, der sein Lehrer gewesen. Aber die natürliche Antipathie zwischen dem feinen ästhetischen Sinn Herder's und der logischen Bündigkeit Kant'scher Demonstration erweiterte sich bei Herder zum unverhohlensten Widerwillen gegen den Archisophisten und Archischolastiker des Jahrhunderts, gegen die Transscendentalinfluenza,[1] den Veitstanz, die Sündfluth der Kant'schen Wortgrübelei, in der das Zeitalter ertrunken sei. Herder war in

---

d) Vgl. **Miotti**, Ueb. d. Falschheit und Gottlosigkeit des Kantischen Systems. Augsb. 1802. **Zallinger**, Prof. am St. Salvatorcollegium in Augsburg, sagt in s. Institutiones iuris ecclesiastici: „Funestus hic laqueus est, quem Satan moderno seculo posuit, omnia ad critici Philosophi ratiocinium revocare."

diese gereizte Stimmung versetzt worden einmal durch Kant's Kritik seiner „Ideen zur Philosophie der Geschichte der Menschheit." Kant hatte hier seine philosophische Ruhe in siegreichen Gegensatz zum vibrirenden Genie des „sinnreichen und beredten Verfassers" gestellt. Wenn Herder den unterscheidenden Character des Menschen, wodurch eben der Mensch ein Mensch ward, in den aufrechten Gang verlegte und mit Pathos ausrief: „Blick also gen Himmel, o Mensch, und erfreue dich schaudernd deines unermeßlichen Vorzugs, den der Schöpfer der Welt an ein so einfaches Principium, deine aufrechte Gestalt, knüpfte," so klingt es wie Ironie, wenn Kant dazu bemerkt: „Nicht weil der Mensch zur Vernunft bestimmt war, ward ihm die aufrechte Stellung angewiesen, sondern er bekam Vernunft durch die aufrechte Stellung." Sodann ärgerten Herder die Erfahrungen vom benachbarten Jena her, wo der Taumel dieser neuen Philosophie die jungen Köpfe erfaßt hatte, und die Jugend transscendirend verdarb. Kamen sie dann zu Herder in's Examen, so bewiesen sie sich ebenso unwissend („unwissende Deducenten a priori") als anmaßend („fahrende Raufbolde der Transscendenz"). Da schrieb er gegen die Vernunftkritik seine „Metakritik der reinen Vernunft" (1799), gegen die Kritik der Urtheilskraft seine „Kalligone" (1800), Kant aufzureizen, daß er sich endlich selbst über das Mißverstehen seiner Philosophie erkläre. Die Metakritik soll Protestantismus sein: sie protestirt gegen jedes der Vernunft und Sprache ebenso unkritisch als unphilosophisch aufgedrängte Satzungenpaptthum. Von Kant sei die ungeheure Bedeutung, welche die Sprache für das Denken habe, übersehen worden. Da die Sprache die Erfahrung voraussetze, so gebe es keine reinen Erkenntnisse a priori; nicht eine Kritik der reinen Vernunft sei Bedürfniß, sondern eine Physiologie der menschlichen Erkenntnißkräfte. Herder hat in der Metakritik kein bedeutendes Werk geliefert, dem Kerne nach von Hamann entlehnt und der Kant'schen Geistesarbeit nicht gewachsen. Wenn er nun aber vom Wissenschaftlichen in's Persönliche sich verlierend, den Professoren unfein zu bedenken giebt, daß sie nur Schulmeister sind und sein sollen, wenn er die kritische Philosophie verdächtigt als die Seelen der Jugend verödend und gefährdend, wenn er jede Gemeinde als beklagenswerth bezeichnet, die zu ihrem Lehrer einen kritischen Philosophen nach der neuesten Mode bekommt, so ist das allerdings klein vom großen Herder, aber erklärlich durch das anmaßliche Treiben mancher Kantianer, welche dem Stifter des Christenthums zum Vorwurf machten, daß er das höchste ethische Princip nicht gekannt, daher eine Moral gelehrt habe, welche die Probe nicht halte und von der Kant'schen Sittenlehre an Reinheit und Erhabenheit übertroffen werde (so der reformirte Pfarrherr Stolz S. 230); welche von einem allmählichen Ueberflüssigwerden, von einem Beiseitelegen und Antiquiren des Christenthums redeten, wie namentlich Fichte gesagt haben sollte: „in fünf Jahren ist keine christliche Religion mehr, die Vernunft ist unsere Religion"; welche die kritische Philosophie gebrauchten, das kaiserliche Reichs-Post-Regal zu beweisen und die vornehmsten Wahrheiten der natürlichen Religion über den Haufen zu werfen, — (C. Spazier im „Antiphädon") — ein Treiben, zu welchem der Meister stilleschwieg, weil er, wie man sagte, lieber die Ausschweifungen seiner Jünger dulden, als die Bildung einer Schule entbehren mochte. Jean Paul theilte Herder's Unwillen über die renommistischen Kantianer, welche den Menschen aus den gegen die Gasse und Menschenliebe gerichteten Zimmern in eine dunkle Kammer und Oubliette sperren wollten. Deßgleichen hielt Pörschke die Kantianer für die frechste Rotte (kaum die Dominikaner ausgenommen) wegen ihres ganz verdummenden Nachbetens und ihrer Intoleranz und Despotismus gegen Andersredende. Joh. v. Müller fürchtete ein Zurücksinken in die scholastische Nacht und Gefahr für die Gesellschaft. Er schreibt 1798: „Ich kann die kritische Philosophie nicht von vorn beurtheilen, da ich sie nicht studirt, ja die Acten bald bei Seite gelegt habe, weil ich sie nicht verstand: aber die vonhintige Erfahrung habe ich seit zwölf Jahren mit dem größten Mißvergnügen gemacht, daß sie talentvolle Jünglinge sowohl durch Eigendünkel als durch Unwissenheit unbrauchbar macht, und eine neue Quelle von Mißverständnissen ist, wozu vielleicht nicht der Sinn Kant's, aber die Ungewöhnlichkeit und Vieldeutigkeit seiner Sprache und die Thorheit der Nachäffer die Ursache gegeben. Selbst in meinem Vaterlande hat sie Fortgang der Revolution befördert, indem gutmüthige Menschen den Irrwisch selbstgeschaffener Ideen für einen sichern Leitstern hielten." Wizenmann ruft aus: „Aus Nichts, durch Nichts und zu Nichts ist der Geist der kritischen Philosophie." Fr. Schlegel meinte: Kanten sei die Jurisprudenz auf die innern Theile gefallen, das heiße nun Moral, und Klopstock hat auf Kant das Epigramm gemacht:

> Nehmt ihm was lange bekannt, zu oft und bestimmter gesagt ist,
> Nehmt's Unerklärbare mit; aber nun bleibt ihm auch nichts.

Die Kant'sche Philosophie, in Königsberg geboren, fand in Jena ihre Darstellung im Tempel der gebildeten Menschheit. Der „zielende

Hofrath" Schütz eröffnete ihr die Allgemeine Literaturzeitung, diese Nichte der A. D. B., und Carl Leonhard Reinhold, in die Kant'sche Philosophie so verliebt, daß ihm, wie E. Reimarus 1795 schrieb, Hören und Sehen davon vergangen ist, trat als ihr enthusiastischer und vollgültiger Commentator auf. Durch ihn ward der Kriticismus in Jena so heimisch, daß „es eine Zeit lang daselbst wenig Studiosi Theologiae, Medicinae, Jurisprudentiae, sondern lauter Kant'sche Philosophen gab". Ein unbeschreiblicher Enthusiasmus für die neue Philosophie ergriff die Gemüther. „Gott sprach: es werde Licht! Und es ward — Kant'sche Philosophie" — schrieb K. F. Fernow. Alles ging von dem kurz vorher vergötterten Lehrer der Unsterblichkeit und Beweiser des Daseins Gottes zu Kant über, der bewies, daß Mendelssohn nichts bewiesen habe; sein Idealismus verschlang alle die übrigen Systeme, wie der zum Drachen gewordene Stab Mosis die Zauberstäbe der ägyptischen Weisen; das erste Gebot lautete: du sollst nicht andere Götter haben neben Kant. Die Vernunftkritik wurde als der Schlußstein im Gebäude der Philosophie, als das non plus ultra alles menschlichen Wissens, als das Buch aller Bücher gepriesen, Kant selbst als der Reformator der Moral Christi, als der Stifter des allgemeinen ethischen Reiches Gottes, als der zweite Messias gefeiert, der vollendet habe, was der Stifter des Christenthums so herrlich begann. „Die reine Vernunft verhält sich nach diesen Männern, sagt Jacobi, zum N. T. wie das N. T. sich zum A. T. verhält, sie ist der Schmetterling, der diesen Raupengestalten entflogen ist." Das reine Princip der Moral ertönte jetzt von den Kathedern und Kanzeln, und der kategorische Imperativ war bekannter als die Exegese des A. und N. T. Jetzt schien das wahrhaft Heilige sowohl dem leeren speculativen Grübeln als dem gedankenlosen traditionellen Glauben entzogen, es schien in der sittlichen Kraft des Menschen das lebendige Princip, die Wurzel aller höhern, die Würde des menschlichen Daseins bestimmenden Ueberzeugungen aufgefunden, es schien, daß der so unendlich tiefe Sinn des Ausspruches Jesu: „selig sind, die reines Herzens sind, denn sie werden Gott schauen" sein volles Verständniß und seine alle religiösen Wahrheiten umfassende und stützende Bedeutung durch den Versuch einer philosophisch-wissenschaftlichen Begründung erlangt hatte." Mit großem freudigem Vertrauen schrieb der „Reine und Holde": „Gegenwärtig, da der traurige Zustand der Religion, sowie sie von Philosophen zum metaphysischen Gedankendinge und von Schwärmern zum mystischen Unsinne herabgewürdigt worden ist, nichts Geringeres als einen allgemeinen Unglauben befürchten läßt, gegenwärtig haben wir ein Evangelium der reinen Vernunft erhalten, welches die Religion durch Vereinigung mit der Moral rettet, indem es den Erkenntnißgrund festsetzt, der von der Moral zur Religion durch den Weg der Vernunft führt, den einzigen, der das Dasein Gottes über alle Einwürfe hinaushebt, denen die bisherigen historischen und metaphysischen Beweise ausgesetzt waren, den einzigen, der alle religiösen Traditionen berichtiget und bewährt, allen metaphysischen Notionen von der Gottheit Zusammenhang, Haltung und ein Interesse giebt, das für Kopf und Herz gleich wichtig ist, den einzigen endlich, welcher der reinen Religion der Vernunft, die er unerschütterlich begründet, Einheit des Systems gewährt und ihr, weil er für alle Menschen, für den gemeinsten sowie für den aufgeklärtesten Verstand gemacht ist, ebendieselbe Ausbreitung verspricht, die der reine Lehrbegriff des Christenthums der Moral verschafft hat°." Und der Candidat Fichte rief aus: „Welch ein Segen ist dieses System für ein Zeitalter, in welchem die Moral von ihren Grundfesten aus zerstört und der Begriff Pflicht in allen Wörterbüchern durchstrichen war." Einen Andern rührte die Kritik der practischen Vernunft zu seligen Thränen. Da nun die Kantianer so begeistert die kritische Philosophie als das souveraine Mittel priesen, den durch ungemäßigte Angriffe erschütterten Glauben wieder zu befestigen, als insbesondere Niethammer alle Menschen von gemeinem Verstande ermahnte, daß sie Kanten über seine Religion innerhalb der Grenzen der Vernunft nicht weiter meistern, sondern lieber von ihm lernen sollten, versichernd, sie würden das Reich Gottes herbeiführen, wenn sie seinen Fußtapfen folgten: so konnten die Theologen solchen Locktönen um so weniger sich verschließen, als die kritische Philosophie mit ungeahnter Mächtigkeit in's Zeitbewußtsein drang. Die Neologen mußten sich unschwer mit ihr befreunden können. Kant stand

---

e) Späterhin hat Reinhold (ein Schüler der Jesuiten und Novitienmeister am Barnabitencollegium in Wien, seit 1787 Professor in Jena, seit 1794 in Kiel, wo er 1823 starb), als er philosophische Systeme an- und auszog wie Gewänder, gemeint, das Ende des transscendentalen Idealismus könne, nachdem er seine Dienste geleistet, nicht genug beschleunigt werden, wenn er nicht eine unheilbare Verwirrung in den Köpfen anrichten und auf das Sublimiren ein verderbliches Präcipitiren folgen soll. Ja es hat ihm leid gethan, so enthusiastisch für Kant gewesen zu sein. „Für die moralische Veredlung, die uns in der Kant'schen Epoche soviel Hoffnung und Freude gewährte, kann ich, seit ich dieselbe näher kenne und weiß, daß wir es besser gemeint, als verstanden haben, mir es leid sein lassen. Ich mag nicht thun, als ob ein Gott wäre, damit ich die Ehre und Freude habe, mich selbst achten zu können."

offenbar auf ihrer Seite; er hatte den Accent vom Dogma weg auf die Moral verlegt, die Wahrheiten der natürlichen Religion, auf die es ihnen allermeist ankam, moralisch neubegründet. Sie erblickten das Wesen des Kantianismus ganz eigentlich darin, daß, was zur Vorderthür der Philosophie hinausgeschafft worden war, durch die Hinterthür der practischen Postulate wieder eingeführt werde. Aber auch die Theologen strenger Observanz, wenn ihnen auch seltsam vorkam, daß Kant gewissen Dogmen der Kirche noch einen tiefern Sinn unterlegen wollte, als sie an sich schon haben, fanden bald einen recht bequemen Anknüpfungspunkt. Kant hatte die Unmöglichkeit einer Erkenntniß der Dinge an sich behauptet. Diese Impotenz der theoretischen Vernunft auf transscendentem Gebiete wurde zum Eckstein der Orthodoxie gemacht. Nicht bloß daß man hieraus die Nothwendigkeit des Glaubens im Allgemeinen deducirte, nein, jedes orthodoxe Dogma wurde jetzt für ein gar wohl glaubbares Ding an sich erklärt, gegen welches Zweifel und Einwendungen zu erheben die Vernunft unberechtigt sei. Was bei den Phänomenis Unsinn ist, braucht es nicht bei den Noumenis zu sein. In der Gottheit als Noumenon kann sehr wohl 3 = 1 und 1 = 3 sein. Im Leibe der Jungfrau Maria vereinigte sich die Gottheit als Noumenon mit der Menschheit als Phänomenon und so entstanden in Jesu die beiden Naturen. Im Abendmahl ist als Phänomenon Brod und Wein, als Noumenon der wahre Leib und Blut Christi. Phänomena können aufgezehrt werden, von Noumenis mag man essen und trinken sobiel man will, sie bleiben immer ganz'. Auch wurden von den Neologen für falsch erklärte Sätze unter den Schutz des moralischen Glaubens genommen und ihnen unter dem Abglanz dieses Zauberschildes ein Schein von Gewißheit und Glaubwürdigkeit gegeben. So glaubte man die Realität der Offenbarung auf demselben Wege zu finden, auf welchem

---

f) [Abicht] Ueberzeugender Beweis, daß die K.sche Phil. der Orthodoxie nicht nachtheilig, sondern ihr vielmehr nützlich sei, von Z.** Halle 1788. Wäre diese Schrift nur als Scherz aufzufassen (Erdmann, S. 272), so argumentirten wenigstens katholische Theologen ganz ernsthaft im oben angegebenen Sinne (J. B. Schad, Lebensgesch. von ihm selbst beschrieben. 3 P. Altenb. 1828. II, 134). Vgl. auch C. Ph. M. Snell, Darst. einiger wichtigen a. d. K.schen Phil. geschöpften Gründe, welche einen gewissenhaften Prediger bewegen sollen, in sn. Lehrvortrage dem alten Glaubenssystem treu zu bleiben. Frkf. 1799 [der Stifter der krit. Phil. stimme mit dem Stifter der christlichen Religion nicht bloß in den Hauptlehren sondern auch in der Methode überein. Die Lehrsätze der geoffenbarten Religion sind Morphismen d. h. Versinnlichungen übersinnlicher Dinge, die symbolischen Bücher Anleitungen für den Lehrer zum Gebrauche der Morphismen].

Kant die Realität des Begriffes von Gott und Unsterblichkeit gefunden hatte[g]. „Was ihr nicht zu beweisen vermöget, schreibt unwillig Schelling, dem drückt ihr den Stempel der practischen Vernunft auf." So kam Kant zu dem unverdienten Ruhme, daß der Herr ihn zum Retter der Orthodoxie gesendet. Jung-Stilling, welcher Kant seine Erlösung vom Determinismus verdankte, sah in der Vernunftkritik einen Commentar über die Worte Pauli: „der natürliche Mensch vernimmt nichts von den Dingen, die des Geistes Gottes sind, sie sind ihm eine Thorheit." Im „Heimweh" lautet sein Urtheil, die Philosophie Kant's sei Einigen ein Geruch des Lebens zum Leben und Vielen ein Geruch des Todes zum Tode. Kant suche die Quelle übersinnlicher Wahrheiten nicht im Evangelium, sondern im Moralprincip. Lavater sah in Kant den philosophischen Moses oder Zuchtmeister auf Christus hin.

§. 37. Die Kantischen Moraltheologen.

<small>J. H. Abicht, De philosophiae Kantianae habitu ad theologiam. Erl. 1788. K. Rehlin, Darstellung d. Einflusses der krit. Phil. in d. Hauptideen der bisher. Theologie. Lübeck 1795. [C. W. Flügge], Versuch einer hist.-krit. Darst. des bisher. Einflusses der K.schen Phil. auf alle Zweige der Theol. 2 Th. Hann. 1796 f. C. F. Stäudlin, Ueb. d. Werth d. krit. Phil. in moral. u. relig. Hinsicht, den Gebrauch u. Mißbrauch derselben in d. theol. Wissensch. [in seinen „Beitr. z. Phil. u. Gesch. d. Rel. u. Sittenl." III, 273. IV, 83. V, 312]. Manitius [§. 16] S. 127. W. Herrmann, Gesch. d. prot. Dogmatik. Lpz. 1842, S. 115. Gaß IV, 286.</small>

Bei den lauten Versicherungen, daß durch die kritische Philosophie es erst möglich geworden, dem Christenthum eine strenge wissenschaftliche Form zu geben[a] und ihm hiemit eine Sicherheit zu verschaffen, welche es bisher nicht gehabt hat, auch nicht hat haben können, konnte es nicht fehlen, daß ernstgesinnte Theologen den Anker in diesem Meere auswarfen, in der Hoffnung, den gewissen Grund zu finden im Sittengesetz. Viam a moralibus ad theologica ingressus tutissimus ibis. Es entstand die Schule der Moraltheologen, die erste, welche nach den Zerstörungen der Neologie eine dogmatische Positivität anstrebte. Diese Schule kam im Gegensatz zur „Dogmatik des Tempeldienstes" im Allgemeinen darin überein, daß alles Theologische erst Realität erhält durch die Moral, und Alles, worin ein moralisches Moment sich nicht finden

---

<small>g) [J. Chr. A. Grohmann] Kritik der christl. Offenbarung od. einzig möglicher Standpunkt, die Offenbarung zu beurtheilen. Lpz. 1798 [Offenbarung ist nothwendig, denn sie ist das einzige Mittel, zu einer unerschütterlichen Ueberzeugung von Gott zu gelangen, deren ich nothwendig bedarf].

a) J. F. Chr. Gräffe, Pastor in Göttingen († 1816): „Unter dem Vorwande der scholastischen Grillenfängerei würde zuletzt die gelehrte Theologie einer gemeinnüßigen Seichtigkeit haben weichen müssen, wenn nicht Kant die deutsche Denkkraft von neuem gestählt hätte."</small>

läßt, bedeutungslos und unhaltbar ist. Princip der Religion (d. i. der Vorstellung unsers Freiheitsgesetzes als des Willens Gottes) ist die practischgesetzgebende Vernunft. Daher hängt auch das Christenthum als rein moralische Religion nicht von Begebenheiten ab und bedarf seiner Natur nach keiner Unterstützung durch Geschichte. Eine übernatürliche Offenbarung kann als möglich, und zur Nachhülfe der in Aufsuchung der Wahrheit selbst beschäftigten Vernunft als wirklich gedacht werden, aber zur Religion, Tugend und Seligkeit sie als nothwendig behaupten (reiner Supernaturalismus) heißt die Moralität gefährden. Auch die h. Schrift hat nur Werth für uns, insoweit sie mit dem Sittengesetze übereinstimmt. Daher den Bibelstellen, die an sich nicht von practischem Nutzen sind, eine moralische Deutung gegeben werden muß. Der Glaube an Gott wurde als Postulat des Sittengesetzes gefaßt, die Trinitätslehre von den moralischen Beziehungen Gottes zum Menschengeschlechte verstanden. Möglichkeit und Wirklichkeit der Wunder läßt sich nicht leugnen, aber sie müssen auf moralische Absichten Gottes zurückgeführt werden. Das Böse als moralische Beschaffenheit des Menschen ist aus der Freiheit der Willkür entsprungen. Der Hang dazu klebt der Gattung durch eigne Schuld an. Die Entsündigung geschieht durch Selbstveredlung. Hierzu wird der Mensch erweckt durch Betrachtung Jesu (dessen übernatürliche Zeugung Symbol ist der sich selbst über die Versuchung zum Bösen erhebenden Menschheit), wiefern er an dem Helden des Evangeliums die ihm gleichsam unter die Augen gestellte Tugend, den Abdruck und Abglanz des Ideals der gottwohlgefälligen Menschheit hat. Das Kreuz Jesu ward das Signal der Vereinigung der Völker zu einem moralischen Reiche. Besondere Gnadenwirkungen Gottes bei der Besserung des Menschen dürfen in keinem Falle der menschlichen Freiheit Eintrag thun. Denn ein leidentliches Verhalten des Menschen in Ansehung seiner Besserung würde das Grab aller Sittlichkeit und Menschenwürde öffnen. Die Moralisirung zu fördern sind die Sacramente eingerichtet: die Taufe als ein auf Verpflichtungen hinweisender Einweihungsritus, und das Abendmahl, das auf eine moralische Gegenwart Christi hindeutet und bei dem wir nur durch den moralisch-religiösen Sinn mehr als Brod und Wein genießen. Die Kirche ist ein ethisch-religiöser Gottesstaat, sowohl als beruhend (sofern sie die wahre ist) auf den ewiggültigen Aussprüchen des Sittengesetzes, als auch weil sie keine andern Gesetze, als moralische hat. Der Uebergang der streitenden in die triumphirende Kirche vollzieht sich durch den Uebergang des Auctoritäts- in den Moral-Glauben. Der Glaube an Unsterblichkeit beruht auf moralischen Gründen. „So oft dich der Gedanke anwandelt, ob es denn auch wohl eine Sonne am Himmel gäbe, so öffnest du dein Auge und siehst sie an. Nun, wie oft dich der Zweifel anwandelt, ob du denn auch wohl unsterblich sein möchtest, so öffne dein Geistesauge und sieh' auf dein Gesetz." Die Eschatologie läuft ohne die Annahme eines sichtbarlichen Weltgerichtes in dem Gedanken zusammen, daß der moralische Mensch nicht anderes sich versprechen darf, als wozu er selbst durch eigne Moralität den Grund gelegt hat. Ueber Ewigkeit und Endlichkeit der künftigen Strafen kann die theoretische Vernunft nicht entscheiden, aber die practische Vernunft müßte eine absolute Ewigkeit der Strafen als der Moral schädlich abweisen.

Eine Begründung der christlichen Ethik auf die Kantische war, weil sie nur mit Darangabe des Principes der Autonomie hätte geschehen können, im strengen Sinne Kant's unmöglich. Nach Kant verpflichtet der göttliche Wille „nicht weil Gott es will, sondern weil ich es will". Daher darf die Moral durchaus nicht eine theologische Moral sein, sondern umgekehrt, unsere Theologie soll eine Ethikotheologie sein. Wo aber der imponirende Ernst des Kant'schen Antieudämonismus dennoch zu dem Versuche einlud, da kam es doch nur zum Scheine einer christlichen Ethik, indem entweder eine äußerliche Verknüpfung, eine Illustration Kant'scher Sätze durch biblische Stellen stattfand oder eine Gleichstellung göttlicher Gebote mit unserem Vernunftgesetz die Verwandlung der Autonomie in Heteronomie verhüten sollte. Man berief sich dafür auf Kant's Geständniß „daß die wundersame christliche Religion in der größten Einfalt ihres Vortrages die Sittenlehre mit weit bestimmteren und reineren Begriffen der Sittlichkeit bereichert hat, als diese bis dahin hat liefern können" und „daß diese Begriffe, da sie einmal da sind, von der Vernunft frei gebilligt und als solche angenommen werden, auf die sie wohl von selbst hätten kommen und sie einführen können und sollen". Wenn aus der Theologie als einer vermeintlich realen Erkenntniß sich kein Gesetz ableiten läßt, so kann es andererseits auch keine Pflichten gegen Gott und übermenschliche Wesen geben, sondern bis an's Ende der Tage nur Pflichten der Menschen gegen Menschen. „Der Wille der Vernunft ist nimmermehr, daß man mit ihren ethischen Ideen über seine Natur und mögliche Wirkungssphäre hinausschwärmen und seine Schultern mit einer imaginären Last (mit Pflichten des Cultus) belasten solle." Es giebt, sagt Forberg, keine einzige Pflicht gegen Gott (dessen Existenz in Ewigkeit ungewiß bleiben muß), außer man müßte mit Worten spielen wollen. In dieser Hinsicht erschien auch der Eid und das Gebet, als ein innerer förmlicher Gottesdienst gedacht, als ein Product des Aberglaubens. Die Kantische Philosophie reichte mit ihrem Einfluß auch hinüber in das Gebiet der praktischen Theologie. Wie man zu Wolff's Zeiten demonstrativ gepredigt hatte, so erschienen jetzt katechetische Lehrbücher (Gräffe), Homiletiken (Schuderoff), Predigten (Daub, C. L. Soldan, L. I. Snell) nach Kant'schen Grundsätzen und Materialien zu Kanzelvorträgen über die Sonn- und Festtagsevangelien aus Kant's moralischen und religiösen Schriften gezogen (J. Chr. Greiling), so daß Kant selbst sich noch über Pedanten beschwerte, die auf Kanzeln und in Volksschriften mit Kunstwörtern reden, die ganz für die Schule geeignet sind.

Die Theologen, welche hierher gehören, sind nicht immer mit stricter Observanz den Spuren der kritischen Philosophie gefolgt und einige von ihnen haben sich bald wieder von ihr abgewandt. Johann Wilhelm Schmid († 1798) in Jena, genannt der Moralschmid, war durch die Wolfisch-Reuschische Schule gegangen, durch den genauern Umgang mit Danovius in freiere Bahnen gelenkt worden, bis er der Ersten Einer von der Kant'schen Philosophie „bei Entwickelung der christlich-moralischen Religionslehre einen vorsichtigen Gebrauch machte". Ihm stand fest, daß das Moralsystem der kritischen Philosophie, weil es das einzig wahre ist, der Sittenlehre Jesu zum Grunde liegen müsse, er freute sich ihrer schönen Harmonie, die er aber doch nur durch eine lare und zweideutige Exegese herzustellen wußte. Die Vernunft ist die Quelle der Moralität (die Offenbarung nur Hülfsmittel zur schnellern Verbreitung reiner sittlicher Begriffe), die Moralität ist die Quelle der Religion. „Soll Religion uns als vernünftig freien Geschöpfen und Gott als dem höchsten moralischen Wesen anständig sein, so muß sie auf Sittlichkeit allein gegründet sein und so müssen wir von der Heiligkeit des Sittengesetzes, der Hochachtung, die ein jedes vernünftige Wesen dagegen empfindet, und der nothwendigen Verbindung der Tugend und Glückseligkeit ausgehen, um den richtigen Begriff derselben zu finden." Von diesem Standpunkte aus ließ er nur solche Lehren als fundamental gelten, die sich durch allgemeine moralische Bedürfnisse rechtfertigen lassen (wie Gott und Unsterblichkeit), andere ließ er als außerwesentlich stehen, wieder andere wollte er als die Moralität gefährdend vom christlichen Lehrumfange ausgeschlossen wissen (wie stellvertretende Genugthuung, Rechtfertigung durch den Glauben allein, gänzliches Unvermögen des Menschen zum Guten). Er ward darum zu den aufgeklärtesten Köpfen in Deutschland gerechnet, ihm aber auch bemerklich gemacht, daß das, was er als Christenthum aufstelle, nicht mehr das ursprüngliche Christenthum des N. T. sei, sondern eine moralische Deutung einzelner Aussprüche desselben, um sie mit der Philosophie zu vereinigen. Vordem hatte der Ketzeralmanach dem fast allzubescheidenen Forscher das Prognosticon gestellt: „er wird nie große Thaten thun b." Scharfsinniger noch hat der fast zum Polyhistor ausgebildete Carl Christian Erhard Schmid († 1812) in Gießen und Jena unter den Trümmern des historischen und philosophischen Glaubens das einzig Feste in der Moraltheologie entdeckt, ein eifriger Verbreiter der kritischen Philosophie und Begründer des intelligiblen Fatalismus (d. h. das Böse hat seinen Grund im Ding an sich, es ist als seiend ein Fatum der Natur des intelligiblen Noumenon). Reinhold hat ihm Gewissenlosigkeit, seiner „Moralphilosophie" Unsittlichkeit beigemessen, Fichte, dessen Wissenschaftslehre er für sein müssiges Hirngespinnst erklärt hatte, ihn überflügelt und in widrigem Streite annihilirt mit den Worten: „meine Philosophie ist nichts für Hrn. Schmid aus Unfähigkeit, sowie die seinige mir nichts ist aus Einsicht. Ich erkläre Alles, was Hr. Schmid von nun an über meine philosophischen Aeußerungen entweder geradezu sagen oder insinuiren wird, für etwas, das für mich gar nicht da ist, erkläre Hrn. Schmid selbst als Philosophen in Rücksicht auf mich für nicht existirend." In die religionsphilosophischen Fragen hat unter den Kantianern sich am meisten vertieft Johann Heinrich Tieftrunk († 1837), Nachmittagsprediger und Rector der Stadtschule zu Joachimsthal in der Uckermark, seit 1792 Professor der Philosophie in Halle, als welcher er 1799 auf eine ihm zugekommene Weisung den theologischen Collegien entsagte. Er hat das Panier der Vernunft hoch gehalten. Religion ist nur eine Angelegenheit des Menschen inwiefern er vernünftig ist, Religionslehre nur ein Inbegriff von Vorstellungen für die Vernunft als Vernunft, begründet im Principe der Spontaneität der Vernunft, nicht in der Auctorität selbst des verehrtesten Lehrers. Darum „wer die Angelegenheiten der Religion der Vernunft entzieht, sorgt sehr übel für sie. Entweder ist sie gut, und wie darf sie dann eine Prüfung scheuen? oder sie ist schlecht, und wie kann man sie dann

---

b) Selbstbiographie in Beyer's Allgem. Magazin f. Prediger XI, 5, 97.

länger beschützen wollen? O, dessen Sachen stehen sehr übel, der das Licht scheut! Was Gott geschaffen hat, darüber soll der Mensch nicht pfuschen. Er hat jeden Menschen mit Vernunft begabt und ihn ebendadurch nur zum Menschen gemacht. Wie, soll diese herrliche Gabe vom Schöpfer nur umsonst verliehn sein? Soll sie immerhin rosten?" Er war auch ein Freund der Aufklärung und Riem's [S. 144] Mitarbeiter („ist Finsterniß besser denn Licht, wozu die Sonne? ist Unwissenheit besser denn Erkenntniß, wozu der Verstand?"), aber er will als Kantianer eine Aufklärung, die nicht bloß klüger, sondern auch besser macht, nicht bloß theoretisch verfährt, unhaltbare Hypothesen ausstreut, die positive Religion anficht, sondern practisch zur wahren Frömmigkeit und Tugend leitet, willige Unterwerfung unter das rein moralische Gesetz lehrt. Allen diesen Anforderungen entspricht das Christenthum. Seine Grundsäule ist die Freiheit zu denken und zu handeln. Jeder Stufe der Ausbildung des Geistes angemessen, bietet es die reinste Erkenntniß von Gott und die vollkommenste Sittenlehre. „Wäre dies nicht der Zweck Jesu gewesen, so würde ich mit einer wehmüthigen Seele, aber auch zugleich mit der festen Ueberzeugung von ihm scheiden, daß er es hätte sein sollen." Weil nun aber das Princip des Christenthums, die Liebe Gottes und des Nächsten, mit dem Princip der Sittlichkeit selbst zusammenfällt, so hat er mit Begeisterung seine Hoheit gepriesen. „Religion Jesu, du Tochter des Himmels, wie hold bist du dem Erdenpilger! Licht ist dein Herold und Geist dein Gesetz. Du erhellest mit der Fackel der Wahrheit unsern Verstand, daß er über die Grenzen seiner irdischen Sphäre hinausschaut; du regst unsre Freiheit, daß sie dem Gebote des Allgütigen gehorcht." Diese Begeisterung zollt er aber nur der Religion Jesu d. h. der unveränderlichen Herzensstimmung zur völligen Erfüllung der Pflichten als göttlicher Gebote, welche ewig ist, nicht dem Christenthume als einem der Religion Jesu beigesellten äußeren Institut und Vehikel, welches zeitlich ist. „Im Zustande der Moralisirung, der erst kommen soll, wird alles Vehikel und Außenwerk aufhören und Christus selbst seine Gewalt Gott wieder überantworten." Solches führt er aus in der „Religion der Mündigen" (1800), einer Weiterführung von Teller's „Religion der Vollkommneren", wo er auch von den dogmatischen Supernaturalisten, weil sie über Dinge urtheilen wollen, in Ansehung deren ihnen die ersten Bedingungen des Urtheilens abgehen, behauptet, daß sie sich selbst belügen, und den Wunderglauben als eine Brut solcher Unaufrichtigkeit gegen sich selbst aufstellt. Uebrigens hat er auch da noch zu Kant (als dessen schwatzhafter Erläuterer und Plagiarius, wie die N. A. D. B. sagt) gehalten, als einiger Muth dazu gehörte, dies laut zu sagen, als strenge Kritik nicht minder wie scherzende Satyre ihre Geißel über die kritische Philosophie schwangen und es gemeiner Glaube zu werden schien, als sei sie gänzlich zu Boden geschlagen. In seinem „Grundriß der Sittenlehre" (1803) erscheint der Kant'sche Purismus auch mit allen seinen Härten (z. B. das Privatgebet eine Abschwächung der Wirkung der moralischen Idee, der Eid ein Product des Aberglaubens, der Zwang zur Eidesleistung ein Mißbrauch der richterlichen Gewalt) c. Gleichzeitig ist auf demselben Standpunkte das „System der theologischen Moral" von dem scharfsinnigen Patristiker Samuel Gottlieb Lange († 1823), Professor der Philosophie in Jena, der Theologie in Rostock, erwachsen. Die Unzulänglichkeit des physisch-theologischen Beweises verleitete ihn zur Behauptung der Unmöglichkeit aller Offenbarung Gottes durch die Natur. Wenn der Leipziger Philosoph Karl Heinrich Heydenreich († 1801 in Unglück und gänzlichem Verfall zu Burgwerben bei Weißenfels), begeistert für Kant als den größten unter allen uns bekannten Weltweisen, einen contemplativen, auf das Glaubensbedürfniß basirten Glaubensgrund für das Dasein Gottes aufstellte, so wollte er damit der Kant'schen Deduction nur eine andere Wendung gegeben haben. Liefert auch seiner Ansicht nach jedes der geistigen Vermögen im wirksamen Zusammenspiele einen positiven oder negativen Beitrag zum religiösen Glauben, so dominirt das moralische doch der Art, daß entschiedener Unglaube und Gottesleugnung allezeit mit überwiegender practischer Immoralität verbunden sein muß d. Paul Joachim Sigmund Vogel († 1834), Professor in Altdorf, seit 1808 in Erlangen, von seinen Freunden beschrieben als Musterbild eines würdigen Theologen mit Melanchthon'scher Milde, zwar nie ein Kantianer im eigentlichen Sinne, meinte doch bei Abfassung seiner moralischen Lehrbücher zu sehr im Kantianismus befangen gewesen zu sein, wiefern er zu ausschließlich die Uebereinstimmung der christlichen Sittengesetzgebung mit der Vernunft darzuthun sich bestrebt habe. Daher er nachmals viel schärfer beider Verschiedenheiten, als entspringend der Verschiedenheit zwischen der christlichen Religionslehre und der mangelhaften Religionslehre der Ver-

---

c) Tholuck in Herzog's R. E. XXI, 271.
d) K. G. Schelle, Heydenreich's Characteristik. Lpz. 1802.

nunft, heraus», und mit großer Betonung die Vernunftmoral hinter die christliche Sittenlehre zurückstellte. Endzweck der christlichen Gesetzgebung ist, die Menschen zu echten Gottesverehrern zu bilden. Dagegen muß die Vernunftmoral, damit die Verehrung der Vernunft nicht geschwächt werde, warnen vor dem Streben, innige Liebe zu Gott in sich zu erwecken und zu unterhalten: denn diese Liebe treibt zum Gebete, und nach Kant soll der Mensch nicht beten; nicht um zeitliches Gut, denn er kann nicht auf Erhörung rechnen; nicht um Beistand zur Pflichttreue, denn die muß er durch eigene Kraft leisten; nicht um Begnadigung, denn er hat von der heiligen Gerechtigkeit des Richters keine zu hoffen e). Eine ähnliche Wendung vom Philosophisch-Moralischen zum Biblisch-Historischen nahm Carl Friedrich Stäudlin († 1826), Professor und Consistorialrath zu Göttingen, vormals schwäbischer Magister. In seinen „Ideen zur Kritik des Systems der christlichen Religion" (1791) ist noch ein sehr eingeschränkter Gebrauch von der kritischen Philosophie gemacht, ja die damals üblich werdende Art von Anwendung derselben auf das Christenthum bestritten. Aber in seinem „Grundriß der Tugend und Religionslehre" (1798) ist er ihren Grundsätzen wirklich gefolgt, hat damals ihren Urheber gegen den Verdacht des Atheismus vertheidigt und ehrlich gestanden, daß die christliche und reine Vernunftmoral nicht durchaus harmoniren und daß jene in Vergleichung mit einem Systeme dieser nicht durchaus vollendet und vollkommen sei. An Kant's Philosophie muß die Lehre Jesu gehalten und an ihr geprüft werden. Außer den Kantischen Principien giebt es gar keinen Weg, Moral und Religion sicher zu begründen, und dem Skepticismus, dem Atheismus und der Schwärmerei zu begegnen. Seine Entfernung von der kritischen Philosophie bezeichnet sein „Lehrbuch der Dogmatik und Dogmengeschichte" (1801). Zwar ertheilt er ihr noch großes Lob. Sie habe für die Dogmatik schöne Aussichten eröffnet, dem seichten Naturalismus und Eudämonismus Abbruch gethan, manche Begriffe des alten Systems gerettet und gewürdigt und der Glaubenslehre sichere Principien in der reinen Vernunft angewiesen. Aber er erklärt nun auch, daß nur ein armseliger Begriff von Religion übrig bleibe, wenn man sie bloß als Anhängsel der Moral betrachte. Seitdem wich er immer mehr von Kant zurück, dem er eine zu hohe, während er Jesu und seiner Moral ebendeßwegen nicht die ihnen gebührende Ehre erwiesen habe.

---

e) G. H. v. Schubert's Selbstbiographie III, 287—92.

„Ich habe eingesehen, daß die kritische Moralphilosophie einseitig ist, daß man das Christenthum entweder ganz aufgeben oder ihm ein höheres Ansehn zugestehen muß, als ich gethan hatte, und daß es Inconsequenz, Halbheit und Unredlichkeit ist, anders in theologischen Lehrbüchern zu verfahren." Er wendet sich demnach in seinem „neuen Lehrbuch der Moral" (1815), das Anstößige in der frühern Bearbeitung wegwischend und die Möglichkeit eines höchsten Moralprincipes bestreitend, zu einer eclectischen oder bescheidenen academischen Philosophie, die mehr die Systeme zu vereinigen, als eines ausschließend zu behaupten strebt, und in der Dogmatik immer bestimmter und offener zu der Richtung, die er selbst als rationalen Supernaturalismus bezeichnet d. h. zu einem vereinigten Rationalismus und Supernaturalismus, wiefern das Christenthum sich ihm darstellt als eine der Vernunft und den strengsten Begriffen von Sittlichkeit gemäße, aber auch sie übersteigende, übernatürliche, aus der h. Schrift geschöpfte und auf sie gegründete Offenbarungslehre. „Seitdem ist mir erst recht wohl im Gemüth geworden und habe ich das erfreuende Gefühl, meine Bestimmung als öffentlich aufgestellter theologischer Lehrer in der protestantischen Kirche ganz zu erfüllen." Allerdings der reine Supernaturalismus kann vernünftigerweise nicht vertheidigt werden, und der reine Rationalismus, der im Grunde nichts anderes gelten läßt, als bloße Vernunftreligion, ist unvereinbar mit dem Wesen des Christenthums als einer göttlichen Offenbarung. „Der Supernaturalismus ist mir aber unendlich werther, als der rohe und gefährliche Naturalismus, den jetzt viele einzuführen bemüht sind." Er erklärte sich auch von da an immer stärker gegen die Versuche, die von Jesus und an ihm geschehenen Wunder auf natürliche Begebenheiten zurückzuführen, oder auch nur als problematisch und Nebensache darzustellen. Besondere Verdienste hat Stäudlin sich erworben als theologischer Literator und Historiker der Ethik und ethischer Lehren (als: vom Schauspiel,! Selbstmord, Eid, Gebet, Gewissen, Ehe, Freundschaft). Ein so großes Gewicht er auf die rechte, den wahren göttlichen Reichthum der Bibel herausstellende Auslegung legte, seine exegetischen Vorträge wirkten auf manche mehr erheiternd als erbauend'. Hierher gehört auch als glänzende Erscheinung Christoph

---

f) J. C. Maurer erzählt: „Das Collegium des Hrn. Prof. Stäudlin könnte interessant sein, aber ist es nicht. Er trägt manches Lehrreiche vor, manches uns wenigstens Neue und Unbekannte, aber dann kommen manchmal wieder solche minutiöse Bemerkungen, ein so leeres sogenanntes Winkgeben, solche einen zum lauten

Friedrich v. Ammon († 1850), seit 1789 Professor und Universitätsprediger in Erlangen, seit 1784 in Göttingen, seit 1804 wieder in Erlangen, seit 1813 Reinhard's Amtsnachfolger als Oberhofprediger in Dresden. Dem Studium der Theologie aus eigner Wahl und Neigung gewidmet, hat er seinen Standpunkt allezeit als Offenbarungsrationalismus oder rationalen Supernaturalismus bezeichnet. Wenn ihm der Rationalismus nur negativ und abzehrend, ohne gehörige practische Kraft und Wirksamkeit erschien, so der Offenbarungsrationalismus als gleichmäßiger Bewahrer der Rechte des Christenthums wie der Vernunft. Das Christenthum ist göttlichen Ursprungs, seine Wahrheit höher, als alle menschliche Erkenntniß, der menschlichen Vernunft theilweise unerreichbar, aber doch ihren Gesetzen und Bedürfnissen angemessen, mit ihr nicht in Widerspruch. Das war in sich ein schwankendes System, das je nach Bedürfniß bald seine rationalistische, bald seine supranaturalistische Seite herauskehren konnte*, und entsprach darum ganz der unstetigen Art seines Bekenners, der mit der Feinheit auch die Beweglichkeit eines Weltmanns hatte. In seiner ersten Periode (bis 1800) bekannte er sich mit solcher Wärme zu Kant, dem philosophus sagacissimus et acerrimus religionis vindex, daß die Neue A. D. B. darob gekränkt war. In seinem „Entwurf einer wissenschaftlich-practischen Theologie" (1797) wie in seinem „Grundriß der christlichen Sittenlehre" (1795) will er das Verhältniß des Menschen zu Gott nach moralisch-theologischen Begriffen bestimmt haben, und erwartet von der kritischen Philosophie, die einen so festen und sichern Weg zur Vereinigung

Lachen reizende Erklärungen schöner dichterischer Ausdrücke und Stellen im A. T. vor, daß zwischen Schlafen und Lachen beinahe keine Mittelstraße zu finden ist. Nur ein paar Beispiele: 1. Bestimmte Ausrechnung des Verhältnisses der Töchter Hiobs zu seinen Kameelen. 2. „Und er legte seine Hand auf den Mund."" — „„Dies will soviel heißen, meine Herren, als er schwieg."" Und dies wird Alles mit gleichen Geberden, mit gleicher Erhebung der Stimme vorgetragen, wie das Allerwichtigste." Oehme [§ 13, o] berichtet: „Stäudlin war von Statur klein, aber breitschultrig und keineswegs schmächtig. Sein Auge war ausdruckslos, der Mund breit und beim Sprechen noch breiter gezogen; etwas bräunlichroth waren die Wangen gefärbt, das Gesicht blieb unverändert auch beim Vortrage d. h. nichtssagend. Große Einfalt und Biederkeit besaß er; auch Frömmigkeit fehlte seinem Herzen nicht. Der Mann hätte über das Heilige nicht witzeln und nicht spötteln können. Er ist der Einzige unter den theolog. Professoren gewesen, die ich gesehn, in dessen Stube ein Christusbild hing." J. T. Hemsen, Zur Erinnerung an C. F. St. Gött. 1826.

g) Daher sagt die N. A. D. B. von seinen „Predigten zur Beförderung eines reinen moralischen Christenthums" (1798): über den dogmatischen Sätzen in denselben schwebe ein hieroglyphisches Dunkel.

der Moral mit der Religion und dieser mit der gesammten Thätigkeit gebahnt habe, daß sie der Seichtigkeit des Kanzelvortrags mit Nachdruck und Erfolg entgegenarbeiten werde. Er hat damals eine förmliche kirchliche Revision der symbolischen Bücher für nothwendig gehalten, weil das kirchliche Dogma vom Tode Jesu die Sittlichkeit beeinträchtige, Luthers und der Concordienformel Lehre vom freien Willen das Fundament aller Moral und Religion zerstöre, und wenn er auch den Hauptinhalt der Bibel für göttlich hielt, so wollte er doch diese unmittelbare Offenbarung nicht auf die ganze Bibel oder gar auf den Buchstaben derselben ausgedehnt wissen. „Die Wissenschaft hat das Recht und die Pflicht, ununterbrochen zu prüfen, was in der geschriebenen Offenbarung der heiligen Urkunden den Vorstellungen ihrer Zeit angehört und was ewiggiltige Wahrheit bleibt. In dieser Prüfung darf sie sich durch keinen Machtspruch irgend einer Zeit oder Schrift irre machen lassen." Gegen Wahrheit und Moralität ist kein Eid verbindlich. Als er im J. 1800 über die kritische Philosophie als eine unzulängliche hinausschritt und das ideale Wahrheitsgesetz für das höchste Sittenprincip erklärte, schalten ihn wohl die Kantianer einen Apostaten, nicht aber die Rationalisten. Die erfreuten sich vielmehr seiner »Summa theologiae christianae« (1803), als des Ideales einer christlichen Dogmatik, und meinten, er habe das kirchliche System von einer Seite dargestellt, worin es allenfalls auch dem Naturalisten oder dem bloßen Vernunftgläubigen erträglich scheinen könne. Dagegen schreibt Heyne (1808): „Ammon in Erlangen käme gern wieder zu uns, aber wir waren froh, daß er uns verließ; seine Neuerungssucht aus Eitelkeit und affectirtes Wesen auf der Kanzel verdarb unsere Jugend." Als sächsischer Oberhofprediger, so lange das orthodoxe Ministerium Einsiedel die Hand über Sachsen hielt, tritt an die Stelle der von Heyne getadelten Neuerungssucht ein ziemlicher Conservatismus. So warnt er in der 3. Ausgabe der Summa (1816): »summopere cavendum est, ne ea, quae nostrae rationi adblandiuntur, propterea statim rationi summae adeoque divinae unice consentanea esse dicamus«; so findet er an den Symbolen nur sehr Geringfügiges auszusetzen — quis autem paucis maculis offendatur in tanto horum scriptorum pretio! — und vertheidigt im „Handbuch der christlichen Sittenlehre" (1823 ff.) den Eid auf sie, weil ja Niemand genöthigt werde, in den Dienst der Kirche zu treten, und weil individuelle Ansichten sich ändern; so erklärt er den Freimaurern gegenüber, daß ihm Christus doch ein viel höherer τέκτων zu sein scheine, als der Urheber eines mystischen Bundes, der doch zuletzt nichts weiter, als ein schöner Naturtempel ist; so hält er Wegscheidern entgegen, eine Dogmatik werde aus der Bibel, sofern diese nur natürliche Offenbarung und heilige Mythen von Christo enthalte, ebenso unzweckmäßig geschöpft, als eine Kosmogenie aus Ovid's Metamorphosen, und die Dogmatik sei bei den Dialectikern (speculativen Rationalisten) hektisch geworden, daher sie nun bei den Mystikern sich wieder zu erholen und zu beleiben suche. „Ich bitte Gott, schreibt er 1819, daß er mich vor Finsterlingen bewahre und vor Aufklärungsdragonern." Am auffälligsten war es, in dem neuerungssüchtigen Ammon einen Vertheidiger von Harms' Thesen erstehen zu sehen[h]. Dieser Asclepiade halte uns einen Spiegel vor, der treulich zeigt, wie wir gestaltet sind, und selbst seine herben Worte seien nicht zu tadeln. Denn „wie der Einschlag, so der Eingang; wer ein Kleid von gewobenem Winde trägt, darf sich nicht wundern, wenn ihm der Hagel auf die nackten Schultern fällt." Er will mit Harms auch von der Union nichts wissen, als einer Glaubenseintracht ohne Grund und Bündniß. „So wenig ein wahrhaft evangelischer Christ unserer Kirche je von der Bibel weicht, ebensowenig wird er von der Augsb. Confession weichen." Da redete die kritische Predigerbibliothek von aufblitzender Selbsttäuschung, deren sich Ammon schämen müsse, und Schleiermacher erließ sein sarkastisches Schreiben an Ammon (1818), vor aller Welt bloßstellend seine Unbeständigkeit, wie er rechts und links bald die Rationalisten bald die Supernaturalisten mit den Wimpeln seines Glaubens begrüße. Er habe gewiß schon lange an der Bekehrung der Rationalisten durch die lateinische und deutsche Dogmatik gearbeitet, sie haben es nur so recht nicht gemerkt, und habe immer in seinem Herzen den Stolz des Rationalismus verworfen, nur habe er es nicht so laut gesagt. Er lobe Harms' These: „man hat den Teufel todt geschlagen und die Hölle zugedämmt" und habe doch selbst in seiner Dogmatik den Teufel ein wenig todt geschlagen und den Leichnam nur zu guten Absichten in Spiritus aufbewahrt. „So lavirt das Schiffchen! so schlüpft der Aal!" Dagegen wollte Ammon nur die Breite und Tiefe des Wissens mit der Höhe und Stärke des Glaubens vereinbart haben, und bekannte von sich: „Das kleine Harmonikon stimmt sich nicht in der jetzigen schlaffen Witterung herab, sondern stufenweise immermehr zum reinen Kirchentone hinauf, und zwar nicht etwa seit heute und gestern,

---

h) In seinem „Magazin f. christl. Prediger" II, 2: „Bittere Arznei gegen die Glaubensschwäche der Zeit verordnet von Claus Harms u. geprüft v. d. Verfasser."

sondern in abgemessenen Perioden, da es noch an der Leine und Rednitz stand." Seit dem Abgang des Ministeriums Einsiedel (1830) hat sich dieses Harmonikon doch wieder bedeutend herabgestimmt. Der gestrenge Censor von Hase's Dogmatik schrieb seine „Fortbildung des Christenthums zur Weltreligion" (1833) und die andern wortreichen Bücher seines Alters („Leben Jesu". 1842. „Die wahre und falsche Orthodoxie". 1849). Jetzt findet er in den symbolischen Büchern nicht mehr paucae maculae, sondern grobe dogmatische Irrthümer. Die Erbsündenlehre ruht in leeren Begriffen und Voraussetzungen, das Satisfactionsdogma ist eine psychologisch, moralisch und theologisch verwerfliche Lehre, nicht nur unbiblisch, sondern zugleich ein Ueberrest der jüdischen Sündopfer. Von dem Prediger kann daher billigerweise nur verlangt werden „die gemessene Bewegung in dem Grundtypus seiner Kirche, weil dieser nie so wahrheitslos ist oder sein kann, daß er nicht den Uebergang und Fortschritt zu einer reineren Ansicht zu bilden vermöchte". Wie er ehedem in seiner „Biblischen Theologie" (1801) die göttliche Einhauchung als jüdische Schallidee bezeichnet hatte, so meinte er jetzt, man habe aus der Bibel ein römisches Pandektenbuch gemacht, dessen einzelne Stellen man drehte, wendete und würgte, um aus ihnen bitteren Glaubenstrank zu pressen. „Wir können kein Handbuch der Astronomie, der Naturgeschichte, der Psychologie und Moral mit Aufmerksamkeit durchlesen, ohne unsern Buchstabenglauben an das Stillstehen der Sonne, an die redende Eselin Bileams, an den Durchbruch der Israeliten durch das rothe Meer und die Besessenen in den Evangelien loszureißen und ihn an das bessere Wissen wiederanzuknüpfen." Die Entwickelung des Christenthums in den verschiednen Jahrhunderten frei durchforschend hat er, das Unwesentliche abstreifend, als bleibenden Kern desselben gefunden: den mosaischen Deismus oder die allgemeine Religion der Vernunft und Natur, die Lehre vom Reiche Gottes, die Lehre von Jesu, dem Heilande der Menschen und Führer in's Himmelreich. Die zeitliche, subjective Gestaltung dieser Wahrheiten ist aber entwickelungsfähig. Damals jauchzte der alte Krug ihm zu, der in der „Fortbildung" den Ausdruck der gesammten religionswissenschaftlichen Zeitbildung wiederfand, während die Strenggläubigen meinten, das Christenthum liege in Dresden auf dem Paradebette[1]. Karl Ludwig Nitzsch († 1831),

---

[1] Reinhard u. Ammon als Dogmatiker. Lpz. 1813. Ammon nach Leben, Ansichten u. Wirken. Lpz. 1850. N. Nekrolog 1850, S. 921. G. L. Zeißler, Gesch.

Superintendent und Professor, seit 1817 Generalsuperintendent und erster Director des Predigerseminars in Wittenberg, den der Ketzeralmanach für 1797 einen vorurtheilsfreien, mit Gelehrsamkeit Geschmack verbindenden Theologen nennt, fand in der kritischen Philosophie die Möglichkeit, Theolog zu bleiben, ohne der Neologie oder Paläologie zu verfallen. Er nahm eine übernatürliche Form der Offenbarung an (formaler Supernaturalismus), göttliche Thatsachen, bestimmt die im Menschen schlummernde moralische Religion zu wecken. Der Höhepunkt dieser Offenbarung (die im A. T. nur zu einem Zwangsgehorsam führte) ist Christus, das verwirklichte Urbild sittlicher Vollendung, oder der ewige Sohn Gottes, der den Glauben an seine göttliche Sendung zwar auf den Inhalt seiner Lehre gründen, aber durch Wunder bestätigen wollte, der den schimpflichsten Tod dem Verlassen der Pflicht vorzog und dadurch in den Aposteln den Geist der wahren Tugend und Religion lebendig machte (Inspiration). Seine moralische Ansicht von den Thatsachen des Christenthums hielt er, hierin abweichend von Kant, auch für die Ansicht der heiligen Schriftsteller. Uebrigens war ihm nicht bange, daß das Licht, welches Ernesti, Morus, Semler hatten aufglänzen lassen, durch Obscuranten wieder ausgelöscht werde. „Wehret ihr's ein Mal der Sonne, daß sie nicht scheinen soll! Sie scheint doch[k]." In Holland trat Paul van Hemert († 1825), nachdem er sein Pfarramt in Wyk niedergelegt und, mit der Glaubensnorm der reformirten Kirche zerfallen, Professor am Remonstrantencollegium zu Amsterdam geworden war, seit 1788 als Vertheidiger des von den dortigen Frommen und Altgläubigen gefürchteten Kantianismus auf, der bei ihm zum ausgesprochenen Rationalismus wurde. „Die Vernunft muß der oberste Richter aller Wahrheit in der Religion für Protestanten sein. Denn allein die Vernunft ist Gottes Auctorität und menschliche Auctorität wird ja von Protestanten nicht anerkannt."

---

b. Sächs. Oberhofprediger. Lpz. 1856. S. 165. Tholuck in Herzog's R. E. XIX, 54. Sack [§ 26. not. d] S. 214.

k) E. A. D. Hoppe, Denkmal des verewigten Ritzsch. Halle 1832. K. J. Nitzsch in Herzog's R. E. X, 367. Dinter: „In seinem Umgange hatte Nitzsch etwas Epigrammatisches. Er sprach wenig, aber was er sprach, war kräftig."

§. 38. Die Fries'sche Philosophie.

<small>C. L. Th. Henke, J. F. Fries. Lpz. 1867. — Herrmann, [§. 37] S. 168. C. B. Apelt, Die Epochen der Gesch. der Menschheit. Jena 1845 f. II, 203. Erdmann [§. 35] I, 382. Fortlage [§. 35], S. 347. Ulrici in Herzog's R. E. VII, 355.</small>

Kant erlebte noch die Spaltung seiner Schule. Er hatte einen Dualismus gesetzt zwischen theoretischer und practischer Vernunft, zwischen Natur und Freiheit, zwischen Sein und Denken. Das philosophische Denken duldet keine Gegensätze, es will Einheit, principielle Einheit. Der Kant'schen Philosophie diese Einheit zu geben, das stellte sich zur Aufgabe die darum sogenannte Identitätsphilosophie. Gegen deren Ueberschreitung und, wie sie meinte, Zerstörung der kritischen Philosophie stellte sich die Schule der echten Kantianer, die jedoch auch Kant vielfach der Verbesserung dürftig fand, als der gar nicht die Absicht gehabt habe, ein abgerundetes und in allen Theilen fertiges System aufzustellen. Ihr Führer war Jacob Friedrich Fries, geboren 1773 als der Sohn eines Beamten der Brüdergemeine zu Barby, gebildet im theologischen Seminar zu Niesky. Je mehr hier sein Interesse für die Philosophie erwachte, desto werthloser, als bloßes Spiel der Phantasie erschien ihm die Herrnhutische Frömmigkeit. Mit dem Herrnhuterthum ging ihm das positive Christenthum selbst verloren. „Für einen Gott schien mir der Gedanke, einmal einige Jahre als Mensch zu leben, mehr eine Sache des Scherzes als des Ernstes, am wenigsten des dankbaren Mitgefühls. Die Vorstellung eines menschgewordenen leidenden Gottes verglich sich mir mit dem Gebrauch des Kaisers von China, jährlich einmal den Pflug zu führen." Ohne jede Angst des Zweifels ward aus dem Herrnhuter ein Deist und Lessingscher Fragmentist. Auch die liebreiche Stimme der Mutter, unter Jesu Kreuz die wahre Glückseligkeit zu suchen, änderte hierin nichts. „Es war gewiß richtig, daß ich von Euch ging, denn ich hätte nie unter Euch getaugt." An Gott und Unsterblichkeit hat er aber nie gezweifelt, die große Bedeutung des religiösen Lebens jeder Zeit, ziemlich spät erst auch die Bedeutung des Christenthums für die Entwickelungsgeschichte des menschlichen Geistes anerkannt. Nach Vollendung seiner Studien in Leipzig und Jena, trat er 1801 als Docent ohne besonderes Katheder-Talent und -Erfolge in Jena auf, war dann Professor der Philosophie in Heidelberg, seit 1816 wieder in Jena, das durch ihn vornehmlich damals der geistige Mittelpunkt des neuen politischen Zeitgeistes wurde. Begeistert für Vaterland, Gemeingeist und Freundschaft ist er mit den deutschen Burschen hinaufgezogen zum Wartburgfeste und hat mit feurigem Griffel an sie sein fliegendes Blatt geschrieben. Seine Theilnahme an dieser Festfeier und das Feuerzeichen des mit ihr verbundenen literarischen Auto da Fé brachte ihm Denunciation und Untersuchung, in der er eines Staatsverbrechens im engeren Sinne nicht schuldig erkannt wurde. Aber in Folge der Karlsbader Beschlüsse ward er als Professor der Philosophie suspendirt, wofür er 1824 die Professur der Physik und Mathematik erhielt. Doch hat er nachmals vor erwähltem Kreise fort und fort Philosophie vorgetragen, in Jena wie Einer der alten Weltweisen bis an seinen Tod (10. Aug. 1843) geehrt.

Fries steht im entschiedensten Gegensatz zur gesammten Identitätsphilosophie. Er sieht in ihr nichts als einen Rückfall in den durch Kant überwundenen Dogmatismus, ihr Philosophiren ist ihm ein Phantasiren nach Art der Neuplatoniker und Paracelsisten. Darum behauptet er, Fichte habe mit allem eigenen Feuer doch den philosophischen Geist zu Jena ganz getödtet. In Schelling sei die philosophirende Vernunft rein toll geworden. Schelling's Gotteslehre erinnert ihn an den Spruch Salomonis: „Dieses aber sind Worte Agur, des Sohnes Jake, welcher ist der allernärrischte und Menschenverstand ist nicht bei ihm; hast du genarret und zu hoch gefahren, so lege die Hand auf's Maul." Hegel, der Prophet unter den Bütteln, wolle mit ausgeblasenen Eierschalen (Kategorieen) eine Welt aufbauen, die Dialectik an die Stelle des Lebens setzen. Weil aber diese monistischen Philosophieen des modernen Bewußtseins sich bemächtigt hatten, konnten Fries' Philosopheme immer nur eines bedingten Beifalls sich erfreuen, der aber um so begeisterter und inniger war im Kreise gleichgesinnter Freunde. Die Fries'sche Philosophie kann bezeichnet werden als eine Vereinigung von Kant und Jacobi — Jacobi's Glaubensphilosophie mit kritischer Begründung — wobei aber beide von Fehlern befreit werden müssen. Was Kant betrifft, so liegt nach Fries seine entscheidende Bedeutung in seiner Methode, der kritischen. Die dogmatische Philosophie philosophirte über die Dinge. Kant untersuchte das Vermögen des Philosophirens. Seine Philosophie ist sonach eine subjective, sie ist Selbsterkenntniß, Reflexionsphilosophie. Die Kritik der Vernunft, wenn sie sich selbst versteht, ist die Propädeutik der Philosophie, empirische Psychologie, innere Physik, innere Selbstbeobachtung (ἀνάμνησις). Der tiefste Fehler bei Kant liegt darin, daß er die durch die innere Selbstbeobachtung erlangte Erkenntniß von unserer metaphysischen Erkenntniß selbst schon für eine besondere Art der

Erkenntniß a priori ansieht (Vorurtheil des Transscendentalen). Allein wir erkennen durch transscendentale Erkenntniß nicht a priori, sondern wir erkennen durch sie nur, wie wir a priori zu erkennen vermögen. Der Weg zur unmittelbaren (apriorischen) Erkenntniß der Vernunft führt durch die Psychologie. Diese unmittelbare Erkenntniß ist der Quell der Wahrheit, ihr Vorhandensein in der Vernunft der Beweis ihrer objectiven Gültigkeit. Das Factum des Erkennens giebt der Vernunft das unerschütterliche Vertrauen zu sich selbst. Daß aber die durch meine innere Anschauung gefundene Organisation meiner Vernunft bis auf einen gewissen Grad die Organisation aller menschlichen Vernunft sei, schließe ich nach dem Satze der Identität mit Wahrscheinlichkeit*. Wenn Kant's Verdienst in der Methode liegt, so Jacobi's, der durch seine Romane frühzeitig in gemüthlicher Weise auf Fries gewirkt hatte, in der Anerkennung des unvertilgbaren Dualismus zwischen Natürlichem und Uebernatürlichem in der menschlichen Vernunft. Aber er schied zwischen beidem und demnach zwischen Wissen und Glauben nicht genug, forderte bald Wissen auch des Uebernatürlichen, bald Glauben auch für das Natürliche. Fries stellte den Dualismus in seiner Reinheit dar, indem er das Wissen ausschließlich auf die Erscheinung, den Glauben auf das Kant'sche Ding an sich bezog.

Die Fries'sche Philosophie bewegt sich in folgenden Grundgedanken: Alle Erkenntniß ist entweder empirisch oder rational. Die Philosophie ist eine rationale Wissenschaft, als solche ist ihre Erkenntniß Eigenthum aller Menschen. Aber nicht alle sind ihrer Erkenntniß sich bewußt. Ursprünglich dunkel im Menschen liegend, bedarf sie der Aufhellung. Diese ist schwierig, weil der philosophischen Erkenntniß die Anschaulichkeit abgeht. Die Grundsätze der Philosophie können nur gewonnen werden durch Beobachtung und Zergliederung unserer Erkenntniß. Durch diese analytische oder regressive oder kritische Methode fällt sogleich der Dogmatismus hinweg, der in Ableitungen besteht aus gegebenen Principien, deren Ursprung er selbst nicht kennt. Mit Hülfe der analytischen Methode soll metaphysische Erkenntniß d. h. das System der synthetischen Urtheile a priori aus bloßen Begriffen gewonnen werden. Es müssen folglich diese Begriffe aufgesucht und, wie aus ihnen die metaphysischen Grundurtheile entstehen, bestimmt werden. Die me-

---

a) Vgl. dazu die Kritik von K. Fischer, Akademische Reden. Stuttg. 1862, S. 97 ff.

taphysischen Grundbegriffe (Kategoricen) kommen zum Bewußtsein mit Hülfe des transscendentalen Leitfadens d. h. durch die logischen Formen der Urtheile. Nicht als ob sie etwa aus den Urtheilsformen abgeleitet würden, sie werden nur kritisch-regressiv durch die letztern aufgesucht, ihre Quelle ist die speculative Grundform der metaphysischen Erkenntniß, analog der reinen Anschauung, der Quelle der Mathematik. Die Urtheilsform ist vergleichbar dem Fernrohr, die Kategorie dem telescopischen Stern, die speculative Grundform dem Himmelsgewölbe. Unter allen Kategorieen sind die der Relation: Wesen, Ursache und Gemeinschaft, weitaus die wichtigsten; denn während die Kategorieen der Quantität, Qualität, Modalität nur bestimmte Verhältnißbeziehungen ausdrücken, tritt in jenen die speculative Grundform selbst in's Bewußtsein. Die Anwendung der Kategorieen auf die Gegenstände der Sinnesanschauung geschieht durch die transscendentalen Schemata. Schema ist die Vorstellung von einem allgemeinen Verfahren der Einbildungskraft, einem Begriffe sein Bild zu verschaffen. Aus der apriorischen Synthesis der transscendentalen Schemata mit den Kategorieen entspringen die metaphysischen Grundsätze, welche die Principien der Möglichkeit aller Erfahrung sind. Die so im menschlichen Geiste aufgefundene apriorische oder gedachte Erkenntniß (Erkenntniß durch Begriffe) ist immanent (sie geht nicht über die Erfahrung hinaus) und unselbständig (sie hängt ihrem Inhalte nach von der Erfahrung, von der Sinneswahrnehmung ab). Der Schein einer Selbständigkeit der gedachten Erkenntniß entsteht durch die Reflexionsbegriffe, welche bloß Begriffe sind von dem Verhältniß unserer Begriffe zu den Urtheilsformen. Diese Reflexionsbegriffe in ihrer Amphibolie gaukeln das Phantom einer Erkenntniß der Noumenen vor. In Wirklichkeit giebt es eine Wissenschaft vom Uebersinnlichen nicht. Nichtsdestoweniger muß die Vernunft ein Uebersinnliches anerkennen. Ihr innerstes Wesen fordert vollendete Einheit, die Sinnenwelt bietet Entzweiung, Grenzenlosigkeit. Die Reihen mit unendlichem Regreß in der Natur sind der die Totalität der Bedingungen fordernden Vernunft unmöglich; sie verlangt ein Unbedingtes, in sich Vollendetes, Absolutes. Auf den eigentlichen metaphysischen Gehalt der Idee des Absoluten kommen wir in dem Momente der Relation. Die Kategorieen der Relation, wenn sie in Verbindung gesetzt werden mit der Idee des Absoluten, gestalten sich zur Trias religiöser Ideen. Verbinden wir die Kategorie der Wesenheit mit dem Begriffe des Absoluten, so denken wir eine Substanz, die nicht unter dem Gesetz der

Unvollendbarkeit der räumlichen Zusammensetzung steht. Der einzige Gegenstand im ganzen Bereiche unserer Erfahrung, der als solcher vor der Idee der absoluten Wesenheit besteht, ist unser Ich, die menschliche Seele. Nicht einmal in Gedanken läßt sich das Ich in eine Mehrheit zerlegen, und, obwohl ein Subject der innern Erfahrung doch nicht durch sinnliche Anschauung gegeben und nicht im Raume befindlich, ist's vorzustellen unter dem Vernunftbegriff eines einfachen immateriellen Wesens. So kommen wir auf die Idee des ewigen Lebens oder der Unsterblichkeit der Seele. Wenn wir vom Selbstbewußtsein ausgehend von allen Schranken der Endlichkeit abstrahiren, so bleibt uns unser Ich als vernünftiger Geist in seiner Erhabenheit über die Endlichkeit der Substanz aber auch der Causalität nach stehen. Die Kategorie der Causalität verbunden mit dem Begriffe des Absoluten giebt die Idee der Freiheit oder die Vorstellung der absoluten Form der Wirksamkeit der Seele. Die Kategorie der Gemeinschaft absolut bestimmt d. h. wenn wir nach Einheit der Ursachen forschen, so kommen wir auf die Idee der Gottheit d. i. eines außerweltlichen und überweltlichen höchsten Wesens, durch dessen heilige Allmacht die Welt besteht. Denn die Einheit getrennter Substanzen erhalte ich nicht durch eine Substanz, die alle andern in sich vereinigt, sondern durch eine höchste Ursache, die alle Wesen erschaffen hat. So sind die religiösen Ideen alle nachgewiesen als Grundvorstellungen unserer Vernunft. Aber alle diese Ideen sind Räthsel, wir haben von ihnen nur eine negative Vorstellung. Denn sie haben einen negativen Ursprung, sie sind entstanden durch Negation der Schranken unserer Erkenntniß, und da die Schranke selbst eine Negation ist, durch Negation der Negation. Die Idee der Ewigkeit verlangt Negation der Zeit, die Idee der Freiheit Negation der Naturgesetze, die Idee der Gottheit Annahme eines höchsten Wesens als Schöpfers der Welt. Aber eine Weltschöpfung ist nach dem Gesetz der Beharrlichkeit der Masse weder möglich noch nothwendig, und das Dasein des höchsten Wesens selbst ist nach Naturgesetzen völlig unbegreiflich. Die Räthselhaftigkeit der Ideen erklärt sich daraus, daß der Ort ihrer Realität außer den Schranken unserer Naturerkenntniß liegt. Der Lehrbegriff nun, welcher Erscheinung und Ding an sich unterscheidet, den Ideen empirische Idealität (ihnen entspricht kein Gegenstand der Sinnenwelt) und transscendentale Realität (ihre entsprechenden Gegenstände finden sich in der Welt der Dinge an sich) zuschreibt, heißt transscendentaler Idealismus. Hierdurch tritt eine Spaltung der Wahrheit ein in eine natürliche und eine ideale Ansicht der Dinge, ein Gegensatz zwischen wissenschaftlicher und gläubiger Erkenntnißweise, zwischen Wissen und Glauben. Object des Wissens ist nur das Endliche; das Ewige, die Welt der Ideen ist Object des Glaubens. Wir können nicht dadurch zum Ewigen gelangen, daß wir unser Wissen zum Absoluten steigern, dadurch überheben wir uns unserer Kraft und verlieren uns in die absolute Leere; das einzige Mittel zum Ewigen ist der Glaube, für welchen wir gerade nur dadurch Platz gewinnen, daß wir unser Wissen auf seine natürlichen Verhältnisse herabwürdigen. Wie verhält sich nun das Endliche zum Ewigen, die Welt der Erscheinung zur Welt der Ideen? Die Unterordnung jener unter diese kann nicht auftreten in der Form eines erklärenden Begriffs, sondern nur in der Form eines unaussprechlichen Gefühls, der Ahndung. Die Göttersprache der Natur lehrt Ewiges mich ahnden in der endlichen Dinge Schönheit; im Schönen redet das Göttliche im Bilde. Das ist die religiös-ästhetische Weltansicht. Die künstlerische Veranschaulichung der religiösen Ideen ist Sache der religiösen Symbolik. Aber unter allen Symbolen lebt eines Glaubens Wahrheit. So kömmt Fries zur natürlichen Religion im ästhetischen Gewande und bei ihr bleibt er stehen. Der Fortschritt zum Positiven, zu einer historisch begründeten Dogmatik erscheint ihm als theologischer Aberglaube. „Ich fordere im Namen der Wahrheit von der Wissenschaft die Ausbildung einer Religionslehre ohne alle Dogmatik." Die Macht des Positiven vermag er nicht anzuerkennen. „Wer den Geist der Menschen tiefer kennt, weiß, daß nichts ihn gewaltiger bewegt und bewegen kann, als religiöse Ideen rein um ihrer selbst willen; es ist also nicht wahr, daß das Volk sinnliches Symbol und sinnliche Versprechungen braucht, um an diese Ideen gebunden zu bleiben, sie haben das unsterbliche Leben in sich und bedürfen keiner fremden Stütze." Fries ist so strenger Naturalist, daß Lessing's göttliche Erziehung des Menschengeschlechts ihm wie eine kindliche Fiction vorkömmt, und daß er auch von Kant's exegetischer Accommodation nichts wissen will. „Die Philosophen tragen die Weisheit in die Sprüche hinein, Philologen und Historiker kommen hinterdrein und sagen, das sei Trug, Lüge oder Thorheit, so stehe es gar nicht im Buche. Man wird nie zu einem festen Resultat kommen, bis man die Auctorität des Papiers im Buche selbst wegwirft." Abgesehn von dieser ungerechtfertigten Geringschätzung des Positiven, bei Fries erklärlich, weil ihm das Christenthum in der ihm nicht homogenen Form des Herrnhutischen Pietismus entgegen trat, ist hoch anzuschlagen der Protest seiner Philosophie gegen eine in All der Dinge werdende und verschwimmende Gottheit und gegen das Evangelium des Materialismus vom ewigen Tode. Fries hat vor Kant die theoretische Begründung und Verselbständigung der religiösen Wahrheit voraus und daß er dem Gefühl in Sachen der Religion sein gutes Recht eingeräumt. Jacobi hat ihm bekannt: „unser Einklang ist ein wahrhaft musikalischer."

Sein getreuer Schüler und nach des Meisters Tod der Mittelpunkt der Schule war Ernst Friedrich Apelt († 1859), Professor in Jena [b]. Schon als siebzehnjähriger Gymnasiast steht er mit Fries in Briefwechsel und bekennt später: „Unter allen Gaben, welche mir ein freundliches Geschick gespendet, stelle ich die oben an, daß ein Mann mir seine Freundschaft schenkte, den ich als Meister erkannte und dem ich als Vorbild nachzustreben suchte." Als Religionsphilosoph hat er, ganz wie Fries, das zweibeinige Ding der Dogmatik, das auf der einen Seite auf Vernunftgründen stolpert und auf der andern Seite auf historischen Auctoritäten hinkt, in die Rumpelkammer verwiesen. Der Inhalt der Religion ist der dreieinige Glaube an Gott, Freiheit und Unsterblichkeit, alles Uebrige mythologische Zuthat. Das mythologische Gewand aber muß abgestreift werden, damit der unumstößliche Vernunftglaube rein hervortrete. „Das Gewand der Mythen, das noch heut am Tage die religiöse Wahrheit umgiebt, wird einst fallen, der Glaube an den Gekreuzigten so gut wie der an den arabischen Propheten oder die Gegenwart des Buddha in der Person des Dalai Lama. Es wird eine Zeit kommen, wo man nicht mehr glauben wird im Vertrauen auf die göttliche Sendung eines Propheten, sondern kraft der Einsicht in des Geistes eigne Wahrheit. Alsdann, wenn diese Zeit erfüllet ist, wird die Wahrheit ihr Licht nicht mehr von dem trügerischen Dämmerschein der Sage borgen, sondern durch sich selbst heilig sein. Alsdann werden die hohen sittlichen Grundgedanken von der Reinheit des Herzens, der Gleichheit der Menschen vor Gott und der allgemeinen Menschenliebe als der wahre Kern des Christenthums erscheinen. Man wird alsdann einsehen, daß diese Gedanken durch sich selbst gelten, daß sie unmittelbar einleuchtende Grundgedanken unseres eigenen Geistes sind." Außer in Jena gewann Fries in der Brüdergemeine, aus der er hervorgegangen, viele warme

---

[b] Biographie Apelt's in den „Erinnerungsblättern der mathemat. Gesellschaft in Jena" 2. Sammlg. Jena 1862, S. 19.

Verehrer. „Was bei uns philosophirt, schreibt ihm der Herrnhuter Kölbing, tritt in Deine Fußtapfen, und wenn sonst nirgends in der Welt, so wird hier unter den denkenden Köpfen nach Deiner Methode dies Studium getrieben. Uns alle freut die Vereinigung von logischer Strenge des Raisonnements verbunden mit der Tiefe des innigsten Gefühls." Wie aber Fries in diesem Kreise aufgefaßt wurde, darüber berichtet Friedrich Perthes: „Mit Fries spalten nun Manche unter den Herrnhutern den Menschen in einen Verständigen, der als solcher nach Kant'scher Weise vom Unendlichen und Göttlichen nichts weiß, sondern Alles nur in seiner endlichen und weltlichen Beziehung versteht, und in einen Ahnenden und Fühlenden, für welchen Gott und Ewigkeit überall ist. Das verständige Ich in mir muß nun z. B. die Wunder und alles Uebernatürliche leugnen, während zugleich das fühlende Ich in mir überall Wunder und Uebernatürliches sieht. So zerreißen sie den Menschen in zwei Stücke, von denen das eine nothwendig ungläubig, das andere abergläubisch, das Ganze aber krank werden muß." Wenn sich das so verhielt, so ist der Fries'sche Dualismus in der Brüdergemeine karrikirt worden. Von gelehrten Theologen bekannte sich de Wette zu Fries, den er für einen der größten Genien hielt, welche die Geschichte der Philosophie aufzuweisen hat. Weil aber de Wette da anfing, wo Fries aufhörte, so ist er von diesem nicht als ganz getreuer Schüler geachtet worden. Fries störte an de Wette was er dessen Interesse an der kirchlichen Dogmatik nannte, die doch das Widerspiel der Aesthetik sei. De Wette, meinte er, hätte das Ideal des heiligen Gottessohnes bloß ästhetisch behandeln sollen, ohne zu dogmatisiren über seine Möglichkeit in der Zeit.

§. 39. Fichte und seine Anhänger.

J. H. Fichte, J. G. Fichte's Leben u. liter. Briefwechsel. 2. A. 2 B. Lpz. 1862. K. Hase, Jenaisches Fichtebüchlein. Lpz. 1856. — Erdmann [§. 35] I, 560. Grundriß II, 413. Fortlage [§. 35]. S. 97. Ulrici [§. 35] S. 361. Chalybäus [§. 35] S. 147. Zeller [§. 35] S. 596. K. Fischer, F. u. s. Vorgänger. Heidelb. 1869. — Herrmann [§. 37] S. 157. Gaß IV, 333. Uebrige Literatur bei Ueberweg [§. 31] S. 212 f.

Alle Philosophieen lassen in zwei Classen sich theilen. Die einen gehen aus vom Weltbewußtsein; sie machen zu ihrem Object die Dinge, die Natur. Man nennt dieses System darum naturalistisch. Und weil alle naturalistischen Systeme von der Voraussetzung (Dogma) ausgehen, daß die Dinge Object der Philosophie (des menschlichen Erkennens) sein können, so sind sie alle dogmatisch. Im Gegensatz zur gesammten naturalistisch-dogmatischen Philosophie stellte Kant die Transscendentalphilosophie auf. Diese geht nicht vom Welt-, sondern vom Selbstbewußtsein aus. Ihr Object sind nicht mehr die Dinge, sondern die menschliche Erkenntniß. Die Frage heißt nicht mehr: wie sind die Dinge? sondern: was weiß der Mensch von den Dingen, was kann er von ihnen wissen? Darum ist die Philosophie Kant's nicht mehr naturalistisch, sondern transscendental, sie liegt vor aller Erfahrung (transscendit experientiam), sie fragt: wie ist Erfahrung möglich? Kant ließ — und hierin vergleicht er sich so treffend mit dem die Bewegung aus dem Centrum in die Peripherie verlegenden Kopernicus — nicht mehr unsere Erkenntniß nach den Gegenständen, sondern umgekehrt die Gegenstände nach unserer Erkenntniß sich richten. So war der Weg zum Idealismus, die Richtung der Philosophie auf das Subjective, die sie durch Spinoza völlig verloren hatte, gebahnt. Aber bei Kant erscheint die Transscendentalphilosophie weder rein noch einheitlich durchgeführt. Er hatte einmal noch das Ding an sich stehen lassen, hatte es behauptet, ohne seine Erkennbarkeit zu behaupten, also etwas behauptet, wovon er doch nichts wissen zu können behauptete. Hier war noch ein Stück naturalistischer Dogmatismus, ein dunkler Punkt, vorhanden. Soll die Transscendentalphilosophie rein durchgeführt werden, so muß das dem Erkennen ewig verschlossene Ding an sich fallen, so muß auch dieses in's Selbstbewußtsein, in die transscendentale Einheit der Apperception aufgelöst werden, die Philosophie muß ganz im Selbstbewußtsein aufgehn. Der transscendentale Idealismus Kant's muß zum subjectiven Idealismus (nach Jacobi = baarer Nihilismus) werden. Es darf nichts gelten als das Ich, welches im Vorausbesitze aller Realität und Wahrheit ist. Das ist der Standpunkt Fichte's, welcher von sich selbst schreibt: „Ich bin ja wohl transscendentaler Idealist, härter als Kant es war; denn bei ihm ist doch noch ein Mannigfaltiges der Erfahrung; ich aber behaupte mit dürren Worten, daß selbst dieses von uns durch ein schöpferisches Vermögen producirt werde." Sodann fehlte Kant's Philosophie die principielle Einheit. Kant hatte die von ihm unterschiedenen drei Vermögen: theoretische Vernunft, practische Vernunft und Urtheilskraft coordinirt stehen lassen und demgemäß drei abgesonderte Kritiken verfaßt. An die Stelle dieser Coordination muß die Subordination unter ein höheres Princip treten. Nach dem unvollständigen Subordinationsversuche Reinhold's in seiner Elementarphilosophie hat Fichte alles auf das Princip der Subjectivität zurückgeführt und damit Kant's drei Kritiken vereinigt. Indem Fichte ein absolutes Ich als schlechthin unbedingt und durch nichts Höheres bestimmbar, als nicht bloß für seine moralische Selbstbestimmung, sondern auch theoretisch autonom, aufstellte, war er überzeugt, die consequente Durchführung der kritischen Philosophie gegeben zu haben. Er hielt dafür, daß es nur zwei consequente Systeme gebe, sein eigenes und das Spinoza's. Spinoza geht vom absoluten Object aus, bei ihm ist die subjectlose Substanz Alles, Fichte geht vom absoluten Subject aus, bei ihm ist das Ich Alles, das Ich die einzige Substanz. Fichte's Idealismus ist der umgekehrte Spinozismus. Zum Ich des Cartesius verhält sich das Fichtesche Ich wie der bloße Anfang des Philosophirens zum wirklichen Anfang der Dinge. Das Fichtesche Ich ist das absolute Prius von allem.

Johann Gottlieb Fichte war 1762 zu Rammenau bei Bischofswerda in der Oberlausitz geboren, studirte Theologie in Leipzig und Jena, und führte dann ein wenig vergnügtes Hauslehrerleben. Seine theologische Richtung war für Sachsen zu freisinnig. „Ich bin weder Lutheraner noch Reformirter, sondern Christ." Seit 1790 warf er sich mit Hals und Kopf in die Kant'sche Philosophie. Sie gewährte ihm eine unbegreifliche Erhebung des Geistes. Freilich in sie einzudringen, müsse man den Genius des Socrates haben. Noch als Candidat reist er nach Königsberg, um Kant zu sehn. Dort schreibt er, sich als Kantianer zu legitimiren, seine „Kritik aller Offenbarung" (1792). Er begründet die Offenbarung moralisch. Gott ist durch das Moralgesetz bestimmt, die höchstmögliche Moralität in allen vernünftigen Wesen durch alle moralischen Mittel zu befördern. Ein solches Mittel kann auch die Offenbarung werden. Der Begriff der Offenbarung ist daher nicht nur an sich denkbar, sondern es läßt sich auch, im Fall des eintretenden empirischen Bedürfnisses (nämlich wenn der Mensch in so tiefen moralischen Verfall geräth, daß er sich zur Moralität durch eigene Kraft gar nicht wieder erheben kann), etwas ihm Correspondirendes außer ihm erwarten. So wird die Möglichkeit einer Offenbarung an sich und die Möglichkeit des Glaubens an eine bestimmte, gegebene insbesondere, wenn dieselbe nur vorher vor dem Richterstuhle ihrer besonderen Kritik bewährt gefunden, völlig gesichert, alle Einwendungen dagegen auf immer zur Ruhe verwiesen und aller Streit darüber auf ewige Zeiten beigelegt. Diese besondere Kritik hat aber nach dem Canon zu verfahren: jede Offenbarung muß uns Gott als moralischen Gesetzgeber ankündigen, und nur von derjenigen, deren Zweck das ist, können wir aus moralischen Gründen glauben, daß sie von Gott sei. Hieraus folgt negativ, daß der Glaube an eine gegebene Offenbarung vernunftmäßig nicht auf Wunder gegründet werden und daß eine Offenbarung weder unsere dogmatischen noch moralischen Erkenntnisse ihrer Materie nach erweitern könne. Diese Schrift, ohne Zuthun Fichte's anonym erschienen, begründete sein Glück in der Gelehrtenwelt, indem sie überall für ein Werk Kant's gehalten wurde. Die Gothaische gelehrte Zeitung nannte sie eine der schönsten Blumen, welche die Pflanze des unsterblichen Kant'schen Ruhmes hervortreibe. Der Jurist Hufeland schrieb als Recensent in der Allgemeinen Literaturzeitung: der feurigste Dank gebühre dem unsterblichen Verfasser, dem großen Mann, dem vir pietate ac meritis gravis, dessen Finger hier allenthalben sichtbar sei. Groß war die Verwunderung, als Kant nun öffentlich erklärte, daß er auch nicht den geringsten Antheil an der Kritik aller Offenbarung habe, vielmehr sei der Verfasser derselben ein Candidat der Theologie, Namens Fichte, welcher sich nur eine kurze Zeit hindurch in Königsberg aufgehalten habe. Hufeland bemerkte zu seiner Entschuldigung: „Acht hiesige academische Lehrer hielten Kant für den Verfasser. Selbst die erste Nachricht, daß ein Anderer Verfasser sei, machte keinen von uns allen in seiner Vermuthung irre, weil man sonst auf keinen Beweis der höhern Kritik mehr irgend etwas bauen könnte." Die damalige Orthodoxie verfehlte nicht aus der eclatanten Thatsache, daß acht der berühmtesten Philosophen, die in dem vielsagenden Ruhme stehen, Kant ganz zu verstehen, die Arbeit dieses größten aller Weltweisen durch ihre höhere Kritik von der Arbeit eines bis dahin unbekannten Candidaten nicht unterscheiden konnten, ihre Schlüsse auf die Fehlbarkeit der höhern Bibelkritik zu ziehen. Ihr Urtheil über Fichte's Schrift selbst lautete, daß, die Richtigkeit der Grundsätze vorausgesetzt, eine göttliche Offenbarung weiter nichts, als Lehren der natürlichen Religion enthalten könne. Dagegen rühmte Niethammer: durch Fichte's Kritik aller Offenbarung sei eine ebensogroße Revolution im Gebiete des theologischen Glaubens bewirkt worden, als Kant durch die Vernunftkritik im Gebiete der Philosophie hervorgebracht hat*. Schelling wollte Fichte's Schrift gar nicht für Ernst nehmen, er habe nur seine Freude mit dem Aberglauben haben und den Dank der Theologen lachend einstecken wollen.

1794 an Reinhold's Stelle nach Jena berufen, hat Fichte von da an sein eignes System entwickelt. Er nennt es Wissenschaftslehre d. h. Lehre

---

a) J. Chr. R. Eckermann, Prüfung des Versuchs einer Kritik aller Offenbarung [Theol. Beitr. III. 1. 2.].

von den Gesetzen und Arten der Thätigkeit des menschlichen Bewußtseins und Erkennens für die Erklärung alles desjenigen, was dem philosophischen Forscher wirklich erklärbar ist. Das oberste und einzige Princip, aus dem wir Alles, was im Umkreis des menschlichen Lebens vor sich geht, zu erklären haben, ist das Selbstbewußtsein, das selbstbewußte, philosophische oder absolute Ich, welches selbstverständlich nicht das Individuum ist, sondern alle Individuen sind in der einen großen Einheit des reinen Geistes eingeschlossen. Das Ich muß zuerst sich selbst hervorbringen, zwar nicht als Dasein, wohl aber als Bewußtsein. Die erste, schlechthin allen Operationen vorausgehende und schlechthin unbegreifliche Thathandlung des Ich ist, daß es sich selbst setzt, daß es ausspricht: ich bin oder ich bin ich. Jeder, der „Ich" sagt, setzt sich selbst, und indem er sich selbst setzt, ist er Subject und Object zugleich. Die Ichheit ist somit die absolute Identität des Subjects und Objects. Aus dieser Identität geht die ganze Philosophie hervor, sie ist eine Analyse dieses ersten Satzes. Denn die Frage ist gelöst, wie das Subject zum Object kommt, die Identität der Idealität und Realität ist dargethan. Diese Einsicht kann nicht erlernt, sie muß handelnd gewonnen werden. Man muß die Identität in sich finden durch intellectuelle Anschauung, wie durch einen Blitz, der plötzlich die Nacht durchleuchtet, man muß in eigner Person das Absolute sein und leben. Wiefern diese Philosophie auf einer Thathandlung beruht, konnte Fichte sein System als eine Analyse des Begriffs der Freiheit, wiefern diese Thathandlung unbegreiflich, ein Nichtwissen, ist, als die idealistische Kehrseite des Jacobi'schen Realismus bezeichnen. |Das Sichselbstsetzen des Ich ist nur möglich durch Selbstunterscheidung oder dadurch, daß das Ich sich gegenüber ein Anderes, ein Nichtich setzt. Auf diese zweite Thathandlung folgt nothwendig die dritte: das Ich vereinigt das Einanderentgegengesetzte, das Ich und Nichtich, dadurch, daß es beide durch einander beschränkbar und bestimmbar setzt. Das Ich setzt sich also zuerst selbst als beschränkt und bestimmt durch das Nichtich, und hierauf beruht unser Erkennen, die theoretische Philosophie; das Ich setzt zweitens das Nichtich als beschränkt und bestimmt durch das Ich, und hierauf beruht unser Handeln im engern Sinne, die practische Philosophie (das Nichtich ist das versinnlichte Material unserer Pflicht). Das sind die ursprünglichen Acte des Ich, und Gegensätze setzend und lösend kömmt es bis zum höchsten Gegensatz zwischen dem Ich, das unendlich seinem Wesen (seiner Aufgabe) nach, endlich seiner Existenz nach ist, ein Gegensatz, der annäherungsweise seiner Lösung entgegengeht in einer endlosen Fortdauer. Die Aufgabe des Ich ist also Verwirklichung, absolute Geltendmachung seiner Freiheit, seiner Autonomie. Der Mensch ist nicht von Haus aus frei, er soll sich frei machen. Zur höchsten Stufe der Freiheit ist der gelangt, welcher nur um der Pflicht willen handelt und nicht seiner That sich freut, sondern sie kalt billigt. Diese Stufe kann nur erreicht werden durch einen Entschluß, von welchem den Menschen das radicale Böse d. i. die Trägheit zurückhält. Anregung zu diesem Entschluß bieten die Muster, welche sittliche Naturen (die Stifter der positiven Religionen) aufstellten, und die kirchlichen Gemeinschaften, welche sie stifteten (d. h. welche entstanden sind durch Verständigung über den Inhalt des Sittengesetzes). Die bestehenden Kirchengemeinschaften sind Nothkirchen, bestimmt, verwandelt zu werden in Vernunftkirchen. Das practische Ich fordert aber nicht bloß Stoff zu seinem Handeln, sondern auch eine solche Einrichtung der Welt, daß durch jede pflichtmäßige Willensbestimmung des Einzelnen die Verwirklichung des allgemeinen Vernunftzweckes gefördert werde und Pflichterfüllung selig mache d. h. eine (active) moralische Weltordnung. Sich auf diese Weltordnung stützen ist Religion, die Ueberzeugung von der Möglichkeit der Verwirklichung des Weltzweckes Glaube. Moralität und Religion sind absolut Eins.

Das ist Fichte's Wissenschaftslehre, welche Fr. Schlegel sammt der französischen Revolution und Goethe's Wilhelm Meister als die drei größten Tendenzen des Jahrhunderts bezeichnete. In der That hat der Gedanke der deutschen Aufklärung in Fichte seine kühnste Höhe erreicht, er hat deren empirisches Ich zum absoluten erhoben, wie Schelling es aussprach: „Fichte ist die philosophische Blüthe der alten Zeit und insofern ihre Grenze. Sie liegt wissenschaftlich ausgesprochen in seinem System, welches in dieser Hinsicht ein ewiges und dauerndes Denkmal bleiben wird. Hat ihn die Zeit gehaßt, so war es, weil sie die Kraft nicht hatte, ihr eignes Bild, welches er kräftig und frei entwarf, im Reflexe seiner Lehre zu sehen." Fichte, der rechtlichste Mann, den Paulus, der scharfsinnigste, den Lavater kannte, hat als origineller Denker und Führer zum eignen Denken, als der Genius der Philosophie, im Gewitterrausche seiner Rede, die um ihn geschaarten und für ihn begeisterten Jünglinge[b] — „nur ein Gott und ein Fichte" war ihr Feld-

---

b) An Hrn. Prof. Fichte in sr. philos. Einsamkeit. 1795 S. 43: „In Fichte's Hörsälen fühlt man sich doch wahrhaftig Mensch; hier lernt man seine ganze Würde

geschrei — entflammt zum Handeln. Denn Handeln ist die Bestimmung des Menschen. Das Nichtich soll immer gesetzt und bestimmt werden durch das Ich. „Die Welt, sagt Goethe, ist ihm ein Ball, den das Ich geworfen hat und wieder auffängt." Fichte's Lehre ist nur der Spiegel seiner Individualität. Er war eine starke, thatkräftige, heroische Natur, gesonnen, seinen Platz in der Menschheit durch Thaten zu bezahlen, an seine Existenz in die Ewigkeit hinaus für die Menschheit und die ganze Geisterwelt Folgen zu knüpfen, voll Unwillens gegen alle Limitation. „Dieser kräftige entschiedene Mann, erzählt Goethe, konnte gar sehr in Eifer gerathen, wenn man bedingende Phrasen in den mündlichen oder wohl gar schriftlichen Vortrag einschob. So war es eine Zeit, wo er dem Worte „gewissermaßen" einen heftigen Krieg machte." An eine solche Natur pflegt sich aber auch Heftigkeit, Eigensinn, Trotz und Stolz zu hängen. Fichte behandelt oder mißhandelt seine Gegner mit unendlicher Verachtung. So Nicolai [S. 188], so Erhard Schmid [S. 289], so selbst seinen Freund Reinhold, als er zu Bardili abfiel, so Schelling, als er über die Wissenschaftslehre hinausging. Er hieß der fürchterliche Fichte, der zermalmende Gott, der Anatheme von der Höhe seines philosophischen Thrones auf den Ameisenhaufen der Kantianer herabschleudere. Also Fichte will das Nichtich bestimmen, will handeln, reformiren. Das erste Nichtich, das er in Jena zu bestimmen suchte, waren die Studentenorden. Obwohl unschuldig, läßt doch eine Partei sich gegen ihn verhetzen und wirft ihm die Fenster ein. Am nächsten Morgen spricht er in der Logik über den Beweis durch Steine. Und als er durch wiederholte Beweise im Lapidarstyl sich auf unangenehme Weise von dem Dasein eines Nichtich überzeugen lassen muß, zieht er grollend in's philosophische Exil nach Osmannstädt. Damals nennt ihn Schiller das große Ich in Osmannstädt. Sodann brachten seine moralischen Vorlesungen, am Sonntage, als dem Feste der höhern reinen Humanität, gehalten, ihn in Conflict mit dem Bürgergottesdienste und dem Oberconsistorium in Weimar. Damals wurde er von dem Verdacht eines Vernunftgötzendienstes freigesprochen, aber vier Jahre später ward in Kursachsen auf Veranlassung einer anonymen Flugschrift[c] des 8. Bandes 1. Heft des von Fichte und

---

kennen; hier schauet man die Wahrheit rein, und ohne Verhüllung; hier stehet man gerührt da, und verläßt gestärkt und emporgehoben diesen Wahrheitsfreund."

c) Sie führt den Titel: „Schreiben eines Vaters an seinen studirenden Sohn über den Fichteschen und Forberg'schen Atheismus." 1798. Gabler, gerüchtweise

Niethammer herausgegebenen philosophischen Journals als wegen groben Atheismus confiscirt und auf ernstliche Bestrafung der Verfasser und Herausgeber beim Weimarischen Hofe angetragen. Der Stein des Anstoßes war ein Aufsatz des Conrectors in Saalfeld, frühern Adjuncten der philosophischen Facultät in Jena, Friedrich Carl Forberg: „Entwickelung des Begriffs der Religion", und durch diesen veranlaßt, eine Abhandlung von Fichte: „Ueber den Grund unsers Glaubens an eine göttliche Weltregierung." Jener war mit der überspannten Losung aus der Kant'schen Schule hervorgetreten: „Es ist nicht Pflicht zu glauben, daß eine moralische Weltregierung, ein Gott als moralischer Weltregent existirt, sondern es ist bloß dies Pflicht, so zu handeln, als ob man es glaubte[d]." Dieser hatte Gott als die lebendige und wirkende moralische Ordnung gefaßt, aber, aus Scheu ihn herabzuziehn in die Sphäre endlicher Relationen, ihm Bewußtsein und Persönlichkeit abgesprochen. „Der Begriff von Gott als einer besondern Substanz ist unmöglich und widersprechend, und es ist erlaubt, dies aufrichtig zu sagen, damit die wahre Religion des freudigen Rechtthuns sich erhebe." Die

---

als Verfasser genannt, überließ die Verbreiter dieser Verleumdung ihrer eignen Schmach und Schande. Fichte nennt aus Mangel eines vor Gericht gültigen Beweises den Namen dessen, den er für den Verfasser hielt, nicht, schildert ihn aber mit den Worten: „Es lebt in meiner Nähe ein unglücklicher Mann, welchem wie dem Orest die Furie zum steten Geleit gegeben ist." Gemeint ist der Hofrath Gruner in Jena (S. 129), derselbe, der in seinem „Almanach für Aerzte und Nichtärzte" [1797] Kant einen philosophischen Cagliostro, die Wissenschaftslehre eine jämmerliche Taschenspielerei nannte und der überhaupt der Dafürhaltens war, daß die Philosophen nach Botanybay zu transportiren sind. Im „Obscuranten-Almanach auf d. J. 1800" heißt es S. 276: „Dem Arzt Gruner, von einer seltnen Schwärze des Characters, gebührt ein Hauptantheil an dem erregten Atheistenmacherunfug, wenn er auch nicht Verfasser des „Schreibens eines Vaters" &c. sein sollte." Gruner vertheidigte sich in der die pudenda einer berühmten Universität enthüllenden Schrift: „Ein paar Worte zur Belehrung an Hrn. Exprofessor Fichte". Jena 1799. Gruner will den ätzenden Höllenstein gegen Fichte's philosophische Ichheit brauchen, der wie ein literar. Bandit ihn angefallen, wie ein roher und betrunkener Matrose geschimpft habe, ein niederträchtiger Calumniant sei. Schelling vermuthete als Verfasser Abicht in Erlangen, „einen niederträchtigen Kerl", Andere Heusinger. — Die Schriften üb. Fichte's Atheismus sind recens. in den R. theol. Annalen 1799, S. 561 ff.

d) Forberg, von dem Altenburger Consistorium wegen seines Aufsatzes zur Verantwortung gezogen, erklärte: „Mein Aufsatz ist durch und durch nichts anders, als eine neue Darstellung des längstbekannten Kantischen Dogmas, daß das Dasein Gottes kein Gegenstand des theoretischen Wissens, sondern bloß eines practischen Glaubens sei." Nie habe er etwas gegen die Lehre Jesu geschrieben, ja nicht einmal gedacht. Auch versprach er, im Schulunterrichte die christliche Religion nach dem kirchlichen Lehrbegriffe, auf welchen er vereidet worden, vorzutragen. Diese Erklärung genügte seinen Vorgesetzten und er wurde als Rector introducirt.

Weimarische Regierung, sich wohl bewußt, daß philosophische Speculationen nicht Gegenstand einer behördlichen Entscheidung sein können, suchte in milder Weise diesen ärgerlichen Handel beizulegen. Aber Fichte's stolzer Character wandte sich in feierlichen Appellationen an das Publikum und forderte pochend und polternd eine unzweideutige Entscheidung. Ein Privatbrief an den Geh. Rath Voigt bedrohte einen ihm zugedachten Verweis mit der Abgabe seiner Dimission. Dadurch verlor die Regierung die Geduld. Ein herzogliches Rescript erkannte auf einen Verweis und acceptirte im Voraus die hierfür angekündigte Dimission. Fichte war entsetzt und die Petitionen der Studenten vermochten nichts wider die herzogliche Entschließung. Jacobi schrieb damals an Reinhold: „Der Brief von Fichte's Frau hat auch mich tief bewegt. Wenn der unglückliche Mann nur nicht so gar tief im Unrecht steckte! Man weiß nicht, wie man für ihn sprechen soll. Der Brief an den G.-R. Voigt ist gar zu empörend. Dem Manne, der so drohte, der sich rühmte, das Complot fertig zu machen, wodurch er der Academie einen tödtlichen Stoß beibringen würde; der dabei aus Pflicht handeln will, weil er das preißwürdige Ueberhaupt in seiner Person nicht antasten lassen darf; der den Generalsuperintendenten des Landes des Atheismus bezüchtigt, um die Regierung in Verlegenheit zu bringen; dem Manne, der auf diese Weise drohen, pochen und wüthen konnte, ist nicht um ein Haar zu wehe geschehn. Es können Umstände da gewesen sein, die es begreiflich machen, daß er von Sinnen kam, aber als ein Unsinniger wird er allemal erscheinen, und als ein Unsinniger schlimmer Art. Da mir dies so klar vor Augen steht, so beklemmt das Schicksal des Mannes mir das Herz, ohne es zu erweichen; ich kann ihm die Hände bieten, um ihm zu helfen, aber nicht die Arme öffnen, um ihn an meine Brust zu drücken; er erinnert mich an Klinger's kalten Geist, ich kann ihn nicht lieben." Andern erregte seine Entlassung die vollste Indignation: „Sollen, ruft Einer aus, die Gelehrten bloß die gelernten Vögel der Mächtigen und Großen werden? Fichte's Sache ist die Sache aller öffentlichen Lehrer." Fichte verließ die jenaische Hölle, diese Mischung von Barbarei und Cultur, von Thorheit und Weisheit, nachdem er schon vorher die thörichtste aller Hoffnungen, daß aus Jena je etwas werden könne, aufgegeben hatte. „Gegen die todten Mauern von Jena und gegen die ebenso todten unbedeutenden Collegen habe ich keine Pflichten." Suchend nach einem stillen Winkel, um ruhig einige Jahre sich selbst zu leben, gedeckt vor den Bannstrahlen der Priester und den Steinigungen der

Gläubigen, ging er, als Rudolstadt sich ihm verschloß, nach Berlin, wo er ein Asyl fand. Er hielt dann abwechselnd Vorlesungen im damals preußischen Erlangen, in Königsberg, wo sein Tadel der Kant'schen Philosophie sehr übel aufgenommen wurde, und an der neugegründeten Universität Berlin.

In Berlin begann die zweite Periode der Fichte'schen Philosophie, einer philosophischen Mystik, die im Johanneischen Evangelium, als der echtesten und reinsten Urkunde des Christenthums, sich wiedererkannte. Das einzige wahrhaftige Sein ist Gott. In ihm ist alles Leben und außer ihm ist keines. Selig ist, wer vereinigt ist mit ihm, dem Einen und Einerlei ohne Trennung, Veränderung und Wandel. Das Band der Vereinigung ist die Liebe. In der Liebe ist das Sein und das Dasein, ist Gott und Mensch (indem er sich selbst negirt) Eins, völlig verschmolzen und verflossen. Das war auch ein Identitätsstandpunkt, aber gewonnen durch das religiöse Medium der Liebe. Hegel hat verächtlich gemeint: es sei das eine Philosophie für aufgeklärte Juden und Jüdinnen, Staatsräthe Kotzebue; wogegen Andere es Fichte zum großen Verdienst anrechneten, daß er eine höhere Ansicht des Lebens der Welt und der Menschen wecke in einer Zeit, wo „die Bilder und Formeln der hergebrachten Religion zuerst ausgeleert, sodann laut verhöhnt, und zuletzt der stillschweigenden und höflichen Verachtung hingegeben werden."

Was er in Jena im Kleinen versucht hatte, das that er in Berlin durch seine Reden an die deutsche Nation im Großen*, und die Früchte seiner reformatorischen Thätigkeit sind nicht ausgeblieben. Die Freudenbotschaft von Blücher's Uebergang über den Rhein traf ihn noch unter den Lebenden. Er starb am 27. Jan. 1814.

Fichte's Ich-Philosophie fand eine sehr getheilte Aufnahme. Mancherlei wohlfeiler Spott ist über sie ergangen. Er construire Luft und Licht a priori. Nicolai, der auch durch sein Votum Fichte's Aufnahme in die Berliner Academie hinderte, meinte: die Phantasie laufe bei diesem spitzfindigen Sonderling mit dem undeutlichen Tiefsinne davon und gebe ihm die sinnlosten Einbildungen ein, wie die von einer intellectuellen Anschauung, worin ein Ich ohne Substrat, welches nicht

---

*) Er erbot sich sogar, das Hauptquartier als Feldprediger zu begleiten und als solcher wirklich Christenthum und Bibel vorzutragen. Noch in Jena hatte Fichte geäußert: „Das Christenthum ist Lebensweisheit, unsere Philosophie soll nur Theorie der Lebensweisheit sein. Mit ihm, in solcher Ursprünglichkeit gefaßt, kann unsere Philosophie nicht in Streit gerathen."

möglich, nicht wirklich, nicht ist, doch sich selbst setzt, und ein Nichtich sich entgegensetzt. Wieland wollte einem solchen philosophischen reinen Ich eine Tracht Stockprügel aufzählen lassen, um es zum Geständniß zu bringen, daß sich das reine Ich nicht ohne das Nichtich setzen könne. Kant selbst, der in Fichte einen Scholiasten, welcher seine gute Darstellungsgabe in usum der Kritik der reinen Vernunft cultiviren werde, erwartet, aber einen Scholastiker gefunden hatte, der die äußerst zugespitzten apices der subtilen theoretischen Speculation sich auswählte, erklärte die Wissenschaftslehre für ein gänzlich unhaltbares System, worin nicht von einem beurtheilten Objecte, sondern nur von einem beurtheilenden Subject die Rede sei. Als Fichte erwiederte, er werde doch das Scholastische nicht aus den Augen setzen, habe auch nicht den Geist, nur den Buchstaben Kant's verlassen, da drang Kant, als ob er die Herkulessäulen des Denkens für alle Zeiten errichtet hätte, auf den Buchstaben der Kritik, nannte es eine Anmaßung, ihm die Absicht unterzuschieben, daß er bloß eine Propädeutik zur Transscendentalphilosophie, nicht das System selbst habe liefern wollen, und bemerkte, die Vernunft-Kritik habe nichts mehr zu fürchten, als ihre tölpischen und hinterlistigen Freunde. Seitdem achtete Fichte den furchtsamen und sophistischen Alten von Königsberg als einen Dreiviertelskopf, der seine eigne Philosophie nicht mehr verstehe. Ein Anhänger Fichte's erklärte die Wissenschaftslehre für die Sonne, die selbst scheint, Kant's Kritik für das zweite Licht, das nur dann scheint, wenn es das Licht von der Sonne bekömmt. Kant gehöre zu den Propheten, die aus Inspiration sprechen, die sie selbst nicht verstehen. In dem, was Kant träumend gesagt, finde sich mehr Wahrheit, als in dem, was er wachend behauptet hat. Schelling aber urtheilte: Kant habe sich nun selbst annihilirt, für ihn sei die Nachwelt schon gekommen, er habe alles Recht weiter mitzusprechen verwirkt und sei philosophisch todt. „Mag er hinführo die todten Gipsabbrücke seiner Kritik hinter sich schleppen". So kam der Alleszermalmende in Gefahr, von seinen Nachfolgern selbst zermalmt zu werden. Dagegen fing jetzt die A. D. B. an, Kant im Vergleich mit Fichte als einen verständigen Mann zu preisen. Auch die Allgemeine Literaturzeitung bedauerte ihr Lob an Fichte verschwendet zu haben. Was insbesondere Fichte's Gotteslehre anlangt, so vertrat ihm wie Kant gegenüber Eberhard, unter Klagen über die Sucht nach Originalität, die die Stelle der Gründlichkeit eingenommen, den Standpunkt des gesunden Menschenverstandes und der alten Metaphysik.

„Herr Fichte hält das höchste Wesen nicht für existirend, es ist ihm nicht für sich bestehend. Der gesunde Menschenverstand hält es für ein existirendes und für sich bestehendes Wesen. Ein Glaube an Gott, der bloß auf die Moral gebaut ist, hat nur eine sehr schwache Stütze." Aber Lavater schrieb für Fichte die Denkzeile:

> Unerreichbarer Denker, Dein Dasein beweist mir das Dasein
> Eines ewigen Geistes, dem hohe Geister entstrahlen!
> Könntest je Du zweifeln, ich stellte Dich selbst vor Dich selbst nur,
> Zeigte Dir in Dir selbst den Strahl des ewigen Geistes.

Kaum war die Wissenschaftslehre erschienen, als auch schon ihre Terminologie in der Theologie zu spuken begann. So in Berger's „Aphorismen zu einer Wissenschaftslehre der Religion" (1796). Als Fichte bereits als Atheist verfolgt wurde, behauptete die vollendete Harmonie der Religion mit der Wissenschaftslehre Johann Baptist Schad († 1834), ehemals Benedictiner in Kloster Banz, dann, nachdem er den Klostermauern entflohen, in Ebersdorf gastlich aufgenommen, bei Löffler in Gotha, um den Nachstellungen der Mönche zu entgehen, Protestant geworden war, Professor der Philosophie in Jena und an der neu angelegten Universität Charkow. Er sah in Kant den philosophischen Luther, in Fichte den Vollender der kritischen Philosophie. Da die Kant'sche Philosophie mit großen Schritten ihrem Grab entgegengehe, so bleibe nur die Fichtesche Philosophie als die letzte feste Burg der Heiligthümer der Menschheit übrig. Fichte seinerseits hat ihm bezeugt, daß er die Wissenschaftslehre vollkommen verstanden habe. In seiner „Absoluten Harmonie des Fichteschen Systems mit der Religion" (1802) giebt er zu, daß nach dem Standpunkt des natürlichen Vernunftgebrauches die Religion ganz anders bestimmt werde, als nach dem transscendentalen Standpunkt, welcher der reinen Vernunft eigen ist. Die Religionen des gemeinen Menschenverstandes sind wandelbar, wenigstens der Form nach. Die reine Vernunftreligion ist der Form und der Materie nach schlechthin unwandelbar. Weil aber in diesem Leben nicht alle Menschen Philosophen sind, so wird es keinem Philosophen einfallen, das Christenthum als stets fortschreitende Volksreligion verdrängen und an seiner Stelle die reine Vernunftreligion für das Volk einführen zu wollen. Aber er wird versuchen, das Christenthum dem Ideal der Vernunftreligion näher zu bringen. Das einzig mögliche Fundament der reinen Vernunftreligion ist die Fichtesche Philosophie. Auf dem Reflexionsstandpunkte findet man Denken und Sein,

Subjectives und Objectives. Setze ich Gott gleich dem reinen Denken, so ist unerklärlich, wie aus dem Denken das Sein oder die Stoffheit hervorgehe, oder umgekehrt wie aus der Stoffheit, wenn diese gleich Gott gesetzt würde, das Denken. Denn aus einem Princip kann nur hervorgehn, was ursprünglich in ihm enthalten ist. Denke ich aber beides, Denken und Sein, coordinirt, so ist das Denken nicht mehr absolut, sondern eines höhern Seins bedürftig. Das ist der Ausgang alles Dualismus. Setzt man aber Gott gleich dem synthetischen Vereinigungspunkt, so ist derselbe bloßes Product der Phantasie, ohne die geringste Realität. Aber als real angenommen, so wäre aus diesem synthetischen Vereinigungspunkt absolut Entgegengesetztes hervorgegangen, mithin in Gott selbst ein absoluter Widerspruch gesetzt. Nur als die absolute Identität des Subjectiven und Objectiven ist die Realität des schlechthin Uebersinnlichen möglich. „So gewiß ich also weiß, daß ich selbst bin und außer mir Dinge sind, so gewiß weiß ich auch, daß ein schlechthin Uebersinnliches als eine Urkraft ist, die sich in der geistigen und materiellen Welt, welche die zwei entgegengesetzten Pole derselben ausmachen, ergießt, von Individuum zu Individuum, von Potenz zu Potenz überströmt und Alles, was (als Geist oder Materie) existirt, nicht nur erhält, so daß kein einzelnes Sein seinem Wesen nach je vernichtet werden kann, sondern in's Unendliche fort einer immer höher steigenden Vollkommenheit fähig macht"f. Unter den Theologen folgten den Spuren Fichte's Johann Ernst Christian Schmidt († 1831), Professor in Gießen, extravagant in der Jugend, witzig im Alter, für das Wahre und Rechte immer begeistert, den Spitzfindigkeiten und der Volksverdummung abgeneigt, anregend und fesselnd in seinen Schriften wie in seinem Vortrage. „Sanft und klar floß der milde Strom seiner Rede." Nachdem er in seinem „Lehrbuch der Sittenlehre"|(1799) bereits den ganzen Fichtianismus auf die Moral übertragen hatte, stellte er wie eine Parallele zur Wissenschaftslehre in seinem „Lehrbuch der christlichen Dogmatik" (1800) eine „Religionslehre" auf. Der moralische Mensch hat ein unerschütterliches Gefühl der Gewißheit, daß er die Forderungen des Gewissens erfüllen könne. Dies ist das religiöse Gefühl, der practische Glaube. Dieses Gefühl und die Bemerkung seiner Einschränkung in Ausübung der Tugend führt den Menschen zu den religiösen Wahrheiten, welche als Gegenstand des Unterrichts Religionslehren heißen.

---

f) Schad's Lebensgeschichte, von ihm selbst beschrieben. 3 B. Altenb. 1828.

Sie sind Voraussetzungen, die zufolge der Denkgesetze gemacht werden, also ein gemeinsames Princip haben und einer systematischen Verknüpfung fähig sind. Es ist demnach eine Religionswissenschaft oder Religionslehre möglich. Die Möglichkeit der Erfüllung des Sittengesetzes muß mit Hülfe der Denkgesetze denkbar gemacht werden. Fichte hatte gesagt: „Ein Mensch konnte die ersten Menschen nicht erziehn. Also ist es nothwendig, daß sie ein anderes vernünftiges Wesen erzog, das kein Mensch war. Ein Geist nahm sich ihrer an, ganz so wie es eine alte ehrwürdige Urkunde vorstellt, welche überhaupt die tiefsinnigste erhabenste Weisheit enthält und Resultate aufstellt, zu denen alle Philosophie am Ende doch wieder zurück muß." Diesen Gedanken eignet Schmidt sich an und faßt nun die Geschichte des Menschengeschlechts als eine der Menschheit anderswoher, als von Menschen, zugekommene Erziehung zur Sittlichkeit auf. Die Erziehung des Menschengeschlechts, sagt er mit Lessing, ist die göttliche Offenbarung. Sie mußte sogleich nach der Entstehung des Menschengeschlechts anfangen, wie die Erziehung des einzelnen Menschen gleich nach seiner Geburt, und dann stufenweise fortschreiten. Auf der niedern Stufe werden die Menschen die religiösen Wahrheiten auf die Auctorität der Offenbarung hin glauben (articuli puri), auf einer höhern Stufe der moralischen Cultur kann sich das ganze Menschengeschlecht aus sich selbst von der Wahrheit der Religionslehren überzeugen, womit das Bedürfniß einer Offenbarung aufhört. „Dies ist der Character unserer Zeit, ein Zeichen, daß die Menschheit fortschreitet." So kann eine und dieselbe Religion für den Einen positiv und für den Andern nicht positiv (aus der Vernunft geschöpft) sein. Die in der göttlichen Welteinrichtung liegende Erziehung des Menschengeschlechts zur Moralität hat durch die Erscheinung des Christenthums ihr wichtigstes Geschäft ausgeführt. Denn bei ihm handelt sich's nicht mehr um Vorbereitung zur Moralität, sondern um die Moralität selbst. Christus war moralischer Lehrer durch Unterricht und Beispiel, zu welch' letzterem auch sein Leiden und Sterben gehörte. Glaube ist die moralische Gesinnung und das religiöse Vertrauen. Der Glaube ist die Bedingung des göttlichen Wohlgefallens, nicht die guten Werke, d. h. die moralische Gesinnung allein giebt dem Menschen Werth, da es oft nicht in seiner Macht steht, seinen Vorsätzen gemäß zu handeln. Besonders nahe berührt er sich mit Fichte's Gotteslehre, als welche von jeher die Lehre der Kirche gewesen sei. „Die neueste Philosophie ist soweit gegangen, daß sie selbst den Namen der Substantialität nicht von der Gott-

320 2. Philosophie und Theologie. Rationalismus und Supernaturalismus.

heit gebraucht wissen wollte, weil sonst die Gottheit dadurch in den Kreis des Begreiflichen herabgezogen werde. Dies gab Veranlassung zu traurigen Mißverständnissen; und doch hatten schon ältere Theologen das Nämliche gethan, indem sie sagten, Gott sei actus purus".

§. 40. Friedrich Wilhelm Joseph von Schelling.

Aus Schelling's Leben. In Briefen. 3 B. Lpz. 1869 f. — K. Rosenkranz, Schelling. Danzig 1843. Fortlage [§. 35] S. 146. Erdmann [§. 35] II, 76. Grundriß II, 471. Zeller [§. 34] S. 644. K. Fischer, Schelling. Heidelb. 1872. — Herrmann [§. 37] S. 172. Schelling u. die Theologie. Brl. 1845. Gaß IV, 359. — Uebrige Literatur bei Ueberweg [§. 31] S. 221.

Bei Fichte's Entlassung galt das Weimarische Trostwort: »non deficit alter«, wie Goethe es übersetzte: „ein Stern geht unter, der andere erhebt sich" dem schwäbischen Magister Schelling, geboren 1775 zu Leonberg. Fünfzehnjährig bezieht er die Universität Tübingen, um Theologie zu studiren. In seinem 18. Jahre ist er theologischer Schriftsteller in historisch-kritischer Richtung. Bald tritt vor dem philosophischen Berufe die Theologie zurück. Nachdem schon 1795 die orthodoxen Begriffe von Gott nicht mehr für ihn waren, erklärt er zwei Jahre später: „Zur Theologie tauge ich nicht, weil ich indeß um nichts orthodoxer geworden bin." Seine Lehrthätigkeit in Jena beginnt er 1798, um schon 1803 sie wieder abzubrechen, nachdem seine Bitte um eine Pension abschläglich beschieden worden. Der Eindruck, den seine Vorlesungen machten, war ein ungemeiner. „In seinem lebendigen Worte lag eine hinnehmende Kraft, welcher, wo sie nur einige Empfänglichkeit traf, keine der jungen Seelen sich erwehren konnte." Er ging als Professor nach Würzburg, wo er sich (nach Paulus) durch Arroganz gehässig machte, und ward 1807 in München angestellt als ordentliches Mitglied der Academie der Wissenschaften, dann auch als Generalsecretär an der Academie der bildenden Künste. 1820 begab er sich mit königlichem Urlaub nach Erlangen, wo er philosophische Vorträge hielt. Als 1826 die Universität Landshut nach München verlegt worden war, wurde er für den Lehrstuhl der Philosophie berufen. Schon ein Greis nahm er 1841 einen glänzenden Ruf nach Berlin an. Am 20. August 1854 ging er zu Ragaz in den vorempfundenen ewigen Frieden ein.

Schelling stand zuerst auf Fichte's Standpunkt, ein Ergänzer desselben. Fichte's Philosophie bewegte sich auf der Spitze der Subjectivität. Alles war in das Subject aufgelöst, die ganze Erklärung des objectiven Daseins der Dinge in das Ich verlegt, das Nichtich nur eine Schranke,

---

g) Neuer Nekrolog d. Deutschen. 1831. I, 491.

ein völlig leeres Object, ein abstracter Begriff, eigentlich nur da, damit das Ich den Stoff zu seiner practischen Thätigkeit habe. Nirgends zeigte Fichte, wie sich uns jene Schranke zu dieser reichen Welt erweitere. Die Wissenschaftslehre kam nicht aus dem Kreis des Bewußtseins heraus. Fichte's Instrument war zu beschränkt, um die ganze Melodie darauf ausführen zu können. Die Engigkeit des Fichte'schen Systemes, in welchem die große Wirklichkeit keine Stätte fand, in welchem die Natur zusammengeschwunden war zum bloßen Nichtich, an dem sich nichts wahrnehmen läßt, als daß es eben dem Subject entgegengesetzt ist, zu überwinden, den Fichte'schen Idealismus mit der Wirklichkeit auszusöhnen, wieder in's Objective zu kommen, das war die natürliche Aufgabe, welche Schelling zufiel. Er vollzieht die andere Seite des absoluten Erkenntnißactes, er macht Ernst mit Fichte's Satz: das Ich setzt das Nichtich im Ich. Es existirt also nichts als was = Ich ist. Die Natur ist nicht ein bloß Objectives, sondern auch ein Subjectives, also ein Subject-Object, das erste Subjective außer uns, sie ist kein bloßes Nichtich, sondern das Nichtich im Ich, ein werdendes, sich entwickelndes, sich selbst reflectirendes Ich. Das Ich nämlich setzt sich nicht in einem Acte, sondern in einer Reihe von Acten. In den Stufenreihen der Natur hat das Ich seine transcendentale Vergangenheit. In den Vorstufen noch bewußtlos (unreife Intelligenz) erscheint das Ich als solches im menschlichen Bewußtsein. So ist die Natur ein Product des sich selbst setzenden Ich und die äußere Welt liegt vor uns aufgeschlagen, um in ihr die Geschichte des Geistes wiederzufinden. Hier trennt sich Schelling nun auch deutlich von dem umgekehrten Fichte, von Spinoza, in dessen einseitig realistischem System das Leben des Geistes in der Substanz sich verliert, die Natur den Geist despotisirt. Wenn nun das Nichtich auch ein Ich ist, so sind beide, Ich und Nichtich oder Geist und Natur, identisch. Sonach ist Schelling's Lehre Identitätsphilosophie. Sie behauptet die absolute Identität des Idealen und Realen. Die Natur an sich ist der sichtbare Geist, der Geist an sich die unsichtbare Natur. Diese Einsicht ist die Bedingung aller höhern Wissenschaftlichkeit. Die Identität des Realen und Idealen zu erklären, können zwei Wege eingeschlagen werden. Entweder man beginnt mit dem Realen, mit dem Objectiven, mit der Natur, um sie für unsere Betrachtung in Intelligenz aufzulösen. Das ist Naturphilosophie, der materielle Beweis des Idealismus, den Schelling geben wollte. Oder man geht aus vom Subjectiven, von der ideellen Welt, in welche man auch das Reale versetzt, man entwickelt die Formen und Gesetze der Intelligenz, um darzuthun, wie diesen Gesetzen gemäß die reale Natur in unserm intellectuellen Leben sich zum Ausdruck bringen muß. Das ist die Transscendentalphilosophie, der formelle Beweis des Idealismus, den Fichte gab. Und so konnte Schelling sagen: „Fichte's System finde ich nicht falsch, denn es ist ein nothwendiger und integranter Theil des meinigen."

Natur- und Transscendentalphilosophie sind die entgegengesetzten Pole des Philosophirens. Mit dem Jahre 1801, da ihm das Licht in der Philosophie aufgegangen, trat Schelling in den Indifferenzpunkt, in welchen nur der recht fest und sicher sich stellen kann, der ihn zuvor von ganz entgegengesetzten Richtungen her construirt hat. Bis daher war Schelling mit Fichte vom Ich des menschlichen Bewußtseins ausgegangen. Nun aber nahm er das Ich aus jener höhern Potenz, die es im menschlichen Bewußtsein hat, heraus, depotenzirte es zum reinen objectiven Subject-Object, zum Ich schlechthin, das aus seinem anfänglichen Zustande des Außersichseins, der Selbstentfremdung, stufenweise zu sich selbst zurückkehrt bis zum völligen Insichsein. Das Absolute ist also die allgemeine Subject-Objectivität, aus der erst das Subject-Object des Bewußtseins entsteht, oder die reine Identität von Subject und Object, die nicht Ursache ist des Universums, sondern des Universum selbst, auch nicht erfaßt wird vom reflectirenden Verstande, sondern mit der Vernunft in der unmittelbaren intellectuellen Anschauung. In der absoluten Identität sind Sein und Denken, Gott und Natur eins. Der wahre Gott ist der, außer welchem nicht die Natur ist, sowie die wahre Natur die, außer der nicht Gott ist. Diese höchste Einheit, den heiligen Abgrund, aus dem Alles hervorgeht und in den Alles zurückkehrt, in dem Gott ungetrennt mit der Natur ist, in Ansehung dessen das Wesen auch die Form, die Form auch das Wesen ist, in unmittelbarer übersinnlicher Anschauung zu erkennen, ist die Weihe zur höchsten Seligkeit, die allein in der Betrachtung des Allervollkommensten gefunden wird. Das absolute Sein muß nach der Methode des Potenzirens gefaßt werden als das Offenbaren und Bejahen seiner selbst in unbegränzter Fülle in allen möglichen Weisen und Abstufungen der Realität. Der Ausdruck dieser ewigen und unendlichen Selbstoffenbarung heißt die Welt. Jede einzelne Form dieser Selbstoffenbarung entsteht durch eine quantitative Differenz des Subjectiven und Objectiven, während an sich die qualitative Indifferenz von beiden stattfindet. Dieselbe Kraft, die sich in der Masse der Natur ergießt, ist es auch, die in der geistigen Welt sich darstellt, nur daß sie dort mit dem Uebergewichte des Reellen, hier des Ideellen zu kämpfen hat. Aber auch diese Verschiedenheit erscheint uns nur insofern wir auf das Einzelne als solches hinsehen und außerhalb der absoluten Indifferenz uns befinden, während wir auf dem Standpunkte der intellectuellen Vernunftanschauung die allgegenwärtige absolute Identität erkennen. Die Natur also im Gegensatze gegen die Geisteswelt betrachtet, zeigt sich uns als das relativ-reale All, die Geisteswelt im Gegensatze gegen die Natur als das relativ-ideale All. Die drei Hauptpotenzen des relativ Realen sind die Materie und das Schwere, das Licht und die Bewegung, der Organismus und das Leben; die drei Hauptpotenzen des relativ Idealen: die Wahrheit und die Wissenschaft, die Religion und die Güte, die Schönheit und die Kunst. Das Universum ist in seiner Unendlichkeit als das vollkommenste organische Wesen und als das vollkommenste Kunstwerk gebildet für die Vernunft, die es erkennend auffaßt in vollendeter Wahrheit für die Einbildungskraft, die es nachahmend darstellt in vollendeter Schönheit. Das höchste Product der organisch bildenden Lebenskraft der Natur ist der Mensch, Abbild des Universums, Mikrokosmos, die Gegensätze des Alls auf individuelle Weise in sich vereinigend. In ihm erst gelangt die allgemeine Vernunft zum eigentlichen Bewußtsein, zum wirklichen Erkennen und Wollen, zur Persönlichkeit.

In diesem System ist die Weltgeschichte Gottesgeschichte, ein Epos, im Geiste Gottes gedichtet, und zugleich Gottes vollkommene Actualisirung. In diese Construction der ganzen Weltgeschichte als einer Offenbarung Gottes gehört auch die historische Construction des Christenthums. Das Christenthum kann nicht vom empirischen, nur vom speculativen Standpunkte aus begriffen und in seiner universellen Beziehung erfaßt werden. Die Philosophie ist das wahre Organ der Theologie als Wissenschaft, sie verbindet im heiligen Einklange die Religion mit der Wissenschaft. Wie das Göttliche seiner Natur nach empirisch weder erkennbar noch demonstrabel ist, so kann auch die Göttlichkeit des Christenthums auf keine mittelbare Weise, sondern nur auf eine unmittelbare und im Zusammenhange mit der absoluten Ansicht der Geschichte erkannt werden. Character des Heidenthums ist die Anschauung des Unendlichen im Endlichen, Character des Christenthums die Anschauung des Endlichen im Unendlichen. Erst war die Periode der Natur (Blüthe des Griechenthums), dann der Abfall davon die Periode des Schicksals (Ende der alten Welt), das Christenthum leitet die Periode der Vorsehung, der bewußten Versöhnung und Einheit ein. Der erste Gedanke des Christenthums ist die Versöhnung des von Gott abgefallenen Endlichen durch seine eigne Geburt in die Endlichkeit. Seine ganze Ansicht des Universum und der Geschichte desselben vollendet sich in der Idee der Dreieinigkeit, welche eben deßwegen im Christenthum schlechthin nothwendig ist. Der ewige, aus dem Wesen des Vaters geborene Sohn Gottes ist das Endliche selbst, wie es in der Anschauung Gottes ist, und welches als ein leidender und den Verhängnissen der Zeit untergeordneter Gott erscheint, der in dem Gipfel seiner Erscheinung, in Christo, die Welt der Endlichkeit schließt und die der Unendlichkeit oder der Herrschaft des Geistes eröffnet. Die Menschwerdung Gottes ist, da Gott ewig außer aller Zeit ist, eine Menschwerdung von Ewigkeit. Der Mensch Christus, in welchem Gott zuerst wahrhaft objectiv geworden, ist in der Erscheinung nur der Gipfel derselben. Diese höhere Ansicht des Christenthums ist nicht zu verwechseln mit der Kant'schen Läuterung desselben zur reinen Vernunftreligion. Kant, indem er nicht einen speculativen, sondern nur einen moralischen Sinn der vornehmsten christlichen Lehren beabsichtigte, die Wahrheit derselben nicht an sich, sondern allein in der subjectiven Beziehung möglicher Motive der Sittlichkeit annahm, hat sich nicht über die Erscheinung des Christenthums zur Idee erhoben, den empirischen Standpunkt im Grunde nicht verlassen. Das ideale Princip kam vom Orient, der Occident hat ihm einen Leib und die äußere Gestalt gegeben, wie das Licht der Sonne nur im Stoff der Erde seine herrlichen Ideen ausgebiert. Die ersten Formen sind nach dem Gesetze der Endlichkeit zerfallen, und es ist nicht mehr möglich, das Christenthum in der bisherigen exoterischen Gestalt zu behaupten. Das Esoterische muß hervortreten und, von seiner Hülle befreit, für sich leuchten. Freilich ein Hinderniß dieser Vollendung sind die sogenannten biblischen Bücher mit ihrem dürftigen religiösen Gehalte.

Seit seinem Abgang von Jena, wo sich fast sein ganzes Sinnen auf die Natur einschränkte, ging ihm immermehr das Verständniß für die Alles bewegende Macht der Religion auf. Es kam ihm der Wunsch, von der Philosophie zur theologischen Lehrthätigkeit überzugehn, um für ganz Deutschland etwas Entscheidendes zu thun und ein wohlthätiges Licht anzustecken, wogegen die erste noch in seiner Jugend hervorgebrachte Bewegung nur wie ein unlauteres Feuer erscheinen sollte. Das religiöse Gefühl tritt mehr und mehr in den Vordergrund. „Keine Gebete, schreibt er 1812, bringen so mächtig zum Himmel, als Kindergebete. Der reine Wille ist eine Kraft, die selbst die Gottheit bewegt." Ueber dem Studium der Mystiker erhält seine Philosophie eine theologische Färbung. Jetzt wird ihm die hohe Bedeutung des Leiblichen, das der Idealismus herabsetzte, klar. "Wie wohlthuend ist der Glaube, daß auch der schwächste Theil unserer Natur von Gott an- und aufgenommen ist, die Gewißheit von der Vergötterung der ganzen Menschheit durch Christus. Wenn diese mystische Verbindung der göttlichen und menschlichen Natur der höchste Punkt im ganzen Christenthum ist, so ist die Ueberzeugung von einer wirklichen Einheit Gottes und der Natur, kraft der sie nicht bloß als ein Fehlerhaftes oder Hervorgebrachtes, sondern auf eine eigentlichere und persönliche Weise zu ihm gehört, der wahre Vollendungspunkt menschlicher Wissenschaft. Christus, durch den Gott hindurchgegangen ist, hat zuerst die Verbindung zwischen der Natur und dem Geisterreiche wiederhergestellt." Das nannte Schelling die reale Denkbarkeit des Glaubens darthun, eine reale aus den Tiefen wirklicher Wissenschaft geschöpfte Theologie geben. Er ist auf diesem Wege zuletzt zum vielgeschmähten Offenbarungsphilosophen, zum Basilidianer geworden.

Schelling fand lebhaften Widerspruch bei den Philosophen aller Schulen. Die Aufklärer verschossen gegen ihn, den anmaßenden, bannsüchtigen, mystische Dunkelheit haschenden Vernunftoberpriester, Lama und Gott zugleich, ihre letzten Pfeile. Hatte Nicolai schon über Fichte's Ichlehre entsetzt ausgerufen: "ist hier noch Menschensinn?" so hatte er für Schelling, der über den ursprünglichen Selbstsetzer noch hinausgehen und die Wissenschaft des reinen Ichs soweit vervollkommen wollte, daß sie nicht mittheilbar wird, nur ein: ambitiosus et audax naviget Anticyram. Mit Recht sei daher das Irrenhaus von Weimar nach Jena verlegt worden, woselbst ein solches höchst Noth thue. Von den Kantianern bekämpften C. Chr. E. Schmid und Fries die Ausgeburt des Fichtianismus, eine bloße Kinderei, von Außen buntscheckig, im Innern elend. Reinhold erklärte sie für eine den Studenten unverdauliche, ja Geist und Herz tödtende Speise. Schelling ist consequenter als Fichte und ebendarum absolut gottlos. Fichte selbst war von dem dicken und zähen Unsinn der Naturphilosophie sehr wenig erbaut. Für Schelling sei die Wissenschaftslehre vergeblich da; ihm sei nie wohl, als wenn er rhapsodisch phantasiren könne. "Macht er einmal Miene, zwischenein auch zu deduciren, so stolpert er bei jedem Schritt über seine eignen Füße. Geräth er in's Absolute, so geht ihm das Relative verloren, geräth er an die Natur, so geht ihm das Absolute ganz eigentlich in die Pilze, die auf dem Dünger seiner Phantasie wachsen." Schelling sei recht eigentlich das böse, die Zeit in die Finsterniß und Verworrenheit Spinoza's zurückführende Princip. Schelling erwiederte genau dasselbe, was Fichte Kanten entgegengeworfen hatte, nämlich, Fichte sei auf dem Standpunkte der Reflexion stehen, der wahre Geist seines Systems ihm selbst verborgen geblieben, die Wissenschaftslehre sei nur ein Philosophiren über das Philosophiren, eine Propädeutik der Philosophie, noch nicht die Philosophie selbst. Hatte Schelling sich schon bitter über die Reinholdigkeit ausgesprochen, so ist er doch am härtesten mit Jacobi zusammengetroffen. Zwischen beiden war die Differenz eine principielle. Schelling behauptete ein wirkliches Wissen von Gott, welches Jacobi verneinte; Jacobi verhielt sich exclusiv gegen die Natur, welche Schelling als wesenliches Element in seine Philosophie aufnahm. Als nun Jacobi seinen Unwillen gegen allen Naturalismus in der Schrift „von den göttlichen Dingen" (zu welchem Titel Schelling bemerkt: „es ist schwer abzusehen, wie die göttlichen Dinge Zeit gefunden, bei einem so viel und so gar nicht göttlich beschäftigten Manne vorzukommen") auch gegen die Naturphilosophie wandte, als welche mit den Worten: Gott, Freiheit, Unsterblichkeit, Gut und Bös, nur zu täuschen suche, da erließ Schelling seine wilde Streitschrift „Denkmal der Schrift von den göttlichen Dingen und der ihm in derselben gemachten Beschuldigung eines absichtlich täuschenden, Lüge redenden Atheismus" (1812), worin es heißt: „7 Jahre diente Jacob um die geliebte Rahel und dann noch 7, im ganzen 14 Jahr', aber er bekam sie doch gleich nach den ersten 7 zum Weib, und däuchten ihm die 7 als wären's einzelne Tage, so lieb hatte er sie. Jacobi dient um die Philosophie 7 mal 7 Jahre. Diese ganze Zeit hat er mit der untergeschobenen blödsichtigen Lea zubringen müssen; Rahel hat ihm nichts gewährt, ein hartherziger Laban, den er den reinen Verstand selber nennt, versagt sie ihm, wie er behauptet, aber der Tochter auch selbst scheint es an Lust zu fehlen, sonst fand sie längst Mittel, sich mit ihm dem unbeugsamen Vater zu entziehen, ja diesem seine Götzen zu stehlen und unter's Stroh zu thun, wohin sie gehören. Unser Rath ist, er lasse die Undankbare in Frieden, damit sie auch ihn lasse und seinen Kopf nicht mit Fragen belästige, die seinen Verstand so sehr angreifen." Jacobi nannte dafür Schelling einen Nichtswürdigen, der nicht roth werden kann. Niebuhr schrieb: „Die Rache Schelling's ist kannibalisch." Die ganze neue

Schule trafen die Vorwürfe der Grobheit, Unverschämtheit und Dummdreistigkeit.

Der gerade herrschenden Theologie war die Naturphilosophie ein Skandal für den gemeinen Menschenverstand, ein im absolut Leeren aufgeführtes Possenspiel und Schlimmeres. Die unstatthafte Anwendung, die sie von ihren Grundsätzen auf die Lehren des Christenthums mache, müsse die Achtung gegen Religion und Christenthum nur noch mehr schwächen und den Gegnern des Evangeliums Jesu einen neuen fruchtbaren Stoff zu sehr scheinbaren Spöttereien darbieten. Als ihre Bestreiter standen namentlich auf: der Berliner Prediger Jenisch († 1804), ein polemischer Schöngeist, der, auf Seite des Tiefdenkers Jacobi, gegen den Hylozoismus des schamlos pochenden und lärmenden Schelling eiferte[a], Vogel [S. 291][b], Stäudlin[c], Tzschirner[d], der, befreit von ihrem Zauber, in ihr einen alles Große und Herrliche verschlingenden Abgrund, eine hohle und bleiche Gestalt sah, der Königsberger J. F. Krause († 1820 als Weimarischer Generalsuperintendent)[e], Süskind[f] und Paulus, „der Satanas und Erbfeind der Naturphilosophie". Die Anklagen lauteten auf Vernichtung der natürlichen und mit ihr der christlichen Religion in ihren Grundlehren. Denn, wiefern sie Gott als einen sich evolvirenden denke, zerstöre sie den Gottesbegriff. Das Unendliche ist ein gesteigertes Endliches und „wenn ein Tiberius, ein Caligula zwar nicht Gott im eigentlichen Sinne, aber doch in Gott ist und zur Substanz Gottes gehört, so sind eben auch solche Ungeheuer ein integrirender Theil Gottes, Gott ist dann ein zum Theil das Schändlichste in sich befassendes Wesen". Das persönliche Fortleben erscheine ihr als eine eitle Freude. Der Geist kehrt wie der Leib in den Schooß des Planeten zurück, aus dem er hervorwuchs. Was diese Philosophie seliges Leben nennt, ist nur eine Exaltation des Gemüths. Endlich wehe sie tödtend wie der Samum der Wüste über das moralische Leben hin, wie-

---

a) Kritik des dogmatischen, idealistischen und hyperidealistischen Religions- und Moralsystems, nebst einem Versuch, die Theologen a. d. Dienstbarkeit zu befreien, in welche sie sich seit langer Zeit an die Philosophie verkauft hatten. Lpz. 1804.

b) In Gabler's Journal f. auserles. theol. Liter. 1810. V, 1, 1 u. 2, 213.

c) Lehrb. d. Dogmatik. 3. A. Gött. 1809. S. 171.

d) Briefe veranlaßt durch Reinhards Geständnisse. Lpz. 1811. S. 47.

e) Ueb. d. Einfluß der Schell. Phil. auf d. Beförderung d. Religiosität [Königsb. Archiv d. Phil., Theol. ꝛc. 1811. St. 2, S. 261].

f) Im „Magazin f. christl. Dogmatik u. Moral" St. 11, S. 143. St. 12, S. 24. St. 17, S. 1.

fern sie den Unterschied zwischen dem Guten und Bösen aufhebe. Aber die Sittlichkeit ist unsere Würde. „Wenn eine Philosophie nicht einmal diese rettet, so ist sie nicht mehr Philosophie, so mag sie alles Uebrige für sich behalten, wir wollen sie nicht." Schelling, der weder der Geistesdürre der Rationalisten noch der armseligen Philosophie der Supernaturalisten Geschmack abgewinnen konnte, redete von einer seine Sätze in lauter Unsinn hineinarbeitenden Polemik.

Inzwischen war doch auch eine theologische Befreundung mit der Naturphilosophie nicht schlechthin unmöglich. Das Lebensvolle und Poetische in ihr im Gegensatz zu den kalten Imperativen der Kant'schen Moral und zur Leerheit damaliger Schultheologie, die Bedeutung, welche sie dem Positiven zu geben wußte, ihr sinnvolles Sichanschmiegen an christliche Glaubenslehren mußte manche Gemüther fesseln. So hat Tzschirner, bevor der Zauber ihm zerrann, bekannt: „Fichte's Lehre raubte mir die ganze herrliche Welt, die Naturphilosophie gab sie mir wieder. Das allgemeine Leben, welches sie in die todte Natur haucht, den Sonnen und den Planeten wie dem Wurme und der Pflanze mittheilt, die Vereinigung, welche sie zwischen dem Unendlichen und dem Endlichen durch die Lehre vermittelt, daß in allen Erscheinungen das Unendliche sich offenbare, der Friede, den sie zwischen den divergirenden Vermögen des Menschen stiftet, indem sie Leib und Seele identificiret, zogen mich wunderbar an. Die Naturphilosophie vermählte den Himmel mit der Erde, lehrte mich das Unendliche im Endlichen schauen. Mich umfingen von allen Seiten reelle Wesen. Heiterer blickte ich zu den Sternen auf und fühlte mich ihnen in dem Gedanken befreundet, daß in ihnen, wie in mir, die Fülle des Lebens, obwohl in höherer Potenz, wohne." So konnte geschehn, daß diese Philosophie gepriesen wurde als Herstellerin des gesunkenen Ansehens der Religion. Sie habe den unschätzbaren Zeitwerth, die tief gesunkene Religiosität wieder hoch emporgehoben, sie als das, wovon die Würde des Menschen abhängt, zur allgemeinen Verehrung in vollem Glanze aufgestellt zu haben. Es erschienen Religionsbücher, homiletische Anweisungen, heilige Reden und Predigten nach Schellingschen Principieng. Hatten die Kant'schen Prediger Moral ohne Religion vorgetragen, so pflegten die Jünger der naturphilosophischen Schule Religion ohne Moral zu predigen.

---

g) J. Schulze, Predigten. Lpz. 1810.

Cap. II. **Rationalismus und Supernaturalismus.**
§. 41. Rationalismus.

[Röhr] Briefe üb. d. Rationalismus. Aachen (Zeiß) 1813. J. H. Gebhard, die letzten Gründe d. Ration. Arnst. 1822. Tholuck, Rationalismus [Herzog's R. E. XII, 537].

Die Neologie, auf das Kant'sche Princip der Vernunftautonomie gestellt, wurde Rationalismus, d. i. die theologische Richtung, welche der Vernunft in Sachen der Religion den Primat zuspricht. Der Name Rationalismus, in der Theologie nicht neu[a], durch Kant von Naturalismus und Supernaturalismus bestimmt unterschieden[b], kam durch Gabler (seit 1801) und Reinhard in allgemeinen Gebrauch. Das in

---

a) Bereits im Mittelalter stritt Petrus Lombardus gegen garruli ratiocinatores (Pseudodialectiker). Im Anfange des 17. Jahrhunderts wurden von ihren theologischen Gegnern die Helmstädter Aristoteliker Rationisten (I, 325), im 17. und 18. Jahrh. die Socinianer und Deisten Rationalisten genannt. So widmete Gruner (S. 118) das 3. Buch seiner Institutiones theologiae polemicae (Hal. 1778) den controversiis cum rationalistis christianis s. theologicis, qui in interpretandis definiendisque dogmatibus religionis christianae dum rationem sequi unice sibi videntur videriquo aliis magnopero cupiunt, re ipsa tamen ingenio atque phantasia grassantur. Als Trescho (S. 42) in seinen „Neuen Briefen über Gegenstände der theol. Litteratur" (1765) wiederholt gegen „Rationalisten, die sich die Regierung der Welt nur als ein Reich der Tugend nach der natürlichen Religion schildern", sich erklärte, nannte das die A. D. B. einen neuen Ehrentitel. In den Rinteler Annalen 1792, S. 194 werden Rationalisten solche Leute genannt, welche die von ihnen genützte Offenbarung, um ihr nichts schuldig zu sein, überflüssig machen wollen. Vgl. Bretschneider, Hist. Bemkgen. üb. d. Gebrauch d. Ausdrücke Rationalismus u. Supernaturalismus [Oppositionsschr. f. Christenth. u. Gottesgelahrtheit 1824. VII, 85]. A. Hahn, de rationalismi vera indole. Lips. 1827.

b) Religion innerhalb der Grenzen d. bloßen Vernunft. 2. A. 1794. S. 231: „Der, welcher bloß die natürliche Religion für moralisch nothwendig d. h. für Pflicht erklärt, kann auch der Rationalist (in Glaubenssachen) genannt werden. Wenn dieser die Wirklichkeit aller übernatürlichen göttlichen Offenbarung verneint, so heißt er Naturalist; läßt er nun diese zwar zu, behauptet aber, daß sie zu kennen und für wirklich anzunehmen, zur Religion nicht nothwendig erfordert wird, so würde er ein reiner Rationalist genannt werden können; hält er aber den Glauben an dieselbe zur allgemeinen Religion für nothwendig, so würde er der reine Supernaturalist in Glaubenssachen heißen können. Der Rationalist muß sich, vermöge dieses seines Titels, von selbst schon innerhalb der Schranken der menschlichen Einsicht halten. Daher wird er nie als Naturalist absprechen, und weder die innere Möglichkeit der Offenbarung überhaupt noch die Nothwendigkeit einer Offenbarung als eines göttlichen Mittels zur Introduction der wahren Religion bestreiten, denn hierüber kann kein Mensch durch Vernunft etwas ausmachen. Also kann die Streitfrage nur die wechselseitigen Aussprüche des reinen Rationalisten und des Supernaturalisten in Glaubenssachen oder dasjenige betreffen, was der eine oder der andere als zur alleinigen wahren Religion nothwendig und hinlänglich, oder nur als zufällig an ihr annimmt."

ihm herrschende, mit dem Namen Vernunft belegte Princip war der gesunde, dem Menschen ohne Arbeit und Mühe als ein väterliches Erbtheil zukommende Menschenverstand, der nicht aus Gründen der Wissenschaft über theologische Wahrheit und Unwahrheit entscheidet, sondern mit einem facile intelligitur oder sanae rationis legibus repugnat. Der gesunde Menschenverstand des Rationalismus theilte aber nicht bloß den Unwillen der Neologie gegen Kirchenväterwust und Formulartheologie mit ihren Nestern voll Ungereimtheiten, sondern widerstrebte auch jeder höhern theologischen Entwickelung, für welche er die Namen Obscurantismus, Mysticismus, Allegorismus in Bereitschaft hatte. So ward Marheineke's Dogmatik als ein Dunst- und Nebelgebäude, de Wette's „Theodor" als eines der giftigsten Producte der Romanlectüre verschrieen und von irrsinnigen Lücke'schen Commentarien geredet. Die neuen und neuesten Philosophen erschienen als eine Reihe von Luftspringern, wovon immer der Folgende höher springt oder zu springen sucht als der Vorhergehende. Durch seine Entfernung von der Speculation und sein Aufgehen in den flachen Begriffen des behaglichsten gemeinen Verstandes ist es geschehen, daß dieser Rationalismus als rationalismus vulgaris oder communis bei Seite geschoben und nachmals als theologisches Philister- oder Zigeunerthum verunglimpft wurde. Seinen Inhalt bilden, wie den der Neologie, die allgemeinen Religionswahrheiten: Gott, Vorsehung und Vergeltung, wobei es keinen wesentlichen Unterschied machte, daß für deren Begründung die Neologen an Wolff und die Popularphilosophie, die Rationalisten an Kant und Jacobi sich anlehnten. Das Specifisch-Christliche trat zurück. Was von Johann David Goldhorn in Leipzig berichtet wird: „es wurde der Kreis der Gegenstände der christlichen Ueberzeugung, welche wirklich als solche anzuerkennen er sich gedrungen fühlte, immer kleiner, und er schloß sich mit jedem Jahre inniger an diejenige Denkart an, welche den rationalen Inhalt des Christenthums als dessen bleibendes Wesen betrachtet"c, das bezeichnet den theologischen Character der Zeit überhaupt. Die Religion des Rationalismus stellte sich etwa in folgenden Sätzen dar: „Es ist ein allwaltender, allgegenwärtiger, unsichtbarer Gott, ein höchster Geist. Er ist der Vater der Menschen, den wir verehren und dem wir nachahmen sollen. Er ist die reinste Liebe, die Liebe selbst. Seine Liebe ist eine weise und heilige, die nur Wohlgefallen an der Tu-

---

c) J. H. Goldhorn, J. D. Goldhorn. Halle 1837, S. 21.

gend hat. Durch Weisheit und Tugend wird man Gott ähnlich und verehrt Gott, besonders durch wahre Menschenliebe als die Königin aller Tugenden. Jeder empfängt und wird, was er durch Selbstheiligung geworden. Ohne Tugend und Menschenliebe giebt es keine Seligkeit und ist keine zu hoffen." Die allgemeine Vernunftreligion in dieser Reinheit hat zuerst der Obermensch Jesus, der bestverdiente Religionslehrer aus der alten Welt, ausgesprochen, und so mag sie nach ihm bezeichnet werden, so wenig dies auch vielleicht im Sinne dieses bescheidnen Mannes lag. Gegen die rationalistische Verallgemeinerung des Christlichen zum Moralischen hat Schelling eingewendet: „Die Moral ist ohne Zweifel nichts Auszeichnendes des Christenthums; um einiger Sittensprüche willen, wie die Liebe des Nächsten u. s. w., würde es nicht in der Welt und der Geschichte existirt haben." Wer das positive Christenthum für ein paar armselige moralische Lehrsätze hingebe, der thue wie jener König, von dem Sancho Pansa erzählt, daß er sein Reich für eine Gänseheerde verkaufte. Wenn der Rationalismus einerseits als Fortsetzung der Neologie anzusehen ist, so ist doch andrerseits nicht zu verkennen, daß das neologische Princip im Rationalismus reiner, schulmäßiger, selbstbewußter und einheitlicher sich dargestellt hat. Dies wird besonders klar durch die Stellung, welche der Rationalismus zur h. Schrift nahm. Die Neologie hatte mit der Bibel sich auseinandergesetzt durch die Accommodationslehre. Jesus und die biblischen Schriftsteller standen mit ihrer Einsicht über ihrer Zeit, aber sie accommodirten sich an die Vorurtheile ihrer Zeit. Die Rationalisten erkannten das Unzulängliche und Schädliche dieser Theorie, als einer Palliativcur, mit welcher man die Infallibilität der biblischen Schriftsteller retten wollte und bei welcher man ihre höhere sittliche Würde aufopferte. Es ist vielmehr zuzugeben, daß die biblischen Schriftsteller Kinder waren ihrer Zeit und ihres Volkes, gebunden an ihrer Zeit und ihres Volkes Begriffe. Der christlichen Offenbarung im N. T. kommt daher nicht eine absolute, sondern nur eine relative, der Receptivität der ungebildeten Zeitgenossen Jesu entsprechende Vollkommenheit zu. Dem Lehrling gießt man nie auf einmal die vollkommenste Kenntniß ein. Ein Ideal der Religion für alle Zeiten und Völker erscheint bei der großen Verschiedenheit der menschlichen Denkart und bei dem immerwährenden Fortschreiten der menschlichen Erkenntniß überhaupt nicht denkbar. Jesus rühmt sich daher nur des Besitzes der Wahrheit, nicht aber aller möglichen Wahrheit. Hätte er eine Summe von Wahrheiten, die unveränderlich sein sollte, geben wollen, so durfte sie nicht in kurzen Sprüchen, Bildern und Gleichnissen dargestellt werden, sondern mußte auf feste Principien gebaut, bestimmt erklärt, genau erwiesen, durch technische Ausdrücke befestigt und systematisch vorgetragen werden. Ist die neutestamentliche Religion noch unvollkommen, zunächst für die damaligen Zeiten berechnet, so ist es Pflicht einer gereifteren Zeit, an ihrer Vervollkommnerung zu arbeiten. Das Christenthum ist ein Object der Vervollkommnung. Die neologische Accommodationslehre löst der rationalistische Grundsatz der Perfectibilität ab, angedeutet von Jerusalem, dem Königsberger Hofprediger Crichton († 1805), Semler, Teller, Lessing, ausgeführt von Krug. Der letztere lebte der Hoffnung, es werde durch die Perfectibilitätslehre ein allgemeiner Friede in der theologischen und christlichen Welt eingeführt und alle positive Religion immermehr auf Vernunftreligion zurückgebracht werden, wie es denn von Jesus auch gar nicht zu beweisen sei, daß er eine eigne, von den übrigen verschiedene Religionspartei habe stiften wollen, und daß er ein anderes Religionsideal in sich getragen, als das des vollkommensten Judenthums oder Christenthums für die damaligen Zeiten. So ehrte der Rationalismus in Christus zwar den Anfänger, aber nicht den Vollender des Glaubens. Hatte die Neologie die Vernunft als zweite Hauptquelle der christlichen Religion neben die h. Schrift gestellt, so stellte der Rationalismus seine Vernunft über die Schrift, meinend, die Religion könne sich nicht eher eines allgemeinen Sieges über den Verstand und das Herz des Menschen erfreuen, als bis die Vernunft, wie in anderen Dingen, so auch in Glaubenssachen, als Schiedsrichterin anerkannt sei. Der Glaube an die Vernunftmäßigkeit ihres Christenthums verlieh den Rationalisten ein starkes freudiges Bewußtsein seiner Unvergänglichkeit. Daher als fahrende Ritter als Champions der natürlichen Religion im Gegensatz zur biblischen auftraten[d], als unberufene Todtengräber die Theologie als Leiche einsenken[e] und Vernunftprediger die christlichen Kanzeln zu Boden schmettern wollten[f], als ungenannte Apostel des Unglaubens die Anbetung des Uni-

---

d) Cölestin ob. üb. d. Wesen u. d. Werth der natürl. Rel. — Ein Pendant zu dem Wolfenbüttelschen Fragmentisten von Karl Hylander [Venturini?] Wolfenb. 1803.

e) Aphorismen am Grabe der Theologie kurz vor Einsenkung der Leiche. Von einem Gegenpriester des Glaubens. 1802.

f) Hardmeier, Sechs letzte Predigten in Bayreuth. 1800. [H., Pred. d. ref. Gem. in Bayreuth, wollte das Gebäude des Christenthums an seinem Ort öffentlich stürzen. Die bisherigen religiösen Begriffe der Christen sind Wahnsinn, der

verfumts als höchste Religion priesen⁵, als der größere Theil eines ganzen Volkes dem Namen der Christen entsagte, da konnte das Alles die Rationalisten nicht muthlos machen. Das reine simple Christenthum kann nicht untergehen, weil es nichts anderes als reine simple Vernunft ist. So lange also noch die Stimme der Vernunft und des Gewissens und das Zeugniß einer glaubwürdigen Geschichte etwas gelten, so lange wird auch die Wahrheit wie ein Felsen unerschütterlich bestehen, daß Jesu Lehren und Vorschriften den wahren, der Vernunft einleuchtenden Glauben an Gott, Fürsehung und Unsterblichkeit und an die Verpflichtung zur Sittlichkeit und Tugend, als den Weg zur erhabnen Bestimmung des Menschen, wirklich und vorzüglich unter den Menschen befördert haben.

§. 42. Die Dogmatiker des Rationalismus.

Herrmann [§. 37] S. 61. Gaß IV, 235 und 454.

Die Dogmatik des Rationalismus ließ als eigentliche Religionslehren nur diejenigen gelten, welche sich jedem vernünftigen Menschen durch Vernunft darthun und als wahr einleuchtend machen lassen, weil „in gegenwärtigen Zeiten Vornehme und Geringe von nichts wissen wollen, als von baarer reiner Vernunft, und Alles, was über oder unter oder wider die Vernunft ist, sein Glück nicht mehr machen kann, welches auch dem Vater des Lichts und der Vernunft, der uns diesen Vorzug der Menschheit gab, gewiß nicht mißfallen wird." Nach diesem, in einer der dargestellten Schrift- und Kirchenlehre angehängten epicrisis geltend gemachten, Grundsatze fielen alle eigenthümlichen Bildungen der Kirchenlehre⁸ als vernunftwidrig, spitzfindig oder als die Sittlichkeit in ihrer tiefsten Wurzel untergrabend, fiel aber auch von dem grammatisch und historisch eruirten Schriftinhalt Alles als nicht mehr gültige Zeitvorstellung ab, was der Vernunft nicht an sich als wahr einleuchtet. Wenn bei den Kant'schen Moraltheologen das Moralische den Maßstab für das dogmatisch Gültige bildete, so bei den Rationalisten das Ein-

---

Christ, wenn er consequent ist, ein Wesen ohne Vernunft. Jesus träumte sich ein besonderes Verhältniß zwischen ihm und der Gottheit. Religion ist Verehrung unsrer menschlichen Natur durch pflichtmäßige Handlungen. H. legte sein Amt freiwillig nieder.]

g) **Was ist Religion und was kann sie nur sein?** Zerbst 1803.

a) **Eichhorn 1790:** „Vom philosophirenden Geist unseres Jahrhunderts angehaucht, schrumpelt so manche sonst so frische geile Sprosse des Systems zusammen und drohet abzufallen."

leuchtende und Natürliche. Gott hat sich den Menschen offenbart, aber erweislich nur auf mittelbare und natürliche Weise, durch die Vernunft. Die h. Schrift ist unter Gottes besonderer, doch nur natürlicher Leitung entstanden. Wunder und Weissagungen sind merkwürdige, aber natürliche Begebenheiten, von der Vorsehung als Zeitmittel zur schnelleren Einführung einer moralischen Religion bei einem an das Pretiöse und Uebernatürliche gewöhnten Volke gebraucht, den Glauben an die Göttlichkeit einer Lehre fördernd, nicht beweisend. Die Schriftstellen, welche gegen die Wundersucht reden, sind echter als die, welche den Wundern einige Beweiskraft geben. Jesus, der große Mann aus Palästina, der Weise von Nazareth, war ein Mensch, natürlich war sein Ursprung, menschlich und natürlich ging Alles in seinem Leben zu [b]. Seine Lehre, die er mit seinem Blut besiegelte, in ihrer ursprünglichen Reinheit dargestellt, kann auf jeder Stufe der emporstrebenden Aufklärung dem menschlichen Geiste als göttliche Wahrheit und als die beste Führerin zur Weisheit, Tugend und Glückseligkeit erwiesen werden. Meritum Christi consistit in praestantia doctrinarum salutarium, quas hominibus promulgavit. Seine Auferstehung, ein wohlbezeugtes Factum, ist, obwohl natürlich hergegangen, doch eben ein Beweis, daß Gottes Hand über ihm waltete. Die Sacramente sind die Frömmigkeit fördernde Symbole, ohne übernatürliche Kraft. „Die erste gedrängte Darstellung des zum vollen Bewußtsein gekommenen Rationalismus" gab Heinrich Philipp Conrad Henke († 1809) in Helmstädt zuerst in der anonym erschienenen „Summarischen Uebersicht der wichtigsten Religionslehren in Aphorismen zur Beförderung des eignen christlich freien Nachdenkens" (1791) und sodann in seinem nach Morus' und Döderlein's Vorbild in vortrefflichem Latein geschriebenen Lineamenta institutionum fidei christianae historico-criticarum (1793) [c]. In Lessing's Atmosphäre aufgewachsen, mehr humanistisch als theologisch gebildet, für Basedow und den Philanthropinismus begeistert, hat er

---

[b] Einzelne erklärten ihn auch jetzt für den Zögling einer geheimen Ordensgesellschaft, der asiatischen Gnosis, deren Mitglieder in ihm sowohl die erste Idee des Messiasberufes als auch die Idee, zum Besten der Menschheit zu sterben, erweckten. J. A. Jacobi, Gesch. Jesu f. denkende u. gemüthvolle Leser. Gotha u. Lpz. 1816.

[c] Von der deutschen Uebersetzung der Lineamenta (Helmst. 1802) bemerkt die N. A. D. B.: „Die scharfsinnigen, aber dabei freimüthigen Aeußerungen des Verfassers über eins und das andere Dogma können dem Gelehrten, dem Denker, nicht anders als äußerst willkommen sein, aber dem großen Haufen können sie eher schaden als nützen."

keine Religion für absolut wahr, keine für absolut unwahr gehalten. Alle offenbarte Religion geht, immermehr vom Positiven geläutert, allmählich über in reine Vernunftreligion. Die vollkommenste Darstellung der allgemeinen Religion, deren Spuren sich auch bei den klassischen Poeten und Philosophen finden, enthalten die Lehrsätze Jesu. Ueber das Christenthum ist aber nachmals ein dreifacher Aberglaube hereingebrochen: Christolatrie, die abgöttische Verehrung Jesu; Bibliolatrie, derzufolge die Bibel wie ein vom Himmel gefallenes Buch, voller Mysterien, mit heiligem Schauer und als eine für alle Zeiten und Orte gültige Auctorität aufgenommen wird; Onomatolatrie, das Hängen an den alten orthodoxen Formeln und Kunstphrasen. An Stelle der spätern Lehrentwickelung soll daher das Urchristenthum, an Stelle der religio in Christum die religio Christi gesetzt, die practische Brauchbarkeit zum Kriterium der dogmatischen Werthschätzung gemacht werden. Henke's Freimuth blieb nicht ohne Widerspruch. „Es wird so weit getrieben, bemerkt ein Zeitgenosse, daß der Richter der Lebendigen und Todten erst von dem Ideal des Herrn Kant die Approbation über seine Heiligkeit empfangen, so weit, daß der in die Welt gesandte eingeborne Sohn Gottes sein Creditiv als Gottes Gesandter erst von der Vernunft des Herrn Henke erhalten soll." Bekannt ist die Aeußerung Stäudlin's über „einen christlichen Abt, welcher, selbst verlassen vom Geiste der Religion, mitten in einem Zeitalter der Geringschätzung des Christus, der Bibel und der kirchlichen Symbole, noch über Christolatrie, Bibliolatrie und Onomatolatrie klagte und der Meinung war, daß nur nach Wegräumung derselben die große wohlthätige Revolution in der Religion vorgehen könne." Strombeck erzählt: „Henke's Schüler wollten in theologischer Aufklärung Niemandem nachstehen, leugneten nicht allein den Teufel, sondern auch selbst die Dreieinigkeit. Bis zu dem letzten hatten wir Juristen es noch nicht gebracht, ja wir wußten nicht einmal recht, wie die Nichtexistenz des Satans mit den so bestimmten Erzählungen der h. Schrift in Harmonie zu bringen sei." Der letzte bedeutende Repräsentant der Theologie in Helmstädt hat er über dieser Universität nahenden Untergang sich buchstäblich zu Tode gegrämt. Auf das Grabmal dieses Mannes im Leben und in Geschäften voll Verstand, Humanität und Rechtschaffenheit wollte Böttiger die Inschrift setzen: Finis Juliae Carolinae[d]. Der zweite Dogmatiker des Rationalismus war Jakob

---

[d] G. F. Bollmann u. H. W. J. Wolff, Denkwürdigkeiten aus H.s Leben. Helmst. 1816. Uebrige Literatur bei E. Henke in Herzog's R. E. V, 737.

Christoph Rudolph Eckermann († 1837), ein Schüler von Michaelis, Rector zu Eutin, seit 1782 durch Cramer's Vermittelung Professor in Kiel. Das Urtheil des Ketzeralmanachs: „Er hält sich an die symbolischen Bücher und wird nie Ketzereien in die Welt bringen." ist in seinem ersten, das Urtheil Heyne's: „Eckermann in Kiel, hier gezogen, ist gelehrt, aber ohne practische und Pastoralklugheit," in seinem zweiten Theile falsch. Sein von Teller als musterhaft erklärtes Compendium theologiae christianae theoreticae biblico-historicae (1791) und sein weitläufiges „Handbuch der christlichen Glaubenslehre" (1801 ff.) sind freimüthig, aber vorsichtig, mit mildem Geist, feiner Discretion und Lehrweisheit verfaßt, wie er denn stets seinen Platz unter den aufgeklärten Theologen mit Anstand und Würde zu behaupten wußte. Nachdem mit Gottes Hülfe die Zeiten der bloßen Auctorität vergangen sind, muß jetzt eine solche Gestalt der Lehre gewählt werden, welche dem gesunden Menschenverstand zu allen Zeiten als wahr und gewiß einleuchtet. Dieses Einleuchtende hat die Symbollehre nicht. Aber die Bibellehre ist dazu geeignet, allgemeine Religion zu werden. Denn Gott ist der Anfang und das Ende derselben, von Gott geht sie aus, auf Gott führt sie zurück. In der Bibel hat man die Lehre Jesu, wie sie aus seinen Reden geschöpft werden kann, allem Andern vorzuziehen, bei der Auslegung sich an allgemeine Vernunftgrundsätze zu halten, und die Form und Einkleidung der Lehre von der Lehre selbst zu unterscheiden. Bei ausgiebigem Gebrauche der Accommodationstheorie (an welcher Eckermann noch festhielt) stellt sich als Lehre des Christenthums Folgendes heraus: „Es ist ein höchstweiser, mächtiger und gütiger Urheber, Erhalter und Regierer aller Dinge, ein einiger Gott. Gott ist ein Geist und kann deßwegen nicht durch leiblichen Dienst, sondern nur dadurch würdig verehrt werden, daß wir unsere ganze Seele der Liebe, Dankbarkeit und Ehrfurcht gegen ihn und dem Vertrauen zu seiner weisen Macht und Güte weihen, und diese Gesinnungen unsers Herzens durch wahre Menschenliebe, durch Uebung alles Guten, durch unermüdetes Streben, die weisen und gütigen Absichten Gottes an uns und unsern Brüdern zu befördern, thätig beweisen. Dem Menschen hat Gott außer den mit den Thieren gemeinsamen Freuden ein ewiges Leben bestimmt, eine immer sich erhöhende Vollkommenheit durch Weisheit und Tugend und einen daraus entspringenden immer vollkommneren Freudengenuß. Durch Sünden, Laster und Bosheiten macht sich der Mensch hier und dort elend und unglücklich. Besserung ist das einzige Mittel, vom Elend der Sünde frei zu werden, und dazu fordert Gott durch Jesum Alle auf; wer der Aufforderung Jesu folgt und sich ganz der Weisheit und Tugend im Vertrauen zur Barmherzigkeit und Gnade Gottes weihet, der genießt schon hier der edelsten Freuden und den führt der Tod zum Genusse einer noch weit vollkommneren und ewig dauernden Seligkeit." Dieser Religionsglaube, von der Theologie auf wirklich allgemeine theoretische und practische Menschenvernunft zu begründen, ist als untrügliche Wahrheit von Gott, indem er Mosen und die Propheten, Jesum und die Apostel als seine Gesandten bestätigte, auf einleuchtende Weise bezeugt worden. Die damit bewirkte Positivität ist von größter Wichtigkeit. Denn „bloße Vernunftreligion kann nie, nie öffentliche Religion der Völker werden". Eckermann's Einwendungen gegen Kant's Religions- und Fichte's Offenbarungsgrundsätze wurden von den Einen als freimüthige Wahrheitsliebe gerühmt, von den Verehrern des Kantischen Namens als Respectswidrigkeit getadelt*. Der Hauptdogmatiker dieser Schule wurde Julius August Ludwig Wegscheider († 1849), aus Kübbelingen im Braunschweigischen, ein Schüler Henke's, Repetent in Göttingen, Professor in Rinteln und Halle. Von seinem Göttinger Aufenthalt berichtet Heyne: „Wegscheider war eine Zeit hier: ich gab mir viele Mühe, ihn emporzubringen, es ging aber nicht; er fand keinen Applausus, und er verdarb viel, daß er, da ihm der Weg gebahnt war in der Theologie vorwärts zu kommen, sich durchaus bei der Philosophie verweilte und versäumte, wofür er den Kopf nicht hat, auch nie in seinem Fache über das Mittelmäßige hinausgehen wird; ein guter Character macht ihn schätzbar." Er galt auch nachmals als ein Nathanael, in welchem kein Falsch ist, und seine Vorlesungen, wenn auch trocken, entbehrten nicht der wissenschaftlichen Würde. Seine Dogmatik, lateinisch geschrieben, daß sie den Laien ungefährlich sei, erschien unter dem Titel: Institutiones theologiae christianae dogmaticae (1815). Die zweite Auflage von 1817 ist gewidmet: piis manibus Martini Lutheri, libertatis cogitandi assertoris. Der rationalismus vulgaris erkannte in diesen Institutiones sein eigenes wohlgetroffenes Bild wieder und trug durch acht Auflagen sie hindurch; sie wurden seine Normaldogmatik, von der die kritische Predigerbibliothek rühmte, mit ihr sei dem reinen Christenthum eine seiner festesten Stützen dargeboten. Als Fundamentalartikel erscheinen: Gott der allheilige

---

e) G. C. Klausen im R. Nekrolog (1837) XV, 1, 528.

und allgütige Schöpfer und Lenker aller Dinge, Jesus der Heiland, der non sine numine und doch super aevi sui ingenium ac scientiam non omnino clatus allen Menschen den Weg zum Heile gezeigt hat. Ueber dem Christenthum waltete ganz besonders die göttliche Vorsehung, aber Alles muß von ihm gethan werden, was ihm ex aevi rudioris et incultioris ingenio anhängt. Die wissenschaftliche Theologie hat frühzeitig genug nicht einen Triumph, sondern das Document der wissenschaftlichen Ohnmacht des Rationalismus in dieser Dogmatik gesehen. Bereits 1817 schrieb Baumgarten-Crusius: „Das Buch ist keineswegs ein Kind der Zeit; es ist aus einer bald nunmehr verschollenen Partei aus vorigen Zeiten hervorgegangen" — „ein deutsches Gemüth schaudert vor der Entschiedenheit und Sicherheit, mit welcher auch Ursprung und Leben Christi in die tiefste Region des Menschenlebens herabgezogen wird." Was dieser Dogmatik fehlt, ist die systematisch durchgebildete religionsphilosophische Grundlage. Bei allem Berufen auf die sana et recta ratio findet sich doch nirgends eine Untersuchung, was diese sei und welches die Gesetze, nach denen sie ihr Richteramt ausübt. Sie operirt mit den dictatorischen Aussprüchen des gesunden Menschenverstandes und mit „unzusammenhängenden Trümmern von allerlei Philosophemen". Dazu kommt noch die persönliche Schüchternheit des Dogmatikers, die wissenschaftlicher Bestimmtheit und Entschiedenheit durch ein eingeschobenes quasi oder fere behutsam aus dem Wege geht und selbst zu ungereimten Ausflüchten führt, wie die, daß die hergebrachten Beweise für Gottes Dasein einzeln nicht hinlängliche Beweiskraft haben, aber zusammengenommen vollkommen ihre Schuldigkeit thun. Strenggläubige meinten ihn fliehen zu müssen wie das Feuer*f*.

§. 43. Die Exegeten des Rationalismus.

Stolz war der Rationalismus auf seine reinere Exegese, er meinte deren goldenes Zeitalter gekommen. Sie trug aber gleichwohl die Fessel der Dogmatik. Dem Inhalte der Dogmatik sollte der Inhalt der Bibel entsprechen. War der Maßstab der Dogmatik des Rationalismus die Natürlichkeit, so ging der rationalistische Exeget darauf aus, den Inhalt

---

f) L. F. O. Baumgarten-Crusius, Wegscheider u. s. Zeit [Oppositionsschr. v. Schröter u. Klein. 1817. I, 1]. W. Steiger, Kritik d. Rationalism. in W.s Dogmatik. Brl. 1830. K. Hase, Streitschr. 3. H. 2. A. Lpz. 1837. Tholuck in Herzog's R. E. XVII, 574.

der Bibel als einleuchtend und natürlich herauszustellen. Dem Ebionitismus der Dogmatik entspricht der Exeget durch Wegerklärung der Gottheit Christi. So wurde der Logos in Joh. 1, 1 bald mit Sprecher bald mit Sprache (Schöpferwort) bald mit Lehrer bald mit Lehre übersetzt. Der Ausruf des Thomas Joh. 20, 28 galt als an Gott gerichtet (Thomas, als er Jesum lebend wiedersieht, ruft ehrfurchtsvoll staunend aus: „Gott, mein Gott!"). Als Mensch konnte Jesus nicht Weltschöpfer sein. Daher die Stellen Joh. 1, 3. Kol. 1, 16. Hebr. 1, 2 aus dem Kosmischen in's Moralische übersetzt d. h. von moralischer Umschaffung der Menschheit verstanden wurden. Bei der Vorliebe, das Christenthum unter dem Gesichtspunkt der Moral und der Lehre aufzufassen, konnte in Matth. 26, 28: „mein Blut, welches vergossen wird zur Vergebung der Sünden" die Befreiung von Unwissenheit und Irrthum durch bessere Belehrung gefunden, und Joh. 17, 23: „ich in ihnen und du in mir" so erklärt werden: „Alle sollen sich zu dem Zwecke höherer Sittlichkeit vereinigen, wie derselbe zwischen dir und mir stattfindet; sie sollen den göttlichen Werth meiner Lehre einsehen lernen." Die Dogmatik erklärte Wunder als übernatürliche Begebenheiten für unmöglich, der Exeget setzte folglich Alles daran, die biblischen Wunder als natürliche Begebenheiten aufzufassen. Es galt als feste Regel: der Ausleger soll natürlich erklären was sich natürlich erklären läßt. Indem man den Wundergeschichten der Bibel die Wunderhülle abzog, meinte man ihnen ebendadurch einen Platz neben den glaubwürdigen Geschichten der Vorwelt zu sichern. Nachdem schon früherhin natürliche Wundererklärungen versucht worden waren, wurden jetzt diese Versuche systematisch betrieben*. Sehr häufig wurden Donner und Blitz zur Erklärung herbeigezogen. Der Blitz entzündete die harzige brennbare Materie im Thale Siddim (nach Andern legten von Kedorlaomer ausgesandte elamitische Mord-

---

a) [J. W. F. Hezel] Die Bibel in ihrer wahren Gestalt, für Freunde u. Feinde. 3 B. Halle 1756—91. J. Chr. F. Eck [S. 174], Versuch die Wundergeschichten des N. T. a. natürlichen Ursachen zu erklären ob. der Beweis von den Wundern in ihrer wahren Gestalt. Brl. 1795. Das Uebernatürliche d. N. T. natürlich erklärt. Cöln [Gera] 1797. [J. A. Steger] Die Wunder d. A. u. N. T. in ihrer wahren Gestalt für ächte Christusverehrer. Rom [Berlin] 1799. Ausführliche Erklärung der sämmtlichen Wundergeschichten des A. T. a. natürlichen Ursachen. 2 Th. Brl. [Frankfurt] 1800—5. Kritik und Erklärung der im hebräischen Staate sich ereigneten Wunderbegebenheiten von Josua bis auf Jesus. Altenb. 1802.— Ch. G. Ungerer, Essai critique sur l'interprétation naturelle des miracles du N. T. Strasb. 1842.

brenner Feuer in den Asphaltgruben an). Der feurige Busch Mosis (in den Busch hatte der Blitz geschlagen, sodaß das dürre Gehölz und Gras untenher verbrannte, aber das grüne und feste Gehölz im großen Busche unbeschädigt blieb) und der Glanz seines Angesichts, als er vom Sinai kam, waren Folgen der Electricität. Während die Aegypter in den Grund des Meeres hinabzogen, wurden sie durch ein heftiges Gewitter erschreckt, ihre Pferde wurden scheu, ihre Wagen zerbrachen, die eintretende Fluth ertränkte sie. Bei der Taufe Jesu, als sich über ihm der Himmel aufthat, und bei seiner Verklärung halfen Gewitter und electrisches Licht aus der Noth. Bei der Auferstehung trat zu dem Gewitter noch ein Erdbeben. Als am Tage der Pfingsten alle Christen ihrer Andacht wegen versammelt waren, erhob sich ein Sturm wie vor einem Gewitter, electrisches Blitzfeuer wurde von den Versammelten bemerkt und machte bei ihnen auf Verstand und Herz mächtige Eindrücke. Paulus, als er sich der Stadt Damascus näherte, ward durch eine besondere Naturerscheinung erschreckt, es blitzte und donnerte bei heiterem Himmel, seine Phantasie stellte seinem Gemüthe Jesum vor, weil er ihn, den letzten Gegenstand seines Verfolgungseifers, als die Ursache des vor ihm niedergehenden Feuers und des damit verbundenen Donnerschlags betrachtete. Ein Blitz sprengte die Ketten, womit Petrus gefesselt war (Act. 12, 7), und nahm seine Richtung nach der Thür, die er auch aufsprengte. Bei den wunderbaren Krankenheilungen wurde entweder die Krankheit herabgemindert oder geleugnet. Aus einem Blinden wurde ein Mensch, der einen kleinen Fehler an den Augen hatte, aus einem Stummen ein Kranker, der nicht recht deutlich reden konnte,. aus dem Lahmen, der am Thore des Tempels saß und bettelte, ein scheinbar Lahmer, der vor Petrus' Anrede aus Furcht aufsprang. Wenn in der „Kritischen Untersuchung der Geschichten des A. und N. T. von der Erweckung einiger Verstorbenen zum Leben" (1793) zunächst nur die Knaben zu Sarepta und Sunem, welche Elia und Elisa erweckten, der todte Mann, der in Elisa's Grab erwachte, der Jüngling von Troas, den Paulus erweckte, und die Tochter Jairus' für Scheintodte erklärt wurden, so hatte Michaelis gemeint, daß auch beim Jüngling von Nain der wirkliche Tod zweifelhaft sei, und bei Lazarus es durch eine Wendung der Erzählung werden könne, wenn man die vor der Eröffnung des Grabes gesprochenen Worte der Martha als Vermuthung fasse. Die Auferstehung Jesu, mit zu klaren Worten in der Bibel bezeugt, als daß sie jemand leugnen könnte, war das Erwachen aus einer tiefen Ohnmacht vornehmlich durch Hülfe der starken Kräuter und Specereien[b]. Natürlich suchte man auch die Engelerscheinungen zu entfernen. Die himmlischen Heerschaaren bei der Geburt Jesu waren eine Laterne oder paläſtinensische Irrlichter. Der Engel des Herrn, welcher den Philippus auf die Straße zwischen Jerusalem und Gaza brachte (Act. 8, 26), war ein glückliches Ohngefähr. Was die geängsteten Weiber im leeren Grabe sahen und für Engelgestalten hielten, war etwas Glänzendes, Weißschimmerndes, die weißen Schweißtücher. „In den leinenen Tüchern lag jene mächtige Zauberkraft, die Engel schaffen konnte." Bei anderen Wundern half man sich verschieden. Die Sündfluth entstand durch einen Kometen, welcher mit seinem Aequator an dem Südpol der Erde vorbeigehend mit seiner Atmosphäre auf die Atmosphäre der Erde drückte. Mosis kleine Wunder waren Kunststücke. Er hatte z. B. in seinem Busen eine gewisse zusammengesetzte Materie, wodurch er seiner Hand, wenn er sie in seinen Busen steckte, plötzlich den Schein des Aussatzes geben konnte. Bei seinen großen Wundern that er lediglich nichts. Sein Verdienst bestand nur darin, daß er, der Kenner des Nillaufes, jene schrecklichen Naturereignisse, die Folgen verdorbenen Nilwassers, bestimmt voraussagen konnte. Die Wolken- und Feuersäule beim Zuge der Israeliten nach Kanaan war der tägliche Opferrauch, der über der Bundeslade aufstieg. Der Fall der Mauern von Jericho durch den Umgang der Priester und den Klang der Posaunen ist die Verschönerung des Einfachen: Josua hat die Stadt überrumpelt. Mit dem schwimmenden Eisen des Elisa ging es so zu: indem der Prophet mit einem zugespitzten Holze im Wasser nach dem Eisen suchte, war er so glücklich, gerade das Loch des Eisens zu treffen, welches auf diese Art zum Vorschein kam und nun zu schwimmen schien. Jesu Wandeln auf dem Meere war ein Wandeln am Meeresufer, und wenn Jesus dem auf dem Wasser gehenden Petrus die rettende Hand entgegenstreckt (Matth. 14, 31), so heißt das soviel als: Jesu Hand, vom Ufer gereicht, zieht den heranstrebenden, durch mühsame Versuche geschwächten Schwimmer vollends an's Land. Jesus schien seinen Schülern in den Wolken verschwunden zu sein, thatsächlich ist er an der anderen Seite der Berges wieder hinabgegangen.

---

b) Dagegen behaupteten damalige Mediciner, gläubiger als die Theologen, den wirklichen Tod Jesu. So C. F. F. Gruner, De Jesu Christi morte vera, non syncoptica. Jen. 1800.

Auf alttestamentlichem Gebiete hatte zuerst Kennicott die theologische Welt mit bangen Ahnungen erfüllt durch seinen Zweifel an der Vortrefflichkeit des masorethischen Textes. Die Sorgen waren umsonst gewesen, die Dogmatik erlitt durch Kennicott's Bibel keine Besitzstörung. Nun kam aber eine neue Noth. Die Ausleger, von den dürren Paragraphen der Hermeneutik absehend, geriethen auf den Einfall, sich durch das Studium griechischer und römischer Classiker einen freien Gang der Interpretation anzugewöhnen und ihn beim Erklären des A. T. fortzusetzen. „Seitdem wimmert die Theologie, daß ihre Grenzen durch die neuern Ausleger, die den Geist der alten Welt glaubten erhascht zu haben, verwüstet und verheert würden." Jetzt vermochte man im A. T. keine Vorherverkündigungen von Jesus als Stifter einer moralischen Religion mehr zu finden, und keine Inspiration seiner historischen Schriftsteller, als die ja die Quellen angeben, aus denen sie geschöpft haben. In diesem Sinne widmeten dem A. T. ihre Studien zuerst reine Orientalisten wie Johann Matthäus Hassencamp († 1797) in Rinteln, aus Michaelis' Schule und für den herrlichen Mann Teller begeistert, ein Freund der Vernunft, der Wahrheit und der Tugend, seit 1789 Herausgeber der „Annalen der neuesten theologischen Litteratur", bestimmt, Unglauben und Aberglauben, geistlichen Despotismus und Schwärmerei muthig zu bestreiten c); der vielgeschäftige und durch Vielschreiberei um seinen literarischen Credit gekommene Johann Wilhelm Friedrich Hezel († 1829) d) in Gießen und Dorpat, ein Schüler von Danovius und des Orientalisten Faber in Jena, der, eben nicht zu den tief eindringenden Exegeten gerechnet, dahin arbeitete, die wunderbaren Erzählungen des A. T. durch ihre Entwickelung aus der alten Denk- und Vorstellungsart unsern Zeiten und Vorstellungsarten näher zu bringen, voraussetzend, daß die Providenz natürliche Begebenheiten zu Ueberzeugungsgründen für die Wahrheit und Glaubwürdigkeit der christlichen Religion habe brauchen können; der auch von Eichhorn geschätzte Johann Gottfried Hasse († 1806) in Königsberg, welcher dem Bernsteinlande Preußen den Anspruch zuwies, das Paradies der Alten, der Menschheit Urland gewesen zu sein; Karl David Ilgen († 1834), Paulus' würdiger Nachfolger in Jena, nachmals Rector in Pforta, gleichver-

---

c) Selbstbiographie in Beyer's Magazin f. Prediger VII, 111.
d) So nach A. G. Hoffmann in d. Allg. Encyklopädie II, 7, 381. Sonst gilt überall 1824 als Hezel's Todesjahr.

traut mit dem classischen und morgenländischen Alterthume*); der große geistesgewandte Literator Christian Friedrich Schnurrer († 1822) in Tübingen, seiner Zeit als Deutschlands erster Orientalist gefeiert, der die Bibelexegese gründlich und bedachtsam, aber, am Dogmatischen vorübergehend, nur philosophisch-kritisch betrieb'. Unter den rationalistischen Theologen, deren Forschungen dem A. T. galten, sind auszuzeichnen: Wilhelm Friedrich Hufnagel († 1830), als Altdorfer Student von Dietelmaier's Orthodoxie übergehend zu Döderlein, der ihm Alles wurde, seitdem im Lichte eines vernünftigen Glaubens wandelnd, ward als Erlanger Professor wegen seiner geschmackvollen Uebersetzung des Hiob, als Senior des geistlichen Ministerii in Frankfurt a. M. als über Tausende Segen verbreitender Religionslehrer gerühmt. „Gebt nur jeder Stadt einen solchen Virtuosen und ihr werdet nicht seufzen dürfen, daß der Kirchenbesuch aller Orten so sehr vernachlässigt wird." An Mose, Gottes großem Gesetzgeber, ist er in einer seiner letzten Schriften zum seltsamen Apologeten geworden. Gegen Voltaire und den Fragmentisten die Größe des göttlichen Gesetzgebers behauptend, schreibt er selbst ihm doch Täuschung zu und frommen Betrug. Die beiden Ehrenmänner, Moses und Aaron, geben 2 Mos. 5, 1 ff. der Wahrheit die Ehre nicht, es war ein Täuschungsbefehl, den sie ungescheut vor ihrem Landesherrn aussprachen. Was Moses aus seinem Vorrathe von Erfahrungen über tödtliche Schlangen wußte, macht er 4 Mos. 21, 8 als unmittelbares Wort Gottes der Gemeinde bekannt. „Ein frommer Betrug freilich, aber möge die Welt, seitdem sie betrogen wird, weil sie das will und liebt, immer so nur betrogen worden sein! Und lebt ein Betrüger in unserm 19. Jahrhundert noch, er sei herzlich willkommen, hat er nur eine Ader von Moseh*." Koppe's Schüler und der fernere Führer auf dem Wege, den jener in der Auslegung eingeschlagen, David Julius Pott († 1538), Professor in Helmstädt und Göttingen, schrieb „Moses und David keine Geologen" (1799), wozu Eichhorn bemerkte: „die Naturforscher werden nun hoffentlich nach und nach aufhören, in das Gebiet der Exegese bei ihren geologischen Untersuchungen zu streifen, um aus ihr die Beurkundung ihrer Erforschungen und Hypothesen zu holen, wie schon die Theologen aufgehört haben, aus den Werken der Geologen Bestätigung ihrer exegetischen Versuche über die Mosaische Cos-

---

e) L. Pelt in Herzog's R. E. VI, 633.
f) Palmer in Herzog's R. E. XX, 714.
g) Beyer's Magazin III, 308.

mogonie zu borgen." Johann Karl Christoph Nachtigal († 1819), Generalsuperintendent und Director der Domschule in Halberstadt, als solcher seine Zöglinge ebensosehr für Hiob und David als für ihren geliebten Homer begeisternd, gab (auch unter dem Namen: Otmar) wichtige Beiträge zur Exegese und Kritik des A. T., wobei er zu dem Resultate kam, daß unter allen Büchern des A. T. keines in seiner jetzigen Gestalt früher als in dem Davidischen oder Salomonischen Zeitalter geschrieben sein könne[h]. Der polyhistorische Grammatiker, Pentateuchkritiker und Kirchenhistoriker Johann Severin Vater († 1826) in Königsberg und Halle huldigte einem maßvollen redlich, nicht leichtfertig, untersuchenden Rationalismus, der die h. Schrift und Christuslehre zu prüfen, das Vernunftgemäße ihres Inhaltes herauszustellen und anzuerkennen, dann aber in dieser Anerkennung das Wort Gottes höher zu achten habe, als sich selbst. Er mißbilligte auf diesem Standpunkte laut und öffentlich einerseits das Benehmen der unduldsamen Supernaturalisten, welche die Vernunft herabwürdigen, andererseits einen so weit erstreckten Rationalismus, daß er nicht bloß die aus dem N. T. wegerklärten Wunder, sondern alles Positive verwirft und dadurch Ansehen und Werth des Christenthums mindert. Die zwischen beiden Parteien obwaltenden Streitigkeiten, wenn auch nur in Andeutungen und Seitenblicken, auf die Kanzel zu bringen, erregte seinen besonderen Unwillen[i]. Den Namen Heinrich Friedrich Wilhelm Gesenius' († 1842), Privatdocenten in Göttingen, wo Neander sein erster Schüler war, seit 1809 Professors in Halle, trugen seine Lexica zum A. T. und seine (mehr empirische, als rationelle) Grammatik, die ganze Generationen junger Theologen in das Heiligthum der hebräischen Sprache einführten, sein Lehrgebäude und seine Geschichte der hebräischen Sprache, endlich sein Commentar zum Jesaias (in dessen historischem, kritischem und dogmatischem Theile er des Dr. Paulus Fußtapfen folgte) in alle Welt. Als Henke's Schüler war er Rationalist, ohne doch, mehr Sprachforscher als Theolog, als Parteiführer des Rationalismus aufzutreten. Aber ein gefeierter Lehrer, qui ad docendum natura quasi ipsa formatus videbatur[k], wurde der Rationalismus in Halle mehr durch seine als

---

[h] Biographie Nachtigal's, von ihm selbst geschrieben, hrsg. v. Hoche. Halberst. 1820.

[i] J. H. Fritsch, im N. Nekrolog (1826) IV, 139.

[k] Als am 30. Nov. 1813 die zum zweiten Male geschlossene Universität Halle ihre Vorlesungen wieder begann, war in seiner Vorlesung über Jesaia gerade Cap.

Wegscheider's Vorlesungen verbreitet. Ein Hauptcollegium von ihm war die Kirchengeschichte, (in deren Quellen, wie er wohl selbst scherzend gestand, er sich nicht gerade tief versenkt hatte), das aber wegen der eingestreuten Witze bei manchen Studirenden Mißfallen erregte, ja einen derselben (R. Stier) zu der Aeußerung reizte: „Es ist ein teuflischer Geist, womit Gesenius die Kirchengeschichte, namentlich die Urzeit, behandelt." Es war eine der ersten Thaten der evangelischen Kirchenzeitung, Gesenius und Wegscheider öffentlich zu verklagen auf Grund nachgeschriebener Collegienhefte und mündlicher Erzählungen. Damals trat eine Reihe geachteter Namen für die gefährdete Lehrfreiheit ein, und der langen Untersuchung Ende war die Erklärung des Ministeriums Altenstein, daß kein Grund vorliege, von Staatswegen gegen die denunciirten Professoren einzuschreiten[1].

Eine besondere Kraft entfaltete der Rationalismus auf dem Gebiete des N. T., „dessen Sprache hebräisch ist, nur mit griechischen Buchstaben, so wimmelt alles von Hebraismen". Da trat als der einflußreichste Exeget hervor Heinrich Eberhard Gottlob Paulus, geb. 1761 im Diaconatshause zu Leonberg. Die Entsetzung seines Vaters ob absurdas phantasmagoricas visiones divinas und die trügerische Rolle, die der Knabe dabei spielte, mag schon in des letztern Herz den Widerwillen gegen alles mystische Unwesen gelegt haben. In seinem 14. Jahre beginnen bei ihm die Zweifel an den Mysterien der orthodoxen Dogmatik. Als Student ist er bereits fertiger Rationalist. Nach Vollendung seiner Studien bei Schnurrer, Rösler, Storr und dem logikalisch calculirenden Plouquet, und seiner Gelehrtenreise durch Deutschland, Holland, England und Frankreich, wird er 1789 als Professor der orientalischen Sprachen nach Jena berufen. Hier tritt er nun zuerst mit seinem Rationalismus hervor, wie er ihn bis an sein Lebensende unverändert behauptet hat. Denn nie will er sich von seinem Wege abbringen lassen, den er äußerer Hoffnungen wegen nicht betreten hat. Sein Rationalismus ruht wesentlich auf dem practischen Kant. Das Dogma hat nur Bedeutung, wiefern es den Menschen verständiger und ebendadurch

---

14, V. 12 an der Reihe, und Gesenius las mit lauter Stimme die ominösen Worte: „Ach, wie bist du vom Himmel gefallen, Glanzstern, Sohn der Morgenröthe! zu Boden geschmettert, der du die Völker niederstrecktest!"

1) Neuer Nekrolog (1842, XX, 737. [Robert Hahn] Gesenius. Eine Erinnerung für s. Freunde. Brl. 1842. Uebrige Lit. bei F. A. Eckstein in d. Allg. Encyklopädie I, 64, 3.

beffer macht, es ist werthlos ohne Moral. Aber Paulus will nicht bloße Moralreligion. Er bringt auf den beseligenden Christusglauben, auf den historischen Christus, der das Wunderbare selbst ist. Nur davor warnt er, daß nichts in diesen historisch erweislichen Christus hineingelegt werde, was über ihn historisch nicht zu erweisen ist. Was er nun durch Rationalität d. i. durch gewissenhaftes Nachdenken als das Wesentliche und Ansichwahre in der Religion gefunden hat, das ist dasselbe, was sich in der biblischen Religionsoffenbarung findet. Der zwischen dem Denkglauben und der Bibel behauptete Gegensatz ist nicht an sich, sondern ist entstanden durch den nichtbiblischen, kirchenväterlichen Theil der Dogmatik. Die biblischen Urkunden aber müssen menschlich, psychologisch, pragmatisch erklärt werden. Nach dieser Erklärungsweise erscheint Pistis als Ueberzeugungstreue, Gnosis als Denkgläubigkeit, Gerechtigkeit als Geistesrechtschaffenheit, Weissagen als etwas Weises sagen, das Wunder als natürliche Begebenheit. Wenn, meint Paulus, in einer Reihe von Geschichten so viel Wunderbares vorkommt, als in der Geschichte der Stiftung des Christenthumes, so ist es in der That kein Wunder, daß hie und da auch des Wunderbaren zu viel gesehen worden ist. Das Wundersame wird beinahe zur Regel. Dennoch steht unfehlbar der Grundsatz fest: nur da ist etwas als ungewöhnlich anzusehn, wo man für's Erste hinreichend überzeugt ist, daß das Geschehene nicht auf dem gewöhnlichen Wege als geschehen erklärt werden könne. Und dieser evidente Grundsatz erhält dann die Nothwendigkeit einer doppelten Prüfung, welche dem Urtheil: „dies war etwas Wunderbares" immer vorhergegangen sein muß. Es bleibt nämlich vor allem, ob und inwiefern etwas geschehen sei, zu untersuchen, und sodann muß über jede mögliche Art nachgedacht werden, nach welcher das Geschehene als geschehen zu erklären sein möchte. Denn darum daß die Ursachen nicht erzählt sind, folgt nie, daß sie nicht waren. Seine Art nun, die Wunder der evangelischen Geschichte auf mißverstandene natürliche Thatsachen zurückzuführen, machte auch in jener Zeit Aufsehen. Als er in dem Aufsatz seiner „Memorabilien": ob es philologische Wunder giebt? das Wandeln Jesu auf dem Meere für ein Wunder der Exegese ausgab, da schrieb der geärgerte Lavater: „Dumm und frech darf man solche Wegerklärungen der schlichtesten Erzählungen nicht nennen, denn dies würde die sehr tolerante Welt intolerant nennen; aber bescheiden möchte ich diese philologischen Welterleuchter fragen: ob denn die 3 Evangelisten, die uns dies Wandeln erzählen, uns haben belehren wollen, daß Jesus, gleich uns Andern, auf festem Boden habe gehen können? Mirabile dictu! O Wunder über alle Wunder!" Und an Paulus' Zuhörer sich wendend: „Junge, leicht verführbare Theologen, wollt ihr euren Geradsinn durch solche philologische Zaubereien in Schiefsinn umkrümmen lassen, damit man euch aufgeklärt nenne? Wohl bekomm's." Auch die A. D. B. meinte: „der Philolog lacht über Paulus' romanhaften Kommentar zum N. T." Paulus selbst achtete das Wundererklären bloß für ein opus supererogationis. „Ich möchte diese Beschäftigung fast verwünschen, weil sie, von der bloßen Neugierde oder von streitsüchtigem Aberglauben einzeln aufgegriffen, die Aufmerksamkeit vieler theils von dem philologischen Gehalt meiner Schrifterklärung, theils, was mir am meisten leid thun muß, von dem practischen Hauptzweck aller dieser Bemühungen, das Urchristenthum in seiner ursprünglichen, an sich wahren Gestalt zu zeigen, allzuoft abgelenkt hat." Seit 1793 lehrte er in der theologischen Facultät. Als Professor der Theologie hatte er den Eid auf die symbolischen Bücher zu leisten. Griesbach interpretirte denselben als Achtungsbezeigung gegen die Stimme der alten Reformation und ihre Thatkraft, und Paulus erklärte Orthodoxie für das rechtschaffene Verhalten bei der Untersuchung der Wahrheit. „Wie elend, wie verfluchungswürdig wäre das Schicksal des Menschengeschlechts, wenn man dem Einzelnen von Außen her die Orthodoxie nehmen oder geben könnte!" Als in der Jenaischen Denkfreiheit rationalisirender Professor edirte er die Werke Spinoza's, die Fülle dieses Geistes bewundernd, dem tractatus theologico-politicus in den exegetischen Bibliotheken den Rang bald nach Nr. 1 anweisend. Als es nach Fichte's Entlassung in Jena unheimlich wurde und die bedeutendsten Lehrer die Gelegenheit zu anderweiter Anstellung ergriffen, folgte auch Paulus (1803) einem Rufe als Professor und Landesdirectionsrath (Consistorialrath) nach Würzburg. Hier las er in Ermangelung protestantischer Zuhörer vor Katholiken. Der ultramontane Gegensatz blieb nicht aus. Es wurden als von Paulus stammend Thesen in Umlauf gesetzt, wie diese: „Die christliche Religion ist eigentliche Religion der Wollust; die Sünde ist der größte Reiz für die Liebe der Gottheit; Religion ist nicht für die sublunarische Welt." Paulus nannte das ein Verleumden durch Unglaubliches. „Selbst in der Fieberhitze müßte ich, wenn nicht die Psychologie ganz trügt, wenigstens anders phantasiren." Um diese Zeit hub auch das Zerwürfniß an zwischen Paulus und Schelling, beide in demselben Hause geboren, in Würzburg unter einem Dache wohnend. Beider

Richtungen schlossen einander aus. Paulus sah bei Schelling nur mystische Weihrauchnebel, Obscurantismus, Schelling fand bei Paulus armselige Theologie und Schriftauslegung, Erbfeindschaft gegen alles Höhere und Bessere. Schelling hat kaum von Jemandem verächtlicher geredet, als von Paulus. „Das ist, schreibt er schon 1804, ein von Gott verlassener Mensch, der den äußersten Ingrimm gegen die jetzige Philosophie hat, mit der seine Geistesdürftigkeit, welche sich auf Hinwegerklären von Wundern in der Bibel concentrirt, weder den Berührungspunkt eines offenen Gegners, noch den eines Freundes erlaubt, daher er insgeheim durch Cabalen sich schadlos zu halten sucht m." Er habe viele böse Menschen kennen gelernt und viel Böses von Andern erfahren, aber einen solchen wie Paulus und soviel als von ihm, keinen und von Niemand. Und noch 1843 redet er von der vollkommenen Ehr- und Schamlosigkeit des verhärteten 82jährigen Sünders. Nachdem Paulus noch als Kreis- und Schulrath in Bamberg und Nürnberg gestanden, nahm er, unbefriedigt durch den practischen Kirchen- und Schuldienst, 1811 eine Professur in der theologischen Facultät zu Heidelberg an, hier neben Daub und Schwarz. Voll Freude schrieb ihm Voß: „Nun singen wir mit einander: und wenn die Welt bedäubet wär', es soll uns doch gelingen." Hier hat er noch fort und fort seinen Denkglauben gegen den Eingebungsglauben verfochten. Der Denkglaube stimmt mit dem Eingebungsglauben darin zusammen: beide wollen glauben. Aber der Denkgläubige glaubt nur um des Denkens willen d. h. weil die Sachgründe seiner Denkkraft genügen, der Eingebungsgläubige um der übernatürlichen Eingebung willen. Der Eingebungsglaube beruht auf patristischen, meist afrikanisch-occidentalischen Mißbegriffen. Aber der Verstand soll nicht durch den Verstand, viel weniger durch die Unverständigkeit beschränkt werden. Paulus hat es noch mit ansehen müssen,

---

m) Vgl. damit das herbe Urtheil L. Feuerbach's, der 1523 bei Paulus hörte [K. Grün, L. Feuerbach. Lpz. 1874. I, 171]: „Bei Stellen, wo er die höchste Unbefangenheit und Gewissenhaftigkeit beweisen sollte, erlaubt er sich wahre Gaunerstreiche und Kniffe, um seine Chimären aus ihnen herauszubringen. Sein Collegium ist weiter nichts, als ein Spinngewebe von Sophismen, die er mit dem Schleimauswurf seines mißrathenen Scharfsinns zusammenleimt; ein Inquisitionsgericht, wo die Sprache unter den Torturen eines spanischen Stiefels in ihrer freien Selbstauslegung gehindert wird; eine Pritsche, wo von dem Korporalstocke seines gewöhnlichen Witzes, den selbst der liebe Himmel keiner Magd hinter ihrer Kuh versagt hat, die armen unschuldigen und wehrlosen Worte so lange geprügelt werden, bis sie, durch die Prügel dazu gebracht, etwas gestehen, was nie in ihrem Sinne lag."

wie das, was er vor 50 oder 60 Jahren als aufgehende Sonne begrüßte, im geistigen Zodiacus in das Zeichen des Krebses eintrat. „Das Beste ist, daß nach dem Cancer auch wieder ein Leo und andere bessere Zodiakalgeister wirken." Er starb, nachdem er mehr Jahre gelebt, als Moses' Psalm in Aussicht stellt, und nachdem die Seinigen alle vor ihm in's Grab gesunken waren, am 10. August 1851. Heine hat ihn als den Kirchenrath Prometheus besungen, Justinus Kerner, der von ihm gereizte Seher des Hereinragens einer Geisterwelt in die unsere, an den neuen Paulus die Verse gerichtet:

> Paulus, der am Neckarstrande
> Ein ew'ger Saul am Schreibtisch sitzt,
> Und nahe schon am Grabesrande
> Die gift'ge Tint' auf Gläubige spritzt,
> Auch dir wird einst die Stimm' erschallen:
> „Saul, Saul!" und nieder wirst du fallen n.

Paulus' Amtsnachfolger in Jena war Johann Philipp Gabler, geboren 1753 zu Frankfurt a. M. Als Student huldigte er zuerst dem Wolffianismus unter dem stolzen absprechenden „Pachter aller echten Philosophie und Theologie" Chr. Fr. Polz in Jena, bis der Unterricht des beredten Eclectikers Ulrich, dem es „vom Munde wegging wie schimmlichtes Brod", ihm das erste Licht in der Theologie anzündete. Aber beinahe wäre er von der Theologie abgetreten, hätte er sich nicht mit ihr wieder ausgesöhnt durch Griesbach's, seines Hauptlehrers, Vorlesungen. Er begann als Repetent in Göttingen, wurde durch Heyne's Empfehlung Professor der Philosophie am Archigymnasium in Dortmund, 1785 Professor der Theologie und Diaconus in Altdorf, 1804 in Jena. Allem mystischen Unwesen abhold, ein Feind des blinden Glaubens und einer bindenden Verpflichtung auf kirchliche Bekenntnißschriften, hat er die Vernunft in ihre Rechte wieder miteinsetzen helfen und 40 Jahre lang auf ein reines vernünftiges Christenthum hingearbeitet unter unbedeutenden Anfechtungen o. Sein dogmatisches Princip war Schrift und Vernunft, die, beide göttlich und nur formell verschie-

---

n) Paulus' Selbstbiographie in Beyer's Magazin VII, 3, 329. Derselbe, Skizzen aus meiner Bildungs- u. Lebensgeschichte. Heidelb. 1839. K. A. v. Reichlin-Meldegg, Paulus u. s. Zeit. Stuttg. 1853. Schenkel in Herzog's R. E. XI, 252.

o) Vgl. die Schrift: An den Schulmeister Peter Squenz zu Rumpelskirchen, betreffend dessen Schreiben an den Hrn. Prof. Gabler, von seinem Großvater Paulus Equenz, Schulmeister zu Altkirchen [d. i. Friedr. Aug. Haensch] 1803.

den, in ihrem Verhältniß coordinirter Wechselseitigkeit widerspruchslos eins sind. „Die Vernunft muß die Grundlage jeder nicht verwerflichen positiven Religion sein." Diesem Standpunkt war die Aufgabe gestellt als den rechten Mittelpunkt im Christenthum, als den wahren Christianismus den Coincidenzpunkt von Schrift und Vernunft, das Biblisch-Vernünftige zu finden. Dies führte zur Einschränkung der apostolischen Autorität auf die wesentlichen Religionswahrheiten. Wunder konnten da nicht wohl eine Stätte haben. Gabler hat ihre Unwahrscheinlichkeit, Unerweislichkeit und Entbehrlichkeit behauptet, die des N. T. natürlich zu erklären versucht: den Glanz Jesu bei der Verklärung aus dem hellen Blitzen bei einem starken Gewitter, die Stimme aus einem Donnerschlag, den Engel, der Jesum stärkte, aus dem Mißverständniß eines bildlichen Wortes. Lazarus war scheintodt, das Passamahl von Jesus mit dem Hauswirth vorher verabredet. Gabler hat aber auch die Annahme von biblischen Mythen nicht gescheut, vielmehr war er der Erste, welcher (in seiner Bearbeitung von Eichhorn's Urgeschichte 1790) die mythische Interpretation auf allgemeine Grundsätze zurückführte und dadurch in diese schwierige Materie mehr Licht und Bestimmtheit brachte. Seinen Rationalismus hat er aber immer als einen christlichen im Gegensatz zum bloßen oder strengen Rationalismus (d. i. Naturalismus) behauptet. „Ich war stets von naturalistischen Grundsätzen frei und bin es noch. Ich erkenne in Christus mehr als einen jüdischen Socrates, ich sehe in den Aussprüchen Jesu etwas Göttliches und in ihm selbst einen göttlichen Lehrer." Bloßer Rationalist, sagt er anderwärts, werde er niemals sein. „Dafür bürgt mir meine innerste Verehrung Jesu und seiner Lehre sowie mein Studium der christlichen Religionsgeschichte, die mir laut zuruft: „Hier ist Gotteswerk!" Auch hat er in seinen Vorlesungen vor allem Mißbrauche der von ihm selbst beförderten theologischen Aufklärung eifrig gewarnt. „Nicht Polemik, weder orthodoxe noch heterodoxe, gehört in den Volksunterricht, sondern nur practisches Christenthum, nur die allein beseligende moralische Religion Jesu." Er, der aus langer Erfahrung die religiösen Bedürfnisse des Volks genau zu kennen glaube, würde alle die Mühe beklagen, die er bisher auf Berichtigung theologischer Vorstellungen verwendet habe, wenn seine Untersuchungen von unverständigen Lehrern zum großen Schaden des Volks so schändlich mißbraucht werden sollten. Gabler war ein sehr gelehrter, gründlicher und auf den Grund gehender Theologe, über welchen der Philologenfürst Heyne mit seinem Urtheile: „Gabler ist ein schwacher

Kopf," im Irrthum war, ein Mann von ehrenwerther Gewissenhaftigkeit in seinem Berufe, lieber für seine Zuhörer als für die Buchhändler arbeitend, von einer Geradheit des Characters, welche die moralische Exegese Kant's als unmoralisch und mit der Redlichkeit eines Religionslehrers nicht bestehend zurückwies, und einem würdevollen Ernste, der das Hohelied von den Uebungsgegenständen des theologischen Seminars ausschloß. Und ob er auch von Engelerscheinungen nicht allzugünstig dachte, den greisen Theologen umschwebten zwei Engel im Traume, den nahen Tod ihm verkündend († 17. Febr. 1826) P. In gleicher Weise suchte Paulus' gelehrter und doch auch so leicht übertreibender Freund Johannes Schultheß († 1836), Professor in Zürich, einer der erleuchtetsten Führer der reformirten Kirche, das aus gegenseitigem Bedingen hervorgehende Einheitsverhältniß von Schrift und Vernunft zu finden. Die Vernunft hat ein kritisches Recht auf den Inhalt der Bibel, das Recht, das Wort Gottes in der Bibel zu suchen, — denn „nicht alles in der Bibel ist Gottes Wort für uns; nur was der Vernunft in dem Licht unserer Zeiten, der heutigen Cultur der Menschheit als wahrhaft, heiter und vollkommen einleuchtet" — sie empfängt aber hinwiederum von der Bibel die objective Bewahrheitung ihrer Aussprüche. „Ich erkläre mich offen und frei, daß ich mir niemals erlauben werde, Rationalist zu sein im gemeinen Verstande des Worts d. i. meinem individuellen Sinne und Verstande zu folgen, wo sich derselbe nicht aus der h. Schrift hervorheben, rechtfertigen und erhärten läßt. Nur wo das Wort Gottes, das heitere, vollkommene, wahrhafte, herausgefunden durch die genaueste nüchternste und daher unumstößliche Erklärung, unsere Ideen gutheißt, da erlauben wir uns, diese nicht als unsere Ideen und Gedanken, sondern als göttliche evangelische Glaubens- und Lebenswahrheiten vorzutragen, seien sie dann zufälligerweise dieser oder jener Kirche eigen oder fremd gewesen." So fand sich durch richtige Schriftauslegung ein vernunftmäßiges Christenthum. Das Christenthum trat heraus als reiner voller Rationalismus in Thesi und Praxi. „Auch das Historische am Christenthum ist recht besehen Rationalismus, thatsächliche Gewährung der Postulate der Vernunft." Für diesen seinen Standpunkt, welcher Aftermystik und heimlichen Separatismus nicht

---

p) Selbstbiographieen in Beyer's Magazin X, 6, 115 u. in Eichstädt's Annales acad. Jenens. Jen. 1823. S. 3. Henneberg im R. Nekrolog (1826) IV, 80. W. Schröter, Erinnerungen an Gabler. Jen. 1827. [Aus d. Oppositionsschr. X, H. 2]. Henke in Herzog's R. E. IX, 632.

ertragen konnte, mochte er sich gern auf Aussprüche Zwingli's, wie diesen berufen: »Deum non proponere nobis talia credenda, quae prorsus comprehendi non possunt⁹.« Ernesti's philologisch-theologische Schule mündete in den Rationalismus in folgenden drei Schülern von Morus ein: Carl August Gottlieb Keil († 1818), Morus' Amtsnachfolger in Leipzig, ein Mann von strenger Gewissenhaftigkeit und unermüdeter Berufstreue, hat, ohne geniale Blicke und glänzende Begabung, durch sein Lehrbuch der Hermeneutik (1810), Ernesti's Verdienste festigend und vervollständigend, um die grammatisch-historische Auslegung des N. T. sich verdient gemacht. Historisch nannte er die Auslegung, welche eben dasjenige bei einer Schrift denken lehrt, was der Schriftsteller dabei gedacht hat und gedacht wissen wollte, daher sie von der grammatischen unzertrennlich sei, nach welch' letzterer die Wörter des N. T. in dem Sinne genommen werden müssen, in welchem sie damals von den griechisch redenden Juden erweislich gebraucht worden sind. Durch seine Interpretationsmethode war er auf freiere Ansichten gekommen. Dem Plane der Vorsehung zufolge, meint er, sollten die wesentlichsten Lehren des Christenthums allen künftigen Zeitaltern als ewige Wahrheiten gelten, aber zweifelhaft sei es, ob Jesus von diesem Plane der Vorsehung Kenntniß gehabt und daher bei seinen Aussprüchen auf die Nachwelt Rücksicht genommen habe und habe nehmen können. Die Resultate seiner Exegese vermittelte er mit seiner Dogmatik durch die Accommodationshypothese, wonach alle religiösen Vorstellungen, welche die Juden vor Jesu und seiner Zeit schon gehabt hätten, nicht zur Offenbarung durch Christum gehörten, und sonach die diesen Vorstellungen gemäße Sprechweise Jesu und der Apostel als Herablassung zu dem Ideenkreise ihrer Zeitgenossen anzusehen sei. Dahin rechnete Keil die ganzen messianischen Vorstellungen, die Lehre vom Logos, vom πνεῦμα, vom Falle Adams und dessen Folgen, von Christi Opfer, vom Teufel, Dämonen, dem Reiche der Zukunft Christi, der Auferstehung u. s. w. Sein moderater Rationalismus ertrug aber auch abweichende Vorstellungen, da in dieser Hinsicht nur dem höhern Richter im Himmel ein Urtheil und Ausspruch zustehe. Bei ihm, wie bei Ernesti, sollte nun die Auslegung Alles thun und alle philosophischen Operationen entbehrlich machen. Daher er als Dogmenhistoriker die Kirchenväter von allem Einflusse der

---

q) Neuer Nekrolog (1836) XIV, 2, 692. Hagenbach in Herzog's R. E. XIV, 35.

platonischen Philosophie frei darzustellen suchte (die bisher aus der platonischen Philosophie abgeleiteten Sätze könnten ebenso gut und noch mit besserem Rechte aus morgenländischen Quellen abgeleitet werden), und nicht absehen konnte, was aus unserer Theologie werden solle, wenn man so fortfährt zu mysticiren und zu symbolisiren. Obschon er auch practische Theologie lehrte, war er doch kein Redner, sondern ein langweiliger Prediger'. Christian Gottlieb Kühnöl (Kuinoelius † 1841), ein ingenium praecox, Professor der Philosophie in Leipzig, der Eloquenz und Poetik, nachmals der Theologie in Gießen, hat seine neutestamentlichen Commentare in leichtem, hübschem Latein geschrieben und mit vielem historisch-philologischen Materiale ausgerüstet. Sie wurden ihrer Zeit wie Wunderwerke angestaunt. Seine frühesten exegetischen Arbeiten erklärte Schelling für bloße, noch dazu schlechte, Compilationen. In der Wundererklärung liebt er ein gewisses Helldunkel. So bemerkt er zu Luc. 2, 9: »Si δόξα κυρίου indicat fulmina, possunt haec verba ita explicari: fulgurabat inprimis in ea regione oppidi Bethlehemitici, ubi erat stabulum«.« Johann Friedrich Schleusner († 1831), Professor der Theologie in Göttingen, wo er, wie Heyne schreibt, nicht empor kam und froh war wegzukommen, seit 1795 in Wittenberg, nach Aufhebung der Universität neben Nitzsch [S. 297] Director des theologischen Seminars daselbst, ein fleißiger Philolog ohne tiefere Blicke, ganz nach Morus gebildet, behutsam, ja schüchtern, wie dieser, doch im Ganzen liberal, ist bekannt durch sein Lexicon zum N. T. (1792), ein für classisch gehaltenes Repertorium, und zur Septuaginta (1821). Im Ketzeralmanach auf d. J. 1797 heißt er „einer unsrer ersten biblischen Philologen, der sich der affectirten Verachtung, welche die Modeausleger den alten Interpreten beweisen, und der oft nur zu gezwungenen natürlichen Erklärungsart der Neuern männlich entgegensetzt¹.“ Hauptsächlich auf dem Gebiete der neutestamentlichen Exegese bewegte sich endlich David Schulz († 1854), der Amtsnachfolger Steinbart's in Frankfurt a. d. O., seit 1811 in Breslau. Er betrachtete es als seine theoretische Lebensaufgabe, durch reinere Auffassung und Darlegung der Grundwahrheiten des Christen-

---

r) Selbstbiographie in Beyer's Magazin XII, 2, 90. C. G. Bengel's Archiv f. d. Theol. III, 2, 541. J. P. Lange in Herzog's R. E. VII, 504.

s) Zöckler in Herzog's R. E. XIX, 759.

t) Selbstbiographie in Beyer's Magazin VIII, 6, 94. E. Reuß in Herzog's R. E. XIII, 577.

thums dieses mit der Humanität wieder mehr zu befreunden, ja womöglich beide zur vollkommensten Einheit zu versöhnen. Dieser reineren Auffassung erschien die Vorstellung von "einem fortdauernd erhaltenen, unter den Christen zu allen Zeiten gegenwärtigen, ja von ihnen zu genießenden leiblichen Christus als ein unchristlicher Reliquiendienst. Aber er hatte sich noch eine zweite, polemische Aufgabe gestellt, für Licht und Recht zu streiten, damit es fortan in der evangelischen Kirche Tag bleibe. Und er hat ein Kämpe mit scharfer Klinge, der keine Rücksichten kannte, wo es der von ihm vertretenen Sache galt, den Rationalismus wider seine späteren Gegner beschirmt, wider die schwärmenden Träumer, welche mit der Einbildungskraft philosophiren und dem Menschenverstande Hohn sprechen, wider die Uhustimmen, die aus geistlichen und weltlichen Kammern der Finsterniß hervormurmeln, wider das Berliner Verdunkelungsjournal und die sultanische Willkür in Kirchensachen".

In der Einleitungswissenschaft that sich Leonhard Bertholdt († 1822), Professor und Universitätsprediger in Erlangen, hervor, indem er in seiner sechsbändigen „Historisch-kritischen Einleitung in die Schriften des A. und N. T." (1812) die Hypothesen und kritischen Vorstellungen der rationalistischen Bibelforscher sammelte und revidirte, die Meinungsverschiedenheit als das Salz im Reiche der Ideen preisend, ohne welches Fäulniß und Tod über dasselbe kommen würde. „Würden die Menschen irgend einmal alle in allen Dingen einerlei Meinung werden, so würden ihre geistigen Bestrebungen bewirken was der weich gewordene Alpenschnee thut, der sich zu ungeheuren Massen zusammenrollt und in den Thälern Thiere, Menschen und Dörfer erschlägt und vergräbt." Er war der Erste, der mit gründlicher Kritik die Echtheit des ganzen Danielbuches bestritt, dagegen, Jugendeindrücken mehr nachgebend als kritischen Gegengründen, meinte er das Buch Hiob für das älteste biblische Buch halten zu dürfen. Seine „theologische Wissenschaftskunde" und seine unreife posthume Dogmengeschichte vermehrten seinen Gelehrtenruhm nicht. Wegen seiner bürgerlichen und häuslichen Tugenden von seinen Mitbürgern geliebt, von seinen Collegen geachtet, wird er besonders als Beispiel angeführt, wie Herzensfrömmigkeit recht gut verbunden sein könne mit dem Rationalismus. „Der als höchst freisinniger Kritiker bekannte Bertholdt ging, als sein Sohn krank war, in ein Nebenzimmer und betete aus Herzensinbrunst"." Heinrich Karl

---

u) G. L. Hahn in Herzog's R. E. XIV, 37.
v) Gesenius in d. Allg. Encyklopädie I, 9, 236. Wiener's und Engel-

Alexander Häulein († 1829), Mitglied des k. Repetenten-Collegiums in Göttingen, dann Professor und Universitätsprediger in Erlangen, seit 1803 preußischer Consistorialrath zu Ansbach, zuletzt Oberconsistorialdirector in München, hat in seiner aus Semler's Richtung erwachsenen, den Stoff ansprechend zusammenstellenden, besonders als Handbuch für Studirende empfohlenen „Einleitung in's N. T." (1794) das Capitel von der Inspiration fallen lassen, aber aller Bücher Echtheit behauptet und in gleicher Weise für alle zu erweisen gesucht. Auch galt er als bedächtiger Schriftausleger, der die Mittelstraße zwischen allzugroßer Aengstlichkeit und allzufreier Behandlungsart zu treffen suchte, daher er seinem Texte vorher alle exegetische Hülfe widerfahren ließ, ehe er zur kritischen schritt. Der Ketzeralmanach auf d. J. 1797 nennt ihn einen Mann von gründlicher Gelehrsamkeit und seltener Bescheidenheit.

Die biblische Theologie", eine Tochter der Aufklärung, deutete einen Gegensatz zur herkömmlichen Dogmatik an und war dem an die gemeinen Compendia gewöhnten Haufen der Lehrer nicht recht. Schon Ernesti sagt: „Der Name der biblischen Theologie ist nicht ohne Grund verdächtig geworden, als ob die Theologie, wie sie auf dem Catheder gelehrt worden, nicht mit der h. Schrift übereinstimmte." Sie arbeitete Anfangs ausgesprochenermaßen noch im Dienste der Dogmatik, wenn auch nicht als fügsame Sclavin der orthodoxen Dogmatik. So nannte Baumgarten's Schüler Gotthelf Traugott Zachariä († 1777), Professor in Göttingen und Kiel, „ein guter Exeget, der im Lande der Freiheit sehr bald der völligsten Erleuchtung theilhaftig geworden wäre", seine biblische Theologie ausdrücklich eine Untersuchung des biblischen Grundes der vornehmsten theologischen Lehren und kam zu dem Resultate, nicht der alte Lehrinhalt, nur die Lehrform sei verbesserungsbedürftig. An ein Auseinanderhalten der verschiedenen biblischen Lehrbegriffe denkt er noch nicht[x]. Ebenso wollte Ammon [S. 294] in seiner biblischen Theologie nur Materialien liefern, die der Dogmatiker zum Systeme zu verknüpfen hat. Nachdem Gabler das befreiende und maßgebende Wort gesprochen hatte: »est vero theologia biblica e genero historico, tradens,

---

hardt's Neues krit. Journal d. theol. Literatur (1824) 1, 17. R. A. Gosche in Herzog's R. E. XIX, 184.

w) F. Ch. Baur, Vorlesungen üb. neutest. Theologie. Hrsg. v. F. F. Baur. Lpz. 1864 S. 3 ff.

x) C. G. Perschke, Züge d. gelehrten Characters Zachariä's. Bremen 1777. Tholuck in Herzog's R. E. XIII, 350.

quid scriptores sacri de rebus divinis senserint«, war es zuerst Georg Lorenz Bauer († 1806), Professor der Beredtsamkeit, der morgenländischen Sprachen und Moral in Altdorf, der biblischen Exegese und orientalischen Literatur seit 1805 in Heidelberg, der in seiner „Theologie des A. und N. T." (1796) darstellen wollte, wie von den ältesten Zeiten an die religiösen Begriffe der Ebräer, Jesu und der Apostel sich gebildet haben, wobei nur der nebenhergehende Versuch, das Allgemeingültige des Christenthums mit Hülfe der Accommodationstheorie festzustellen, an die Dogmatik erinnerte. Wenn Eichhorn und Gabler in einigen biblischen Erzählungen das Mythische hervorgezogen hatten, so stellte Bauer in seiner „hebräischen Mythologie des A. und N. T." (1802) die ganze alttestamentliche Geschichte unter den mythischen Gesichtspunkt, und fand, daß auch manche Erzählungen und Vorstellungen des N. T. ein mythisches Gewand umschließt, wobei er zuweilen auch einen frivolen Einfall hatte, wie bezüglich des Ehesegens der reichen Sunemitin, bei welcher der Prophet Elisa logirte. Ganz in seine Fußtapfen ist Gottlieb Philipp Christian Kaiser († 1848), ein Schüler Hänlein's, Prediger zu Münchberg, seit 1816 Professor in Erlangen, getreten. Seine „biblische Theologie", mehr eine vergleichende Darstellung der Religionen mit besonderer Berücksichtigung des Judaismus und Christianismus, verfolgt den dogmatischen Zweck, die wahre universelle Religion zu finden. Dem ersten Theile und des zweiten Theiles erstem Abschnitt (1813 und 14) liegt das Princip des naturalistischen Universalismus zum Grunde, welches besagt: von der wahren Religion muß alles Locale und Temporelle, alles Individuelle und Particulare ausgeschlossen sein, in dieselbe kann nur aufgenommen werden, was mit der allgemeinen Offenbarung Gottes durch Natur und Vernunft zusammenstimmt oder was aus der Totalität der menschlichen Vernunft unmittelbar hervorgeht. Es kann also nicht mehr die Rede sein von Offenbarung unerreichbarer Wahrheiten für die Vernunft, oder von Stiftung einer einzelnen Kirche, oder von Bekanntmachung der Vernunftwahrheiten unter Auctorität eines einzelnen göttlichen Gesandten, wiewohl der Volkslehrer mit voller Ueberzeugung behaupten könne, daß unter allen Offenbarungen die christliche die geeignetste und beste sei. Hierbei wird ein ausgebreiteter Gebrauch von der mythischen Erklärungsart gemacht. Alle Erzählungen des N. T., die entweder durch ihren wundervollen Inhalt oder durch ihre Unvereinbarkeit mit andern Nachrichten dem Verfasser verdächtig sind, erklärt er für historische oder phi-

losophische Mythen. „Freilich verliert der edle Mann von Nazareth so
alles Wundervolle und Unbegreifliche, aber nun erst ist seine Achtung
gesichert." Wenn nun weiter Samuel der furchtbarste Demagog genannt
wird, der seinen Eigennuß so planmäßig mit der Erhebung seiner Nation verband, wenn es von Jonas heißt, er würde jetzt und nach unsrer
occidentalischen Sitte bei seiner orientalischen Art, sich als Bußprediger
und dazu noch mit ehrgeizigem Eigensinne aufzudrängen, eingesperrt
werden und das von Rechts wegen, wenn von Jesus behauptet wird, er
heilte durch die Phantasie und das Vertrauen des Volks, und, es war
bloß Zufall, wenn Jesus zugegen war, wo für todt Gehaltene wieder
zu sich kamen, so begreift sich's, wie Baumgarten-Crusius urtheilen
konnte: „Kaiser's biblische Theologie ist ein wunderbar zusammenge-
brautes Werk aus Wahrem und Falschem, Frechem und Frommem;
bei seinem Bestreben, alle mögliche heidnische Rohheiten in den heiligen
Büchern zu finden, hat er zu wenig Belesenheit gezeigt." Aber bereits
1816 legt Kaiser das Geständniß ab, daß bei ihm, der für den classischen Paganismus in gleichem Grade wie für den Christianismus sich
erklärt hatte, der naturalistische Universalismus in den festen Glauben
an das Christenthum als die Universalreligion selbst sich verwandelt
habe. Und im 2. Abschnitt des 2. Theiles seiner biblischen Theologie
(1821) spricht er seine Retractation dahin aus: „Gern gestehe ich, daß
ich bei veränderten dogmatischen Ansichten die vor 8 Jahren erschienenen
ersten Theile der biblischen Theologie zu Vorlesungen nicht gebrauchte.
Das in der Bibel offenbarte Wort ist mir Eins und Alles geworden.
Mögen immerhin Familienleiden und die Leitungen der Vorsehung auf
die stärkere Anregung dieses höhern Bedürfnisses Einfluß gehabt haben,
so bin ich mir doch der Gründe bewußt, warum ich glaube und nach
einer zwanzigjährigen Amtserfahrung im Unterrichte der Jugend und
der Erwachsenen immer sorgfältiger der Offenbarung allein folge." Dieser Richtung ist er auch bis an sein Lebensende treu geblieben. Sein na-
turforschender College Schubert giebt ihm das Lob eines wackern fleißi-
gen Theologen von seltener Ruhe des Gemüths. Als die vorzüglichste
biblische Theologie, besonders in Ansehung des A. T., galt lange Zeit
das posthume Werk des Marburger, später Breslauer Professors Daniel Georg Conrad von Cölln († 1833), wiewohl auch in ihm die
geschichtliche Bewegung noch nicht so hervortritt, wie sie könnte, weil die
Lehrbegriffe der Apostel noch nicht wirklich auseinandergehalten und in
ihren realen Eigenthümlichkeiten aufgefaßt werden. Der Philologe

F. Passow, sein Freund und Biograph, rühmt ihn übrigens als einen höchst vortrefflichen Mann, „der unter allen unsern Theologen es am meisten von Herzen und Gesinnung ist, während er an Tiefe und Gründlichkeit des Wissens keinem nachsteht⁹." Der Erste, welcher von einer biblischen Moral und einer biblisch-moralischen Polemik sprach, war Erhard Schmid [S. 289] in seiner Gelegenheitsschrift de Theologia biblica (1788).

§. 44. Die Kirchenhistoriker des Rationalismus.

Baur [§. 14] S. 173—97.

Die Geschichtsbetrachtung der Neologie vererbte sich auf den Rationalismus. Der Rationalismus fand in sich nur ein Verständniß für das, was in der Geschichte ihm homogen war (z. B. die Ebioniten galten als vindices purioris doctrinae), für die freiheitlichen Elemente in derselben, die entgegengesetzten Standpunkte vermochte er nicht einmal in ihrer relativen Berechtigung zu begreifen, sie verstimmten ihn einfach. So giebt es für ihn in der Geschichte keine Entwickelung, kein Werden, keinen Uebergang vom Unvollkommenen zum Vollkommnern, sondern Alles steht im unvermittelten Gegensatz zu einander wie Licht und Schatten, nur daß des Schattens bei weitem mehr ist, als des Lichts. Das meiste in der Kirchengeschichte tritt unter den Gesichtspunkt der Verirrung, der Thorheit, der Verunstaltung des Christenthums, der heil- und geistlosen Subtilitätenkrämerei, als ob jede Concurrenz idealer Factoren, religiöser Motive gänzlich auszuschließen und in Abrede zu stellen wäre, und als ob die theologischen Controversen in der alten Kirche nicht wenigstens als Versuche, der Idee sich zu bemächtigen, anzusehen wären. Die Gegenwart mit ihrer Vernünftigkeit wurde wie ein goldenes Zeitalter gepriesen. Einzelne hielten wie den Inhalt so den Namen des Christenthums für antiquirt und erklärten, mit dem Jahre 1810 habe die Geschichte der christlichen Kirche ihr Ende erreicht. Das kirchenhistorische Hauptwerk des Rationalismus ist die „Allgemeine Geschichte der christlichen Kirche" (1788 ff.) von Henke. In ihr wird eine lange Reihe von warnenden Abschilderungen des mannigfaltigen Unheils vor Augen gestellt, welches von jeher durch blinde Anhängigkeit an menschliches Ansehn, durch träges ungeprüftes Nachsprechen, unverständiges Aufdringen geheiligter und hergebrachter Satzungen und Gebräuche, durch Partei-

---

y) Literatur bei G. Frank in Herzog's R. E. XIX, 330.

sucht, Sectirerei, Gewissenszwang, gutmeinenden aber unweisen Eifer, durch geistlichen Hochmuth und übereilte Aufklärung, durch Separatismus und Fanatismus aller Art angerichtet worden ist. Die Kirchengeschichte, in diese Beleuchtung gestellt, konnte nur absprechende Urtheile fällen über die meisten tonangebenden Persönlichkeiten der Vorzeit. So hieß Tertullian ein ausschweifender Kopf, der durch Schreiben dem in ihm tobenden Ingrimm Luft machen wollte, Montanus ein enthusiastischer Großsprecher, Athanasius ein hochmüthiger Starrkopf, der Haupturheber von vielen Verwirrungen und von dem Unglücke vieler tausend Menschen, Augustin ein sinnreicher Schwätzer, Epiphanius und Hieronymus rohe Eiferer, Katharina von Siena ein albernes Weibsbild. Gregor I. unterschied sich nur darin vom Teufel, daß dieser durch offenbaren Hochmuth fiel, er aber durch die Larve der Demuth sich hob. Spinoza's System war ein künstliches Gewebe von Grübeleien in gar nicht anziehender Gestalt. Es ist hieraus leicht begreiflich, daß Henke's kirchenhistorische Vorlesungen gerade den geringsten Eindruck machten, während er in der Exegese, wenn er die Abschiedsreden des Erlösers im Johannes erklärte und sein großes feuriges Auge sich mit Thränen füllte, seine Zuhörer mächtig zu erschüttern wußte ª. Von noch andauernderer Wirkung als Henke war Gottlieb Jacob Planck († 1833), Professor an der hohen Karlsschule zu Stuttgart, seit 1784 an Walch's Stelle zu Göttingen, ein geborener Historiker, dem „Nemesis und Irene nie von der Seite wichen", und bei dem, eben weil er den Blick gerichtet hielt auf die geschichtliche Entwickelung der Dinge, darin bewundernd die mannigfaltige Weisheit Gottes, die persönliche Eigenthümlichkeit, die eigene theologische Richtung zurücktritt. Characteristisch für ihn ist die Aeußerung in seiner „Einleitung in die theologischen Wissenschaften" (1794), er habe den Begriff von einer unmittelbaren Offenbarung noch nicht ganz aufgegeben, oder sei noch nicht überzeugt, daß er um deßwillen nothwendig aufgegeben werden müsse, was man neuerlich dagegen urgirt hat. Auch hat er gemeint: „Man darf bestimmt behaupten, daß die Ansicht des rationellen Supernaturalismus nicht nur

---

a) In einer biograph. Notiz der Allgem. K. Z. 1831, S. 1381 heißt es über seinen Vortrag: „Im Anfange seiner academischen Laufbahn war Henke unbeschreiblich furchtsam auf dem Catheder. Es dauerte gewöhnlich eine Viertelstunde, ehe er recht in Zug kam. Er nahm eine Prise Tabak über die andere, knöpfte die Weste auf und zu, drehte manchen Knopf ab, riß öfters plötzlich das Fenster auf und blickte hinaus, räusperte sich ꝛc. War er aber erst in Zug gekommen, so schritt er leicht, heiter und unbefangen vorwärts."

zum aufgeklärteren, sondern auch zum besseren Christen macht." Was der Ketzeralmanach 1787 schrieb: „sein System scheint noch in den Wolken zu liegen," das bestätigte nachmals sein Biograph mit den Worten: „Er liebte in streitigen Punkten mehr das abwägende Suchen der Wahrheit, als die Entscheidung." Es ist leicht begreiflich, daß unter eines solchen Mannes Hand die confessionelle Polemik in eine historische Betrachtung, in comparative Symbolik sich verwandeln mußte. Daß er aber mit seinem ganzen Denken auf dem Boden der theologischen Freiheit und des kirchlichen Fortschritts stand, das hat er in der Fortsetzung von Spittler's Kirchengeschichte angedeutet, indem er die Revolution der letzten 30 Jahre als die glänzendste Periode der lutherischen Kirchengeschichte bezeichnet, und seine eigene Kirchengeschichtschreibung ist dafür der unumstößliche Beweis. Er ist der Vater des kirchenhistorischen Pragmatismus. Wie aber der Blick jener Zeit am Individuellen haften blieb, so war Planck's Pragmatismus ein subjectiver. Er achtet viel zu wenig auf die weltbewegenden Ideen, auf die großen geistigen Strömungen, deren Einfluß sich kein Individuum zu entziehen vermag, und faßt viel zu sehr das Individuum in seiner Isolirtheit auf. Die geschichtliche Entwickelung entspringt kleinen oder auch kleinlichen und unreinen Triebfedern, wie Falschheit, Bosheit, Rachsucht, Blutgier. Auf diese Weise wurde ihm die Kirchengeschichtschreibung oft zu einer Leib und Seele verzehrenden Arbeit, zu einem alle Empfindung empörenden Geschäfte, und es ist geschehen, daß er einzelne Persönlichkeiten (wie den alten Flacius) historisch mißhandelt hat. Heute noch unentbehrlich und in mancher Hinsicht unübertroffen, steht sein Hauptwerk, die „Geschichte unsers protestantischen Lehrbegriffs", da. Joh. v. Müller characterisirt ihn als einen ehrwürdigen guten Mann, ganz an unsern alten Walch erinnernd, er selbst aber hat von seiner Theologie nichts mehr verlangt, als daß sie ihn an seinen und seiner Freunde Tod mit Ruhe denken lasse[b]. Der Begründer der wissenschaftlichen Behandlung der Dogmengeschichte auf dem von Semler eröffneten Wege wurde der ruhig forschende Marburger Professor Wilhelm Münscher († 1814). Nachdem er sich von Ende-

---

[b] F. Lücke, G. J. Planck. Gött. 1835. Uebrige Lit. bei E. Henke in Herzog's R. E. XI, 757. — Oehme [§. 13, o] lernte Planck schon als einen alten Mann kennen und in altväterlicher Tracht, in Kniehosen und mit beschnallten Schuhen, und schildert ihn als hochgewachsen mit ziemlich starkem Oberkörper, seine Stimme heiser, dumpf und so schwach, daß die größte Anstrengung erfordert wurde, um ihn zu hören.

mann's Institutionen freigemacht und seine Abneigung gegen die Neuerer
überwunden hatte, wurden Döderlein, Michaelis und Zollikofer seine
Leitsterne. Aber die Vorliebe für die Geschichte verdrängte bei ihm die
Sicherheit des dogmatischen Urtheils und Systemes. Er sagt in seiner
Selbstschilderung: „Der Anblick des beständigen Schwankens der menschlichen Meinungen hat ihm eine große Friedensliebe und Mäßigung in
Beurtheilung Anderer, hat ihm ein Mißtrauen gegen die Sicherheit
menschlicher Kenntnisse eingeflößt, das an Skepticismus grenzt, wobei
jedoch die Grundlagen der Religion und Moral ihm unerschütterlich fest
bleiben." Seine Betrachtung der Dogmengeschichte ist die subjective. Er
kennt keine immanente Entwickelung, keine Gestaltung des Dogmas aus
innerer Nothwendigkeit, sondern Alles hängt von Zufälligkeiten ab.
Der nicänische Lehrbegriff erhielt nur durch äußere günstige Umstände,
durch die Entschlossenheit einiger seiner Vertreter und durch die Mitwirkung der bürgerlichen Gewalt, die Oberhand. Wären diese äußeren
Umstände für den arianischen Glauben gewesen, so hätte dieser den Sieg
davon getragen und würde Kirchenglaube geworden sein. Es characterisirt diese Geschichtsbetrachtung die Aeußerung Münscher's: „Ueber die
Theologie herrscht die Mode fast ebenso despotisch als über den Anzug
der Frauenzimmer^c." In gleichem Sinne hat die ältere Dogmengeschichte der „blutwenig glaubende" Tübinger Geschichtsprofessor Christian
Friedrich Rösler († 1821), früher Diaconus zu Vaihingen, bearbeitet. Er stellt ausdrücklich an den Dogmenhistoriker die Forderung der
Kaltsinnigkeit, welche die Lehrer der ersten Kirche nicht unter dem Gesichtspunkt von Zeugen der Wahrheit und Uebereinstimmung mit dem
protestantischen Lehrbegriff betrachtet. Von ihm rühmt der Ketzeralmanach: „er sieht weiter als alle Theologen Schwabenlands, und würde
viel sagen, wenn er sagen dürfte, was er weiß." Einzelne Theile der
Kirchen- und Dogmengeschichte hat freimüthig und unparteilich Werner
Karl Ludwig Ziegler († 1809), Professor in Rostock, ein Schüler von
Michaelis, behandelt. Denen gegenüber, die Christum zu einem Lehrer
des Deismus machen wollten, hat er die Vorzüge, welche das Christenthum als positive Religion vor dem Naturalismus hat, entwickelt, zugleich aber auch dargethan, daß der Beweis für die Wahrheit und Vortrefflichkeit des Christenthums mehr aus der innern Vortrefflichkeit der

---

c) Biographieen von C. F. Chr. Wagner [Marb. 1815] u. L. Bachler [Frkf. 1817].

Lehre, als aus Wundern und Weissagungen zu führen sei. Nur zunehmende Kränklichkeit („harte melancholische Anfälle") hinderte ihn, an Döderlein's oder Teller's Stelle zu treten ᵈ. Verglichen mit dem Rationalismus, als welcher das ganze positive Christenthum und seine Verkündiger mit kirchenhistorischen Waffen zu schlagen, überall auf diesem Gebiete Aberglauben, Schwärmerei, Dummheit oder Bosheit auszuwittern, und sein eigenes System von Natur- oder Vernunftreligion in ihr und durch sie zu errichten und geltend zu machen strebte, bedeutet die Universalgeschichte der christlichen Kirche (1806) von Stäudlin einen Gegensatz, Schmidt's [S. 318] Kirchengeschichte (1801 ff.) mit ihrer Objectivität und Quellenmäßigkeit einen Fortschritt.

§. 45. Die Practiker des Rationalismus.

Die Prediger des Rationalismus traten in die Fußtapfen Jollikofer's und Spalding's, sie scheuten das Dogmatisiren und bewegten sich am liebsten auf dem allgemeinen Gebiete der Vernunft, Religion und Tugend, womit sie das Christenthum selbst erschöpft zu haben glaubten. Es wurde sogar als die Pflicht aller gewissenhaften Volkslehrer hingestellt, den großen Haufen, dessen moralische Cultur ihnen anvertraut worden ist, dahin zu bringen, daß derselbe des Vehikels der positiven, auf Offenbarung und Geschichte beruhenden Religion zur Erkenntniß und Ausübung seiner Pflichten immer weniger bedürfe („ohne Zuchtmeister sich behelfe") ᵃ. Ueber diesen rein moralischen, aller Ideen baren Volksunterricht urtheilte Schelling: „es ist nicht die Schuld dieser gemeinen Menschenverständigkeit, wenn jenes moralische Predigen sich nicht noch tiefer herabgelassen und zu einem ökonomischen geworden ist. Die Prediger sollten wirklich zu verschiedenen Zeiten Landwirthe, Aerzte und was nicht alles sein, und nicht allein die Kuhpocken von den Kanzeln empfehlen, sondern auch die beste Art Kartoffeln zu erziehen lehren." Die Predigten waren Lehrvorträge, berechnet auf den Verstand (denn „es wird unumstößliche Wahrheit bleiben, daß der Weg zum menschlichen Herzen durch den Verstand geht"), an den Text nur lose angeknüpft. Uebrigens sollte jeder christliche Volksreligionslehrer in seinem Amt und Berufe so unbefangen und weislich verfahren, als ob er keiner

---

d) H. F. Link, Notizen v. d. Leben J.S. Rost. 1811.
a) Vgl. A. A. D. B. (Bd. 75): „Wenn man dem Volk alle Idee von Offenbarung wegdemonstriren will, so macht es sich selbst eine Offenbarung, die ein Aggregat von Schwärmerei, Mysticismus und Aberglauben sein wird."

Claſſe der theologiſchen Kämpfer ausſchließlich angehöre. „Was wir am Studirtiſche erforſchten, bringen wir nicht zur Kirche; ob jenes Waſſer und Blut, das aus den Wunden des Gekreuzigten floß, ein ſicheres Zeichen des Todes ſei oder nicht, ob Engel den Stein vom Grabe wälzten, ob der Auferſtandene kam und ſchwand wie eine Nebelgeſtalt, das kümmert uns in dem Augenblicke religiöſer Erbauung nicht." Die Lehrfreiheit ſollte ihre Grenze haben an den Grundlehren des wohlverſtandenen Evangeliums Jeſu und an den weſentlichen Grundſätzen des Proteſtantismus, und es wurde eindringend Schonung des Ideenkreiſes und ſelbſt der Vorurtheile der Gemeinde empfohlen. „Der Auctoritätsglaube des Volks darf nur dem moraliſchen Glauben weichen. Wer jenen wankend macht, noch eh' er dieſen begründet, der entzieht einem Lahmen die Krücke. Ein ſolcher thörichter Vernunftprediger verſcheucht die Menſchen aus der Kirche, und jagt ſie nur tiefer in die Welt hinein[b]." Ihre volle Stärke legten die rationaliſtiſchen Prediger in ihrem Freiheitsdrang gegen die katholiſche Finſterniß in ihre Reformationspredigten, die oft über das Weichbild ihrer Gemeinden hinausklangen. Den Uebergang von der Neologie zum Rationalismus ſtellen drei ſehr vorgeſchrittene Männer dar, welche zur Vorſicht zu mahnen, ſelbſt die A. D. B. für nöthig fand. Chriſtian Friedrich Sintenis († 1820), Conſiſtorialrath und Paſtor zu Zerbſt, ſchon als Wittenberger Student mit der dortigen Theologie zerfallen, hat, nachdem er alle Stücke des Kirchenglaubens als unnöthig (Dreieinigkeit) oder unſauber (Teufel) oder ſchädlich und blasphemiſch (Verſöhnung Gottes durch ein Menſchenopfer) abgewieſen, als Volkslehrer (ein Prädicat, das damals, als an revolutionäre Freiheits- und Gleichheitsprediger erinnernd, verdächtig und mit ernſtlicher Ahndung bedroht war) Vernunftreligion auf eine dem Zeitgeiſt angemeſſene Art verkündigt. Gottes Wort, erklärt er, iſt meine Vernunft, und das

---

b) A. A. D. B. Bd. 38, S. 298: „Daß die Kinder etwas lernen, was ſie noch nicht verſtehen, ſchadet nichts; aber daß ſie leichtſinnige, vorwitzige, eingebildete Zweifler und Raiſonneurs oder gar in der Schule zur Verwerfung des kirchlichen Chriſtenthums gebildet werden, das iſt ſehr ſchädlich für Sittlichkeit und für echte religiöſe Aufklärung." S. 419: „Kein Prediger ſollte in Predigten und Katechismuslehren Sätze angreifen oder beſtreiten, deren ſeine chriſtlichen Zuhörer als Stützen und Hülfsmittel ihres Glaubens und ihrer Tugend bedürfen." Rinteler Annalen 1790, S. 773: „Jede Art von Aufklärung iſt ſchädlich, die zur Grübelei und Zweifelſucht führt. O, daß dies alle junge Prediger bedächten, die ihre neue Dogmatik und Polemik gegen die ältere auf die Kanzel bringen und dadurch ihre Zuhörer verwirren, anſtatt ſie durch Jeſu Lehre, wie ſie in der h. Schrift enthalten iſt, zu weiſern und ſeligern Menſchen zu machen."

Christenthum geht ihm auf im Glauben an Gott, Freiheit und Unsterblichkeit. Die Allermannsreligion muß die kürzeste und natürlichste zugleich sein. „Es wird die Zeit kommen, wo man statt des Wortes Christenthum geradezu sagen wird, Natur- und Vernunftreligion, als welchen Begriff jetzt schon aufgeklärte Christen mit dem Worte Christenthum verbinden." Jesus (an dessen Geschichtlichkeit Sintenis eine Zeit lang gezweifelt hat) war der große Religions- und Sittenlehrer, unter allen Gotterleuchteten der Inspirirteste, der sich aber selbst niemals für einen Gott ausgegeben hat. Gleichwohl „müßte ich nicht Gott allein anbeten, wahrlich, ich fiele auch vor Dir in Demuth nieder". Er besaß ebenso höhere Naturkunde wie höhere Religionskunde und zeigte sich darum auch als großer Arzt. Die Kuren, welche er verrichtete, beförderten seinen Unterricht ungemein, man hielt sie für Wunder. Nicht nach unserer Rechtgläubigkeit, sondern nach unsern Verdiensten um die Welt sind wir zu schätzen. Sich aller Sünden schuldig geben, wehmüthig das Verdienst Christi ergreifen, das heißt das Christenthum in eine Religion verkehren, die die Welt in's Verderben stürzt, und vor der das blindeste Heidenthum unendliche Vorzüge hat^c. Johann Otto Thieß († 1810) war als Schüler Henke's in der Jugend heterodox, wurde daher als Nachmittagsprediger auf dem Hamburgerberge bald als Socinianer bald als Valentinianer ausgeschrieen. Semler war ihm der Kirchenlehrer des 18. Jahrhunderts, dasselbe, was Luther dem 16. und Calixt dem 17. Jahrhundert gewesen. Aber durch das Studium der kritischen Philosophie versiegten ihm Natur und Vernunft als Quellen der Religion und er nahm auf einige Jahre seine Vernunft gefangen unter den Gehorsam des Glaubens. Als Kieler Professor befreite er sich jedoch wieder von den Täuschungen des Wunderglaubens, erklärte den Pharisäismus für die leibliche Mutter von dem, was so lange für Orthodoxie galt, und gefiel sich in anstößigen Behauptungen. Die jüdische Geschichte wollte er keine heilige genannt wissen. „Sie ist voll von Grausamkeit, fängt mit Brudermord an und hört mit der Ermordung des Sohnes Gottes auf." Jesus habe sich nie für den Messias ausgegeben, er war nicht unmittelbar von Gott gesandt, mithin auch seine Lehre keine geoffenbarte und positive Religionslehre. Es war auch anfänglich gar nicht sein Plan eine Religionsgesellschaft zu stiften, sondern nur alte Vorurtheile und Mißbräuche wegzuschaffen. Er besaß sehr große medi-

---

c) F. W. v. Schütz, Sintenis Leben. Zerbst 1820.

cinische Kenntnisse, und vorzüglich war er ein sehr geschickter Augenarzt. Schwärmerei, aber von der edelsten Art, hat Antheil an seinem Tod gehabt. Die Judenwelt verwarf ihn, weil sie nichts aus ihm zu machen wußte. Die Christenwelt verkannte ihn ebenso. Den Wahrheitsforscher verlor sie aus den Augen und suchte die Glorie um sein Haupt; aus dem lebendigen Führer zur Sittlichkeit machte sie einen todten Gegenstand der Anbetung, aus dem vernünftigen Erzieher der Menschheit eine unbegreifliche Person der Gottheit, aus dem thätigen Weltverbesserer ein Sühnopfer für die Sünde der Welt. Als er 1793 mit Paradoxieen erfüllte Theses theologiae dogmaticae herausgab [d], wurden dieselben in Kursachsen confiscirt. Er selbst lebte, seiner Professur entlassen, als Privatgelehrter in Itzehoe und Bordesholm, den wiederkehrenden Sadducäismus und mit ihm den hellen Tag erhoffend, auf welchen Philosophen und Propheten sich so oft vergebens gefreut haben. Die N. A. D. B. nennt ihn Einen der würdigen und edlen Gottesgelehrten, die den Tempel der Vernunft, soviel an ihnen ist, wiederum in Ehre und Ansehn bringen möchten [e]. Gottfried Christian Cannabich († 1830), Kirchenrath in Sondershausen, zu den helldenkendsten Religionslehrern seiner Zeit gerechnet, suchte in seiner „Kritik alter und neuer Lehren der christlichen Kirche" (1799) nachzuweisen, daß der Lehrbegriff der Neologen älter sei, als die Lehren des kirchlichen Systems, denn er enthalte die Lehre Jesu. Die Dogmen von der Dreieinigkeit, Gottheit Jesu und des h. Geistes seien erst später aus Rechthaberei, Eigennutz, Eitelkeit, Speculationssucht und Unkunde der orientalischen Sprachen zu Glaubensartikeln gemacht worden. Der Offenbarungsglaube beruhe auf einer unschuldigen Täuschung, deren sich auch Jesus bedient habe. Man dürfe ihn, weil die meisten Menschen ihn nicht entbehren können, nicht geradezu verwerfen, aber ihn direct befördern, wäre Hochverrath an der Vernunft. Anstoßerregend waren auch zu jener Zeit seine Behauptungen, daß die Bibel manches Böse in der Welt gestiftet habe, und daß man Anstand nehmen müsse, ihr zu glauben und zu gehorchen, wenn sie uns etwas Unglaubliches und Widersprechendes lehren oder etwas Ungerech-

---

[d] Darunter folgende: Religionis naturalis et revelatae, sensu strictissimo, differentia nulla est. Summa religio est Pantheismus. Summa superstitio est orthodoxia. Differt Christi religio a religione Christianorum, quam et christianam vocant. Nulla religio superstitione caret.

[e] J. O. Thieß, Gesch. s. Lebens. 2 Th. Hamb. 1801 f. D r s. Letzte Rechenschaft v. s. acad. u. schriftstell. Bemüh. Hamb. 1805.

tes, Unbilliges und Unnatürliches gebieten sollte, wie dies in Hinsicht mancher Lehren und Gebote der Bibel der Fall sei; daß Gott keine durchaus vollkommene Tugend und Vorsehung, die unsere Kräfte übersteigt, fordere, sondern zufrieden sei mit Rechtschaffenheit und aufrichtiger Verehrung; daß auch das Beispiel Jesu nicht ohne Flecken sei. Seine Predigt: „daß die Lehre von Gottes Vaterliebe die Grundlehre der christlichen Religion sei" (1800) wurde in Kursachsen confiscirt und den kursächsischen Superintendenten aufgegeben, keinen Candidaten aus Schwarzburg-Sondershausen die Kanzel betreten zu lassen, ohne vorher dessen Glauben geprüft zu haben[f]. Seinen eigentlichen ersten practischen Repräsentanten ehrte der Rationalismus in Josias Friedrich Christian Löffler († 1816), einem Schüler von Semler und Nösselt, durch Zedlitz Professor in Frankfurt a. d. O., seit 1787 Generalsuperintendent in Gotha. Von ihm sagt der Ketzeralmanach: „Das ist ein Mann, der Alles in sich vereinigt, was man von einem aufgeklärten Theologen wünschen mag: philosophischen Geist, Bekanntschaft mit Römern und Griechen, Geschichtskunde." Einen Lehrsatz will er nicht darum für Wahrheit halten, weil er in der Bibel steht, sondern nur alsdann, wenn erwiesen ist, daß er wirklich von Gott, der nur Wahrheit offenbaren kann, herrühre, oder wenn er aus andern Gründen als Wahrheit erscheint. Jesus war ein bloßer Mensch, in welchem die Weisheit Gottes auf eine gewisse Art wohnte. Er hatte nicht die Absicht, eine separirte äußerliche Religion zu gründen, und würde die Christen der großen, sich selbst katholisch nennenden Kirche beschämt haben, welche die Ebioniten ausschlossen und die Gnostiker verdammten. Sein Verdienst liegt in seiner Lehre. Darum wäre es gut gewesen, daß der Urheber der wohlthätigen Religion, welche von ihm den Namen trägt, der christlichen Welt immer unbekannt geblieben sein möchte, damit sie nur der Wohlthat seiner Wahrheit genossen, nicht den Mißbrauch seiner Person empfunden hätte. Aber noch scheint der Zeitpunkt, wo beides, Lehre und Natur Jesu, getrennt, jene empfohlen und über diese zu streiten aufgehört wird, selbst der protestantischen Welt nicht nahe zu sein. Bei aller eignen Aufklärung, die selbst für den Zopfprediger Schulz noch Ablaß hatte, empfahl er doch Vorsicht und Schonung auf der Kanzel. „Man vergesse nie, daß das Practische der Zweck des Lehr-

---

[f] Rube, Biographie L.'s. Sondersh. 1818 (als Manuscript gedruckt). K. Nekrolog d. Deutschen (1830) VIII, 2, 683.

amts ist. Das wird die Bestreitung bloß theoretischer Lehrsätze unnöthig machen vor einer Gemeine und als Lehrer des Volks." Als er am Altare zu Gamstedt, das Wort Friede auf den Lippen, dem Tode in die Arme sank, da schrieb Schütz der Humanist: „In einem schönen Berufe so leicht und schnell von hinnen scheiden, ist ein ebenso großes als seltnes Glück. Die beneidenswerthe Euthanasia, die ihm widerfahren, hat mich ordentlich erquickt*." In Johann Gottlob Marezoll († 1828), Universitätsprediger in Göttingen, dann Hauptpastor an der deutschen Petrikirche in Kopenhagen, wo sein Aufklärungseifer besonders für die allgemeine Beichte ihm manche Verdrießlichkeit zuzog, zuletzt durch Herder's Vermittelung Superintendent und Professor in Jena, erstand ein verjüngter Zollikofer, wie dieser ein helles und geläutertes moralisches Christenthum predigend und den Bibeltext nur zur Anknüpfung des Themas benutzend. Er war ein Rationalist, der im Christenthum die höchste göttliche Wahrheit erblickte, daher ein entschiedener Gegner des Naturalismus, aber auch der Hyperorthodoxie, während er für den damaligen Supernaturalismus ein schonendes Urtheil fandʰ. Neben Marezoll stand in der ersten Reihe der Kanzelredner Deutschlands Valentin Karl Veillodter († 1828), Hauptprediger bei St. Sebald in Nürnberg, ein Schüler Gabler's in Altdorf, wegen seiner edlen anziehenden Diction der Isokrates unter den Predigern genannt. Wie er in seinen Predigten sehr oft des Textes gar nicht gedachte, so hat er auch die positiven Dogmen nie berührt, sondern bloß das Practische, die religiöse Sittlichkeit hervorgehoben. Nach ihm ist Jesus in die Welt gekommen, um die menschliche Vernunft wieder zu ihrer ursprünglichen Reinheit zurückzuführen. „Sein bescheidener einfacher Plan war die Stiftung eines göttlichen Reichs in den Herzen der Menschen, die Reinigung der väterlichen Religion, die Befreiung der Menschen von Unwissenheit und Irrthum, die Verkündigung einer bessern Religion und Tugendlehre." Seine Aussprüche müssen genau von den spätern der Apostel geschieden werden[i]. Die Resultate der Semler-Rösselt'schen Theologie hat der würdevolle, sprachgewandte, milde Kanzler August Hermann Niemeyer († 1828) in Halle, ein, auch geistesverwandter, Enkel von A. H. Francke und A. Freylinghausen, bei den practischen

---

g) Löffler's Leben in dessen „Kleinen Schriften" Bd. 1 (Weimar 1817).

h) H. A. Schott, Nachrr. üb. d. Leben Marezoll's [in d. Vorr. zu M.'s Homilien. Neust. a. d. O. 1829]. Sack [§. 26, d] S. 206 ff.

i) J. A. Göz, Ueber V. K. Veillodter. Nürnb. 1829.

Geistlichen und in die pädagogische Welt eingeführt und den religiös-humanen Sinn der Gebildeten durch edle populäre Darstellungen gepflegt, das Wunderbare und Unerklärliche überall in den Hintergrund stellend. Der streitenden Theologie und, insofern sie des unwürdigen und nutzlosen Streitens viel gebracht haben, auch den symbolischen Büchern abhold, war er der Meinung, kein abgeschlossenes System solle durchgesetzt werden, es heiße kirchlich, mystisch oder rationalistisch. Denn wer dies thun wolle, der verkenne das höchst ungleiche Bedürfniß und die Unendlichkeit der Anschauungen. Weil er seiner Theologie eine belletristische Färbung gab, so rechnete ihn der Ketzeralmanach unter die Legion der süßen Herren, und der satyrische Trapp meinte, Niemeyer verstehe mit dem Lavendelwasser der schönen Wissenschaften die Theologie so ambrosialisch zu machen, daß selbst der Teufel Lust zu ihr kriegen könnte. Seine Trauerrede auf Friedrich Wilhelm II., in der es vom Religionsedicte hieß: „Sein Gesetz gebot Achtung gegen die Religion, Schonung selbst den Schwächern, strenge Tugend ihren Dienern. Wir faßten den Geist seines Gesetzes und die Güte seiner Absicht willig auf und lehrten, von diesem belebenden Geist durchdrungen, unbekümmert um den tödtenden Buchstaben, unsre Schüler Alles zu prüfen und das Gute zu behalten," trug ihm den Vorwurf der Hofschmeichelei ein. Er wies denselben mit der Bemerkung zurück, daß Niemand Bedenken tragen könne, bei weitem den größten Theil des Religionsedictes zu unterschreiben und zu wünschen, daß danach gehandelt werde. „Hätte es nicht so viele theologische Schreier und Kraftmänner gegeben, so würden wir vielleicht Manches nicht erlebt haben*k*." Das anerkannte Oberhaupt der rationalistischen Practiker war aber der Weimarische Generalsuperintendent Johann Friedrich Röhr († 1848). In seinen „Briefen über den Rationalismus" (1813) gab er dem Rationalismus eine Hauptschrift, sein ausgeführtes Programm. Es sind zwei Erkenntnißquellen religiöser Wahrheit zu unterscheiden, Offenbarung und Nichtoffenbarung d. i. Vernunft. Wird die religiöse Wahrheit auf die Vernunft gestützt, so entsteht das allein haltbare, echt consequente System des Rationalismus. Was hier Vernunft, allgemeine Menschenvernunft heißt, wird auch als eigene Einsicht, als innerer Sinn bezeichnet, welcher sich mit dem zufrieden giebt, was sich allen vernünftigen Menschen ohne Rücksicht auf System und

---

k) Biographieen Riemeyer's von J. H. Fritsch [Quedlinb. 1828], A. Jacobs u. J. G. Gruber [Halle 1831], Palmer in Herzog's R. E. X, 327.

sonstige Vorurtheile als gut und wahr empfiehlt. Der Rationalismus weist alle Religionslehren als unannehmbar von sich, die nicht den Character der Allgemeingültigkeit und strengen Angemessenheit zu sittlichen Zwecken an sich tragen. Denn der letzte Zweck der Religion ist reine Sittlichkeit. Das Christenthum, von allem Lokalen und Temporellen entkleidet, enthält nichts weiter, als was der vernünftige Geist des Menschen überhaupt von religiöser Wahrheit auffinden kann, es konnte als Universalreligion keine positive Religion sein. Das Historische an ihm hat nur Geltung als Vehikel, die Vernunftreligion auf Erden zu erhalten und auszubreiten. Als Theile des theologischen Systems können nur Theologie und Anthropologie, aber nicht Christologie auftreten. Denn wie kämen die Ansichten, die man von der Individualität, von den Verdiensten und Schicksalen des ersten Verkündigers einer Universalreligion hat, in diese Religion selbst? Jesus, der bescheidene und liebenswürdige Weise von Nazareth, war ein Mensch, wie wir, obwohl ein durch die größten und erhabensten Eigenschaften ausgezeichneter, ja einziger Mensch, ein unverdorbener Natursohn. Die rationalistische Denkart beruht nach Röhr auf dem Grundsatz einer völlig freien, an keine äußerliche Auctorität gebundenen religiösen Wahrheitsforschung. Gleichwohl hat er „Grund- und Glaubenssätze" (1832) aufgestellt und an eine Reihe theologischer Facultäten verschickt, welche seinen Rationalismus symbolisch machen sollten. Der Versuch mißlang vollständig. Aber in der „kritischen Predigerbibliothek" hat er dem Rationalismus ein exclusives Organ gegründet, und er ist in den zwanziger Jahren für den größten Athleten auf dem Kampfplatz der Theologie gehalten worden, dessen polemischer Kraft kein Gegner das Gleichgewicht halte. Fragt man, wie er seine Richtung mit seinem Predigerberuf in Einklang gebracht habe, so erhalten wir folgende Antwort: „Der ehrliche Mann hält das (wunderbare) Factum als solches fest und macht davon die religiöse und sittliche Anwendung, zu welcher es ihm ausschließlich gegeben ist. Ueberhaupt stellt er die Wunderthaten Jesu der Gemeinde in demjenigen Lichte dar, welches der religiöse Bildungsgrad derselben zuläßt. Auch die wunderbaren Schicksale desselben finden an ihm keinen ungläubigen Bestreiter, sondern vielmehr nach Maßgabe ihrer Beschaffenheit einen aufrichtigen Vertheidiger, besonders das wunderbarste von allen, die Auferstehung, dieser große Wendepunkt seines Daseins, der am deutlichsten bewies, daß Gott mit Jesu war und seine heilige Sache schützte." Der Rede aber, wer sich nicht von der Symbollehre überzeugen könne, solle sein Amt niederlegen, hat er entgegengesetzt: „Wohl gesprochen, wenn man entweder einen Glauben hat, der Berge versetzt, oder ein Generalpächtervermögen besitzt, bei dem man seine zeitliche Subsistenz nicht auf ein Lehramt gründen darf." Als Mann von geradem Verstande hat er auch in seinen Predigten vor Allem auf Verstandesüberzeugung hingearbeitet und ihnen einen überwiegend moralischen Inhalt gegeben. Allerdings hat er auch „christologische Predigten" gehalten, zu beweisen, daß eine vernünftige Auffassung des Christenthums nicht zu einem Christenthume ohne Christus führe, aber eigentlich Christologisches läßt sich doch in Themen, wie „Jesus als Muster und Beispiel echter Bildung", oder „Jesus als Freund der Vernunft in göttlichen Dingen" wenig entdecken. Seine Reformationspredigten haben von Seiten der Katholiken fanatische Entgegnungen hervorgerufen[1]. Neben ihm verdient noch der Erwähnung Georg Jonathan Schuderoff († 1843), Superintendent in Ronneburg. Er war ein Schüler und treuer Verehrer von Paulus, der tausend und aber tausend Jünglinge und Männer vor Irrthum bewahrt und auf den richtigen Weg geleitet habe, und ist wie dieser, in seinen frühern Schriften den Grundsätzen der kritischen Philosophie gefolgt. Orthodox ist nur der, der Gott durch einen moralisch guten Lebenswandel ehrt, heterodox, der ihn durch irgend etwas Anderes verehren will. Der Mensch wird um so verehrungswürdiger, wenn er sich in allen Fällen durch die bloße Idee von seiner Pflicht bestimmt, also nicht durch Religion, die sich auf nichts weiter, als auf Schwäche und Gebrechlichkeit der menschlichen Natur gründet und Manchem ganz entbehrlich werden kann. Daß die christliche Religion eine positive Religion sei, muß erst bewiesen werden. Uebertrifft die christliche Religionslehre die Vernunftreligion auch nur in einer Rücksicht? Die A. D. B. meinte, es werde durch solche Aeußerungen die Verwirrung der Gemüther und Nichtachtung der Religion befördert. Auch späterhin war das Christenthum ihm gleichbedeutend mit vernünftiger Religion, die aber als kirchliche bestimmter Gebräuche bedarf. Für Röhr's „Grund- und Glaubenssätze" war er hochbegeistert. „Wär' Röhr's Feder nichts entflossen als dieses Büchlein, so wär' ihm in der christlichen Kirchengeschichte die Unvergänglichkeit seines Namens gesichert." Nur als Symbol, mit öffentlicher Auctorität ausgestattet, wollte auch er sie nicht. Denn der Glaube soll frei sein. Als er bei

---

[1]. G. Frank in Herzog's R. E. XIII, 54. XX, 582.

seinem Amtsantritt von der Verpflichtung auf die symbolischen Bücher in der Form »quia cum Scriptura s. consentiunt« Anstoß nahm, ward ihm von hoher Stelle bedeutet, es gelte mit der Unterschrift nur dem Versprechen, nicht gegen die symbolischen Bücher als uranfängliche Ueberzeugungsbekenntnisse der evangelischen Kirche zu predigen. Gleichwohl gerieth er nach einer beinahe 50jährigen Amtsführung in harten Conflict mit dem Altenburger Consistorium [m]. Die Andachtsbücher des Rationalismus halten sich an die allgemeinen sittlich-religiösen Wahrheiten, welche der Vereinigungspunkt aller Weisen, Guten und Edlen sind. So konnte geschehen, daß das „Andachtsbuch" des lutherischen Consistorialrathes Jacob Glatz († 1831) in Wien, wie die Vorrede zur 2. Auflage sagt, nicht nur bei den verschiedenen christlichen, sondern auch selbst bei nichtchristlichen Glaubensgenossen sich einer sehr günstigen Aufnahme zu erfreuen hatte. Ein hochberühmter Erbauungsschriftsteller erstand dem Rationalismus in Heinrich Zschokke († 1848), nacheinander Hauslehrer, Theaterdichter und Doctor legens zu Frankfurt a. d. O. Als hier Wöllner, dessen Religionsedicte, als einem rohen Kolbenschlage blinden Kirchenthums gegen die menschliche Vernunft, er den Krieg erklärt hatte, eine weitere Carriere hinderte, wandte er sich in die Schweiz, wo er, dem Weltgetümmel sich entziehend, auf seinem ländlichen Patmos am Ufer der Aar für den Giftdorn des Zweifels den Oelzweig des Geistesfriedens eintauschte. Ein Schüler Steinbart's hat er das Recht der Vernunft in Glaubenssachen hochgehalten. Die Wahrheit, die Jesus verkündete, trägt göttliches Gepräge auch im ewigen Vernunftgesetz. „Christus bedurfte für mich keiner Wunderthaten als Bürgen seiner Wahrheit, er selber glänzte mir wie Wunder in der Weltgeschichte, ein heiliges Ideal vollendeten Menschenthums, das Licht aller Zeitalter, keines Weiseren Vorläufer. Durch ihn ward die Selbstoffenbarung Gottes, die sich den Sterblichen lange Zeit in ungewissen Ahnungen kündete, zum reinen lichten Bewußtsein erhoben." Aus solcher Stimmung sind die in 28 Auflagen verbreiteten „Stunden der Andacht" zur Beförderung des wahren Christenthums, zur Erhebung der Gebeugten, zur Belehrung der Irrenden (seit 1808) hervorgegangen, durch und durch rationalistisch, aber in edler Popularität und hoher sittlicher Begeisterung geschrieben. Er erzählt die Himmelfahrt: „Es ist die gemeine

---

m) W. Schröter, Dräseke u. Schuderoff als Prediger. Altenb. 1821. B. Huin im N. Nekrolog 1843, S. 943.

Sage der Alten, daß die himmlische Wolke den Heiland auf der höchsten Gebirgsspitze, die galiläische genannt, umfangen und der Welt entrückt habe. Die Jünger aber sanken anbetend nieder. Und anbetend sinke ich im Geiste mit ihnen nieder, und mein Blick sucht dich, und mein Herz brennt voller Sehnsucht nach dir und zittert von stiller Bewunderung, du Unbegreiflicher, du Licht aus Gott, Hochgelobter, Jesus, Messias, Verklärer meines Geistes! Dunkelheit umgab deine Wiege zu Bethlehem und in Dunkelheit entschwebtest du am Oelberge dem Auge des Sterblichen. Aber, Gottessohn, du bist zurückgegeben dem Vater, der dich sandte seinen irrenden Kindern zur Erleuchtung. Du lebst, und ich werde mit dir leben in Gott, dem Alleinherrlichen, deinem und meinem Vater." Die Accommodationstheorie ist beibehalten. "Jesus bediente sich des Sprachgebrauchs seiner Tage, er trieb Teufel aus." Seine Wunder hatten nur Werth für die Augenzeugen. "Zweifler, und wenn ich dir zugebe, was Jesus Wunderbares vollbrachte, sei ganz natürlich zugegangen, sei weder übernatürlich noch widernatürlich noch unnatürlich gewesen, was ist damit gewonnen was verloren? Wenn der ungeheure Erdball, den du bewohnst, frei im leeren weiten Himmelsraum umherschwebt, wie eine leichte Feder, so ist dies naturgemäß. Aber ist es darum weniger ein Wunder des Allmächtigen? Kennst du die Kraft, welche es vermag? Bist du fähig, dies Wunder mit Gewißheit zu erklären?" Die Anklagen, welche den Rationalismus überhaupt trafen, fielen mit besonderer Wucht auf sein weltberühmtes Erbauungsbuch. Protestantische Pietisten redeten von den hohlen Stunden der Andacht, worin die Offenbarung Gottes in Christo auf Kosten seiner Offenbarung in der Natur auf höchst betrügliche Weise vernichtet und ein Christenthum ohne Christus empfohlen werde. Katholische Eiferer fanden in ihnen nicht allein dürren Deismus, sondern sogar eine höllische Tendenz, einen infernalen Zweck. Stunden christlicher und christkatholischer Andacht wurden ihnen entgegengestellt. Tzschirner übernahm ihre öffentliche Vertheidigung n).

§. 46. Krug. Dinter. Voß.

Der Rationalismus blieb nicht beschränkt auf die rein theologischen Kreise. Unter den Philosophen war am meisten mit ihm verwachsen

---

n) H. Zschokke, Eine Selbstschau. 5A. 2Th. Aarau 1853. B. Reumann, H. Z. Cassel 1853. Uebrige Literatur bei F. W. Genthe, Erinnerungen an H. Z. Eisl. 1850.

Wilhelm Traugott Krug († 1842), ein Schüler von Reinhard in Wittenberg und Reinhold in Jena. Er begann seine academische Laufbahn in Wittenberg, siedelte als academischer Amtsgehülfe Steinbart's nach Frankfurt über, wo er besonders Exegese lesen mußte, weil die Steinbart's schwache Seite war, wurde als Kant's Amtsnachfolger nach Königsberg berufen und endlich dauernd für Leipzig gewonnen. „Wir buhlen jetzt hier, schreibt Böttiger 1808, um den Philosophen Krug in Königsberg für Leipzig, wo er sehr noth thut. Krug ist einer der wenigen, der über die neue Philosophie sich selbst nicht verloren und Ideenphantomen die Klarheit des Ausdrucks nicht aufgeopfert hat." Krug begegnete sich schon philosophisch mit dem Rationalismus, wiefern er meinte, der Menschheit sei nur mit einer Philosophie gedient, die den Menschenverstand in Ehren hält. Sein System soll nicht Realismus, welcher alles Ideale aus dem Realen, nicht Idealismus, welcher alles Reale aus dem Idealen hervorgehen läßt, sondern transcendentaler Synthetismus heißen, welcher Reales und Ideales als ein ursprünglich Gesetztes und Verknüpftes betrachtet, daher nicht das Eine aus dem Andern ableiten will, was unmöglich ist, weil unser Bewußtsein selbst auf einer ursprünglichen weder erklärbaren noch demonstrablen Verknüpfung des Seins und des Wissens, des Realen und Idealen beruht, mithin der Philosoph sein Bewußtsein erst vernichten müßte, bevor er eine solche Ableitung auch nur versuchen könnte. Beide, der Realismus und Idealismus, sind Einseitigkeiten, sind Ausgeburten einer das Bewußtsein überfliegenden, transcendenten Speculation; ihre höhere Einheit, daher das wahre System ist der Reales und Ideales zugleich und ursprünglich setzende transscendentale Synthetismus". Aber Krug ist dem theologischen Rationalismus noch viel näher getreten, ja hat ihn mit heraufführen helfen durch seine „Briefe über die Perfectibilität der geoffenbarten Religion" (1795), die in Sachsen große Sensation erregten und dem Verfasser Nachtheil brachten. Er hat aber sein ganzes Leben lang dem Rationalismus seine Huldigungen dargebracht, bald kämpfend gegen geistliche und egoistische Umtriebe, bald beweisend, daß es mit der Vernunftreligion doch etwas sei. Die Vernunft muß der Prüfstein für Alles

---

a) Schelling spottet über Krug's Synthetismus also: „Man stelle sich einen Krug vor, worin Reinhold'sches Wasser, Kantisches abgestandenes Bier, aufklärender Syrup, Berlinismus genannt, und andere dergleichen Ingredienzien durch irgend einen Zufall als Thatsachen enthalten sind, der Krug ist das Synthetische derselben = Ich."

sein, auch für den Glauben. Würde von diesem Gebiete die Vernunft ausgeschlossen, dann könnten auch vernunftlose Thiere, wenn man sie nur gewisse Glaubensartikel nachsprechen lehrte, z. B. Staare, Elstern und Papageien, wo nicht eigene Kirchen bilden, doch in die Claus-Harms-Gemeine der Gläubigen sehr wohl aufgenommen werden. Freilich ist diese Wahrheit oft genug verkannt worden. „Nicht selten haben die Sachwalter der Unvernunft die Anwalte der Vernunft verketzert, verfolgt, gemartert und hingerichtet. So ging es Socrates, als er die Sache der Vernunft gegen die Sophisten und heidnischen Priester, so ging es Jesus, als er dieselbe gegen die Pharisäer und die jüdischen Schriftgelehrten vertheidigte." Auf Krug's rationalistische Vielgeschäftigkeit legte die neuerwachte Orthodoxie den Vorwurf des Unglaubens. „Wie viel, schrieb Rudelbach, hat in dieser Beziehung nicht schon die Broschürenfabrik des Professor Krug in Leipzig geleistet, der nicht einmal den verhofften Sieg des Unglaubens erwarten kann, sondern alle, Katholiken und Protestanten, auffordert, mit Sturmschritten in die Kirche der alleinseligmachenden Vernunft hineinzueilen[b]!" Der Pädagog des Rationalismus und „Einer von den Dreien, denen Deutschland die Höhe verdankt, die es auf der Stufenleiter vernünftig-religiöser Volksbildung einnimmt", war Gustav Friedrich Dinter († 1831), zweimal Dorfpfarrer, Seminardirector in Dresden, zuletzt Consistorial- und Schulrath sowie Professor in Königsberg. Als Theolog schloß er an Morus, als Pädagog an Niemand so sehr, als an Salzmann und Niemeyer sich an; des erzrationalen Zollikofer's, der als Mensch und Prediger halb angebetet, fast vergöttert wurde. Predigten waren seine leibhaftige Homiletik, Campe's Robinson und Entdeckung Amerika's seine Katechetik. Dinter war im letzten Grunde Rationalist. „Der Gott, der in der Bibel spricht, lehrt und fordert nichts, das dem entgegen wäre, was der Gott, der in dir selbst spricht, lehrt und verlangt." Die Religion concentrirt sich ihm in der Ehrfurcht gegen Gott, Jesum und Pflicht, Glaube an Vergebung und Unsterblichkeit. Gleichwohl hat er bei jeder Gelegenheit seine Rechtgläubigkeit, als welche selbst ein Reinhard anerkannt habe, betont. „Mein System ist in der Hauptsache das System der Kirche, zu der ich mich bekenne. Ich habe dreimal auf die symbolischen Bücher der lutherischen Kirche geschworen und bin kein

---

b) Krug's Lebensreise in 6 Stationen, von ihm selbst beschrieben. 2. A. Lpz. 1842. G. Hermann, De W. T. Krugio. Lips. 1842. C. F. Vogel, W. T. Krug. Neust. a. d. O. 1844.

Meineidiger. Ich bin lutherischer Lehrer, ich vergesse nicht, was ich meinem Eide, meiner Kirche schuldig bin." Insbesondere hat er von seiner „Schullehrerbibel" gesagt: „Ketzerisch ist sie nicht. Ein Ketzer ist der, welcher eine wesentliche Glaubenslehre freventlich ableugnet und durch Verbreitung seines Irrthums den Glauben seiner Kirche untergraben will. Ich würde nichts wagen, wenn ich dem eine ansehnliche Belohnung verspräche, der meiner Schullehrerbibel eine Ketzerei nachweisen könnte." Dinter's Rechtgläubigkeit zeigte sich aber nur in negativer Weise, indem er nie gegen das System der Kirche sprach oder seine Schullehrer sprechen lehrte. „Die Lehre von der Dreieinigkeit gehört zur Religion unserer Kirche, und du bist ein Meineidiger, wenn du in deiner Schule ihr widersprichst." Sein Grundsatz war: Für das Volk gehört das Practische, also nicht Alles, was die Kirche lehrt, aber auch nie Krieg mit dem, was die Kirche lehrt. Er hat daher den Religionseid, der der Kirche eine gewisse Einheit gebe, für heilsam erachtet jungen aufbrausenden Geistern, damit sie nicht im 20. Jahre niederreißen, was sie vielleicht im 40. gern wieder bauen möchten. „Ich möchte gern mit der Fackel der Aufklärung leuchten, aber nicht anzünden." Diese schonende Behandlung ließ er in besonderem Grade der h. Schrift angedeihen. Er war weit entfernt, Alles natürlich zu erklären, was die heiligen Schriftsteller offenbar als übernatürlich darstellen. „Ich bin in meinem Leben kein Ketzer gewesen, möcht's auch auf meine alten Tage nicht werden; aber, selbst wenn ich's wäre, würde ich doch den Gedanken festhalten: das Volk muß wissen, glauben, billigen, was die Bibel von Religionswahrheiten sagt." Er bemerkt daher zu Joh. 5, 4: „Der Erzähler hat sich's offenbar als Wunder gedacht. Du, Schullehrer, stell's nicht etwa anders dar." Fragen, wie die, ob Moses seine Gesetze unmittelbar durch eine Reihe von Wundern oder mittelbar durch in ihn gesenkte Geisteskräfte erhielt, ob ein Engel oder eine Naturkraft das Wasser in Bethesda bewegt habe, und Untersuchungen über die Schlange im Paradiese, über die 969 Lebensjahre Methusalah's, über die 3 Männer, die dem Vater Abraham erschienen sind, über die vernünftig sprechende Eselin, können nie Sache des Volkes sein, sondern gehören vor das Forum der Gelehrten. Wo im Volksunterrichte die Berührung verfänglicher Punkte doch nicht zu vermeiden war, da stellte er wie Morus beide Meinungen neben einander, jede mit ihren Gründen, ohne gerade für die eine oder für die andere zu entscheiden. Die Blüthezeit des Rationalismus war auch Dinter's Ruhmeszeit. Die kritische Predigerbibliothek pries seine geziemende Weise, mit den Wundern des N. T. zu verfahren, und seine Schullehrerbibel ward in 30,000 Exemplaren verbreitet. Aber die neuerwachte Orthodoxie nahm seine Orthodoxie in Anspruch °. Derselbe Dinter, der in 40 jähriger Amtsführung seine Rechtgläubigkeit hinlänglich bewiesen zu haben glaubte, der in Dresden, weil seine Seminaristen ganz dem Kirchensysteme gemäß lehrten, für einen Hyperorthodoxen galt, wurde bald 70 Jahre alt von einer Partei des Christennamens für unwürdig erachtet. „Ich habe mich nicht geändert, sondern der Geist der Zeit. Ich blieb orthodox, was ich war, aber Formelkrämer und Empfindler ward ich nie. Ich machte es wie der Viertelsmeister in Mahlmann's Herodes:

„Da das Zeitalter vom Guten zur Erbärmlichkeit schritt,
Da blieb ich zu Hause und ging nicht mit."

Sein Leben hat der greise Dinter selbst beschrieben, am Rande des Grabes gleichgültiger gegen Menschenfurcht und mit dem hohen frohen Bewußtsein dem Weltenrichter entgegenschwebend: „Nein, du verdammst mich nicht! Ich habe in deinem Geiste gewirkt, im Geiste des vernünftigen Glaubens und der herzlichen Liebe d." Als der Dichter des Rationalismus ist Johann Heinrich Voß († 1826) zu nennen. Er lebte zuerst in Wandsbeck in enger Freundschaft mit Claudius das seligste Leben. Nachdem seine Anstellung in Hamburg durch die Goezische Partei verhindert worden, ging er als Rector nach Otterndorf, von da, den anhaltenden Marschfiebern zu entgehen, als Eckermann's Amtsnachfolger [S. 336] nach Eutin, hier mit Friedrich Leopold Stolberg und Jacobi verbunden, der ihn gern zum Philosophen gepreßt hätte. „Er möchte gern meine Erziehung übernehmen und einen Philosophen von System aus mir machen; aber dazu bin ich verdorben." Des Schulmeisterlebens herzlich müde, begab er sich 1802 mit einem Gnadengehalt nach Jena, drei Jahre später berief ihn Badens Karl Friedrich zu amtloser Mitwirkung für die erneute Universität Heidelberg, wo er sich verjüngte zu

---

c) Dinter u. seine Schullehrerbibel [Ev. K. Z. 1828. S. 9 ff.]. Vgl. Schwabe, Zur Geschichte der Schullehrerbibel des Hrn. Dr. Dinter. Neust. a. d. O. 1826.

d) Dinter's Leben, von ihm selbst beschrieben. Neust. 1829. 3. A. Plauen 1860. [Ueber dieses Buch ist auch noch neuerlich Liebles gesagt worden. Es ist in der That zum Theil wie eine Sammlung von Anecdoten, darunter einige unziemliche, aber auch viele characteristische.] Chr. F. Fritzsche, De Niemeyero et Dintero, summis nuper theologiae practicae doctoribus. Comment. I. II. Halis 1842 u. 43. L. A. Kähler in A. Eberhard's Jahrbuche d. Andacht 1832. Hagenbach in Herzog's R. E. III, 397. Palmer in Schmid's Enc. I, 949.

Eutinischer Heiterkeit. Seine gerade verständige Natur führte ihn zum Rationalismus. Schon dem Knaben war es nicht möglich gewesen, das Lied: „O große Noth, Gott selbst ist todt!" mitzusingen. Seine Meinung war: Gut handeln ist schlechterdings die einzige Religion; kein Dichter, kein Gelehrter kann tüchtig sein, wenn er nicht gut ist als Mensch; die wahren Antriebe, gut zu handeln, finden sich, wenn wir nicht frömmelnd sophistisiren wollen, in unserer Glaubenslehre nur insofern, als sie die Lehre der gesunden Vernunft ist. Seine Schüler machte er auf manche schwache Seite des Kirchensystems aufmerksam, ermahnte sie aber zugleich zu großer Vorsicht bei künftigen öffentlichen Vorträgen in der Bestreitung kirchlicher Lehrsätze. Die unbedachtsamen Neuerer, die durch unverständigen Eifer für die Wahrheit derselben mehr schaden als nützen, waren ihm ebenso zuwider als die blinden Eiferer für das Alte. Da wir von Gott und göttlichen Dingen so äußerst wenig mit Gewißheit einzusehen vermögen, so ergiebt sich als Folge Duldsamkeit in Religionsmeinungen. Der Gedanke einer alleinseligmachenden Kirche war ihm daher ein wahrhaft grauenvoller, der römisch-katholische Kirchenglaube verabscheuungswürdig. Er hat in volltönender Kraftsprache seine Blitze geschleudert gegen Priesterwahn und blinzende Eulenzunft.

> Dir, Gott, wird nicht gedienet, nicht wird dein Zorn versühnet,
> Allselig höchstes Gut! sich selber baut die Himmelsleiter,
> Wer hell im Geist, von Herzen heiter, nach deinem Willen thut.
> Vergib dem Himmelsläufer, der, Gott! mit Glaubenseifer
> Vor dir in Demuth trotzt, der fromm um deiner Rach' Entflammung,
> Um Andersmeinender Verdammung, um Wundergaben trotzt.

Weil Voß Freiheit forderte für die Leibeigenen wie für die Denker, weil er den Protestantismus wesentlich ansah von seiner aus den Ketten der Finsterniß befreienden Seite, war er mit Ingrimm erfüllt über die Wöllner'schen Pfaffen, die ihren verschimmelten Glauben in gelüfteten Kirchen, Schulen und Universitäten nachschnüffelten. „Freie Forschung, wie unsre vom römischen Trug gereinigte Religion sie gebeut, zu hemmen durch weltliche Macht, und das gesundne Licht auszulöschen, das hielt die Bande von Arglistigen, die des Königs Herz mißbrauchte, für ausführbar." Das Ideal seiner Christusreligion hat er dargestellt im heiterfrommen ehrwürdigen Pfarrer von Grünau. Einige wollten freilich die „Luise" aus der Zahl der christlichen Gedichte streichen und nannten den Allvater in diesem Epos den Apfelgott*. Gerade diesem begeisterten Sänger des freien Protestantismus, der von Luther sang:

---

*) Briefe v. J. H. Voß. 3 B. Lpz. 1829. Lebens- und Todeskunden über

> „Da rief, vom hehren Traum erwacht, ein Mann in seiner Zelle:
> Ihr Völker, auf aus träger Nacht! schon dämmert Morgenhelle.
> Nun stieg die Sonn' und strahlte hell, o Deutschland, deinem Volke
> Mit warmem Licht. Da hob sich schnell manch düstre Nebelwolke.
> Denn lange lag, von Dünsten schwer, die kalte Mitternacht umher"

blieb das schmerzliche Geschick aufbehalten, daß sein lieber Jugendfreund Stolberg, mit dem und dessen Agnes er so trauliche Stunden in Eutin verlebt hatte, dem Katholicismus in die Arme sank. Zum traurigen Gedächtniß der That dienten die Verse:

> Eingedenk nur des Guten, die Zufäll' alle vergessend,
> Segnen wir ihn des Stätte nun leer ist;

aber Voß entwarf auch die Inschrift für sein Gartenhaus: „Redlicher Katholik, tritt herein; du, der die Vernunft abschwur, neumodischer Papist, bleib draußen." Stolberg's Conversion geschah am 1. Juni 1800 in der Hauskapelle der Fürstin Gallitzin in Münster. 19 Jahre später schrieb Voß seine berühmte oder berüchtigte Schrift: „Wie ward Fritz Stolberg ein Unfreier?" mit dem Motto: Dumm machen lassen wir uns nicht, wir wissen, daß wir's werden sollen. „Nicht länger darf Wehmuth um einen Jugendfreund mich überwältigen, da er, mit Selbstberuhigung nicht vergnügt, uns Andern Ruh' und Glückseligkeit zu verkümmern fortfährt. Zeugen muß ich und will ich, ein Greis gegen den Greis, eingedenk, daß wir bald jenseits, wo kein Ritter noch Pfaff schaltet, den Gebrauch der anvertrauten Talente verantworten müssen. Nicht frank und getrost für die Wahrheit gezeugt zu haben, wäre das Erste, was ich nach dem Erwachen aus dem letzten Schlummer zu bereuen hätte. Stolberg, der nie in sein Inneres sah, wird auffahren bei dem Bilde, das ich ihm zeigen muß. Sei es ihm ein Gesicht von Gott, und erheb' er sich zu dem Entschluß, noch hier wieder gut zu machen, was er kann!" Sein Confessionswechsel wird daraus erklärt, daß in seiner Seele die Urtheilskraft untergeordnet sei dem Gefühl, beide dem Witz und der Phantasie. Die Fürstin Gallitzin lockte ihn in's Garn, was bei ihm um so leichter ging, da ihre Miene der Duldsamkeit auch Hellersehende getäuscht hatte. In der That hatte Stolberg den verhängnißvollen Schritt gethan, unbefriedigt vom Protestantismus selbst, nicht bloß von seiner damaligen Gestaltung. „Hätte ich auch nicht den beinahe vollendeten Einsturz der protestirenden Kirche erlebt, so wäre mir

---

Voß, gesammelt v. Paulus. Hdelb. 1826. W. Herbst, J. H. Voß. 2 B. Lpz. 1872 ff.

doch in ihren Hallen ohne Altar, ohne praesens numen länger nicht wohl geworden." Voß, der für Wahrheit, Recht und Vereblung Eifernde, erhielt den Beinamen „Großinquisitor des Rationalismus"; Goethe aber legte seinen Unmuth über den Proceß Voß contra Stolberg in die Verse:

> Mir wird unfrei, mir wird unfroh,
> Wie zwischen Gluth und Welle,
> Als läs' ich ein Capitolo
> In Dante's grauser Hölle!.

§. 47. Supernaturalismus.

J. A. H. Tittmann, Ueber Supranaturalismus, Rationalismus u. Atheismus. Lpz. 1816. Chr. F. Zöllich, Briefe üb. d. Supernaturalismus. Sondershausen 1821. J. Salat, Versuche üb. Supernaturalismus u. Mysticismus. Sulzb. 1823.

Für den Gegenfüßler des Rationalismus prägte sich der Name Supernaturalismus aus. Er diente zuerst zur Bezeichnung von Gegensätzen auf religions- und moralphilosophischem Gebiete*. Gegen Ende des 18. Jahrhunderts ward er in den eigentlich theologischen Sprachgebrauch eingeführt für „das System derjenigen, welche eine unmittelbare und übernatürliche, durch Wunder und Weissagungen bestätigte, Ankündigung Gottes als des Schöpfers und heiligen Gesetzgebers der Menschen be-

f) Literatur in C. G. Bengel's Archiv f. d. Theol. (1823) VI, 2, 386 u. bei W. Baur in Herzog's R. E. XV, 137. Außerdem vgl. Th. Menge, Graf F. L. Stolberg u. s. Zeitgenossen (2 B. Gotha 1862) II, 95 u. 506. Rippold [§. 7, o] S. 64.

a) Bretschneider [§. 41, a] entsinnt sich, das Wort Supernaturalismus zuerst im „Neuen theol. Journal" v. Ammon, Hänlein u. Paulus (1798), XI, 490 gefunden zu haben, wo die Ableitung des Gesetzes für den Willen von Gott moralischer Supernaturalismus, die Ableitung desselben von der Naturbestimmung des Menschen moralischer Naturalismus genannt wird. Mir ist der Ausdruck Supernaturalismus, und zwar dem Rationalismus ausdrücklich entgegengestellt, zum ersten Male begegnet in [J. K. Pfenninger's] „Socratischen Unterhaltungen über das Aelteste und Neueste aus d. christl. Welt" (3 Th. Lpz. 1786—89) III, 317 f. (die Stelle ist auch abgedruckt in J. J. Stolz' Briefen literar. Inhalts. Winterth. 1789 f. II, 76 f.). Der Name Supernaturalist wird hier der Partei der Revelationisten (die eine Offenbarung annehmen) beigelegt, welche immer von übernatürlichen Beweisen des Daseins Gottes, nämlich Wundern als Ausnahmen von den Gesetzen der Natur, reden, während es noch eine andere Partei von Revelationisten gebe, welche Alles, was sie für Erkenntnißgründe des Daseins Gottes halten als natürlich, als ordentliche regelmäßige Wirkungen höherer und der höchsten Natur, denken. Das sind Rationalisten oder Naturalisten. „Vielleicht daß noch ein Kopf den Rationalismus (die Vernunftmäßigkeit) und Naturalismus (die Natürlichkeit) der supernaturalistisch gescholtenen Revelation in's helle Licht setzen, und in einem Sinne, der die Rationalisten versöhnt, und keinen einzigen Supernaturalisten beleidigt, auf ähnliche Weise vollenden wird, wie die Kritik der reinen Vernunft vollendet ward."

haupten ᵇ. Gabler adoptirte das Wort für den Glauben an eine unmittelbare, geschichtliche Offenbarung. Nachdem bereits Kant [S. 329, b] zwischen Naturalismus, Rationalismus und Supernaturalismus deutlich unterschieden hatte, ist der Supernaturalismus in seiner Gegensätzlichkeit zum Rationalismus doch erst durch Reinhard's „Geständnisse" und die durch sie veranlaßten Streitigkeiten im wissenschaftlich-theologischen Sprachgebrauche allgemein recipirt und zum Feldgeschrei der theologischen Parteien worden. Gabler hatte diese Entgegensetzung nicht gewollt, er nannte sie unwillig eine Versündigung gegen die Gesetze der logischen Division. „Es ist beinahe unbegreiflich, wie man einen so sonderbaren Gegensatz — Rationalismus und Supernaturalismus — machen konnte. Rationalismus steht eigentlich dem Irrationalismus entgegen, und der Supernaturalismus dem Naturalismus; und so ist jeder verständige Rationalist ein wahrer Supernaturalist. Denn der Naturalist leitet alles bloß von Naturursachen ab, und erkennt kein höheres Princip über der Natur an, der Supernaturalist aber nimmt eine Gottheit an, als das höchste Princip, von dem die Natur abhängt ᶜ." Aber weder die von ihm vorgeschlagene Unterscheidung von strengem und christlichem Rationalismus, noch die Unterscheidung Bretschneider's von Rationalismus und Superrationalismus vermochte durchzudringen.

Der Supernaturalismus als die conservative Richtung wollte der gerade, ausschließende Gegensatz des Rationalismus sein. Beide stehen einander gegenüber wie Subjectivität und Auctorität, wie Autonomie und Theonomie. Der Rationalismus hält sich an die Vernunft, der Supernaturalismus an den Urheber der Vernunft; jener an die natürliche, dieser an die übernatürliche Offenbarung, niedergelegt in der h. Schrift; jener subordinirt die Bibel der Vernunft, dieser die Vernunft der Bibel. Der Supernaturalismus steht und fällt mit der Realität einer übernatürlichen oder unmittelbaren Offenbarung, er muß daher seine ganze Kraft an ihren Erweis setzen. Für den alten, auf die augustinische Lehre von der Erbsünde und deren zerstörenden Folgen gebauten, Supernaturalismus war die unmittelbare Offenbarung sofort als nothwendig gegeben. Aber jener strenge Augustinismus war den Schultern dieser modernen Supernaturalisten zu schwer geworden. Sie

---

b) Diese Definition findet sich in der N. A. D. B. (1798) B. 38, S. 412, die erste Stelle, wo dieses Journal über den Supernaturalismus sich auszusprechen veranlaßt war.

c) Gabler's kleinere theol. Schrr. I, 740.

bemühten und begnügten sich, die Möglichkeit, Wahrscheinlichkeit und Wirklichkeit einer unmittelbaren Offenbarung zu beweisen, wozu Schelling bemerkt: der Offenbarungsglaube werde in der protestantischen Dogmatik immer fadenscheiniger; von der Nothwendigkeit der Offenbarung sei man zur bloßen Nützlichkeit, dann zur Bequemlichkeit gekommen, und endlich werde es heißen „von der Unschädlichkeit der Offenbarung". Eine unmittelbare Offenbarung ist möglich, denn sie ist der Vernunft gedenkbar; sie ist auch wahrscheinlich, weil die Idee eines einigen Gottes, gedacht mit vernunftmäßigen Prädicaten, als Grundidee des öffentlichen Volksglaubens nur bei einem einzigen Volke des Alterthums gefunden wird. Die mögliche und wahrscheinliche Offenbarung wird als wirklich angenommen werden, sobald diese Wirklichkeit durch Thatsachen gerechtfertigt ist, die sich aus einem natürlichen Causalnexus der Dinge nicht erklären lassen, sondern auf die unmittelbare Concurrenz eines höhern Geistes hinweisen. Nun kann aber die absichtliche und zweckmäßige Gestaltung des mosaischen Cultus, wonach derselbe, das Verhältniß Gottes zur Menschheit hauptsächlich von seiner moralischen Seite hervorhebend, auf eine spätere religiöse Glaubenstheorie vorbereiten mußte, nicht anders als aus dem unmittelbaren Einfluß einer höhern Intelligenz erklärt werden. Sodann vereinigt der Stifter des Christenthums in seiner Person, in seiner Lehre, seinen Thaten und Schicksalen alle Merkmale einer überirdischen Erscheinung. Denn dieser an Geist und Herz so ausgezeichnete Weise hat in der ganzen Geschichte unsers Geschlechts seinesgleichen weder neben, noch vor und hinter sich; er selbst hat auch versichert, aus einer überirdischen Welt herzustammen, und seine Versicherung ist bestätigt worden durch Wunder, von und an ihm vollbracht. War so die Realität einer übernatürlichen Offenbarung erwiesen, so trat zur Feststellung ihres Inhaltes oder der von Jesus begründeten Glaubenstheorie nunmehr die Exegese als der sicherste Weg zur Wahrheit in Thätigkeit. Denn die Offenbarung tritt thatsächlich auf als eine Vielheit zu erklärender Schriftstellen. Das System, das der moderne Supernaturalismus zu Stande brachte, war ein Mosaikbild, das im Socinianismus (dem auch die modernen Supernaturalisten eine besondere Aufmerksamkeit schenkten), Arminianismus und in der biblischen Dogmatik der Neologie [S. 110] seine Vorbilder hatte. Schelling, dessen Jugend in diesen Supernaturalismus getaucht war, hat sich sehr geringschätzig über die eben beschriebenen Operationen desselben ausgelassen. „Nicht geistreich aber ungläubig, nicht fromm und doch auch nicht witzig und frivol, ähnlich den Unseligen, wie sie Dante im Vorgrund der Hölle existiren läßt, die weder rebellisch gegen Gott noch treu waren, die der Himmel ausstieß und die Hölle nicht aufnahm, weil auch die Verdammten keine Ehre von ihnen haben würden, haben vornehmlich deutsche Gelehrte mit Hülfe einer sogenannten gesunden Exegese, einer aufklärenden Psychologie und schlaffen Moral alles Speculative und selbst das subjectiv-Symbolische aus dem Christenthum entfernt. Der Glaube an seine Göttlichkeit wurde auf empirisch-historische Argumente gebaut, das Wunder der Offenbarung in einem sehr handgreiflichen Cirkel durch andere Wunder bewiesen. Dieser historische Glaube, der z. B. die Lehre von der Fortdauer auf das bloße äußere Zeugniß Christi als des weisesten und edelsten aller Menschen — nicht auf die That Christi des Todesüberwinders, nicht auf den wesentlichen Zusammenhang, in dem sie mit allen geistlichen Wahrheiten und nur dadurch mit der Religion des Geistes, dem Christenthum, steht — gründen wollen, dieser historische Glaube, der sogar für nützlich und zuträglich hält, das Dasein Gottes aus den Wundern und Weissagungen als äußern Factis zu beweisen, ist der crasseste Judaismus, der nämliche, mit dem Christus in den Pharisäern und Schriftgelehrten zu kämpfen hatte." Der Streit zwischen Rationalismus und Supernaturalismus, bei verschiednen Gelegenheiten neuauflodernd, bewegte die protestantische Theologie in den ersten Jahrzehnten unsers Jahrhunderts. Wenn die Rationalisten ihre supernaturalistischen Gegner Anhänger eines theologischen Feudalsystems schalten, sie des Aberglaubens, der steifen Anhänglichkeit an das Alte, der Inconsequenz, Verketzerungssucht und des Mangels an gründlichen philosophischen Kenntnissen beschuldigten, so bürdeten hingegen diese den Rationalisten Stolz, Ungerechtigkeit gegen die edelsten Männer der Vorzeit, den Mangel reifer Geschichts- und Menschenkenntniß auf, und machten ihnen den Vorwurf, daß ihre Bestrebungen auf nichts Geringeres, als auf gänzlichen Umsturz des Christenthums, ja der Religion selbst gerichtet seien. Denn da die Vernunft des Rationalisten grundsätzlich nichts Unbegreifliches glauben wolle, so dürfe der Rationalist, eben weil dieses schlechthin unbegreiflich sei, auch nicht an Gottes Sein, Wesen und Wirken glauben, es hebe daher das Princip des Rationalismus, consequent angewendet, nicht bloß den Glauben an Offenbarung, sondern allen religiösen Glauben auf, der Rationalismus in seiner strengen Consequenz sei Atheismus. So schien denn die Kluft zwischen Supernaturalismus und Rationalismus weit genug, der Gegensatz ein

unausgleichbarer zu sein. Und doch dieser moderne Supernaturalismus
hatte nicht mehr die Glaubensfreudigkeit des alten, er war angekränkelt
oder durchhaucht vom Geiste der Zeit, er hielt's nicht mehr mit dem Satz
von der doppelten Wahrheit, er wagte es nicht mehr auf den offnen
Widerstreit von Vernunft und Offenbarung. Zwar enthält die Offenbarung Geheimnisse, der schwachen Vernunft unbegreiflich, aber sie
stehen nicht im Widerstreite mit den Grundwahrheiten der Vernunft, sie
sind über, aber nicht wider die Vernunft, ihre Bestätigung durch Ver-
nunftgründe ist, wenn auch nicht nothwendig, so doch erwünscht. Ein
Standpunkt, der so gern mit der Vernunft pactirte, konnte die alten
Dogmen mit ihren scharfen Kanten und Spitzen nicht unversehrt herüber-
nehmen; sie wurden abgeknickt. Aber der Supernaturalismus stand auch
zu seinem Principe, der Schriftauctorität, nicht im Verhältnisse un-
bedingter Unterwerfung. Viel zu aufgeklärt, um sich unbefangen zu den
Füßen seiner Lehrerin zu setzen, hat er die Auslegung so gehandhabt,
daß das Ausgelegte als ein Glaubbares in seinen Vorstellungskreis
paßte. Er ließ die Schrift sagen, was er gern zu hören wünschte.
„Unsere verständigen Supernaturalisten, sagt Strauß, stellen sich so
gern mit gekrümmtem Rücken dem Herrn dar: er solle auflegen soviel er
vermöge, sie wollen's tragen; unter der Hand jedoch wissen sie die
schwersten Stücke bei Seite zu bringen, und doch den Schein der
getreuen Diener und gläubigen Sackträger des Herrn zu behaupten."
Die Anhänger des Supernaturalismus hielten sich und wurden ihrer
Zeit gehalten für die Säulen der Rechtgläubigkeit, sie behaupteten die
strenge Consequenz ihres Systemes, und sind doch unbewußt dem
Rationalismus sehr nahe gekommen. Sie waren halbe, in den Schleier
der Schriftauctorität gehüllte Rationalisten (Kryptorationalisten). Daher
darf es nicht Wunder nehmen, wenn der Supernaturalismus im Streite
mit dem Rationalismus keinen nennenswerthen Erfolg hatte, geschweige
daß er ihn hätte überwinden können. Er ist zugleich mit seinem Gegner
zu Grabe gegangen. Seine Heimstätten hatte er vornehmlich in
Schwaben und Sachsen.

§. 48. Die Storr'sche Schule.

Baur, Die Storr'sche Schule, in „Geschichte u. Beschreibung der Stadt u. Universität Tübingen
v. K. Klüpfel u. M. Eifert" (Tüb. 1849) II, 216 u. 389. Landerer, Aeltere Tübinger Schule, in
Herzog's R. E. XIV, 485. Gaß IV, 141 u. 503.

Den modernen Supernaturalismus als eine geschlossene Schule
zeitigte derselbe Boden, auf welchem Bengel's realistische Schrifttheologie

erwachsen war. Das Kleinod, welches diese ältere Tübinger Schule mit dem Schilde der h. Schrift zu decken suchte, war ein nach Abstreifung der scholastischen Form übrig gebliebenes Residuum der kirchlichen Dogmatik. Sie drang nicht in die Tiefe des religiösen Bewußtseins, arbeitete nicht von Innen heraus an der Begründung oder Fortbewegung des Dogmas, sondern hing sich an ein äußerliches, historisches Beweisverfahren. Wenn sie mit den neuen Philosophieen sich auseinanderzusetzen unternahm, so geschah es nur in apologetischer Absicht, ihnen die Möglichkeit einer Offenbarung und unbegreiflicher Glaubenssätze abzudingen. Dieses Fehlen jeder speculativen Aber war es, was Schelling an dieser Schule zu rügen fand. „Meine Philosophie verträgt sich nimmer mit den Tübinger Theologen. Der Grundfehler derselben ist, daß sie in Ansehung ihrer philosophischen Principien völlige Socinianer sind, quorum, wie Leibniz einmal sagt, semper paupertina fuit de deo rebusque divinis philosophia, und daß sie gleichwohl mit solchen Principien im Kopf die orthodoxe Lehre vertheidigen wollen. Hiedurch wird diese zu einem jeden gesunden Verstand empörenden Unsinn." Aber auch auf ihrem besonderen, dem Offenbarungsgebiete, fehlte es an einem großen, durchschlagenden, die Bibellehre zum System erhebenden und verknüpfenden Gesichtspunkt. Sie kannte nur das formale Princip der Schriftauctorität. Die Schrift aber erschien wie ein fertiges Arsenal von beweisenden Stellen, welche in möglichster Fülle herauszuholen aller Scharfsinn und alle Kunst exegetischer Erudition aufgeboten wurde. Wo man, meint Schelling, das Palladium der Rechtgläubigkeit in der sogenannten Sprachkenntniß sucht, ist die Theologie am tiefsten gesunken und am weitesten von ihrer Idee entfernt. Die journalistischen Organe der Schule waren seit 1796 das „Magazin für christliche Dogmatik und Moral", seit 1815 das „Archiv für die Theologie und ihre neueste Literatur". Begründet hat dieselbe Gottlob Christian Storr († 1805), Professor in Tübingen, seit 1797 Oberhofprediger in Stuttgart, einer der angesehensten Theologen seiner Zeit. Durch seinen der Bengel'schen Schule angehörigen Vater von Haus aus auf die Schrift hingewiesen, entschied sein Aufenthalt in Leyden, wo er ein Schüler von J. J. Schultens und Valkenaer wurde, für die philologische Richtung seiner Theologie. Eine Augenkrankheit in der Jugend gewöhnte ihn an das Selbstdenken und Verfolgen der Gedanken auch in alle Nebengänge. Seine Schriften, voll Scharfsinn und überreicher Gelehrsamkeit, waren den Zeitgenossen ein lohnendes, wenn auch beschwerliches Studium, und wurden, gleich Semler's Schriften, nicht ohne eine Art von Ehrfurcht aus der Hand gelegt. Er betete mit Weismann: »det nobis divina gratia theologiam tam puram, tam efficacem, tam divinam, qualem aliquando vellemus habuisse in aeternitatem delati«, und suchte eine solche göttliche Theologie dadurch verwirklichen zu helfen, daß er in der Dogmatik dem biblischen Inhalt die ihm gebührende Stellung einräumte. Er stellte an ihre Spitze den (historisch und psychologisch geführten) Beweis für die Glaubwürdigkeit des Schriftinhaltes und deckte damit den ganzen folgenden Inhalt der Dogmatik, in Ansehung dessen es jetzt nur des philosophisch-grammatischen Nachweises aus der h. Schrift bedurfte. In dieser Weise hat er in seinem, für die Zöglinge des theologischen Seminars an Stelle des Sartorius'schen Lehrbuches bestimmten, und lange Zeit wie officiell angesehenen Compendium »Doctrinae christianae pars theoretica e sacris litteris repetita« (1793) die biblische Glaubenslehre im Unterschiede vom kirchlichen Systeme dargestellt, dessen Begriffe und Bestimmungen zum Theil neu und der h. Schrift fremd seien. Die Lehre Jesu bestimmt auch die eigentliche Grenze der Lehrfreiheit. Quaelibet societas ecclesiastica curare debet, ut ii imprimis, quorum est docere, minimum doceant convenienter doctrinae Christi. Den aufgeklärten Zeitgenossen gefiel es wohl, daß er gänzlich die alte scholastische Terminologie vermied und sich der Sprache der h. Schrift anschloß, aber, meinten sie, hinter den zwar vorsichtigen aber doch verständlichen Aeußerungen und Winken des seligen Morus sei er gar sehr weit zurückgeblieben. „Er eifert für den Buchstabensinn der h. Schrift, der nude et crude in die Dogmatik aufgenommen werden soll, und begräbt sich und seine Leser unter den Ruinen des Alterthums und unter den Zeugnissen der Kirchenväter." Da die Accommodationshypothese, wonach Jesus und die Apostel in ihren Vortrag auch irrige Volksmeinungen eingemischt haben sollen, die Auctorität dieser göttlichen Gesandten offenbar umstößt, so hat Storr unaufhörlich gegen diese Hypothese angekämpft und Glauben verlangt für alle Aussprüche Desjenigen, auf dessen Wort Todte wiederauflebten, Krankheiten aller Art wichen, dessen Befehl sich selbst das stürmische Meer und die Natur unterwarf. Seine Predigten wurden als Beleg angeführt, daß ein gelehrter Theologe nicht immer ein guter Kanzelredner sei. Weil Storr eine in jeder Hinsicht verehrungswürdige Persönlichkeit war, auch seine Gegner nicht im Geist Petri, da er dem Malchus das Ohr abhieb, sondern mit Würde und

Achtung behandelte, so war Freund und Feind seines Lobes voll. Paulus nennt ihn den besten unter seinen guten Lehrern und ein Vorbild, wie parteilose Herzensreligion sich mit dem umsichtigsten Forschen, mit dem sorgsamsten Scheiden des Nöthigen vom Zufälligen und mit der innigsten Scheu gegen jeden Heiligenschein vereinigen lasse; und der Ketzeralmanach für 1797 bezeugt ihm seine Hochachtung nicht nur wegen seiner ausgebreiteten Gelehrsamkeit, sondern auch wegen der mit so vieler Bescheidenheit verbundenen edlen Freimüthigkeit, mit welcher er dem Geiste des Zeitalters nach seiner völligen Ueberzeugung widerspricht*. Was die A. D. B. dem zu ängstlich religiösen Storr nicht zutraute, daß er die Tübing'sche Glaubenslehre von allem scholastischen Wust reinigen werde, das glaubte sie hoffen zu dürfen von seinem Schüler und Collegen Johann Friedrich Flatt († 1821), dessen eindringender Scharfsinn, gründliche Gelehrsamkeit, echt demüthige Würde und christlich gediegener Character gerühmt werden. Als der Defensor fidei in England an Deutschlands Theologen die Aufsehn machende Aufforderung richtete, die Gottheit Christi zu retten (bei welcher Gelegenheit der alte Semler treuherzig zu verstehen gab, Se. Majestät solle die deutschen Theologen mit ihrer Wissenschaft nur schalten und walten lassen, sintemal sich diese auch in die britischen Parlamentshändel nicht mischten), da war es Flatt, der die Symbollehre de deitate Christi in einer zwar nicht gekrönten, aber von der Göttinger Facultät belobten Wettschrift vertheidigte. Der Moralist der Tübinger Schule hat er für die Sätze der christlichen Ethik die Beweise aus der Lehre Jesu und der Apostel und aus der Geschichte Jesu genommen. Beweise aus bloßen Vernunftgrundsätzen sind dabei allerdings nicht ausgeschlossen worden, wie denn die christliche Moral überhaupt nur einige wenige eigenthümliche Gebote oder positive Vorschriften vor der Vernunftmoral voraus habe[b]. Wenn seine literarische Thätigkeit die Aengstlichkeit und Schwerfälligkeit seiner späteren Lebensjahre hemmte, so die seines jüngern Bruders Karl Christian Flatt († 1843), Professors in Tübingen, sein 1812 erfolgter Uebergang in's practische Amt. Nachdem er in der Versöhnungs-

---

[a] Biographieen u. Characteristiken im Intelligenzblatt d. Hall. Literaturzeitung 1805 Nr. 43 S. 345 (v. Süskind); im 2. Bd. sr. nachgelassenen Predigten (v. Süskind u. Flatt); in d. Zeitgenossen. B. 2 Abth. 2 S. 191.

[b] [K. Chr. Flatt] Einige Züge v. d. Bilde des verewigten J. F. Flatt (Beigabe zu seinen von Steudel herausgeg. „Vorlesungen üb. christl. Moral" Tüb. 1823). Athenäum berühmter Gelehrten Würtembergs. Stuttg. 1829. H. 1, S. 19.

theorie von Kant sich zu Storr bekehrt. hat er im Sinne des Meisters zu zeigen gesucht, daß Jesus den Glauben an seine Lehre zwar nie allein auf Wunder, aber doch auch auf Wunder zu gründen gelehrt habe, und, gegen Ritzsch's [S. 297] materiellen Rationalismus, daß Jesus ohne übernatürliche Belehrung und Anweisung weder seinen Tod mit der Gewißheit, womit er ihn ankündigte, habe vorhersehen, noch sich demselben eben in dem Zeitpunkte, in welchem er sein Leben aufopferte, freiwillig unterziehen können c. Der geistesscharfe Nachfolger Storr's auf dem Lehrstuhle der Dogmatik wie im Oberhofpredigeramte war Friedrich Gottlieb Süskind († 1829). Als der Dialectiker der Schule hat er gegen Kant, nach welchem die Annahme von Wundern die Versetzung in eine bezauberte Welt bedeuten würde, den Glauben an wahre Wunder als das Gemüth nicht niederschlagend und die Vernunft nicht um die Erfahrungsgesetze bringend (die Vernunft könne sich ja an den für sie erklärbaren Erscheinungen üben) vertheidigt, gegen Fichte das Bedürfniß einer Offenbarung als wirksamsten Beförderungsmittels unserer Sittlichkeit (ohne daß deren gänzlicher Verfall als Bedingung des Eintritts der Offenbarung vorausgesetzt werden müßte), und gegen Schelling den christlichen Theismus geltend gemacht. Schelling sah in der „Süskindischen Mikroskopie" nur die Anmaßung eines unberufenen Beurtheilers d. Vorwiegend auf historischem Gebiete bewegte sich der würdevolle Ernst Gottlieb Bengel († 1826), seit 1806 Professor in Tübingen, ein Enkel von J. A. Bengel und Schüler Storr's, dessen gewissenhafte Anweisung zu einer sorgfältigen und fruchtbaren Auslegung der h. Schrift ihm unvergeßlich schätzbar blieb. So sehr er getreu seiner Schule am Außerordentlichen und Uebernatürlichen in der Sendung und Person Christi festhielt, so wenig wollte er doch bei der Betrachtung der göttlichen Offenbarung das Natürliche ihres Entwickelungsganges übersehen. Wenn er daher, dem erhabenen Gang der göttlichen Führungen nachgehend, am liebsten bei der Uebergangsperiode vom Mosaismus zum Christenthum verweilte, so fand er da, wie auf einem so einfachen und natürlichen Wege allmählich die Einleitung auf den gemacht wurde, der da kommen sollte, das innerste Heiligthum der Wahrheit aufzuschließen und dessen unvergängliche Schätze den Menschen mitzutheilen. Das Christenthum selbst, diese Offenbarung der unendlichen

---

c) Dettinger u. Klaiber, Zum Andenken an K. Chr. v. Flatt. Stuttg. 1843.
d) Zeitgenossen (3. Reihe) B 2. H. 3. S. 78.

Vernunft, bringt uns die äußere, auf dem Wege der historischen Erfahrung vermittelte Gewährleistung für die erhabensten Gegenstände unsers Vernunftglaubens, es prägt auch den Forderungen der Vernunftsittenlehre sein göttliches Siegel auf*. Als der letzte Repräsentant der Schule gilt Johann Christian Friedrich Steudel († 1837), seit 1815 Professor in Tübingen. Ein Urenkel A. Bengel's hat er die Achtung vor Gottes Wort mit der Muttermilch eingesogen, von einem frommen Vater es in seiner göttlichen Kraft und Bedeutung entwickeln gehört, aus dem Munde erleuchteter Lehrer (J. F. Flatt und Süskind) die Begründung seiner Göttlichkeit in ernster Wissenschaft vernommen und mit der Forschung der h. Schrift beinahe ausschließlich seine ganze Zeit beschäftigt. Sein theologisches Streben war einzig darauf gerichtet, die nachweisbar in der h. Schrift niedergelegte Wahrheit in ihrem echten Gehalte zu ermitteln, oder, wie er es in seiner „Glaubenslehre" (1834) auch ausdrückt, ihren Schatz ihr unverkümmert und unverblümt zu entheben. Das Mittel dazu sollte eine keusche nüchterne Exegese sein, die einfach hinnimmt, was das Wort erweislichermaßen giebt. Denn der Forscher in der h. Schrift hat sich, verzichtend auf eignes frommes oder mit dem Titel der Freisinnigkeit sich brüstendes Vorurtheil, loszusagen von dem Willen, der das ihm Gefällige in der Schrift finden möchte. So sich fühlend im Dienste des allein entschieden irrthumslosen göttlichen Geistes und als Einer, der seinen Glauben standhaltend durchlebt hat, hat er, schwerfällig fortschreitend „wie auf einer mit klebrichter Materie bedeckten Straße", und doch immer kampfbereit, nicht bloß dem Rationalismus gegenüber die supranaturalistische Auffassung des Christenthums vom Vorwurf der Inconsequenz und Vernunftwidrigkeit zu reinigen, sondern auch den Standpunkt der Storr'schen Schule allen neueren Erscheinungen (der Theologie Schleiermacher's, dem Hegelthum, dem die freie und reiche Idee verkümmernden Symbolzwange, dem starren Orthodoxismus und schwebenden Mysticismus) gegenüber zu halten gesucht, für den modernen Supernaturalismus dieselbe Aufgabe erfüllend, wie David Schulz für den Rationalismus. Seine nicht eben glänzende Geisteskraft hat sich in diesem aussichtslosen Kampf fruchtlos verzehrt. Weil er selbst das „Grellwunderbare" in der Bibel exegetisch zu mildern suchte, also statt, wie er wollte, bei der h. Schrift in die

---

*) Denkmal der Achtung u. Liebe zur Erinnerung an E. G. Bengel. Tüb. 1826. Archiv f. d. Theol. (1826) VIII, 723. Athenäum (not. b) 1829, H. I, S. 49.

Lehre zu gehen, sie vielmehr in die Lehre nahm, so hat Strauß ihm bitter entgegengehalten: „Das ist ein ungerechter Haushalter mit dem Worte Gottes, der, wo ein großes Wunder steht, flugs ein kleines hinsetzt, weil er das große nicht glauben kann," und gegen die ganze Schule wegen ihrer gewissenlosen Exegese öffentlich die Anklage ausgesprochen, daß sie die Grundsäule des geistigen Lebens, die Wahrhaftigkeit des Menschen gegen sich selbst, untergrabe*f*.

§. 49. Reinhard und die außerschwäbischen Supernaturalisten.

Der gefeiertste Name unter den modernen Supernaturalisten außerhalb Schwabens, dessen Wort bei Vielen als ein Evangelium galt, war **Franz Volkmar Reinhard** († 1812), Professor in Wittenberg, seit 1792 Oberhofprediger in Dresden, eine kleine, zarte Gestalt mit ernsten Gesichtszügen, zur socratischen Ironie geneigt. Die alten Classiker, seine lieben Heiden, und Haller's Gedichte nährten und erhellten seine Jugend. Als fünfjähriger Knabe fing er an die Bibel zu lesen, sie wurde ihm für's Leben Erbauungsbuch und auch Predigermagazin. In der Philosophie hielt er zuerst zu Crusius, dessen seltener Scharfsinn und Consequenz ihm imponirten, dann, als seine philosophischen Kenntnisse vielseitiger wurden, ward er Eklektiker mit einiger Vorliebe für Wolff. Als nun aber Kant dem Dogmatismus und mit ihm zugleich seinem Milchbruder, dem Eklecticismus, den Todesstoß versetzte, und als wiederum auf die kant-reinholdische Philosophie Aenesidem-Schulze seinen berühmten Angriff machte, verfiel Reinhard dem philosophischen Skepticismus, gepaart mit unverhohlener Abneigung vor der tetrica sophia Kant's und vor dem philosophischen Seiltänzer Jacobi, der ihm vorkam wie eine dunkle Erscheinung, aus der bisweilen Funken hervorsprühen, die aufgefaßt zu werden verdienen, zuweilen aber auch nichts weiter sind als ein bloßes Wetterleuchten. Der Skepticismus in der Philosophie führte Reinhard, der früherhin dem Rationalismus gar nicht so fremd gewesen war — hatte ihn doch Bahrdt für die deutsche Union angeworben und im Ketzeralmanach einen aufgeklärten Mann genannt, der

---

f) Reden, gehalten bei d. Todtenfeier des Hrn. D. Steudel. Tüb. 1837. Hiernach die Biographie im R. Nekrolog (1837) XV, 2, 936. Dorner u. Dettinger in der (von Steudel 1828 gegründeten) Tübinger Zeitschrift f. Theologie 1838. H. 1. Oehler in Herzog's R. E. XV, 75. Palmer in Pipers Kalender 1867, S. 195. Vgl. D. F. Strauß, Hr. D. Steudel od. die Selbsttäuschungen des verständigen Supernaturalismus unserer Tage [Streitschriften. Tüb. 1837. H. 1].

aber nur des Nachts zu Jesu komme — weil er als christlicher Theolog doch etwas Gewisses haben mußte, zum Supernaturalismus in der Theologie. „Wer sich unter den Erfindungen der menschlichen Vernunft vergeblich nach Etwas umsieht, worauf er fußen, wobei er sich beruhigen könnte, bei dem entwickelt sich der Wunsch, daß Gott selbst geredet, daß er insonderheit der Schwachen halber, die nicht einmal selbst prüfen können, sich über die wichtigsten Angelegenheiten unsers Geistes erklärt haben möchte." Er fand von nun an das Feste und Bleibende im Wissen, Glauben und Hoffen nirgends anders, als in der Offenbarung, sein Glaube wurde Auctoritätsglaube. „Ich bin kein Selbstdenker, der eignen Einsichten folgt und auf eignen Füßen steht, sondern hänge von der Aussage und dem Ansehn der Schrift ab." Nach Erlangung solcher Gewißheit hat er seinen Supernaturalismus vom Rationalismus reinlich abgeschieden. Strenger und systematischer Zusammenhang, Einheit der Principien und folgerechtes Denken in der Religion findet nach ihm nur statt, wenn man sich entweder ganz an die Vernunft oder ganz an die Schrift hält, wirklich consequent ist nur der Rationalist und der Supernaturalist, die Vereinigung beider ist inconsequenter Synkretismus. Das System des Religionslehrers soll aber aus einem Gusse oder wie der Rock Christi ohne Naht sein. Reinhard hat sich zum reinen Supernaturalismus bekannt und dem reinen Rationalismus entschieden entgegengestellt. So äußert er sich zunächst mit Rücksicht auf Krug's Perfectibilitätsbriefe: „Soll vom Christenthum nichts weiter gelten, als was die Philosophie erweisen kann, nun wohl, so sage man doch frei heraus, es sei itzt eben so überflüssig, als das Judenthum damals war, da das Christenthum erschien," und in einer seiner letzten Predigten ruft er aus: „Hat unsere Kirche nicht sogar Lehrer in ihrer Mitte gehabt, die es ganz vergaßen, wodurch sie zusammenhängt und besteht, die insonderheit seit einem halben Jahrhundert von dem gemeinschaftlichen Bekenntniß ein Stück nach dem andern in Zweifel zogen und für falsch erklärten, die endlich die Schrift selbst nicht schonten, und bald einzelnen Theilen bald dem Ganzen die Würde einer höhern Offenbarung und alles entscheidende Ansehn zu rauben suchten?" Nichts war ihm, weil seinen Supernaturalismus bedrohend, mehr zuwider als die neuere Bibelkritik. „Mir sind, schreibt er 1803, die immer größer werdenden Mißhandlungen der Bibel von Seiten ihrer Erklärer die bedenklichste Erscheinung in der theologischen Welt. Was soll herauskommen, wenn es endlich dahin gebracht ist, daß weder die Echtheit noch der Inhalt unserer Religionsurkunden einen Glauben weiter findet?" Er eifert daher gegen den exegetischen Unfug dieser muthwilligen Knaben, gegen die Unverschämtheit verwegener Klüglinge. Sein großes Ansehen machte den Supernaturalismus zum officiellen Systeme Kursachsens. Als er am Reformationsfeste d. J. 1800 von der freien Gnade Gottes in Christo, als von der Lehre, deren Erneuerung die evangelische Kirche ihr Dasein schuldig sei, gesprochen hatte, ließ das Ministerium einen Abdruck dieser Predigt an die Landesgeistlichen mit der Notation vertheilen, daß sie die darin abgehandelten Wahrheiten von der Unzulänglichkeit aller menschlichen Tugend, und von der Rechtfertigung durch den Glauben allein, zum Hauptgegenstand ihrer öffentlichen Vorträge machen und den Character echt evangelischer Prediger behaupten möchten. Das machte großes Aufsehn. Teller und Cannabich ließen eigne Predigten über Reinhard's Predigt erscheinen, Beillodter parodirte sie, und Löffler urtheilte: „Reinhard hat seit seinem Aufenthalte in Dresden beinahe ausschließend den Prediger gemacht und dem Studium der gelehrten Theologie beinahe entsagt; er hat einstmals den gelehrten polemischen Theologen mit dem erbaulichen Prediger verwechselnd seine protestantischen Brüder, sie aus der Kirche ausschließend und verdammend, auf der Kanzel gescholten und durch die Erklärung seines supernaturalistischen Glaubens beinahe ganz Sachsen in die Unmündigkeit des Glaubens zurückgeworfen"." Diese Predigtbenutzung war allerdings wider seinen Willen geschehn und ihm unangenehm, weil er Rescripte, welche nicht die Kirchenzucht, sondern das Dogma betreffen, nicht billigen mochte, aber in einem Briefe an Joh. v. Müller (1808) spricht er es doch mit Befriedigung aus: „Nichts ist gerechter als der Unwille, welchen Ew. Excellenz über die Querköpfe auf unsern academischen Cathedern, und namentlich über die höhere Kritik, die Eichhorn an den Evangelien geübt hat, empfinden. Es dürfte der Strenge, mit welcher die sächsische Regierung bisher auch über die Lehrvorträge gewacht hat, und wegen welcher sie häufig der Kurzsichtigkeit und des Obscurantismus beschuldigt worden ist, zu verdanken sein, daß auf den königlich sächsischen Universitäten keine solche opinionum commenta et portenta zum Vorschein gekommen sind." Bei alledem waren es nur leichte Fesseln, die Reinhard's Supernaturalismus der Vernunft anlegte. Er

---

a) Literat. üb. R.s Predigt bei Bretschneider, Entwickelung aller in d. Dogmatik vorkommenden Begrr. 4. A. Lpz. 1841, S. 634.

selbst schreibt: „Mir wurde einleuchtend, daß der Hauptinhalt des Christenthums, wiefern er von den sogenannten Geheimnissen abgesondert gedacht wird, mit unserm sittlichen Gefühl und mit dem, was in der Philosophie noch am ausgemachtesten ist, auf das Genaueste zusammenstimme; jene Geheimnisse aber, wenn sie nicht durch willkürliche Zusätze entstellt, und mit unnöthigen Schwierigkeiten verwickelt werden, weder dem sittlichen Gefühle noch irgend einem erweislichen und evidenten Grundsatze der Vernunft widersprechen." Ueberzeugt also von der Leichtigkeit, womit der Lehrbegriff der evangelischen Kirche mit der Vernunft sich vereinigen läßt, vermochte er doch nur durch Abschwächung des Dogmas dessen Widerspruch mit der Vernunft zu vermeiden. Die harte Schale der Orthodoxie hat er so allenthalben durchbrochen. In der altorthodoxen Dogmatik hieß es, der Mensch könne von sich selbst nicht auf die rechte Gotteserkenntniß kommen. Reinhard will nur sagen: „ohne besondere Hülfe Gottes wird es dem Menschen äußerst schwer, auf die rechte Erkenntniß und Verehrung Gottes zu kommen." Die von der alten Dogmatik behauptete Allgegenwart des Körpers Christi schränkt er auf unsern Erdboden ein, denkt sie also als eine endliche, mithin noch nicht einmal so ausgebreitet, als in der Natur die Wirksamkeit der Sonne. In Volksbüchern will er nicht einen weitläuftigen Beweis für die Gottheit Christi haben, sondern es soll nur gesagt werden: in der Schrift wird er selbst Gott genannt. „Durch eine solche nicht weiter bestimmte Behauptung wird Niemandem zu nahe getreten, da selbst der Socinianer kein Bedenken trägt, sich so auszudrücken, und die Formel alsdann nach seinem Sinne zu erklären." In diesem Sinne ist seine unspeculative und auf vielerlei Möglichkeiten gestellte „Dogmatik" (1801) verfaßt. Bedeutender als diese war sein im Gegensatz zum Kantischen Purismus auf ein principium mixtum gebautes „System der christlichen Moral" (1788), von den Einen für ein unsterbliches Werk oder doch für das brauchbarste Repertorium erklärt, während Andere vom Einfluß des h. Geistes nicht viel darin gemerkt haben wollten. Als Apologeten documentirte ihn seine Schrift über den Plan Jesu [S. 168], seine berühmten „Geständnisse" veranlaßten den Consequenzstreit. Seine eigentliche Größe aber entfaltete er auf dem Gebiete der geistlichen Praxis. Er ward gefeiert als Deutschlands erster Kanzelredner. Seine Muster waren Demosthenes und Cicero, seine homiletische Devise: durch den Verstand zum Herzen. Verständig und phantasiearm ging er als Prediger auf Ueberzeugung und Belehrung aus. Seine Predigten, in 40 Bänden erschienen, haben in ihrer streng logischen Gliederung in symmetrische Theile und Untertheile etwas Einförmiges und Trockenes, aber durchdacht, wie sie waren, getragen von der Würde des hohen Amtes und der Persöulichkeit[b], durchbrungen von dem unerschütterlichen Glauben an die göttliche Weltregierung, sind sie als die Kanzelideale ihrer Zeit tausendfältig gekauft, gelesen, nachgeahmt und ausgezogen worden. Reinhard war es auch, der im Hinblick auf die Bildnisse der Reformatoren dem geistlichen Stande sein eigenes Haar wiedergab, unter dem Murren der Wittenberger Facultät[c]. Georg Christian Knapp († 1825), Professor in Halle, hat seine biblische Richtung wie ein Erbtheil des Pietismus von seinem frommen Vater [S. 199] überkommen. Sein Offenbarungsglaube war aber gepaart mit gründlicher Gelehrsamkeit. Seine classische Latinität wurde auch von F. A. Wolf anerkannt. Anklänge an die Neologie hat er in seinen Vorlesungen mehr und mehr getilgt, und der im Leben und Wissenschaft Schüchterne vermochte sich bis zu dem Bekenntniß zu erheben: „Wer Jesum für einen untrüglichen göttlichen Lehrer hält, wie ihn das N. T. für einen solchen erklärt, der muß in allen Stücken seinem Urtheile beitreten, der muß den Muth haben, dies auch zu bekennen, gesetzt daß er noch so viele Schwierigkeiten bei der Sache fände, gesetzt daß alle philosophischen Schulen und alle Aufgeklärten widersprächen und alle Spötter ihn mit Schmach und Hohngelächter empfangen sollten." Daher als die Studenten die von ihm

---

b) Böttiger: „Der echte Christensinn durchdrang sein Inneres. Er war wie Johannes in der Liebe, wie Paulus im Eifer und in der Festigkeit. Alles galt ihm eine unverbrüchliche Geradheit und Untadelhaftigkeit im eignen Wandel."

c) Briefe Reinhard's an Krug [in dessen „Lebensreise" (§. 46, b) S. 260—342]; an M. F. Scheibler, Pfarrer zu Montjoie [in der Schrift: „Aus d. Leben Reinhard's. Lpz. 1823]; an J. G. S. Leuchte [in d. Ztschr. f. hist. Th. 1832, 1, 327]; an G. Ph. Chr. Kaiser (Ebend. 1833, 1, 301]. — K. H. L. Pölitz, Darstellung der philos. u. theol. Lehrsätze des D. Reinhard in einem Auszuge a. sn. sämmtl. Schriften. 4 Th. Amberg u. Sulzbach 1801—4. — Biographieen u. Characteristiken von F. A. Röthe [Jena 1812], C. A. Böttiger [Dresden 1813], Pölitz [2 Abth. Lpz. 1813—15], Hagenbach [Kirchengesch. d. 18. u. 19. Jahrh. 3. A. II, 97], Zeißler [§. 37, i] S. 161, Palmer [in Herzog's R. E. XII, 611]. — Reinhard u. Ammon als Dogmatiker. Lpz. 1813. Gaß IV, 128. — [Linde] Reinhard u. Ammon ob. Predigten-Parallele. Königsb. 1800. Geständnisse seine Predigten u. s. Bildung zum Prediger betreffend v. F. V. Reinhard, 2. A. Sulzb. 1811. H. G. Tzschirner, Briefe veranlaßt durch R.'s Geständnisse. Lpz. 1811. Sack [§ 26, d] S. 242. — Ueber die verschiedenen Ausgaben von R.'s Predigten u. Repertorien zu denselben s. Ztschr. f. hist. Theol. 1843 H. 4, S. 57.

vorgetragene Lehre vom Teufel austrommelten, hat er am nächsten Tage sie mit Betonung wiederholt. Gleichwohl ist er kein Eiferer für die scholastische Formel gewesen, er spricht es vielmehr aus: „die Formulartheologie und das Halten über der Formel macht niemanden selig." Und diese Reminiscenz an Spener hat zur positiven Kehrseite die Werthschätzung des Practischen, der Philosophie des Sterbebettes, die ganz anders ist als die Philosophie des Studirzimmers. Er will Keinen verketzern, der die Athanasianische Trinitätslehre in der Bibel nicht finden kann. Die imputatio peccati Adamitici ist ihm nicht Zurechnung im streng juristischen Sinne, sondern besteht nur als Folge der Sünde Adams in der allgemeinen Sterblichkeit. Die Ubiquität des Leibes Christi ist bloße Hypothese einiger Theologen, iusto subtilior. Es ist nur natürlich, daß dieser duldsame, zur Brüdergemeinde hinneigende Mann mit seinen rationalistischen Collegen in gutem Einvernehmen stand[d]. Wie Knapp und im Anschluß an ihn hat auch Johann August Heinrich Tittmann († 1831), Professor in Leipzig, des Dresdener Superintendenten [S. 122] Sohn, durch eine bequeme Handausgabe des N. T. sich verdient gemacht. Für das Uebergewicht einer Offenbarung über die bloße Vernunft und für die Nichtintervention der Philosophie in Offenbarungssachen ist derselbe gleich zu Anfang seiner schriftstellerischen Laufbahn in gedehnter Schreibart eingetreten. Die sächsische Regierung verlieh ihm daher 1799 eine theologische Professur nicht bloß weil er ein Hauptbuch, die theologische Wissenschaft betreffend (zeitgenössische Theologen waren in Zweifel, welches?) geschrieben, sondern auch „wegen seiner echt religiösen Grundsätze". In seinen früheren Schriften ging er, ohne Kantianer sein zu wollen, von vielen Prämissen der kritischen Philosophie aus. Ist nur, meint er, die Möglichkeit einer wirklichen Offenbarung unleugbar, so kann gar keine Frage sein, ob eine Offenbarung nöthig sei. Der Mensch werde stets dasselbe Bedürfniß einer Offenbarung und einer von Gott gestifteten Erlösung, als der Bedingung seines Fortschreitens, fühlen. In dieser Ueberzeugung hat er die stolzen Erwartungen des Rationalismus, daß der Offenbarungsglaube immermehr in reinen Vernunftglauben übergehen, und daß der Glaube nicht bloß vernunftgemäß, sondern auch

---

d) A. H. Niemeyer, Epicedien, dem Andenken Knapp's gewidmet. Halle 1825. F. W. Lomler in R. Nekrolog (1825) III, 2, 995. C. Thilo, Vorr. zu Knapp's Vorlesungen üb. d. christl. Glaubenslehre. 2 Th. Halle 1827. 2. A. 1836. Tholuck in Herzog's R. E. VII, 763.

durch bloße Vernunft erkennbar sein müsse, als nichtig zurückgewiesen, und sogar den Atheismus für das folgerechte Ziel des Rationalismus erklärt. Bretschneider berichtet, daß er ein sehr gutes Latein sprach und überhaupt ein ausgezeichneter Kopf war[e]. Ein vielgewandter Schriftsteller dieser Richtung, der schon als Candidat „theologische Blätter" herausgab, die aber frühzeitig welk wurden, und nachgehends besonders auf archäologischem, dogmenhistorischem und dogmatischem Gebiete arbeitete, war Johann Christian Wilhelm Augusti († 1841), Professor in Jena, Breslau, Bonn (zugleich Oberconsistorialrath in Coblenz), aus Eschenberga im Gothaischen stammend, wo sein Großvater, ein nach merkwürdigen Schicksalen durch Jes. 53 bekehrter Jude[f], und sein Vater Pfarrer waren. Entschlossen, lieber mit Augustin und Luther zu irren, als mit Leuten wie Semler und Basedow die Wahrheit zu suchen, ist er bereits 1809 in seiner „Dogmatik" gegen die wohlgefällige Selbstzufriedenheit des sogenannten Rationalismus aufgetreten, und hat in den Geist des kirchlichen Systems sich vertieft. „Die Zeit wollte den unbekannt gewordnen Schatz des Alten wieder kennen lernen, und Augusti trug das Seinige dazu bei, ihn zu heben, blieb auch von nun an standhaft bei der Anerkennung des dem kirchlichen Lehrbegriff inwohnenden Gehaltes." Jedoch ist ihm der kirchliche Lehrbegriff nicht der exclusiv lutherische, er bekennt sich in der Lehre von der Person Christi und von der Gegenwart Christi im Abendmahl ausdrücklich zu Calvin. Die Unterwerfung der Vernunft unter die Offenbarung dünkt ihm übrigens gar nicht so schwer. Die Vernunft, sich ihrer Schwäche nicht unbewußt, erkenne ja von selbst die Nothwendigkeit einer Verzichtleistung auf ihre Autonomie. Die h. Schrift, als Repräsentant des göttlichen Wortes, erleichtere ihrerseits wiederum der Vernunft ihre Abhängigkeit durch Einräumung wichtiger Rechte und Freiheiten, z. B. des Rechtes der Beurtheilung der in der h. Schrift selbst enthaltenen Sätze[g]. Er selbst hat von diesem Rechte schon sehr frühzeitig Gebrauch gemacht in seinem „Versuch einer Apologie Sauls", die nach damaliger Recensenten Urtheil lieber „Versuch, den Character Samuels, der Geschichte zum Trotze, in ein möglichst gehäßiges Licht zu stellen" heißen

---

e) Großmann, Rede beim Grabe L.'s gehalten, nebst biogr. Skizze v. B. Th. Becher. Lpz. 1832. C. Schwarz in Herzog's R. E. XVI, 175.

f) C. F. A. Augusti, Nachr. v. Leben u. Bekehrung F. A. Augusti [vor sr. Bekehrung führte er den Namen Josua Ben Abraham Eschel] Gotha 1783.

g) Hagenbach in Herzog's R. E. XIX, 123.

sollte. August Hahn († 1863), Professor in Königsberg, Leipzig und Breslau (seit 1843 auch Generalsuperintendent von Schlesien), trat, nachdem er den in seiner Leipziger Studienzeit verlorenen mütterlichen Glauben im Predigerseminar zu Wittenberg wiedergefunden, unter die Fahne des Supernaturalismus. Da er beim Antritte der theologischen Professur in Leipzig zugleich auf dem philosophischen Catheder habilitirter Magister sein mußte, schrieb er seine Habilitationsschrift über den Rationalismus im Verhältniß zum Naturalismus [§. 41, a], auf Grund deren „die Leipziger Disputation" erfolgte, den Streit der Richtungen erneuernd und verbitternd. Hahn bezeichnete den Rationalismus als dem Christenthum verderblich. Wer viele Aussprüche und Thaten Jesu meistert und leugnet, ihn nur für einen frommen Weisen hält und auch ohne ihn zum Vater zu kommen meint, der sei nicht für einen Bekenner Jesu Christi zu halten. Daher beschwor er, der evangelische Theolog, die rationalistischen Theologen bei ihrem Gewissen, aus der Kirche zu treten. Solches ward ihm als unchristliche Intoleranz verwiesen[h]. Doch lag diese mehr in seiner Theorie, als in seiner Individualität. Denn sein Freund Dinter bezeugt: „Der Königsberger Hahn war nie intolerant. Er hat meine Meinungen durchschaut, ich die seinigen. Er hat mich nie darum aus der Kirche verstoßen, weil ich die Vernunft als nothwendig zum Verstehen der Offenbarung ansah. Er blieb bei aller Verschiedenheit der Ansichten mein Freund, wie ich der seinige. Waren wir doch in der Hauptsache einig: Ehrfurcht gegen Gott, Jesum und Pflicht, Glaube an Vergebung und Unsterblichkeit." Und Einer seiner literarischen Gegner (Kähler) sagt: „Hahn's Herz ist eins der besten, das ich kenne." In Folge dieser Disputation richteten sich Vieler Blicke auf Hahn, hoffend, oder fürchtend, daß er den Rationalismus gänzlich niederschlagen werde. Aber sein mit Literatur reich ausgestattetes „Lehrbuch des christlichen Glaubens[i]" offenbarte einmal „das große Mißverhältniß seiner Frömmigkeit zu seiner philosophischen Gründlichkeit", und weiter, daß der Rationalismus der Zeit auch seine christliche Legalität nicht unberührt gelassen hatte. Zwar will er Alles dem Evangelium untergeordnet und seine Geheimnisse geglaubt wissen. Aber das Evangelium nach allen seinen Theilen soll doch mit

---

h) Literatur bei Bretschneider [not. a] S. 192.
i) 1. A. Lpz. 1828. 2 A. 2 Th. 1857 f. C. A. Kähler, Schutzrede f. d. auf Vernunft gegründete Christenthum, veranlaßt durch d. dogmat. Lehrb. d. Dr. Hahn Königsb. 1829.

einer wahrhaft gebildeten Vernunft in keinem wirklichen oder bleibenden Widerspruch stehen können. Um nun solchen Widerspruch zu vermeiden ist er von der Kirchenlehre zur Einfachheit der Bibellehre zurückgegangen. So hat er, als den Urkunden unserer Religion fremd, die Lehre, daß die Schuld der Ureltern auch die Schuld der Nachkommen sei, aufgegeben, der Gegenwart des wahren Leibes und Blutes im Abendmahl eine bloße Logosimpanation substituirt und in der Lehre von der Person Christi den apollinaristischen Standpunkt eingenommen. Nachmals ist er, der confessionellen Strömung sich überlassend, zur Erkenntniß der Schriftgemäßheit des evangelischen Lehrbegriffs, wie er zu Augsburg bekannt und in den übrigen allgemein anerkannten Bekenntnissen der lutherischen Kirche entwickelt und begründet worden ist, gekommen. Er hat daher in der zweiten Ausgabe seiner Dogmatik die in der ersten hervorgetretene Differenz zwischen der kirchlichen Theorie und der eigenen für aufgehoben erklärt. Aber wie sein ehemaliger Supernaturalismus die erwartete Strenge vermissen ließ, so kann auch seine nachmalige Orthodoxie nicht sowohl als eine wissenschaftliche Wiedergeltendmachung, sondern mehr nur als eine Wiederholung der altkirchlichen angesehen werden, wiefern die Uebereinstimmung derselben mit der h. Schrift mehr behauptet als nachgewiesen erscheint und über die Einwendungen der Wissenschaft leicht hinweggegangen wird [k].

Als der Pädagog des Supernaturalismus ist Caspar Friedrich Lossius († 1817), Schullehrer, dann Diaconus in Erfurt, zu nennen. Ein Schüler von Danovius neigte er Anfangs auf die Seite der Aufklärer, bis er, verletzt durch die kecken Angriffe mancher Neologen, zu der Ueberzeugung kam, daß der menschliche Verstand des Lichtes der Offenbarung nicht zu entbehren vermöge. Durch seine berühmt gewordene Erziehungsschrift „Gumal und Lina" (1795 ff.) und durch seine „Moralische Bilderbibel" (1805 ff.) hat er den Wahrheiten der Religion durch fesselnde Einkleidung den Weg zu den Herzen der Jugend gebahnt, deren Glauben an die Worte der h. Schrift auf keine Weise wankend gemacht werden dürfe [l]. Der Buchhändler der strengern Richtung war Friedrich Perthes († 1843) in Hamburg, ein Schwiegersohn vom Wandsbecker Boten, von dem er gesagt hat:

---

k) Allgem. K. Z. 1863. Nr. 75. 76. 77. J. Köstlin in Herzog's R. E. XIX, 593. Gaß IV, 495.

l) H. Müller, C. F. Lossius. Gotha 1819.

„Mich beugte vor ihm der tiefe Sinn seiner Schriften, in denen jede Zeile ein Zeugniß davon ablegt, daß der Funke, der unsre göttliche Abkunft bekundet, in ihm wach ist, wie in keinem Andern." Er fühlte sich in unbedingtem Gegensatz zum Rationalismus. „Wenn ich auch mit voller Wahrheit sagen kann: „lieber katholisch als Hengstenbergisch! so sage ich doch mit ebenso voller Wahrheit: tausendmal lieber Hengstenbergisch, als Paulus-Röhr-Wegscheiderisch!" Zweimal ist er mit dem Rationalismus in Conflict gerathen. Einmal als er Voß zurechtwies gegen eine, wie er meinte, Verunglimpfung seines Schwiegervaters. Voß nannte ihn damals einen Lohnarbeiter für die schlängelnde Brut der Finsterniß, er drucke zwar jesuitische Mystiker und verketzernde Kapuzinerpredigten, aber sein Verlag enthalte nichts gegen die Lästerer der Aufklärung. Späterhin als er eine Auswahl von Luther's Schriften erscheinen ließ mit Ausschluß der persönlich polemischen Stellen, da warnte Paulus vor diesem jesuitischen Unternehmen, welches Luther's Kampf gegen die Finsterniß und den Aberglauben zu verstecken strebe. „Laßt Luthern sein Recht, schrieb ein Anderer, verweichlicht ihn nicht, macht nicht aus einem urkräftigen Holzschnitt einen nebulistisch punktirten Kupferstich. Wie Gott ihn brauchte, wie es hinter dem Manne in der Welt brannte und rauchte, so müßt ihr ihn auch darstellen ᵐ."

§. 50. Die Vermittelung.

Das dem Menschengeiste eigene Streben, vorhandener Gegensätze Vermittelung zu suchen, hat sich auch des Gegensatzes von Rationalismus und Supernaturalismus bemächtigt. Nach Ablauf des Reinhardischen Consequenzstreites wurde es sogar das Gewöhnlichste, daß man die Mittelstraße wandelte, halb offenbarungs- und halb vernunftgläubig. Man gab auf der einen Seite dem Supernaturalismus Recht, wenn er behauptet, daß im Christenthume weit mehr liege, als die Ergebnisse der bloßen Menschenvernunft, auf der andern Seite dem Rationalismus, wenn er verlangt, daß der christliche Glaube den Vernunftprincipien nicht widerstreiten dürfe. Ohne unbillig zu werden, dürfe weder der Supernaturalismus auf dem Gebiete des Christenthums allen Vernunftgebrauch untersagen, noch der Rationalismus das Christenthum mit der Vernunftwahrheit völlig identificiren ᵃ.

---

m) Cl. Th. Perthes, F. Perthes' Leben. 3 B. Hamb. 1848—55.
a) F. Köster, Das Christenthum die höchste Vernunft. Kiel 1825. S. 92.

Es wurde so der Supernaturalismus mit einem rationalen, der Rationalismus mit einem supernaturalen Elemente versetzt, und entweder in der christlichen Offenbarung ein der Vernunft zwar nicht widersprechender, aber über ihr Begreifen hinausgehender Bestandtheil angenommen (rationaler Supernaturalismus), oder das Christenthum angesehn als übernatürliche Kundmachung und Promulgation der Vernunftreligion (supernaturaler oder offenbarungsgläubiger Rationalismus), dort Erweiterung, hier Bestätigung der Vernunftreligion, dort der Inhalt, hier die Form supernaturalistisch. Zu den Repräsentanten solcher Vermittelung gehört vor Allen Heinrich Gottlieb Tzschirner, Professor und Superintendent in Leipzig, der Schüler des gewissenhaften, fast ängstlichen Forschers Keil. Reinhard hatte nur den Rationalisten und Supernaturalisten für wirklich consequent und beide für unvermittelungsfähig erklärt. Denn bei einer contradictorischen Opposition giebt es kein Drittes. Tzschirner in den „Briefen, veranlaßt durch Reinhard's Geständnisse" (1811), hielt gleichwohl für möglich, daß der Rationalismus, wennschon er der Vernunft den Primat vindicirt, die Idee einer übernatürlichen Offenbarung festhalte, zwar nicht als Bekanntmachung von etwas der Vernunft Unerreichbaren, sondern als Bestätigung der Vernunftreligion durch das Ansehn eines göttlichen Gesandten. Daß nun in der That das Christenthum keine zufällige Welterscheinung, sondern eine Offenbarung Gottes durch Christum zur Kundmachung und Fortpflanzung der wahren Religion ist, dafür ist der Beweis zu gründen auf die Idee Gottes, als des Erziehers des Menschengeschlechts, auf das Bedürfniß des Menschen, durch ein Aeußeres zu dem Bewußtsein dessen, was er in sich trägt, geweckt zu werden, auf das Providentielle in der Pflanzung des Christenthums, auf den Achtung und Ehrfurcht einflößenden Character seines Stifters und auf die große heilsame Veränderung, welche sein Wort hervorgebracht hat. Aber des Christenthumes Grundlehren sind in dem Bewußtsein des Menschen gegebene Ideen, sie entsprechen den Gesetzen und Bedürfnissen des menschlichen Geistes. Sein kirchlich-religiöses Glaubensbekenntniß [b] hat er also ausgesprochen: „Ich habe in dem Christenthume die Lösung der Aufgabe des Lebens gefunden; ich habe erkannt, daß es die höchsten religiösen Ideen und die reinsten sitt-

---

b) Es findet sich in seinen von Krug herausgegebenen „Briefen eines Deutschen üb. Gegenstände der Religion u. Politik" (Lpz. 1828) S. 92 u. in „Stimmen der Zeit für bürgerliche u. kirchliche Freiheit" (Neust. 1831) S. 24.

lichen Grundsätze enthält und dem Glauben dadurch Halt und Anschaulichkeit, Kraft und Leben giebt, daß es ihn auf eine heilige Urkunde gründet, an eine heilige Geschichte knüpft und durch gemeinsame Anbetung nährt; ich ehre in der christlichen Kirche eine göttliche Anstalt, welche die christlichen Ideen und Grundsätze in dem Menschengeschlechte fortpflanzt, die häusliche und die bürgerliche Tugend unterstützt, Europa erzogen, die Sitten seiner Bewohner mild und menschlich gemacht und die Anstalten, von denen seine Cultur ausgegangen ist, gegründet hat, und werde mich nie überreden lassen, daß irgend eine Philosophie das Evangelium und irgend eine Schule die Kirche der Welt ersetzen könne." Seine „Glaubenslehre" (1829) ist ein Referat über das biblische und rationalistische System ohne Entscheidung. Bedeutender war er als Historiker. Er hat mit steigender Eleganz in der Darstellung und mit rhetorischer Fülle seine geschichtlichen Werke geschrieben und die Todten auferstehen lassen, in begeisterter Theilnahme an allem geschichtlich Werdenden, und doch als Historiker, sobald das Schauspiel begann, bescheiden zurücktretend hinter sein Werk, damit die Handlung nicht gestört werde durch die Erscheinung seiner Persönlichkeit. Seine kirchlich-apologetischen und freisinnig-politischen Schriften haben ihn zum Manne des deutschen Volkes gemacht und weithin den Ruhm seines Namens getragen. Er war der Wortführer und Sachwalter des Protestantismus in einer Zeit, wo der Herr von Haller und seine Parteigenossen die protestantische Kirche als eine Pflanzschule des revolutionären Geistes verdächtigten. Als Kanzelredner hat er den thatsächlichen Beweis geliefert, daß die Freiheit der Dogmatik dem Zwecke der Kirche nicht hinderlich sei, wenn er auch den Prediger, welcher das biblische System annehmen kann, für glücklicher geachtet hat, insofern er sich tausend Verlegenheiten erspart, in welche der rationalistische Theologe unvermeidlich geräth. Sein homiletisches Vorbild war Reinhard, fast nur von ihm hat er gedruckte Predigten gelesen, wie dieser hat er viel auf eine gediegene wohlgefeilte Sprache und vor Allem auf logische Anordnung und Gliederung gehalten, wonach er alles irgend Fremdartige und vom Thema Abschweifende, ob es auch oratorisch noch so schön und practisch bedeutend war, sorgfältig und schonungslos ausschied. Aber seinen Predigten eignet vor denen Reinhard's eine größere Frische, ein zuweilen poetischer Reichthum der Diction und die Verwerthung der Kirchengeschichte. Groß war die Trauer über sein unerwartetes Hinscheiden (1828), denn „es war ein guter Geist, der in Tzschirner's Gestalt über die Erde gegangen°." Zu seinem Amtsnachfolger war der Darmstädter Hofprediger Ernst Zimmermann († 1832) ausersehn, wie Tzschirner ein großer Verehrer Reinhard's, dessen Predigten seine Morgenlectüre waren, und ebenso in Predigten und Schriften ein Vertheidiger des Protestantismus gegen die Verunglimpfungen seiner Gegner. Reinhard's Behauptung von der Unvereinbarkeit des Rationalismus und Supernaturalismus war wie eine schwere Last ihm auf's Herz gefallen. Denn er war weder fähig, dem starren Supernaturalismus zu folgen (es fehlten ihm dazu die entscheidenden Gründe), noch dem starren Rationalismus, diesem Producte philosophirenden Vernunftstolzes. Er sah den rechten Mittelweg im rationalen Supernaturalismus, welcher das Princip des Protestantismus, ja des reinen biblischen Christenthums selbst ist. Er nahm also im Anschluß an Jacobi eine fortwährende Offenbarung des göttlichen Geistes an, welche die Lichtstrahlen in das geistige Auge des Menschen sendet. Die Vernunft verhält sich empfangend und wacht zugleich, daß unter der Firma einer höhern Offenbarung nicht Contrebande sich einschleiche. Denn den Denkgesetzen darf der übersinnliche Stoff, den die Offenbarung mittheilt, nicht widersprechen. In Jesus, dem Erlöser der hülfsbedürftigen Menschheit, in welchem die Endpunkte des Göttlichen und Menschlichen zusammenfließen, ist eine äußere Offenbarung zur Bestätigung und Ergänzung der innern erschienen. Der Glaube an ihn, als das verwirklichte Ideal absoluter Harmonie des Gemüthes, ist die Versöhnung des Rationalismus mit dem Supernaturalismus. Als ein vermittelndes Organ ist von Zimmermann die „Allgemeine Kirchenzeitung" 1822 begründet worden ᵈ. Christian Friedrich Böhme († 1844), Consistorialrath und Pastor zu Lucka bei Altenburg, ist durch seinen Kantianismus, dem zufolge er eine Auslegung des Evangeliums nach moralisch-religiösem Geiste (welcher echt heilige Geist von Jesu Christo kündlich ausging) wollte, die Kirche für einen moralisch-religiösen Menschenverein erklärte und die Apostel des Eudämonismus beschuldigte, auf einen Mittelweg geleitet worden. Das Christenthum erscheint ihm ohne allen Widerspruch mit reiner Vernunftreligion, wenigstens sofern es Religion Jesu ist. Denn diese ist allgemeiner und rein menschlicher

---

c) Zu der von G. Frank in Herzog's R. E. XVI, 548 angeführten biographischen Literatur ist hinzuzufügen: Simon Rateberger des Jüngsten [d. i. Wagenseil in Augsburg] Literar. Almanach für 1829. S. 226—242.

d) K. Zimmermann, Ernst Zimmermann. Darmst. 1833.

Religionsglaube, während das apostolische Christenthum jüdisch-christlicher Religionsglaube war. Die christliche Religionslehre ist also durchaus rational, aber sie ist in Gestalt des Supernaturalismus in die Welt gekommen, d. h. bei aller seiner unverkennbaren Rationalität war es doch dem Christenthum nothwendig, mit göttlicher Auctorität begabt aufzutreten. Nur so konnte ein alle Gläubigen ohne Unterschied zum rationalen Religionsglauben verbindender Gottesstaat entstehen, in welchem die moralisch-religiöse Wahrheit herrscht, aber nicht nackt, nicht wie bloße Vernunftreligion, sondern dargestellt in der idealischen Person Jesu und dadurch belebt. Denn das göttliche Organ der Offenbarung und durch welchen es nun eine festere und mehr befriedigende Vernunftreligion giebt, ist Christus. Der Streit, ob diesem göttlichen Organe die Gottesoffenbarung durch ein Wunder im philosophisch genauen Sinne zu Theil wurde, ist als transcendent und daher vergeblich fallen zu lassen. Da der Gottesgeist im Gewissen spricht, ist ja alles Rationale im edelsten Sinne des Worts zugleich supernatural, daher Vernunft und Offenbarung im Christenthum Eines. In diesem vom Wunderglauben und Uebervernünftigen absehenden „rationalen Supernaturalismus" fand er die Aussöhnung des echt christlichen Supernaturalismus und religiösen Rationalismus°. Ludwig August Kähler († 1855), Archidiaconus u Kottbus, seit 1819 an Krause's Stelle Professor und Superintendent in Königsberg, nannte Jacobi seinen geistigen Vater und war zugleich begeistert für und durch Herder's ebenso reinen als hellen Geist. Ueber den Zweifel im Anfange seiner theologischen Laufbahn, der stark war bis zum Aufgeben der Theologie, erhob sich sein lebendiger und origineller Geist in der heiligen Fluth biblischer Wahrheitstiefe. Sein ganzes Streben war, über den Schulstreit zwischen Rationalismus und Supernaturalismus hinauszukommen durch tiefere Erfassung der Vernunft- und Offenbarungswelt. Beide Richtungen in ihrer Einseitigkeit müssen bekämpft werden, sowohl der Buchstaben vergötternde Supernaturalismus wie der Offenbarung vernichtende Rationalismus. Obsiegt der eine, so entsteht Pfaffenthum, obsiegt der andere, so verfällt die äußerliche Kirchengestalt. Wo sie gegenseitig sich ausschließen, sind sie auch nichts mehr als Schaumblasen philosophirender Eitelkeit. Er hat sich daher einerseits gegen Schuderoff, weil in seiner theologischen Thätigkeit die streng rationale Ansicht vorherrsche, und Dinter, als

---

e) Stäudlin [§. 34. b] S. 411—425. N. Nekrolog (1844) XXII, 1, 512.

welcher die kirchliche Theorie mehr von der Seite ihrer Schwachheit erkannt habe, andrerseits gegen Tittmann, welcher dem Rationalismus, ihn als einen Heger des Atheismus vorstellend, bitteres Unrecht gethan, und gegen Hahn, der die Kirche, statt durch Erweiterung, durch Ausschließung fördern wolle, erklärt. Beide Richtungen müssen sich gegenseitig ergänzen. Der Rationalismus gewährt für die Darstellung des höhern Lebens die Richtigkeit der Zeichnung, der Supernaturalismus die Mannigfaltigkeit der Gegenstände und die Lebendigkeit der Farben. Der Rationalismus ist unentbehrlich für die eine Seite der Untersuchung, aber er ist nicht genügend für die totale Auffassung; der Supernaturalismus befriedigt das andere Bedürfniß, das wir haben, nach etwas Positivem, Unleugbarem, hinlänglich Bezeugtem. Im Streitsaal und auf dem Lehrstuhl können wir ohne eigene Wundergabe uns nur auf den Rationalismus stützen, in der Stunde der Erbauung sind wir Alle Supernaturalisten. Thatsächlich aufgehoben erscheint der Gegensatz in der Person Christi, nämlich durch die Natürlichkeit seiner Erscheinung der Supernaturalismus, durch seine sittliche Auffassung der Wahrheit, dadurch daß er nicht reflexiv, sondern durch Sinn und Leben lehrte, der Rationalismus. Die christliche Einheit kann daher nur da gesucht werden, von wo sie in Christo ausgegangen ist, im Leben, in der Kraft, in der Wahrheit durch Heiligung, in Duldung und Liebe. Es kömmt also Alles auf sittlich-menschlichfromme Gesinnung oder auf religiösen Character an. Diese Gesinnung wird nicht fragen, nach welchem physischen Gesetze das Wunder der Erlösung geschehen ist, sondern Gott danken, daß es geschehen. „Jesum lieben ist der wahre Supernaturalismus, Jesum begreifen der wahre Rationalismus, Jesum in sich darstellen der wahre Mysticismus, und diese drei vereint das wahre Christenthum." Die Zeit aber, wo geoffenbarte und Vernunftreligion nur in der Setzung der Worte verschieden sein, und wo Religion und Philosophie als zwei von Gott der Menschheit verliehene tesserae hospitales in ihrer Uebereinstimmung zugleich der Gastfreund und die Gastfreude bezeichnen werden, wird alsdann kommen und der Streit über Supernaturalismus und Rationalismus von selbst aufhören, wenn der Grund aller Lehrerkraft in der vollendeten Ausbildung ihres christlichen Characters ruhen wird. Diese Befreundung und dieses Einswerden von Vernunft und Offenbarung hat Kähler geweissagt und ahnungsvoll in sich dargestellt (im Alter mit größerer Hinneigung zum Positiven), ohne dafür einen begrifflich scharfen Ausdruck zu finden. Seine Richtung ward von Stäudlin als ein reinerer Mysticismus bezeichnet*f*. Als die Dogmatiker der Mitte sind außer Ammon und Stäudlin in ihrer nachkantischen Periode aufzuführen: Karl Gottlieb Bretschneider († 1848), seit 1804 Docent in Wittenberg, seit 1807, durch den Kriegssturm vom Catheder verscheucht, Oberpfarrer in Schneeberg, dann Superintendent in Annaberg, seit 1816 als Löffler's Nachfolger Generalsuperintendent in Gotha und so erlöst von der theologischen ägyptischen Knechtschaft unter dem Ministerium Einsiedel. Der Entschluß, Theologie zu studiren, war bei ihm bloß Folge von Zufälligkeiten gewesen. „Mein Vater hatte es so gewollt; meiner Mutter Brüder waren alle Theologen. Von den Juristen hatte ich noch durch des Vaters vielfältige und mißfällige Aeußerungen, der gern das Sprüchwort gebrauchte: Juristen böse Christen, eine nachtheilige Vorstellung. Es blieb daher bei der Theologie, ohnerachtet ich die Natur dieser Wissenschaft noch gar nicht kannte." Ueber seine Abweichungen vom Kirchenglauben beruhigte er sich damit, daß im Publicum und in der Gelehrtenwelt die aufgeklärten Theologen in dem größten Ansehn standen. „Ich mußte damals an die Fortdauer dieser Stimmung glauben, und konnte nicht vorhersehen, daß man nach Verfluß eines Menschenalters die aufgeklärten Theologen mit solchem Grimme verfolgen und sie mit Koth bewerfen würde, wie jetzt geschieht. Hätte ich dieses vorhersehen können, so hätte ich mich gewiß zur Rechtswissenschaft gewendet." Seine theologische Aufklärung setzte sich aber schon frühzeitig ihre Schranke. Bereits als Leipziger Studenten waren ihm die Versuche, den Teufel aus der Bibel wegzuerklären, die Aussprüche über Christi Präexistenz und höhere Natur in einem moralischen Sinne zu deuten, die Wunder des N. T. durch exegetische Künsteleien zu natürlichen Ereignissen zu machen, als Verleugnung der geoffenbarten Wahrheit widerlich. Auch die Accommodationshypothese, wie sein Lehrer Keil sie vortrug, erschien ihm als ein bloßer Nothbehelf, ja als ein Mittel der Verzweiflung, um Frieden zu stiften zwischen der Vernunft und der Theologie, der doch auf diese Art gar nicht zu erlangen steht. Da die vorherrschende Geisteskraft in ihm der Verstand war und da er nichts in seine Ueberzeugung aufzunehmen vermochte, was nicht klar und völlig entwickelt vor ihm stand, so war er von Haus aus zum Rationalismus angelegt, aber sein Rationalis-

---

f) Stäudlin [§. 34, a] S. 361—74. S. A. Kähler, L. A. Kähler. Königsb. 1856.

mus tritt auf in supernaturaler Form. So schreibt er bei Gelegenheit des Streites über den Halle'schen Rationalismus (1830): „Das System des Hrn. D. Wegscheider ist nicht das meinige, ich bekenne mich zu einer Theorie der Offenbarung, nach welcher das Wort Gottes ein ganz unmittelbar von Gott an den menschlichen Geist gekommener Unterricht und alle wahre Erkenntniß Gottes und unserer Pflichten ein unmittelbares Werk göttlicher Erleuchtung ist." Zwar getraut er sich nicht die Nothwendigkeit einer dem Menschen von außen her kommenden Hülfe zu erweisen, aber sie erscheint für das menschliche Geschlecht wünschenswerth und keineswegs überflüssig. Die Offenbarung nämlich hat den Zweck, Erzieherin der menschlichen Vernunft zur religiösen Erkenntniß und zum religiösen Leben zu sein. In dieser Periode der Erziehung ist der Glaube, weil er den Character der Göttlichkeit der Offenbarung in Wundern und Weissagungen findet, supernaturalistisch. Ist die Vernunft durch die Offenbarung erzogen, so hat sie das Recht, die ihr gewordene klare Erkenntniß zum Maßstab dessen zu machen, was sich der Offenbarung aus früherer Zeit und mangelhafter Auffassung noch Falsches, Ueberflüssiges, Zufälliges beigemischt hat. Der Glaube dieser letzteren Periode, weil er die Göttlichkeit des Christenthums in seiner inneren Vollendung sucht, ist rationalistisch. Bei der Prüfung durch die Vernunft muß aber der Offenbarung das Zugeständniß gemacht werden, daß sie Unbeweisbares enthalten könne — oder es müßte sich der Mensch anmaßen, alles Wahre erkennen und beweisen zu können — aber das Unbeweisbare darf kein Unfaßbares, kein Widersprechendes sein, sondern muß sich an das anerkannt Wahre anschließen. Da es ein Hauptsatz Bretschneider's war, daß alle Philosophie und Theologie zuletzt doch abhängig sei von der extensiven und intensiven Vollkommenheit unserer Anschauung der Welt und der Natur, so ergab sich daraus für die Theorie der Offenbarung, daß jede in der Zeit gegebene göttliche Offenbarung das Ideale nur nach der Weltanschauung des Zeitalters geben kann und darum eine fortschreitende sein muß. Diese Anschauungen hat er niedergelegt in seinem „Handbuch der Dogmatik" (1814—18), seiner Zeit als ein classisches Werk begrüßt, wenn auch strenge Rationalisten darin nicht sowohl eine Leiter zum Himmel, sondern nur zu den Wolken sehen wollten, und in seiner „religiösen Glaubenslehre" (1843). Weitere literarische Verdienste bezeichnen sein noch immer brauchbares literaturreiches dogmatisches Repertorium [§. 49, a], sein Lexicon manuale in libros N. T. (1824), auf Schleusner's Grundlage aufgebaut und dessen

Unbestimmtheiten verbessernd, und sein »Corpus Reformatorum« (seit 1834), bei dessen Herausgabe ihm nur mehr philologische Genauigkeit und mehr historische Detailkenntniß zu wünschen gewesen wäre. Seine Probabilia de evangelii et epistolarum Joannis origine (1820), die ihn in gewissen Kreisen zum Johannisschänder stempelten, trugen seine Zweifel gegen die Authentie des vierten Evangeliums, als welches im Ganzen nur Entwickelung des Dogmas im Prologe sei, vor, Zweifel, die er als durch die Gegenschriften erledigt anzusehen geneigt war⁸. Er hat endlich in einer Phalanx mit Tzschirner, Krug und Zimmermann das heilige Palladium des Protestantismus gegen die „mit echt italischer Banditentücke geführten Angriffe der Schergen des Papstthums" vertheidigt, und als Chefredacteur der „Allgemeinen Kirchenzeitung" (seit 1832) der Reaction zur alten Finsterniß (Symbolzwang, Mysticismus, dem mit alten kirchlichen Formen spielenden Pantheismus) entgegengearbeitet ʰ. In Jena vertrat Heinrich August Schott († 1835) früher in Leipzig und Wittenberg, den rationalen Supernaturalismus oder vernunftmäßigen Glauben an die göttliche Offenbarung in Christo, angedeutet in der Milde seiner von der Idee des Reiches Gottes getragenen Epitome theologiae christianae dogmaticae (1811) — in der zweiten Auflage (1822) das officielle Lehrbuch der Dogmatik an der evangelisch-theologischen Facultät in Wien — ausgeführt in seinen „Briefen über Religion und christlichen Offenbarungsglauben" (1826) ⁱ. Rationalismus und Supernaturalismus enthalten beide etwas Wahres, sie werden beide unwahr, wenn sie in's Extrem verfallen. Das Extrem des

---

g) Vor ihm hatte C. F. Vogel († 1823), Dekan zu Wunsiedel, in seiner naturalistischen Schrift: „Der Evangelist Johannes u. seine Ausleger vor dem jüngsten Gericht" (2 B. 1801 f.), worin die Bibel ein Götze genannt wird, vor dem Millionen mit verbundenen Augen die Kniee beugten, aus innern Gründen gefolgert, daß das 4. Evangelium gegen d. J. 120 abgefaßt sei, jedoch mit Zugrundelegung eines schriftlichen Aufsatzes, der entweder wirklich vom Apostel Johannes herrührte oder ihm doch von der Tradition zugeschrieben wurde. Vogel rühmte sich des Beifalls der theologischen Magnaten, aber die A. A. D. B. giebt ihm eine solche Unwissenheit schuld, die ihn aus der Classe wahrer Gelehrten ausschließt.

h) Selbstbiographie, zur Herausgabe bearbeitet v. Horst Bretschneider. 2. A. Gotha 1852. Gaß IV, 453. Uebrige Literatur bei Hagenbach in Herzog's R. E. II, 370.

i) Vgl. auch seinen Aufsatz über Tzschirners Briefe, veranlaßt durch Reinhards Geständnisse in der Zeitschr. f. Pred. hersg. v. Schott u. Rehkopf (1911) Bd. 1, u. seine „Erörterung üb. d. Verhältniß d. Supern. zu dem Rat." (Denkschr. d. homilet. Seminars zu Jena. 1816].

Supernaturalismus ist der blinde Eifer für das Hergebrachte, der auf unbefangene Forschungen der neuern Zeit gar keine Rücksicht nimmt, die Rechte, welche der Vernunft auch in dieser heiligen Angelegenheit durchaus nicht bestritten werden können, unbeachtet läßt, in jedem Rationalisten einen Gegner des wahren christlichen Glaubens erblickt; das Extrem des Rationalismus ist der anmaßende Dünkel, der das ganze Christenthum einem philosophischen Systeme unterwerfen, dasselbe in die Reihe ganz gewöhnlicher und gemeiner Erscheinungen herabziehen, auf seinen Trümmern in tadelswerthem Eifer gegen alles Positive eine sogenannte abstracte Vernunftreligion errichten will. Wer diese Extreme vermeidet, wird beides gelten lassen, das Recht der Vernunft, für welches der Rationalist eintritt, sowie die supernaturalistische Ansicht vom Christenthum als einer Anstalt, die vorzugsweise den Namen und die Auctorität göttlicher Offenbarung behauptet. Das Recht der forschenden Vernunft wird aber darin bestehen, daß sie, wo wir von der h. Schrift darauf hingewiesen worden sind, etwas Temporelles und Locales in den neutestamentlichen Urkunden zu finden (denn Jesus und die Apostel konnten zu irrigen Zeitvorstellungen sich herablassen, die Apostel durch Zeitideen befangen sein), die Resultate ihres Nachdenkens darüber mittheilen darf. Es zeigt sich so, daß das Christenthum zwar eine eigentliche (Unbegreifliches enthaltende) Offenbarung und Ausdruck der höchsten Vernunft ist, aber daß doch nicht der gesammte Inhalt der h. Schrift in seinem ganzen Umfange als göttliche Belehrung betrachtet werden kann. Das war nun allerdings keine Vermittelung der Gegensätze, wie sofort Reinhard ihm zu verstehen gab: „Wo Sie die Vernunft mitsprechen lassen, und ihr ein Entscheidungsrecht vindiciren, nämlich bei Zeitideen, welche der allgemein gültigen Lehre beigemischt sind, da spricht und entscheidet sie nicht als Machthaberin, sondern bloß als Auslegerin." Schott war mit Reinhard einverstanden, daß eine Vereinigung so verschiedener Systeme in dem obersten Grundsatz unmöglich sei, aber in der Ueberzeugung, man werde dereinst nicht davon Rechenschaft geben müssen, ob man sich mehr für die Darmstädter oder Berliner Kirchenzeitung interessirt habe, aber wohl davon, ob unsere Meinung ehrlich, unser Glaube mehr als Phrasenglaube und unsere Theologie keine politisch christliche gewesen sei, hatte er sich ihrer beengenden Fesseln entschlagen. „Ueber alle unsre dogmatischen noch so abgerundeten Systeme strebt ja doch der göttliche unendliche Geist des Christenthums, der ewig frische und lebendige, hinaus, seinen Vertrauten und Geweihten oft da am klarsten und innigsten sich enthüllend, wo der Gedanke und die Empfindung mit dem Worte ringt." Er hat die öffentlichen Lehrer der Theologie nicht an den Buchstaben irgend eines Glaubensedicts oder symbolischen Buches gefesselt wissen wollen, und doch Christum in einer ehrwürdigen Gestalt so fest in seinem Herzen getragen, daß kein Strauß (von dessen „Leben Jesu" ihm noch Kunde ward) ihn beirren konnte. Freundeshände winkten ihm von beiden Seiten. Er wurde von Reinhard als Geistesverwandter begrüßt, wiefern er sich für die Lehre unserer Kirche in allen ihren Hauptpunkten so stark und freimüthig erklärt und die Schriftmäßigkeit derselben so gründlich dargethan habe, von Steudel als der vom Herrn erkorene Pfeiler zur Aufrichtung des biblisch-christlichen Glaubens, von Knapp als στύλος ἐν τῷ ναῷ τοῦ θεοῦ gefeiert; auf der andern Seite erklärte die kritische Predigerbibliothek Schott's supernaturalistische Glaubensansicht für eine solche, welche jeder dieses Namens würdige Rationalist mit vollem Herzen unterschreiben könne, und Röhr konnte ihm, als in der Hauptsache, der vernunftmäßigen Auffassung des Christenthums als einer göttlichen Offenbarung, mit ihm einig, seine Grund- und Glaubenssätze widmen. Da nun zu dieser versöhnenden Richtung noch seine gelehrten Verdienste als tüchtiger Exeget aus der Leipziger Schule, als Herausgeber und Uebersetzer des N. T., und als Gesetzgeber für die geistliche Beredtsamkeit kamen, so kann's nicht Wunder nehmen, daß er Berufungen an die meisten deutschen Universitäten erhielt. Er ist aber seinem Jena treugeblieben, bis der Todesengel seine kindlich fromme Seele, vertieft noch in die letzten Dinge, leise von ihm forderte[k]. Wenn Schott vom Supernaturalismus aus sich dem Rationalismus näherte, so schlug Friedrich August Klein († 1823), Diaconus und Professor in Jena, den umgekehrten Weg ein. Schon in seinen „vertrauten Briefen über Christenthum und Protestantismus" (1817) und mehr noch in den „Grundlinien des Religiosismus" (1819) führte er den Gedanken aus, daß Rationalismus und Supernaturalismus so wenig zu einander im Gegensatz stehen, wie der Europäer zum Deutschen, oder der Mensch zum Christen. Thatsächlich ist der Supernaturalismus auch immer mit

---

[k] Biographieen u. Characteristiken von H. C. A. Eichstadius [Jen. 1836], Goldhorn [Journal f. Pred. 1836. B. 89, St. 1], A. G. Hoffmann [Ztschr. f. hist. Th. VI, 2, 260], J. T. L. Danz [Lpz. 1836], G. Frank [Jenaische Theol. S. 113], L. Pelt [Herzog's R. E. XIII, 695].

Rationalismus verbunden gewesen, wiefern jener seinen Glauben an die von ihm angenommenen Dogmen eben für vernünftig hält, und überdieß bei der Schriftauslegung die Vernunft zu Rathe gezogen werden muß. Beides kann aber auch recht gut neben einander bestehen: die Freiheit des Vernunftgebrauches und das Christenthum als des allgegenwärtigen Gottes Wirkung. Wenn Jesu auch eine außerordentliche und im strengsten Sinne göttliche Offenbarung zu Theil geworden, so ist diese höchste Offenbarung doch nur graduell, nicht der Art nach von der unsrigen verschieden, hier wie dort ist Gottes Stimme, zwischen beiden kein Widerstreit. „Ich erkenne die Aussprüche Jesu darum an, weil die Worte dieses großen Mannes mit dem, was in den Stunden heiliger Weihe mein innerer Geist mir sagt, in schönstem Einklang stehen." Dieser „Religiosismus", von dem sein Urheber meinte, daß er allein neues Leben in die Theologie bringen könne, war doch nicht, was er zu sein wünschte, Auflösung des gewöhnlichen Rationalismus und Supernaturalismus, sondern ein modificirter Rationalismus[1]. Aehnlich wie Klein, auch in jungen Jahren heimgegangen wie dieser, ging der gegen den heterodox-frivolen und den orthodox-mystischen Zeitgeist ankämpfende Ludwig Dankegott Cramer († 1824), Keil's Amtsnachfolger in Leipzig, in seiner nachgelassenen „christlichen Dogmatik" (1829) vom Rationalismus aus, um sich, so viel nur immer das rationalistische Princip es verträgt, dem Supernaturalismus zu nähern. Das Christenthum ist außerordentliche Offenbarung, da die Darstellung des Ideales der menschlichen Vollkommenheit, welche zur Wiederaufrichtung des gefallenen Menschen nothwendig war, nur durch außerordentliche Offenbarung möglich gewesen zu sein scheint. Die außerordentliche Offenbarung ist gleichsam Commentar und Typus der ordentlichen, sie soll die ordentliche Offenbarung dem gefallenen Menschen von Neuem recht klar und heilig machen, sie illustriren und confirmiren. Weil nun die Offenbarung in der Bibel nicht rein als solche, sondern in Verbindung mit der Deutung des Propheten auftritt, also zur göttlichen Thätigkeit menschliche, daher möglicherweise unrichtige Auffassung kommt, so ist hiermit die Prüfung der durch die Propheten geschehenen, in Dogma, Mythus und Symbol ausgesprochenen Deutung der Offenbarung gefordert. Wer die Deutungen der christlichen Offenbarung über alle Prüfung erhebt und sie an sich zur Norm macht, handelt im Geiste des Katholicismus oder Irrationa-

---

1) W. Schröter im N. Nekrolog (1823) I, 1, 115.

lismus, der Geist des Protestantismus aber ist der Geist der freien Forschung und Wahrheit. — Diese Vermittelungsversuche sind über die Gegensätze, welche damals schulmäßig wider einander standen, nicht wirklich hinausgekommen, aber wie sie ihrer Zeit Manchen den Frieden brachten, so zeugen sie für die Sehnsucht nach einer höheren Entwickelung.

www.ingramcontent.com/pod-product-compliance
Lightning Source LLC
Chambersburg PA
CBHW030555300426
44111CB00009B/983